조선시대 한시와 국문시가의 상관성

조선시대 한시와 국문시가의 상관성

정소연 지음

한국문화사

조선시대 한시와 국문시가의 상관성

1판 1쇄 발행 2019년 11월 15일

지은이 | 정소연
펴낸이 | 김진수
펴낸곳 | 한국문화사
등 록 | 1991년 11월 9일 제2-1276호
주 소 | 서울특별시 성동구 광나루로 130 서울숲 IT캐슬 1310호
전 화 | 02-464-7708
팩 스 | 02-499-0846
이메일 | hkm7708@hanmail.net
웹사이트 | www.hankookmunhwasa.co.kr

ISBN 978-89-6817-815-3 93810

- 이 책의 내용은 저작권법에 따라 보호받고 있습니다.
- 잘못된 책은 구매처에서 바꾸어 드립니다.
- 책값은 뒤표지에 있습니다.

- 이 저서는 2011년 정부(교육부)의 재원으로 한국연구재단의 지원(인문저술지원사업)을 받아 수행된 연구임 (NRF-2011-812-A00121).
- 2015 한국연구재단 우수성과 선정 및 교육부장관 표창
- 이 저서는 〈조선 전·중기 시가의 양층언어문학사〉와 〈조선 중·후기 시가의 양층언어문학사〉의 개정증보판입니다.

*To Jesus Christ who called us out of darkness
into His wonderful light*

차례

1. 서론: 양층언어현상(diglossia)으로 본 한시와 국문시가의 상관관계사 __ 1

15세기

2. <龍飛御天歌>와 <月印千江之曲>의 한문과 국문에 나타난
   양층언어문학성 __ 24
   1. 서론 ·· 24
   2. <용비어천가>와 <월인천강지곡>의 표기매체와 대상독자의 관계 ········· 27
   3. <용비어천가>와 <월인천강지곡>의 표기매체·대상독자와
      창작동기·세계관의 관계 ·· 33
   4. <용비어천가>와 <월인천강지곡>의 문체 비교 ······································ 37
      4.1. 구두점(권점) 표기의 유무(有無) ·· 37
      4.2. 통사구조 ·· 41
      4.3. 텍스트구조 ·· 44
   5. 결론 ·· 50

16세기

3. 이황과 이이의 한시와 시조 비교 __ 52
   1. 작품 현황 및 선행연구 검토 ·· 52
   2. <도산십이곡발>에 나타난 이황의 양층언어시가관 ····························· 56
   3. 이황의 한시와 시조의 상관관계 ·· 63
      3.1. 한시에 나타난 구술적 특징: 대화체, 동음 반복, 허자(虛字) ········· 64
      3.2. <도산십이곡>에 나타난 시적(詩的) 특징 : 한문식 표현,
           대구, 등가 구조, 각운 ·· 77
   4. 이황의 한시와 시조의 차이점 ·· 85
      4.1. 제목, 작가와 화자의 거리, 화자와 대상의 관계 ··························· 86
      4.2. 연작구조에서의 유기성 문제 ·· 88
   5. 이황과 대비해 본 이이의 한시와 시조 ·· 94

    5.1. 이황과 이이의 공통점 ··· 96
    5.2. 이황과 이이의 차이점 ··· 101
  6. 16세기 이황과 이이를 통해 본 이 시기 전후의 한시와 시조의 상관성 ···· 110

4. 정철의 한시와 시조 비교 __ 114
  1. 작품 현황 및 선행연구 검토 ··· 114
  2. 한시와 시조의 주제 비교 ··· 119
  3. 한시와 시조에 나타난 '사람' 비교 ······································· 126
    3.1. 특정인 對 보편적인 인간으로의 확장 ··························· 127
    3.2. 작가와 시적 화자의 관계 ·· 130
  4. 음성언어와 문자언어, 그리고 보편적 인간애의 표현 ············· 136
  5. 결론 ·· 143

5. 허난설헌과 황진이의 한시와 국문시가의 상관성 __ 147
  1. 서론 ·· 147
  2. 허난설헌의 한시와 국문시가의 상관성 ································ 151
    2.1. 한시의 노래적 특성 지향 ·· 153
    2.2. 한시에 나타난 다양한 화자 ······································· 159
    2.3. 한시 창작에 구비문학적 향유 방식 접목 ······················ 162
  3. 황진이의 한시와 시조의 상관성 ··· 165
    3.1. 자유로운 생각의 표현 통로로서의 시조 ······················· 166
    3.2. 한시와 시조의 다양한 화자 ······································· 171
  4. 16세기 여성의 양층언어문학적 관점과 문식성 ······················ 174
  5. 결론 ·· 183

16-17세기

6. ≪악장가사≫의 한문가요·현토가요·국문가요의 상관성 __ 186
  1. 이중언어문학 자료로서의 ≪악장가사≫ ······························· 186
  2. ≪악장가사≫ 전체의 표기방식 개관 ··································· 192
  3. 표기매체·발화대상·작품내용의 상관관계 ······························ 202
    3.1. 한문가요: 신(神)을 향한 찬양과 간구 ·························· 202
    3.2. 현토가요: 임금(君)을 향한 찬양 ································· 211
    3.3. 국문가요: 발화대상의 확장(君臣男女)과 다양한 정서 표출 ········ 223
  4. 국문가요·현토가요·한문가요에 나타난 양층언어문학성 ·········· 231

17세기

7. 신흠의 한시와 시조 비교 __ 237
1. 작품의 현황 및 선행연구 검토 ··· 237
2. 신흠의 양층언어문학관: 한문과 국어, 한시와 시조,
   시와 노래에 대한 관점 ·· 239
3. 노래 취향의 한시와 시조, 시조 한역(漢譯)의 비교 ················ 249
   3.1. 자유로운 시형의 한시: 풍체(風體), 악부체(樂府體),
        잡체(雜體), 사(詞) ··· 250
   3.2. 시조와 시조 한역 ·· 255
4. 절구와 시조의 세계관적 지향 : 규범적 세계관과 탈속적 세계관 ·········· 262
5. 작가와 화자의 거리에 따른 절구의 사실성과 시조의 허구성 ············ 273
6. 신흠의 절구와 시조의 상관성이 가지는 문학사적 의미 ················ 286

8. 윤선도의 시조와 한시 비교 __ 290
1. 작품 현황 및 선행연구 검토 ··· 290
2. 한시와 시조의 내용 비교 ··· 297
   2.1. 전체적 비교 ·· 297
   2.2. 한시와 시조의 공통 내용에서 나타나는 차이: 서경성과 서정성 ······ 299
   2.3. 7언 절구에서만 보이는 내용: 개인적 가족사, 만사(挽詞),
        일상사, 화답시 ·· 307
   2.4. 시조에서만 보이는 내용: 대민적(對民的) 교화시,
        잔치의 유흥시 ·· 313
3. 시적 화자와 실제 작가의 거리 비교 ··································· 316
   3.1. 작가의 삶과 밀착된 사실적 기록으로서의 절구 ················ 317
   3.2. 인명, 지명 등의 고유명사의 사용 양상 ························· 320
   3.3. 임금에 대한 표현 ·· 324
4. 시조에 나타난 변화들: 한시와 시조의 가까워진 거리 ·············· 328
   4.1. 시조 제목의 존재 및 양상 ·· 328
   4.2. 시조의 부연설명에 나타난 작가의 목소리 ······················ 330
   4.3. 시조의 한역(漢譯)과 국·한문의 표기방식 ······················ 335
5. 윤선도의 양층언어시가사적 위치 ······································ 339

* 소결: 조선 전·중기 한시와 국문시가의 상관성 __ 346

9. 정훈의 시조와 한시 비교 __ 354
1. 작품의 현황 및 선행연구 검토 ··· 354

    2. 시조와 한시의 주제 비교 ·· 361
    3. 시조와 한시의 등장인물, 시어, 형식 비교 ······················· 368
        3.1. 시조와 한시의 제재와 등장인물의 비교: 자연과 사람을 다루는
            비중의 변화 ·· 370
        3.2. 시조에 나타난 시어 사용의 변화: 고유명사, 대명사, 투어의
            사용 양상 ·· 374
        3.3. 한시에 나타난 형식과 시어 사용의 변화 ·················· 377
    4. 정훈의 시조와 한시가 가지는 양층언어시가적 의미 ············· 380

10. 박인로의 시조와 한시 비교 __ 385
    1. 작품의 현황과 선행연구 검토 ······································ 385
    2. 시조와 7언 절구의 주제적 경향 비교 ···························· 390
        2.1. 개괄적 비교 ··· 390
        2.2. 공통된 주제 영역의 비교 ···································· 395
    3. 시조에 나타난 '읽는 시(詩)'의 특징 ······························ 407
        3.1. 제목의 양상: 절구와 같은 방식의 시조 제목 ············· 407
        3.2. 시조에서의 한문 문장식 표현 ······························· 413
    4. 한시에 나타난 구술성의 특징 ······································ 414
        4.1. 절구에서의 동일 운자(韻字) 반복 ·························· 414
        4.2. 구어성의 활용: 대화체 한시와 허사(虛辭)의 빈번한 사용 ······ 420
    5. 시조와 한시의 더 가까워진 거리 ·································· 426

▌18세기

11. 권섭의 시조, 한시, 한역시의 비교 __ 430
    1. 권섭의 시조, 한시, 한역시의 개관 및 선행연구 검토 ·········· 430
    2. 주제, 제재 비교를 통해 본 시조와 한시의 가까워진 거리 ······ 436
        2.1. 시조와 한시의 유사성 ·· 436
        2.2. 유사성 내에서의 차이점 ····································· 448
    3. 시조의 시화(詩化): 시조의 한시적 작시 경향 ···················· 453
        3.1. 영물(詠物)과 기록으로서의 시조 창작 ····················· 453
        3.2. 시조 제목에 나타난 변화와 표기 방식 ···················· 457
        3.3. 작가의 삶과 밀착된 시조 창작 경향과 화답시조 ········· 461
        3.4. 시조에서의 한문구 사용 ····································· 468
    4. 시조의 반경 확대 ··· 472
        4.1. 시조 구조의 파격적 변화와 한문구의 사용 ··············· 472

4.2. <황강구곡가>에 나타난 국어의 위상 변화 ································ 476
　5. 절구의 가화(歌化): 절구에 국어시가의 접목 ······························· 480
　　5.1. 우리말 발음의 활용과 시어의 중첩 ·· 481
　　5.2. 허자 사용과 7언 절구 형식의 파괴 ·· 485
　　5.3. 문답적 대화체와 교화성 ·· 488
　　5.4. 연작성(連作性)의 표지가 강한 절구 창작 ······························ 493
　6. 기녀 가련(可憐)과의 화답 연작 한역시에 나타난 양층언어 시가성 ······· 495
　　6.1. 기녀와 사대부 남성 간 화답의 한역시화(漢譯詩化) 배경 ············ 498
　　6.2. 한시와 시조 수창(酬唱)의 '연작적 한역시'로의 재구성 ············ 500
　　6.3. 고전시가 수용 흔적과 시가사적 의미 ··································· 512
　7. <고산구곡가>의 국어시가와 한역시로의 수용 ···························· 518
　8. 권섭의 양층언어시가사적 위치 ··· 525

12. 황윤석의 시조, 한시, 한역시 비교 __ 527
　1. 작품의 현황 개관 ·· 527
　2. 시조에 나타난 변화들 ··· 536
　　2.1. 연작적 구조가 약한 시조 창작 ··· 536
　　2.2. 자연 대상에서 사람 대상으로의 시조 창작 ··························· 545
　　2.3. 연군시조에서의 표현적 변화 ·· 551
　　2.4. 교화성의 변화와 화자 지향성 ·· 555
　　2.5. 형식적 변화와 읽는 시로서의 특징 ······································· 569
　　　2.5.1. 행말(行末)의 명사적 종결과 허사(虛辭)의 탈락 ··········· 569
　　　2.5.2. 한문 어순의 한자구 사용 ·· 575
　　　2.5.3. 평시조 정형성의 균열 ·· 577
　　2.6. 시조의 기록방식 ·· 581
　3. 한시에 나타난 노래 지향적 특성 ··· 583
　　3.1. 교훈적(敎訓的) 한시의 노래적 특성 ······································ 585
　　3.2. 연군(戀君) 한시와 여성적 화자(話者) ···································· 592
　　3.3. 희작적(戱作的) 경향의 한시와 구술성(口述性) ··················· 596
　4. 국어시가의 한역(漢譯)에 나타난 '한국고전시가'의 인식 ············ 598
　　4.1. 한역 양상 개관 ·· 598
　　4.2. '古歌'에 대해서 ··· 602
　　4.3. '新'飜에 대해서 ··· 606
　　　4.3.1. 한시화(漢詩化)가 아닌 한역가(漢譯歌)로서의
　　　　　　장단구(長短句)로의 한역 ·· 607
　　　4.3.2. 다양한 국어시가 갈래로의 한역 대상 확장 ················ 612

차례 xi

  4.3.3. 고가(古歌)의 작가에 대한 새로운 평가로서의 한역 ············ 614
  4.3.4. 원가(原歌)에 대한 기록들: 가화(歌話)의 존재 및 내용 ······· 616
 4.4. 한문과 국어의 언어 매체 차이, 기록방식 및 주제 ····················· 620
 4.5. 한국고전시가의 '시'로서의 인식과 기록으로서의 한역 ················ 626
5. 한시의 노래화, 시조의 시(詩)로서의 인식과 기록 ···························· 630

19세기

13. 이세보, 조황, 정현석을 통해 본 19세기의 한시와 국문시가의 상관성 __ 633

1. 19세기 이중언어시인의 시조와 한시의 창작 양상 개관 ······················ 633
2. 표기상의 특징 ··· 639
 2.1. 기록매체로서의 국문(國文) ··· 639
 2.2. 띄어쓰기와 구두점 ··· 646
3. 시조의 내용에 나타난 변화와 시(詩)로서의 시조의 위상 ···················· 658
 3.1. 시조 내용의 개괄적 검토 ··· 658
 3.2. 중앙 관직시절의 시조 창작과 시조의 위상 변화 ······················ 664
 3.3. 애정시조의 작가와 화자의 분리 현상과 교화시조의 고백적 문체 ···· 670
 3.4. 메타적 시조의 창작 ··· 678
4. 시조 형식의 해체에 나타난 시화(詩化)의 양상 ··································· 683
 4.1. 시조와 한시의 교섭: 한시구, 긴 한문구의 빈번한 등장 ············ 683
 4.2. 행말(行末)의 형태와 기록문학성 ·· 699
 4.3. 작품 배열의 연속적 경향: 가집 편집물의 기록문학적 성격 ······· 709
5. 근대 자유시로 가는 길목의 19세기 한시와 국문시가의 상관성 ··········· 717

14. 고전시가에서 근대시로: 요약 및 남은 과제들 __ 721

- 출처 __ 732
- 참고문헌 __ 733
- 찾아보기 __ 769

1. 서론: 양층언어현상(diglossia)으로 본 한시와 국문시가의 상관관계사

우리나라는 과거 오랫동안 한문과 국어, 두 가지의 언어를 사용해왔다. 문어인 한문과 구어인 국어는 대등하지 않았고 일상 구어와 고급 문어로 그 기능과 사회적 지위가 달랐다. 본서는 '우리말'로 지어진 '노래[歌]'와, 문자로서만 기능한 '한문'으로 지어진 '시(詩)'를 대비함으로써 그 상관성을 시가사적으로 추적한 것이다. 우리말 노래가 훈민정음 창제 이후 기록되게 되어 국문시가[1]라고 하지만 한시에 비해서 국어로 된 시가는 구술성이 강하고 노래로 향유되었다는 점에서 대비적이다. 국문시가가 진정으로 국문시로 인식되는 것이 근대 이후이다. 한문과 국어, 두 언어와 이로 지어진 한시와 국문시가가 대등한 관계나 지위에 있지 않고 상층문어인 한문과 일상 구어인 우리말, 고급문학으로 격조 높게 인식된 한시와 구술문학으로서 상대적으로 낮게 여겨진 노래인 국어시가, 그 중에서도 시조가 어떻게

---

[1] 본서에서는 국문시가와 국어시가, 두 용어를 함께 사용한다. 국문으로 기록된 조선시대 이후 시가는 국문시가라고 하고, 고려 이전에는 국어시가라고도 하지만 한시와 대비하는 언어적 측면을 고려할 때에는 국어의 구어와 문어의 두 가지 측면을 모두 지칭하기 위해 국어시가라고 지칭함을 밝혀둔다.

근대에 이르기까지 그 지위나 인식이 변화되고 있는지 '사회언어학적 관점'에서 탐색한 성과이다.

두 언어가 한 사회 속에서 서로 다른 기능과 지위를 점하고 있다는 것은 사회언어학적 접근법이다. 그 중에서도 고급어(high variety)와 하위어(low variety)의 관계는 양층언어현상(diglossia)으로[2] 전세계적으로 나타났고 여전히 양층언어사회인 나라도 있다. 우리나라는 지금은 그렇지 않지만 국문전용이 선포된 갑오개혁 이전까지는 물론이고 이후에도 20세기 초까지 한문과 국문을 병용하며 두 언어의 지위나 사용처가 구분되어 사용되었다.

흔히 한 언어사회에서 사용하는 두 가지 언어를 이중언어(Bilingualism)라고 하는데, 양층언어는 이보다 조금 더 특수한 경우로 두 언어의 기능과 지위가 명확하게 구분된다. 이를 [표1]과 같이 정리할 수 있다.[3]

다음에 나오는 [표1]을 보면, 상위어는 공식적인 교육을 받아야 사용할 수 있기 때문에 식자층의 언어로 인식되고, 이 점이 상위어로 불리는 이유

---

[2] 이익섭, 『사회언어학』, 민음사, 1994.

[3] 양층언어와 이중언어 모두 동일한 화자가 2개의 언어를 사용하는 것이나, 양층언어는 두 언어의 기능과 사회적 위상이 상하 관계로 구별되어 있다면 이중언어는 두 언어가 대등한 편이다. 우리나라는 20세기에 국문전용시대가 되면서 한문과 국어가 양층언어적 관계를 벗어났다고 할 수 있으나 조선시대는 양층언어적 관계가 점점 약화되는 과정이 서서히 진행되었고, 이에 따라 문학의 양상 역시 양층언어문학적 현상을 강하게 보이다가 점점 그 특성이 줄어드는 과정을 보인다. 이에 따라 본서에서는 양층적 성격을 염두할 때는 양층언어문학, 양층언어시인 등으로 표현하고, 그렇지 않고 두 언어로 문학 행위를 했다는 일반적 양상을 의미할 때는 이중언어문학, 이중언어시인 등으로 표현함을 밝혀둔다.
양층언어의 구별 및 양층언어현상에 대한 구체적인 논의는 다음을 참고. Ferguson, Charles. A. "Diglossia", Word 15, 1959 ; Gumperz John. J., "Types of Linguistic Community", Anthropological Lingustics Vol.4, No.1, 1962 ; Joshua A. Fishman, "Bilingualism with and without Diglossia ; Diglossia with and without Bilingualism", Social Issues, Vol.22, No.2, 1967 ; 이익섭(1994), 앞의 책 ; R. K. Agnihotri & A. L. Khanna, Problematizing English in India, Sage Publications, 1997 ; 조동일, 『공동문어문학과 민족어문학』, 지식산업사, 1999a.

가 된다. 하위어는 대개 일상어로 사용되는 구어(口語)로서 특별한 공식적 교육을 받지 않더라도 누구나 사용할 수 있다. 우리의 경우에도 문자가 생기기 전에는 한문이 기록매체의 기능을 하고 있었고, 국문이 생겼어도 한문이 하던 기록매체의 기능을 곧바로 대신하지 못하고 여성과 하층의 언어, 암글과 언문(諺文), 이어(俚語) 등으로 인식되었다.[4]

[표1] 상위어와 하위어의 양층언어적 관계[5]

상위어(High Variety)	하위어(Low Variety)
고급문어	일상구어
교육을통해습득:기록매체	자연스럽게습득:모국어
교회에서의설교,국회에서의연설	하인,웨이터,일꾼들에게의지시
대학강의	가족이나친구들과의대화
방송뉴스	라디오의주부용드라마
신문논설이나뉴스기사	정치풍자만화
詩	民間文學

이러한 양층언어적 현상을 우리의 경우에 적용하면, 한문은 고급스럽고 품위가 있으며 사회적 영향력이 있다고 여겨지는 반면에 국어는 상하남녀가 모두 사용하며 사회적 영향력이 거의 없는 것으로 생각된다. 따라서 언어 선택의 문제는 문학작품을 통해 표현하고자 하는 동기, 작품의 효용,

---

4　권두환, 「목소리 낮추어 노래하기」, 『백영정병욱선생 10주기 추모논문집 한국고전시가작 품론 2』, 집문당, 1992에서는 이를 '공식적 기호체계'와 '비공식적 기호체계'라고 한 바 있다. 여성과 아동의 국문과 한문 사용에 대한 자세한 논의는 이경하, 「여성문학사 서술의 문제점과 해결방향」, 서울대학교 박사학위논문, 2004. ; 이종묵, 「조선시대 한시의 번역과 이중문자체계」, Cosmopolitan and Vernacuiar 학술대회 발표문, 2004 참고.
5　정소연, 「신흠의 절구와 시조 비교연구」, 서울대학교 박사학위논문, 2006에서 사용한 표를 일부 수정한 것이다.

나아가 갈래적 성향 등에까지 영향을 미친다.

한글이 '훈민(訓民)'이라는, 백성과 관련해 창제되었던 초기의 동기나, 이후 '암글'이나 '언문(諺文)'으로 불렸던 것도 이를 잘 보여준다. 사대부의 주된 문학갈래는 한문으로 된 한시였고, 시조를 향유하면서도 문집에는 잘 넣지 않았던 여말선초의 모습이나, 시조를 향유하는 이유를 굳이 설명해야 하는 당대 분위기도 같은 맥락이라고 할 수 있다. 또 시조를 지으면서도 그것을 한문으로 번역하여 남긴 것도 기록매체는 여전히 한문이라는 인식을 보여주는 것이다. 또 조선후기 경제적 지위가 향상된 중인들이 다투어 한시를 짓고 한시집을 계속해서 냈던 것도 한문과 한시가 가진 사회적 위치를 얻고자 하는 상승 지향의 현상으로 볼 수 있다.

본서에서는 한시와 국어시가의 언어매체인 한문과 국어 중 어떤 언어를 선택해 어떤 갈래를 짓느냐에 따라 언어 자체가 지닌 성격으로 인해 한시와 우리말노래가 지니는 특성이 어떻게 달라지는지를 분석하고자 한다. 이를 위해서는 두 언어가 지닌 근본적 특성부터 살펴본 뒤에 구체적인 작품과 연결해 각 갈래의 특성을 해석해볼 수 있다. 곧, 한문과 국어는 상층언어와 하층언어, 문어와 구어라는 두 가지 특성을 지닌다. 따라서 어떤 언어를 선택해서 작품을 짓느냐에 따라 각 갈래의 성격과 기능 등이 달라진다.

다시 말해 한문과 국문은 당시 상층의 언어와 하층의 언어라는 점에서 사회적 지위가 달랐다. 한문(漢文)은 상층지식인들이 주로 사용하던 언어인데 비하여, 국문(國文)은 여성이나 하층민들이 주로 사용하였다. 또 지금은 국어가 구어이자 문어이지만, 당시 언어사회에서 사대부에게 국어는 구어로서의 기능이 더 컸고, 기록매체는 한문이었다. 따라서 한문과 국어라는 두 언어는 상층과 하층, 문자언어와 음성언어, 이 두 가지의 측면에서 집중적으로 논의할 수 있다.

문자언어는 문자를 통해 소통하게 되므로 시각성에 기반하고 있다면, 음성언어는 음성을 매개로 소통하게 되므로 청각성에 기반하고 있다. 고정된 문자를 시각적으로 볼 수 있기 때문에 문자언어는 항구적이다. 반면 음성언어는 청각적으로 접하기 때문에 듣고 금방 사라진다는 점에서 일회성을 띤다. 따라서 문자와 음성, 시각과 청각, 항구성과 일회성이라는 특성도 두 언어 중 어느 것을 선택하느냐에 따라 갈래의 성격이 달라지는 근원이 된다.

또 음성언어는 반드시 말하는 이와 목소리가 분리될 수 없으므로 화자로부터 직접 청자에게 전달된다. 반면 문자언어는 문자라는 매개체, 곧 발신자와 따로 독립되어 있는 존재가 있으므로 전달대상(독자)과 작가와의 거리가 멀다. 다시 말해 한 편의 문학작품도 작가(화자)가 독자(청자)를 향해 표현하는 발화라면 화자와 음성언어는 항상 같이 있어서 바로 청자에게 전달되는데 비해, 문자언어는 작가와 독립적으로 존재하는 문자를 통해 간접적으로 독자에게 전달된다. 따라서 문어는 문자를 사용하는 사람과 그것을 접하는 사람이 같은 시·공간에 있지 않아도 전해질 수 있다는 점에서 전달의 장애가 적다. 반면 구어는 음성을 사용하는 화자와 그것을 듣는 청자가 같은 시·공간에 있지 않으면 전달할 수 없다는 점에서 구애를 받는다. 이런 점에서 문어와 구어는 작가와 수용자가 같은 시·공간에 있는지의 여부에서도 대비적인 특성을 지닌다.

또한 문자는 시각적으로 고정되어 사용된다는 점에서 고정성, 보수성, 규범성을 지니게 되는 반면 구어는 즉석에서 구연하므로 유동적이며 자유롭다. 즉 문자언어와 음성언어는 상층과 하층, 규범과 자유라는 상반된 개념성을 배태하고 있어서 한문과 국어의 상·하의 지위와 문어·구어, 이 두 가지 성격은 서로 무관하지 않고 긴밀하다. 이에 대해서 좀 더 살펴보도록 하자.

음성은 사람이 인위적으로 만들지 않고 생래적으로 가지고 있던 것이다. 음성을 사용해 말을 한다는 것은 남녀노유, 빈부귀천을 떠나 나면서부터 공평하게 주어진 것이다. 반면 문자는 인간이 인위적으로 만들어낸 것이다.

음성이 자연 상태의 것인데 비해 문명과 문화에 사용되는 이 '文'이라는 것은 인간의 의도에 따른 창조물로서 그 의도성이 누가 사용하느냐의 문제에까지 인위적으로 개입되었다. 곧 문자의 사용은 권력을 의미하기도 한다. 고대사회에서 문자를 사용하는 제정일치의 지도자는 하늘과 교통하는 데 이를 사용했고 점을 쳤다.[6] 따라서 문자의 독점은 권력의 독점을 의미했다. 이는 상층 사대부가 한문이라는 문어를 주로 사용했고, 그래서 한문이 고급어로 인식된 이유가 된다.

지금까지 어떤 언어를 선택해 작품을 짓느냐에 따라 문자성과 구술성, 상층과 하층, 규범과 자유 등 작품의 내용과 세계관에까지 영향을 미칠 수 있다는 점을 살펴보았다. 구체적인 작가와 작품을 검토하게 되면 한시와 우리말노래의 갈래적 특성에 기반해 내용과 주제 영역, 형식, 어법과 문체 등도 비교할 수 있을 것이다.

이에 더 나아가 양층언어는 비단 특정 언어, 곧 한문과 국어라는 언어 매체에서 더 확장될 수 있다. 한문과 국어가 처음에는 기록매체와 음성언어의 성격을 대비적으로 가진 것처럼 구어와 문어도 양층언어적 관계에 있다고 할 수 있다. 곧 한 언어체계 내에서도 구술과 기록은 서로 양층언어적 관계에 있다.

이는 한국문학사의 전개에도 적용이 된다. 문학사를 기록매체의 흐름으로 본다면, 구비문학시대에서 기록문학시대로 진행되었는데, 기록문학시대에도 구비문학은 늘 공존하고 있어서 양층언어문학사는 계속된다고 할

---

[6] 이하 정제한, 「구비·기록 시가 상호간의 미의식의 차이와 교류」, 김완진 외, 『문학과 언어의 만남』, 신구문화사, 1996 ; 張光直(K. C. Chang), Art, Myth and Ritual : the Path to Political Authority in Ancient China, Harvard University Press, 1983, 이철 역, 『신화 미술 제사』, 동문선, 1990 ; 許進雄, 『中國古代社會 : 文字與人類學的透視』, 臺北, 1988, 홍희 역, 『중국고대사회 : 문자와 인류학의 투시』, 동문선, 1991 참조.

수 있다. 기록문학시대는 다시 한문학과 국문문학이 공존하고 있어서 양층언어문학사가 지속되었다.

조선시대는 물론 그 이전에도 한문학은 기록문학으로, 국어로 된 문학은 주로 구술문학으로서 양층언어문학의 관계에 있었다. 국문이 생긴 뒤에는 표면적으로는 국문(國文) 매체로 기록되었으나, 실질적으로는 음성의 단순한 기록성인지, 아니면 국문 매체로의 창작으로서의 기록문학인지 다시 나뉜다. 전자는 표기는 국문 기록이 있더라도 구술성이 강할 수 있고, 후자는 단순한 기록에서 더 나아가 문자문학으로서의 성격이 강하다. 곧 국문문학 내에서도 다시 구술성이 강한지, 문자성이 강한지에 따른 양층언어문학성이 공존하고 있는 것이다.

근대 이후에는 한문학은 거의 수면 아래로 내려가고 국어 문학시대가 되었다. 그러나 이 안에 다시 구술성과 문자성이 양층언어문학적 관계에 있다. 조선시대까지 고전'시가'라고 부르던 것을 근대 이후에는 현대'시'와 '가요'로 나누어 기록성과 구술성이 양층적 관계로 존재한다.

이 시대에는 디지털 매체가 등장해 새로운 양층언어문학적 관계를 형성하고 있다. ≪한국구비문학대계≫는 이제 종이책에서 디지털 형태로 보존되어 있다.[7] 훈민정음이라는 국문 매체가 생겨 기록은 하였어도 구술성이 강하였듯이, 채록된 설화나 민요를 디지털 DB로 기록해도 이것을 기록문학이라고 하지 않고 구술문학이라고 한다. 그러나 태생 자체가 디지털 언어로 된 것에는 디지털성이 강해 지금은 구술성, 문자성, 디지털성의 양층, 다층 문학사가 지속되고 있는 것이다. 따라서 양층언어, 그리고 양층문학은 서로 다른 특정 언어체계의 문제가 아니라 얼마든지 더 확장될 수 있다.

---

7   ≪한국구비문학대계≫ (http://yoksa.aks.ac.kr/jsp/uu/Directory.jsp?gb=1)에서 들을 뿐만 아니라 문서화된 구술문학을 접할 수 있다. 또한 한국향토문화전자대전 (http://www.grandculture.net/)에서도 다양한 구술문학을 만날 수 있다.

본서에서는 조선시대를 대상으로 두 언어의 양층언어적 특성이 시가사에 어떻게 드러나고 있는지 살펴보고자 한다. 중점적으로 살펴보는 것은 한 작가의 두 언어로 된 시가를 비교하는 것이고, 비교기준을 동일선상에서 맞출 수 있으면서도 조선시대를 대표하는 두 갈래인 절구와 시조를 비교하고자 한다. 그러나 갈래 비교가 목적이 아니라 한시와 우리말노래의 양층언어문학사를 보기 위해서 훈민정음 창제의 역사적 사건과 밀접한 조선전기의 악장문학이나 ≪악장가사≫ 등의 문헌의 표기방식 등도 살펴본다.

권두환(1976)[8]의 이른 논의 이후 한 작가의 두 갈래를 비교하는 논의가 집중적으로 이루어졌다. 작가 연구로서 한 작가의 한시와 국어시가, 두 언어매체로 된 시가에 모두 관심을 가지고 논의가 진행되었다. 또 본격적인 갈래 비교로 언어의 차이와 관련한 연구가 주로 정철과 윤선도, 신흠에 집중되어 이루어졌다.

후자와 관련해 그간의 연구 결과를 크게 두 가지로 정리할 수 있다. 한시와 시조의 공통점에 기반한 연구로서 비슷한 주제나 내용, 소재를 다 루고 있다는 점이 지적되었다.[9] 또 다른 방향은 유사한 내용 비교에서 한걸음 더 나아가 본격적인 갈래 비교로서 두 갈래의 서로 대비적인 측면을 발견하

---

8   권두환, 「송강의 <훈민가>에 대하여」, 『진단학보』 42집, 1976 ; 권두환, 「윤고산의 한시부 연구 서」, 『관악어문연구』 3집, 서울대학교, 1978. 『고산연구』 4집, 고산연구회, 1990에 재수록; 권두환(1992), 앞의 글.
9   정철에 대한 연구로는 다음을 들 수 있다. 김갑기, 『송강 정철 문학 연구』, 이우출판사, 1985. ; 김선자, 「송강 정철의 시가연구」, 원광대학교 박사학위논문, 1993. 신흠에 대한 연구로는 다음을 들 수 있다. 김주백, 「신상촌 시조의 세계-한시와의 관계를 중심으로」, 『한문학논집』 14집, 1996.
  윤선도의 경우에는 다음을 들 수 있다. 윤장현, 「윤선도의 한시와 시조의 고찰」, 조선대학교 석사학위논문, 1983. ; 문영오, 「고산의 시조와 한시의 상관고」, 『동대어문』 4집, 동국여자대학교, 1984. ; 이용숙, 「고산 윤선도의 시가 연구」, 원광대학교 박사학위논문, 1986. ; 원용문, 「윤선도 한시와 시조의 상관성 고찰」, 『고산연구』 3집, 고산연구회, 1989. ; 허범자, 「고산 시조문학의 생성배경 연구」, 서울대학교 석사학위논문, 1991.

는 성과를 이룩했다.[10] 구체적인 선행연구 고찰은 해당 작가를 검토하는 자리에서 논의하고자 한다.

조동일(1999)[11]에서는 한시와 우리말노래를 한문과 국어라는 양층적 관계로 접근하여 동아시아의 한시와 자국어 시가로 논의의 시야를 넓혔다. 본서에서는 작가별 비교와 동아시아적 비교의 사이의 범위를 대상으로 하여, 조선시대 15세기에서 19세기까지 조선시대 전체를 양층언어관계에 기반해 한시와 우리말노래의 양층언어시가사를 고찰하는 것이 목적이다. 지금과 같은 국문 중심, 국문문학 중심의 시대에 이르기까지 조선시대의 한시와 국문시가의 상관관계가 어떻게 변천되어 왔는지의 시가사적 추적을 하고자 한다.

지금까지 한 작가의 두 언어로 된 갈래비교는 조선시대 절구와 시조를 중심으로 다음의 성과에 이르렀다. 첫째, 한시는 '고백적·관조적·이치 적(혹은 意象的)'인 반면에, 시조는 '대화적·적극적·정감적'이라는 특성을 지니고 있다. 둘째, 이는 시와 노래의 향유방식의 차이 때문이다.[12] 본서는 이에

---

[10] 이성근, 「신흠의 절구와 시조 연구」, 부산외국어대학교 석사학위논문, 1992 ; 정운채, 「소 상팔경을 노래한 시조와 한시에서의 경의 성격」, 『국어교육』79집, 한국국어교육연구회, 1992, 255-276면 ; 정운채, 「윤선도의 시조와 한시의 대비적 연구」, 서울대학교 박사학위 논문, 1993 ; 정소연, 「상촌 신흠의 절구와 시조 구조 비교」, 『고전문학연구』28집, 한국고 전문학연구회, 2005b, 119-156면 ; 정소연(2006), 앞의 글.

[11] 조동일, 『공동문어문학과 민족어문학』, 지식산업사, 1999a ; 조동일, 『하나이면서 여럿인 동아시아문학』, 지식산업사, 1999b.

[12] 위의 세 논자 외에도 비슷한 연구성과를 낸 논의로 다음을 들 수 있다. 전재강, 「신흠 시조의 대립성과 현실 대응 방식 연구」, 『문학과 언어』15집, 문학과 언어연구회, 1994. ; 양태순, 「상촌 신흠 시조의 표현 미학」, 『한국고전시가의 종합적 고찰』, 민속원, 2003. ; 김대행, 『노래와 시의 세계』, 역락, 1999. ; 최재남, 「국문시가와 한시의 존재 기반과 미의식의 층위」, 인권환 외, 『고전문학연구의 쟁점적 과제와 전망』下, 월인, 2003. ; 조동일, 『(제4판) 한국문학통사』2, 지식산업사, 2005b, 186-195면 ; 조동일, 『(제4판)한국문학통사』1, 2005a, 309-312면 등 참조.

대해 두 가지 점에서 문제를 제기한다.

첫째, 밝혀낸 갈래적 특성의 원인이 향유방식의 차이로도 다 설명되지 못하고 있다는 점이다. 다른 특성의 원인에 대해서도 미비하지만, 특히 절구가 시조보다 '景'을 비중있게 다루고, 시조는 한시보다 정감적인 것에 대한 원인은 아직 밝혀지지 않았다. 시조는 첨가어적 특성 때문이라는 지적이 있긴 하지만, 한시에서는 왜 '景'이 독자적이고 시조에서는 부수 적인지 해명되지 않았다. 또 노래로 불리지 않은 시조도 적지 않았고,[13] 반대로 노래로 불린 한시도 조선시대에 계속 존재했다는 것을 생각해볼 때에 두 갈래가 지니는 특성의 원인을 가창과 음영 때문으로만 보기는 어렵고 공시적인 접근만으로는 일반화하기 어렵다. 따라서 시가사적 전개를 염두해 이 문제를 풀어갈 필요성을 느낀다.

둘째, 두 갈래의 특성이 이외에는 더 없느냐하는 것이다. 위의 논의결과는 주로 시적 화자와 대상 간의 관계를 기준으로 하고 있기 때문에 작품 자체의 시학적 특성에 대해서는 거의 밝혀지지 않았다. 절구와 시조가 지니는 막연한 특성을 살펴보는 데에서 더 나아가 표현과 구조, 세계관적 지향, 향유층의 갈래에 대한 기능과 인식, 공시적이고 통시적인 시가사적 위치나 의의 등 더 다양한 갈래적 특징에 대한 논의가 이루어져야만 한다.

한편 또 다른 기존논의에서는 한시와 대비적인 시조의 특징이 다른 국어시가에서도 나타난다고 해서 주목된다. 고려시대 예종은 한시로는 감당하기 어려운 감격을 나타내려면 노래부르면서 춤도 추어야 하므로 향가가 필요하다고 했는데, 이에 대해 조동일은 현장의 감격은 직접 말하는 방식인 향가가 한시보다 더 알맞다고 했다.[14] 향가가 한시에 대비해 지니는 이러한

---

[13] 성호경, 「한국 고전시가의 존재방식과 노래-한국 고전시가와 음악의 관계에 대한 고찰 (1)-」, 『고전문학연구』 12집, 한국고전문학회, 1997 ; 성호경, 『한국시가의 형식』, 새문사, 1999, 86-146면 참조.
[14] 조동일(2005a), 앞의 책, 같은 곳.

특징은 시조와 한시의 대비결과와 비슷하다. 따라서 시조든 향가든 한시에 대비해 국어시가에서 나타나는 특징은 국어를 언어매체로 사용한 결과라는 점을 지적할 수 있다. 가창과 음영이라는 향유방식도 더 근본적으로는 한문과 국어가 당시 문어와 구어로 기능했던 데서 기인한 것이다. 따라서 두 갈래의 언어 자체에 주목해 이 논의를 풀어갈 실마리를 찾을 수 있다.

이제까지 연구사에서는 문학 갈래의 문제를 언어학의 문제로 직접 접근한 경우가 많은 편이 아니었다. 근래 이 둘을 연결시킨 논의로 한시 쪽에서는 이종묵(2002)[15]을, 국어시가 쪽에서는 고정희(2001)[16]의 연구를 들 수 있고, 한시와 국어시가 모두를 언어학적으로 접근한 연구로는 조동일(1999)[17]와 이종석(2001)[18]의 연구 등을 들 수 있다. 이는 어학과 문학이 나뉘어져 있는 연구풍토에 기인한 바가 적지 않다. 그러나 위에서 보듯이 한시와 시조는 근원적으로 어떤 언어를 선택해서 작품을 짓느냐의 문제이다. 게다가 두 갈래의 대비적인 특성은 언어의 성격을 염두해 접근할 때에 분명해지며 작시법상의 논의도 가능해진다.

기존논의에서는 한시와 시조를 시와 노래의 개념에서 접근하고, 이를 음영(吟詠)하거나 가창(歌唱)하는 향유방식 쪽으로 논의를 진행시켰다. 그러나 언어학적 문제가 갈래 비교의 근원지점이라 했을 때 시와 노래는 더

---

15 이종묵,「漢詩의 言語와 그 짜임-三唐詩人을 중심으로」;「한시 분석의 틀로서 虛와 實의 문제-조선 전기 '樓亭詩'를 중심으로」,『한국 한시의 전통과 문예미』, 태학사, 2002. ; 이종묵(2004), 앞의 글.
16 고정희,「윤선도와 정철 시가의 문체시학적 연구」, 서울대학교 박사학위논문, 2001 ; 고정희,『고전시가와 문체의 시학』, 월인, 2004.
17 조동일,「공동문어문학과 민족어문학의 과제」;「한문학과 민족어문학」,『공동문어문학과 민족어문학』, 지식산업사, 1999a, 41-130면 ; 조동일,「민족어시의 대응방식」,『하나이면서 여럿인 동아시아문학』, 지식산업사, 1999b, 311-398면.
18 이종석,「≪月印千江之曲≫과 선행 불교서사시 비교연구」, 서울대학교 석사학위논문, 2001.

근본적으로 '글'과 '말'이라는 측면에서 논의를 시작할 필요가 있다.[19] 글과 말은 당시 한문과 국어의 특징이기도 했다. 사대부에게 한문은 문어(文語)로서만 기능했다면, 국어는 구어(口語)로서 기능했기에 두 언어로 지어진 한시와 시조가 '음영'과 '가창'이라는 방식으로 향유되었던 것이다.

가창과 음영으로서의 접근은 화자와 청자의 문제에만 머무르게 하지만, 문어와 구어의 문제로 본다면 화자와 청자 외에도 문자성과 음성성도 고려해야 하고, 작가와 수용자가 같은 공간에 있는지의 여부 등도 염두하는 등 또 다른 갈래적 특성과 원인을 구체적으로 발견할 수 있는 길이 열린다. 게다가 문학작품은 언어를 매체로 해서 형성된 집이라고 할 때에, 언어 자체의 성격은 각 갈래의 특성을 형성하는 근원이 될 뿐만 아니라 작품의 내적 원리를 탐구할 수 있는 열쇠가 된다. 따라서 본서에서는 한시와 시조는 언어매체가 입말과 글말이라는 점에서 근본적 차이를 지니고, 이 점으로 인해 두 갈래의 작품미학과 효용의 차이를 가져온다는 점에서 논의를 접근해가고자 한다.

양층언어문학은 두 언어 매체의 상관관계가 주목된다. 두 언어와 해당 언어로 지어진 문학 갈래가 대등한 관계가 아니기 때문에 어떤 상관성 가운데 공존했는지, 그리고 이러한 관계가 근대가 되기까지 어떤 변화 양상을 보이며 어떤 과정을 거쳐서 진행되었는지가 관심사이다. 양층언어관계는 비단 훈민정음이라는 문자가 존재하기 전에도 오랫동안 계속되어 왔다. 한자를 받아들인 이래 우리말 구어와 한문 문어는 오랫동안 양층 언어적 관계에 있었다. 향찰문자나 이두가 생겼을 때에도 한문의 자리를 대체하지 못하고 한문과 향찰문자, 한문과 이두 역시 문어 내에서 양층적 관계에 있었다. 국문을 전용으로 하는 지금은 국어의 문어와 구어 간에 어느 정도

---

[19] 이러한 관점 자체에 대해서는 김대행, 『詩歌詩學硏究』, 이화여자대학교출판부, 1991. ; 조동일(1999a), 앞의 책, 391-392면에서도 지적한 바 있다.

의 양층적 관계가 있다고 할 수 있다. 따라서 한국문학사를 언어 매체에 기반해 양층언어문학사를 기술한다면 고대 국어시가가 한역시 형태로 기록된 때부터 지금까지 재구성할 수 있을 것이다. 그러나 이는 매우 방대한 작업으로 본서에서는 조선시대에 한정하여, 갈래로는 시가문학에 한정하여 논의를 진행하고자 한다.

조선시대 시가를 대상으로 한 양층언어문학사 역시 간단한 작업은 아니다. 한시와 국어시가의 하위 갈래도 다양하기 때문이다. 한시의 하위 갈래는 5언과 7언의 절구와 율시, 배율 등의 근체시와 고시로, 국어시가의 하위 갈래는 경기체가, 악장, 시조, 사설시조, 가사, 민요 등으로 다시 나뉘어진다. 이 모든 갈래를 한 편의 저서에서 다 다루기는 어렵다. 또 조선시대는 한문과 국어를 모두 사용한 양층언어시대이므로 우리말노래를 짓는 사대부 작가는 한시도 함께 짓는 이중언어시인으로 존재하는 경우가 대부분이다. 따라서 사대부 향유층, 더 좁게는 같은 작가에게서 두 언어 매체로 된 시가를 살펴보는 것으로 논의를 진행하고자 한다. 그런데 여성 작가의 경우는 다룰 수 있는 사례가 적어서 사대부 여성 작가인 허난설헌과 더불어 기녀이지만 황진이의 사례를 함께 다루고자 한다.

비교연구를 위해서는 한시와 우리말노래의 정보량을 대등한 기준에서 논의를 진행해야 한다. 장편 고시와 단편 정형의 시조를 비교하는 것은 언어 매체 외에도 형식적 측면과 정보량적 측면에서 또 다른 차이를 가져오는 요인이 작용하기 때문이다. 따라서 단편의 정형시라는 공통점과 같은 정보량을 기준으로 7언 절구와 평시조를 비교대상으로 삼는다.[20] 그러나

---

[20] 조동일(1999a), 앞의 책에서 매우 자세하게 논증하고 있다. 김석회(2000)에서도 시조와 7언절구의 내용 함량이 유사하다고 하였다.(김석회, 「한시 현토형 시조와 시조의 7언절구형 한시화」, 『국문학연구』 4집, 국문학회, 2000, 63-114면) 박수천(2003)에서도 역시 7언시의 한 행은 '1·2/3·4/5·6/7'로 평측상 분절되어 기본적으로는 4음보임을 지적하고 있다. (박수천, 「近體詩의 律格과 飜譯」, 『韓國漢詩批評

논의의 필요에 따라서는 때로는 정보량을 떠나서 갈래적 성격에 기반해 논의를 확장해 진행하는 경우도 있는데, 악장이나 가사를 경우에 따라 함께 살펴보기도 한다. 허난설헌의 경우는 대부분의 사대부 여성의 경우와 같이 시조를 짓지 않아서 가사와 비교한다.

　연구대상이 되는 작가는 한시와 시조를 모두 지은 이중언어시인을 대상으로 한다. 조선 전기의 양층언어작가는 한시를 다수 짓고 시조를 일부 지었고, 후대로 갈수록 두 갈래의 작품양의 차이가 조금씩 줄어든다. 시조를 한 작품이라도 지으면서 한시를 짓거나 그 반대의 작가는 모두 연구대상이 될 수 있으나 논의의 본격적인 진행이 가능할 만큼의 양쪽 갈래의 작품 수가 있는 작가를 선정한다.

　본서에서는 작가 중심적인 비교만이 아니라, 문헌 중심적인 비교도 함께 진행한다. 서로 다른 작가들, 서로 다른 언어매체로 지어진 시가가 한 작품집에 있는 ≪악장가사≫가 대표적인 사례이다. 저서의 집필 시기를 정확하게 고구할 수는 없지만 조선중기에 국어시가와 한시가 공존하고 있는 문헌으로서 한문과 국문의 양층언어적 양상을 보는 데에 매우 긴요한 자료이다. 한 작가의 경우에도 문집에 어떤 방식으로 작품이 표기되고 실렸는지 문헌적 접근을 함께 한다.

　한문과 국어의 양층언어사회는 15세기에서 19세기까지 계속되다가 국문전용시대가 공식적으로 시작되는 19세기 말, 20세기 초에 이르면 그 특성이 거의 사라진다고 볼 수 있다. 상하의 격차가 점점 줄어들고 근대 이후에는 두 언어의 지위가 한 지점에서 만나 대등하게 되면서 양층언어의 관계가 사라지는 것이다. 근대가 되면서 한시는 문학사의 저변으로 자리하고 국어로 된 시가가 주된 갈래가 되었다. 상층과 하층이라는 지위 대신 대중과 국민이 문학을 향유하는 시대가 되었다. 국어는 언문(諺文)이나 암글이 아

　의 研究』, 태학사, 2003, 402-407면 참조.)

니라 공식 기록매체인 국문(國文)으로서의 어엿한 지위도 획득하게 되었다. 그러나 이러한 과정이 어느 날 갑자기 이루어진 것은 아니므로 그 문학사적 전개과정을 고찰하고자 한다.

연구 대상을 더 구체적으로 소개하면 다음과 같다. 15세기에는 시조를 한시와 비교할 만큼 성과를 낸 작가가 드물어 한시와 우리말노래의 상관성을 악장문학을 중심으로 살펴본다. 국문 창제의 획기적인 사건에 기반한 장편국문악장인 <용비어천가>와 <월인천강지곡> 역시 양층언어문학사적으로 중요한 자료이므로 본서에서 함께 다룬다. 두 작품 모두 한문 매체로 된 자료들과 밀접한 관련이 있다는 점에서 조선 전기의 양층언어문학성을 집약적으로 살펴볼 수 있다.

시조와 한시를 기준으로 작품수가 어느 정도 확보되는 양층언어작가를 시대별로 선정하면 다음과 같다. 16세기에는 이황(1501~1570), 이이(1536~1584), 정철(1536~1593), 허난설헌(1563~1589), 황진이(?~?)를 대표적인 작가로 다룬다. 황진이는 사대부가 아니지만 시조와 한시는 비교할 정도로 남겼다는 점에서 다룬다. 이매창의 경우 한시가 60여 수가 있으나 시조가 1수라서 비교가 어렵다.

17세기에는 신흠(1566~1628), 박인로(1561~1642), 정훈(1563~1640), 윤선도(1587~1671) 등을 주요 양층언어작가로 꼽을 수 있다. 조선 중기, 곧 17세기는 여러모로 분수령을 이루어 작가에 따라 전기의 경향을 띠기도 하고 후기적 경향에 더 가까운 경우도 있다. 신흠과 윤선도에 비해 박인로와 정훈은 18세기 이후와의 근접성이 더 크다. 사실 조선 전기에는 후기보다 더욱 시조에 비해 한시가 고급 문학으로서 높은 위치를 점하고 있었지만, 이 작가들은 한시 못지않게 시조의 기능과 가치를 인식하였다. 그렇기 때문에 조선 전기의 양층언어 시인들은 시조의 경우 서너 작품에 머물지 않고 적게는 황진이와 같이 6수, 많게는 정철과 같이 90여 수에 이르기까지 두 갈래를 모두 지으면서 양층언어문학사에서 중요한 역할을 하였다.

18세기에는 권섭(1671-1759)과 황윤석(1729-1791)을 다룬다. 18세기 시조 작가로서 이정보도 주목되지만 한시를 볼 수 없어서 본서에서는 다루지 못한다. 이 시기 양층언어작가는 이 외에도 더 있는데, 위백규의 경우 이 시기 특징을 보기에는 작품수도 적은 편에 속하여 본격적으로 다루지는 않고 논의 중에 함께 살펴보기로 한다. 위백규에 비해 상대적으로 권섭과 황윤석은 시조와 한시만이 아니라 한역시까지 두루 지어 양층언어 작가의 면모를 두드러지게 보여서 대표작가로 다룬다.

19세기에는 이세보(1832-1895), 정현석(1817-1899)과 조황(1803-?)을 대표적인 작가로 꼽아 근대화의 과정에 시조와 한시의 양층언어시가의 양상을 함께 보고자 한다. 이 시기에는 한시와 시조 모두 많은 수를 지은 작가는 드물다. 이세보의 경우 한시는 절구와 율시 3수만 남아있고, 조황과 정현석은 시조 대부분에 한역시가 있지만 한시는 남아있지 않다. 그러나 한역이라고 보기는 어려운 한시들도 적지 않다. 특히 정현석의 경우에 39수의 한역시에는 원(原) 시조가 없다. 조황과 정현석이 한시 대신 한역시의 형태를 많이 지었다면, 이세보의 경우에는 반대로 절구를 시조화한 흔적의 작품들이 적지 않다. 따라서 이러한 교섭 현상은 두 갈래의 거리가 매우 좁혀지고, 19세기에 양층언어작가들의 한시 향유 방식을 보여주는 것이라 여겨져 이러한 관점으로 해당 작품들을 보고자 한다.

지금까지 설명한 본서의 연구대상을 정리하면 [표2]와 같다. 15세기에는 <용비어천가>와 <월인천강지곡>의 표기문자에 나타난 양층언어현상을 다룬다. 두 작품은 우리의 문자인 훈민정음을 만들고 의도적으로 창작되었고, 그 전까지 한시나 한문현토체의 악장문학만 있는 상황에서 국문으로 된 악장문학이라는 점에서 주목을 요한다. <용비어천가>는 한역시와 <용비어천가 약본>이 함께 있고, <월인천강지곡>은 <석보상절>과 <월인석보>가 같이 있어서 한문과 국문의 관계양상을 살펴보는 데 도움이 된다. 총 다섯 가지의 표기양상이 나타나고 이에 따라 대상독자와 내용이 달라진다.

[표2] 본서의 연구대상 목록

시대	작가	우리말노래	한시 (7언절구 작품수)	한역(漢譯) 양상[21]
15 세 기	다수	<용비어천가>	<용비어천가약본> <용비시>	4언체 한역
		<월인천강지곡>	x	x
16 세 기	이황 (1501~1570)	13수 (도산십이곡12수)	2013수 (1117수)	x
	이이 (1536~1584)	11수 (고산구곡가10수)	445제514수 (150수)	x
	정철 (1536~1594)	97수 (시조93수)	760여수 (154제)	<飜曲題霞堂碧梧>[22] 1수 (5언절구로 한역)
	황진이(?~?)	시조 6수	7수	x
	허난설헌 (1563~1589)	가사 2수 (규원가, 봉선화가)	200여 수	x
17 세 기	다수	≪악장가사≫ 소재 현토가요 및 국문가요	≪악장가사≫ 소재 한문가요	x
	신흠 (1566~1628)	시조30수	2000여수 (487수)	30수 (≪청구영언≫소재) (장단구로 한역)
	윤선도 (1587~1671)	시조75수	360여수[23] (146수)	<飜夢天謠>3수 (장단구로 한역)
	정훈 (1563-1640)	20수	19수 (3수)	자신의 시조 4수
	박인로 (1561~1642)	67수	93수 (40제 73수)	x
18 세 기	권섭 (1671~1759)	75수	4800여 제 (2684제 3936수)	자신과 기녀 가련, 이이(李珥)의 시조 등 42수 (7언 절구 및 장단구로 한역)
	황윤석 (1729~1791)	28수	1171제 1786수 (1070수)	타인의 시조·사설시조·악장 등 46수 (장단구로 한역)

19세기	정현석 (1817~1899)	100여 수 (58수만 남아 있음)		자신과 타인의 시조, 사설시조 등 100여 수 (7언 절구로 87수, 그 외 장단구, 고시체로 한역하였으나 창작 한시로 보이는 것들도 있음)
	조황 (1803~?)	111수		자신의 시조 100수 (5언 6구, 7언 절구, 7언 율시, 5언 율시로 한역하였으나 한역시로서의 경계가 불분명한 경우도 보임)
	이세보 (1832~1895)	460여 수	3수 (2수)	x (절구의 시조화가 특징)

표기문자에 따른 양층언어현상과 관련해 정확한 시기를 알 수는 없지만 한시와 우리말노래가 함께 있는 문헌인 ≪악장가사≫도 주목을 요한다. 조선 중기의 문자 표기에 따른 국문가요, 현토가요, 한문가요와 화자, 내용, 발화대상의 상관성이 밀접하게 나타나 본서의 연구대상으로 함께 삼는다.

16세기 이황의 경우에는 특히 시조에 대한 서발문을 통해 한시와 대비하여 우리말노래의 특징과 창작 동기, 효용 등이 무엇인지 밝혔다는 점에서 양층언어작가로서의 의미가 크다. 이이는 같은 시기이지만 18세기 황윤석의 한역시의 대상이 되기도 한다는 점에서 시가사적 추이를 고려해 다루는 의의도 있다. 정철은 16세기 작가이지만 95수라는 다수의 시조를 지어 주목된다. 특히 <장진주사>와 같이 새로운 형태를 시도했다는 점에서 더욱 국어시가를 적극적으로 향유했다고 하겠는데, 한시와는 또 어떤 차이가 있는지 살펴볼 필요가 있다.

17세기 작가로 신흠은 한시에서는 근체시, 고시는 물론이고 악부체, 사

---

21 후대인이나 타인의 한역이 아니라 양층언어작가 자신의 한역을 살펴본다.
22 ≪송강집≫ 권1.
23 최근 ≪私稿詩≫와 ≪東詩集≫이 더 발견되어 250여 수가 추가되었다. 이에 대해서는 본서 7장 1)번 주석 참고.

(詞), 잡체 등의 다양한 갈래를 시도하면서 시조 30수를 남겼다. 또 ≪청구영언≫에는 30수가 모두 한역이 되어 있기도 하고, 다양한 글로 왜 시조를 짓는지, 한시와는 어떤 상관성이 있는지 직접 언급하고 있어서 양층언어작가로서 중요한 대상이 된다. 윤선도는 신흠보다는 더 적극적으로 시조를 지어 작품수도 75수에 이르고 <어부사시사>와 같은 시도를 하고 한역도 3수를 남겨 주목된다. 연구사에서 가장 많이 다룬 시조 작가인 반면 한시에 대한 조명은 약한데, 윤선도 시조 자체만 다룬 연구와 달리 한시와의 비교를 통해 새로운 면모가 밝혀지게 될 것이다.

정훈(1563-1640)과 박인로(1561-1642)는 태어난 시기로 보면 윤선도가 정훈과 박인로 이후의 사람이지만, 한시와 시조의 상관관계의 흐름으로 보자면 윤선도는 오히려 신흠의 경우와 더 가깝다. 신흠보다는 윤선도가 한시와 시조의 거리가 조금 더 가까워진 특징이 보이는데, 이러한 현상이 정훈이나 박인로의 경우에는 더 강하기 때문에 앞의 두 사람과 후의 두 사람을 나누게 되었다. 정훈의 경우에는 남은 한시의 수가 워낙 적어서 전부일까 의심이 되지만 또 다른 한편으로는 현전하는 작품을 중심으로 할 때에 박인로와 같이 시조와 한시의 작품수 차이가 그지 않다는 점이 유사하다고 하겠다. 신흠과 윤선도에 비해 상대적으로 정훈과 박인로는 사회적 지위가 더 낮은데 문학사적 흐름에서 더 적극적 변화는 정훈과 박인로가 앞서갔다. 처지와 문학 혁신의 밀접함을 여기서도 볼 수 있다.

18세기에는 권섭(1671-1759)과 황윤석(1729-1791)을 다룬다. 18세기 시조 작가로서 이정보도 주목되지만 한시를 볼 수 없어서 본서에서는 다루지 못한다. 이 시기 양층언어작가는 이 외에도 더 있는데, 위백규의 경우 이 시기 특징을 보기에는 작품수도 적은 편에 속하여 본격적으로 다루지는 않고 논의 중에 함께 살펴보기로 한다. 위백규에 비해 상대적으로 권섭과 황윤석은 시조와 한시만이 아니라 한역시까지 두루 지어 양층언어 작가의 면모를 두드러지게 보여서 대표작가로 다룬다.

19세기에는 이세보(1832-1895), 정현석(1817-1899)과 조황(1803-?)을 대표적인 작가로 꼽아 근대화의 과정에 시조와 한시의 양층언어시가의 양상을 함께 보고자 한다. 이 시기에는 한시와 시조 모두 많은 수를 지은 작가는 드물다. 이세보의 경우 한시는 절구와 율시 3수만 남아있고, 조황과 정현석은 시조 대부분에 한역시가 있지만 한시는 남아있지 않다. 그러나 한역이라고 보기는 어려운 한시들도 적지 않다. 특히 정현석의 경우에 39수의 한역시에는 원(原) 시조가 없다. 조황과 정현석이 한시 대신 한역시의 형태를 많이 지었다면, 이세보의 경우에는 반대로 절구를 시조화한 흔적의 작품들이 적지 않다. 따라서 이러한 교섭 현상은 두 갈래의 거리가 매우 좁혀지고, 19세기에 이중언어시인들의 한시 향유 방식을 보여주는 것이라 여겨져 이러한 관점으로 해당 작품들을 보고자 한다.

두 갈래의 비교지점은 다음과 같다.

첫째, 한시와 우리말노래에서 주로 다루는 내용과 제재, 주제를 살펴본다. 작품수의 차이가 현격한 경우에는 작품수가 적은 갈래가 특정 주제적 경향을 나타낼 수 있고, 이는 두 갈래의 차이와 특성을 잘 보여줄 것이다. 각 갈래가 주로 다루는 주제 영역은 무엇인지, 그런 차이는 무엇을 말해주는지 살펴볼 것이다. 특히 자연을 다루는 경향이 강했던 조선 전기의 성향이 후기에는 어떻게 달라지는지 시대적 추이도 함께 보게 될 것이다.

둘째, 한시와 우리말노래에 나타난 세계관의 지향을 살펴본다. 이는 주제적 경향과 밀접하다. 갈래별로 다루고 있는 내용과 주제가 지향하는 바가 어떠한지 살펴보고자 한다. 일례로 현실적, 현세적인가, 혹은 이상적, 도학적인가, 혹은 정치적/학문적인가, 유가적/도가적인가 등으로 살펴보게 될 것이다.

셋째, 시적 화자와 발화 대상, 그리고 실제 작가와의 거리를 살펴본다. 한문이 남성사대부가 공식적으로 사용하는 경향이 강하고, 국어가 일상생활에서 쓰이는 경향이 강하므로 이러한 언어적 특성이 작가와 시적 화자의 거리에 영향을 미칠 것이라고 예상할 수 있다. 따라서 화자와 작가의 거리가 한문과 국어라는 언어매체의 선택과 어떻게 직결되는지는 전술한 내용을 전제로 해 각 장에서 더 구체적으로 드러나게 될 것이다.

넷째, 작품에서 사용된 시어의 특징과 표현법, 수사나 형식 등을 비교한다. 한문은 고립어이고, 국어는 첨가어이다. 한시는 노래부르기보다 음영의 방식으로 향유하나, 시조는 노래로 부르며 향유할 수 있다. 언어적 특성으로 인해 표현과 수사법, 나아가 향유방식에까지 이르는 차이점을 비교하게 될 것이다.

다섯째, 한시와 우리말노래의 언어매체가 넘나드는 현상을 비교한다. 한시를 우리말노래로 번역하거나, 그 반대로 우리말노래를 한시화하는 양상을 살펴본다. 한문과 국어가 조선전기에는 기록매체와 일상구어라는 특징을 가지는데, 이러한 문자성과 구술성이 번역에 있어서 나타나는 양상은 어떠한지, 언어의 지위나 기능의 변화를 보여주는 것은 아닌지 등을 살펴본다. 조선 전·중기에는 일부 나타나는 현상이지만 중·후기에는 더 빈번하게 나타난다.

또 번역의 과정에 나타난 특징이 단순 번역인지, 재창작인지를 살펴볼 뿐만 아니라 이 과정에서 이전에 없던 새로운 시형이 창조되는 경향도 주목하고자 한다. 이는 비단 언어매체의 기능과 지위의 변화만이 아니라 시가사적 전개와도 밀접한 현상이다. 따라서 언어매체를 바꾸는 시도는 왜, 어떤 내용으로 이루어지는지, 이를 통해 어떤 효용을 얻을 수 있는지 살펴본다.

지금까지 살펴본 내용을 정리하면 다음과 같다.

1. 제재, 주제 영역 비교
    1) 제재, 주제의 종류, 내용 비교
    2) 특정 갈래에서만 다루는 내용은 무엇인가?
    3) 창작 시기와 관련해 삶의 전반과 밀착된 주제인가, 특정 시기와 관련한 주제인가?

4) 사람과 자연 중 무엇을 더 다루는가, 그 사람은 어떤 사람인가? 사대부인가 백성인가? 여성인가 남성인가?
5) 특정 상황과 지명, 인명 등이 구체적인가, 보편적인가?

2. 세계관적 지향 비교
   1) 현실적인가, 이상적인가?
   2) 정치적인가, 도학적인가?
   3) 유가적인가, 도가적인가?

3. 실제 작가와 시적 화자의 거리, 관계 비교
   1) 작품속의 시적 화자는 실제 작가와 어떤 관계인가?
   2) 시적 화자와 작가는 작품 속에서 일치하는가, 먼 거리인가?

4. 문체, 수사법, 형식 비교
   1) 시어: 실사와 허사, 명사와 지시사 등의 품사적 특징은 어떠한가?
   2) 시행: 행말(行末)의 형태는 어떠한가? 평서문과 의문문 등의 의향법은 어떠한가?
   3) 텍스트: 작품의 내적구조, 전체 구조는 어떠한가? 4행 구조와 3행 구조, 음수율과 음보율 등에 나타난 문체의 차이는 무엇인가?

5. 한역이나 우리말노래화의 여부와 특징, 표기나 편집 방식
   1) 왜 언어매체의 변환을 꾀하고자 하는가?
   2) 어떤 내용을 번역하는가?
   3) 언어매체의 변환시 단순 번역인가, 새로운 시형의 창조인가?
   4) 번역을 통해 언어매체의 지위와 기능의 변화만이 아니라 시가사의 전개에 어떤 영향을 미치는가?

이러한 논의들을 통해 시대적 추기에 따른 한문과 국어의 상관성, 그리고 이에 기반한 한시와 우리말노래의 상관관계의 사적 전개를 볼 수 있을 것이다. 나아가 국문이 근대로 오면서 점점 기록매체로서의 지위를 획득함에 따라 시조에 나타나는 구술성과 기록성의 정도도 조선전기에서 후기로 오면서 달라질 것을 예상해볼 수 있다. 따라서 노래로서의 시조가 어떻게

시로 변화되어가는지의 추이도 함께 보게 될 것이다. 이를 통해 궁극적으로는 조선시대에 한문과 국문의 상관관계의 전모를 밝힐 수 있을 것이다.

끝으로 한 가지 덧붙이자면 본 연구는 시조의 경우 이황, 이이, 정철 등 16세기부터 살펴보게 되므로 본 연구에서 논의되는 내용은 시조 일반으로 확장하기보다 16세기 이후에 한해서 적용되는 특성이라는 점을 밝힌다. 이 시기는 한시와 우리말노래의 관계가 지나치게 상하의 극과 극의 위치에 있는 것은 아니다. 극단적으로 상하의 관계에 있다기보다 다른 기능과 통로였다고 보는 것이 옳다. 또한 시조 일반의 경우를 살펴보는 논의가 아니라 시조와 한시를 모두 지은 이중언어시인들을 대상으로 한다는 점에서 본서의 논의를 무조건 시조 전체의 일반적 성격으로 보기는 무리가 따름을 밝혀둔다.

15세기

2. <龍飛御天歌>와 <月印千江之曲>의 한문과 국문에 나타난 양층언어문학성

1. 서론

우리나라는 훈민정음이 창제되기 전에는 한문 문명권의 공동문어인 한문과 자국구어를, 국문(國文)이 만들어지고 나서는 한문과 국어의 이중언어 체계를 지녔다. 두 언어가 '상위어(High Variety)'와 '하위어(Low Variety)'의 관계로 논자에 따라 한문과 국어를 '공식적 기호체계'와 '비공식적 기호체계',[1] '공동문어'와 '민족어',[2] '보편어'와 '자국어'[3] 등 조금씩 다른 용어를 쓰긴 하지만 두 언어의 지위나 용도가 양층언어적 관계에 있다는 점에서는 견해가 일치한다.

---

[1] 권두환, 「목소리 낮추어 노래하기」, 『백영정병욱선생 10주기 추모논문집 한국고전시가작품론 2』, 집문당, 1992.

[2] 조동일, 「공동문어문학과 민족어문학의 과제」, 『공동문어문학과 민족어문학』, 지식산업사, 1999 ; 이종석, 「≪月印千江之曲≫과 선행 불교서사시 비교연구」, 서울대학교 석사학위논문, 2001.

[3] 이종묵, 「조선시대 여성과 아동의 한시 향유와 이중언어체계(Diaglosia)」, 『진단학보』 104집, 진단학회, 2007.

본장은 이러한 관점에서 <龍飛御天歌>와 <月印千江之曲>을 살펴보고자 한다. 국문이 창제되고, 비로소 두 가지 문어(文語)가 공존하기 시작하는 때의 작품들이거니와, 국문 창제후 실험적으로 지어진 작품이기도 하다. 두 작품에 대한 기존논의는 국어학계와 국문학계 양쪽에서 모두 주목해왔는데, 국어학계에서는 중세국어의 쓰임과 더불어 텍스트언어학적 관점에서 연구되었고, 국문학계에서는 주로 악장문학의 관점에서 창작 배경, 내용과 구조, 율격, 갈래처리문제, 연행상황 등의 논의가 진행되어 왔다.

이 중 한문과 국문의 관계양상에 주목한 논의로 김완진(1996)[4]에서는 국문과 한문의 조화로운 병용(竝用)이 세종의 의도였다는 점과, 한문과 언문의 이중의 독자층을 염두한 작품들이라고 지적했다. 성기옥(1989)[5]에서는 <용비어천가>의 한역시와 국문가사 모두에 있는 권점을 통해 국문시가를 한시와 동열에 두려는 인식의 전환이라고 의미를 부여하고 있다. <용비어천가>를 두고 강신항(1987)[6]과 성호주(1984)[7], 조흥욱(2001)[8]에서는 모두 국문시가를 먼저 지은 후 한역시를 지은 것이 아니라 한시 <龍飛詩>를 짓고 국문으로 번역했다는 입장인 반면, 성기옥(1989)에서는 이에 대해 의문을 제기하고 있다.

이처럼 두 언어관계에 관심을 둔 기존연구를 보면 국문과 한문 중 어느

---

4 김완진, 「세종대의 어문정책에 대한 연구」, 『성곡논총』 3집, 성곡학술문화재단, 1972, 음운과 문자, 신구문화사, 1996, 301-345면.
5 성기옥, 「<용비어천가>의 문학적 성격-훈민정음 창제와 관련된 국문시가로서의 역사적 의미를 중심으로-」, 『진단학보』 68집, 진단학회, 1989, 143-170면.
6 강신항, 「용비어천가의 편찬경위에 대하여」, 『서울대 문리대학보』, 6권 1호, 1958 ; 『훈민정음연구』, 성균관대학교 출판부, 1987, 287-295면.
7 성호주, 「현토체 악가의 시가사적 의의」, 『수련어문논집』 11집, 부산여대 국어국문학과 수련어문학회, 1984, 71-92면.
8 조흥욱, 「용비어천가의 창작 경위에 대한 연구」, 『어문학논총』 20집, 국민대학교 어문학연구소, 2001, 143-162면 ; 『월인천강지곡의 문학적 연구』, 국민대학교 출판부, 2008.

매체가 먼저 지어졌느냐에 주목하거나 어문정책에 관심을 두고 있어서 실제로 작품에 나타난 한문과 국문의 관계를 통해 작품 자체를 구체적으로 분석해들어가는 작업은 이루어지지 않았다. 또한 두 작품을 비교한 논의가 아직 없었다. 함께 다루더라도 항상 악장문학이라는 공통된 범주 속에서 같이 다루어져 둘 간에 어떤 차이가 있고, 이는 문학사적으로 어떤 의미가 있는지 논의되지 않은 실정이다.

악장문학은 표기문자에 따라서 한문악장, 현토악장, 국문악장으로 크게 나눌 수 있는데, 세 번째에 해당하는 대표적인 작품이 <용비어천가>와 <월인천강지곡>이다. 큰 관점에서 보자면 두 작품은 모두 기존의 한문 악장에 비해 국문 악장이라는 공통점을 지닌다. 따라서 기존논의에서도 악장문학의 표기매체에 따른 세 가지 분류를 하되, 두 작품을 국문가사체라는 공통된 범주 안에 넣고 둘의 차이점에 대해서는 아무도 주목하지 않았다. 그러나 두 작품은 모두 국문가사이되 국문과 한문을 함께 사용하고 있다. 국문과 한문의 언어사용에 관심을 두기보다 개별작품이나 작품군을 편의에 따라 나누는 기준으로만 사용하고 사용언어의 차이가 작품 내에서 어떤 의미를 띠고 있는지 논의하지 않은 것이다.

따라서 본서에서는 한문과 국문의 상이한 지위가 문학작품활동을 통해서 어떻게 나타나는지, 국문의 지위가 한문과 동동한 기록매체로 존재하게 되는 변화과정을 문학사적 흐름 속에서 살펴보려는 작업의 일환으로[9], 국문(國文) 사용 문학의 출발점이 된 <龍飛御天歌>와 <月印千江之曲>에 주목하고 두 작품에 나타난 한문과 국문 사용관계의 차이점에 주목하고자 한다.

두 작품은 훈민정음(訓民正音)을 만들고서 의도적으로 창작되었다는 점

---

[9] 이와 관련한 필자의 기존논의로는 17세기 시조와 한시의 비교를 통해 한문과 국문의 관계양상을 살펴본 정소연, 「신흠의 절구와 시조 비교연구」, 서울대학교 박사학위논문, 2006이 있다.

에서, 또한 기존의 악장문학이 한시나 한문현토체로 불리던 중 국문(國文)을 사용해서 만든 작품들이라는 점에서 주목을 요한다. 게다가 <용비어천가>는 국문시가와 더불어 한역시(漢譯詩)가 있고, <월인천강지곡>은 한역시가 없다는 점에서도 연구대상으로서의 의의를 가진다. 물론 전술했듯이 논자에 따라 <용비시>인 한시가 먼저 지어진 후 국어시가인 <용비어천가>가 지어졌다고도 하고, 반대라고도 하므로 이후 <용비시>로 지칭하도록 한다. 나아가 두 작품을 둘러싼 작품군들의 존재는 한문과 국문의 관계양상을 살펴보는 데에 더욱 도움이 되는데, <용비어천가>에는 대상독자와 작품의 구성이 다른 <용비어천가 약본(龍飛御天歌 約本)>(1612)이 있고, <월인천강지곡>과 관련해서는 <석보상절> 국문본과 <월인석보>가 있다. 따라서 본서에서는 두 작품은 물론, 두 작품을 둘러싼 관련 작품들을 함께 연구대상으로 삼는다.

두 언어의 차이가 작품에 영향을 미치는 부분은 크게 세 가지이다. 문자의 표기상황에 따라 대상독자가 달리고, 작품의 내용에 있어서도 담을 수 있는 부분이 달라진다. 또한 내용뿐 아니라 작품의 문체에도 영향을 미치게 된다. 따라서 본론의 구성은 다음과 같다. 2.에서는 두 작품의 문자표기 상황을 살펴보고 그 의미를 탐색해보고자 한다. 3.에서는 이러한 표기상황이 작품의 창작동기 및 내용에 미치는 영향을 볼 것이다. 4.에서는 구체적인 문체를 살펴보고자 한다. 이하 <용비어천가>는 <용가>로, <월인천강지곡>은 <월곡>으로 지칭하도록 하겠다.

2. <용비어천가>와 <월인천강지곡>의 표기매체와 대상독자의 관계

<용가>와 <월곡>은 모두 국문으로 된 가사이다. 그래서 악장문학의 표기상황을 크게 한시체, 한문현토체, 국문가사체로 나눌 때에 세 번째로 분류되곤 한다. 그러나 그 구체적인 양상에 있어서는 차이가 적지 않다.

첫째, <용가>는 국문으로 된 가사이지만, 그 가운데에 한자어는 국문으

로 음을 달지 않고 한문만 노출해서 표기했다. 반면 <월곡>은 한자어에 반드시 한글로 음을 표기해두었다. 이 점은 월곡계 관련작품인 <석보상절>이나 <월인석보>와 같다.

둘째, 후자의 두 작품은 한자어에 한글음을 달되 한문을 더 큰 글자로 쓰고 작은 글자로 한글음을 표기하는 한주국종(漢主國從)의 방식이라면, <월곡>은 반대로 국주한종(國主漢從)의 방식을 취하고 있다. 게다가 조선시대 국어로 된 자료들중에서 대개가 <용가>처럼 한글로 한자의 음을 표기하지 않거나 하더라도 한주국종의 방식을 쓰는데, 국주한종의 방식은 <월곡>이 유일하다는 점에서 특이하다.

이와 관련하여 <용가>와 그 약본, <월곡>과 <석보상절>, <월인석보>의 표기법을 아래와 같이 나눌 수 있는데, 이 방식들은 조선시대 한글로 된 자료의 국문과 한문의 표기방식을 모두 망라한 것이라 할 수 있다. 다시 말해 <용가>와 <월곡> 관련 다섯 작품들의 표기법은 조선시대 한글 자료의 표기법 전체를 다 담아내고 있다는 것도 주목할 만하다.[10] 아래의 분류를 살펴보도록 하자.

(가) 한자어의 한글음을 따로 달지 않고 한자만 노출하는 경우
: 〈용비어천가〉, 일부 언해류 등
  예) 海東 六龍이ᄂᆞᄅ샤일마다天福이시니[11] 〈용비어천가〉

(나) (가)에서 한자어의 한글음을 표기하되 漢主國從의 방식인 경우
: 〈석보상절〉, 〈월인석보〉, 〈내훈〉, 대개의 언해류 등
  예) 世솅尊존이象썅頭뚤山산애가샤 〈석보상절〉

---

[10] 중세 국어의 한글 자료에 어떤 것들이 있는지에 대한 간략한 서지사항 및 목록은 안병희, 『국어사 자료연구』, 문학과 지성사, 1992 참조.

[11] 이하 원전을 그대로 보인다는 점에서 띄어쓰기를 하지 않는다. '六龍'앞에는 원전 그대로 띄어쓴다.

(다) (나)와 반대로 國主漢從의 경우: 〈월인천강지곡〉
예) 셰世존尊ㅅ일 ᄉᆞ로리니먼萬리里외ㅅ일이시나 〈월인천강지곡〉

(라) 한문 원문을 길게 적고 그 음도 국문으로 길게 나란히 적는 경우
: 〈용비어천가 약본〉, ≪악장가사≫ 등
예) 海東六龍飛莫非天所扶時尼
ᄒᆡ동뉵뇽비막비텬소부시니 〈용비어천가 약본〉

(마) (라)의 경우에서 한문의 국문음 표기 대신 한글로 언해한 경우
: 〈용비어천가 약본〉, 〈여씨향약〉, 〈부모은중경언해〉, 〈중간경민편〉 등
예) 海東六龍飛莫非天所扶時尼
ᄒᆡ동여 뇽의ᄂᆞᆯᄋᆞ시미하ᄂᆞᆯ희분드ᄅᆞ신배아니아니시니
〈용비어천가 약본〉

(가)의 경우는 한문 독해에 익숙한 사람이 독자이다. 국문자료라고는 하지만 한자어에 대해 국문과 관련한 어떠한 배려도 있지 않다. 따라서 한자를 모르는 사람은 한글 부분만을 읽을 수 있다. 게다가 <용가>는 (가)과 더불어 이에 대해 대개 4字 4句로 된 한역시가 있는데 국문가사도 한역시의 4字를 그대로 가져와서 해석이 필요한 경우가 종종 있다. 다음의 예를 보자.

예시1
寇攘이毒痛어늘田制를고티시니僞氏黜後에中興을爲ᄒᆞ시니
寇攘毒痛 大正田制 僞氏黜後 中興新爲[12] (第73章 下)

예시2
行宮에도ᄌᆞ기둘어님그미울어시ᄂᆞᆯ赴援設疑ᄒᆞ샤도ᄌᆞ기도라가니
賊圍行宮 天子泣涕 赴援設疑 寇虜解退 (第33章 上)

---

[12] 국문가사에 해당하는 한역시의 句가 어떻게 드러나는지 보기 위해서 임의로 한역시 부분은 4字마다 띄어쓰기로 한다.

[예시1]에서 국문가사와 <용비시>를 보면 한자어가 그대로 쓰인 경우가 대부분인데, 특히 '僞氏黜後'의 경우는 '가짜 성을 쫓아낸 후'의 뜻으로 번역을 하지 않으면 뜻을 이해하기 어렵다. [예시2]의 경우는 더욱 그러하다. '赴援設疑ᄒ샤'는 '구원하러 가서 의심스러운 일을 만드시어'로 구체적으로 풀어야 이해가 더 용이하다. 따라서 비록 국문가사더라도 위 다섯 방식들중 가장 상층을 위한 기록물이라 할 수 있다.

이에 비해 (나)·(다)·(라)·(마)의 공통점은 한자에 대한 국문표기가 어떠한 방식으로든 존재한다는 점이다. 그러나 (라)는 국문으로 음을 표기했을 뿐이지 실상 국문만 아는 독해자라면 읽어 내용을 이해할 수는 없다. 구결(口訣)이 있지만 이는 조사나 어미일 뿐이다. 따라서 국문을 아는 사람이 한문을 배우기 위한 것이므로 중간층의 독자를 위한 기록물이라 할 수 있다. 이렇게 보면 (라)는 (가)보다는 계층이 낮지만 (나)·(다)·(마)보다는 높은 계층이 그 대상자이다.

(나)와 (다)는 한자가 먼저냐 국문이 먼저냐의 차이일 뿐 독해자의 입장에서는 큰 차이가 없다고 할 수 있다. 그러나 엄밀히 말해 (다)가 국문음을 더 앞세웠다는 점에서 (나)보다는 더 국문 독해자를 배려한 것이라 할 수 있다. 그런데 이러한 방식이 현재 전하는 조선시대 작품 중 <월곡>이 유일하다는 점은 주목할 만하다. 이 점을 악장문학으로 범위를 좁혀 생각한다면 국가적 음악의 노랫말로서 한문악장에 대응하는 국문악장의 존재감을 깊이 인식한 것이라 할 수 있다. 따라서 (가)방식의 <용가>보다 (다)방식의 <월곡>이 자국어(自國語)로 악장 짓기에서 한 걸음 더 나아갔 다고 하겠다.[13] 기존에는 같은 악장문학과 국문시가라는 이유로 <월곡>과 <용가>가

---

[13] 성기옥(1989), 앞의 글 등 기존연구에서는 <용가>에 대해서만 이러한 의미 부여를 했는데, <월곡>을 함께 비교할 때에 <월곡>이 그 자리를 대체해야 한다. <월곡>에 대해서는 너무 불교문학쪽이나 산문의 운문화쪽으로 연구가 기울은 탓이라 하겠다.

함께 묶여 이해되었으나 표기문제와 관련하여 월곡은 유래가 없는 유일한 자료라는 점에서 주목을 요한다. 이 점에 대해서는 3장에서 더 깊이 논의할 예정이다.

<용비어천가 약본>은 (라)의 방식과 더불어 (마)의 방식도 함께 취하고 있다. 독해의 편의성만 주목한다면 위에 제시된 것중 (마)가 가장 국문 독자층을 배려한 것이다. 한자에 방해받지 않고 한글부분만 주목해서 읽을 수 있고 그 의미도 이해가 가능하기 때문이다. 그리고 긴 한문문장의 독음을 국문으로 달고[(라)], 더불어 그에 대한 언해도 있으니[(마)] 모든 층을 아우른다. 곧 한문만 보는 최상층, 국문을 통해 한문을 배우려는 중간층, 국문언해부분만 이해하는 하층을 두루 독자로 삼고 있다.

(마)의 방식으로 표기된 기록물들을 보면 <여씨향약>, <부모은중경언해>, <중간경민편> 등 앞의 다른 방식에 비해 더 교훈적인 내용을 다루고 있는 것도 독자층이 하층민인 것과 연결된다. 또한 하층민과 중간층이 한문을 습득하는 교육적 효과도 볼 수 있다. <용가 약본>도 <용가>와 비교할 때에 총 125장중 26장만을 취하고 있는데 1-10장·13장·21-22장·24장·97장·110-118장·125장이 그것이고, 내용도 교훈적인 내용 이 더 강화되는 쪽으로 재구성이 된 것을 볼 때에[14] 역시 표기방식과 그 대상독자가 밀접함을 알 수 있다.

정리하면 (라)<(가)<(나)<(다)<(마)순으로 한글독자층을 위한 것이고, 독자층이 더 넓어지게 된다. 구체적인 작품으로 들자면 '용비어천가<석보상절·월인석보<월인천강지곡<용비어천가 약본'의 순으로 독자층의 저변이 더 넓어진다. 그렇다면 이러한 표기방식과 독자층의 관계에 대해서 좀 구체

---

[14] 이에 대한 논의는 박병채, 「용비어천가 약본에 대하여」, 『동양학』5집, 단국대학교 동양학 연구소, 1975, 57-70면 ; 김승우, 「<용비어천가> 향유·수용양상의 특징과 그 의미」,『한국시가연구』23집, 한국시가학회 2007, 81-113면 ; 김승우,『조선시대 시가의 현상과 변모』, 보고사, 2017 참고.

적으로 살펴보도록 하자.

<용가>는 125장에서 "님금하 아ᄅᆞ쇼셔"에서 보듯 발화의 대상자가 임금으로 나와 있다는 점에서 왕이나 신하, 곧 남성을 향한 것이다. 반면 <월곡>은 소헌왕후의 追薦을 위해 창작된 곡인 만큼 1차적으로 그 발화의 대상은 여성이다. 여기서 우리는 왜 <월곡>이 <용가>나 월곡계의 다른 작품들인 <석보상절>이나 <월인석보>와 달리 국문 앞세움 표기를 했는지 알 수 있다. 대상이 여성이므로 여성의 문자인 국문으로 작품을 쓰되, 실상은 국문 앞세움 표기 이전에 국문표기였을 것이다. 그런데 상층여성을 향한 것이므로 이에 대해 한자음을 작게 표기한 것이라 할 수 있다.

그런데 <석보상절>이나 <월인석보>와 같은 (나)방식에 속하는 <내훈> 역시 여성을 향한 기록물이므로 왜 <월곡>만 유일하게 국문 앞세움 표기를 취하고 있는지 또 다른 설명이 필요하다. 이는 시가와 산문자료의 차이에서 기인한 것으로 볼 수 있다. 시가는 구두로 노래하는 것이므로 구어에 더 가깝고, 산문자료는 애초부터 기록물이므로 한문 앞세움 표기방식을 취할 가능성이 높다. 같은 월곡계 내에서도 시가(詩歌)인 <월곡>과 달리 산문의 형식을 띤 <석보상절>과 <월인석보>가 <내훈>처럼 한문 앞세움 방식을 취하고 있는 것을 보면 알 수 있다.

한편, 한역시의 유무 역시 향유자[15]의 차이와 연결된다. 한시인 <용비시>가 있는 <용가>의 독자층이 <월곡>보다 상층남성을 더 염두에 두고 있다는 증거이다. <월곡>의 경우에는 여성의 글이라 여긴 국문의 사용으로 그치고 또 다른 기록매체인 한문번역이 긴요하다고 여기지 않았다. 이러한 현상은 또 다른 시가갈래인 시조에서도 볼 수 있는 현상이다. 17세기 중반의 시조 작가인 신흠, 정훈 등은 모두 시조에 한문번역을 부기(附記)하고 있다. 남성 작가가 국문으로 작품을 짓고 그것을 문집에 싣기에는 아직 시대가 이른

---

[15] 여기서 향유자는 생산자와 소비자 모두를 지칭한다.

것이라 하겠다.[16] 따라서 <월곡>의 경우는 소헌왕후인 여성을 대상으로 하는 것이기에 국주한종(國主漢從) 표기가 가능한 측면이 있다.

두 작품에서의 한시의 유무는 좀 더 범위를 넓혀서 그 대상을 생각해 볼 수 있다. <용가>에서 전절은 중국역사, 후절은 우리역사를 나란히 다루고 있다는 점과 더불어서 이는 비단 국내용일 뿐 아니라 중국을 의식한 국제용이라는 것을 생각하게 한다. 국문으로 지어진 시가라는 사실이 민족어문학의 성취를 보여줌과 동시에 중국의 역사와 견주면서 한문으로 된 시(詩)를 병기(倂記)하고 한문 협주를 보탬으로써 공동문어문학으로서 존재 의의를 가지는 것이다. 반면 <월곡>은 대상독자가 여성인 이유 외에 국내용으로, 다시 말해 국문 앞세움 표기방식을 통해 민족어문학의 최고의 성취를 이룬 국내용으로 지어진 것이라 하겠다.

이제 다음 장에서는 지금까지 논의한 표기방식과 대상독자와 더불어 창작동기의 관련성을 살펴보도록 하겠다.

3. <용비어천가가>와 <월인천강지곡>의 표기매체·대상독자와 창작동기· 세계관의 관계

<용가>는 훈민정음을 실험하기 위해 지어지기도 했지만, 더 중요한 것은 조선건국의 정당성을 확보하고 유교라는 새로운 통치이념을 확립할 뿐 아니라 선왕의 공덕을 칭송하고 왕실의 번영을 꾀하기 위해 지어진 것이다.[17]

---

16 이보다 조금 뒤인 17세기 후반의 윤선도는 국문으로 시조를 짓고 그것을 문집에 실었다. 한역(漢譯)한 경우는 몇 편에 불과해서 이전 시조작가들에 비해 사대부 남성으로서 국문을 기록매체로 인식하는 시각이 한 걸음 더 나아갔다고 할 수 있다. 이에 대한 더 구체적인 논의는 정소연, 「신흠의 절구와 시조 비교연구」, 서울대학교 박사학위논문, 2006 참조.

17 최항, <龍飛御天歌跋>, "詩之有頌, 皆所以稱述先王盛德成功, 以萬念慕之懷, 而爲子孫保守之道."

서문에서뿐 아니라 실제 작품분석을 통해서도 이 점은 잘 드러난다. 이 부분은 기존연구에서도 많이 논의되었으므로 구체적인 작품의 예를 들지는 않겠다.

이렇게 <용가>가 '유교'이념을 지향한 악장이라면, 다른 한편에 있는 것이 <월곡>이다. <월곡>은 소헌왕후의 추천(追薦)을 위해 지어졌다. 이는 세종이나 왕실 일가의 개인적인 슬픔을 위로하는 데에도 작품의 목적이 있음을 의미한다. 소헌왕후와 세종의 부부(夫婦)관계, 소헌왕후와 세조의 모자(母子)관계 등의 개인적인 가족관계를 석가모니와 정반왕, 그리고 라후라의 관계를 통해서 드러내고 있다. 특히 이전의 국문본 <석보상절>과 비교해 <월곡>은 정반왕과 석가모니, 곧 부자간에 서로의 마음을 표현하는 부분이 확대되는 등 가족간의 돈독한 온정과 유대의 강조를 강화하는 방향으로 시가화되었다.[18]

게다가 이 작품을 실제로 부르는 이들은 추천의식의 승려들이고, 작품의 내용도 석가의 일대기를 다룬 것이어서 공식적인 국가이념과 다른 '불교'라는 종교적인 전파에도 기여하는 바가 있다. 물론 불교에 대한 배척이 강한 분위기속에서 불교와 작품의 존재를 위해 '孝'를 강조하는 부분이 있지만 이는 비단 유교적 세계관에 해당될 뿐 아니라 인간윤리에 기반한 것으로 이해할 수 있고, 또 불교의 '報恩'윤리에 기반한 것으로 볼 수 있는 부분이다.[19]

그렇다면 이 창작동기 및 작품의 역할을 기록매체와 연결지어보자. 국가의 통치이념과 건국의 정당성을 세우는 '공식적' 목적을 담은 <용가>는 국문시가(國文詩歌)이되 한자어를 그대로 노출할 뿐 아니라 한시(漢詩)와

---

[18] 이에 대한 구체적인 내용은 김승우, 「<월인천강지곡>의 주제와 형상화 방식」, 고려대학교 석사학위논문, 2005 참조.

[19] 이와 관련해서는 김기종, 「월인천강지곡의 저경과 사상적 기반」, 『어문연구』 53집, 2007, 35-61면 참조.

한문(漢文)의 협주가 존재한다. 국문시가로 다 표현하지 못하는 역사적 사실과 그 배경을 한문기록을 통해서 전달함으로써 앞서 언급한 목적을 달성하고 있는 것이다. 이렇게 정치적 사실에 대한 설명, 중국과 우리의 역사 등은 국문이 아니라 한문으로 기록해야 한다고 인식하고 있음을 알 수 있다.

한문기록이 부기되는 이유에 대해서 좀 더 생각보면, 한문과 국문의 언어학적 차이에서 그 원인을 찾을 수 있다. 한문은 표의문자인 반면, 국문은 표음문자이다. 표의문자인 한문은 글자 한자, 곧 1음절 속에도 많은 의미를 내포할 수 있다. 따라서 글자수의 경제성과 더불어 의미전달의 함축성을 함께 얻을 수 있다. 이와 관련하여 다음의 <용가>를 보도록 하자.

예시3
行宮에도ᄌᆞ기둘어님그미울어시놀赴援設疑ᄒᆞ샤도ᄌᆞ기도라가니 (第33章 上)
京都애도ᄌᆞ기드러님그미避커시놀先登獻捷ᄒᆞ샤님금도라오시니 (第33章 下)

예시4
賊圍行宮 天子泣涕 赴援設疑 寇虜解退 (第33章 上)
賊入京都 君王出避 先登獻捷 車駕旋至 (第33章 下)

[예시4]는 [예시3]의 한시 부분이다. '赴援設疑ᄒᆞ샤'와 '先登獻捷ᄒᆞ샤'를 우리말로 바꾸면 '구원하러 가서 의심스러운 일을 만드시어'와 '먼저 달려가 적을 물리치시어'로 풀 수 있다. 글자수에서 확연히 차이가 나는 데, 더 중요한 것은 단순히 국문으로 풀었을 때 의미가 축소된다는 점에 있다. 이 4字로 된 두 구는 고사(故事)를 배경으로 하고 있다. '赴援設疑'는 수나라 양제가 여행중 도둑이 들자 후에 당나라 태종이 되는 이세민(李世民)이 구원병에 지원하여 가짜 병사를 만들어 군세(軍勢)를 과장함으로써 도둑을 돌아가게 한 것을 말하고, '先登獻捷'은 고려 공민왕때 홍건 적이 쳐들어오자 이성계가 먼저 도착해서 적을 친 사건을 말한다. 이렇게 옛 역사적 사실

을 전달해야 하는 <용가>는 한문의 표의적 성격을 활용해서 많은 내용을 담아내고 있는 것이다.

그러다 이보다 더 중요한 것은 당시 한문이 상층의 문자로서 기능했다는 사실과 밀접하다는 것이다. 국가의 공식이념과 정치적 문제는 언문(諺文)으로 여겨지는 국문(國文)으로 하기보다 한문(漢文)으로 해야 된다는 인식이 작용하고 있는 것이다. 실제로 국문 창제를 반대한 유신들의 상소문을 보면 유교이념의 전파가 약화될 것을 우려하기도 했다.[20] 한문에 기반한 유교와 중국과의 관계는 국문이 아직 대신할 수 없는 자리인 것이다.

이번에는 <월곡>에 대해서 생각해보자. <용가>가 국가이념을 세우고 건국의 정당성을 합리화하는 공식적인 내용을 표현하고 있다면, 개인의 슬픔을 위로하는 '비공식적'인 목적은 국문시가만으로 된 <월곡>을 통해서 이루고자 했다. 석가가 열반에 든 것처럼 소헌왕후도 죽음 이후의 세계에서 좋은 곳으로 가기를 기원하며 위로를 받으려고 했을 것이다. 특히 정반왕이나 석가모니라는 표현과 더불어 '아바님, 어마님, 아돌님, 며 놀이' 등의 가족의 사적인 관계를 지칭하는 용어들은 작품을 접하는 이에게 더욱 개인의 문제로 돌아가도록 하는 매개가 되었을 것이다.

성리학적 유교계 악장이 <용가>라면, <월곡>은 불교의 세계관을 담고 있는 악장이다. 유신(儒臣)들과 이념적으로 대립적 입장에 있던 호불(好佛) 유학자나 학승(學僧)들이 짓는 과정에 참여했을 뿐만아니라 <월곡>을 부르는 승려는 기원과 더불어 불교와 그 신앙을 전파하고자 했을 것이고, 듣는 이들이 석가의 일대기를 통해 감화를 받고 종교심이 깊어지는 것은 당연하다. 따라서 공식적인 국가통치이념인 유교적 세계관은 국문+한문의 <용가>로, 비공식적이고 신앙적인 불교적 세계관은 국문시가만의 <월곡>으로

---

[20] 이에 대해서는 강신항, 「세종시대의 언어정책과 훈민정음 창제」, 『훈민정음연구』, 성균관대학교 출판부, 2003 참조.

나타낸 것이다.[21] 이렇듯 창작동기와 기록매체의 차이는 한문과 공식적 사용과 국문의 비공식적 사용관계를 잘 보여준다. 즉, 국가의 공식적 지배이념인 유교와 관련한 작품인 <용가>의 표기방식과 사적 영역인 개인의 신앙과 종교와 관련한 작품인 <월곡>에서 한문의 협주나 한역시를 쓰지 않고 국문가사로만 쓰여진 방식은 주목할 만하다.

지금까지 작품의 표기상황과 대상독자 및 창작동기를 살펴보았다. 이제 다음 장에서는 작품내부로 구체적으로 들어가 한문과 국문의 표기상황이 문체에는 어떤 영향을 미치고 있는지를 살펴보도록 하겠다.

4. <용비어천가>와 <월인천강지곡>의 문체 비교

본장에서는 두 작품에 나타난 문체를 비교함으로써 앞에서 살펴보았던 국문과 한문의 관계를 더 깊이 고찰하고자 한다. 이를 위해서 두 작품에서 가장 차이가 크게 두드러진 측면인 구두점(권점)과 통사구조, 나아가 작품 전체의 구조인 텍스트구조순으로 나누어서 살펴보도록 하겠다.

4.1. 구두점(권점) 표기의 유무(有無)

두 작품에는 방점이 공통적으로 표시되어 있는데, 권점은 <월곡>에는

---

[21] 물론 불교계 악장인 <월곡>에도 유교적 가치관의 색깔은 깔려있다. 이 점은 그 전후의 작품들인 <석보상절>과 <월인석보>를 살펴볼 때에 잘 드러난다. <월곡>은 <석보상절>을 따르면서도 神異性과 흥미성이 더 강하고 특히 정반왕과 석가의 관계를 통해 孝를 더 강조하고 있어서 유교적 세계관의 질서를 지키고자 하는 의도를 읽어낼 수 있다. 이를 崇儒抑 佛의 분위기속에서 불교가 유지되기 위한 방편으로 존재하는 것으로 볼 수도 있겠지만 결과론적으로 유교적 가치관의 강화라는 쪽으로 기여하고 있는 것은 사실이다. 그래서 이 작품이 백성에게까지 유교적 질서이념과 안정을 꾀하기 위해 영향을 미칠 수 있다는 것은 간과할 수 없을 것이다.
이와 관련한 더 자세한 고증 및 내용은 김승우(2005), 앞의 글 ; 김기종(2007), 앞의 글 참조.

없고 <용가>에만 있다. <용가>에서 방점은 표시하지 않고 권점만 표시하면 다음과 같다. [예시3·4]는 앞에서도 나왔지만 권점을 표기해 다시 보면 아래와 같다.

예시3
行宮에도ᄌᆞ기둘어ᄋᆞ님그미울어시ᄂᆞᆯᄋᆞ赴援設疑ᄒᆞ샤ᄋᆞ도ᄌᆞ기도라가니
(第33章 上)
京都애도ᄌᆞ기드러ᄋᆞ님그미避커시ᄂᆞᆯᄋᆞ先登獻捷ᄒᆞ샤ᄋᆞ님금도라오시니
(第33章 下)

예시4
賊圍行宮○天子泣涕ᄋᆞ赴援設疑○冦虜解退 (第33章 上)
賊入京都○君王出避ᄋᆞ先登獻捷○車駕旋至 (第33章 下)

예시5
欲以宗女○嫁其弟叱吉說○拜爲南面可汗ᄋᆞ(第33章의 주해부분)

예시6
恭惟祖宗○自司空始佐新羅○綿綿世濟其美○歷數百餘年○至于穆祖○肇基朔方ᄋᆞ翼祖度祖桓祖○三聖相承○以孝弟忠信爲家法ᄋᆞ朔方之人○咸歸心焉ᄋᆞ至今父老相傳○稱口不置ᄋᆞ(정인지, 〈龍飛御天歌序〉)

[예시3·4·5]는 각각 <용가>의 국문가사, 한역시, 관련되는 주해부분이고 [예시6]은 정인지가 쓴 <용가>의 서문인데, 모두 권점을 사용하고 있다. 특히 [예시3]과 [예시4]의 권점의 위치가 찍혀있는 자리가 같은 내용이 끝나는 자리에 있다는 것과, [예시5·6]의 산문부분에까지 있어서 독해에 도움을 주고 있다는 것을 알 수 있다.[22] 물론 [예시3·4]의 경우에는 운문이기도

---

[22] 기존논의중 권점에 대해 유일하게 관심을 가진 성기옥, 「<용비어천가>의 문학적 성격-훈민정음 창제와 관련된 국문시가로서의 역사적 의미를 중심으로-」, 『진단

해서 율격구조에도 영향을 미치고 있기도 하나 역시 내용적 구분에도 기여하고 있는 것이 사실이다. 이렇게 권점이 운문과 산문부분, 국문이나 한문부분 모두 사용되고 있고 이외에도 ≪훈민정음(해례본)≫에서도 산문부분의 권점사용을 볼 수 있다.

그러면 <용가>에는 있고 <월곡>에는 없는 권점의 역할은 무엇을 의미하는지 생각해볼 필요가 있다. 권점은 구두점의 일종으로 구두점은 독해에 도움을 준다. 특히 띄어쓰기가 없는 시대에 어디서 의미의 단위가 끊어지는지 이해를 돕는 역할을 한다. 한문의 경우 띄어쓰기를 하지 않으나 독해의 편의를 위해 위와 같은 방점을 표시하는 것도 미숙한 독해자를 돕는 역할을 하는 것이다.

그렇다면 이처럼 독해에 도움을 준다는 것은 그것이 '시각적'으로 읽는 기록물이라는 의식을 강하게 반영하고 있다는 것을 의미한다. 이 점은 전통적으로 읽기 방식의 두 가지 측면인 음독과 묵독의 문제와 연결된다. 음독의 경우 소리내어 읽으면서 어디서 잠깐 소리를 쉬거나 함으로써 의미단위를 끊을 수 있기 때문에 기록물에 대한 시각적 의존도가 묵독에 비해 낮다. 그런데 묵독은 순수하게 시각에만 의지하므로 묵독을 더 순조롭게 하기 위해서는 구두점이 긴요하다. 이처럼 음독이 좀 더 구술적 전통에 가까운 읽기 방식이라면 묵독은 시각에 더 의지하는 문자문화라 할 수 있다.[23]

학보』 68집, 진단학회, 1989, 143-170면 ; 성기옥, 「<용가> 권점의 언어적 기능과 미적 기능」, 『문학과 언어의 만남』, 1996에서도 권점은 독해의 편의를 위한 구두점으로 보고 있다.

[23] 구두점과 음독, 문자문화와의 관련성에 대한 더 자세한 논의는 오현아, 「띄어쓰기 개념의 재정립에 대한 고찰 -음독에서 묵독으로의 개인적·사회적 이행 과정을 중심으로」, 국제 한국언어문화학회 국제학술대회 발표집, 2008년 11월 7일, 35-45면 ; 이정찬, 「근대적 구두법(句讀法)이 읽기와 쓰기에 미친 영향-근대 전환기를 중심으로-」, 국제한국언어문화학회 국제학술대회 발표집, 2008년 11월 7일, 75-85면 ; 월터 옹 저, 이기욱 역, 『구술문화와 문자문화』, 문예출판사, 1995 참조.

<월곡>에 권점이 없다는 것은 좀 더 구술적 전통에 가까운 기록물이라는 것을 의미한다. 특히 구어와 문어가 일치하는 국문가사만 존재하고 한역시나 한문으로 된 주해부분이 없으므로 권점의 필요성이 덜할 수 있다. 그러나 <용가>에는 구어와 다른 문어이기만 한 한문으로 된 산문의 주해부분과 한역시까지 더해 있어 시각에 더 의지하는 기록물이라고 할 수 있다.

<월곡>이 구술적 전통에 가까운 기록물이라는 또 다른 증거는 당시 훈민정음이 한자의 음가를 그대로 표현하는 발음기호로서도 기능했다는 사실이다. 이와 관련하여 잠깐 다음의 예를 보도록 하자.

예시7
범梵지志외外똘道부텻득德을아ᅀᆞ바면萬쉐歲롤브르ᅀᆞᄫ니 (其25 上)
홀優땀曇밣鉢라羅부텨나샤몰나토아금金고지퍼디ᅀᆞᄫ니 (其25 下)

위의 예에서 한자(漢字) 글자 하나하나에 대한 국문표기를 보면 순국문으로 된 단어에 비해 표기형태가 지금과 가장 상이해 눈에 띤다. 최대한 한자(漢字)의 발음에 가깝게 표기한 것으로 발음기호로서의 역할을 하고 있음을 알 수 있다. 중세 때의 자음과 모음중 지금은 사용하지 않는 것들이 많고, 지금 한국어가 그때와 다른 것도 지금은 발음기호가 아니라 좀 더 상징적인 기호로 한글의 자모를 사용하기 때문이다. <용가>에서 한자어에 대해 국문음을 표기하지 않았다는 것은 소리내어 읽는 것을 염두하지 않았다는 말이다. 독자층이 굳이 한자(漢字)의 글자 하나하나마다 국문음의 표시를 하지 않아도 되기 때문이다. 반면 2장에서 살펴본 바 국주한종체(國主漢從體)인 <월곡>의 표기방식은 한자어에 대해 중국의 발음에 최대한 가깝게 내려는 소리의 표현이다. 따라서 <월곡>은 애초부터 소리내어 읽는 용도에 가깝게 기록된 작품인 것이다.

<용가>는 훈민정음 창제후 의도적으로 지어진 실험적 작품이다. 이런 의미를 띤 <용가>에 권점이 사용되었다는 것은 구어로만 존재하던 국어의

'記錄文字'가 생겼다는 것을 의도적으로 강조했다는 것이라 할 수 있다. 즉 한문부분에 권점을 사용하듯 문자인 국문부분에도 권점을 사용함으로써 한문과 함께 국문을 나란히 기록매체로 두려는 의식의 표현이라는 것이다. 비록 사대부들은 국문(國文)을 언문(諺文)으로 낮추었지만 훈민정음을 창제한 의도속에는 우리에게도 이제 비로소 기록할 수 있는 우리의 문자가 생겼다는 자부심이 있었던 것이다.[24]

그러나 이는 어디까지나 실험적으로 지어진 작품에 대한 의도적인 노력의 일환으로 봐야 한다. 다시 말해 <용가>가 더 읽는 기록물, 독해물로서의 성격이 강하고 <월곡>이 상대적으로 시각적 독해물의 성격이 약하고 상대적으로 부르는 구어성이 강하다는 것은 아직 국문이 기록매체로서 온전히 자리잡지 않았다는 의미이기도 하다.

이 점은 아무래도 구어가 문어에 비해 상대적으로 낮은 위치에 있는 것, 그리고 두 작품의 대상독자가 앞에서 살펴보았듯이 여성과 남성이라는 것과 관련이 된다고 하겠다. 식자층(識字層)이라는 말도 있듯이 문자를 안다는 것은 사회적인 신분과 지위로 연결되기 때문에 상대적으로 구어가 문어보다 그 지위가 낮은 것이 사실이다. 이러한 점과 여성을 독자로 한 <월곡>이 더 구술적 전통에 가깝다는 것도 밀접한 연관이 있는 것이다.

4.2. 통사구조

두 작품중 한자어에 대한 의존도가 높은 것은 앞에서도 보았듯이 <용가>이다. 특히 <용가>는 한역시에 나타난 4字의 구(句)가 그대로 국문가 사에 반복되는 경우가 빈번하다.[25] 일일이 다 예를 들 수 없을 만큼 많으므로

---

[24] 이와 관련하여 성기옥(1989), 앞의 글에서 <용가>의 국문가사에의 권점은 시경체의 4句를 의식하고 이와 동등한 우리의 악장이 존재하는 의식의 표현이라고 한 것도 같은 맥락이라고 본다.

[25] 조흥욱(2001), 앞의 글에서는 이 점을 지적하며 한문으로 된 龍飛詩가 먼저 있은

여기서는 몇 가지만 대표적으로 살펴보도록 하겠다. 2장에서 예로 든 [예시1]에서의 '僞氏黜後'가 한역시에 쓰인 그대로 국문가사에 나오고, 그래서 국문가사는 '僞氏黜後에'로 국어의 조사만 붙여 한문현토체처럼 나타난다. '가짜 성을 쫓아낸 후에'라고 얼마든지 표현할 수 있는데도 말이다. 또 다른 예로 3장에서의 [예시3]과 [예시4]를 비교해보자. 논의를 위해서 다시 아래에 제시한다.

예시3
行宮에도ᄌᆞ기둘어。님그미울어시놀。赴援設疑ᄒᆞ샤。도ᄌᆞ기도라가니
(第33章 上)
京都애도ᄌᆞ기드러。님그미避커시놀。先登獻捷ᄒᆞ샤。님금도라오시니
(第33章 下)

예시4
賊圍行宮。天子泣涕。赴援設疑。冦虜解退 (第33章 上)
賊入京都。君王出避。先登獻捷。車駕旋至 (第33章 下)

[예시4]의 '赴援設疑'와 '先登獻捷'이 국문가사인 [예시3]에 그대로 나타나는 것을 볼 수 있다. 국문가사에서는 '赴援設疑ᄒᆞ샤'와 '先登獻捷ᄒᆞ샤'로 '-ᄒᆞ샤'라는 국어의 어미만을 붙여 역시 현토체가 된 것을 볼 수 있다. 이 부분을 우리말로 바꾸면 '구원하러 가서 의심스러운 일을 만드시어'와 '먼저 달려가 적을 물리치시어'가 되지만 그렇게 하지 않았다.

그렇게 한 이유는 무엇인가? 우리말로 풀어쓰면 이해하기에는 더 편하지만 고사(故事)의 의미가 축소된다는 것은 3장에서도 지적한 바 있다. 여기서는 문체와 관련해서 살펴보면, 우리말로 풀었을 때 글자수가 많아져서 형식적인 구조가 무너지게 된다. <용가>는 모든 행이 그런 것은 아니라도 대개

후 이를 국문시가로 번역한 증거라고 하였다.

가 4句의 한역시와 같이 권점의 구분에 따라 4등분으로 나누어지는 구조를 지녔다.[26] 그런데 국문으로 풀어쓰게 되면 율격구조가 무너지게 된다. 따라서 많은 내용의 고사(故事)를 함축적으로 담으면서도 형식적 정제미를 따르기 위해서 4字의 한문구를 그대로 썼다고 할 수 있다.

이에 비해 <월곡>에서의 긴 한자어는 많은 부분이 석가모니의 일생에서 만나는 사람의 고유명사이고, 국어의 통사구조에 따라 풀어써도 되는 부분을 한자로 된 구(句)로 응축해서 쓰는 경우는 거의 없다. 앞에서 살펴 보았던 [예시7]을 다시 보도록 하자.

예시7
뻠梵지志외外똘道부텻득德을아ᅀᆞ바면萬쉐歲롤브르ᅀᆞᄫᆞ니 (其25 上)
홀優땀曇밣鉢라羅부텨나샤몰나토아금金고지퍼디ᅀᆞᄫᆞ니 (其25 下)

'뻠梵지志외外똘道'나 '홀優땀曇밣鉢라羅'는 4字로 된 한자어이지만 어떤 긴 말을 함축한 것이 아니라 고유명사 그대로를 쓴 것이라서 우리말로 바꾸어도 '범지외도'와 '구담바라'로 자수(字數)나 의미의 변화가 전혀 없다. 이렇게 된 배경에는 2.에서 논의했듯이 일차적으로 독자의 지위와도 관련이 있겠지만 또 다른 이유로 <월곡>의 창작과정에 힘입은 바가 크다고 본다. 석가의 일대기를 한문본 <석보상절>로 지은 뒤, 이를 다시 국문본으로 바꾸고, 이것을 다시 시가화한 것이 <월곡>이다. <석보상절>을 보아도 <용가>에서나 볼 수 있는 한자구에 국문을 현토한 통사구조를 취한 문장은 없다. 따라서 이미 우리말 통사구조에 맞도록 길게 풀어서 이야기한 국문본 <석보상절>에서 온 것이라서 한문식 구조를 취한 어구가 없다고 할 수 있다.[27]

---

[26] 이 부분에 대한 기존논의를 보면 2음보씩 3등분이라고 보는 견해도 있고, 4등분으로 보는 경우도 있다. 여기서는 율격을 본격적으로 논의하는 것은 아니므로 권점 및 한역시의 구분과 같이 일단 4등분으로 보도록 하겠다.

4.3. 텍스트구조

<용가>와 <월곡>은 각편들이 모두 두 줄씩 나란히 놓여있는 구조라는 점에서는 일치한다. 이러한 텍스트의 구조는 두 작품 이전의 악장문학, 특히 한문으로 된 정격악장의 형식에서 비롯한 것으로 볼 수 있다. 한문가사의 정격악장은 4字 8句가 기본형이다. 한문가사가 있는 <용가>를 생각해보면 한 줄이 4字 4句이니 두 줄을 합해야 4字 8句가 되어 기존의 정격 한문가사의 형태와 일치한다. 이런 전통 속에서 <용가>나 <월곡> 모두 두 줄이 하나의 각편으로 지어졌다고 하겠다. 자수(字數)를 맞출 수는 없어도 권점을 통하여 한역시와 같이 한 줄이 4등분으로 나뉘고, 그것이 두 줄 연속되게 함으로써 국문가사도 한문가사와 대등한 정격악장의 구조가 되도록 한 것이다.

그런데 두 작품 모두 두 줄이 나란히 병치(倂置)되는 점은 공통적이지만 자세히 보면 차이가 있다. 기존논의에서는 <용가>나 <월곡>이 모두 두 줄이 병치되어 대구를 이루고 있다는 지적이 대부분이었다. 그러나 <용가>는 두 줄이 기계적이면서 완벽한 대구를 이루고 있지만 상대적으로 <월곡>은 그 대구성이 좀 더 느슨한 편이다. 우선 <용가>를 살펴보도록 하자.

예시8
聖孫이一怒ᄒᆞ시니六百年天下洛陽애올ᄆᆞ니이다 (<용가> 第14章 上)
聖子三讓잇기나五百年나라히漢陽애올ᄆᆞ니이다 (<용가> 第14章 下)

예시9
始終이다ᄅᆞ실功臣이疑心ᄒᆞ니芝鼎無幾예功이그츠니이다
(<용가> 第79章 上)

---

27 그렇다면 선행연구에서 지적했듯이 <용가>의 국문현토체 부분은 이미 한시화된 <龍飛詩>에서 왔을 가능성이 커보인다.

始終이ᄀᆞ티실功臣이忠心이니傳作萬世예功이그츠리잇가

(〈용가〉 第79章 下)

예시10
불휘기픈남ᄀᆞᆫᄇᆞᄅᆞ매아니뮐씨곶됴코여름하ᄂᆞ니 (〈용가〉 第2章 上)
ᄉᆡ미기픈므른ᄀᆞᄆᆞ래아니그츨씨내히이러바ᄅᆞ래가ᄂᆞ니

(〈용가〉 第2章 下)

예시11
뒤헤는모딘도죽알ᄑᆡᆫ어ᄃᆞᄫᆞᆫ길헤업던번게를하ᄂᆞᆯ히물기시니

(〈용가〉 第30章 上)

뒤헤는모딘즁ᄉᆡᆼ알ᄑᆡᆫ기픈모새열ᄐᆞᆫ어르믈하ᄂᆞᆯ히구티시니

(〈용가〉 第30章 下)

  [예시8·9]는 한자어가 많은 경우이고, [예시10·11]은 순국문으로 이루어진 부분이다. 네 예시들의 공통점은 상하 두 줄이 문장의 성분이나 음의 유사성 등에서 거의 완벽하게 대구가 된다는 것이다. 자세히 살피기 전 시각적으로도 이 점이 잘 드러난다.
  우선 [예시8]을 보자. '聖'을 같은 자리에 같은 음의 글자고 오고, 마지막 어미에 '애 올ᄆᆞ니이다'도 같다. 그 사이에 숫자 자리에는 모두 숫자가, 고유명사 지명자리에는 모두 '洛陽', '漢陽'으로 2음절의 같은 지명이, 그리고 '~陽'으로 모두 끝나는 단어가 왔다. [예시9] 역시 한자어가 많이 쓰였는데, [예시8]보다 더 같은 음의 반복과 유사종류의 단어가 같은 위치에 놓여 두 줄의 등가성이 높다. 두 줄 모두 '始終이 ~실 功臣이 ~니 ~ 예 功이 그츠~'가 반복되고 있고, 두 나라의 역사가 나란히 등가적으로 놓여있다.
  앞의 두 예시가 한자어가 많은 반면 [예시10·11]은 <용가>에서 국문사용의 비율이 높은 경우를 가져와보았는데, 한시에서 압운을 맞추는데 익숙한 우리에게 한자 때문에 위에서 살펴본 등가구조가 나타나는지 비교해보기 위해서이다. 그런데 국문 사용이 높은 데도 역시 [예시10·11]은 두 줄에서

같은 단어가 반복되어 사용되고, 같은 자리에 같은 종류의 단어가 옴으로써 언어의 사용면에서나 내용적으로도 등가구조를 이루고 있다. 이는 <용가>의 두 줄 구성이 앞줄은 중국의 사적을, 뒷줄은 우리의 경우를 대비시키고 있어서 더욱 등가구조를 이루는 데에 일조를 하고 있다. 또한 한시와 국문가사가 같은 내용으로 되어 있어 한시에서 보이는 한시 특유의 대구성이 국문가사에도 그대로 드러나고 있다. 이것이 의미하는 바 더 깊은 논의는 <월곡>의 텍스트구조를 살핀 뒤에 함께 논의하도록 하겠다.

이제 <월곡>을 살펴보도록 하자.

예시12
금金은 銀그르세담온죵種죵種차반이러니비론바볼엇뎨좌시눈가
(<월곡> 其122 上)
법法이마시도외야차반니조딘즁衆생生굴救호리라밥비러먹노이다
(<월곡> 其122 下)

예시13
삼三씨時뎐殿구미고치妹녀女조졉더니심深곡谷심深산山애언마저프거시뇨
(<월곡> 其123 上)
주굼사로몰더라시름이업거니저픈뜨어느이시리잇고
(<월곡> 其123 下)

예시14
목目련連일보내샤야耶슈輸끠유무ᄒ샤라羅운雲이롤모디보내라
(<월곡> 其138 上)
목目련連이오는 돌야耶슈輸드르실씨라羅운雲이롤기피ᄀ초시니
(<월곡> 其138 下)

예시15
목目련連의씬神통通력力이눈알픠뵈ᄉᆞᆸ고영永셰世괘快락樂을 ᄀ장슬밧도
(<월곡> 其139 上)

야耶슈輸ㅅ쪼慈비悲심心에먼혜미업스실씨잃-싱生셜븓쁟7장니ᄅ시니
(〈월곡〉 其139 下)

　우선 시각적으로 가장 대구를 이루는 듯 보이는 [예시14]를 보도록 하자. 이 예는 한자어 비율이 높은 경우로서 <용가>에서 볼 수 있는 대구를 이루고 있다. 그런데 문제는 내용상으로도 등가구조를 이루고 있는가 하는 것이다. 전절의 내용은 목련을 보내어 그 부인 야수에게 나운이를 보내라고 한 것이고, 후절의 내용은 목련이 오는 것을 알고서 야수가 나운이를 깊이 감추었다는 내용으로서 사건의 시간적 흐름에 따른 선후관계이지 등가관계가 아닌 것이다. 이처럼 외적으로는 대구를 이루고 있더라도 내용적으로는 선후관계나 인과관계를 이루는 경우가 <월곡>에는 적지 않다.
　이 점은 이어서 나오는 다음 각편을 보면 더 잘 드러난다. [예시15]는 바로 다음 내용인데, 텍스트구조도 등가관계가 아니지만 내용 역시 그러하다. 앞에서 나운이를 감추자, 목련이 신통한 힘으로 나운이를 위해 출가를 권해도 야수는 멀리 내다보지 못하고 서러운 마음만 토로했다는 내용이다. 이 역시 시간적 선후관계에 있다. 따라서 하나의 각편 내에서만 선후관계를 이룰 뿐 아니라 각편과 각편이 다시 연속구조를 이루고 있다고 할 수 있다.
　또 다른 예로 [예시12·13·15]는 한자어의 비율이 높은 예인데도 문장 구조가 복잡할 뿐 아니라 윗줄과 아랫줄의 관계도 대구를 이루고 있지 않다. 또한 <용가>에 비해 상대적으로 <월곡>은 두 줄 중 한 줄은 한자어 비율이 높고 한 줄은 거의 순국문으로 된 경우가 많은 편인데, 이러한 예인 [예시13] 역시 두 줄의 자수는 물론이고 내용상으로도 대구를 이루지 않고 있다. 이러한 예들을 어렵지 않게 종종 찾을 수 있다.
　이번에는 각 줄이 끝나는 종결구조가 어떻게 되어있는지 비교를 해 보도록 하자. <용가>를 보면 대개 [예시8]처럼 '~다'로 끝나거나 [예시 10·11]에서처럼 '~니'로 두 줄이 같은 형태로 끝나고 있는 것을 볼 수 있다. 물론

125장 전부가 그런 것은 아니고 [예시9]처럼 윗줄은 '~다' 아랫줄은 '~가', 그리고 때로는 윗줄은 '~니', 아랫줄은 '~리' 등의 경우가 없지는 없다. 하지만 그 비율상 上下 두 줄이 끝나는 어미부분이 거의 일치하고 있는 경우가 훨씬 더 많은 것이 사실이다.

반면 <월곡>은 [예시12]의 앞줄에서는 '~엇데좌시노가'의 의문형으로 끝나는데, 뒷줄에서는 '~먹노이다'의 평서형 종결어미로 끝나고 있다. 내용 인즉 금은그릇에 먹다가 빌어온 밥을 어떻게 먹느냐고 물으니 법(진리)가 맞이 되니 중생을 구하고자 빌어먹을 수 있다고 답변을 해주고 있어서 등가구조가 아닌 대화의 구조를 취하고 있다.

[예시13]의 경우에도 앞줄에서는 '~시뇨'로 끝나고, 뒷줄에서는 '~리잇고'로 끝나고 있어서 같은 의문문이라도 종결어미가 '~뇨'와 '~고'로 다르다. 내용을 보면 호화롭게 살다가 깊은 산골에서 사니 '얼마나 무섭게 생각하느뇨?'라고 묻고, 이에 대해 뒷줄에서는 죽음과 삶을 덜어서 시름이 없으니 '무서운 뜻이 어디 있겠는고?'라고 반문하고 있어서 역시 실상은 묻고 답하는 질의응답식이다. 다시 말해 종결어미도 같은 음으로 끝나지 않거니와 내용을 보아도 등가구조라기 보다 대화구조를 취하고 있는 것이다.

이는 우선 국문의 첨가어적인 특성상 다양한 어미들과 조사들로 인해 상대적으로 형식적 대구를 이루는 것이 쉽지 않은 점도 작용하고 있다. 그러나 <용가>의 [예시10·11]이 순국문으로 되어도 대구를 명확하게 맞추고 있는 것을 볼 때에 반드시 이러한 이유만 있는 것은 아니라고 본다. 또 다른 이유로는 <월곡>이 하나의 연속된 이야기, 즉 석가의 일생이라는 이야기를 시가화한 것에서 찾을 수 있을 것이다. <용가>가 전절과 후절이 중국과 우리나라의 역사를 나란히 대비하므로 대구를 이루기가 좀 더 용이한 것과 달리 <월곡>의 전절과 후절의 관계는 대구관계인 것도 있지만 사건의 선후에 따른 연속관계 속에서 인과관계나 선후관계를 이루는 경우도 적지 않기 때문이다.

또한 대화는 반드시 청자와 화자의 두 존재가 있어야 가능하다. 혼자 하는 것은 독백이지 대화가 아니기 때문이다. 그런데 앞에서 살펴본 바, 묻고 답하는 대화구조를 통해 감정을 토로하고 있다는 것을 알 수 있다. 청자가 없을 때보다 청자가 있을 때 화자는 청자의 공감과 이해를 통해 자신의 표현의 욕구를 더 해소할 수 있다. 여기서 우리는 <월곡>의 창작 동기를 잠시 떠올릴 필요가 있다. 소헌왕후를 잃은 세종의 남편으로서의 슬픔과 세조의 아들로서의 슬픔은 청자가 있는 대화구조를 통해 토로의 해소감와 위로감을 받는 데 더 효과적인 것이다.

한편 <월곡>이 같은 이야기내의 시간적 차이나 사건의 간격을 통해 가지는 연속구조는 절과 절 사이, 그리고 각편과 각편 사이가 크게 비약적이지 않다. 그러나 <용가>는 두 행의 관계가 거리가 큰 등가구조를 이룬다. 하나는 공간적으로 중국이고 또 다른 한 행은 우리나라이다. 뿐만 아니라 과거라는 역사와 현재의 거리감 역시 크다. 그런데도 나란히 놓여져 있다. 이 두 거리감의 차이가 <월곡>보다 훨씬 크다. 그런데 산문의 주해가 이를 가능하게 한다. 또한 한문의 시각적 등가성도 이에 영향을 미친다.

여기서 우리는 두 작품이 지향하고 있는 작품의 성격에 대해 생각해 볼 수 있다. 등가구조는 한시의 일반적인 특징일 뿐 아니라 노래와 대비되는 詩의 특징이다.[28] 등가구조는 연속구조에 비해 두 줄의 내용적 거리감이 멀다. 부르는 노래에서 두 줄이 등가구조를 이룰 때 앞줄이 소리로 흘러가

---

[28] 이와 관련한 자세한 내용은 다음을 참조하였다. 劉若愚, The Art of Chinese Poetry, University of Chicago, 1962, 이장우 역, 『中國詩學』, 명문당, 1994. 83-91면 ; 王力, 『詩詞律格』, 中華書局, 1977, 裵奎範 역, 『한시 율격의 이해』, 보고사, 2004, 133-140면 ; 吳戰壘, 『中國詩學』, 人民出版社, 1991, 유병례 역, 『중국시학의 이해』, 태학사, 2003. 우리시가에 나타난 대구에 대해서는 이외에 최미정, 「별곡에 나타난 병행체에 대하여」, 『백영 정병욱선생 환갑기념 한국시가문학연구』, 신구문화사, 1983. ; 김수경, 「고전시가와 현대시에 나타난 병렬의 방식」, 박노준 편, 『고전시가 엮어 읽기』 하, 태학사, 2003 참조.

버리므로 그 대비성이 갖는 의미와 효과가 약해진다. 반면 눈으로 읽는 시는 등가구조를 이루고 있어도 그 거리감을 다시 눈으로 돌아가 읽으며 두 줄을 오가며 의미를 생각할 수 있어서 등가구조의 거리감이 작품이해력을 떨어뜨리지 않는다.

또한 연속성, 인과성, 대화구조 등은 구술문화의 특징이기도 하다. 앞말에 이어지는 뒷말을 계속 첨가하면서 이야기를 끌어가는 방식인 연속성과 인과성, 그리고 청자를 반드시 설정하는 묻고 답하는 대화성은 문어보다는 구어의 사용에서 더 빈번하게 나타난다.[29] 여기서 우리는 <월곡>이 <용가>보다 더 국문사용을 지향하려고 했으나 국문이 아직은 기록매체로서의 문자로 인식되기보다 구어로서의 경향이 더 강한 현실을 발견할 수 있다. 오히려 한역시와 한문주해를 병기한 <용가>에서의 국문가사가 더 시(詩)에 가까워 문학작품 속에서의 기록매체로서의 국문의 기능을 더 잘 보여주고 있다고 할 수 있겠다.

5. 결론

지금까지 <용가>와 <월곡>이 기반한 언어선택의 차이, 곧 한문과 국문의 구체적인 사용상황으로 인해 대상독자층의 차이, 나아가 작품 속에서 다루고 있는 세계관의 차이 및 작품구조가 어떻게 달라지는지를 살펴보았다. 같은 악장문학이고, 또 같은 국문가사체이지만 두 작품을 더 자세하게 천착한 결과 한문과 국문 사용의 차이가 당시 두 언어의 위상 및 역할로 인해 얼마나 작품에 큰 영향을 미치고 있는지를 볼 수 있었다.

갑오경장이후 국문의 지위가 문자언어로서 한문과 대등하게 인식될 때까지 우리 문학사내에서 두 언어의 양층적 현상은 끊임없이 작품의 독자층

---

[29] 한시와 시조의 비교를 통해서 등가구조와 연속구조가 지니는 문어성과 구어성의 연구로는 정소연(2006), 앞의 글 참조.

과 다루는 세계관, 나아가 작품구조에까지 영향을 미치며 전개되었을 것이다. 본장은 한문과 국어라는 두 가지 언어가 동등하지 않고 양층언어적 관계에 있다는 점에 착안해 이러한 문학사적 전개가 국문이 존재하기 시작한 15세기에, 그리고 최상층이라 할 수 있는 궁중의 악장문학 속에서 어떻게 나타나고 있는지 살핀 작은 작업에 불과하다.

앞으로 악장문학이라는 범위 속에서 먼저는 또 다른 국문악장, 한문현토체 악장 및 한문악장과 비교를 해야 할 것이다. 이로써 악장문학에 나타난 기록매체에 따른 양층언어적 연구가 이뤄지는 데에 기여하기를 기대한다. 또한 범위를 더 넓혀 다른 시가갈래에서는 한문과 국문의 상관관계가 어떻게 나타나고 있는지 살펴야 할 것이다.

| 16세기 |

3. 이황과 이이의 한시와 시조 비교

1. 작품 현황 및 선행연구 검토

16세기의 대표적인 양층언어작가 중에서 본장에서는 이황(1501~1570)과 이이(1536~1584)를 집중적으로 다룬다. 본서에서는 이황과 이이 외에도 정철을 포함해 16세기를 고찰하고자 하는데, 정철에 비해 이황과 이이가 같은 시대 및 세계관적 지향, 작품 양상 등 유사점이 많다고 여겨 함께 비교고자 한다.

정철은 91수 정도의 시조를 지어 이황과 이이보다 작품수가 월등히 많은 것은 물론이고, 19세기를 제외하면 조선시대 시조사에서 가장 많은 작품수를 지었다. 또 정보량이 적은 평시조만이 아니라 가사 갈래도 여럿 지어 가사문학에서 이룬 성취도 빼어나다. 이에 비해 이황과 이이는 시조는 모두 연시조 1편으로서 이황은 12수, 이이는 10수를 지었고, 둘 다 이학파(理學派)라는 점에서도 묶을 수 있다.[1] 따라서 본장에서는 이황과 이이를 함께

---

[1] 이황과 이이를 비롯한 성리학자들을 이학파라고 지칭한 자세한 논의는 이종묵, 「한국 한시와 철학-조선 중기 이학파의 관물론과 수양시를 중심으로」, 『한국한시연구』 1집, 한국 한시학회, 1993 참고. 도학은 예학과 결부된 실천적 개념이 강하므로 성리학, 양명학을 포괄하여 심성학에 몰두한 인물을 이학파라 한다고

다루고 다음 장에서 정철을 별도로 고찰한다. 여기서는 이황을 중심으로 한시와 시조를 비교하고, 그 다음에 이이의 한시와 시조를 대비하면서 논의를 전개한다.

이황은 2000여 수의 한시를 지었고, 시조는 <도산십이곡> 12수와 <청량산가> 1수가 있다. 이 외에도 여러 편의 가사를 지었다고 하나 일부만 이황의 작으로 인정을 받는다. 이황의 한시는 ≪퇴계집≫[2] 내집 1~5권, 별 집 1권, 외집 1권, 속집 1~2권에 실려 있다. 10대에 3수, 20대에 2수 등 32세까지 8수가 남아있고, 나머지는 40대 이후의 작품들이다. 50대에는 성리어(性理語)를 직접 언표에 드러내다가 60대 이후 그런 현상은 드물어지는 경향을 보인다[3] 한시의 세계는 대체로 자연시, 매화시, 애민시, 인사시, 언지·술회시, 영물시 등에 집중되어 있다.

이 중에서 특히 <매화시첩> 91수[4]와 <도산잡영> 37제 115수가 주목받아 왔다. <도산십이곡>과 비교 고찰이 되는 <도산잡영>은 1557~1566년, 곧 10여 년간 지어져서 시기적으로도 <도산십이곡>과 비교가 될 만하다. 주로 7언 절구 18수와 5언 절구 26수에 5수가 더해진 49수가 많이 다루어진다. 이황의 한시와 시조의 작품수 차이가 너무 크므로 본서에서는 정보량이 유사한 <도산십이곡>과 <도산잡영> 7언 절구 18수를 면밀하게 검토하고자 한다. 이렇게 두 갈래의 작품수 차이가 너무 큰 것도 16세기 양층언어시가의 특성이기도 하다.

하였다. 이 외에 이황의 시학을 다룬 연구로는 이종묵, 「퇴계와 성호의 시학」, 『국학연구』23집, 한국국학진흥원, 2013 참고.

2   이하『국역 퇴계시』, 정신문화연구원의 번역과 한국고전번역원의 것을 참고하되 그렇지 않은 경우 해당 참고자료를 소개한다.

3   민병수, 「퇴계시의 변이 양상에 대하여」, 『한국한문학산고』, 태학사, 2001 ; 이정화, 「퇴계의 화답시 연구」, 『한국한시연구』 10집, 한국한시학회, 2002.

4   정신문화연구원 소장, <퇴도매화시>.

이황의 한시와 시조를 본격적으로 논의한 연구는 드물다. 특히 <도산십이곡>이 가진 명성으로 인해 선행연구 대부분이 한시보다는 시조에 더 주목하고 있는 편이다. 그 가운데에서도 정운채(1987)[5]에서 이황의 한시와 도산십이곡을 비교하였다는 점에서 드문 선행연구 중에서도 주목된다. 이황의 탕척비린, 온유돈후, 감발융통의 사상이 시조와 한시에 어떻게 드러나고 있는지를 비교하고 같은 사상에 기반해 두 갈래가 모두 지어진 것으로 보고 있다.

이후 2000년대에 들어 두 갈래를 비교한 논의로 우선 신연우(2002)[6]의 논의를 주목할 만하다. <도산잡영>과 <도산십이곡>, 그리고 그 중간 단계로서 <매화잡영>을 주목해 비교하였는데, <매화시>는 화자와 청자가 곧 작가로서 자족적, 이상적인데 비해 <도산잡영>은 7언은 교술적, 5언은 서정적이며, <도산십이곡>은 청자가 명백하게 작가와 다르고 실천적 영역을 다룬 것이라 하였다. 양층언어적 관점에서 이를 다시 해석해본다면, 한시인 <매화시>는 작가와 시적 화자의 거리가 매우 가깝고 거의 일치하며, 시조인 <도산십이곡>은 작가와 시적 화자의 거리가 멀다고 볼 수 있다. 후술하겠지만 이는 식자층의 정체성과 직결된 한문으로 지어진 한시에서는 작가 개인의 고백적 통로로 작가와 화자의 거리가 가깝기 때문이다.

또 <도산잡영> 7언시에서는 자연에서 성현의 가르침과 일치하는 것을 발견하고 기뻐할 뿐만 아니라 자연이 구체화되어있고, 그 곳에서 느끼는 즐거움도 세밀하게 묘사되고 있으나 이에 비해 <도산십이곡>에서는 자연이 구체적이지 않고 세계 어디든 통용될 수 있는, 리(理)의 보편성을 보여주는 것이라고 했다.[7] 본서의 관점에서 이를 다시 풀어본다면, 한시인 <도산

---

[5] 정운채, 「퇴계 한시 연구」, 서울대학교 석사학위논문, 1987.
[6] 신연우, 「퇴계의 매화시와 도산십이곡의 관련성」, 『한국시가연구』 11집, 2002.
[7] 신연우(2002), 앞의 글, 240-241면.

잡영>에서는 작가와 화자가 거의 일치하므로 자연 역시 작가가 처한 구체적인 모습으로 드러난다면, 시조인 <도산십이곡>은 작가와 시적 화자가 거리가 멀어서 노래로 부르는 누구든 화자에 자신을 대입해서 공감할 수 있도록 자연이 보편성을 띠고 있다고 볼 수 있다. 교육적 목적으로 지어진 만큼 작가와 밀착된 구체적 자연보다는 자연의 보편성에 주목해 부르는 이, 소리의 자장 내에 있는 공동체가 모두 공감할 수 있게 했다고 볼 수 있는 것이다. 한편, 성기옥(2001)에서는 <도산십이곡>이 경험의 언어로 되어 있고 직접 경험해야 그 맛을 알 수 있다고 해서 흥미롭다.[8]

매화시의 세계관적 지향이 도가적인지 여부에 대해서도 논의가 이루어지면서 이 점이 시조와 비교되기도 했다. 신연우(2002)[9]에서는 매화시에서 신선(神仙) 제재와의 접맥으로 도교적 경향이라고까지 말할 수 있는 부분이 드러난 것에 주목하였다. 박혜숙(2000)에서도 이황이 매화와 함께 하는 공간은 탈세속의 공간이라고 하고,[10] 이종석(1975)에서도 <도산십이곡>에서는 도학자 일변도이나, 매화시에서는 선인(仙人)형의 인간상을 보여준다고 비교하였다.[11] 그러나 유가(儒家)가 아닌 도가적 세계관을 추구했다는 문제와 조금 다르게, 무위자연의 순수한 리(理)의 표상으로 보는 견해들도 있다.[12] 일련의 매화시들이 도가적이라고 단언하기보다 초월적인 리(理)의

민병수(1997)에서도 이황의 한시는 가변적인 자연 현상을 말하지 않고 내재하는 리(理)를 말한다고 하였다. 또한 경물시와 술회시가 크게 나뉘어지지 않고, 제목이 작품에서 차지하는 바도 그 역할이 크지 않은 편이 특징이라고 하였다.

8 성기옥, 「도산십이곡의 재해석」, 『진단학보』 91집, 2001.
9 신연우(2002), 앞의 글, 236면.
10 박혜숙, 「조선의 매화시」, 『한국한문학연구』 26집, 434면, 2000.
11 이종석, 「퇴계의 시문학 연구-매화시를 중심으로」, 고려대학교 교육대학원 석사학위논문, 1975, 92면.
12 정석태, 「이퇴계의 매화시」, 고려대 석논, 1987, 64면. "신선 중의 제일의 신선은 매화이며, 또 리의 절대세계를 비유한다."

세계를 보여준 것이고, 이에 비해 <도산십이곡>은 리(理)의 보편적, 현상적 구현이라고 보는 것이다.[13]

이렇게 이황의 경우에 한시 전체와 시조 전체를 대비한 것은 아니라고 할지라도 비교의 기준이 명확한 도산 시절의 한시와 시조에 대해서는 갈래 비교가 어느 정도 진행된 편이다. 또한 한시 일반에 대한 논의나 시조 일반에 대한 논의는, 특히 시조에 대해서는 매우 많은 선행연구가 있다. 본서는 선행연구의 소중한 성과에 기반해 논의를 진행하고자 한다. 곧 기존의 연구 성과물에 기반하되 이황을 양층언어작가로 조명하고, 이황의 한시와 시조를 양층언어문학이라는 새로운 관점에서 접근한다면 어떻게 볼 수 있는지로 논의를 이끌어가고자 한다. 한편으로는 이전 연구에서 전혀 언급되지 않은 것을 본서가 살펴보는 것은 아니겠지만, 또 다른 한편으로는 일반적인 관점으로 논의되던 내용들을 양층언어문학으로 조명할 때에 새롭게 그 의미가 발견된다는 점에 의의가 있다고 볼 수 있을 것이다.

2. <도산십이곡발>에 나타난 이황의 양층언어시가관

이황은 우리말노래와 한시에 대한 자신의 문학관을 <도산십이곡발>에서 밝힌 바 있다. 여기에는 이황이 생각하는 시조와 한시의 공통점과 차이점, 곧 그의 양층언어문학관이 잘 드러나 있다. 발문은 작가가 창작의 동기나 입장을 직접적으로 설명하는 글이므로 작가의 의견을 자세히 읽을 수 있다. 곧 작품을 구체적으로 비교하지 않더라도 작품의 특성을 요약적으로 알 수 있게 보여주는 것이다. 그런 점에서 작품 비교에 들어가기 이전에도

손오규, 「퇴계 매화시의 위상」, 『반교어문연구』 10집, 반교어문학회, 1999, 166면. "모든 개념적 한계와 시대적 간섭에서 벗어난 본질적이며 절대적인 개념으로서의 순서성을 함유하고 있다."

[13] 신연우(2002), 앞의 글.

우리는 발문을 통해 이미 많은 것을 얻을 수 있다. 이와 관련하여 아래의 대목을 보자.

① 우리 동방(東方)의 가곡(歌曲)은 음란한 노래가 많아서 족히 말할 것이 못된다. 한림별곡(翰林別曲)과 같은 류(類)는 문인(文人)의 입에서 나왔으나, 긍호방탕(矜豪放蕩)하고, 또한 설만희압(褻慢戲押)하니, 더욱이 군자가 마땅히 숭상할 바가 아니다. 오직 근세에 이별(李鼈)의 육가(六歌)라는 것이 성행하나, 오히려 저것[한림별곡류:연구자]이 이것[이별의 육가:연구자]보다 낫다. 애석하도다, 세상을 놀리고 삼가지 않는 뜻이 있고, 따뜻하고 부드러우며 도탑고 두터운 참됨이 적도다. (中略)

② 성정(性情)에 느껴지는 바가 있으면 시를 짓는다. 그러나 지금의 시는 이전의 시와 달라서 읊을 수는 있으나 노래부를 수 없다. 만일 노래하고자 한다면 반드시 이속(俚俗)의 말로 엮어야 한다. 이는 대개 우리 나라의 음절이 不得不 그럴 수 밖에 없기 때문이다. 그래서 일찍이 대략 李歌을 모방하여 지었는데, 陶山 六曲이 둘이다.

③ 그 하나는 뜻(志)을 말하고, 그 두 번째는 배움(學)을 말하였으니, 아이들로 하여금 朝夕으로 익혀 부르게 하여 궤(几)에 기대어 앉아 듣고자 하며, 또한 아이들로 하여금 스스로 노래하고 스스로 춤추게 하여, 그런 대로 비루함과 인색함을 씻어내고 마음에 감발융통(感發融通)하여 노래부르는 자와 듣는 자가 서로 유익(有益)함이 없지 않기를 바란다.

④ 그러나 저절로 종적(蹤跡)이 자못 어긋나 이러한 한사(閑事)로 인해 간특함이 일어나고 시끄러움의 발단이 될지도 모르겠다. 또한 음악과 音節이 조화를 이룰 지도 확신할 수 없다. 우선은 그 한 권을 베껴서 상자에 보관하고, 때때로 꺼내어 즐김으로써 자신을 살피고, 또한 후일에 이것을 보는 자의 버리거나 취하기를 기다리고자 한다. 嘉靖 44년, 乙丑(1565) 늦은 봄 旣望(16일)에 산로(山老)가 쓰다."[14]

<도산십이곡발>에는 이황이 생각한 우리말노래에 대한 입장과 동시에

한시와의 대비적 관심이 잘 드러나 있다. 논의를 위해서 전체를 ①②③④의 네 부분으로 나누었다. 우선, ①을 보자. ①에서는 이황이 생각하는 시조의 세계관적 지향, 다루어야 하는 주제나 내용, 태도 등이 다른 갈래의 우리말 노래나 같은 시조와의 대비를 통해 나타난다. 이황의 <도산십이곡>은 육가 형식이라는 점에서 이별의 육가의 형식을 모방하기는 하였으나 내용이나 주제, 지향점 등에서는 전혀 그렇지 않다는 것을 ①을 통해 알 수 있다. 이황은 우리말노래의 여러 갈래들을 통칭해서 '가곡(歌曲)'이라고 부르고 있다. 가곡의 현 상황을 나열한 것을 보면 가곡은 어떠해야 하는지에 대한 이황의 생각이 잘 드러난다. 곧 세상을 놀려대지 않고 삼가며 따뜻하고 부드럽고 도탑고 두터운 참됨이 있어야 한다.

이런 점에서 이황이 생각하기에 한시와 시조는 세계관적 지향, 작품에서 담고자 하는 주제나 내용은 다르지 않다고 여긴 것을 알 수 있다. 한시와 같은 세계관적 지향과 내용을 담고자 한 것이 <도산십이곡>인 것이 다. 앞장에서도 살펴보았듯이, 정운채(1987)[15]에서도 탕척비린, 온유돈후, 감발 융통의 내용과 지향이 한시 전반에 있을 뿐만 아니라 시조에도 드러나 있음을 논의하였다.

반면에 한시와 시조의 차이점은 '읊음과 노래부름'이라는 향유방식이라

---

14 이황, <陶山十二曲跋>, "(右陶山十二曲者, 陶山老人之所作也. 老人之作此, 何爲也哉.) 吾東 方歌曲, 大抵多淫哇不足言, 如翰林別曲之類, 出於文人之口, 而矜豪放蕩, 兼以褻慢戲押, 尤 非君子所宜尙, 惟近世有李鼈六歌者, 世所盛傳, 猶爲彼善於此, 亦惜乎其有玩世不恭之意, 而少溫柔敦厚之實也. (中略) 凡有感於性情者, 每發於詩, 然今之詩, 異於古之詩, 可詠而不可歌也, 如欲歌之, 必綴以俚俗之語, 蓋國俗音節所不得不然也, 故嘗略倣李歌而作, 爲陶山六曲者二焉. 其一言志, 其二言學, 欲使兒輩朝夕習而歌之, 憑几而聽之, 亦令兒輩自歌而自 舞蹈之, 庶幾可以蕩滌鄙吝, 感發融通, 而歌者與聽者, 不能無交有益焉, 顧自以蹤跡頗乖, 若此等閑事, 或因以惹起鬧端未可知也, 又未信其可以入腔調諧音節與未也. 姑寫一件, 藏之篋笥, 時取玩以自省, 又以待他日覽者之去取云爾. 嘉靖四十四年歲乙丑暮春旣望, 山老書"

15 정운채(1987), 앞의 글 참조.

는 점을 ②에서 볼 수 있다. 한시는 노래할 수는 없고 읊는 방식으로 즐긴다면, 시조는 노래할 수도 있다는 것이다. 노래는 우리의 말의 문제로서, 한문으로 된 시와 우리말로 된 노래간의 차이를 지적하고 있는 것으로 이해할 수 있다. 현대에는 시나 노래나 모두 우리 국어로 되어 있으나, 이황의 시대에는 시는 한문으로, 노래는 국어로 된 양층언어문학적 관계를 인식하고 표현하고 있는 대목이다. 이와 관련해 정운채(1993)[16]에서는 윤선도의 한시와 시조를 대상으로 음영과 가창의 차이에 기반해 작품을 대비한 바 있는데, 15세기만이 아니라 16세기에도 시조는 가창으로서의 향유방식이 강하고 시로서 음영하는 대상은 아니었다는 것을 알 수가 있겠다.

다만 여기에서 우리말을 지칭할 때에 '비속지어(卑俗之語)'라고 하여서 국어를 비루하고 속된 언어라고 바라보는 관점을 간과할 수는 없다. 당대에 한문이 진서(眞書)인 반면에 우리말에 대해서는 일상의 구어로서 낮추어 부르던 인식이 이황에게서도 보이는 것이다. 하지만 두 언어의 양층언어적 관계를 시조와 한시로까지 연결짓지 않았다는 점도 중요하다.

지금까지 ①, ②를 통해 이황은 한시와 시조의 차이점은 노래할 수 있느냐, 아니면 음영으로밖에 할 수 없느냐의 향유방식에 있고, 작품의 수준이나 담는 주제, 세계관 등은 다르지 않다고 보고 있다고 할 수 있다. 노래하고자 해서 시조를 짓는 것이지, 자신이 말하고자 하는 주제는 한시나 시조가 같다는 것이다. 1에서는 한림별곡류가 긍호방탕, 설만희압 등의 이유로 지양되어야 함을 말하기도 하여서 우리말노래를 어떻게 격상시킬까 고민했던 것으로 보인다. 이런 점에서 이황은 우리말노래, 즉 시와 거리가 가까운, 한시와 같은 격의 노래로서 <도산십이곡>을 지었다고 할 수 있겠다.

이를 통해 볼 때 이황에게 있어서 우리말은 비속지어이지만 문학으로서의 한시와 시조는 상하(上下)의 관계에 있지 않았다. 노래가 시보다 못하다

---

16 정운채, 「윤선도의 시조와 한시의 대비적 연구」, 서울대학교 박사학위논문, 1993.

거나, 우리말로 된 노래가 한문으로 된 시보다 격이 낮다는 것을 읽어낼 수 없다. 다시 말해 흔히 시(詩)와 가(歌)를 대비적으로 볼 때에 시는 고급문학이고 노래는 그보다는 더 대중적이거나 격이 낮다고 보기도 하지만, 또 실제로 이황의 동시대와 그 이전의 우리말노래는 고급스럽지 않았지만, 이황은 이 둘을 동등하게 보고 있고 대등하게 만들려고 한 것이다. 따라서 그 전의 한림별곡류나 이별의 육가 등의 우리말노래가 한시에 비해 격이 낮은 문학세계를 담고 있는 것을 참지 못하고 격상시키려고 한 것이라고 볼 수 있다. 우리말노래라고 마음껏 마음 속에 있는 설만희압, 긍호방탕, 완세불공의 뜻을 나타내지 말고 우리말로 부르는 노래도 온유돈후, 감발융통할 수 있어야 한다는 것이다.

　이 점이 이황의 양층언어시가관이자 양층언어작가로서의 면모라고 할 수 있다. 이황의 시대와 그 이전에 우리말노래는 절제되기보다 마음의 것을 마음껏 드러내는 통로였다면, 이황은 우리말노래를 통해서도 도학적 지향을 담아 심성수양에 유용한 고급문학으로서의 기능을 다할 수 있다고 여겼던 것이다. 그래서 이황은 자기 시대에 향유되었던 우리말노래를 모두 염두하고 언급하고 있다. 고려속요, 경기체가, 시조, 가사 중, 장시에 해당하는 가사를 제외하고 앞의 세 갈래를 모두 언급하고 있는 것이다. ①에서 말한 '음란하여 족히 말할 것이 못된다'고 한 것을 보면 여기서 '동방의 가곡'은 고려속요에 해당된다고 할 것이다. <한림별곡>류, 곧 경기체가는 너무 자긍하고 교만하고 방탕하다고 하였고, 시조 중 이별의 육가는 세상을 희롱하고 삼가지 않는다고 하였으니, 이황은 우리말노래의 전반적 내용에 대해 불만을 토로하여 시조라는 갈래를 한시처럼 고급 문학으로서 격상시키려 한 것이다.

　한편, ③을 보면 이황이 시조의 효용과 기능을 무엇으로 여겼는지 잘 드러난다. 아이들에게 부르게 하여 자신이 듣되, 아이들과 자신, 곧 가창자와 청자가 모두 마음의 비루함과 인색함을 씻고 감발융통하는 유익함이 있기를 바란다는 것이다. 곧 우리말로 된 노래도 유익함이 있어야 한다는 생각이 깃들어있다. 유흥적이거나 불편한 기색을 드러내는 현실비판적인 표현의 통로가 아니라 배움과 뜻을 익히는 유익됨이 있는 작품이 되고자 하였던 것이다. 유익함을 추구하는 효용 역시 고급문학으로의 지향을 의미한다. 특히 뜻을 말했다는 것, 곧 '言志'는 ≪서경(書經)≫의 "詩言 志 歌永言"을 떠올리게 한다.[17] 시는 뜻을 말하고, 노래는 말을 길게 한다는 이 말을, 이황은 시조를 통해 이루고자 한 것으로 보인다. 이황의 한시에도 <言志>라는 작품이 있는데, 시조로도 '言志'를 하려고 한 것이다.

④에서 자신을 살핀다는, 곧 자성(自省)의 것으로 삼겠다 하였던 것처럼, 이황은 시조가 교육적 기능을 하기를 바랐던 것으로 보인다.[18] 이렇게 시조가 교육적 목적으로 기능하기를 바랐던 것은, 이후에 시조가 훈민의 통로나 가문과 가족의 교화적 기능을 했던 시조사적 전개를 고려할 때에 그 이른 시기로서의 출발선으로 볼 수 있는 가능성이 높다. 동아시아에서 시교적(詩敎的) 전통은 오랫동안 지속되어온 것이지만 이황 이전 시대나 이황의 당대에 우리말노래가 그 시교적 전통 위에 있었던 것은 아니었다. 그런데 이황은 시조를 한시와 대등한 고급문학으로 격상시키려 하였기 때문에 시교적 전통을 이어갈 <도산십이곡>을 지었던 것이라 할 수 있다. 특히 타인을 향해서만 교화적 기능을 하는 것이 아니라 그 대상에는 자신을 포함하고 있다는 점도 주목할 필요가 있다. 조선 중·후기 이후와 연결지어 살펴보겠지만, 타인을 향한 발화로서만의 기능이 아니라 자신의 이야기를 하면서도 모두에게 교육적 기능이 있게 하였다는 점에서 이는 수사나 문체로 연결이

---

17 윤재근, 『가론-본래의 시가 정신』, 나들목, 2011, 127-139면에서 이를 자세히 풀이하고 있다.

18 이에 주목한 논의로 박미영, 「<도산십이곡>에 나타난 메타교육적 함의」, 『時調學論叢』 23집, 2005 ; 서명희, 「시교(詩敎) 전통의 문학교육적 의의 연구 : <도산십이곡>과 <고산구곡 가>의 창작과 영향을 중심으로, 2013 등을 들 수 있다.

되기 때문이다.

④를 다시 보도록 하자. 여기에는 당대 시조에 대한 인식과 다른 이황의 염려가 드러난다. <도산십이곡>의 창작 행위를 한사(閑事)로 보고 있다거나 이로 인해 시끄러움의 발단이 될 것이라고 우려한 것이다. 또한 음악적 성취의 측면에서도 악곡과 음절이 조화를 이룰지에 대해 염려를 하고 있다. 시조의 기능과 효용을 시교적 전통 위에 두고, 당대나 이전의 우리말노래의 전통에서 벗어나있다는 점에서 비난을 받을 수 있고, 또 음악과 조화를 이루지 못했다는 점에서도 부족하지 않나 하고 생각하고 있는 것이다. 전자에서는 한시와 대등하도록 시조의 새로운 기능을 추구하고자 하고, 후자에서는 창작미의 예술적 성취까지도 고려하고자 하는 이황의 입장을 볼 수가 있다.

지금까지 우리는 이황의 발문을 통해서 한문과 국어가 양층언어적 관계에 있다는 인식, 이황이 아닌 다른 사람들에게는 우리말노래와 한시가 양층문학적 관계에 있다는 점을 볼 수 있었다. 또 이황은 이러한 상황에서 우리말노래를 한시와 대등하게 하려고 노력하고 있고, 이에 대해 한편으로는 사람들의 부정적인 평가를 염두에 두고 있다는 것도 볼 수 있었다.

한시와 우리말노래를 대등하게 하려는 노력은 우리말노래의 여러 갈래 중에서도 시조를 통해서 이루고자 하였다. 또 시조의 작품 내용과 세계관적 지향을 시교적 전통에 두고 이를 이음으로써 시조를 한시와 대등하게 격상시키고자 하였다. 이렇게 양층언어문학적 관계의 극복이 16세기 이황을 통해 적극적으로 시도되고 있는 것을 통해 이황의 양층언어작가로서의 선구적인 면모를 볼 수 있다.

이황의 시대는 한문과 국어의 양층언어를 사용하는 시대였기 때문에 '노래부르기 위해' 우리말노래를 짓는다고 하였는데, 더 이상 두 언어가 아니라 국어로 된 시와 노래를 모두 향유하는 지금에는 시(詩)와 가(歌)의 구분과 분리를 어디에서 찾을 것인가를 생각해보게 된다. 비단 언어가 다를 경우에만 양층언어문학(diglossic literature)이 성립되는 것이 아니라 같은 언어 내에서도 시(詩)·가(歌)·요(謠)는 대등하지 않고 다른 층위를 이루고 있기 때문이다.

끝으로, 논의 방향과 관련해서 덧붙인다. 이황이 지은 2000여 수의 한시와 12수의 시조는 작품수에 있어서 현격하게 차이가 나지만, 이황과 같이 자신의 세계관적 지향이 분명한 작가에게 있어서 그 사상적 핵심이 한시만이 아니라 시조에도 잘 드러나있다면 굳이 두 갈래에서 다루고 있는 주제적 영역을 일일이 비교하기보다는 그 핵심적 내용을 구체적으로 어떻게 그리고 있는지를 비교하는 것이 더 긴요하지 않을까 한다. 따라서 이후의 논의는 7언 절구인 <도산잡영> 18수와 <도산십이곡> 12수를 집중적으로 살펴보고자 한다. 특히, <매화시첩>의 62제 91수 중에서 7언절구가 72수로 절대적으로 많다는 점도 갈래로서의 대표성을 띤다고 할 수 있다. 다만 한시는 구체적 사례를 더 확보하기 위해서 반경을 넓혀 여러 한시를 함께 다루는 방식으로 논의를 진행하도록 하겠다.

3. 이황의 한시와 시조의 상관관계

<도산잡영>과 <도산십이곡>은 한문과 국어라는 다른 언어매체로 지어졌지만 차이점만이 아니라 공통점도 적지 않다. 앞에서 본서를 기술하는 관점이 차이점과 공통점을 함께 인식한 이황의 발문에 기반해 진행된다고 한 바가 있듯이, 우선 공통점을 살펴본 뒤에 차이점을 비교하고자 한다.

<도산십이곡>과 <도산잡영>은 지어진 시기가 비슷하다. 적어도 1561년, 도산서당을 지은 뒤의 시기에 지어진 것으로 제목에서도 '도산'이라는 점이 드러나서 유사성을 보여준다. 작품수에 있어서 <도산잡영>의 작품수는 훨씬 많지만, 그 중에서 7언 절구가 18수이고, <도사십이곡>에서 평시조가 12수이니 비교의 대상이 될 만하다. 또 연작성을 띤 작품군이라는 점도 작시 방식의 유사함을 보여주고 있다.

그러나 무엇보다도 더 중요한 것은 이러한 공통점들에 기반한 작품을 두 가지 언어매체를 활용해 두 가지 갈래로 동시에 지었다는 점이다. 모든 이중언어시인이 다 그런 것은 아니기 때문에 이황의 양층언어작가로서의 면모를 더욱 엿볼 수가 있는 것이다. 여기서는 두 가지 측면으로 나누어 살펴보고자 한다. 우선, 작품의 형상화 방식과 구조 및 시어 사용을 살펴보고, 다음으로 주요 제재인 자연을 그리는 방식이 어떠한가를 주목해보고자 한다.

본장에서 다룰 상관관계는 두 갈래의 거리가 가까운 점을 말한다. 앞장에서도 보았듯이 한시와 시조를 대등해지게 하려 한 이황의 작시 경향이 구체적으로 어떻게 드러나고 있는지 보는 것이다. 곧, 노래부를 수 있어서 지은 시조의 세계관적 지향이 한시와 유사한 점을 앞에서 보았는데 이에 더 나아가 시조에 한시와 같은 시적 특징은 없는지, 있다면 어떻게 나타나고 있는지 살펴본다. 또 시조를 한시와 같아지게 할 뿐만 아니라 한시는 시조와 같아지게 한 경향은 없었는지도 보고자 한다.

3.1. 한시에 나타난 구술적 특징: 대화체, 동음 반복, 허자(虛字)

여기서 한시와 시조의 공통점, 곧 한시가 어떤 점에서 시조와 가까운 특징을 가지고 있는지 살펴볼 것들은 대화체, 동음 반복, 허자의 빈번한 사용 등이다. 세 가지의 특징은 노래, 곧 구술적으로 향유되는 작품의 특징이기도 하다. 이는 기록문학이자 고급문학인 한시에서는 잘 나타나지 않는 것들인데, <도산잡영>의 7언 절구에서는 이러한 특징이 나타나기 때문에 주목되는 것이다.

선행연구에서도 이황의 화답시를 본 바 있지만, 한시의 화답문화는 사대부 문학에서 나타나는 일반적인 현상이다. 그런데 이황은 매화를 대상으로 화답시를 적지 않게 지었다는 점이 독특하다. 같은 문인 간의 화답시는 의사소통으로서 주고 받음에도 불구하고 그 문체가 대화체라거나 구술성이 강하게 드러나지는 않는다. 이에 비해 사람이 아닌 매화를 대상으로 한 이황의 절구는 매화가 실제로 말을 하거나 시를 쓰는 존재가 아님에도 오히려 더 청자 지향적인 구술적 문체를 가졌다는 점이 주목된다.

≪퇴계선생전서≫ 권4에는 <得鄭子中書 益歎進退之難 吟問庭梅 書言陞 拜事>와 <代梅花答>, <陶山訪梅>와 <代梅花答> 등 일련의 매화와의 화답시인 7언 절구들이 실려 있다. 제목을 보면, 매화에게 묻고, 매화를 대신해서 답한다는 내용이 반복되어 나타난다. <得鄭子中書 益歎進退之難 吟問庭梅書言陞拜事>의 결구에 "莫欺吾老困名關", 두 번째 <代梅花答>의 결구에 "莫把襄陽較後前" 등 부정 명령문이 나온다. 또 <季春 辭召命還陶山梅花回答>[19] 의 기구에서는 "爲問山中兩玉仙"이라는 의문문이 나온다. 또 첫 번째 <代梅花答>의 기구와 승구가 "我從官圃憶 孤山/ 君夢雲溪客枕間", 두 번째 <代梅花答>의 기구와 승구가 "我是逋 仙換骨仙/ 君如歸鶴下遼天"으로 되어있는데 화자와 청자가 명확하게 제시되어 있다.

사실 한시는 음영으로 향유해 어느 정도의 음성성을 가진다고 하여도, 그 본질은 기록문학이다. 종이에 문자로 기록되어있는 시로서 정운채(1993)[20]에서도 밝힌 것처럼 대화적이기보다 고백적인 문체를 가지는 것이 특징이다. 그래서 청자의 존재가 명확하게 나타나기보다 화자의 독백으로 진행되는 것이 더 일반적이다. 그런데 이황은 매화라는 존재를 설정해서 시를 통해 대화를 주고받고 있다. 특히 사대부 간의 증답시와 달리 화자와 청자가 뚜렷하게 언표화되어 있어서 더욱 대화적인 방식을 취하게 된다. 그래서 위에서 보듯이 명령문이나 의문문이 자주 등장하고 있다.

실제 매화는 사람과 달리 말을 할 수가 없으니 작가인 이황인 두 사람의

---

[19] 퇴계학연구원, 퇴계학연구총서 ≪퇴계전서≫ 20, 아세아문화사, 1997, 229면의 것을 든다.
[20] 정운채(1993), 앞의 글 참고.

역할을 모두 해야 한다. 한 수의 시에서는 화자가 1인이지만, 이러한 일련의 매화와의 화답시는 결국 한 작가의 두 화자의 모습이 나타나게 된다. 사람이 아닌 대상을 향해 이황은 자주 이러한 화답시를 지었다. 그래서 이황은 매화 소재의 자작시 91수를 연대별로 배열해 1권 1책의 ≪매화시첩≫을 엮기도 하였다. 실제로 화답할 수 없는 자연이므로 작가 스스로 묻고 답하는 화시와 답시를 모두 지어 작가 내면의 다양한 목소리를 드러내는 통로로 삼았다. 청자의 존재를 뚜렷하게 설정하고, 화자 자신의 목소리가 더 잘 드러날 수 있도록 하였고, 이로 인해 청자지향적 어법인 명령문이나 의문문이 평서문 못지 않게 자주 나타나게 된 것이다.

　이번에는 또 다른 특징을 살펴보자. 일반적으로 절구는 선경후정(先景後情)의 방식에 따라 작품이 진행된다. 외부의 경물을 그린 후에 시적 화자가 자신의 정감을 표현하는 경우가 많은 것이다. 이와 달리 시조는 시적 화자가 초장에서부터 자신의 정감 표출을 바로 하는 경우가 적지 않다. 이에 대해서는 정소연(2006)[21]에서 신흠의 절구와 시조를 대상으로 논의가 진행된 바 있다. 그런데 이황의 절구는 일반적인 절구의 방식을 따르는 작품도 없지 않으나 다른 작가에 비해 두드러진 특성으로 사경(寫景), 서정(敍情)의 순서로 짓지 않는 점이 선행연구에서 지적되었다.[22]

　그렇다면 <도산잡영>은 어떠한가? 이와 관련하여 다음 작품을 보자.

[한시1] 〈농운정사(隴雲精舍)〉[23]
常愛陶公隴上雲　항상 陶弘景의 언덕 위의 구름 사랑했는데
唯堪自悅未輸君　오직 나만 즐길 뿐 임금에게 보내주지는 못하네
晚來結屋中間臥　느즈막에 집을 지어 그 가운데 누으니

---

[21] 정소연, 「신흠의 절구와 시조 비교연구」, 서울대학교 박사학위논문, 2006.
[22] 민병수(1997), 앞의 글 참고.
[23] 이황, <도산잡영>, ≪퇴계집≫ 권3.

一半閒情野鹿分 한가한 정 절반은 산노루와 나누어 갖네

　여기서 제목의 '농운(隴雲)'은 기구에서 '농상운(隴上雲)'으로 반복해서 나오고 있다. 제목이 없더라도 작품의 내용을 이해하는 데에 어려움이나 오해가 생기지 않는다는 점에서 제목의 역할이 미미하다. 사실 시조 <도산십이곡>에서도 매 단시조마다 제목이 있는 것이 아니다. 그리고 보면 이황의 <도산잡영>의 하위 작품들과 <도산십이곡>의 하위 작품들은 소제목이 절실하지 않는다는 점에서도 유사하다고 할 수 있다.

　일반적으로 한시에서의 제목은 기록문학의 특성을 잘 보여준다. 짧은 명사나 명사구의 제목만이 아니라 특히 서술형의 제목에서 이 점이 잘 드러난다. 일례로 앞에서 보았던 <得鄭子中書 益歎進退之難 吟問庭梅 書言陞拜事>라는 제목만 보아도 이를 알 수 있다. "정자중의 글을 받고, 진퇴의 어려움을 더욱 탄식하고 뜰의 매화에게 묻는다. 정자중의 글에 벼슬이 오른 일을 말하였다"는 것은 작품의 제목이라기보다 작품의 창작 상황과 배경, 동기를 설명하고 있는 것이다. 이보다 훨씬 더 긴 서술문들을 한시 제목에서는 많이 볼 수 있다. 작품본문만 덩그러니 기록되었을 때에는 이 작품의 맥락이 전혀 나타나지 않기 때문에 제목의 존재는 작품의 창작 동기나 작가의 상황 등을 이해하는 데 큰 도움을 준다. 이 작품의 맥락을 '기록'하고 구체적 정보를 전하는 중요한 역할을 하는 것이다.

　따라서 제목에 쓴 내용을 반복적으로 작품 본문에 다시 쓸 이유는 없다. 종이라는 같은 공간 위에 나란히 제목과 작품 본문이 놓여질 것이므로 중복이 되기 때문이다. 그런데도 이황의 <도산잡영>에서 절구의 제목은 작품 본문에서도 반복되고 있고, 그만큼 제목의 비중이 줄어들게 되는 것이다. 그만큼 제목에 대한 비중이나 위상이 이황에게는 그렇게 크지 않다는 것을 알 수 있다.

　한편, 이황의 또 다른 연작 한시에서 주목되는 것은 소제목이 따로 없는 경우 하위 작품들 간에 연작성을 보여주는 표지가 있다는 점이다. 바로 같은 운자를 매 수마다 반복해서 사용하는 것이 그것이다. <次金彦遇愼仲梅花韻>의 3수 중 앞의 제1수, 제2수의 운자는 모두 '遲', '枝'가 사용 되었다.[24] 같은 운자로써 연작 한시의 일부 작품들임을 보여주는 것이다. <庚午寒食 將往展先祖墓於安東(중략)寄呈彦遇 發一笑也>의 두 수도 운자가 모두 開, 頹로 같다.[25]

사실 시조에서는 연시조의 경우, 소제목이 없는 경우가 많아서 매 작품마다 연작성을 띤 관계의 작품들로 묶어주는 표지를 작가가 의도적으로 두는 경우가 있다. 신흠의 30수는 세계관의 교차와 표지가 되는 시어의 활용을 통해 2+6+7+7+6+2의 구조로 유기적 짜임을 가지고 있다.[26] 윤선도는 <어부사시사> 40수의 계절적 변화만이 아니라 후렴구를 통해 40수를 묶어주고 있다. 이황의 12수도 그러한데, 이에 대해서는 후술하도록 하겠다. 이렇게 연시조에서는 개별 시조의 소제목 대신에 연작성을 보여주는 표지들을 활용하는데, 이황은 한시에서도 시조가 가진 이러한 특성을 보이는 것이다.

다시 [한시1]로 돌아가 보자. 제목과 기구의 반복적 표현은 기구가 전제

---

[24] <次金彦遇愼仲梅花韻> 퇴계학총서간행위원회, ≪퇴계전서≫ 20, 퇴계학연구원, 241면.
但知姑射出塵姿 莫把芳辰較早遲 萬紫千紅渾失色 小園驚動兩三枝
婥約天葩玉雪姿 何妨春晚景遲遲 細看冷艶彌貞厲 不必清霜凍樹枝
棲遲難兄苦憶梅 溪居難弟獨徘徊 寄詩撩我吟梅興 更與懷人一倂催

[25] <庚午寒食 將往展先祖墓於安東 後凋主人金彦遇擬於其還 邀入賞梅 余固已諾之 臨發 適被 召命之下 旣不敢赴 惶恐輙行 遂至愆期 爲之悵然有懷 得四絶句 若與後凋梅相贈答者 寄呈 彦遇 發一笑也>, ≪退溪先生文集卷之五續內集≫
後凋堂下一株梅 春晚氷霜獨擅開 豈謂天書下前日 能令佳約坐成頹
梅不欺余余負梅 幽懷多少阻相開 風流不有陶山社 心事年來也盡頹

[26] 이에 대한 구체적인 내용은 정소연, 「신흠 시조의 연작성 고구」, 『한국시가연구』, 한국시가학회, 2005a 참고.

나 도입이기보다 말하고자 하는 결론에 가깝다는 것을 의미한다. 기구에서 자신이 사랑하는 것에 대한 시적 화자의 마음을 바로 표현하고 있는 것이다. 일반적으로 절구에서는 흔히 기구와 승구는 경물을 그리고, 전구와 결구는 정을 표출하는 것이 일반적이다. 한시는 시조에 비해 상대적으로 이미지를 중요하게 여기고 회화적인데 비해 시조는 외부의 경을 그리는 과정 없이 바로 자신의 정감을 표출하는 점이 대비적인 것은 선행연구를 통해 지적된 바이다.[27] 그런데 위의 절구는 외부의 경물을 그리고 자신의 정을 말하는 과정이 선후의 관계에 놓여있지 않다. 작품 전편에 녹아있으면서도 말하고자 하는 바를 오히려 기구에서 먼저 꺼내고 있다.

물론 기구에서 '도공의 용상 구름'이라는 즐기는 대상이 드러나기는 하지만 이건 현재 시적 화자가 즐기는 바로 그 풍경은 아니다. 승구에서 화자가 즐기고 있는 것은 전구와 결구에 나누어 등장한다. 산노루라고 대표되는 자연 속에 지은 집, 그 집에서 한가롭게 지내는 것을 혼자 즐기고 그대에게 보내주지 못하는 것을 애석하게 생각하는 것이다.

위의 절구가 선경후정의 과정을 거치지 않고 바로 시적 화자의 정감을 표출한 것은 승구에 등장하는 '君'의 역할이 크다. 군(君)은 도흥경과 관련한 고사를 생각하면 임금이라고 풀어야 한다. 임금이 '산 속에 무엇이 있는가' 묻는 물음에 도흥경이 '언덕 위에 흰구름이 많으나 스스로 즐길 뿐 임금께 드릴 만큼은 아니다'고 한 일화와 연결되기 때문이다.[28] 그런데 이장우·장세후(2013)에서는 함께 구름을 즐기는 학생들을 임금에게 벼슬하게 보낼 수 없다는 것까지 염두하고 있는 것으로 보고 있어서[29] 시사하는 바가

---

27 정운채, 「소상팔경을 노래한 시조와 한시에서의 경의 성격」, 『국어교육』 79집, 한국국어교육연구회, 1992 ; 정소연(2006), 앞의 글 「신흠의 절구와 시조 비교연구」, 서울대학교 박사학위논문, 2006.
28 山中何所有 嶺上多白雲 只可自怡悅 不堪持寄君, 이황 저, 이장우·장세후 역, ≪도산잡영≫, 연암서가, 2013, 70면에서 인용.

크다. 곧 임금이라는 청자, 대화 상대로서의 존재를 고려한 표현이기 때문에 결국 군(君)은 2인칭의 역할을 한다고 볼 수 있다.

이렇게 청자가 있다는 점에서 군이 외부의 경을 끌어 설명할 필요가 없이, 그대와 화자가 함께 이미 공감하고 있다는 전제하에 화자의 정감을 바로 꺼낼 수 있었던 것이다. 이러한 특성은 사실 시조에서 주로 보이는 방식이다. 문자로 기록된 시가 아니라 가창으로서 향유되는 시조는 청자가 항상 전제되어 있다. 한문은 기록된 문자로서 종이를 대하고 쓰는 것이라면, 말은 늘 청자를 향해 한다. 글은 자기가 자기에게 쓸 수 있다는 점에서 문자로 기록된 시인 한시는 자기고백적 문체를 가지고 있는 것이 일반적이다. 반면에 말은 특별한 경우가 아니면 타인과의 의사소통에서 발화되는 것으로, 일상의 구어로 된 시조는 노래로 불리면서 대화적 문체를 취하는 것이 특징이다. 따라서 위의 절구에서도 '그대'라는 청자의 존재가 선경후정의 과정을 거치지 않고 바로 상대와의 공감 위에서 정감을 표출할 수 있는 계기가 되었던 것이다.

이와 관련하여 한 작품을 더 보도록 하자.

[한시2] 〈觀瀾軒〉[30]
浩浩洋洋理若何 넘실넘실 물결의 이치 이는 어떠한가
如斯曾發聖咨嗟 이와 같다고 일찍이 성인께서 탄식하셨네
幸然道體因玆見 다행히 도(道)의 본체를 이로 인해 볼 수 있으니
莫使工夫間斷多 공부가 중간에 끊어짐이 많으니 그리 하지 말기를

위 작품은 [한시1] 〈농운정사(隴雲精舍)〉 바로 다음에 놓여있는 작품이다. 기구부터가 의문문을 사용하고 있고, 그에 대한 답이 승구에 나온다.

---

[29] 이장우·장세후 역(2013), 위의 책, 71면.
[30] 이황, 〈도산잡영〉, 《퇴계집》 권3.

곧 화자가 서있는 외부의 경물을 가리켜 이 물결의 이치가 어떠하냐고 물을 수도 있겠지만, 일반적인 선경후정의 방식이라고 하기는 어렵다. 앞에서 [한시1]도 2인칭의 청자가 선경후정의 구조를 깨트리는 요소로 작용한다고 하였는데, [한시2] <관란헌>에서도 기구와 승구가 질문과 답변의 대화체로 되어있어서 역시 선경후정의 방식을 따르지 않게 되는 것이다. 게다가 결구에서는 부정명령문으로 작품을 마무리하고 있어서 역시 청자의 존재가 느껴진다. 화자를 포함한 청자라고 할지라도 절구가 일반적으로 취하는 고백적 문체가 아닌 것이다.

이렇게 화자가 말하고자 하는 바를 작품의 후반부에서 그리기보다 기구나 승구에서 바로 꺼내거나, 작품 전반에 흩어져있는 이와 같은 특성은 결국 대화체나 명령문 등의 구술적 특성과 밀접하게 나타나고 있다는 것에 주목해보자. 청자의 존재를 의식하는 대화적 어법은 시조의 특성이기도 하다. 그렇다면 이황은 시조를 한시와 대등하게 격상하려는 노력만이 아니라 한시도 시조가 가진 발화 방식을 취하여 작품화하려고 했다는 것을 여기에서 읽어낼 수 있다.

이황의 절구에 나타난 구술적 특성은 위의 [한시2]에서 더 찾아볼 수 있다. 기구의 '若'이나 승구의 '斯'의 어조사나 지시어 역시 실사(實辭)가 아니라 허사(虛辭)로서 두 행에 걸쳐 연속적으로 나온다. 물결을 가리키고자 하는 의미로서 사용되었으나 그럼에도 화자가 서 있는 '이 물결', 그리고 공자가 가리켰던 '이와 같다'는 표현 등 강조하고자 하는 바에 지시사를 계속 사용하는 것도 문어보다는 구어의 특징이다. 구어는 화자와 청자가 함께 공유하고 있는 현장에 기반해 대화가 진행되는 것이 특징이기 때문이다. 또 기구의 의문형의 '何'와 결구의 명령형의 '莫' 역시 화자의 의향법을 드러내는 역할로서 국어로 보면 어미의 다양성, 곧 허사를 통한 의향의 변화를 보여주는 대목이다.

이뿐 아니라 이황의 절구에서 나타나는 구술성은 같은 음절의 반복적 사용, 첩어 등의 사용을 더 들 수 있다. 위의 [한시2]에서도 기구에서 '浩浩' '洋洋'에서 볼 수 있거니와 이러한 방식이 적지 않게 이황의 절구에 나타난다는 점을 살펴볼 필요가 있다. 이 대목과 관련하여 공자는 시내가 흘러가는 것을 보고 "逝者如斯夫 不舍晝夜"[31]라 하여 멈추지 않는 것에 주목하였고, 이황 역시 [한시2]의 결구에서 공부가 끊어지지 말아야 한다고 하고 있다. 같은 의미를 전함에도 많고 많은 물이 넘실넘실 흐르고 있는 역동성에 주목해 '浩浩' '洋洋'을 기구에서부터 사용해 눈에 띄게 한 것은 단순한 공부의 계속이 아니라 도의 본체와 역동성, 나아가 적극적인 학문에의 정진을 강조하고자 함으로 보인다. 다시 말해 단순한 시어의 사용이 아니라 자신이 강조하고자 하는 바를 첩어의 연속적 사용으로 기구 시작 첫 단어에 나타냄으로써 드러내려 한 것으로 볼 수 있는 것이다.

이러한 예들은 <도산잡영>의 또 다른 작품인 아래에서도 보인다.

[한시3] 〈盤陀石〉[32]
黃濁滔滔便隱形 누런 탁한 물 도도히 흐를 때엔 형체를 다시 감추고
安流帖帖始分明 편안하게 천천히 흐를 때엔 비로소 분명해지네
可憐如許奔衝裏 가련하다 이같이 분주한 가운데에도
千古盤陀不轉傾 천고에 반타 기울지 않네

[한시3] <반타석>을 보면 기구에서는 '滔滔'로 물이 넘치는 모양인 의태어의 사용 으로 인해 첩어가 나온다. 승구에서는 '帖帖'으로 첩어가 역시 의태어로 서 사용되고 있다. 반타석이 자리하고 있는 곳은 물 속으로, 탁류가 도도(滔滔)하게 흐를 때도 있고 안류가 첩첩(帖帖)히 흐를 때도 있다. 그러나 전구와 결구를 보면 이러한 저울대같이 시험을 받는 환경 속에서도

---

[31] <子罕>, 《論語》.
[32] <도산잡영>, 《퇴계집》 권3.

반타석은 기울어지지 않고 그 평평함을 유지하고 있다. 이는 마치 우리 인생의 모습과도 같다. 도도히 흐르는 물결 같을 때와 첩첩히 흐르는 물결 같을 때 우리는 저울대에 올려진다. 그러나 반타석과도 같이 그 평평함을 유지해야 하는 것이다. 탁류에서는 감추어질 지도 모르나 물이 조용히 흐를 때에는 그 본모습이 반드시 나타나게 되는 것이다.

이렇게 '滔滔'와 '帖帖'은 단순한 수식이 아니라 변화무쌍한 상반되는 환경의 변화를 극명하게 보여줌으로써 그 가운데에서도 기울어지지 않는다는 점이 더욱 강조되는 효과를 높이고 있는 시어이다. 근체시에서는 같은 글자를 반복해서 사용하지 않는 것이 일반적인데, 이황은 의성어나 의태어에 해당하는 첩어를 의외로 곳곳에서 사용하고 있는 것을 볼 수 있다. 의성어나 의태어는 그 의미상 첩어가 될 수밖에 없으나, 이황은 한 작품에 2회 이상 사용하는 위와 같은 방식이 드물지는 않다는 데에 그 특징이 있다. 비단 <도산잡영>이 아니더라도 다음과 같은 작품들을 예로 더 들 수 있다.

[한시4] 〈山居四時各四吟 共十六絶〉[33] 右春四吟夜
花光迎暮月昇東 꽃빛은 저녁을 맞이하고 달이 동쪽에서 오르니
花月淸宵意不窮 꽃과 달의 맑은 뜻은 끝이 없구나
但得月圓花未謝 달은 둥글고 꽃은 지지 않으니
莫憂花下酒杯空 빈 술잔에 꽃이 떨어질까 염려하지 말게나

[한시5] 〈野池〉[34]
露草夭夭繞碧坡 이슬 맺힌 풀은 어여삐 푸른 둑에 둘렀고
小塘淸活淨無沙 작은 못은 맑고 맑아 모래도 없구나
雲飛鳥過元相管 구름 날고 새 지나감은 원래 서로 맡은 일이나
只恐時時燕蹴波 다만 두려운 것은 때때로 제비가 물결 일으키는 것이로다

---

[33] 이황, ≪퇴계집≫ 권4.
[34] 이황, ≪퇴계집≫ 권1.

[한시6] 〈觀物〉[35]
芸芸庶物從何有　무성한 풀들은 어디로부터 있어왔을까
漠漠源頭不是虛　고요한 근원은 공허하지 않구나
欲識前賢興感處　선현의 興感處를 알고자 한다면
請看庭草與盆魚　뜰의 풀과 연못의 물고기를 바라보라

[한시4]는 16개의 작품이 연작성을 띤 작품군의 하나인데, 春·夏·秋·冬 4계절에 대해 朝·晝·暮·夜의 하루 중 4개의 시간대에 대해 그리고 있어서 총 16편이 되었다. 16영 중에서 4번째 작품으로서 이 작품은 동일한 시어가 행마다 반복적으로 사용되고 있어서 눈에 띈다. 작품의 중요한 제재가 花와 月인데 이 두 시어가 자주 등장하고 있는 것이다. 花는 기·승·전·결구, 네 구에서 모두 나오고, 月은 기·승·전구, 세 구 에서 등장하고 있는 것이다. 결구에서 月이 직접 나오고 있지는 않지만 빈 술잔, 곧 '酒杯空'이 결국 달을 대신하고 있다고 볼 때에 이 표면적으로는 반복이 아니지만 결구에서도 의미 전환을 통해 달의 심상은 지속되고 있다.

이렇게 꽃과 달은 제재로서 중요한 시어일 뿐만 아니라 낮에는 꽃이, 밤에는 달이 같은 존재로서 그 위상을 차지하고 있다는 점에서도 중요하다. 곧 낮과 밤의 반복되는 시간 속에서 낮의 꽃의 역할이 밤의 달이 대신하고 있다는 점에서 시어의 반복을 일부러 행마다 하고 있는 것이 아닌가 한다. 자연에서 낮에 꽃이 주는 즐거움은 밤에 달이 주는 즐거움으로 대체되고, 사람에게는 달처럼, 꽃처럼 둥근 술잔이 같은 기능과 위상을 차지하고 있다는 것을 말하고자 한다는 점에서 핵심적 제재와 그 의미를 드러내기 위해서 일부러 시어를 반복적으로 사용하고 있는 것이 아닐까 한다.

[한시5]에서는 기구에서 이슬이 맺힌 어여뿐 모습을 '夭夭'라고 표현하고 있고, 결구에서는 '時時'로 물결을 치는 제비를 말하고자 첩어를 사용 하고

---

[35] 이황, 《퇴계집》 권3.

있다. 둘 다 첩어이지만 그 의미는 상반적이다. 제목에서도 보이듯 이 들과 연못이라는 두 공간이 중심적인 제재인데, 들에는 풀이 있고, 연못은 맑아서 두 공간의 모습 그대로를 긍정적으로 그리느라 들과 관련해 '夭夭'라는 시어를 사용하였다. 연못이 맑아서 하늘의 구름이 비치는 것은 당연한 일이나, 제비는 하늘에 있는 존재로서 연못에 물결을 일으켜 연못의 아름다움인 맑은 상태를 흐트러뜨린다는 점에서 부정적인 존재로 그려지고 있다. 제비의 이런 행동은 한 두 번이 아니라서 '時時'를 통해 부정적 상황이 계속되고 있음을 드러내고 있다. 이렇게 두 시어는 같은 글자의 반복이 긍정과 부정으로 대조적인 시어로 사용되고 있는데, 평이한 시어가 아니라 의미적으로 긴요한 역할을 한다는 점에서 이황이 의도적으로 첩어인 시어를 기구와 결구라는 처음과 마지막 자리에서 사용하고 있지 않을까 추정해볼 수 있다.

　이번에는 [한시6]을 보도록 하자. 기구에서는 풀이 될 수도 있고, 많은 자연물이 될 수도 있겠으나 이러한 존재의 소종래를 물으면서 그 많다는 것을 강조하느라 '芸芸'이라는 시어를 사용하고 있다. 그리고 이어서 승구에서는 이렇게 많은 물(物)을 보건대 근원과 태초가 비어있지 않다는 점을 말하고자 '漠漠'을 사용하고 있다. 곧 아무리 아득하고 먼 근원이라고 할지라도 이 많은 물(物)의 존재를 볼 때에 공허하지 않다는 것을 말하기 위해서 두 시어를 대비하고 있는 것이다. 곧 '芸芸'은 물(物)의 현재적 상태이고, '漠漠'은 그 소종래인 근본으로서 현재와 과거, 결과와 시작의 드러내는 역할로서 첩어가 활용되고 있다. 이 역시 시에서 말하고자 하는 바를 강조하기 위해서 의태어인 두 시어를 사용하고 있는 것이다.

　그리고 의태어는 아니지만 중요한 제재가 되는 시어를 매행마다 반복하는 경우도 보인다. <陶山梅爲冬寒所傷 歎贈金彦遇 兼示愼仲 惇敍 每句用梅字 效陶淵明止酒 王介甫勸學詩體也>[36]는 7언 절구는 아닌 장시이지만, 제목에

36　《退溪先生文集卷之五續內集》

도 나와있듯이 매 구마다 매(梅)를 반복해서 사용하고 있다. 앞에서 보았던 연작 한시에서의 운자의 반복, 화시와 답시에서 모두 같은 운자의 사용 등 시어의 반복을 적지 않게 볼 수 있다.

지금까지 이황의 한시에 나타난 첩어 및 의태어의 빈번한 사용을 살펴보았다. 이러한 시어들이 그저 글자의 반복으로서 근체시의 격식을 깨트리는 것이 아니라 시에서 핵심적 역할을 하면서 그 의미를 더 강조하고 있다는 점에서 중요한 역할을 하고 있는 것을 보았다. 한편으로는 이황이 근체시의 격식보다는 자신이 나타내고자 하는 의미를 더 추구했다고 보이면서도, 또 다른 한편으로는 시에서 음성성을 구현해내고, 그 음성성이 내용과 직결되도록 의도한 것은 아닌가 싶기도 하다. 시어의 반복이나 의태어와 같은 첩어는 시각적으로도 눈에 띄고 강조될 뿐만 아니라 소리에서도 음성적 재미를 획득하기 때문이다. 운자의 반복도 보았는데, 이 역시 음성과 밀접하다. 한시의 향유방식인 음영(吟詠)의 방식도 노래까지는 아니더라도 소리로 구현되는 것이다. 이황이 노래를 부르고자 함은 <도산십이곡발>에서도 보았듯이 도학적 세계관을 담아 노래를 통해 더 시교적 역할을 할 수 있도록 하기 위함이었다. 그런데 위에서 살펴본 시어 반복의 작품들은 모두 역시 도학적 세계관을 잘 드러내는 작품들이다. 따라서 이황은 음성성이 의미 전달에 더 효과를 가지고 있다고 여기고 있는 것은 아닐까 한다.

이는 전술한 바, 청자의 존재를 의식하는 의향법과도 연결이 된다. [한시2]에서 기구의 의문형, 결구의 명령형에 이어 [한시4]에서도 결구에 명령형

與君賞梅曾有諾　及到梅香我負約　心期獨在山中梅　溪夢夜夜探梅萼
昨日梅社共君來　梅興索漠令人哀　八梅風煙但空枝　一梅數萼猶未開
杖藜吟梅遶百匝　冥項胡爲我梅厄　不比君家梅得暖　梅社風多寒更虐
我欲牋天籲梅冤　我欲作辭招梅魂　梅冤悄結天所憐　梅魂歸來我所溫
向來桃李妬梅白　奢華競笑梅孤潔　但使吾梅本根在　一閱英華梅豈缺
何況一梅之發可動人　梅乎肯與千紅百紫爭一春　我願朝朝走訪一梅君　西京之末只有吳門梅子眞

을 사용하고 있고, [한시6]의 결구에서는 청유형을 사용하고 있다. 이렇게 곳곳에 평서형이 아닌 대목이 적지 않아서 이황의 절구가 독백체보다는 청자의 존재를 의식한 대화적인 문체를 보이고 있음을 확인할 수 있다. 특히 중요한 대목인 결구에서 청자지향적 표현이 빈번하다는 점도 눈여겨 볼 필요가 있다. 결국은 작품의 지향하는 바가 화자 지향적이 아니라 청자 지향적이라는 점을 보여주기 때문이다. 화자 지향적인 경우에는 고백적 문체가 되겠지만, 이황은 결구를 통해 청자 지향적 태도를 보임으로써 고백이 아닌 대화적인 문체를 취하고 있는 것이다.

3.2. <도산십이곡>에 나타난 시적(詩的) 특징: 한문식 표현, 대구, 등가 구조, 각운

이번에는 시조에 나타난 한시와의 공통점을 살펴볼 차례이다. 그 특징으로는 한문 문장 어순식 표현, 대구와 등가 구조, 각운 등을 들 수 있다. 이와 관련해 아래의 작품을 보자.

[시조1] 〈陶山六曲之一〉 其四[37]
幽蘭이 在谷ᄒᆞ니 自然이 듣디 됴해
白雲이 在山ᄒᆞ니 自然이 보디 됴해
이듕에 彼美一人를 더옥 잇디 몯ᄒᆞ얘
[한역시1]
幽蘭在谷, 自然聞了好.
白雲在山, 自然見了好.
此中彼美一人, 益不忘了.[38]

---

37 李滉, 『退溪先生全書遺集』, 한국정신문화연구원 영인본, 『도산전서』4. 이하 시조는 모두 이 책에서 가져오고 따로 주석을 달지 않는다.
38 강필효(1764~1848)의 한역시이다. ≪海隱別稿≫권1.

[시조2] 〈陶山六曲之一〉 其六
春風에 花滿山ᄒ고 秋夜애 月滿臺라
四時佳興 사롬와 ᄒ가지라
ᄒ믈며 魚躍鳶飛 雲影天光이야 어늬 그지 이슬고
[한역시2]
春風花滿山, 秋夜月滿臺.
四時佳興, 與人同了.
況漁躍鳶飛雲影天光, 有何窮.

[시조3] 〈陶山六曲之二〉 其五
靑山ᄂᆞᆫ 엇뎨ᄒᆞ야 萬古애 프르르며
流水ᄂᆞᆫ 엇뎨ᄒᆞ야 晝夜애 긋디 아니ᄂᆞᆫ고
우리도 그치디 마라 萬古常靑 호리라

　상단의 시조는 이황이 지은 작품이고, 하단의 한역시는 강필효가 이 시조를 한시화한 것이다. 시조에 나타난 시의 특성을 살펴보기 위해서 한역시를 나란히 두었다.
　우선 [시조1·2·3]의 공통점으로는 대구(對句)의 방식이 눈에 띈다. [시조1·3]에서는 초장과 중장이, [시조2]에서는 초장 내에 안짝과 바깥짝이 대구를 이루고 있다. 사실 같은 성격의 시어가 반복적으로 같은 자리에 오는 대구의 방식은 절구에서도 두드러지게 나타나는 특징이다. 그런데 이황은 시조에서도 유독 이러한 대구의 방식을 즐겨 사용하고 있어서 절구와 같은 격식을 대구라는 수사법으로 이루고자 한 것이 아닐까 하는 생각이 든다.
　일반적으로 시조가 병렬의 방식이 쓰이기는 해도 이황의 시조에서 보이는 대구와는 또 다르다. [시조1]을 보면, 골짜기와 산이라는 공간이 대(對)를 이루고, 그 공간에 각각 존재하는 난초와 구름, '향기 맡고'와 '보고' 등으로 엄격한 대를 이루고 있다. [시조2]에서는 봄과 가을, 꽃과 달, 산과 누대 역시 엄격한 대칭을 이루는 관계에 있다. [시조3]에서도 산과 시내, '푸르고'

와 '흐르고'가 대를 이룰 뿐만 아니라 산은 움직이지 않으니 긴 시간인 만고(萬古)로, 시내는 끊임없이 흐르는 존재이니 짧으면서도 늘 변하는 주야(晝夜)의 시간으로 대를 이루고 있는 것이다.

또 본서에서는 단순 구조의 반복에 주목하는 것이 아니라 대구를 이루는 실자(實字)인 시어에 주목하는 것이다. 즉, 우리말이 가진 구조의 반복, 예를 들어, 첨가어에 해당하는 어미나 조사의 반복에 주목하는 것이 아니라, '幽蘭'과 '白雲', 在'谷'과 在'山', '聞(듣기)'와 '見(보기)'라는 실자(實字)가 대(對)를 이루고 있다는 점, 또 '春風'과 '秋夜', '花滿山'과 '月滿臺'가 對를 이룸을 말하고 있는 것이다.

이와 관련해 후대인의 한역시이지만 참고로 함께 살펴보자. [한역시1]과 [한역시2]를 보면 원래의 시조가 한자어를 많이 사용하고 있어서 우리말의 조사와 어미를 빼면 대체로 한역시의 골자를 이루고 있는 것을 볼 수 있다. 특히 [한역시2]에서 "春風에 花滿山ᄒᆞ고 秋夜애 月滿臺라"를 한역한 대목을 보면, 허자(虛字)인 조사와 어미를 빼면 그대로 한역시가 되고 있는 것을 볼 수 있다. "춘풍에 꽃이 산에 가득하고"라고 하는 것이 우리말의 어순에 맞고 자연스럽지만 그렇게 하지 않았다. 오히려 실자 위주로 한문(漢文)을 조성한 후에 조사와 어미만 붙이고 있어서 그만큼 이황의 시조는 실자를 중요하게 다루고 실자 위주로 시어를 활용하고 있는 것을 볼 수 있다.

또한 행과 행의 관계 역시 엄격한 대구로 인해 연속적 구조에 있기보다 나란히 놓여있는 등가적 구조를 이루고 있다. [시조1]의 초장과 중장이 가장 대표적인 경우로서 통사적으로도 명확하게 종결되어 있고 표현 역시 동일한 시어 반복으로서 등가적이다. [시조2]는 초장, 중장, 종장이 모두 종결문으로 되어있어서 역시 연속적이지 않고 등가적 구조를 취하고 있다. [시조3]은 초장이 표면적으로는 '푸르르며'라고 연결어미인 것같지만 역시 중장과 대구를 이루고 있어서 표면적 연결어미를 연속적 구조라고 하기는 어렵다.

이황의 시조 12수에서 행과 행이 연속적 구조를 가지는 경우는 다음의 작품들 정도이다.

[시조4] 〈陶山六曲之一〉其二
煙霞로 지블 삼고 風月로 버들 삼마
太平聖代예 病으로 늘거가뇌
이듕에 브라는 이른 허므리나 업고쟈

[시조5] 〈陶山六曲之二〉其一
天雲臺 도라드러 玩樂齋 瀟灑ᄒ듸
萬券生涯로 樂事無窮하얘라
이듕에 往來風流를 닐어 므슴ᄒ올고

[시조6] 〈陶山六曲之二〉其四
當時예 녀던 길흘 몃 히를 브려 두고
어듸 가 ᄃ니다가 이제아 도라온고
이제나 도라오나니 년듸 ᄆ ᅀ 마로리

[시조4]는 초장과 중장이 연속적 구조이다. 통사적으로도 '~아'로 연결 어미를 사용할 뿐만 아니라 내용적으로 집과 벗을 삼아서 병으로 늙어간다고 하고 있어서 연속적 구조라고 할 수 있다. [시조5]도 초장의 말미가 '~데'로 연결어미를 사용하고 있으면서 내용상으로도 완악재 안에서 학문을 하는 즐거움이 끝이 없다고 하고 있어서 연속적 구조이다. [시조6] 역시 초장의 말미가 '~고'로 연결어미로 되어있고, 내용적으로도 몇 해를 버려두고 돌아다니다가 이제 돌아왔다는 의미를 취하고 있으므로 연속적 구조이다.

이렇게 행과 행이 관계가 연속적 구조는 3수이고, 나머지 9수가 모두 등가적 구조를 취하고 있다. 17세기 신흠은 절구의 등가 구조와 달리 시조는 연속 구조를 취하고 있어서 절구와 시조가 대비적인데,[39] 이황은 시조도 절구와 같이 등가 구조를 취하고 있는 것이다. 신흠은 첨가어와 굴절어,

허사와 실사가 시조와 한시에서 매우 대비적이었다. 각각의 특성이 잘 분화되어 기능을 하고 있었다. 이에 비해 이황의 시조는 대구의 수사법과 행과 행의 등가구조라는 절구에서의 특징을 함께 보이고 있어서 한시와 시조의 거리가 가깝다는 점이 특징이다.

한편, 전반적으로 이황의 시조에서 한자어구가 많이 사용되고 있는데, 이 역시 실자(實字)가 중요한 의미를 전달하는 것과 연결된 현상이다. 첨가어의 다양성보다는 실사(實詞) 위주의 한자어, 한자성어같은 시어들이 많다. 우리말 언어 구조로 풀어쓸 수 있는 대목들도 적지 않은데, 그럼에도 한자어구로 해당 대목을 표현하고 있는 것이다. 일례로 [시조1]의 종장에서 '彼美一人'은 한문식 표현이다. 종장 첫 음보가 '이듕에'로 대명사 '이'를 사용하고 있기 때문에 '彼美一人'은 '저 美一人'이 되어야 한다. 게다가 '美一人'이라는 표현 역시 한문식이다. 국어의 어순으로 표현하자면 '저 한 美人'이 되기 때문이다. 그런데도 '한'에 해당하는 한자가 美人 의 중간에 끼어들어감으로써 한문식 표현이 되고 있는 것이다. 이렇게 시조에서 자연스러운 우리말을 십분 활용하기보다 한문식 표현, 다시 말해 비단 문자매체를 한문을 사용하는 문제가 아니라 문장 구조가 한문식이면서 동시에 문어적인 표현을 쓰고 있다고 하겠다.

이황의 시조가 절구와 같이 시적 특성을 보이는 것은 이뿐이 아니다. 시조에서 행말의 종결어미의 발음까지 압운처럼 유사하게 맞추고 있다. [시조1]은 초, 중, 종장이 모두 'ㅐ'로 끝난다. 등가구조와 대구만이 아니라 이렇게 압운같이 종결어미를 맞추고 있는 것이다. 초, 중, 종장이 모두 같은 모음으로 끝나는 경우는 이 외에도 두 작품이 더 있는데, 비교를 위해서 아래에 세 작품을 모두 제시하면 다음과 같다.

---

39 정소연(2006), 앞의 글.

[시조1] 〈陶山六曲之一〉 其四
幽蘭이 在谷ᄒ니 自然이 듣디 됴해
白雲이 在山ᄒ니 自然이 보디 됴해
이듕에 彼美一人를 더옥 닛디 몯ᄒ얘

[시조7] 〈陶山六曲之二〉 其二
雷霆이 破山ᄒ야도 聾者는 몯 듣ᄂ니
白日이 中天ᄒ야도 瞽者는 몯 보ᄂ니
우리는 耳目聰明 男子로 聾瞽ᄀ디 마로리

[시조8] 〈陶山六曲之二〉 其六
愚夫도 알며 ᄒ거니 긔 아니 쉬운가
聖人도 몯다 ᄒ시니 긔 아니 어려운가
쉽거나 어렵거낫 듕에 늘그는 주를 몰래라

위의 [시조7]과 [시조8] 모두 초장과 중장이 대구를 이루고, 등가 구조를 취하며, 초, 중, 종장의 행말음(行末音)이 모두 같다. 곧 [시조7]은 'ㅣ', [시조8]은 'ㅏ'로 모두 끝난다. 이렇게 세 작품은 대구, 등가 구조, 행말음의 동일성을 모두 보이고, 이는 절구에서 볼 수 있는 일반적인 특성과 유사해서 두 갈래 간의 거리가 가깝다고 할 수 있다.

그런데 여기서 한 가지 놀라운 사실이 발견된다. 세 작품이 모두 전체 연시조인 12수 중에서 4번째, 8번째, 12번째에 있는 위치에 있다는 점이다. 곧 <陶山六曲之一>의 其四, <陶山六曲之二>의 其二, 其六이기 때문에 4수마다 이렇게 초·중·종장의 행말음이 동일하게 나타난다는 점도 우연의 일치라고 할 수 없을 것이다. 게다가 그 발음이 'ㅐ', 'ㅣ', 'ㅏ'의 순서라는 점도 간과할 수 없다. 세 모음을 발음할 때 구강구조에 있어서 위에서 아래로 내려오고, 입술의 모양도 가로에서 세로로 변화되는 순차성이 보이기 때문이다.

따라서 행말음의 발음 위치가 구강 구조에서 각각 상, 중, 하의 위치에 있을 뿐만 아니라 12수 전체에서 세 작품의 위치도 순차적으로 4번째, 8번째, 12번째로 일치하고 있다는 것은 이황이 12수의 전체 구조를 주도면밀하게 고려해서 짜임새있게 배치한 결과라고 할 수 있을 것이다.

이렇게 운(韻), 특히 각운의 고려는 현대시에서도 나타나는 특성으로서 시가 가진 리듬감을 높여주는 역할을 한다. 곧 노래가 아닌 시에서 리듬감을 높이는 요소로 중요하게 작용하는 것이다. 그렇다면 노래인 시조에서 이러한 각운을 고려한다는 것은, 그것도 12수 전체에서 4수마다 규칙적인 위치에 운자(韻字)를 두고 있는 것은 역시 한시와 같이 시(詩)로서의 특성을 고려한 것이라 할 수 있다. 다시 말해 2장에서 살펴본 바, 이황은 <도산십이곡>을 시와 같은 고급문학으로 격상하고자 하였는데, 그 구체적인 방식으로서 대구, 등가 구조, 운자 등의 고려해서 시로서의 특성을 가질 수 있도록 한 것이다.

그 외에 각운을 이루는 경우로 아래를 더 들 수 있다.

[시조9] 〈陶山六曲之一〉 其三
淳風이 죽다ᄒᆞ니 眞實로 거즌마리
人性이 어디다ᄒᆞ니 眞實로 올ᄒᆞ마리
天下애 許多英才를 소겨 말 홀가

[시조10] 〈陶山六曲之一〉 其六
春風에 花滿山ᄒᆞ고 秋夜애 月滿臺라
四時佳興 사ᄅᆞᆷ와 ᄒᆞᆫ가지라
ᄒᆞ물며 魚躍鳶飛 雲影天光이아 어늬 그지 이슬고

[시조11] 〈陶山六曲之二〉 其三
古人도 날 몯보고 나도 古人 몯뵈
古人를 몯봐도 녀던길 알ᄑᆡ 잇니
녀던길 알ᄑᆡ 잇거든 아니 녀고 엇멸고

[시조12] 〈陶山六曲之二〉 其四
當時예 녀던 길흘 몃 히를 브려 두고
어듸 가 둔니다가 이제아 도라온고
이제나 도라오나니 년듸 마로리

[시조9·10·11·12]가 모두 초장과 중장에 각운을 가지고 있다. 순서대로 'ㅣ', 'ㅏ', 'ㅣ', 'ㅗ'의 행말음이 같다. 이렇게 세 행 중에서 초장과 중장의 행말음이 같다는 것은 초장과 중장이 대구와 등가 구조를 가지고 있다는 점과 무관하지 않다. 그런데 [시조12]만 연속 구조라는 점이 다른데, [시조12]가 도드라지는 것은 이뿐이 아니다. 우선 나머지 세 작품을 먼저 살펴본 뒤에 이에 대해 살펴보고자 한다.

[시조9], [시조10]은 <陶山六曲之一>에서 3번째, 6번째 작품이고, [시조11]은 <陶山六曲之二>에서 3번째 작품이며 <陶山六曲之二>의 6번째 작품은 앞에서 [시조8]로 초·중·종장이 모두 행말음이 같은 경우로 이미 살펴보았다. 곧 <도산십이곡> 12수 전체에서 3, 6, 9, 12번째 작품이 각운을 가지고 있는데, 'ㅣ', 'ㅏ', 'ㅣ', 'ㅏ'로 반복적이다. 3, 6, 9번째 작품은 초장과 중장이 각운을 취하고, 12번째 작품은 12수 전체의 마지막이라는 점에서 세 행이 모두 각운을 이루는 변이를 보이면서 동시에 앞에서 본 것과 같이 4, 8, 12번째의 작품이 세 행이 각운을 가지면서도 구강 구조에서 상, 중, 하의 조음 위치를 가지고 있는 행말음을 취하고 있다.

이렇게 본다면 [시조9·10·11]이 전6곡에서 3번째, 6번째, 후6곡에서 3번째라는 위치상의 공통점을 보인다는 것을 발견할 수 있다. 그렇다면 [시조12], 곧 <陶山六曲之二> 其四는 전6곡에서 4번째 작품과 각운의 짝이 맞아야 하는데, 이는 이미 [시조1]에서 3행 전부가 행말음이 같은 작품으로서 4, 8, 12번째 중 4번째로 다룬 바 있다. 즉 [시조12]는 대구나 등가 구조가 아니지만, 이렇게 각운의 반복 구조를 전6곡과 후6곡을 맞추기 위해서 들어간 것으로 볼 수 있지 않을까 추정할 수 있는 것이다.

그렇다면 결국 이황은 12수 전체를 매우 구조적으로 짜임새있게 조직해서 지었다고 보인다. 한 작품만 볼 때에는 대구와 등가 구조를 이루고, 12수 연시조 전체를 볼 때는 4수마다, 또 3수마다 각운이 같도록 하고 있는 것이다. 이러한 짜임새는 사실 노래로서의 구술문학보다는 기록문학으로서의 특성이 강하다. 후술하겠지만 같은 양층언어작가이지만 상대적으로 이이의 시조는 이러한 대구를 이루고 있지는 않다. 즉 이황은 시조를 한시와 같이 대(對)를 이루며 등가 구조를 띨 수 있도록 시도한 것이 특징인 것이다.

이러한 등가 구조는 기록된 시(詩)의 특성이기도 하다. 우리말로 된 구술적인 노래는 연속적 구조를 띠는 것이 특성이라면 등가 구조는 문자로 기록된 시의 특징이다. 문자로 고정되었으므로 등가 구조로 놓여져 있는 대구의 시어와 행들을 시각적으로 보며 내용을 잇고 이해할 수 있는데 비해, 노래는 음성이 일회적으로 들리고 사라지므로 등가 구조의 대구보다는 연속구조가 더 이해를 높일 수 있다. 이런 점에서 이황은 시조가 노래이기보다 한시처럼 시(詩)가 되도록 격상시키려고 한 것으로 볼 수 있다. 곧 시조도 한시와 같이 격조높은 시가 될 수 있으므로, 그 노랫말이 내용적으로는 도학적 가치관을, 형식적으로는 등가 구조와 대구, 운자 등에 주력해 <도산십이곡>을 지은 것이라 하겠다.

4. 이황의 한시와 시조의 차이점

앞에서는 이황이 한시와 시조를 가깝게 하려는 여러 시도들을 살펴보았다. 한시를 시조처럼 지어서 한시를 통해서도 정이 바로 표출되게 하였고, 시조를 한시처럼 지어서 노래인 시조를 시로서의 특성도 지니게 함으로써 격상시키려고 하였다. 이번에는 두 갈래의 차이점을 통해 이황이 가진 양층언어작가로서의 위치와 의의를 조명해보고자 한다.

4.1. 제목, 작가와 화자의 거리, 화자와 대상의 관계

<도산잡영>과 <도산십이곡>의 차이를 비교하기 위해서 아래에 내용이 유사한 작품을 나란히 두었다.

[시조1] 〈陶山六曲之一〉 其四[40]
幽蘭이 在谷ㅎ니 自然이 듣디 됴해
白雲이 在山ㅎ니 自然이 보디 됴해
이듕에 彼美一人를 더옥 잇디 몯ㅎ얘

[한시1] 〈隴雲精舍〉[41]
常愛陶公隴上雲 항상 陶弘景의 언덕 위의 구름 사랑했는데
唯堪自悅未輸君 오직 나만 즐길 뿐 임금에게 보내주지는 못하네
晚來結屋中間臥 느즈막에 집을 지어 그 가운데 누으니
一半閒情野鹿分 한가한 정 절반은 산노루와 나누어 갖네

작품번호는 앞에서 사용한 것을 그대로 든 것이다. 우선 [시조1]과 [한시1]을 비교해보도록 하자. 표면적으로 가장 먼저 눈에 띄는 것은 제목의 차이이다. [한시1]은 <陶山雜詠>이라는 시제(詩題)하에 다시 '十八絶 七言'이라고 18수를 묶고, 그 하위에 다시 매 1수마다 명사로 된 소제목이 있다. 반면에 시조는 '陶山十二曲'이라는 명칭이 발문에 나와있고, 다시 '陶山六曲'이 2개로 되어있어 '言志'와 '言學'이라고 하였다. 그리고 개별적인 매 1수마다의 소제목은 나와 있지 않다.

물론 앞에서 <도산잡영>의 소제목이 긴요하고 결정적인 역할을 하는

---

[40] 이하의 <도산십이곡>은 국립도서관본을 사용하고, 따로 주석을 달지 않는다. 때때로 李滉, <도산십이곡>, 『退溪先生全書遺集』, 한국정신문화연구원 영인본, 『도산전서』4의 것과 대조하여 쓴다.
[41] 이황, <도산잡영>, ≪퇴계집≫ 권3.

것은 아니라고 하였다. 제목이 작품에 다시 반복되어 나오기 때문이다. 그렇지만 긴요한 역할을 하지 않더라도 연작성을 띤 작품 하위에 소제목을 두려고 하는 습관은 시조와는 다르다. 따라서 표제의 유무가 일차적으로 드러나는 차이라고 하겠다. 이후에 다시 거론하겠지만, 17세기에 이르면 시조에도 연작성 하위의 작품에 소제목을 다는 경향이 나타나는데, 16세기에는 아직 시조에 표제를 붙이는 경향은 나타나지 않고 있는 것이다.

다음으로, 내용을 보자. 작품을 지은 순서는 <도산잡영>을 먼저 짓고, 그 뒤에 시조를 지었기 때문에 한시를 먼저 살펴보도록 하자. [한시1]에서는 도홍경의 구름을 사랑하였는데 자신만 즐길 뿐 임금에게 보내주지는 못한다고 하였다. 그리고 만년에 자연 속에 집을 지어 지내는 한가함을 얘기하고 있다. [시조1]에서는 산의 구름만이 아니라 골짜기의 난초가 추가되어 더 구체화되었다. 또 [한시1]에서는 임금에게 보내지 못한다는 점이 전반부에 나오는데, [시조1]에서는 마지막 후반부에 언급된다.

여기서 피미일인(彼美一人)은 사대부 남성 작가가 임금을 지칭할 때에 관습적으로 사용한다는 점을 고려하지 않는다면 그저 아름다운 사람이 되고 만다. 그러나 한시를 먼저 지었고, 도홍경의 고사와 연결지어 본다년 미인(美人)은 임금이라고 할 수 있다. 다시 말해 [한시1]에서는 '君'이라고 직접적으로 표현하고 있는 반면에 [시조1]에서는 '美人'으로 간접적 표현 방식을 사용하고 있는 것이다. 이 점은 이후 정철의 경우에서도 보겠지만, 상대적으로 시조에서 주로 나타나는 특징이다. 시조에서는 작가의 처지가 직접적으로 드러나지 않고 화자가 타자화되어 작가와의 거리가 먼 것이 정철이나 신흠에게서도 나타난다.[42] 반면에 한시에서는 작가의 실제적인 모습이 여과없이 직접 나타나고 있어서 작가와 화자의 거리가 가깝고 거의

---

[42] 정철의 경우에는 본서의 다음 장에서 자세히 다루고, 신흠에 대해서는 정소연(2006), 앞의 글에서 자세히 다루고 있다.

일치되고 있는 특성이 보인다.

앞에서 본 [시조1]과 [한시1]을 다시 보자. 한시에서는 임금에게 이 한가한 자연을 보내지 못한다는 점이 핵심이지만, 시조에서는 화자가 임금을 잊지 못한다는 점이 더 중요하다. 한시에서는 자연의 공유의 문제를, 시조에서는 상호간의 관계성의 문제를 다루고 있는 차이가 있는 것이다. 곧 한시에서는 화제 중심, 시조에서는 화자와 대상간의 관계 중심이라는 차이를 볼 수 있다.

이는 문자인 한문으로 된 시와 소리로 부르는 노래의 특징과 관련해서 이해해볼 수 있다. 문자나 시는 종이를 대하고 붓이라는 도구를 사용해 쓰지만, 음성과 노래는 사람을 대하고 사람의 몸을 도구로 쓴다. 따라서 사물을 대하고 쓰는 시에서는 화제가 중심이 되고, 청자와의 소통 도구인 목소리를 사용하는 노래에서는 사람과의 관계가 상대적으로 더 중심이 되고 있다고 할 수 있는 것이다.

또한 [한시1]에서는 그저 임금이지만, [시조1]에서는 '이' 중에 '저(彼)' 미인이라는 대조적 표현 가운데 임금이 등장한다. 한시에서는 그냥 임금이던 것이 시조에서는 화자가 처해 있는 곳은 '이' 곳이고, 미인은 '저' 곳에 있다는 인식이 겉으로 드러나고 있는 것이다. '이'와 '저'라는 대명사는 몸체험의 현장성과 연결이 된다. 노래는 가창자의 목소리와 항상 같이 있고, 목소리를 가진 사람의 몸의 체험성으로 인해 공간 인식이 더 직접적이다. 곧 노래가 있는 곳에는 노래를 부르는 목소리의 사람이 존재하고, 사람은 공간을 차지하는 실물성으로 인해 상대적으로 자신이 아닌 타인을 지칭하는 대명사로 여기와 저기라는 대비적 인식이 이루어진다.

4.2. 연작구조에서의 유기성 문제

이번에는 또 다른 작품을 비교해보자.

[시조3] 〈陶山六曲之二〉 其五
靑山는 엇뎨ㅎ야 萬古애 프르르며
流水는 엇뎨ㅎ야 晝夜애 긋디 아니는고
우리도 그치디 마라 萬古常靑 호리라

[한시2] 〈觀瀾軒〉[43]
浩浩洋洋理若何 넘실넘실 물결의 이치 이는 어떠한가
如斯曾發聖咨嗟 이와 같다고 일찍이 성인께서 탄식하셨네
幸然道體因玆見 다행히 도(道)의 본체를 이로 인해 볼 수 있으니
莫使工夫間斷多 공부가 중간에 끊어짐이 많으니 그리 하지 말기를

  [시조3]과 [한시2] <관란헌>에서는 모두 그치지 말자는 내용이 공통적으로 나온다. [한시2]에서는 물을 제재로 다루고 있는데, [시조3]에서는 물만이 아니라 산까지도 제재로 삼고 있다. 앞의 경우와 같이 한시보다는 시조가 정보가 더 구체적이고 내용이 추가되고 있는 것을 볼 수 있다.
  그런데 문제는 그치지 말자고 하는 내용, 곧 목적이 무엇인가에 있다. [한시2]에서는 결구에서 '工夫'를 그치지 말라고 하여 그 목적이 분명하게 언급이 되어있다. 이에 비해 [시조3]에서는 산처럼 푸르고, 물처럼 그치지 말자로는 하는데 구체적으로 무엇을 그렇게 하자는 것인지는 작품 자체에 나와있지 않다. 곧 개별적인 1수의 단시조가 그 자체로 완결성과 독립성을 가지고 있지 않은 것이다.
  그렇다면 해석의 단서를 어디서 얻을 수 있는가? [시조3]은 <陶山六曲之二>, 곧 '言學'의 한 부분이다. 곧 배움에 대해서 말하고 있다는 6수 전체 속에서 [시조3]을 이해해야 배움을 그치지 말자는 뜻으로 이해될 수 있는 것이다. 항상 푸른 산처럼, 늘 흐르는 물처럼 항상, 늘 배움을 멈추지 말자는 뜻으로 말이다.

---

43 이황, <도산잡영>, ≪퇴계집≫ 권3.

이와 관련해서 '言學'에 속하는 6수가 서로 구조적인 유기성이 높은지 살펴보도록 하자.

〈陶山六曲之二〉'言學'

其一
天雲臺 도라드러 玩樂齋 瀟灑호딕
萬券生涯로 樂事無窮하얘라
이듕에 往來風流를 닐어 므슴홀고

其二
雷霆이 破山호야도 聾者논 몯 듣느니
白日이 中天호야도 瞽者논 몯 보느니
우리논 耳目聰明 男子로 聾瞽곧디 마로리

其三
古人도 날 몯보고 나도 古人 몯뵈
古人를 몯봐도 녀던길 알픠 잇닉
녀던 길 알픠 잇거든 아니 녀고 엇뎔고

其四
當時예 녀던 길흘 몃 히를 브려 두고
어듸 가 둔니다가 이제아 도라온고
이제나 도라오나니 년듸 모음 마로리

其五
靑山논 엇뎨호야 萬古애 프르르며
流水논 엇뎨호야 晝夜애 긋디 아니논고
우리도 그치디 마라 萬古常靑 호리라

其六
愚夫도 알며 ᄒᆞ거니 그 아니 쉬운가
聖人도 몯다 ᄒᆞ시니 그 아니 어려운가
쉽거나 어렵거낫 듕에 느러ᄂᆞᆫ 주를 몰래라

其一에서는 중장에 '萬卷生涯'라는 단서를 통해 배움에 대해 말하고 있음을 보이고 있다. 그런데 배움에서 끝나지 않고 이 중에 '往來風流'가 겸하여 있는 즐거움을 말하고 있다. 其二에서는 종장의 '聰明'이라는 시어가 배움을 위해 노력해야 한다는 점을 말하고 있어서 역시 단서가 된다. 其三에서는 고인이 가던 길을 어떻게 안가겠는가 하고 종장에서 말하였다가 其四에서는 그런데도 과거에 그 길을 가지 않았던 것을 돌아보고 其五에서 그러니 그치지 말고 그 길을 가겠다는 다짐을 통해 其六에서는 이러한 삶의 자세를 늙도록 한다는 것으로 이어진다.

곧 한 수 한 수가 이야기를 엮는 듯이 유장하게 이어지고 있는 것이다. '言學'에서의 '學'은 1수에서 '萬卷'으로 이어지고, 2수에서는 '聰明'으로, 3수에서는 과거의 총명남자인 '古人'의 '녀던' 길로 이어지고, 4수에서는 '녀던'이라는 시어가 반복되면서 녀던 길을 버렸으나 이제는 돌아왔으니 5수에서 '그치디 말자'로 이어지고, 그치지 않으니 6수에서 '늙는 줄도 모르고' 지속되고 있다고 한 것이다. 한 수 한 수 진행되면서 앞 시조의 어떤 내용이 다음 시조의 특정 시어나 주된 내용으로 연결되도록 6수 전체가 연속적 구조를 취하고 있는 것을 볼 수 있는 것이다.

이는 <陶山六曲之一>의 '言志'에서도 나타나는 특징이다. 논의를 위해서 역시 6수 전체를 든다.

〈陶山六曲之一〉'言志'

其一
이런ᄃᆞᆯ 엇다ᄒᆞ며 뎌런ᄃᆞᆯ 엇다ᄒᆞ료

草野愚生이 이러타 엇다하료
ᄒᆞ물며 泉石膏肓을 고텨 무슴ᄒᆞ료

其二
煙霞로 지블 삼고 風月로 버들 삼마
太平聖代예 病오로 늘거가뇌
이듕에 ᄇᆞ라는 이른 허므리나 업고쟈

其三
淳風이 죽다ᄒᆞ니 眞實로 거즌마리
人性이 어디다ᄒᆞ니 眞實로 올ᄒᆞᆫ마리
天下애 許多英才를 소겨 말ᄉᆞᆷ ᄒᆞᆯ가

其四
幽蘭이 在谷ᄒᆞ니 自然이 듣디 됴해
白雲이 在山ᄒᆞ니 自然이 보디 됴해
이듕에 彼美一人를 더옥 잇디 몯ᄒᆞ얘[44]

其五
山前에 有臺ᄒᆞ고 臺下에 有水로다
ᄠᅦ 만ᄒᆞᆫ 골며기ᄂᆞᆫ 오명가명 ᄒᆞ거든
엇다다 皎皎白駒는 머리 ᄆᆞᄋᆞᆷ ᄒᆞᄂᆞ고

其六
春風에 花滿山ᄒᆞ고 秋夜애 月滿臺라
四時佳興 사롬와 ᄒᆞᆫ가지라
ᄒᆞ물며 魚躍鳶飛 雲影天光이아 어늬 그지 이슬고

---

[44] 정문연본에는 '一云 이듕에 고온 ᄒᆞᆫ 니믈 더옥 닛디 몯ᄒᆞ뇌'가 작은 글씨로 기록되어 있다.

'言志'에서의 '志'는 其一에서 '泉石膏肓'으로 이어진다. 화자가 말하는 뜻이란 바로 자연에서의 삶이므로 곧 천석고황이다. 其二에서는 '煙霞'와 '風月'로 이어지는데, 자연을 대표하는 표현이 곧 연하와 풍월이다.

그리고 종장에서 '허물이나 없고자'하는 마음은 其三에서는 '淳風'과 '人性'으로 연결된다. 허물이 없는 상태가 곧 순풍과 어진 인성이기 때문이다. 그리고 其四·五·六은 모두 '志', 곧 화자가 지향하는 뜻이 각각 골짜기의 유란(幽蘭)과 산 위의 백운(白雲), 산과 누대와 강의 조화로운 모습, 사시가흥(四時佳興)으로 시의가 이어지면서 사람과 자연의 조화를 궁극적으로 말하고자 하는 것을 읽어낼 수 있다. 其一에서는 자연을 사랑해서 돌아왔는데, 其六에서는 자연과 사람이 하나가 되는 것으로 그 뜻(志)이 조화롭게 이루어진 것으로 맺고 있는 것이다. 이렇게 시조는 전체 6수의 맥락 속에서 개별 작품을 이해할 때에 이해도가 높아지는 맥락성이 더 강하다고 하겠다.

반면에 <도산잡영> 중에서 十八節은 어떠한지 보자. 우선, 제목을 보면 도산서당, 암서헌, 완락재, 유정문, 정우당, 절우사, 농운정사, 관란헌, 시습재, 지숙료, 곡구암, 천연대, 천운대(천광운영대), 탁영담, 반타석, 동취병산, 서취병산, 부용봉의 18수의 순서로 작품이 이루어져있다. 첫 수에서 나온 '도산서당'을 이루고 있는 각 방과 공간을 나열하고 있는 것이다. 이 중에서 앞의 10수는 도산서당의 책 읽고, 잠자는 등의 각 방의 공간이고, 11수부터 18수까지는 도산서당을 둘러싸고 있는 자연을 나열하고 있는 것이다. 도산서당을 이루고 있는 인공물과 자연물이라는 유기성을 가지고 있지만 개별 작품이 연속성을 가지면서 앞의 작품과 뒤의 작품의 관련성이 높은 것은 아니다.

따라서 한시는 어떤 절구 한 작품을 <도산잡영>에서 떼어내어도 이해가 불가하지 않다. 개별 작품들이 그 자체로 독립적이고 완결적이기 때문에 '잡영' 전체의 맥락성을 필수적으로 염두하지 않아도 개별 작품만으로도 이해가 가능한 것이다. 반면에 시조는 개별 단시조가 독립적으로 완성도를 갖추기보다 연시조를 구성하는 한 부분으로서의 역할에 더 치중하고 있다고 할 수 있고, 상대적으로 <도산잡영>의 개별 작품들은 표제도 각각 지니고 있는 것처럼 그 자체가 개별적인 완결성과 독립성을 가지고 있다고 할 수 있겠다.

그런데 다음 기회에 더 자세히 논하겠지만, 17, 18세기에는 이러한 상황에 변화가 나타난다. 곧 연작 한시에서 보았던 각 작품의 병렬성과 개별성이 이후에는 연작시조에서도 나타나 연시조라고 하기보다 연작 시조라고 하는 것이 더 적절한 경우가 보이는 것이다.[45] 반면에 연작성을 띤 한시에서 개별 작품들 간의 유기성이 높아지는 경우도 나타난다. 이와 관련하여, 앞에서 몇몇의 연작 한시에서 이황이 전체 제목 외에 하위의 소제목을 쓰지 않은 사례를 잠시 상기해보자. 이황의 경우는 이른 시기의 사례로서 이후 17, 18세기에서 더 자주 나타나게 된다. 이에 대해서는 17세기의 박인로, 18세기의 권섭 등을 논의하는 자리에서 자세히 살펴보게 될 것이다.

5. 이황과 대비해 본 이이의 한시와 시조

이이는 성리학적 사유를 즐겨 한시로 나타내고, 시조 역시 연시조로 지은 바 있어서 이황과 유사한 경향을 보일 것같지만 차이점도 적지 않다. 따라서 본 장에서는 차이점과 공통점을 나누어서 살펴보고자 한다.

이이의 한시는 445제 514수[46]로 알려져 있다. 5언 율시 111수, 5언 절구 61수, 7언 율시 115수, 7언 절구 150수로, 7언 절구가 가장 많지만 5언 고시가 49수, 7언 고시가 28수로 고시가 77수인 점도 특징적이다. 5백여 수가 넘는 한시 중에서 100여 수를 제외하면 차운시 193수, 증답시, 교유시

---

45 이에 대해서는 정소연, 「황윤석의 <목주잡가>에 나타난 시 지향성의 시조사적 조명」, 『고전문학과 교육』28집, 한국고전문학교육학회, 2014에 자세하다.
46 홍학희, 「율곡 이이의 시문학 연구」, 이화여자대학교 박사학위논문, 2000.

등을 포함해 모두 창화시에 해당한다.[47] 그리고 100여 수에 해당되는 것이 응제시가 아니면 여행지에서의 감회를 읊은 것이다. 차운시 193수는 대부분 벗들과 교유하며 지은 시가 차지한다. 한시를 화답하는 경향이 사대부 작가에게 일반적인 경향이지만 이이의 경우 그 비중면에서 상당수를 차지한다는 점이 다른 작가에 비해 매우 두드러진다.

앞에서 고시가 77수인 점도 특징적이라 하였다. 이이의 한시는 장시화(長詩化)의 경향이 강하다고 할 수 있겠는데, 장시에서는 부사어나 조자(助字) 등 허사(虛辭)를 적절히 잘 사용하며 운자(韻字)를 무시하는 경우까지 나온다는 점도 특징이다. 이러한 측면은 근체시 양식에 무조건 맞추려고 하기보다 자유로운 시도를 한 것으로 이해될 수 있다. 이러한 경향은 절구에서도 나타나는데, 곧 7언 절구나 5언 절구 외에도 6언 절구 작품들이 눈에 띄어 한시의 다양한 형식을 시도한 것이라 할 수 있다. 이에 대해서는 뒤에서 자세히 살펴보도록 하겠다.

한시 전체에 나타나는 내용이 7언 절구에도 고루 나타난다. 회사(懷思), 술회(述懷)가 60여 수가 되고, 회고시가 20여 수, 그 외에 유한은일, 애도한탄, 서경, 우시연군, 향수 등이 각각 10여 수 안팎 있다. 서경을 다룬 한시도 상당수 있으나 대개는 율시를 통해 표출하고 있다. 따라서 10수의 시조에 비한다면 7언 절구의 작품수가 많은 만큼 다루는 내용도 더 다양한 것을 볼 수 있다.

시조는 <고산구곡가>[48] 10수가 있다. 43세(1578년)에, 해주(海州) 수양산(首陽山)의 석담(石潭)으로 내려가 살 때 지었다.[49] 이황과 마찬가지로 서울

---

[47] 홍학희(2000), 앞의 글. 이하 작품의 구체적 편수는 이 글을 참고한다.
[48] 김병국, 「<高山九曲歌>의 일 연구 : 定本을 위한 試論」, 『반교어문연구』 2집, 반교어문학회, 1990 ; 김병국, 「고산구곡가 연구-정언묘선과 관련하여」, 성균관대학교 박사학위논문, 1991에서 <고산구곡가> 정본을 확정하였는데, 본서에서도 이를 자료로 삼아 논의를 진행한다.

중앙의 무대에서가 아니라 지방에서 시조를 짓는 경향을 여기서도 확인해 볼 수 있다. 시조의 작품수가 한시에 비한다면 매우 적다. 이 역시 양층언어 시대의 전반기에 나타나는 특성으로서 한문보다 사회적 지위와 위상이 낮은 국어로의 문학활동의 성과물이 적은 이 시대의 특징이라고 하겠다.

작품수의 큰 차이로 인해 작품의 내용에 대한 동등비교는 어렵지만 전반적 경향으로는 설명할 수 있다. 시조는 삶의 특정 시기에 일부의 감흥과 정서를 다루고 있는 반면, 한시는 일생에 거쳐 짓고 시적 화자의 삶과 밀착된 다채로운 내용을 담고 있다고 할 수 있겠다. 이는 이황의 경우와도 마찬가지로서 이 시기 시가사에 있어서 시조보다 한시가 본연의 위치를 차지하고 있는 시대라는 것을 보여준다.

이제 양층언어작가로서 이이와 이황의 면모를 공통점과 차이점을 중심으로 대비하며 구체적으로 살펴보도록 하자.

5.1. 이황과 이이의 공통점

앞에서 이황은 노래인 시조가 한시와 같이 고급 시문학으로의 발돋움을 꾀할 뿐만 아니라 한시에서도 시조, 곧 노래의 구술적 특성을 수용하고 있는 것을 보았다. 이는 양층언어작가로서 두 언어매체로 두 갈래를 지으면서 둘의 상관성이 갈래 간에 긴밀하게 나타나는 점을 포착한 것이다. 그렇다면 이이의 한시와 시조에서는 각각 어떤 시도들을 하고 있는 것일까? 우선, 이이 한시와 시조의 공통점을 살펴보도록 하겠다.

앞에서 잠깐 언급한 것처럼 이이는 5언 6구 형식의 절구가 곳곳에 눈에 띤다. 이이의 한시에는 응제시나 화답시가 많기 때문에 형식적인 특이함을 취할 기회가 많은 편은 아니다. 그런데도 5언 6구의 작품이 꽤 보이는 것은 그만큼 이이의 한시적 취향이나 경향을 보여주는 일면이 될 수 있다.

---

[49] <연보>, 《율곡전서》 권34.

5언 6구로 <重遊楓嶽將入內山遇雨>와 <贈山人雪衣>, <斗尾十詠> 10수, <竹> 등을 들 수 있다. 이 중에서 <重遊楓嶽將入內山遇雨>와 <贈山人雪衣>는 산인(山人)과 주고 받거나, 산 속에서 지낸 이야기를 다룬 내용이다. 사대부 간의 화답시가 아니라서 6언구를 쓴 것일 수도 있고, 산인과 보낸 시간을 회상하면서 유가적이지 않은, 부처와 관련한 내용을 다루고 있어서 그럴 수도 있다. 그런데 <두미십영(斗尾十詠)> 10수와 <竹>의 내용은 일반적인 한시의 내용인데도 5언 6구의 방식을 취하고 있다. 이와 관련해서 아래의 작품을 보도록 하자.

[이이 한시1] <竹>[50]
枝鳴挹晚風 가지를 울리는 늦은 바람
葉濕迎疏雨 잎새를 적시는 성긴 비
玩來人不俗 완상하러 온 사람은 속되지 않고
肯落王猷後 왕자유에 뒤지지도 않네
蕭蕭歲寒姿 의연히 추위를 이겨낸 자태로
暗笑蒲與柳 조용히 버들을 비웃네

[이이 한시2] <斗尾十詠 表叔韓正脩所居之地>[51]
藥圃春雨
我土惟九畹 春逢一犁雨 長鑱獨自鋤 餘濕沾芒屨 不勞漢陰甕 香苗已滿圃

菊逕秋露
黃花挾蒼苔 此是幽人路 寂無車馬迹 褰衣散孤步 所思在空谷 不憚行多露

早谷採薇
燒痕得雨潤 草深山逕微 曳杖乘晚興 入林歌采薇 谷口鎖暮煙 盈筐應始歸

---

50 이이, ≪율곡선생전서≫, 습유, 권1.
51 이이, ≪율곡선생전서≫ 권1.

(중략)
雪夜松籟
寒濤撼山齋 響在雲霄外 開門星月明 雪上松如蓋 太虛本無聲 何處生靈籟

우선은 가장 먼저 눈에 띄는 제목을 살펴보자. [한시1]은 1수로 된 작품이고, [한시2]는 연작시인데, 모두 작품 전체의 제목이 있을 뿐만 아니라 연작시에서는 매 수마다 또 소제목이 있다. 이황의 경우에도 보았지만, 한시는 이렇게 연작시이든 단편작이든 제목이 있다는 점이 특징이다. 반면에 이이의 시조 역시 '고산구곡가'라는 제목 외에는 별 다른 소제목이 단시조마다 있지는 않다. 제목은 시(詩)가 가진 특징으로서 제목이 없더라도 '무제(無題)', 혹은 제목을 잃었을 때에는 '실제(失題)'라고 하듯이 시의 필수적인 요건이다. 이에 비해 기록문학이 아닌 구술문학으로서의 노래는 노래의 첫 구절이 제목처럼 지칭되는 경우가 많다.

이번에는 형식적 측면을 보자. [한시1]과 [한시2]는 모두 5언 6구로 된 절구로 짝수 구마다 운자를 맞추고 있다. 7언 절구가 아니지만 5언으로 된 6구 절구는 정보량에 있어서 7언 절구와 가깝다. 그런데도 4행의 7언 절구가 아니라 6행의 5언 절구를 짓는 것은 시형에 대한 고민의 흔적으로 볼 수 있다. 특히 시조와 한시를 모두 지은 양층언어작가의 5언 6구로의 한시 창작은 시조와의 관련성을 간과할 수 없다. 흔히 시조의 형식을 3장 6구라고 하는데, 한시 5언 6구와 정보량이 유사할 뿐만 아니라 6구로 같다는 점도 그러하다.

이와 관련해 시조를 한시화하거나 한시를 시조화하는 조선시대의 현상에는 4행과 3행이라는 서로 다른 시형에 대한 고민이 잘 드러나는데, 특히 시조의 3행을 안짝과 바깥짝으로 나누어 6구의 한시로 만드는 경향이 있어서 주목된다. <고산구곡가>가 3장보다는 각 행을 다시 둘로 나눈 6구형식을 더 염두한 흔적이 이를 한역한 한시를 통해 잘 드러난다. 이이의 <고산구곡가>는 여러 사람에 의해 한역이 되었는데, 송시열은 이를 5언 6구의 절구로 한역한 바 있어서 살펴볼 필요가 있다.

[송시열의 한역시 제1, 2, 10수]
高山九曲潭　高山九曲潭을
世人未曾知　사롬이 모르더니
誅茅來卜居　誅茅卜居ㅎ니
朋友皆會之　벋님네 다 오시ᄂ다
武夷仍想像　어즈버 武夷를 想像ㅎ고
所願學朱子[52]　學朱子를 ᄒ리라[53]

一曲何處是　一曲은 어드메오
冠巖日色照　冠巖애 히 비취ᄂ다
平蕪煙斂後　平蕪에 니 거드니
遠山眞如畫　遠山이 그림이로다
松間置綠樽　松間애 綠樽을 노코
延佇友人來　벋 오ᄂᆫ양 보노라

(중략)

九曲何處是　九曲은 어드메오
文山歲暮時　文山애 歲慕커다
奇巖與怪石　奇巖怪石이
雪裏埋其形　눈 속에 무텨셰라
遊人自不來　遊人은 오디 아니ᄒ고
漫謂無佳景　볼 것 업다 ᄒ더라

좌측은 송시열의 한역시이고, 우측은 원가(原歌)인 이이의 <고산구곡가

---

[52] 송시열이 한역한 시이다. 이이, ≪율곡선생전서≫ 권2.
[53] 이이, <고산구곡가>.

3. 이황과 이이의 한시와 시조 비교

(高山九曲歌)>이다. 앞에서 이이가 한시에서 5언 6구의 절구를 꽤나 지은 것처럼, 시조도 한역한 결과를 볼 때에 5언 6구에 거의 들어맞는 형식을 취하고 있는 것을 볼 수 있다. 곧, 시조의 한 행이 5언 2구씩으로 정확히 대응되고 있는 것이다.

 송시열이 <고산구곡가>를 한역함에 있어서 5언이나 7언의 일반적인 절구나 장단구가 아니라 5언 6구 형식을 취했다는 것은 우연이 아니다. 곧 시조의 내용과 형식을 거의 그대로 옮기고자 2음보를 5언 1구로 대응이 되게 한 것이다. 시조와 가장 정보량이 유사하면서도 내용을 거의 그대로 전달할 수 있는 형식을 모색한 결과인 것이다. 송시열만이 아니라 한역시의 형식으로 1구의 글자수는 다르더라도 6구 형식이 적지 않다. 시조는 3장 구조이지만 한 행은 다시 안짝과 바깥짝으로 나뉘기 때문에 이러한 6구 형식으로의 한역은 시조의 내적 구조를 인식할 때에 시도하게 될 수밖에 없는 것이다.

 이이의 시조는 이렇게 시조에서의 6구의 내적 구조를 십분 활용하고 있어서 이황과 다르다. 매수의 초장은 "~는 어디매오. ~하는구나"의 2개의 종결된 문장으로 이루어졌다. 이황의 시조도 2행이 연결어미로 연속구조를 취하는 경우가 많지 않은 편이었는데, 이이는 이에서 더 나아가 매 작품마다 초장이 2개의 문장으로 되어 있어서 2음보씩 안짝과 바깥짝이 표면적으로도 나누어져 있는 것이다. 그리고 <고산구곡가>의 한역시가 후대인들에 의해 다양한 방식으로 이루어졌지만, 송시열은 이렇게 이이의 시조의 특성을 살려서 5언 6구로 한역을 한 것이다.

 사실 <斗尾十詠>도 <고산구곡가>와 비교하기에 좋은 작품이다. 연작성을 띠고 있고, 10수로 되어있으며 공간을 중심으로 작품이 구성되고 있다는 공통점을 가지고 있다. 즉 이런 취향의 작품을 이이는 6구 한시만이 아니라 시조로도 나타내고 있어서 한시와 시조의 상관성을 염두하고 있지 않았나 하는 생각이 든다. 이황이 <도산십이곡발>을 통해, 또 실제 작품을 통해서도 시조를 한시와 대등하게 하려는 노력을 하였듯이, 이이도 <두미 10영>과 <고산구곡가>를 통해 두 갈래 간의 거리를 가깝게 인식하려는 것이 아닌가 한다. 가(歌)의 내용이 곧 시(詩)이므로 노래가 지향할 내용이 이렇게 시에서 추구하는 것과 다르지 않다는 것이 이이의 시관이자 노래관이라 할 수 있다.[54]

5.2. 이황과 이이의 차이점

이황과 이이의 한시와 시조의 상관성이 가진 차이점은 여러 가지 측면에서 발견된다. 우선, 임금을 다루고 있는 작품에 대해서 살펴보고자 한다. 이황은 한시에서는 임금을 직접적으로 언급한 반면에 시조에서는 미인(美人), 판본에 따라서는 '한 고은 님'으로 나타냄으로써 작가의 처지가 드러나지 않고 임금과의 관계가 간접적으로 드러나게 한다고 논의한 바 있다. 이 점은 이이도 마찬가지이다. 일례로, 아래 작품은 홍문관 직제학에 임명되었을 때에 세 번 상소후 물러남을 허락받았을 때에 쓴 <감군은> 4수가 그 예이다. <고산구곡가>에서는 戀君과 관련한 내용이 없지만 한시에서는 임금과의 관계, 우국연시 등 다양한 주제적 경향을 보이며 임금을 직접 표현하고 있다. 그런데 형식적 특성에 있어서는 이황과 다른 차이점을 보인다.

이와 관련해 아래 작품을 살펴보도록 하자.

[이이 한시3]
〈乞退蒙允 感著首尾吟四絶 名之曰感君恩 癸酉(물러나기를 청하여 윤허를 받으매 감격스러워 수미음(首尾吟) 절구(絶句) 4수를 지어 '감군은(感君恩)'

---

[54] 길진숙, 「이이의 속악 인식과 <고산구곡가>」, 『한국문학연구』 1집, 고려대학교 민족문화연구원 한국문학연구소, 2000에서도 이이의 시관과 노래관을 다르지 않게 인식하고 있다.

이라 이름하다 계유년(1573, 선조6))>[55]

君恩許退返鄕園　임금의 은혜 물러남을 허락하여 고향으로 돌아오니
古木荒灣栗谷邨　고목나무 황폐한 물굽이 율곡 마을일세
一味簞瓢生意足　대그릇 밥과 표주박 물 살아가기에 넉넉하니
耕田鑿井是君恩　밭 갈고 우물 파는 것이 모두 임금 은혜로세

君恩許退謝籠樊　임금의 은혜 물러남을 허락하여 속박을 떠났으니
野逕蕭蕭獨掩門　들길 쓸쓸해라 홀로 문을 닫고 있네
四壁圖書無外事　네 벽에는 도서이고 바깥일 없으니
草堂晴日是君恩　초당의 갠 햇빛도 임금 은혜로세

君恩許退老江邨　임금의 은혜 물러남을 허락하여 강촌에서 늙게 되니
淸坐垂綸釣石溫　고요히 앉아 낚싯줄 드리우니 앉은 돌이 따스하구나
晚檥蘭舟紅蓼岸　날 저물어 목단 배를 붉은 여뀌꽃 핀 강어귀에 대어 놓으니
渚風汀月是君恩　물가의 바람과 달도 임금 은혜로세

君恩如海報無門　임금 은혜 바다 같은데 갚을 길 없으니
君恩如海報無門　뱃속에 가득 찬 시서를 다시 논할 수 없구나
暖日香芹難獻御　따스한 햇볕 향기로운 미나리 바치기 어려우니
一生惟詠感君恩　일생 동안 감군은만 읊고 지내리

위 절구는 4수가 연작으로 된 작품이다. 그런데 결구마다 '君恩'이 반복되면서 매수가 종결되고 있다. 앞에서 우리는 이황의 <도산잡영>과 <도산십이곡>을 비교하면서 한시는 연작성이 매 수마다 긴밀하게 드러나지 않아서 상대적으로 시조보다 유기성이 떨어진다고 하였다. 그런데 이이의 경우에는 한시에서도 매 수마다 연작성이 드러나는 표지를 두고 있는데, 바로

55　이이, ≪율곡선생전서≫ 권2. 이하 번역은 권오돈 외 12인 역, ≪율곡선생전서≫, 한국고전번역원, 1968을 참고한다.

결구 마지막 2음절 같은 자리에 '군은'이라는 같은 시어를 사용한 것이다.

결론을 말하는 결구에 그것도 제일 마지막 글자로 반복해서 사용한다는 것은 이 작품 전체가 말하고자 하는 주제가 '군은'이라는 것을 의미한다. 또한 매 작품마다 반복함으로써 네 수가 긴밀하게 하나의 연작성을 가진 작품 하에 있다는 것을 보여주는 표지가 되기도 한다. 특히 앞의 세 수에서는 '是君恩'이라고 하다가 마지막 네 번째 수에서는 '感君恩'이라고 하여 계속되던 작품이 네 번째에 와서는 끝난다는 것을 의미하는 색다른 표지가 되기도 하여 주목된다.

시조는 노래이기 때문에 소리의 특성상 일회성을 가진다. 한번 발화된 소리는 지나가버리고 다시 되돌려지지 않는다. 음성은 그 특징상 발화직후 사라지므로 연작인 작품들을 묶어줄 수 있는 표지가 작품과 작품 사이에 있어야 하는 이유가 더 강하다. 이에 비해 한시는 문자로 기록되어 있으므로 작품이 모두 종이 위에 고정되어 동시에 계속 존재한다. 앞뒤의 내용을 여러 번 오가며 언제나 자유롭게 읽을 수 있으므로 특별한 표지가 없더라도 연작의 작품군이라는 점이 쉽게 인식된다. 그런데 이이는 한시에서도 매 수마다 하나의 커다란 작품에 속한다는 표지를 사용해서 이를 묶어주는 시조의 연작적 방식을 한시에서도 보여주고 있다는 점에서 이황과는 또 다른 방식으로 시조와 한시의 거리를 좁히고 있다.

이황은 시조에서 '彼美一人'이라고 임금을 지칭하였다. 그러나 '군(君)'이라는 표현이 아닌, '미인(美人)'이라는 당대 임금을 지칭하는 우회적인 시어를 사용하였다. 이이는 시조에서 자연을 보면서 신하로서의 자신의 처지를 드러내지 않았지만, 이황은 시조에서 자연을 보며 임금을 잊지 못한다고 하였다는 차이가 있다. 그만큼 이이는 자연에서 느끼는 흥취 그 자체에 주목하고 있다면 이황은 교훈적인 의도로 의미를 만들어내는 데에 주력하고 있다는 것을 보여준다.

이이는 수창시가 80%를 차지하듯이, 여러 사람들과 상호 교유의 용도로 한시를 짓는 일이 많았다. 그래서 타인에게 말하는 방식의 문제가 적지 않다. 이와 관련하여 아래 작품을 보자.

[이이 한시4] 〈寄精舍學徒〉[56]
心如盤水最難持　마음은 쟁반 위의 물 같아 가장 잡기 어려우니
墮塹投坑在霎時　눈 깜짝할 사이 도랑이나 구덩이에 빠지네
爲報僉賢操守固　부디 지조를 굳게 지켜
世紛叢裏卓無移　분분한 세상에서 변치 말기를

위 작품은 배움의 길에 있는 사람들에게 당부한 말이다. 그런데 이들에게 부친 시라고 해도 명령형이나 의문형 등의 청자 지향적인 서법보다는 거의 고백적인 평서형을 쓰고 있다는 점이 특징이다. 한시는 고백적인 문체로서 평서법 사용이 많은 것이 17세기 신흠이나 윤선도의 작품에서 볼 수 있는 특징이라면,[57] 이이는 화답하는 한시에서도 1인칭적 서법을 취하는 점이 다르다.

한편, 이이는 시조에서 문답체를 많이 사용하였다. 매수마다 초장은 모두 묻고 답하는 문답체이다. 그러나 작품 전체의 어조나 분위기를 결정짓는 종장에서는 모두 고백적인 문체로 평서법을 대부분 사용하였다는 점이 주목된다. 그만큼 타인을 향한 발화방식이 많이 쓰이지 않고 있다. '보노라', '업시라', 'ᄒᆞ노라', '잇노라' 등 종장 마지막 어미가 1인칭 평서형 어미가 많다.[58] 이런 점에서 이이의 시조는 한시의 문체와 더 가깝다. 이이의 시조는 기록된 것을 읽으면서 향유되었다는 기록도 있듯이[59] 그대로 향유방식

---

[56] 이이, ≪율곡선생전서≫ 권2.
[57] 이와 관련해서는 정운채(1993), 앞의 글; 정소연(2003), 앞의 글에 자세하다.
[58] 서수생·김문기, 「율곡의 사상과 문학 연구」, 『경북대학교 교육대학원 논문집』 14집, 1982에서도 두 사람의 시조에서 어미 차이를 비교하고 있다.
[59] 이에 대해서는 김유경, 「농암 이현보의 국문시가와 우리말로 노래하기의 전통」,

과 내용의 방향, 발화 방식이 긴밀하게 연결된 것을 볼 수 있다.

이는 이황과는 대조적이다. 앞에서 보았듯이 이황의 시조에서는 종장이 다양한 어미로 청유형, 명령형 등의 역동적인 의향법을 구사하고 있기 때문이다. 이황을 설명하는 자리에서 잠시 언급한 것처럼 이이의 시조는 기록된 것으로 음미하고, 이황의 시조는 가창되었다는 향유방식과 무관하지 않다고 본다. 게다가 이황의 시조는 교육용인 만큼 청자지향성이 강했다면, 이이의 시조는 교훈성이 강하지 않다. 교훈성과 타인을 향한 발화방식 역시 밀접한 관련이 있는데, 이이는 청자를 향한 교화적 목적보다는 스스로 느끼는, 곧 화자 자신의 흥을 표현하는 표출적 목적이 더 강하므로 청자의 존재를 의식하는 의향법이 많지 않은 것이다.

끝으로, 한역시에 대해 살펴보자. 이황의 시조도 후대인이 한역하였지만 홍양호나 남정하는 두 편만 골라서 한역하기도 하였다. 이에 비해 이이의 한역시는 17세기 송시열이 5언 6행시로 전부를 한역할 뿐만 아니라 18세기 권섭도 전부를 한역했다는 점에서 수용사적 측면에서도 주목된다. 또 송시열을 비롯해 10인의 이이 제자들이 <무이구곡도가>를 차운해서 화시(和詩)를 지었다. 7언절구의 근체시로 차운시를 지은 것이다.[60] 또 송시열의 문인(門人)인 이하조가 무이도가를 차운하여 7언 절구로 고산구곡시를 짓기도 하였다.

송시열은 시조의 6구를 맞추면서도 매 구를 5언으로 통일하여 정형시화하였다.[61] 직역에 가깝긴 하지만 더 구체화된 번역부분도 있다. 일례로 '1곡'의 종장에서 "반송이 ᄇᆞ롬을 바드니 녀름 景이 업셰라"에서 '녀름 경'

『열상고전연구』 38집, 열상고전문학회, 2013 ; 고정희, 「<도산십이곡>과 <고산구곡가>의 언어적 차이와 시가사적 의의」, 『국어국문학』 141집, 국어국문학회, 2005 참고.

60 송시열 등 10인, <高山九曲詩>, ≪栗谷先生全書≫, 권38, 附錄 續編.
61 송시열, <高山九曲歌飜文>, ≪宋子大全≫, 拾遺, 권7, 雜著.

을 '夏炎熱'로 구체화시키고 있다. 그런데 단순한 추가나 구체화가 아니라, 한시 형식의 대구를 맞추고자 한 것으로 보인다. 즉, 한역시에서 "盤松受淸風 頓無夏炎熱"라고 하여, 시조에서는 '바람을 받으니'였는데, 한역시에서는 '맑은 바람을 받으니'라고 함으로써 청(淸)과 염열(炎熱)이 대구가 되게 하였다. 또 '9곡' 종장에서 "遊人은 오디 아니ᄒ고 볼것 업다 ᄒ더라"에서 '볼 것'을 '佳景'이라고 하였다.

이렇게 송시열이나 다른 제자들은 이이가 <무이도가>를 참고해 '우리말 노래'로 자연에서의 흥취와 도학적 지향을 표현한 것을 다시 '한시'로 바꾸려고 했다는 점에서 역행하는 모습을 보인다고도 할 수 있다. 하지만 또 다른 한편으로는 여러 제자들에 의해 작품 전체가 여러 번 한역되었다는 것은 이이의 시조가 한시화하기에 좋은, 한시와의 거리가 가까운 작품이라는 반증이 될 수도 있다. 이이와 이황의 시조에 대한 한역시는 자신이 하지 않고 타인에 의해 이루어졌다. 그런데 이황의 시조는 전부 한역한 경우도 있지만 부분 두 편씩을 선택해서 한역을 하는 경우도 여러 사람이 있었다. 남하정(其5, 청산에 유대하고~/ 其9, 고인도~), 홍양호(其4, 유란이 재곡하니~/ 其9, 고인도~)[62], 김양근(其6, 춘풍에 화만산하고~/ 其10, 당시에 녀던 길을~)이 2수씩만 선택했고, 강필효가 12수를 다 한역하였다.

이에 비해 이이의 시조에는 전편이 모두 한역되거나 차운시로 화답되었다. 송시열의 한역시와 송시열과 제자들의 차운 화시(和詩), 나아가 권섭의 <황강구곡가>까지 있다. 차운과 화답시는 한시 향유 방식이다. 반면에 이이의 시조는 더 많은 사람들이 전체를 다 한역하였다. 이는 이이의 시조가 이황보다는 한역하기에 더 좋은 한시와 가까운 문체를 가지고 있기 때문이라고 볼 수도 있는 것이다. 즉 이황의 시조가 종장에서 다양한 어미를 통해 대화체를 사용해 구술성이 강한 반면에 이이의 시조는 종장에서 평서법을

---

[62] 제목도 만들어 넣었다. <유란>, <고인>이 그것이다.

구사할 뿐만 아니라 실제로도 기록된 상태로 향유해왔기 때문이라고 할 수 있는 것이다.

이이는 1인칭 평서법의 어미를, 이황은 2인칭 청유나 명령, 의문 등의 어미를 더 많이 사용하고 있다. 그런데 여러 자료[63]와 선행연구[64]를 통해 이이의 시조는 읽고, 이황의 시조는 노래불리고 듣는 것임을 알 수 있다. 독백적인 기록시와 대화적인 구술노래의 차이가 서법과 밀접하게 나타나는 것이다.

이황의 시조는 자신에게 말하기보다 타인을 향해 말하는 방식, 어미를 취하고 있어서 한시보다는 우리말노래의 특성이 강하다. 이에 비해 이이의 시조는 종장어미가 자신에게 말하는 방식이므로 평서형이 많고, 한시의 서법과 많이 닮아 있다. 그래서 한역이 더 용이할 수 있다.

이이는 <정언묘선>을 편찬할 만큼, 한시관을 피력했다. 이 점은 이황과 대조적이다. 이황은 <도산십이곡발>을 통해 우리말노래에 대한 자신의 견해를 피력했다. 이와 달리 이이는 한시에 대한 자신만의 관점을 가지고 한시선집을 내고, <정언묘선서>를 통해 '성정(性情)에 근본하는 시로 돌아가고자' 하였다. 시조도 이와 가깝다. 이황은 타인에게 말하는 시조를 지었다면, 이이는 시조도 자신의 성정에 근본하고자 한 작품을 짓고, 이황보다는 한시와 더 가까운 시조를 지은 것이다.

끝으로 두 사람이 자연을 어떻게 그리고 있는지 비교해보자. 이황 시조에서의 자연은 구체적이기보다 보편적이고 추상적이다. 반면에 이이의 시조에서 자연은 구체적이다. 이이의 시조에서는 작품의 흐름은 시간의 순차적 순서에 따라 진행되고, 봄, 여름, 가을, 겨울의 구체적 모습을 그리고 있다.

---

63 송시열, <答金久之>, ≪宋子大全≫, 권56 書 戊辰 6월 2일, "다행히 한 번 관람한 즉 선생의 意趣와 山水勝槪를 상상해볼 수가 있을 겁니다 (九曲歌 今附正字行幸一觀覽 則可以想見先生意趣及山水勝槩矣)" ; 이황, <도산십이곡발>.
64 김병국(1991), 앞의 글, 57면 ; 고정희(2005), 앞의 글 참고.

좀 길지만 작품 전체를 다 보인다.

〈고산구곡가〉

高山九曲潭을 사룸이 모르더니
誅茅卜居ᄒ니 벋님네 다 오시ᄂ다
어즈버 武夷를 想像ᄒ고 學朱子를 ᄒ리라

一曲은 어드메오 冠巖애 ᄒᆡ 비취ᄂ다
平蕪에 ᄂᆡ 거드니 遠山이 그림이로다
松間애 綠樽을 노코 벋 오ᄂᆞᆫ양 보노라

二曲은 어드메오 花巖 春滿커다
碧波에 고즐 ᄯᅴ워 野外예 보내노라
사룸이 勝地를 모르니 알에 ᄒᆞᆫ둘 엇더리

三曲은 어드메오 翠屛에 닙 퍼졋다
綠樹에 山鳥ᄂᆞᆫ 下上其音 ᄒᄂᆞᆫ 저긔
盤松 ᄇᆞ롬을 바드니 녀름 景이 업셰라

四曲은 어드메오 松崖에 ᄒᆡ 넘거다
潭心巖影은 온갓 비치 잠겨셰라
林泉이 깁도록 됴ᄒ니 興을 계워 ᄒ노라

五曲은 어드메오 隱屛이 보기됴타
水邊精舍ᄂᆞᆫ 瀟灑홈도 ᄀᆞ이 업다
이 중에 講學도 ᄒ려니와 詠月吟風 ᄒ리라

六曲은 어드메오 釣峽에 물이 넙다
나와 고기와 뉘야 더옥 즐기ᄂ고
黃昏에 낙대를 메고 帶月歸를 ᄒ노라

七曲은 어드메오 楓巖애 秋色됴타
淸霜이 엷게치니 絶壁이 錦繡ㅣ로다
寒巖애 홀로 안자셔 집을 잇고 잇노라

八曲은 어드메오 琴灘애 달이 붉다
玉軫金徽로 數三曲을 노는 말이
古調를 알리 업스니 홀로 즐려 ᄒ노라

九曲은 어드메오 文山애 歲慕커다
奇巖怪石이 눈 속에 무텨셰라
遊人은 오디 아니ᄒ고 볼것 업다 ᄒ더라

　이 시조를 보면 시간의 흐름이 자연 그대로를 따라가고 있는 것이 눈에 띈다. 일곡(一曲)을 노래한 작품의 초장에서는 '히 비취ᄂ다', 사곡(四曲)을 노래한 작품의 초장에서는 '히 넘거다', 육곡(六曲)을 노래한 작품의 종장에서는 '黃昏'과 '詠月', 팔곡(八曲)의 초장에서는 '달이 붉다'고 하여 하루 중에서의 시간의 흐름이 작품의 전개에 따라 순차적으로 나타나고 있다.
　또한 하루를 확장한 계절의 변화도 자연스러운 순서로 등장한다. 이곡(二曲)을 노래한 작품의 초장에서는 '春滿'을, 삼곡(三曲)의 종장에서는 '녀름'을, 칠곡(七曲)의 초장에서는 '秋色됴타', 마지막의 구곡(九曲) 초장에서는 '歲暮', 중장에서는 '눈 속' 등의 시어가 계절의 순차적 변화를 보여주는 것이다.
　이에 비해 이황의 시조에서는 앞에서도 자세히 살펴보았듯이 시간의 흐름에 대한 자연적 흐름을 고려하지 않고 추상적인 자연과 추상적인 시간이라는 차이점이 있다. 이이의 시조에서는 구체적 시간의 흐름 안에서 시적 화자가 자연의 변화와 함께 하며 흥을 표출하는 반면에 이황의 시조에서는 추상적 자연과 시간의 흐름 속에서 화자가 지향해야 할 이상적인 것을 추구하고 촉구하기 때문이다.

한편, 이황과 달리 이이의 한시는 시적 관심이 이념적 차원에서 실제적 차원으로 옮겨간다고 할 수 있다.[65] 리(理)를 찾으려고 하기보다 자연이 도체(道體)의 구현체라고 보고 자연 안에서 성정을 도야하고 그러한 과정에서의 흥취를 노래한다는 점이 이황과 비슷할 수 있지만 이황이 자연을 그릴 때 추상적이고 실재하지 않는 자연을 그린 것과는 다르다. 그래서 이이의 한시를 담박미라고 보고 있는 선행연구도 실재하는 대상을 객관적으로 진술하는 것을 일컫는 것이라 할 수 있다.[66]

서정이냐 이념이냐는 선행연구의 흐름 속에서, 상대적으로 이이는 서정에, 이황은 이념에 조금 더 성향이 있다고 할 수 있다. 후대 한역시의 수용에서도 이황의 시조는 일부만 한역되는 경향이 더 강하였으나, 이이의 시조는 전편이 한역되거나 차운시로 화시되는 경향만 보아도, 또 그 한역의 방향을 보아도 서정성이 강화되는 것을 볼 수 있다. 이황시는 타인을 향해 말하는 교훈적, 이념적 성격이 더 강하고, 이이의 시조는 자신에게 말하며 절경을 감상하고 그 흥을 누리는 서정성, 풍류성이 조금 더 강하다는 점에서 대조적인 것이다.[67]

6. 16세기 이황과 이이를 통해 본 이 시기 전후의 한시와 시조의 상관성

지금까지 이황의 한시와 시조가 어떻게 같고 다른지, 그리고 이이와는 또 어떠한지를 비교하였다. 두 사람은 차이점보다는 공통점이 더 많다고

---

[65] 박종우,「율곡 이이의 시세계에 대한 일고찰 – 주로 시세계의 특징적 국면과 미적 특질을 중심으로-」,『율곡사상연구』 6집, 2003, 93-109면.
[66] 최진원, 고산구곡가와 담박, 한국고전시가의 형상성 연구, 1988 ; 김병국(1991), 앞의 글 ; 김혜숙,「율곡 이이의 삶과 시」,『한국한시작가연구』 6집, 한국한시학회, 2001.
[67] 김병국(1991), 앞의 글에서는 이를 입도차제적(入道次第的)이기보다 인물기흥적(因物起興的)이라고 보고 있다.

할 수 있다. 또한 두 사람의 한시와 시조 역시 차이점도 있지만 공통점이 훨씬 더 많은 것을 볼 수 있었다.

이황은 한시와 시조의 차이를 향유방식의 차이, 언어의 차이로 인식하였고, 그 작품에 담는 내용의 차이는 인정하지 않았다. 시조를 통해서도 얼마든지 유학적 이상 세계를 담고 시교적(詩敎的) 효용성을 추구할 수 있다고 여겨 <도산십이곡>을 지었다. 이이도 주자의 무이구곡을 따라 우리말노래로도 이러한 이상세계를 담을 수 있다고 여겼다는 점에서, 두 작가 모두 우리말노래를 상하로서 한시와 대비적인 관계로 인식한 것은 아니다. 비록 언어는 한문과 국어가 상하의 양층언어적 관계에 있었지만 문학으로서의 한시와 우리말노래는 대등하게 인식하려는 태도를 볼 수 있었다.

이 시기는 한문과 한시가 주류인 시대로 한시는 일생동안 삶의 일상적 순간에서 여러 사건에 이르기까지 항상 가까이 하며 짓는 반면에 시조는 지방에 은거하는 중에 짓고 작품수도 월등하게 적은 것이 특징이다. 이러한 시대에 우리말로 노래를 짓는 것 자체가 우리말노래의 가치를 인식하고 한시와 같이 격상시키고자 하는 의식이 있다고 할 수 있다. 특히 이황이 언급한 당시의 우리말노래인 풍자적 시조나 금호방탕한 경기체가나 속요가 아니라 도(道)를 담는 그릇으로서 시조를 짓고자 한 점은 더욱 그러한 의도가 나타난 것으로 볼 수 있다.

그렇기 때문에 시조와 한시가 너무 큰 대비적인 차이가 나기보다 시조는 한시와 가까워지려고 하는 여러 특징이 나타난 것을 볼 수 있었다. 지향하는 세계관을 표출하기 위해 연시조로 짜임새를 갖춘 것은 물론이고, 등가구조나 명확한 대구, 한문식 어순의 표현, 압운같은 각운의 추구 등이 나타난다. 이황의 경우, 노래라는 시조가 가진 향유방식의 차이점은 시(詩)보다 낮은 층위의 가(歌)라고 보지 않고 오히려 시교적 효용성을 위한 도구로 활용하기까지 한다. 그만큼 시조가 한시에 비해 상대적으로 열등한 갈래로 인식한 흔적은 거의 보기 어려운 것이다.

또한 비교대상으로 삼은 7언 절구를 보면 한시는 시조가 가진 그 구술적 특성, 곧 대화체나 첩어를 통한 반복적 자구 사용, 허자의 빈번한 사용 등을 활용하고 있는 점 역시 주목된다. 이황과 이이 모두 시조의 형식 구조나 구술적 특성을 절구에서도 접목하고 있어서 두 갈래의 거리가 가까운 것을 볼 수 있는 것이다.

이처럼 언어는 양층언어로서 상하의 관계에 있다고 해도, 두 언어로 지어진 절구와 시조는 대등한 관계로 창작되고 있는 것이 이황과 이이의 특징이다. 이에 비해 16세기의 정철은 여러 가지 점에서 차이가 보인다. 정철은 두 갈래의 거리가 이황과 이이보다는 오히려 더 멀다고 할 수 있다. 달리 말하면, 서로의 기능과 효용 등의 차이가 이황이나 이이에게서 보인 것보다 조금 더 강하고 다음 시대인 17세기에 더 가깝다고 할 수 있다. 이황 이전의 시조는 이황이 말한 바, 이별(李鼈)의 시조에서 보듯이 탈주자적이고, 도가적 경향도 강했는데 이황, 이이는 시조를 한시와 유사하게 지어 격상시키려 했다. 특히, 이황의 경우에는 모든 국어시가의 격상이 아니라 시조라는 갈래를 택해 격상시키고자 이별의 시조를 부정적으로 계승하였다. 그러나 이후에 정철, 신흠은 탈주자적 세계, 비현실적이고 도가적 세계를 추구하려던 것을 이후 윤선도는 다시 격상시키려했다는 점은 시조와 한시의 두 가지 경향의 길항작용을 보여주는 문학사적 전개라고 할 수 있다.

곧 일방향적으로 한시와 시조의 상관성이 전개된 것이 아니라 상하 관계가 가까워졌다가도 서로 길항적으로 싸우면서 전개되었다. 즉, 이별, 정철, 신흠은 사람의 본성, 욕망, 기질지성을 긍정하고 시조화했다. 이러한 내용적 지향점들이 형식적 측면에서 시어(지시어, 대명사, 허사의 다양성의 기능), 구조(연속적 구조) 등과 긴밀한 관계를 가지며 나타난다. 이에 비해 이황, 윤선도는 사람의 본성을 누르고 부정적으로 간주하며 이상적 가치를 실현하고자 하였다. 이러한 내용적 지향점들이 형식적 측면에서 불변의 가치를 나타내는 실사 시어의 사용, 병렬적이고 대구적 구조와 긴밀한 관계를 가지며 작품이 형상화된 것이다.

　더 살펴볼 부분도 남는다. 바로 풍자와 교화의 문제이다. 이황은 이별의 육가 형식을 이었으나 풍자가 아닌 교화를 지향하였고, 이별은 교화가 아닌 풍자를 지향하였다. 정철은 둘을 모두 다 했다고 할 수 있고, 윤선도는 교화가 아닌 풍자는 한 작품 정도가 있다. 이 문제에 대해서는 다음 과제로 남긴다.

> 16세기

4. 정철의 한시와 시조 비교

1. 작품 현황 및 선행연구 검토

송강 정철(1536~1593)은 국문학사에서 차지하는 높은 위상으로 인해 가사, 시조, 한시 등에 대해 다양한 선행연구가 많이 이루어져 일일이 다 언급하기 어려울 정도이다. 여기에서는 정철이 한시와 국어시가 양쪽에서 모두 빼어난 성취를 이루었다는 점에 주목해서 송강에게 있어 이 두 갈래가 어떤 관계에 있었는지 보고자 한다. 양층언어의 관계인 한문과 국어로 두 가지 다른 갈래를 지었을 때에 둘은 어떤 역할과 기능으로 존재했는지 그 상관성을 살펴보고, 앞에서 본 이황, 이이와는 또 어떻게 다른지 구체적으로 살펴보고자 한다.

그간 선행연구는 시조, 가사, 한시에 대해서 각각 논의가 진행되었다. 드물게 한시와 국어시가를 비교한 논의들이 있는데,[1] 대체로 양쪽의 문학세

---

[1] 권두환, 「松江의「訓民歌」에 대하여」, 『진단학보』 42집, 진단학회, 1976, 151-166면 ; 권두환, 「松江 鄭澈 文學의 特質」, 『人文論叢』 30집, 서울대학교 인문과학연구소, 1993, 1-16면 ; 김갑기, 『松江鄭澈研究 : 國·漢文 詩歌의 源流論的 考察』, 이우출판사, 1985 ; 최태호, 「鄭松江文學研究」, 인하대학교 박사학위논문, 1987 ; 김창식, 「鄭松江의 歌辭와 그의 漢詩와의 對比的 考察」, 한양대학교 석사학위논문, 1983 ; 김선자, 「松江 鄭澈의 詩歌研究」, 원광대학교 박사학위논문, 1993 등을

계가 가지는 취향이 연군(戀君), 우국(憂國), 풍류(風流), 기주(嗜酒) 등 주제나 제재면에서 유사하고, 송강 시가의 미적 특질이 송강 문학 전체에 서 드러난다는 등 공통점에 주목하고 있다. 이에 비해 권두환[2]은 송강 한시와 시조 비교연구에 선편을 잡은 연구로서, 한문과 국문이라는 두 기록 매체[3]가 공식/비공식의 기호매체라는 차이점을 가짐에 주목하고 그 이야기 대상이 백성이고, 그 목적이 욕구적 기능이라는 점 때문에 국문을 선택해 시조 형식으로 <훈민가>를 지었다고 했다. 그러나 이후 연구사의 흐름은 송강의 한시와 국어시가의 비교연구에 대해서 더 이상 새롭게 나아가고 있지 않다.

한 작가가 한문과 국어라는 두 가지 언어매체로 문학활동을 한다면 그 이유가 무엇일까? 게다가 선행연구에서 한시나 국어시가의 주제나 내용, 제재가 거의 유사하다는 결론을 얻었는데, 그렇다면 송강은 같은 내용을 대상이 사대부인가 백성인가에 따라 그저 언어매체만 다르게 한 것에 불과한 것인가? 본서는 이에 대해 의문을 제기하고 송강에게 있어서 한문과 국어는 어떤 차이와 상관성을 가지고 문학적 형상화에 기능을 했는지, 그 결과 한문으로 된 한시와 국어로 된 시조는 어떤 차이가 있는지를 논의하고자 한다.

그간 우리 문학사에 있어서 한문과 국어의 두 언어매체에 대한 갈래 비교 연구는 크게 두 가지로 진행되어 왔다. 첫째는 서로 다른 사람이 한문에서 국문, 국문에서 한문으로 번역한 작품을 비교하는 것이고,[4] 둘째는

들 수 있다.

[2] 권두환(1976), 앞의 글.

[3] 권두환(1976), 앞의 글에서는 한문과 국'문'을 기록매체로 보고 있다. 그러나 본서에서는 모든 시조가 '국문'으로 먼저 기록된 후 불린 것은 아니라는 생각에 '국어'라고 하고, 한문과 국어를 한시와 시조의 매체가 되는 언어라는 점에 착안해 '언어매체'라고 이후 지칭하고자 한다. 기록성을 강조하기 위해 필요할 경우에는 '국문'이라고 표현한다.

[4] 이에 대한 간략한 연구사는 정소연, 「<普賢十願歌>의 漢譯 양상 연구」, 『어문학』

한 작가가 두 가지 언어로 문학활동을 한 경우 갈래 비교를 하는 것이다.[5] 본서는 후자에 속하는 연구로서, 이 분야는 그간 신흠, 윤선도의 한시, 특히 절구와 시조를 대상으로 논의가 이루어져왔다. 절구와 시조는 음영(吟詠)과 가창(歌唱)이라는 향유방식의 차이로 인해, 또 한문의 문자언어성과 국어의 구술언어성의 차이로 인해 한시는 의상적(意象的)·관조적·독백적이고, 시조는 정취적(情趣的)·주체적·대화적이라는 점이 밝혀졌다.

본서에서는 이러한 선행연구에 힘입어 송강의 절구와 시조를 비교하고자 한다. 송강은 760여 수의 한시를 지었는데, 이 중에 절구는 550여 수이다.[6] 송강은 5언 절구를 비롯해 절구에 뛰어났다고 평을 받고 있다.[7] 시조의 경우, <송강가사> 이선본(의성본, 1690), 성주본(1747), 관서본(1768), <송강별집 추록>(1800년대 간행 추정) 중에서 연구자에 따라 정철이 지은 시조를 한정하는 경우가 있는데, 본서에서는 네 이본을 포함하여 시조 총 93수를 대상으로 하고자 한다.[8] 시조와 정보량이 맞는 한시는 절구 중에서도 7언 절구이므로 작품을 구체적으로 볼 때에는 시조와 7언 절구를 중심으로 비교한다.[9] 이렇게 단형의 정형시이면서도 정보량이 맞는 두 갈래를 비교

108집, 한국어문학회, 2010a, 91-96면 참조.
5 이에 대한 간략한 연구사는 정소연, 「申欽의 절구와 시조 비교연구」, 서울대학교 박사학위논문, 2006, 1-4면 참조.
6 유예근, 「松江 鄭澈 文學 硏究 : 漢詩文을 中心으로」, 경희대학교 박사학위논문, 1985 ; 최태호, 『松江文學論考』, 역락, 2000 ; 강혜경, 「松江 漢詩의 主題 硏究」, 강릉대학교 석사학위논문, 2000 등에서 조금씩 작품 수가 다르게 고증되어 있다. 본서는 정확한 작품 수를 고증하는 것이 목적이 아니므로 대략의 수를 든다. 이하 작품 수 역시 정확한 작품 수보다는 그것이 의미하는 바에 중점을 두고 거론한다.
7 이병기, 「송강한시고」, 『국어문학』18집, 국어문학회, 1976, 117-151면 ; 심경호, 「송강 정철의 삶과 한시」, 『한국한시작가연구』 6집, 한국한시학회, 2001, 403면 ; 이종묵, 「송강(松江)의 오언절구(五言絶句)에 대하여」, 『한국시가연구』 22집, 한국시가학회, 2007, 75-99면.
8 정병욱, 『時調文學事典』, 新丘文化社, 1966에 의한다.

할 때에 동등한 비교가 될 것이다.

한편, 선행연구에 의하면 송강의 시조는 다른 작가에 비해 자연과의 교감보다는 인간과의 교감에 더 주력하고 있다.[10] 특히, 훈민시조 16수가 인간에 대한 따뜻한 관심이 주가 되고 있다는 점 역시 선행연구에서 지적 된 바이다.[11] 시조에서만이 아니라 송강의 한시 역시 사람과의 교감에 주력했음이 선행연구에 의해서 여러 번 논의되었다.

송강의 한시에서 다른 사람들과의 교유시(交遊詩)가 상당한 분량을 차지하는데, 절반에 가까운 307수에 이른다고 보는 경우도 있고,[12] 172수로 보기도 한다.[13] 연구자마다 시각의 차이가 큰 편이나[14] 공통점은 작품의 가장 큰 비중을 교유시가 차지한다는 것이다. 또 송강의 한시 중에서 선경후정의 일반적인 원칙을 깨고 인사(人事)를 처음부터 끝까지 다룬 작품들도 많은 편이고, 인사(人事)에 속하는 유형의 한시는 268수라고 한다.[15] 이처럼 선행연구에서 한시와 시조를 비교하면서 지적된 점은 아니라 할지라도 공통적으로 송강이 사람과의 교감에 주력했던 작가라는 점은 지속적으로 논의되어온 사실이다.

그렇다면 이렇게 사람과의 교감에 주력하되 구체적으로 한시와 시조에

---

9   이에 대한 더 자세한 논의는 조동일,「민족어시의 대응 방식」,『하나이면서 여럿인 동아시아문학』, 지식산업사, 1999b 참조.
10 권두환(1993), 앞의 글 ; 고정희,「윤선도와 정철 시가의 문체시학적 연구」, 서울대학교 박사학위논문, 2002 참조.
11 권두환(1976), 앞의 글.
12 박영주,「송강(松江)의 교유시(交遊詩) 연구」,『고시가연구』18집, 한국고시가문학회, 2006, 154면 ; 최태호,『松江文學論考』, 역락, 2000, 51-128면.
13 강혜경,「松江 漢詩의 主題 硏究」, 강릉대학교 석사학위논문, 2000.
14 최태호(2000), 앞의 글에서는 제재중심으로 보았기에 더 범위가 더 넓어서 다른 연구자와 차이가 더 커진 것 보인다.
15 이병기(1976), 앞의 글, 126-129면.

서 차이점은 없는지 살펴볼 필요가 있다. 한시는 고백적이고 독백적인 반면에 시조는 대화적이기 때문에 한시보다는 시조에서 사람과의 교감에 더 주력하기가 효과적일 터인데[16], 현재까지의 연구에 의하면 정철은 두 갈래에서 모두 사람과의 교감에 주력하고 있다는 점이 주목할 만하다. 따라서 자연보다는 사람에 대해 관심을 두되, 같은 단형의 서정시인 한시와 시조에서 각각 어떻게 나타나는지를 비교해보고자 한다.

시조에서 타인과의 소통, 그리고 인간애에 대한 추구가 잘 드러난 것이 특히 훈민시조 16수로 논의되었다. 특히 훈민과 관련해서 상의하달식의 훈민이 아니라 따뜻한 시선으로 같은 입장에서 백성에게 하는 말이라 하였다. 그런데 훈민이라 해서 백성만을 향한 것은 아니다. 백성은 물론 상층을 포함한, 그리하여 사람 자체로, 다시 말해 인간으로 확장해서 이해할 수 있는데 이 점에 대해서도 본서에서 한시와 대비해 살펴보도록 하겠다.

조규익(1991)에서는 시와 노래를 기록하여 보는 문학과 듣는 문학으로[17] 본 바 있는데, 이 역시 읽는 시로서의 한시와 부르고 듣는 노래로서의 시조라는 측면에서 양층언어적(diglossia) 관점에서 본 것이라 할 수 있다. 이러한 관점에서 본고는 2.에서는 주제비교를 통해서 한시와 시조의 공통점과 차이점을 조명하고, 이를 기반으로 3.과 4.에서는 차이점에 주목해 면밀히

---

[16] 이성근,「申欽의 絶句와 時調 硏究」, 부산외국어대학교 석사학위논문, 1992 ; 정운채,「尹善道 時調 漢詩 對比硏究」, 서울대학교 박사학위논문, 1993 ; 전재강, 「신흠 시조의 대립성과 현실 대응 방식 연구」,『문학과 언어』15집, 문학과 언어 연구회, 1994 ; 초립평,「尹善道의 時調와 漢詩의 特性 硏究」, 서울대학교 석사학위논문, 2002 ; 양태순,「상촌 신흠 시조의 표현 미학」,『한국고전시가의 종합적 고찰』, 민속원, 2003 ; 김대행,『노래와 시의 세계』, 역락, 1999 ; 최재남,「국문시가와 한시의 존재 기반과 미의식의 층위」, 인권환 외,『고전문학연구의 쟁점적 과제와 전망』2, 월인, 2003 ; 조동일,『(제4판)한국문학통사』2, 지식산업사, 2005, 186-195면 ; 조동일,『(제4판)한국문학통사』1, 2005, 309-312면 등 참조.

[17] 조규익,「短時調·長時調·歌詞의 一元的 秩序 摸索」,『한국학보』17집, 일지사, 1991, 81-118면.

검토하되, 이러한 차이점이 나타나게 된 원인을 한시와 시조의 언어매체인 한문과 국어의 특성에 기반해서 규명하고자 한다. 특히 송강이 사람과의 교감에 주목했다고 한 선행연구의 논의에서 더 나아가 한시와 시조에서 구체적으로 어떤 차이가 있는지 살펴보고자 한다.

2. 한시와 시조의 주제 비교

선행연구에서는 송강의 한시와 시조의 주제적 측면이 공통점이 많다고 했다. 곧 연군(戀君), 우국(憂國), 풍류(風流), 기주(嗜酒)의 주제가 두 갈래에서 모두 나온다고 했다. 그러나 두 갈래의 주제적 측면의 차이점은 아직 검토가 되지 않았으므로 여기서 구체적으로 살펴보고자 한다. 또 같은 주제라도 갈래에 따른 차이점은 없는지, 그 이유에는 언어매체의 차이는 없는지도 함께 보고자 한다.

송강의 한시와 시조에서 주로 다루고 있는 주제를 그림으로 나타내보면 다음과 같다.

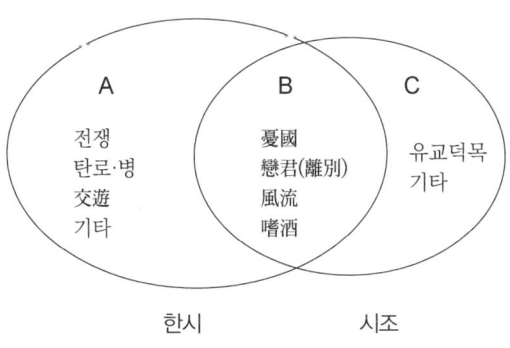

[그림1] 정철의 한시와 시조 내용 비교

[그림1]에서 좌측의 동그라미는 한시, 우측의 동그라미는 시조를 나타낸다. 원의 상대적인 크기는 작품의 양을 의미한다. 한시가 다루고 있는 주제

영역은 A와 B이고, 시조의 주제는 B와 C이다. 한시에서 다루는 주제가 훨씬 더 넓은 것을 볼 수 있다. 송강은 일상생활의 감회에서 시작하여 병이나 탄로의 개인적인 문제, 나아가 전쟁 같은 큰 사건에 이르기까지 다양한 상황 속에서 한시를 지었다. 한시에서 '기타'에 분류한 작품들 중에서 일상의 감회가 상당 부분 차지한다.[18] 크게 주제화하기는 어렵지만, 잔잔하고 소소하게 일상에서 느끼는 단상을 한시로서 나타내기는 했어도 시조에서는 그렇지 않았다.

시조에서는 다루지 않았는데 한시에만 있는 것은 전쟁에 관한 것이다. 한시에서는 임진왜란과 관련한 작품이 33수가 있는데 시조에서는 한 작품도 보이지 않는다. 우국(憂國)이라 하면 주로 당쟁과 임진왜란에 대한 것인데, 시조에는 임란에 대한 작품이 없어서 위와 같이 둘을 나누어 나타내었다. 시조에서 우국(憂國)은 주로 당쟁에 대한 것이다.

이러한 차이점은 왜 나타나는 것일까? 두 갈래의 언어매체의 성격과 관련해서 다음과 같이 생각해볼 수 있다. 전쟁은 하나의 사건으로서의 경험이라면 당쟁은 당쟁을 하는 사람들과의 관계의 문제가 더 두드러진다. 사건에 대한 염려와 걱정은 한시로, 사람에 대한 염려와 경계는 시조로 나타낸 것이다. 한시는 문자언어로서 혼자 기록하고 쓰기 때문에 사건과 관련한 기술과 염려를 나타내기가 좋다. 이에 비해 시조는 음성언어로 부르고 청자가 있기 때문에 사람에 대해서 하는 말은 음성언어가 더 적합하고 용이하다고 하겠다.

시조의 주제영역은 대부분이 한시에서도 보이는 주제이다. 그런데 한시에서는 다루지 않고 시조에만 있는 것이 '訓民'과 관련된 작품들이다.

---

[18] 박영주, 「송강 시가의 정서적 특질」, 『한국시가연구』5집, 한국시가학회, 1999, 217-245면에서는 제재적 특성과 주제에 따라 송강의 한시를 크게 일상의 감회, 연군의 정, 풍류의 흥취로 나누고 있다.

송강의 시조 93수 중에서 연군(戀君), 우국(憂國)이 21수, 풍류(風流), 기주(嗜酒)가 31수[19]이고 훈민의 범위를 넓혀서 교훈적인 것으로 보았을 때에 나머지 41수가 이에 해당한다. 교훈적인 내용을 구체적으로 보면 교민(教民), 경세(警世), 악도(樂道), 세태풍자(世態諷刺), 우의(寓意) 등인데, 훈민에 해당하는 작품은 20여수에 해당한다. 그렇다면, 한시가 주제영역이 훨씬 더 넓지만, 백성에 대한 교훈적인 내용을 다루는 것은 한시보다는 시조가 더 적합하다고 여겼다고 할 수 있다.

  이는 선행연구에서 지적했듯이 청자가 백성이기 때문에 백성의 언어인 국어가 더 맞기 때문이다. 이에 더 나아가 국어의 음성언어적 특성도 관련이 있다고 할 수 있다. 사람을 향해 하는 말은 문자언어인 한시보다 음성언어이고 노래로 부르는 시조가 더 적합하기 때문이다. 시조가 사건인 전쟁보다는 사람과의 관계에 해당하는 당쟁을 주력해 다루었듯이, 사람에 대한 교훈적인 내용 역시 한시보다는 시조가 더 용이하다고 하겠다. 따라서 지금까지 주제영역을 비교해본 결과, 삶의 전반에 걸쳐 생활과 밀착해 느끼는 여러 가지 주제영역을 다루는 것은 한시를 통해서이고, 그래서 한시의 주제영역이 더 넓다면, 사람과 관련한 내용, 특히 그 내용이 사람에 대한 발화라면 시조가 더 적합하다고 볼 수 있다.

  이러한 근거로, 또 다른 경우를 들 수 있다. [그림1]을 보면 한시에서는 탄로나 병에 대한 한시가 20여 수 있는데 비해, 시조에서는 두 작품 정도가 보인다. 그런데 한시에서의 병은 육체적인 병이라면 시조에서의 병은 '님을 그리워하는 병'이라는 차이가 있다. 이와 관련해서 다음 작품을 비교해보도록 하자.

---

[19] 정대림, 「古典詩學으로 본 松江詩歌」, 『장덕순선생화갑기념 한국고전산문연구』, 同和文化社, 1981, 429-430면.

[한시1] 〈李夢賚家看梅(이몽뢰 집에서 매화를 보며)〉[20]
病後尙餘垂死骨 병든 후라 뼈만 앙상히 남았는데
春來還有半邊梅 봄이 오니 매화도 반가지만 피었네.
氣味一般憔悴甚 초췌한 느낌은 저나 나나 일반이라
黃昏相值兩三杯 황혼에 서로 두 세 잔을 건네네.

[한시2] 〈山陽客舍(산양객사에서)〉[21]
身如老馬倦征途 몸이 늙은 말과 같아 길 가기에 지쳤으니
此地還思隱鍛爐 이 땅에 대장간 차려 숨어살까 생각하네
三萬六千餘幾日 삼만 육천일중 얼마나 남았을까
東家濁酒可長呼 동쪽집에 먹걸리나 시켜 마셔야겠네

[시조1]
이 몸 허러내여 낸믈의 씌우고져
이 물이 우러녜여 漢한江강 여흘 되다ᄒᆞ면
그제야 님 그린 니 病병이 헐홀 법도 잇ᄂᆞ니

　[한시1]은 결구의 '황혼'이라는 말을 통해 생물학적인 나이가 들어서 늙고 아픈 것임을 알 수 있다. 또 [한시2]에서도 인생길을 달려와 나이가 들어 늙었다는 것을 기구나 전구를 통해서 알 수 있다. 이에 비해 [시조1]에서는 종장에서 '님 그린 니 病병'이라고 하여 육체의 병이 아니라 님으로 인해 생긴 마음의 병이라는 것을 알 수 있다. 마음의 병은 육체의 병보다 더 강하기에 차라리 초장에서는 육체는 헐어내어도 좋다는 것이다. 육체가 헐어져 님이 계신 곳으로만 갈 수 있다면 도리어 마음의 연모로 인한 병이 낫기 때문이다. 이처럼 한시와 달리 시조에서는 육체의 병보다 앞서는 것이 마음의 병이고, 이는 다름 아닌 다른 '사람'으로 인한 병인 것이다.

20　정철, ≪松江原集≫ 권1.
21　정철, ≪松江原集≫ 권1.

그런데 사람에 대해 주력한 작가 송강이 한시와 시조에서 주로 다룬 사람은 같지가 않다. [그림1]에서 보듯이 한시에서는 연군, 이별, 교유 등으로, 시조에서는 연군, 이별, 훈민 등으로 사람에 주력했지만 등장하는 인물의 신분이 다르다. 송강의 한시에서 거의 절반에 가까운 비중을 차지하고 있는 교유시는 대부분이 유사(儒士)와의 교유이다. 그 외에 불승(佛僧)이 등장하는 작품이 23수, 가인(佳人(妓女))이 등장하는 작품이 6수가 있다.[22] 이에 비해 시조에서는 훈민가를 비롯해 백성이 등장하는 시조가 많다. 이와 관련해 아래 작품들을 보자.

[한시3] 〈贈道文師(도문사에게 지어주다)〉[23]
小築新營竹綠亭 죽록정 작은 정자를 새로 지어
松江水潔濯吾纓 송강 물 맑으니 내 갓끈을 씻네
世間車馬都揮絶 티끌세상 수레와 말을 물리치고서
山月江風與爾評 강산풍월을 그대와 평하리라

[한시4] 〈戲贈林子順(임제에게 장난삼아 지어주다)〉[24]
百年長劍倚孤城 백년 동안 긴 칼 차고 외로운 성에 기대어
酒倒南溟鱠斫鯨 바닷물로 술을 삼고 고래잡아 회를 치자 했지.
身世獨憐如倦翼 가련한 내 신세가 날다가 지친 새와 같아서
謀生不過一枝營 생을 도모함이 기껏 한 가지에 지나지 않네.

[한시5] 〈次栗谷韻贈山僧(율곡 시에 차운하여 산승에게 지어주다)〉[25]
流水幾時返 유수는 어느 때에 돌아오며
故人何日來 고인은 어느 날에 찾아오랴

---

[22] 최태호(2000), 앞의 글, 61면.
[23] 정철, 《松江續集》 권1.
[24] 정철, 《松江續集》 권1.
[25] 정철, 《松江續集》 권1.

風塵六載淚 풍진세월 여섯 해 눈물만 흘렸으니
白首眼難開 흰 머리에 눈뜨기도 어려워라

[한시6] 〈道逢丐者(길에서 거지를 만나)〉[26]
夫篴婦歌兒在背 남편은 피리불고 아내는 아이업고 노래하며
叩人門戶被人嗔 남의 집 문 두드리다 꾸지람을 듣는구나
昔有問牛今不問 옛날에 소를 묻던 일 있으나 지금은 묻지 않으니
不堪行路一沾巾 길가다 견딜 수 없어 수건을 가득 적시네

일반적으로 한시는 사대부들이 서로 교유하며 실명이 작품에 등장하는 경우가 많다. 송강의 작품 역시 그러한데, [한시4·5]에서처럼 율곡, 임제 등 당시 교유인물이 작품에 나타나는 경우가 상당수이다. [한시3·5]처럼 실명은 아니지만 인물의 신분을 알 수 있는 작품들도 있다. 이들은 실제 작가인 송강이 교류하는 주변의 인물들이고, 대부분이 상층 사대부 남성에 속하는 사람들이다. 그런데 [한시6]과 같이 드물게 백성에 대한 작품이 한시에 있는 반면에 시조에서는 더 많이 백성에 대해 다루었다. 이와 관련해 아래의 작품을 보자.

[시조2]
님금과 百빅姓셩과 스이 하놀과 싸히로디
내의 셜운 일을 다 아로려 ㅎ시거든
우린들 술진 미나리롤 혼자 엇디 머그리

[시조3]
오놀도 다 새거디 호믜메오 가쟈스라
내 논 다 민여든 네 논 졈 민여주마
올 길히 쑹 짜다가 누에먹켜 보쟈스라

---

[26] 정철, ≪松江原集≫ 권1.

[시조4]
남진 죽고 우ᄂᆞ 눈물 두 져지 누리흘너
졋마시 ᄶᅡ다ᄒᆞ고 ᄌᆞ식은 보채거든
뎌 놈아 어ᄂᆡ 안흐로 게집되라 ᄒᆞᄂᆞ다

[시조5]
이고 진 뎌 늘그니 짐프러 나를 주오
나ᄂᆞᆫ 졈엇거니 돌히라 무거올가
늘거도 셜웨리키든 짐을 조차 지실가

[시조2]는 발화대상이 임금과 농민을 향해서 둘 간의 관계에 대해서 말하였고, [시조3]은 농민간에 하는 말이다. [시조4]는 남편이 죽고 자식과 남은 여성이 또 다른 남성과 만나지 않으면 살아가기 어려운 당시 하층여성의 삶에 대해서 말하고 있다. 이렇게 임금으로부터 농민까지 상하층을 아우르고, 특히 하층여성의 삶까지 관심을 가지고 있는 것을 볼 수 있다. [시조5]는 짐을 진 늙은이에게 젊은이가 들겠다는 내용으로 역시 무거운 짐을 나르는 늙은이에 대한 이야기는 하층민에게 해당되는 내용이다. 이렇게 훈민가라고 하는 16수를 비롯해서 백성의 삶까지 다루고 있는 것은 한시가 아니라 시조이다.

이렇게 한시에서는 송강이라는 작가의 현실적인 신분과 같은 처지의 사람들이 주로 등장하고, 시조에서는 송강과 같은 상층 사대부는 물론 백성의 삶까지, 상하·남녀·노소를 적극적으로 다루고 있는 것을 볼 수 있다. 그렇다면 이와 같은 현상 이면에 언어매체가 미친 영향은 무엇일까? 한문은 당시 상층 사대부 남성의 주된 기록매체였다. 이에 비해 시조의 언어인 국어는 상하남녀를 아울러 모두가 사용하는 모국어이고, 특히 시조의 기록매체는 암글, 혹은 훈민정음이라고 불리는 언어였다. 따라서 한시는 상층 사대부간에 주고받는 교유시나, 이별과 관련해서 남긴 작품들에서 등장인물이 송강 주변의 사람들인 상층 남성이 많다면 시조에서는 다양한 신분과 처지의 사람들, 곧 계층으로 하자면 상층과 하층이 다 있고, 남녀로 하자면 남편과 아내, 남성과 여성이 다 있다. 상하층, 남녀, 노소를 모두 다루고 있다.

　지금까지 송강의 한시와 시조를 주제를 중심으로 비교해보았다. 그 결과, 첫째, 한시에서 다루는 주제 영역은 작가의 삶 전반과 관련해서 다양한 반면 시조에는 몇 가지로 한정되어 있다는 것을 볼 수 있었다. 둘째, 한시와 시조 모두 사람에 주력한 것을 볼 수 있었는데, 한시에서는 임금과 사대부가 주된 등장인물이었는데 비해, 시조에서는 임금과 사대부는 물론 백성, 농민, 하층여성 등 다양한 계층의 남녀노소가 등장하는 점이 특징이다. 곧 한시에서는 주로 상층 인물을 다룬다면 시조에서는 다루는 사람의 범위가 상하남녀노소로 더 넓다는 것을 볼 수 있었다.

　당시 상층사대부 남성에게 문학의 본령은 한시이지 시조는 아니다. 그렇다면 한시를 생활 속에서 짓는 가운데 특별한 필요에 의해 시조를 짓게 된 것이라고 할 수 있다. 그렇다면 한시를 더 많이 지었고, 사대부의 문학으로 향유하고 있으면서도 시조를 선택했던 이유는 무엇일까? 여기서는 언어 매체와 관련해서 민중의 언어이자 상하남녀노소 모두가 사용하는 국어이기 때문에 시조가 더 적합하다고 살펴보았다. 그렇다면 시조를 통해서 송강이 한시에서 나타내지 못한 그 무엇이 무엇인지, 그 점이 사람과 관련해서 어떤 부분이었고, 시조를 통해 얻은 효용과 문학적 성취는 무엇이었는지는 다음 장에서 더 깊이 논의하도록 하겠다.

3. 한시와 시조에 나타난 '사람' 비교

　여기서는 지금까지의 논의결과를 바탕으로 이제 구체적으로 한시와 시조에 등장하는 사람에 대해서 어떻게 다른지 면밀히 분석하고자 한다. 또 시적 화자와 등장인물, 그리고 작가의 관계에 대해서 한시와 시조가 어떻게 다른지 살펴보도록 하겠다.

3.1. 특정인 對 보편적인 인간으로의 확장

전술하였듯이 한시는 송강이라는 작가의 주변 인물이 많이 등장하고, 실명을 작품에 쓰는 경우가 많다. 이에 비해 시조에서는 실명이 나오지 않는 것은 아니지만, 이보다는 대부분의 작품이 무명의 일반명사로 사람을 지칭하는 경우가 많다. 이와 관련해 아래 작품을 보자.

[시조5]
이고 진 뎌 늘그니 짐프러 나를 주오
나는 졈엇거니 돌히라 무거올가
늘거도 셜웨리키든 짐을 조차 지실가

[시조6]
아바님 날 나흐시고 어마님 날 기르시니
두 분 곳 아니시면 이 몸이 사라실가
하늘ᄀ툰 ᄀ업슨 恩은德덕을 어듸다혀 갑ᄉ오리

[시조7]
ᄒᆞᆫ 몸 둘헤 ᄂᆞ화 夫부婦부롤 삼기실샤
이신 제 홈ᄭᅴ 늙고 주그면 흔ᄃᆡ 간다
어듸셔 망녕의 ᄶᅥ시 눈흘긔려 ᄒᆞᄂᆞ고

[시조8]
네 아ᄃᆞᆯ 孝효經경 닑더니 어도록 비홧ᄂᆞ니
내 아ᄃᆞᆯ 小쇼學혹은 모릐면 ᄆᆞᄎᆞ로다
어ᄂᆡ제 이 두 글 비화 어딜거든 보려뇨

[시조3]²⁷
오ᄂᆞᆯ도 다 새거디 호믜메오 가쟈ᄉᆞ라

---

27 2.에서 [시조3]이라고 하였기 때문에 고유번호로 그대로 가져와 쓴다.

내 논 다 미여든 네 논 졈 미여주마
　　올 길히 쏭 ᄯᅡ다가 누에먹켜 보쟈ᄉ라

　　[시조5]는 앞에서도 보았는데, 작품에서 키워드는 '늙은이'와 '젊은이', 곧 늙음과 젊음이다. 이는 인간에게 보편적으로 해당되는 내용으로서, 젊은이는 언젠가 늙은이가 된다는 사실은 불가항력적인 일이다. '이고 진 저 늙은이'는 내가 아는 늙은이라거나 내가 은혜를 입은 사람이어서가 아니라 사람이라면 누구나 겪을 늙은이의 서러움을 생각할 때에 젊은 내가 그 짐을 질 수 있다는 논리가 들어있다. 이를 통해 비단 하층노인에게만 해당되는 것이 아니라 근본적인 인간 보편의 속성에 기반해 모든 늙은이에 대한 애정이 드러난 작품이라 할 수 있다.
　　[시조6]은 '훈민가'의 첫 수로서, 모든 인간에게 보편적으로 있는 부모와 자식의 관계를 말하고 있다. '나'라는 존재는 부모의 존재로 인해 가능하다. 이 세상에 부모 없이 존재하는 자식은 없기 때문에 이 작품은 모든 사람에게 해당하는 말이다. 그 아래 작품들과 비교해볼 때에, 효경과 소학을 배우는 것보다, 임금과의 관계보다 더 중요한 것이 부모님의 하늘같은 은덕을 갚는 것임을 첫 작품을 통해 말하고 있다. 살아가면서 행복할 수도 있고 불행할 수도 있는데, 이런 행·불행을 떠나 살아있다는 것 자체, 존재 그 자체에 대한 긍정적 시각을 담고 있는 작품이기도 하다.
　　[시조7]에서 부부는 한 몸이었던 것을 둘로 나눈 관계라고 말하고 있다. 최초의 사람의 몸에서 갈비뼈를 꺼내는 순간 남자와 여자로 나뉘고 부부가 되었다고 말한 성경에서와 같이 상하층을 막론하고 부부는 한 몸이므로 눈을 흘기는 일은 망녕된 것이라고 한다. 이 작품 역시 특정인이나 특정 계층이 아니라 부부의 관계에 있는 모든 사람을 향해 하는 말이다. 이에 비해 [시조8]은 소학과 효경이 모든 백성이 읽는 것은 아니므로 특정 계층에 한정된 말로 볼 수도 있다. 그러나 실제 송강 자신의 아들과, 실제 이 말을

듣는 특정인의 아들에게만 해당되는 말을 하고 있는 것은 아니다. 실제 하층민들이 소학과 효경을 읽지 못하더라도 그 책들의 내용이 모든 자녀된 자, 나아가 다음 세대에 해당하는 사람들이 반드시 익혀야 하는 것임을 말한다고 보는 것이 더 맞을 것이다.

[시조3]은 농민 간의 대화로 설정되어 있다. 내 것을 제치고 네 것을 해 줄 수는 없지만 적어도 내 것을 하고 나면 네 것을 해주겠다는 것, 그리고 함께 더 풍요로워질 수 있는 길을 종장에서 말하고 있다. 시적 화자는 농민으로서, 실제 작가인 송강과 거리가 멀다. 그렇다면 이 작품의 시적 화자에 농민 누구를 대입하든 공감할 수 있고, 나아가 '나'와 '너'라는 인칭 대명사로 인해 그 지칭하는 사람은 범위는 더 보편적으로 확장될 수 있다. 누구든 자신을 가리킬 때는 '나'가 되고, '나' 아닌 모든 상대방은 '너' 가 되기 때문이다.

지금까지 살펴본 시조를 통해 <훈민가>라고 알려져 있지만, 실상은 비단 하층백성만을 지칭하는 것이 아니라 나와 너, 늙은이와 젊은이, 남편과 아내 등 보편적인 인간의 문제를 다루는 것임을 확인할 수 있다. 이렇게 시조에서는 특정인물이 아니라 누구를 대입해도 좋을 보편적인 사람에 대해 말한다. 한시에서 등장하는 인물은 익명성의 누군가가 아니라 실제 존재하는 인물인 경우가 많았다. 그러나 위의 시조를 비롯한 대부분의 작품에서는 어머니, 아버지, 자식, 임금, 백성, 나, 너 젊은이, 늙은이, 벗, 아들 등 누구를 대입해도 좋을 사람이 등장한다. 누군가의 자식이 아닌 사람이 없고, 자식을 가진 부모도 이 세상에 대부분이다. 누군가 젊은이는 언젠가 늙은이가 되고, 백성이 있기에 임금이 있다. 이와 같이 시조에 나타나는 사람을 지칭하는 명사는 특정 고유명사나 실제의 특정인물 누군가를 의식한 이름이 아니라 누구든 이 세상을 살아가면서 가지게 되는 이름이고, 사람과 사람간의 관계를 나타내는 일반명사이다. 이렇게 한시보다 시조에서 지칭하는 인물의 범위가 넓고, 누구든 공감할 수 있는 보편적인 인간관계를 다루고 있다는 점을 주목해볼 수 있다.

  선행연구에서는 <훈민가>가 국가 윤리나 가족 윤리에 머물지 않고 향촌 사회를 향한 윤리 교육적 측면을 염두에 두기 때문에 다양한 관계의 발화를 포함한 것으로 보았다. 또한 이러한 이유로 후대에도 지속적으로 널리 수용될 수 있었다고 보았다.[28] 그러나 이보다 더 관심의 범위를 넓히면 그 대상이 향촌인가 국가인가의 문제를 뛰어넘어 누구에게든 해당하는 이 세상 모든 보편적인 인간으로 작품의 범위를 삼고 있다는 점을 발견할 수 있다. <훈민가>는 비단 백성만이 아니라 다양한 계층, 남녀의 보편적인 문제를 다루고 있다는 점에서 보편적 인간에의 관심이 잘 드러난다.

3.2. 작가와 시적 화자의 관계

  일반적으로 작품 속의 화자와 실제 작가가 항상 일치하는 것은 아니다. 그래서 시적 화자라는 말이 있고, 페르소나, 곧 가면을 쓴다고도 한다. 그런데 작품 속의 시적 화자와 작가의 일치 정도는 한시와 시조가 같지 않다. 우선, 2장에서 살펴본 바, 한시에서는 실제 송강이 교유하는 인물이 등장하는 경우가 많아서 작가의 신분과 처지가 숨어있지 않고 잘 드러난다. 작품 밖의 작가의 신분과 작품 속의 작가의 신분이 크게 다르지 않고 거의 일치한다. 한시의 시적 화자가 정철이라고 보고 읽으면 무리 없이 이해될 수 있다.

  이에 비해 시조에서는 시적 화자가 농민, 평민여성 등 다양한 인물이 나와서 실제 작가인 정철과 일치하지 않는 경우도 많다. 다양한 인물을 다룬다는 첫 번째 특징은 그만큼 실제 작가와 일치하지 않고 가면적 자아를

---

[28] 전재강, 「훈민시조 작가와 작품의 역사적 성격」, 『어문학』 79집, 한국어문학회, 2003, 491-516면 ; 최규수, 『송강 정철 시가의 수용사적 탐색』, 월인, 2002, 89-93면 참조.

취하는 정도가 더 커지게 된다. 그래야 더 많은 사람이 대입될 수 있고 보편적 문제를 가지고 살아가는 보편적 인간의 삶을 나타낼 수 있다.

한시와 시조의 공통주제인 '연군'과 '이별'을 다룬 작품을 비교해보아도 이 점이 잘 나타난다. 아래 한시와 시조 작품을 비교해보도록 하자.

[한시7] 〈夜坐聞鵑〉[29]
掖垣南畔樹蒼蒼 대궐 남쪽 거기에는 나무숲도 푸르겠지
魂夢迢迢上玉堂 꿈길을 더듬어 옥당을 찾았노라
杜宇一聲山竹裂 두견새 우는 소리에 이 가슴이 찢어질 듯
孤臣白髮此時長 외로운 신하의 백발은 이런 때 더 세누나

[한시8] 〈月夜作〉[30]
秋風乍起愁枯竹 가을바람 일자 이운 대 술렁이고
嶺月初生是美人 산마루에 돋아난 달 이 아니 임이신가
不覺依然成再拜 제풀에 의연히 국궁 재배 드리고 나니
孤臣此夜白髮新 외로운 신하 이 밤에 백발만 느누나

[시조9]
내 ᄆᆞ음 버혀내여 별놀을 밍글고져
구만리 댱텬의 번ᄃᆞ시 걸려이셔
고은 님 계신 고ᄃᆡ 가 비최여나 보리라

[시조10]
기울 계 대니거닛ᄃᆞ나 죡박귀 업거닛ᄃᆞ나
비록 이 셰간이 판탕홀 만졍
고온 님 괴기옷 괴면 그룰 밋고 살리라

---

29 정철, ≪松江原集≫ 권1.
30 정철, ≪松江續集≫ 권1.

4. 정철의 한시와 시조 비교 131

위 한시와 시조는 모두 '연군'이라는 주제에 속한 작품이다. [한시7]에서는 '掖垣'이나 '孤臣' 등의 표현을 통해 시적 화자의 신분이 신하임을, 그리고 그 그리움의 대상은 대궐에 있는 존재, 곧 임금임이 작품 표면에 드러난다. [한시8]에서는 '미인(美人)'이라고 해서 불분명하다가 결구에서 '孤臣'이라고 해서 그 대상이 임금임을 알 수 있다. 이에 비해 [시조9]에서는 '내 마음'과 '고운 님'이라고 하여 '나'과 '님'의 구체적인 신분이 나타나지 않는다. 게다가 '나'와 '님'은 대입하는 모든 사람이 다 해당될 수 있는 말이다. [시조10]에서도 '고운 님'과 '그'라는 연모의 대상이 누구인지 드러나지 않는다.

때로는 시조의 시적 화자가 여성인 경우도 있는데, 이 역시 실제 작가인 송강과는 거리가 멀다. 시조 중에서는 '봉래산'이라고 함으로써 그 대상이 임금이라는 것을 알 수 있는 경우도 있으나[31] 이 경우에도 시적 화자의 신분이 어떠한지는 보이지 않는다. 이 역시 한시는 실제 작가의 처지와 밀착된 반면에 시조에서는 실제 작가가 숨는 경우가 많고, 다른 여러 사람을 대입해도 말이 되는 보편적인 사람이라고 할 수 있다.

한시에는 제목이 있고, 시조에는 제목이 없다. 이는 기록문화와 구술문화의 일반적인 특징이기도 하다. 한시의 제목은 작품 전체의 주제를 말해주기도 하지만, 작품의 창작 동기나 상황, 배경을 설명해주기도 한다. 제목으로 인해 한시는 왜, 언제, 어떻게 지었는지 자세히 알 수 있어서 더욱 실제 작가의 처지와 생애와 밀착되어 있다. 일례로 다음 한시를 보자.

[한시9] 〈贈別栗谷 時與栗谷言事未契有此作(율곡과 이별하며 주다. '이 때 율곡과 시사를 이야기하다 맺지 못하여 이 시를 짓다.')〉[32]

---

[31] 봉래산 님 계신 데 오경 친 남은 소리/ 성 넘어 구름 지나 객창에 들리나다/ 강남에 내려옷가면 그립거든 어찌리.

君意似山終不動 그대 뜻은 산과 같아 끝내 움직이지 않고
我行如水幾時廻 나의 행은 물과 같아 어느 때에 돌아올까.
如水似山皆是命 물 같고 산 같음이 모두 운명이니
白頭秋日思難裁 가을날 흰머리로 생각하기 어렵지 않은가

[한시9]에서 만약 제목이 없다면 '군(君)'이 누구인지 알 수 없다. 그런데 제목으로 인해서 '그대'는 율곡임이 드러난다. 만약 시조에서였다면 제목이 없으므로 '그대'에 여러 사람을 대입할 있을 것인데, 한시의 제목으로 인해 실제 작가인 송강, 그리고 실제 인물인 율곡을 떠올리게 된다. 이 와 같이 작가와 시적 화자의 거리가 멀지 않고 작품 속에서 거의 일치함을 볼 수 있다.

이렇게 시조에서는 시적 화자와 대상에 누구를 넣어도 좋은 보편적인 노래라는 점에서 그 적용 범위가 넓다. 그럼에도 송강의 시조에서 연모의 대상을 향한 그리움을 노래한 작품을 '연군'으로 묶어서 이해해온 것은 실제 작가를 의식하기 때문이다. 그러나 이처럼 작품만을 놓고 본다면 한시에서는 주로 신하로서 임금과의 관계를 많이 다룬다면, 곧 시적 화자와 실제 작가가 거의 일치한다면 시조는 누구를 대입해도 괜찮은 일 빈직이고 보편적인 시적 화자와 대상으로 된 것을 볼 수 있다.[33] 2장에서 본 바, 한시보다 시조에서 다루는 사람의 범위가 더 넓다는 것은 특정 신분을 넘어, 또 실제 작가를 넘어 시적 화자가 보편적인 사람으로 확장되고 있는 것과도 연결이 된다.

송강 자신은 상층 사대부 남성이지만 시조를 통해 관심을 두고 있는 인물들은 자신의 신분과 계층, 성별을 넘어선다. 곧 남편이 죽은 하층여성

---

32 정철, ≪松江原集≫ 권1.
33 손찬식, 「송강 정철 시세계-연군적(戀君的) 정서의 형상-」, 『어문논집』 34집, 안암어문학회, 1995, 309-340면.

의 경제적인 어려움과 사별의 고통, 백성들의 가난하고도 비참한 삶의 현실, 부모와 자녀의 관계, 부부의 관계 등 모두를 동등한 한 사람의 인간으로 대하며 인간 보편의 문제에 깊은 관심과 애정을 가지고 있음이 드러난다. 이렇게 시조를 통해서 인간관계를 중점적으로 다루면서 인간에 대한 따뜻한 인간애를 보이고 있다는 점을 특징으로 꼽을 수 있다.

그렇다면 상층 사대부로서, 그리고 남자로서 자기의 처지에 머무르지 않고 인간 보편의 문제에 관심을 가지고 상하남녀노소 모두를 향한 인간애를 드러내게 된 시각은 어디에서 연유한 것일까? 어떻게 모든 사람을 그저 '사람'이라는 점에서 동등하게 보며 이해의 대상으로 삼고 있는 것일까? 모든 인간이 동등해지는 것은 죽음 앞에서이다. 부자이거나 지체가 높다고, 또 젊거나 남자라고 해서 죽음에서 예외인 것은 아니다. 이를 잘 보여주는 송강의 다음 작품을 보자.

[시조11]
일명 百빅年년 산들 긔 아니 草초草초호가
草초草초훈 浮부生싱애 므스일을 ᄒᆞ랴ᄒᆞ야
내 자바 권ᄒᆞ는 잔을 덜 먹으려 ᄒᆞᄂᆞ다

[시조12]³⁴ 〈將쟝進진酒쥬辭〉
ᄒᆞᆫ 盞잔 먹새근여 쏘 ᄒᆞᆫ 盞잔 먹새근여
곳 것거 算산노코 無무盡진無무盡진 먹새근여
이 몸 죽은 後후면 지게우히 거적덥허 주리혀 미여가나 流뉴蘇소寶보帳쟝의 萬만人인이 우러녜나 어욱새 속새 덥가나모 白빅楊양속애 가기 곳 가면 누론 ᄒᆡ 흰 돌 ᄀᆞᄂᆞᆫ 비 굴근 눈 쇼쇼리 ᄇᆞ람불 제 뉘 ᄒᆞᆫ 盞잔 먹쟈ᄒᆞᆯ고 ᄒᆞ믈며 무덤우히 진납이 프람불 제야 뉘우춘 ᄃᆞᆯ 엇디리

---

³⁴ 〈장진주사〉는 일반적인 단형의 정형시조는 아니지만, 광의의 시조라고 보고 [시조12]라 한다.

위 작품들은 죽음의 문제, 그래서 허무한 삶의 문제를 다루고 있다. 한시에서는 인생의 허무함이나 죽음의 문제는 거의 다루지 않았다. 한시에서의 문제는 출퇴의 문제에 주목하고 관직에 나가는 것과 진세를 떠나 숨는 삶의 문제를 다루었다. 이는 한시나 한문이 사대부로서의 갈래이자 기록매체인 점과 긴밀하다. 이에 비해 시조에서는 삶의 허무함과 죽음의 문제를 다룬 작품이 눈에 띤다.

[시조11]에서는 백년을 한다고 해도 시들어가는 풀과 같은 초초한 인생이라는 허무감이 짙게 나타난다. 누구나 죽음 앞에서 백년이나 산다 한들, 그 시간은 길지 않고 죽으면 모두 헛된 것이다. [시조12]에서는 이 작품의 문제를 더 강렬하게 인식하고 있다. 특히 <장진주사>는 죽음 앞에서 고귀한 자나 미천한 자가 모두가 동등함을 말하고 있다. 이런 허무함 때문에 술을 먹지 않을 수 없고, 향락적이고 허무적이 될 수밖에 없다는 시적 화자의 마음을 읽을 수 있다. 이렇게 '萬人'이 죽는다는 점에서 동등하기 때문에 정철은 살아있는 짧은 생애동안의 귀천·빈부의 구분에 대해 집착하지 않는다. 죽음 앞에서 인간의 유한성은 모든 이를 평등하게 여기게 한다.

따라서 허무한 인생이라는 점을 자각하면 그 짧은 시간동아 살면서 부유하다고, 임금이라고, 상층사대부라고 더 나을 것도 없다. 그것이 허무주의로 흐를지언정, 정철에게는 이러한 동등함에 대한 의식이 있었기에 자기 처지를 뛰어넘어 인간 보편의 문제에 관심을 가지고 따뜻한 인간애를 나낼 수 있었던 것이다. 후대인들이 <훈민가>라고 부르지만 정작 정철은 백성만이 아니라 인간이 지켜야 할 도리로 한시가 아닌 시조를 택해 지었다. 이렇게 상하남녀노소를 무론하고 죽음 앞에서 동등한 존재라는 인식이 전술했던 정철이 사대부의 공식적인 기록매체이자 향유갈래인 한문과 한시가 아닌, 모든 사람이 쓰는 같은 말인 국어로 된 시조를 택해 인간 보편의 문제를 인간애를 가지고 노래했던 것이다.

다양한 계층과 처지의 사람을 시조의 등장인물로 쓸 뿐만 아니라 보편적

인간에 대해 다루며 인간관계 및 인간애를 표현한 것이 한시보다 시조에서 더 두드러진다면 이는 언어매체와 어떤 관련이 있는 것일까? 이 점에 대해서는 다음 장에서 더 깊이 논의하도록 하겠다.

4. 음성언어와 문자언어, 그리고 보편적 인간애의 표현

2절에서, 한시에는 없고 시조에 있는 주제가 '훈민'이라고 했는데, 이는 한시로는 나타내기 어려운 것이다. 왜냐하면 교훈적이라 함은 자기 자신을 향할 뿐 아니라 자신을 포함해 타자를 향해 행동의 변화를 촉구하고 가르치는 것인데, 이는 문자언어로 된 한시보다는 말하기이자 대화적인 시조가 더 효과적이기 때문이다. 게다가 그 대상이 임금에서부터 백성, 그 중에서도 젊은이나 하층 여성까지 있다면 상층 전용 문자인 한문으로는 어렵다. 상하 모두가 사용하는 구어와 문어가 일치하는 국어시가인 시조라야 가능하다.

3절에서 본 바, 한시에서는 실존하는 특정인이 작품 표면에 나타나지만 시조에서의 등장인물은 보편적 인간으로 확장되는 것 역시 언어매체의 특성과 밀접하다. 한시와 시조의 언어매체가 되는 한문과 국어 자체의 특성이 자리잡고 있다는 것이다.[35] 이와 관련해, 한문악장과 국문악장을 비교한 앞장에서 기록매체와 발화대상이 밀접하다는 점은 주목할 만하다. 국문으로 기록된 시가일 경우, 남녀상하를 모두 대상으로 하고 있는 반면에, 한문으로 기록된 시가에서는 왕이나 임금, 혹은 신(神)에 대해 발화하고 있다.

따라서 작품에 등장하는 사람이 상층사대부인가, 모든 사람인가, 혹은 특정인인가, 보편적인 인간으로 확장할 수 있는가는 한시나 시조라는 특정 갈래 자체의 차이라기보다 언어매체의 차이에 기인하고 있다고 보는 것이

---

[35] 이와 관련하여 정소연(2010a), 앞의 글에서도 향가에서는 '우리'를 다루고, 그 한역시인 한시에서는 '우리'라는 공동체성이 약화되고 있다는 점을 지적한 바 있다.

옳을 것이다. 한시는 상층사대부가 향유했던 갈래이고, 시조 역시 정철의 시대에는 상층 사대부, 그리고 기녀가 향유했던 갈래이다. 이렇게 향유층이 같은데 등장인물이 다른 것은 갈래의 향유층보다는 갈래의 언어매체가 미치는 영향이 더 근본적임을 보여준다. 더 엄밀히 말하자면, 말로는 할 수 없고 글로만 읽을 수 있는 문어인 한문과 말과 글이 함께 있는 국어의 특성과 밀접하다는 것이다.

흔히 송강 시조의 언어가 인정어린 어휘를 선택했다거나 이야기하듯 친근감이 느껴진다는 지적을 한다. 특히 훈민가를 보면 혼인상사 등의 문제에 있어서 실제로 도울 수 있는 형편이 아니라도 마음은 돕고자 한다는 내용은 바로 인정어린 마음이 가장 잘 드러난 작품일 것이다. 또한 송강은 시조를 통해 백성의 안타깝고 불쌍한 처지, 어려운 생활고나 인간 보편의 문제로까지 확장 가능한 이별과 사별, 허무한 삶, 죽음의 문제 등 인간 삶의 고뇌를 주로 다루면서 인간애를 표출하고자 하였다.

이렇게 정감을 표현하는 것은 문자언어인 한문매체를 사용해 읽는 시인 한시보다는 구어인 우리말로 소리낼 수 있는 시조에서 더 자유롭고 직접적인 토로가 가능하다. 이 점은 선행연구를 통해 이미 밝혀진 사실로서[36] 눈으로 읽는 시보다는 음성으로 소리내는 노래가 정감의 표출에 있어서 더 적극적일 수 있다. 백성들이 비록 여러 악기가 동원된 가곡창의 노래로 부르며 향유하지 않더라도[37] 적어도 외워 암송할 수 있는 짧은 형태의 노래

---

36 정소연(2006), 앞의 글 참조.
37 실제 문헌기록에도 외우고 익혔다고 하고 있다. "短歌十六 卽宣祖朝相臣鄭澈爲江原監司時所作者也 蓋因陳古靈諭文中諸條 添以君臣, 長幼, 朋友三者 使民尋常誦習 諷詠在口 則其於感發人之情性 不無所助 故附刻於此 而名曰訓民歌云 " <警民編> "故相臣鄭澈作訓民歌凡爲十六章 而其言不出於民生日用彛倫之間 欲使村閻婦孺 尋常諷誦 有所感發 曲在於警民編矣 今若以此申飭八道 使民誦習 則雖愚夫愚婦 庶幾皆知大義 不猶愈於三南兩西山有花俚曲之都無意義 蕩人心志者乎 臣謂分付諸道 小民中擇其稍有知識者 敎訓民歌十六 使之誦習 則此乃至近至易之事也 不過數朔

인 시조로 작품을 지었던 것 역시 구어로 소리낼 수 있고 상하남녀가 다 향유할 수 있는 갈래가 시조이기 때문이다.

그렇다면 왜 시조에서는 인정어린 마음이 더 잘 드러나고, 이로써 인간애를 드러냄으로써 사람과 사람의 소통의 통로로 더 적합하다고 여겨지는 것일까? 한시의 언어매체인 한문은 '나랏말이 중국과 달라 문자와 서로 맞지 않는다.' 한문은 문자로서 우리말과 다르고, 그래서 말과 함께 하지 않는 글뿐인 언어이다. 이에 비해 시조의 언어매체인 국어는 나랏말이기도 하면서 국문으로 쓰기도 한다. 물론 당시 사대부남성에게 공식적인 기록매체는 한문이고 국문은 아니었다. 그러나 적어도 시조를 기록할 때에는 말과 함께 글이 일치하는 국문으로 기록하였다. 이렇게 글만 있는 언어보다는 글과 말이 일치하는 언어를 통해 더 적극적으로 전달될 수 있다. 문자에 비해 음성은 사람의 신체에서 직접 나오는 것으로, 마음을 담아내는 데에 더 큰 울림과 기능을 할 수 있다. 글을 쓸 때에는 글을 쓰는 이가 종이라는 물질을 앞에 두고 고독하게 작업을 하지만, 말을 할 때에는 듣는 '사람'을 앞에 두고 한다.

저자만 있거나 독자만 있는 상태에서 이루어지는 읽기 및 쓰기보다 화자와 청자가 공존하는 말하기에서 더 소통의 효과가 높아진다. 소통의 효과를 높이기 위해 말하기를 택할 것인가, 글쓰기를 택할 것인가, 나아가 시조를 쓸 것인가, 한시를 쓸 것인가의 문제는 수사학의 문제이기도 하다.[38] 인간애

之內 可驗其學行之勤慢 以此意嚴飭何如 上曰 所奏好矣 其令申飭諸道 <韓相翼謨 啓>" (송강집 송강별집 권지칠 부록) ≪경민편≫ / ≪별집유사≫ 이 외에 선행연구인 조태흠,「훈민시조 종장의 특이성과 향유방식」,『한국문학논총』10집, 한국문학회, 1989, 131-155면 ; 강재헌,「松江 鄭澈의 平時調 形式 硏究」, 충남대학교 석사학위논문, 2000 등에서도 백성들이 악기를 동원해 향유할 수 없는 현실적인 이유 외에도 그 근거로서 후대 가집에 수용되면서 형식이 정형화되었다는 것, 그 이전에는 일탈형이 많다는 점을 들어 가곡창에 올리기에 맞지 않는 형태라고 보고 있다.

가 시조를 통해 더 잘 나타나는 이유는, 소리는 얼굴과 얼굴을 마주볼 때에 전달되기 때문이다. 그래서 소리를 통한 소통은 더 따뜻한 인간애를 드러내는 것이 특징이다.[39] 그래서 정철은 말하기를 택한 것이고, 이는 목적이 타인과의 소통과 인간애의 표현이기 때문이다.

문자는 기록으로 인해 영원성에 가까운 생명력을 얻는다. 그러나 그것을 기록하는 사람은 유한한 존재이다. 유한한 사람이 같은 유한한 사람들과의 공감과 소통은 그들의 몸으로부터 나오는 목소리에 의지하는 말로써이다. 말은 일회적이고 순간적이라는 특성으로 인해 시간, 그리고 그것을 말한 이와 긴밀하게 연관되어 기억에 남는다. 따라서 유한한 존재로서 인간과 인간의 소통과 공감을 가장 친화적인 목소리로서의 말로 공유하는 것이 정철 시조에 담긴 정철의 마음이라 할 수 있을 것이다.

한시에서는 의문문보다 평서문이 절대적으로 많은데, 자기가 자기에게 하는 발화이기 때문에 그러하다. 반면 자기 아닌 청자를 전제하며 향유되는 시조는 그렇지 않다. 자기는 물론 남에게 하는 발화이기 때문에 평서문이 가장 많긴 해도 의문문 역시 많은 것이다.[40] 이와 관련해 대중 과 유리될수

---

[38] 소통과 수사의 문제에 대한 자세한 논의 및 참고문헌은 정소연, 「학술적 글쓰기와 대중적 글쓰기에 나타난 수사의문문의 양상과 설득효과 비교연구(1)」, 『수사학』 13집, 한국수사학회, 2010b 참조.

[39] 월터 J. 옹 저, 이기우·임명진 역, 『구술문화와 문자문화 : 언어를 다루는 기술』, 문예출판 사, 1997 ; Ong, Walter J., "Writing is a Technology that Restructures Thought", WOLFSON COLLEGE LECTURES, Clarendon Press, 1985, pp.23-50 ; Thomas, Rosalind, *Literacy and orality in ancient Greece*, Cambridge University Press, 1992, pp.7-8.

[40] 이와 관련해 정소연(2010b), 앞의 글에서는 타인을 향한 발화인 연구논문과 자기고백적인 에세이의 의문문 사용 양상을 비교했는데, 연구논문에서는 의문문 사용을 기피하는 편인 반면에 에세이에서는 상대적으로 많이 나타나는 편이다. 연구논문은 전문가를 향한 글이라면 에세이는 자신을 포함한 대중을 향한 글로서 각각의 발화방식의 특징이 각각 한시와 시조의 그것에 해당된다고는 점은 주목할 만하다.

록 독백체를 띤다는 것은⁴¹ 시사하는 바가 많다. 발화의 대상이 상하남녀의 모든 인간으로 확장되고 있을 때에, 곧 시조에서 대화체 및 의문문 사용이 많아지는 것, 그리고 발화의 대상이 자기 자신이거나 같은 상층사대부인 한시에서 독백체가 강해진다는 점은 밀접한 것이다.

　소통을 위한 말하기의 방식 중 하나가 시조에 빈번하게 나오는 의문법이다. 훈민가 16수만 보더라도 종결형태가 의문형인 경우가 15회로서 다른 문장종결법에 비해 가장 많다. 여기서 쓰인 의문문은 그 답을 모르는 의문문이 아니라 화자가 청자를 수용하고 같은 평등선상에 두기 위한 수사적 의문문이다. 이는 그만큼 상층사대부인 화자(정철)가 모든 사람들을 아우를 수 있는 표현방법이다. 서술문이 그 발화자가 아는 것을 그렇지 않은 청자에게 일방적으로 전달하는 느낌이 있는 반면에 수사의문문은 그 발화를 하는 순간의 의문을 가진 화자와 청자를 대등하게 만들고 소통하게 하는 효과가 있기 때문이다.⁴²

　의문법이 대화를 요청하고 소통을 하기 위한 효과적인 방법이지만 근체 한시에서는 적극적으로 사용하기가 어렵다. 문자언어인 한문으로 된 한시는, 그것도 명사 위주의 실사로 된 절구에서는 의문법을 자유롭게 구사하기가 어렵다. 이에 비해 송강은 시조에서 의문법을 빈번히 사용했을 뿐만 아니라 두 개 이상의 작품이 문답법으로 연결되게 지은 경우도 적지 않다. 이와 관련해 아래의 작품들을 보자.

[시조13]
므 일 일우리라 십년지이 너를 조차
내 훈일 없시셔 외다마다 ᄒᆞᄂᆞ니

41　박우수,「말과 사물의 사이(Between Res et Verba)」,『수사학』1집, 한국수사학회, 2004, 104-124면 참조.
42　이에 대한 더 자세한 논의는 정소연(2010b), 앞의 글, 264-268면 참조.

이제야 絶졀交교篇편 지어 餞젼送송호디 엇더리

[시조14]
일이나 일우려 ᄒᆞ면 처엄의 사괴실가
보면 반기실ᄉᆡ 나도 조차 ᄃᆞ니더니
진실로 외다옷 ᄒᆞ시면 마루신ᄃᆞᆯ 엇디리

[시조15]
내 말 고디 드러 너업ᄉᆞ면 못살려니
머흔 일 구즌 일 널로 ᄒᆞ야 다 닛거든
이제야 ᄂᆞᆷ 괴려 ᄒᆞ고 녯 벗 말고 엇디리

　위 작품은 송강의 작품집에 여느 시조처럼 나란히 있지만, '주문답'이라고 묶어서 불리기도 한다. 이렇게 연작시조로 불릴 만한 시조가 정철의 작품 중에 여럿 보인다.[43] 개별 작품에서 멈추지 않고 더 나아가, 시조와 시조가 연작이 되게 하였고, 그 연작성이 주고 받는 대화적 관계가 되도록 작품을 엮은 것이다. 작품을 보면 '나'와 '너'의 대화이면서 의문법이 자주 사용되고 있다. 한시에 비해 시조가 대화체적인 문체를 드러내기에 좋다는 것은 주지의 사실이다. 비단 송강만이 아니라 시조에서는 의문법이 자주 사용된다. 시조의 언어매체는 청자가 존재할 때 주고받는 일상 구어이고, 그러므로 의문법이 자연스럽게 잘 쓰이게 된다.
　이렇게 묻고 답하는 연속성은 우리 인생의 모습이기도 하다. 인간애와 소통은 상대방과의 끊임없는 반응과 연속성에 의해 시간이 흐르고 관계가 맺어지며 이어지는 삶의 흐름들이다. 한시에는 제목이 있어서 특정 주제에

---

[43] 연시조적 성격에 주목한 대표적인 논의로 최태호(2000), 앞의 글을 들 수 있다. 여기서는 제재적 유사성 등에 기반해 연시조로 묶을 수 있다고 보았는데, 이에 비해 본서에서는 연시조 그 자체만이 아니라 연시조 작품들 간의 대화적 성격에 주목한다.

맞추어 주제집약적으로 얘기하게 되나, 우리 인생이나 사람과의 소통은 주제집약적이 되기 어렵고 어디로 흐를지 모르는 역동성과 운동성이 있다.[44]

또한 당대 사회에서 한문과 국어, 한시와 시조가 차지하는 위상과 작품의 내용도 밀접하다. 여성, 민중까지 생각하는 발랄하고 트인 생각을 한시보다는 비격식적인 우리말로 부르는 시조가 더 적합했을 것이다. 곧, 작품에 등장하는 인물의 처지나 위치와 시조의 언어매체가 당대 사회에서 차지하는 지위가 맞는 것이다. 사대부 간에 주고받는 갈래이자 문집에도 남아 후세에 전하게 될 한시에서는 이러한 진보적인 생각을 드러내기가 조심스러울 수 있다.

소리는 그 소리가 울리는 같은 공간의 사람들 간에 '우리'라는 의식을 가지게 한다. 그 자리에 있지 않고서는 듣지 못하는 내용을 같은 공간에 있는 사람들끼리 공유하게 되는 것이다. 따라서 혼자 쓰고 눈으로 읽을 수 있는 한시보다는 소리내고 귀로 듣는 언어로 된 시조가 만들어내는 공동체성이 교감과 소통, 인간애를 나타내기에는 더 적합한 언어이고 갈래라고 할 수 있다. 깨달은 바를 묵상하고 사변적인 내용을 표현하는 것은 문자가 더 좋지만 교감과 소통의 현존이자 진실된 마음의 표현은 음성이 더 적합한 통로가 된다.

직접 부르는 구술적인 노래가 문자로 읽는 시(텍스트 해석)보다는 더 체험적이고, 스스로를 발견하게 하는 데에 유용하다. 이 점은 Walter J. Ong, Albert B. Lord, Eric Havelock 등도 지적한 바 있다.[45] 이와 관련해 월터

---

[44] 심지어 우리 삶에 대한 이야기인 설교 역시 주제집약적인 것 같으나 실질적으로는 소리연속적인 것에 의존하고 있다는 연구는 의미심장하다. 이에 대한 더 자세한 논의는 Richard A. Horsley, Jonathan A. Draper, and John Miles Foley, *Performing the gospel : orality, memory, and Mark*, Fortress, 2006 참조.

[45] Amodio, Mark C., Writing the oral tradition : oral poetics and literate culture in

옹은 다음과 같이 말했다.

"소리문화는 사람들이 참가해 일체감의 신비를 느끼고 감각을 공유하면서 현재를 중시하게 되고 상투적인 문구까지 사용한다. 이것들은 모두 옛 구전문화의 기본 특징이다. 문자로 쓰여진 텍스트가 사람들을 자신의 내면으로 향하게 하는 것과는 반대로, '이차적인 소리문화'에서는 청취되는 이야기나 음악이 사람들을 광대한 지역에 산재하는 많은 사람들로 이루어진 집단성으로 향하게 한다."[46]

이는 말은 시간과 현재에 관련된 하나의 사건이지 객관적이며 부동(不動)의 영원한 것이 아니라는 것이다. 나와 너, 자아와 타자 사이에 일어나는 일들은 부동의 것이 아니라 끊임없이 언제 생길지 모르는 현재적 사건들이다. 죽음 이후 시간이 멈추는 인생에게 오늘과 현재는 영원성을 가진 문자보다는 일회적이고 유동적인 특성을 가진 말이 그 특성상 더 가까운 것이다.

5. 결론

지금까지 본서는 송강의 한시와 시조를 본격적으로 비교하고, 사대부 본령의 향유 갈래인 한시 외에 왜 시조를 필요로 했는지, 시조의 효용은

---

medieval England, University of Notre Dame Press, 2004, p.10 ; Ong, Walter. J., The presence of the word : some prolegomena for cultural and religious history, University of Minnesota Press, 1981, "진실의 표현은 그 자체가 하나의 사건으로 느껴진다. 이러한 의미에서 구두문화와 진실과의 접촉은 문자교양적인 기준에 의하면 막연하고 일시적일지 모르지만 문자교양문화가 단지 사변적으로, 그리고 큰 의식적 노력으로 얻는 현실성을 지닌다. 구두·청각적 인간에게 발언은 늘 그의 생활환경과 일치한다. 소원할 수가 없다. 그러므로 실재와 진실과 한정되었지만 생생한 접촉을 제공한다."

[46] 월터 J. 옹 저, 이기우·임명진 역(1997), 앞의 책 ; McLuhan, H. Marshall, Understanding media : the extensions of man, MIT Press, 1994.

송강에게 무엇이었는지, 그럴 수 있는 이유는 언어매체와 관련해 무엇인지 규명해냈다. 본서가 지금까지 논의한 내용을 요약하면 다음과 같다.

첫째, 송강의 한시와 시조의 주제를 비교한 결과, 한시는 작가의 삶과 밀착되어 시조보다 더 다양한 주제와 상황을 다루었다. 이는 사대부 본령의 문학이 한시이기 때문으로, 백성에 대한 교훈적인 내용은 시조를 통해 드러내었다. 공통적으로 다룬 주제는 연군, 이별, 우국, 기주, 풍류이다. 그러나 전쟁은 주로 한시로 다루었고, 시조에서는 전쟁보다 당쟁, 곧 사람의 관계에 주목한 내용을 많이 다루었다.

둘째, 두 갈래에서 모두 자연보다는 사람과의 교감을 많이 다루나, 한시에서는 정철이 속한 사대부 남성과의 교유가 위주가 되고 상층 사대부가 많이 등장한다. 이에 비해 시조에서는 임금부터 백성까지, 상하남녀노소의 다양한 사람을 다루었다. 상층 사대부의 기록매체는 한문이지만, 상하남녀노소가 모두 사용하는 언어는 국어로서, 언어의 사용자와 작품에서 주로 다룬 사람의 범위가 거의 일치한다.

셋째, 한시에서는 작시(作詩)의 특정 상황과 특정인물이 제목 및 내용에서 잘 드러나는데 비해, 시조에서는 '나', '너', '우리', '늙은이', '젊은이', '부모', '아들' 등 누구나 대입할 수 있는 일반 명사를 사용해 보편적인 인간으로 확장될 수 있는 사람을 다루었다. 이러한 이유 역시 두 번째 특징과 같은 이유로 볼 수 있다.

넷째, 한시에서는 작가와 시적 화자의 거리가 멀지 않고 거의 일치하나, 시조에서는 실제 작가와 시적 화자의 거리가 멀고 거의 일치하지 않는 경우가 많다. 이로 인해 시조에서 관심을 둔 사람은 실제 작가의 처지를 뛰어넘어 보편적인 인간으로 확장될 수 있었다. 송강 당시 시조와 한시의 향유층은 모두 사대부 남성이지만 송강은 시조에서 향유층을 뛰어 넘는 인간 보편의 문제를 다루었다.

다섯째, 상층 사대부 남성이라는 작가의 실제 신분을 뛰어넘어 상하남녀노소의 보편적 인간에 대해 노래할 수 있었던 것은 모든 인간이 죽음 앞에서 동등하다는 의식에서 기인한다. 이러한 의식은 한시보다 시조를 통해 드러내었고, 인간 보편을 향한 인간애 역시 시조를 통해 표출하였다.

여섯째, 보편적 인간에 대한 애정과 소통이 한시보다 시조를 통해 드러날 수 있었던 것은 언어매체의 특징과 밀접하다. 사대부 남성의 기록매체인 한문으로 짓는 한시는 사대부 본령의 갈래로서 작가가 속한 신분과 생활에 밀착되어 있다. 이에 비해 시조는 상하남녀노소가 모두 사용하는 모국어로 짓기 때문에 다룰 수 있는 범위가 훨씬 넓다.

일곱째, 보편적 인간애는 문자보다 소리를 통해 표출하기가 쉽다. 문자는 사람의 손을 떠나 있고, 영원히 존재하지만 소리는 사람을 통해 전달이 되고 일회적이다. 소리의 특성은 죽음을 겪는 초초한 삶을 사는 인간 삶의 특성과 맞닿아있어서 문자로 짓는 한시보다는 소리로 향유하는 시조로 나타내기가 더 알맞다.

지금까지의 논의는 조선시대에 한시와 시조를 모두 지은 경우, 서로 다른 두 갈래가 한 작가에게 각각 어떤 역할과 효용이 있었는지, 그 근원적 원인으로 언어매체의 속성과는 어떤 관련성이 있는지에 주목해 진행되었다. 당시 한문과 국어가 문자언어와 음성언어로서, 또 상위어와 하위어로서의 양층언어적 성격이 주제나 등장인물, 시적 화자와 작가의 거리 등에 영향을 미치고 있음을 살펴보았다. 특히, 이러한 원인이 송강 정철의 경우에는 어떠한지 작가의 특성에 주목해 논의를 진행했다.

이 논의 결과가 한시와 시조를 지은 모든 작가에게 해당되는 것은 아니다. 그러나 작가 개인의 특징이 두드러지더라도 특정 갈래와 언어매체 자체의 한계 내에서 가능하다는 점을 볼 수 있었다. 상하남녀노소가 죽음을 겪는 한계적 인간이라는 점에서 평등하다는 인식하에 인간 보편의 문제에 주목하고 인간애를 표출하고자 한 송강은 이를 가장 잘 드러내는 갈래로 시조를 택하고, 시조 갈래가 한시와 대비해 가질 수 있는 장점의 최대치를 활용했다고 할 수 있다.

　본장의 의의는 다음과 같다.

　첫째, 그간 송강의 한시와 시조에 대한 본격적인 비교연구가 없고, 둘 간의 주제적 유사성 정도가 지적되었는데, 본서를 통해 두 갈래의 차이점을 비교하고, 이를 통해 송강이 사대부 본령의 한시 창작 외에 왜 시조를 지었는지 규명할 수 있었다.

　둘째, 그간 일련의 선행연구를 기반으로 한 본서를 통해 양층언어적 측면에서 문학 연구를 한다는 것은 갈래나 작가를 무론하고 일반화시킬 수 있는 원리가 된다는 점을 보일 수 있었다. 향가를 한시로 한역하거나, 악장문학을 어떤 언어매체로 기록하거냐, 나아가 한 작가의 서로 다른 언어매체로 된 서로 다른 갈래를 짓거나 등의 다양한 상황에서도 한문과 국문, 문자언어와 음성언어라는 언어매체의 근본적인 차이점이 항상 배태되고 있다는 점이다. 이로써 언어매체의 차이에 주목하는 연구방법이 작가 연구 및 작품 연구, 나아가 갈래 연구 및 문학사적 전개를 연구하는 데에 어떤 기여를 할 수 있는지를 보였다.

　그러나 본장의 논의 결과 새롭게 제기되는 문제가 있다. 한시와 시조를 모두 지은 작가 중에서 윤선도는 정철에 비해 상대적으로 자연과의 교감을 즐겼다는 점에서 대조적이다. 이러한 경우에 한시는 시조와 또 어떤 관계에 있는지, 자연을 노래할 때에 한시와 대비되는 시조의 효용은 무엇인가 하는 점이다. 이에 대해서는 윤선도를 다루는 장에서 더 자세히 논의하고자 한다.

16세기

5. 허난설헌과 황진이의 한시와 국문시가의 상관성

1. 서론

중세의 양층언어성은 한문과 국어라는 언어 체계가 다르다는 점에서만이 아니라 문어와 구어라는 점에서도 나타난다. 한문은 문어이기만 해서 일상 구어인 국어와 대비되었다. 일반적으로 구어에 비해 문어가 더 격식이 있고 고급스러운 소통 매체로 인식되기 때문에 한문과 국어는 상하의 사회적 지위만이 아니라 문어와 구어로서도 상대적인 상하의 관계에 놓여있었다. 곧 상층 남성은 고급문어인 한문을 기록매체로 사용하고, 상층 여성과 하층민들은 상대적으로 사회적 지위가 낮은 국문을 기록매체로 사용하였던 것이다. 상층 남성은 한문과 일상 구어의 격차가 크고, 상층 여성과 하층민은 국문과 일상 구어의 격차가 상대적으로 훨씬 적은 언어생활이 조선시대에 지속되다가 그 격차가 좁혀지고 국문(國文)이 국가의 공식적인 문자가 된 것이 근대이다.

이런 이유로 조선시대 사대부 남성은 시가생활에 있어서도 한시를 주된 통로로 여기고 국문시가를 짓는 경우는 상대적으로 적었다. 이에 한시와 국문시가를 모두 지은 이중언어시인은 국문시가를 짓는 경우가 거의 해당되었다. 한시만 짓는 사대부 남성은 많아도, 국문시가만 짓는 사대부 남성은 조선시대에는 없었다. 시조나 가사를 짓는 사대부 남성은 당연히 한시를 함께 짓는 이중언어시인이었다.

여성은 이와 반대이다. 상층 여성은 한시를 짓는 경우가 매우 드물고, 지어도 현재까지 전해지는 경우가 드물다. 한문을 사용하거나 한시를 짓는 것에 대해 사회적으로 부정적인 시각이 강했고, 가문에 누가 될까봐 스스로 태워 없애는 자기 검열도 거쳤다. 자기 검열과 가족들의 인정을 거쳐 살아남은 한시여야 지금 전해질 수 있다. 그래서 국문시가만 짓는 여성은 상대적으로 많아도 한시와 국문시가를 모두 짓는 이중언어시인은 사대부 남성에 비하면 매우 적다. 하층 여성의 경우에는 기녀의 특수한 위치로 인해 시조와 한시를 함께 지은 이중언어시인이 남아 있다.

여성 이중언어시인으로 한시와 국문시가를 비교할 수 있는 시인은 16세기에 기녀 황진이와 사대부 허난설헌(1563-1589)을 들 수 있다. 허난설헌은 가사 <규원가>, <봉선화가>를 지었고,[1] 남매인 허균과 허봉, 그리고 아버지의 지지가 있어서 자기 검열에도 불구하고 200수가 넘는 한시가 남아있다.[2] 황진이는 생몰연대가 정확하지 않으나 서경덕(1489-1546)과 소세양(1486-1562)의 일화들로 중종 시기 인물로 추정되는데[3], 한시 7수와 시조

---

[1] <규원가>의 저자가 허균의 첩인 기녀 무옥이라는 설도 있으나 정인숙, 「<원부사>군 가사의 전승과 향유에 관한 통시적 고찰」, 『국어국문학』 136, 국어국문학회, 2004, 263-291면에서는 서로 다른 작품임을 논의하였다. <봉선화가>에 대한 이른 시기의 논의는 양염규, 「허난설헌과 그의 가사」, 『국어국문학 논문집』 3, 동국대학교 국어국문학부, 1962, 43-51면 ; 김영수, 「여류문학 연구의 몇 가지 검토 : 허난설헌을 중심으로」, 『국문학논집』 12, 단국대학교 국어국문학과, 1985, 75-113면을 들 수 있다.

[2] 허균이 외우고 있던 시와 허난설헌의 친정에 있던 시들을 묶어 필사본 ≪난설헌집≫을 엮고, 허균이 공주목사로 있을 때 목판본 ≪난설헌집≫을 냈다. 이에 대한 자세한 내용은 허미자, 『허난설헌』, 성신여자대학교출판부, 2007 ; 나태주 편역, 『허난설헌 시선집』, 알에이치코리아, 2018 참조.

[3] 황진이에 대한 기록은 이덕형의 <松都記異>, 유몽인의 <於于野談>, 허균의 <惺

6수가 남아있다.[4] 기녀 이매창 계생의 경우는 한시는 60여 수, 시조는 1수가 남아있는데, 국문시가의 비중이 너무 적어서 본고에서는 다루지 않는다. 황진이도 한시와 시조를 지은 것에 비해, 허난설헌은 시조가 아니라 가사를 지었다는 점이 다르다. 사대부 여성의 경우 시조를 짓는 경우가 매우 드물기 때문이다.

남성 이중언어시인은 16세기에는 사대부만 있고 18세기 이후에야 중인이 등장한다는 점에서 대비적이다. 16세기 대표적인 남성 이중언어시인으로는 이황, 이이, 정철을 들 수 있다. 모두 한시와 시조를 지었고 정철은 가사 갈래도 함께 지었다. 이들의 작품수는 한시가 월등하게 많아서 이 시기가 국문시가보다 한시 위주의 시대인 점을 잘 보여준다.

앞에서도 보았듯이 이황과 이이는 시조를 한시와 대등하게 격상하고자 하는 노력을 보여주었다. 우리말노래인 시조가 한시와 같이 격식과 성리학적 사유를 담을 수 있게 하였다. 정철은 시조 80여 수와 가사 4수 등 적극적인 국문시가 창작을 통해 국문시가의 위상을 높였다. 그러나 한시와 달리 시조에서는 국문이 처음 가진 '훈민'적 성격의 교훈성이 강하게 드러난다. 이황은 기르는 아이들에게 익히게 하려고 교훈적 내용을 시조에 담았고, 정철도 훈민적 성격의 시조를 16수 지었다. 한시는 사대부 작가로서의 처지와 상황이 주가 된다면 노래로 쉽게 접근하는 시조로는 다른 이를 가르치거나 교훈을 주는 성격이 강하게 드러난다.

翁識小錄>, 서우영의 <금계필담>, 김복재의 <中京誌>, 홍중인의 <東國詩話彙成>, 김택영의 <韶濩堂集>, 이긍익의 <연려실기술>, 김시민의 <朝野彙言> 등이 있는데 이에 대해서는 장시광, 「황진이 관련 자료」, 『동방학』 3, 한서대학교 동양고전연구소, 1997, 387-417면에 자세하다. 이하 황진이 관련 일화는 이 글을 참고한다.

4 강전섭, 「황진이의 문학유산 정리」, 『어문학』 46집, 한국어문학회, 1985, 1-13면에서는 한시를 8수로 제시하면서도 <詠半月>은 이가원, 『한국명인소전』, 일지사, 1975, 62-3면에 따라 古唐詩로 제외하고 있다.

국문시가의 작품수가 적다는 것은 그만큼 국문시가로 나타내는 영역과 내용이 특정되었다는 것을 의미하는 것이기도 하다. 이에 비해 한시는 사대부 작가로서의 현실적 모습과 밀착되어 일상 전체를 담아내는 통로로 여겼다. 그러나 이점은 곧 국문시가는 사대부 시인의 처지를 떠나 다양한 화자의 모습을 담아내는 문학적 영역의 확장을 보여주는 것이기도 하다. 정철은 여성 화자로 가사에서 페르소나를 세웠고, 훈민시조들에서는 젊은이, 남편을 잃은 여성, 농부 등 다양한 화자를 보여주었다. 반면 이들의 한시에서 화자는 사대부 시인으로서의 현실적 모습을 크게 떠나지 않는다. 한문은 지식인층과 밀착되어 있지만 국문과 국어는 일상언어로 모두가 공유하는 것이기 때문에 국문시가로 다양한 인물군상을 드러내게 되는 것이 더 용이한 것이다.

　이렇게 16세기 사대부 남성 이중언어시인들은 국문이라는 매체가 가진 훈민성, 모두의 국어이자 일상 구어라는 점을 국문시가에서 나타냈다면, 한시에서는 사대부로서의 사회적 위치와 처지가 명확하게 드러나는 특성을 보였다. 이러한 구분이 점점 없어지면서 한시와 국문시가가 대등해지는 것이 조선후기로 가면서 강화되고 근대가 되는 과정이다.

　본장에서는 여성 이중언어시인들은 어떠한지 보고자 한다. 남성에 비해 낮은 위치에 있던 여성이 진서인 한문을 배우지 못하게 하는 사회 속에서 한시와 국문시가를 모두 향유할 때 나타나는 두 갈래의 문학적 특성은 무엇일지 비교하고자 한다. 한문과 국어가 가지는 양층언어성과 한시와 국문시가의 양층문학성, 그리고 남성에 비해 낮은 지위의 여성이라는 향유자, 이 세 가지 요소를 고려하면서 16세기 여성들의 이중언어문학이 보여주는 특성을 살펴보고자 한다.

　문식성은 글을 읽고 쓸 수 있는 능력이다. 나아가 읽기와 쓰기에 대한 태도와 기대, 생활 속에서 읽기와 쓰기 행동이 갖는 의미와 가치까지 포함한다. 읽기와 쓰기는 의미를 해석하고 소통하는 수단으로서, 의미를 찾는 능력과, 그리고 소통을 위해 사용하는 능력이다.[5] 문식성이 가지는 이러한 의미를 고려할 때에 중세 남성과 여성, 한문과 국어, 문어와 구어를 대비적 요소로 가진 양층언어문학은 중세의 문식성의 양상이 어떠한지 보여줄 것이다.

남성은 한문과 국문, 이중언어 모두에 대한 문식성이 높았으나 여성은 상대적으로 한문과 한시에 대한 문식성이 약한 시대였다. 이 시기 여성들이 구어인 국문시가를 중심으로 향유하면서 문어인 한문으로 한시를 함께 짓는 양층언어문학을 향유한 점은 현대의 구어와 문어의 문식성 문제를 다루는 데 있어서도 시사점을 줄 것이다. 기득권을 남성이 가지고 있는 사회에서 여성으로서 양층언어문학 행위를 한다는 점은 어느 시대나 사회에서든 기득권과 그렇지 않은 이들 간의 언어생활과 문학 행위를 고찰하는 데에 적용이 가능할 것이다.

2. 허난설헌의 한시와 국문시가의 상관성

허난설헌은 조선시대 여성 시인 중에서도 선행연구가 가장 많은 편에 속한다. 《난설헌집》의 부록까지 포함해 213수라는 많은 한시와 당시 드문 여성 가사 <규원가>, <봉선화가>를 남겼기 때문에 연구거리가 상당하고, 짧고 고통스러운 생애와 남동생 허균 등 여러 측면에서 주목의 대상이 되었다. 한시에 대해서는 당대 유성룡이 부인의 시세계가 아닌 기상이라 하였듯이[6], 규중여인의 시답지 않게 활달하고 외향적인 남성적 기질이 보인다거나[7], 여성의식만이 아니라 열사(烈士)로서의 품격[8]을 보인다고 논의되었다.

---

[5] 한국교육심리학회, 『교육심리학용어사전』, 학지사, 2000.
[6] 유성룡, <발난설헌집>, 《서애전서》, 서애선생기념사업회, 2001.
[7] 박요순, 「허난설헌과 규원가고-이조시대 규중가사 주제의 계보모색을 위한-」, 『호남문화연구』 2권, 전남대학교 호남학연구원, 1964, 85-105면.

87편의 <유선사> 등 선계 지향의 한시들은 규방의 한을 유선시로 승화하고, 문학적 상상 공간을 선계로 확장하여 다른 여성 한시와도 다르다고 평가된다.[9] 악부시가 많고[10] 다양한 여성의 처지를 다루고 있다는 점에서도 주목된다.[11] 규원(閨怨)과 궁사(宮詞)의 한시에서만이 아니라 가사 <규원가>에서도 유사한 내용을 다루었는데, 사대부 남성의 가사 <사미인곡>의 화자가 님과의 관계 속에서만 존재 의미를 가지는 것과 달리 허난설헌의 <규원가>는 부부나 남녀 관계를 떠나 인생의 가치를 깨닫는 화자라는 점에서 대비된다고도 평가되었다.[12]

그간 허난설헌의 한시와 가사는 <규원가>와 <봉선화가> 모두 허난설헌의 한시 <소년행>이나 여러 선사 등과 유사한 내용이나 구절이 발견된다는 점에서 유사한 시각에서 다루어져왔다.[13] 두 장르의 차이를 살핀 연구로는 가사는 절제된 형식의 한시보다 자기 목소리를 더 적극적으로 솔직하고 강하게 표현하였고,[14] 한시 <견흥(遣興)-3,4>보다 가사 <규원가>가 절박함

---

[8] 이정화,「허난설헌 시의 의식 성향과 미적 특질 연구」,『한국사상과 문화』70, 한국사상문화학회, 2013, 143-163면.
[9] 김관식,「조선조 강원 여성 한시문 소고」,『강원문화연구』25집, 강원대학교 강원문화연구소, 2006, 147-166면 ; 왕결청,「허난설헌과 주숙진의 시문학에 드러난 삶의 잔영과 그 동이」,『열상고전연구』49, 열상고전연구회, 2016, 457-483면 ; 강명혜,「허난설헌 작품의 미학적 특성」,『온지논총』43, 온지학회, 2015, 33-61면.
[10] 서정,「허난설헌의 악부시 연구」, 전남대학교 석사학위논문, 2015.
[11] 이정화(2013), 앞의 글.
[12] 이문규,「속미인곡 소고」,『한국고전시가작품론』2, 집문당, 1992 ; 이화형,「<규원가>에 나타난 여성의 존재의식」,『국어국문학』116호, 국어국문학회, 1996, 305-318면.
[13] 양염규(1962), 앞의 글 ; 김영수(1985), 앞의 글.
[14] 임재욱,『가사문학과 음악』, 보고사, 2014, 13-32면 ; 장만식,「허난설헌 '倡' 관련 이미지 표현 작품의 창작 순서 고찰」,『열상고전연구』58, 열상고전연구회, 2017, 272-275면.

과 절망적 태도가 더 강하다고 보고 있다.

사대부 남성에게 한시가 자기 고백적 통로이듯이, 그간 허난설헌의 <규원가>도 시인의 생애와 밀착된 관점에서 읽혀졌다. <규원가>의 화자의 모습이 실제 시인의 생애와 유사하다는 특성도 반영되었다. 또 교훈성을 목적으로 하지도 않고 화자의 서정성을 십분 드러내고 있는 자기 토로의 통로라는 점에서 사대부 남성에게 한시가 했던 역할이 여성 향유층에게는 가사 갈래가 하고 있다고 할 것이다.

반면에 16세기 남성 이중언어시인에 비해 허난설헌이 보여주는 특징은 크게 세 가지로 정리될 수 있다. 첫째, 한시의 노래적 특성 지향, 둘째, 한시 화자의 다양성, 셋째, 구비문학적 향유 방식을 접목한 한시 창작을 들 수 있다. 이러한 특성을 절을 달리해서 자세히 살펴보도록 하자.

2.1. 한시의 노래적 특성 지향

한시의 노래적 특성 지향이라 함은 한시와 국어시가의 거리가 가깝다는 것을 의미한다. 16세기 이황, 이이, 정철은 한시와 시조의 내용이 유사하다고 할 만한 경우는 없다. 기록매체만 다르고 내용의 유사성이 높은 경우는 17세기 이후 윤선도나 신흠에게서 나타나는 특성이다. 16세기 사대부 남성은 한시와 시조의 거리가 멀어서 서로 격차가 크고, 이에 시조라도 한시와 같이 격상하려고 노력했던 바가 더 두드러졌다.

허난설헌의 한시에는 악부시가 많다고 평가되는데, 조선시대 한시사에서 악부시의 유행은 17, 8세기 이후에야 두드러진다. 신흠이 악부시에 적극적 관심을 보였고, 이옥 등이 여성 화자 중심의 악부시를 지었으며, 신위는 국문시가의 한시화라는 소악부를 적극 창작하였다. 그런데 허난설헌은 16세기에 악부시를 많이 지었는데, 여성의 구비문학 향유라는 특성이 한시에도 반영된 것이라 할 수 있다.

악부시가 많다는 것은 한시의 갈래명에 주목한 표현이고, 이는 곧 노래의 한시화를 의미하는 것이기도 하다. 고려후기 소악부와 같이 일찍 우리의 국어로 된 시가를 한시화하려는 노력이 있었고, 조선후기에도 소악부가 유행한다. 그런데 허난설헌의 경우 특정 국문시가를 한시화했거나 소악부라고 보는 관점은 그간 논의가 되지 않았고, 악부시라고만 다루고 있다. 그러나 그 이면에는 우리말노래를 한시화하려는 측면에서 살펴볼 지점들이 있다.

허난설헌의 한시에는 ~요(謠), ~곡(曲), ~가(歌)로 끝나는 제목들이 적지 않다. <소년행(少年行)>, <죽지사(竹枝詞)> 등과 같이 악부시체를 표면적으로 따르는 작품 외에도 한시 제목에서 노래를 의미하는 제명을 많이 갖고 있고[15], 또 한시 내용에도 여러 노래와 음악들이 언급된다.[16] 중국의 악부시적 경향도 적지 않게 보이지만, 우리 국문시가의 내용을 한시화한 것처럼 보이는 것도 적지 않다. 가장 대표적인 예로 가사 <규원가>와 한시 <규원(閨怨)>, <한정일첩(恨情一疊)>, 가사 <봉선화가>와 한시 <염지봉선화가(染指鳳仙花歌)>, <선사(仙詞)>, <사시사(四時詞)·秋> 등을 들 수 있다. 이 외에도 후대에 작자 미상의 가사들이 허난설헌의 한시에 이미 보여서 주목되는데 다음의 예를 보도록 하자.

〈貧女吟(빈녀음)〉[17]

(一) 豈是乏容色 工針復工織 少小長寒門 良媒不相識
내 얼굴을 왜 못났다고 하는고.

---

[15] 그 사례로는 <洞仙謠>, <湘絃謠>, <望仙謠>, <採蓮曲>, <橫塘曲>, <染指鳳仙花歌> 등을 들 수 있다. 이하 한시 원문은 오해인 역주,『난설헌시집』, 해인문화사, 1980 ; 나태주 편역(2018), 앞의 책을 참조한다.
[16] 그 사례로는 <橫塘曲>에서의 '죽지가[唱竹枝歌]', <西陵行>에서의 '뱃노래[唱浪淘沙]', <四時詞·春>에서의 '봉황곡[箏彈鳳凰]', <四時詞·夏>에서의 '채릉곡[唱采菱曲]', <遣興1>에서의 '광릉산조[彈一曲, 廣陵散]' 등이 있다.
[17] 이 작품의 해석은 시인 김달진의 번역을 제1수 결구(結句) 해석을 제외하고 가져온다. 김달진 역해,『한국한시』3, 민음사, 1989, 67-8면.

바느질도 잘하고 베도 잘 짜는 것을.
어려서부터 늘 가난하여
좋은 중매장이도 알지 못하네.

(二)手把金剪刀 夜寒十指直 爲人作嫁衣 年年還獨宿
차가운 밤에 바느질을 하나니
열손가락이 다 굳어지네.
남의 시집갈 옷을 지으면서도
도리어 해마다 나 혼자 자네.

(三) 不帶寒餓色 盡日當窓織 惟有父母憐 四隣何曾識
헐벗고 굶주리는 내색 안하고
하루 종일 창 앞에서 베를 짜노니
부모님만은 가엾이 여기지만
이웃들이야 이런 줄 어찌 알리.

(四) 夜久織未休 戛戛鳴寒機 機中一匹練 終夜阿誰衣
밤이 깊도록 쉬지 않고 베를 짜네.
달가닥거리는 쓸쓸한 베틀 소리.
베틀에서 짜낸 이 한 필의 비단이여
밤을 새우나니, 이 누구의 옷인고.

4수에 걸쳐 5언 절구 형태로 쓴 한시인데, 가사 <노처녀가>와 내용이 유사하다. 물론 두 작품의 관련성을 직접 증명할 수는 없지만 내용적인 친연성은 분명히 나타나고 있어서 이에 대해 살펴보고자 한다. 현재 전하는 <노처녀가>는 두 가지 종류가 있는데, 이 두 작품의 이야기가 한 편의 연작 한시인 <빈녀음>에 골고루 섞여 있다는 점도 흥미롭다. 가사와 유사한 대목들을 살펴보면 다음과 같다.

<노처녀가>1과 유사한 대목으로는 제1수 전구와 제3수 기구에서 "혼인ᄉ셜 전폐ᄒ고 간난ᄉ셜 뿐이로다."[18]와 같이 가난으로 인해 결혼하지 못하

는 대목들과 제1수 결구에서 "즁미홀미 젼혀업네 눌차지리 뉘시든고"와 같이 이로 인해 중매하는 이도 오지 않는 상황이 유사하다. 또한 제3수 기구와 승구 전반부, 제4수 기구에서 결혼하지 못하고 답답한 심정에 하루를 보내고 밤깊도록 깨어있는 부분은 "월명亽챵 긴긴밤에 침불안셕 잠못드러/ 젹막훈 븬 방안의 오락가락 단이면서"에서도 같은 심정과 상황을 볼 수 있다. 한시에서는 가난하여 바느질로 연명하는 평민의 삶이라서 이러한 긴 시간에 남의 옷을 짓는다고 한 반면 <노처녀가>1에서는 양반이라는 신분으로 이런 일을 하지는 않는 차이가 보인다. 제3수 결구에서 자신의 이런 심정을 몰라준다는 것은 "친구업고 혈속업다 위로ᄒ리 젼혀업네"와 유사하다.

 <노처녀가>2[19]와 유사한 부분은 한시가 시작되는 제1수의 기구부터이다. <노처녀가>1에서는 자신의 용모가 아름다운데도 시집을 못가고 있다고 한탄하지만 <노처녀가>2에서는 "늬얼골 얽다마쇼 얽은궁게 슬긔들고/ 늬얼골 검다마쇼 분칠ᄒ면 아니흴가"와 같이 못생긴 외모이지만 오히려 긍정적으로 자신감을 보이고 있다. 이러한 자신감의 근거는 제1수의 승구처럼 바느질 등 잘하는 일이 많기 때문인데 가사에서도 "도포짓ᄂ 슈품알고 훗옷시며 핫옷시며/ 누비상침 모를손가 셰폭붙이 훗니불을 삼일만의 맛쳐늬고/ 횡ᄌ치마 지어늴제 다시곳쳐 본일업늬/ 함박족박 ᄭᅵ아지면 솔ᄲᅮ리로 기워늬고/ 보션본을 못어드면 늿뷔ᄌ로 제일이오"와 같이 길게 상술하고 있다. 한시 제3수와 제4수에서는 바느질 대신 베를 짜서 한 필의 비단이 남의 옷이 된다고 하는 내용으로 바뀐 차이가 있다.

 허난설헌의 <빈녀음>은 가사 <노처녀가>만이 아니라 한시사에서도 유

---

18 이하 <노처녀가>1은 임기중 편저, 『한국역대가사문학집성』, 누리미디어, 2005 참고.
19 이하 <노처녀가>2는 구인환 엮음, 『삼설기·화사』, 신원문화사, 2003 참고.

사한 작품들을 볼 수 있다. 신라 최치원의 <강남녀>에서 "베를 짜느라 수고해도 /비단 옷은 너에게 가지 않으리"라는 대목이 있고, 만당 진도옥의 7언율시 <빈녀>는 제목도 유사하고 마지막 두 구에서 "괴롭고 한스러운 것은 해마다 비단 바느질/ 남들을 위해 시집갈 옷을 만드는 것이라네"는 허난설헌의 <빈녀음> 제4수와 거의 유사하기도 하다. 이는 허난설헌이 우리와 중국의 한시를 접했다는 것을 보여주는 것이기도 하지만, 개인의 차원을 넘어 한시사의 전통과 국문시가의 유사성에 대해서도 주목해볼 필요가 있다. 남성인 진도옥의 한시가 중소 지주층의 지식인들이 출로를 잃은 모습을 빈녀로 가탁한 것으로 해석이 되는[20] 반면 여성인 허난설헌의 한시나 가사 <노처녀가>는 의탁이 아니라 화자 그대로의 현실적 모습을 담은 것이라는 차이가 있다.

이를 볼 때 작자 미상의 <노처녀가> 여러 이본들은 조선후기의 것이라고 하지만 조선 전기에 이미 유사한 내용의 작품들이 구두로 전승되며 향유되고 있었을 것이다. 한 수가 아니라 네 수에 걸쳐 쓴 것도 근체시에 비해 정보량이 어느 정도 있는 가사 갈래의 특성을 반영했을 수 있다. 후대에 전해져 지금 볼 수 있는 <노처녀가>들의 모습이 허난설헌의 시대에는 위의 한시와 같았을 수도 있지만 유사성을 떠나서 가난해서 결혼하지 못하는 여성들의 삶의 모습은 이 시대에도 비슷했을 것이고 이야기로든 노래로든 회자되었을 것이다. 이러한 여성들의 목소리와 이야기들을 국문시가만이 아니라 한시에 담아두는 허난설헌의 한시 작시 경향을 이 작품은 대표적으로 잘 보여준다.

허난설헌의 한시 창작능력에 대한 당대나 후대, 그리고 중국에서의 평가 등을 고려할 때에 일반적인 근체시를 못지어서 국어시가를 한시화했다고 볼 수는 없을 것이다. 중국의 ≪조선시선≫에 허난설헌의 한시가 60여 수

---

[20] 이혜순, 『고려 전기 한문학사』, 이화여자대학교출판부, 2004, 55면.

가까이 들어가 있고, 특히 명나라 남방위가 엮은 ≪조선고시≫에도 25수가 실려 있다.[21] 특히 당시의 양층언어문학적 상황을 고려하면 오히려 당시 사회적 위상이 국문시가보다 더 높았던 한시를 지으려고 더 노력했을 가능성이 높고, 사대부 남성의 경우가 그러했다. 사대부 남성 이중언어시인의 경우, 국문과 국문시가의 위상이 더 높아진 17세기 이후에야 한시와 시조가 유사한 경우가 많았고, 한시에 노래적 특성을 추구하는 경향도 두드러졌기 때문이다.

  이러한 경향을 악부시적 경향이라고 본다면 한시사에서는 18세기에야 유행한다. 자신의 문집 일부 몇 수가 이런 경향을 띨 수는 있어도 이 시기에 허난설헌처럼 전반적 경향으로서 이러한 작시 현상을 보이는 경우는 드물다. 이전 시대에 고대가요, 소악부, 일부 한시나 향가 한역시 등 우리말노래를 한시에 담는 경향을 면면히 잇는 경우는 한시사 전체적으로 볼 때에는 흔하지 않다. 이전 시대에 없다고 할 수는 없지만 허난설헌처럼 작가 개인의 한시 작시의 전반적 취향을 이렇게까지 보이며 여성의 목소리와 이야기, 그리고 우리말노래를 담는 경향은 이 시기에 드물다.

  그렇다면 당시 국문시가의 위상이 한시에 비해 매우 낮았음을 고려할 때에 허난설헌의 이러한 작시 경향은 이중언어문학에 대한 인식을 보여주는 것이라 할 수 있다. 국문을 주로 사용하는 여성으로서 국어시가를 폄하하거나 감추려들고 고급스러운 한시의 격식대로만 따라 지으려고 하지 않았다. 오히려 국어시가를 한시화하면서, 노래로 향유되는 국어시가를 긍정하고 이를 한시로도 남기고자 한 것으로 보인다. 한시를 잘 못지어서가 아니라 우리말노래를 한시화해서 기록하는 고대가요로부터의 오랜 전통을 이어 허난설헌 당시의 우리말노래를 한시로도 남기고자 했던 것이라고 보인다.[22]

---

[21] 허미자(2007), 앞의 책 ; 나태주(2018), 앞의 책 참조.

당시 여성은 구비문학 위주로 문학을 향유했다. 한시도 기록의 기회보다는 구송으로 향유할 수밖에 없었다. 진서(眞書)인 한문을 여성에게는 잘 가르치지 않고 언문(諺文)만 가르쳤기 때문에, 이런 사회적 분위기 속에[23] 한시를 마음놓고 짓거나 기록하기는 어려웠다. 허균이 중국에 전한 허난설헌의 한시도 구송으로 모두 외워서 전해준 것이라 한다. 허난설헌은 이러한 당시 여성의 문학 향유 방식을 한시에도 접목했다. 기록되기 어려운 국어시가를 한시로 남기고자 한 것이다.

이 점이 공교롭게도 한시와 국어시가의 거리를 좁히고 한시와 국문시가의 상관관계를 높이는 기여를 하게 되었다. 남성의 경우 한시의 구술문학적 지향은 조선후기에 적극적으로 등장하나 허난설헌은 16세기에 이런 특징을 보임으로써 한국문학사의 전개에서 구비문학과 기록문학의 상호관련성을 일찍부터 높이는 역할을 한 것이다. 한시의 격식과 고급문학적 특성을 오히려 편견없이 구술성과 결합시켜 유연하게 한시를 향유하는 모습을 보여주었다. 한시 기준에서는 격하시키는 것으로 보이겠으나 문학사의 전개 방향과 발전 기준에서는 오히려 긍정적인 현상으로서 선구자적 문학 행위가 된 것이다.

2.2. 한시에 나타난 다양한 화자

허난설헌의 한시에서 다양한 화자의 모습이 나타나는 것은 앞 절의 내용

---

[22] 정민, 「한시와 고려가요 4제」, 박노준 편, 『고전시가 엮어 읽기』, 2003, 274-293면 ; 이종묵, 「한시 속에 삽입된 옛 노래」, 박노준 편, 『고전시가 엮어 읽기』, 2003, 399-416면에서는 고려 한시의 내용들이 당시 국어시가일 가능성을 논의하고 있다는 점에서 이러한 시각을 일찍 열어주었는데, 본고에서는 이러한 전통이 그 이전은 물론이고 그 이후에도 지속되었을 것이라 본다.

[23] 여성의 글쓰기와 한시 작시가 부당하다고 보는 조선 후기의 분위기, 특히 홍대용, 박지원, 이덕무, 이수광의 비판적 시각에 대해서는 김현미, 「조선시대, '여성작가' 형상 만들기」, 『이화어문논집』 43, 이화어문학회, 2017, 203-219면 참조.

과도 긴밀하다. 악부시가의 전통에 기반할 경우 일반 사람들의 여러 모습이 등장하는 노래의 특징을 갖는다. 따라서 여러 사람들의 모습을 두루 담을 수 있는 보편성이 높은 것이 사실이다. 여러 사람들이 공유하는 노래의 특성을 활용한 한시라면 다양한 화자의 모습을 담을 수 있는 기회도 더 많아지게 될 것이다.

그런데 이러한 일반적인 현상이 가지는 의미는 동시대 사대부 남성인 이중언어시인과 대비적인 측면이라는 점에서 주목된다. 사대부 남성에게 한시는 사회적 지위와 현실의 모습을 그대로 반영하는 통로였기 때문에 실제 작가와 거의 일치되는 화자의 모습을 보여준다. 정철도 가사에서는 여성 화자를 세우지만 한시에서는 작가의 모습이 그대로 나타난다. 남성 지식인층의 전유물이었던 한시의 위상이 문학적 상상력과 영역에서는 한계가 되었던 것이다. 반면에 국문시가에서는 자유롭게 다양한 화자의 모습을 보여주었다. 한문과 한시는 사대부 남성만의 영역이지만 국문시가는 남녀노소상하 모두가 공유하는 갈래이기 때문에 문학적 자유 또한 용이하게 나타날 수 있는 것이다.

그런데 허난설헌의 한시에서는 사대부 여성으로서의 작가 자신일 것이라고 추정되는 한시는 물론이고, 작가의 모습 그대로를 벗어난 다양한 화자가 등장한다. 여러 처지의 사람들을 제재나 대상화로서 묘사할 분만 아니라[24] '1인칭 화자'가 되어 다양한 인물의 모습으로 등장하기도 한다. 사대부 여성이 아닌 평민 여성의 삶의 모습을 구체화한 뱃사공의 아내[25], 군인의

---

[24] 변방에 출정하는 이를 노래한 <출새곡(出塞曲)>, 성을 쌓는 이들의 한탄을 다룬 <축성원(築城怨)>, 장사꾼과 그 아내의 삶을 다룬 <매객사(賣客詞)> 등을 들 수 있다.

[25] <강남곡(江南曲)>
(一) 江南風日好　綺羅金翠翹　相將採菱去　齊盪木蘭橈.
(二) 人言江南樂　我見江南愁　年年沙浦口　腸斷望歸舟.
(三) 湖裏月初明　采蓮中夜歸　輕橈莫近岸　恐驚鴛鴦飛.

아내[26] 등 다양한 처지의 인물을 화자로 다루고 있다. 앞서 한시에서 국문시가의 특성이 반영되어 구술적 방식이 접목되고 노래를 한시화했다고 하였듯이, 국문시가가 가진 다양한 화자의 모습이 한시에서도 나타나는 것이다. 가난한 여인의 고통을 다룬 <빈녀음(貧女吟)> 등 박애정신을 보여준다고 평가하기도 하는데,[27] 작가정신의 측면에서만이 아니라 문학사적으로도 실제 작가와 화자의 거리가 밀착되지 않는 허구적 화자를 한시에서 다룬다는 점에서 이른 시기에 선구적 모습을 보여준다고 하겠다.

정철은 한시보다는 시조에서 이러한 박애정신을 보여주었다면, 허난설헌은 한시에서 이를 보여주었다. 한시에서도 사대부 남성의 전유물이라는 점에 한정하지 않고 다양한 인생을 다루는 적극적 모습을 보여준 것이다. 또 정철의 <사미인곡>, <속미인곡>은 충신연주지사적 관점에서의 여성 화자를 다루었다면, 허난설헌은 상하남녀가 함께 사용하는 국어로 된 시가에서 인간 생애 그 자체에 대한 인식을 <규원가>를 통해 보여주었다.[28] 한시를 허구적 서사체로 인식했다고 평가되듯이[29], 현실과 밀착된 갈래에서 문학적 상상력의 영역을 확장하는 갈래로 한시의 지경을 넓힌 선구적 모습을 보여준다고 하겠다.

    (四) 生長江南村　少年無別離　那知年十五　嫁與弄潮兒.
    (五) 紅藕作裙衩　白蘋爲雜佩　停丹下渚邊　共待寒潮退.
26 <야야곡(夜夜曲)>
    (一) 蟋蛄切切風騷騷　芙蓉香褪氷輪高　佳人手把金錯刀　挑燈永夜縫征袍.
    (二) 玉漏微微燈耿耿　羅幃寒逼秋宵永　邊衣裁罷剪刀冷　滿窓風動芭蕉影.
27 이정화(2013), 앞의 글, 143-163면.
28 정소연, 「규원가, 조선시대 여성 화자의 고백」, 『한국고전문학작품론』3, 휴머니스트, 2018, 490-499면.
29 강명혜(2015), 앞의 글, 33-61면.

2.3. 한시 창작에 구비문학적 향유 방식 접목

여성의 한시가 이 시대에 이렇게 많이 남기가 어려운 때에 허난설헌의 한시가 200수가 넘기도 하고, 또 기존 시의 특정 시구가 들어가 있는 경우가 적지 않아서 일부가 위작(僞作)이라고 보는 견해가 있는데, 사실 여부를 판단하기가 쉽지는 않다. 여성이 이 시기에 이렇게 많은 한시를 남겼다는 것이 매우 어려운 상황이었다고 보는 연구자의 시선은 18세기 홍대용, 박지원 등 여성의 한시 창작을 부정적으로 바라보는 시선으로 쓴 기록의 일부에서 추정한 것에 불과하기 때문이다.[30] 한편으로, 다른 시인들의 시구와 유사한 것을 들어서 위작으로 보기도 하는데[31] 한시 작시방식에서의 습용과 용사, 점화 등 사대부 남성들의 고급스러운 수용 방식과 달리 대놓고 따라 쓴다는 점에서 일리가 있어 보인다.[32]

그러나 당시 여성들의 문학 향유 방식이 압도적으로 구비문학에 기대고 있다는 점을 고려할 필요가 있다. 구어와 문어가 모두 국어인 여성의 경우,

---

[30] 이에 대한 자세한 내용은 허미자(2007), 앞의 책, 208-220면 참조.

[31] 남재철, 「허난설헌 시문학 텍스트의 몇 국면」, 『민족문학사연구』26, 민족문학사학회·민족문학사연구소, 2004, 140-170면에서는 중국으로 전해지면서의 오류로 본 반면, 허봉의 문집에는 거꾸로 허난설헌의 것이 허봉의 것으로 되었을 가능성이 높다고 보고 있다.

[32] 홍인숙, 「난설헌이라는 '소문'에 접근하기」, 『한국고전여성문학연구』 7, 한국고전여성문학회, 2003, 125-160면에서는 특정 시구가 같더라도 점화를 통해 전체 시상은 달라지고 있다고 보았다. 박현규, 「1597년 허균 선록본 허난설헌 ≪蘭雪詩翰≫ 고찰」, 『한문학논집』 43, 근역한문학회, 2016, 223-248면에서도 시 전체가 거의 똑같이 차용된 것은 표적 의혹이 크지만 부분 차용을 통한 시인 자신만의 새로운 의경을 창출한다는 점에서 무조건 의도적 표절이라고 보기는 어렵다고 보고 있다. 이 점은 같은 상황에서, 곧 여성의 한시 창작이 어려운 여건 속에서 이종문, 「이옥봉의 작품으로 알려진 한시의 작자에 대한 재검토」, 『한국한문학연구』 47, 한국한문학회, 2011, 465-493면에서도 구비전승으로 전해진 이옥봉의 한시에 대해서도 고의적 표절이 아니라 이옥봉이 즐겼던 한시가 이옥봉의 것으로 오해되었을 가능성을 제시하였다.

국문 기록을 통한 문학 향유방식 자체가 위주는 아니었다. 이러한 구술적 향유 방식으로 인해 국문시가는 유사한 시구가 반복되는 경우도 많고, 여러 이본들의 시구가 조금씩 다르기도 하다. 특정 구절만 같고 나머지 시구들이 다양하게 변주를 보이는 변이 양상도 적지 않다. 그래서 한시에 구술적 향유 방식의 이러한 특성이 나타난다고 해서, 단순히 타인의 작품을 베껴 썼다고 하거나, 혹은 제3자의 위작이라고 하기는 어렵다. 독창성을 기준으로 하는 근대적 시각에서는 위작이라고 바로 볼 수도 있겠으나 이 역시 당시 여성이 한시를 향유하는 하나의 방식이라고 할 수 있을 것이다.

본고에서는 이를 구비문학적 향유 방식의 하나로 보고자 한다. 한시도 음송(吟誦), 음영(吟詠)을 하지 않는 것은 아니지만 대부분 기록의 방식으로 전승된다. 따라서 근체시는 같은 시 내에서 동일 한자도 적지 않고자 할 뿐만 아니라 특별한 상황이 아니라면 같은 시구를 여러 시들이 공유하지도 않는다. 화운시나 화답시의 전통이 있다고 해도 운자 정도만 같을 뿐이다. 작시자가 명확하고 기록으로 분명하게 전하기 때문에 이러한 사대부 남성 위주의 한시 작시 경향을 볼 때에 절구 네 구 중에서 특정 한 구가 다른 시인이 작품에서와 같다면 표절이나 위작의 의심을 사지 않을 수 없을 것이다.

그러나 국문시가의 경우 동일한 구절을 공유한 작품을 발견하는 것은 드문 일이 아니다. 특정 구절이나 시행이 같고 나머지가 다른 여러 이본들을 가지고 있는 경우가 적지 않게 보인다. 우리말노래는 기록방식보다는 구두로 전승되면서 더 유연하고 유동적으로 변화를 가지게 된다. 이렇게 구비전승으로 향유하는 방식이 이후 문헌에 기록될 때에 여러 이본들이 존재하게 되는 것이다. 구송으로 향유하면서 향유자가 다양한 방식으로 수정하고 재창작하는 기회가 항상 존재한다.

이러한 방식으로 한시를 향유한다면 허난설헌의 한시와 같이 특정 시구가 다른 시인의 시와 유사하나 의경이 새로워지는 방식의 작품들이 존재할 가능성이 높아진다. 사대부 여성의 경우 한시를 화답하며 기록으로 주고 받을 기회가 많지는 않다. 한시 학습의 기회도 남성과 같이 일반적으로 가질 수는 없을 것이다. 같은 여성끼리도 화답하며 한시를 향유할 기회는 더욱 없다. 이러한 상황에서 한시를 향유하는 한 방식은 구송적 방식으로 혼자 한시를 익히면서 짓는 경험이 대부분일 것이다. 글보다 유동성이 큰 말은 기존의 특정 시구를 읊으면서 이에 대한 감응으로 이후 시구를 자유롭게 지어 붙일 가능성이 높아진다. 따라서 유명시인의 기구나 승구, 혹은 전구나 결구가 같은 작품들은 구송하며 향유하는 여성 한시 창작의 특성이라 할 수 있다.

또한 이 역시 당시 한시를 학습하고 향유하는 하나의 방식으로 볼 수 있다. 패러디나 페스티쉬라는 명칭을 굳이 떠올리지 않아도 문학을, 특히 시를 향유하는 사회에서는 항상 볼 수 있는 현상이다. 점화나 용사와 같이 원래의 시구를 최대한 감추면서 수용하는 것도 하나의 방식이지만, 시구 그대로를 수용해서 그 앞이나 뒤를 전혀 다르게 짓는 것도 또 하나의 작시 방식이라고 할 수 있기 때문이다. 물론 한시를 처음 배우는 초학자들의 학습 방식도 기존 시구를 활용하기도 한다. 또 사대부 남성의 한시라 하더라도 다른 이와 너무 유사한 경우에는 그 가치를 높이 평가받기는 어려웠을 것이다. 그러나 이는 향유층과 상황에 따라 그 시각을 달리 보는 것이 필요하다. 국문시가의 유사한 구절이나 내용이 나타나는 측면을 수준의 문제로 접근하지는 않기 때문이다. 오히려 구술문화가 가진 구술성의 특징이자 공동체의 공유지점으로 보는 것이 더 일반적인 시각이다.

이러한 현상은 19세기에도 지속된다는 것을 <기각한필>이라는 한글로 된 사대부 여성 한시집을 통해서도 볼 수 있다.[33] 원시(原詩)는 슬픈 정서

---

[33] 기각 저, 임치균·부유섭·강문종 공역, 『기각한필: 조선 사대부 여성 기각의 한시집』, 한국학중앙연구원, 2015 ; 부유섭, 강문종, 「기각한필 연구」, 『고전문학연구』

위주였으나 같은 시구를 가져와서 밝은 정서로 바꾸는 등 새로운 의경을 창출하는 방식은 비단 허난설헌만의 것은 아니었다. 특히 기각이라는 여성은 모든 한시의 원문을 국문(國文)으로 음을 적어서 향유하고 있어서 국문과 여성이라는 두 요소가 만나 한시를 향유하는 한 사례를 대표적으로 보여준다. 이렇게 여러 여성 시인들의 한시 향유 모습에서 이를 볼 수 있다는 점은 여성이 당대 한시 향유에 대한 제한적인 상황 속에서 취하는 또 하나의 수용 방식이라고 볼 수 있을 것이다.

이런 이유로 허난설헌은 이른 시기보다 한시에 국어시가의 구술적 특성을 접목하게 된 것으로 보인다. 한시가 고급문학으로서의 위상이 국문시가보다 절대적으로 높을 때는 이러한 현상을 보기 어렵고, 이 점은 남성 양층언어시인들이 잘 보여준다. 그러나 허난설헌은 한시를 잘 못지어서가 아니라 국어로 된 구비문학을 향유하는 주된 담당층으로서 이러한 방식을 긍정하고 그 가치를 인식하여 한시에도 스스럼없이 적용하였다. 고급문학만을 추구하지 않는 용기와 창의성을 보여주었다고 하겠다.

3. 황진이의 한시와 시조의 상관성

황진이는 시조 6수와 한시 7수가 남아 두 갈래의 작품 양이 유사하다. 몇몇 시인을 제외하면 시조 작품수가 6수인 경우가 흔하지는 않아서 황진이의 시조 역시 일찍 주목되었고, 한시와 함께 다루어지기도 하였다. 한시와 시조의 차이점보다는 대부분 유사점에 기반해 논의가 이루어졌다. 황진이의 시조와 한시가 모두 개인의 처지를 벗어나 인생 일반을 다루고 있고,[34] 묘사보다는 비유에 치중하여 있는 점이 두 장르에 모두 공통적이라고 보았

32, 한국고전문학회, 2007, 435-464면.
[34] 성낙희, 「황진이 시조와 한시: 물의 이미지와 관련하여」, 『청파문학』 14, 숙명여자대학교 국어국문학과, 1984, 5-17면.

다.³⁵ 또 고독과 그리움, 만남과 화합이라는 점에서도 공통적 세계라고 읽어 내고 있다.³⁶

황진이는 당시 주류 문학 담당층이 사대부인 점을 고려할 때에 독특한 위치에 있다. 이는 황진이 개인만이 아니라 기녀라는 신분이 가진 특성이기도 하다. 사대부 여성도 사대부 남성에 비한다면 문학의 중심 담당층이 아니지만, 기녀는 더욱 그러하다. 그렇다면 조선시대 여성 문학에 있어 기녀인 황진이가 보여준 양층언어문학의 특성은 어떠한지 더욱 주목된다고 할 것이다. 본고에서는 남성 이중언어시인의 경우를 고려해 황진이의 한시와 시조를 보았을 때 나타나는 특성을 크게 두 가지로 논의하고자 한다. 첫째, 시조를 통해 자유로운 생각을 표현하고 있고, 둘째, 시조는 물론이고 한시에서도 다양한 화자의 모습을 보여준다.

3.1. 자유로운 생각의 표현 통로로서의 시조

사대부 남성 이중언어시인의 경우, 성리학적 사유를 벗어난 다양한 사상을 시조로 표현하는 것은 17세기 신흠이나 윤선도에게서 볼 수 있었고 16세기 시인들은 그렇지가 않았다. 이황과 이이는 물론이고 정철 역시 모두 성리학적 세계관 내에서 시조를 지었다. 그런데 황진이는 이에 반하는 내용을 시조로 보여주고 있어서 주목된다. 특히 도학시조로서의 전형이라 볼 수 있는 이황의 <도산십이곡>의 세계와 정면으로 충돌하는 내용을 담고 있는데, 다음 시조가 그 대표적 사례이다.

青山裏 碧溪水ㅣ야 수이 감을 쟈랑 마라

---

35 김주수, 「황진이 한시와 시조의 비교 연구-수사적 특성을 중심으로」, 『한문학보』 25, 우리한문학회, 2011, 239-263면.
36 정영문, 「황진이의 시세계」, 『동방학』 5, 한서대학교 동양고전연구소, 1999, 181-209면.

一到 滄海ᄒ면 도라오기 어려오니
　　明月이 滿空山ᄒ니 수여 간들 엇더리[37]

　　황진이 시조에서는 유독 물[水]이 많이 나온다. 위 시조에서만 해도 초장의 '벽계수(碧溪水)'와 중장의 '창해(滄海)', 2회 등장한다. 이외에도 '물', '녹수(綠水)' 등으로 황진이 시조에서 물은 중요한 제재이다. 그런데 물은 성리학적으로도 중요한 자연물이다. 이황은 <도산십이곡>에서 "청산은 엇지하여 만고에 푸르르며/ 유수는 엇지하여 주야에 그치지 아니난고/ 우리도 그치지 말자"고 하였다. 이황이 청산과 유수를 중요한 제재로 삼았듯이, 황진이도 그냥 물이 아니라 청산에 있는 물에게 하는 말이다. 그런데 동일한 대상인 물에 대해 이와 정반대로 잠시 쉬어가자고 한다.

　　선행연구에서도 인생 일반에 해당되는 내용이라고 보고 있듯이, 성리학적 사유에 정면으로 반하는 자유로운 사상을 펼친 것으로 볼 수 있다. 성리학자는 쉼없는 정진을 중시하고 자연의 속성 그대로를 존중한다면 황진이는 인력으로 불가한 시도를 한다. 청산 속에 있는 푸른 물은 돌아오기 어렵다는 것을 알지만, 그래서 더욱 쉬었다 가는 인생관을 제시한다. 무언가를 이루는 성취, 성실한 정진만이 미덕이 아니라 다시 돌아올 수 있는 역행과 쉼의 가치도 인정한다.

　　16세기 당시 황진이를 둘러싼 조선이라는 세계는 모두 성리학적 세계관을 중시하고 있을 때였다. 그런데 이러한 가치관과 다른 자신의 생각을 시조로 표현한다. 시대의 가치관을 좇아가기보다 주류사회와 다른 가치관을 스스로 소중하게 생각하고 이를 시조를 통해 이야기하고 있다. 시조를 훈민의 통로나 교훈적 가치를 전하는 갈래로 인식한 사대부 남성과 달리, 특히 이황이 성리학적 세계관을 시조로 추구한 점과 대조적으로 자신의

---

[37] 김천택 편,『청구영언』, 閨秀三人 黃眞 286번, 권순회·이상원·신경숙(2017), 국립한글박물관.

자유로운 세계관을 시조로 나타낸 것이다. 게다가 사대부 남성 이중언어시인들은 시조를 격상하고자 하였는데, 소수문학인으로서 기녀 황진이는 역시 소수의 가치관이라 할 수 있는 내용을 시조를 통해 드러내었다. 시대적 주류를 거스르는 세계관을 표현한다는 것, 그리고 그 통로로 시조가 활용된 점은 한시가 고급문학으로서 더 우위에 있는 시대에 여성, 천민, 시조, 자국어문학의 반전을 보여주는 것이다.

자연의 속성을 역행하고 거스르는 인식을 다음의 시조에서도 볼 수 있다.

冬至ㅅ둘 기나긴 밤을 한허리를 버혀 내여
春風 니불 아레 서리서리 너헛다가
어론 님 오신 날 밤이여든 구뷔구뷔 펴리라[38]

흔히 위 시조를 애정시조의 백미로 평가한다. 님과의 시간이 얼마나 소중하면 시간과 공간을 자르고 붙이려는 불가능한 일까지도 생각할 수 있는가 하고 감탄한다. 이는 곧 모든 것의 가치를 뛰어넘어 절대 우위를 점하는 것이 사랑이라는 것을 말하는 것이기도 하다. 사랑은 자연의 속성을 거스르고자 하는 불가능한 상상력까지도 가능하게 하는 존재라는 것이다. 남녀의 사랑이란 가치를 문학으로 잘 드러내지 않을 때에, 시조로도 아직 이런 내용을 담아낸 적이 없을 때에 황진이는 절대적 가치임을 시조로 표현하고 있는 것이다.

앞서 물이 흐르는 속성인 점을 거스르는 상상력을 보여준 시조에서처럼, 이 시조에서도 시간을 인간이 임의로 자르고 붙이는 역행적 사고를 보여준다. 문학은 현실의 있는 그대로는 아니라서 얼마든지 허구성이 개연성과 공존할 수 있는 장인데, 실제 당시의 문학관은 그렇지 않았다. 그런데 황진이는 무한한 상상력으로 현실의 사랑을 이루고자 시도하는 인식을 드러내

---

[38] 김천택 편, 위의 책, 287번.

시조문학이 무엇을 담아내고 어디까지 가능한지 그 영역을 십분 넓혀서 보여주고 있다.

한편, <청산리 벽계수야~>에서는 비유의 대상과 방식에도 주목할 필요가 있다. 황진이가 종실 사람 벽계수를 대상으로 부른 시조이니[39] 벽계수인 물이 남성 청자이고, 명월이 있는 산이 황진이인 여성 화자라고 보는 것이 일반적이다. 동적인 속성의 물이 남성이고[40] 정적인 속성의 산이 여성이라고 비유했다고 볼 수도 있겠으나, 한편으로는 산이 더 거대한 속성을 가지고 있다는 점에서 전도된 측면이 느껴지기도 한다. 화자가 청자를 향해 거대한 산 속의 작은 물에 불과하다고 본다는 점에서 사회적 위치가 바뀌었기 때문이다. 실제로 중국 여러 민족 중에 사랑을 표현하는 '구애곡(求愛曲)'은 여자가 남자에게 "그대는 큰 산, 나는 거기서 자라는 나무"라고 부르고, 남자는 "나는 바다, 그대는 그 위에 떠 있는 배"라는 노래를 부른다고 한다.[41] 이렇게 일반적인 비유와 반대인 경우가 황진이의 여러 시조에서 발견되는데, 이와 관련하여 다음 시조를 살펴보자.

청산(青山)은 내 쯧이오 록슈(綠水)는 님의 정(情)이
록슈(綠水) 흘너간들 청산(青山)이냐 변(變)홀손가
록슈(綠水)도 청산(青山)을 못니져 우러예어 가는고.[42]

山은 녯 山이로되 물은 녯 물 아니로다
晝夜로 흐르니 녯 물이 〃실쏜야
人傑도 물과 곳도다 가고 아니 오노믹라[43]

---

[39] 장시광(1997), 앞의 글, 407-408면.
[40] 조창환,「황진이·이매창의 시조와 한시」,『인문논총』6, 아주대학교 인문과학연구소, 1995, 93면.
[41] 변종현, 고려조 한시의 융성 동인, 고려조 명가 한시 연구, 경남대학교출판부, 2004, 11-56면, 17면.
[42] 김교헌 편,『대동풍아 권1』, 신연활자본(1908년). 국립중앙도서관 디지털 자료.

<청산은 내 뜻이오~>는 지족선사를 파계시킨 후에 지었다고 알려져 있다. 조세형(1992)[44]의 연구를 대표적 해석으로 수용하여 화자인 '나'를 황진이라고 보는 것이 일반적이다. 그럼에도 불구하고 연구자들 사이에서는 산이 지족선사이고 '나'가 녹수로서 황진이라고 보는 견해들도 없지 않다.[45] 산이라는 거대한 존재를 기녀 황진이로 보고, 흐르는 물을 지족선사라고 보기에는 남녀에 대한 비유로 어색하다고 느낀 탓으로 표면적으로 산을 황진이 자신으로 비유한 것은 매우 특이한 역설적 표현이라고 볼 정도이다.

　　물론 지족선사가 마음을 바꾸었으니 흐르는 변화 양상을 보인다는 점에서 물에 비유하는 것이 알맞고, 황진이는 처음부터 그걸 알고 변함없이 대하고 있으니 변하지 않는 산에 비유하는 것이 상황상 맞다. 굳이 남녀의 문제가 아니라 각 인물의 특성과 정황이 변화 여부에 따른 산과 물의 모습을 각각 맞게 비유한 것이라고 볼 수도 있을 것이다. 그러나 굳이 자연물을 가져와서 비유하면서 하필 산과 물을 각각 여성인 황진이 자신과 남성인 지족선사로 비유했다는 것은 그 의도 자체가 연구자들을 혼동하게 할 정도로 전복적인 것이 사실이다.

　　이러한 점은 그 아래 작품인 <산은 녯산이로되~>에서도 나타난다. 이 시조는 서경덕의 죽음을 애도한 것으로 알려져 있다. 이 역시 정황상 세상과 결별한 서경덕이 흘러서 가고 없는 물의 속성에 더 알맞고, 여전히 남아있는 황진이 자신은 변함없는 우직한 산의 속성에 더 맞으므로 비유한

43　김수장 편, 『해동가요 박씨본』 名妓八人 眞伊 260번.
44　조세형, 「<동짓달 기나긴 밤...>의 시공 인식」, 『한국고전시가작품론』 2, 집문당, 1992, 493-504면.
45　성낙희(1984), 앞의 글에서도 역설적으로 바꾸어 표현했다고 보고, 이남희, 「여류고시조연구」, 영남대학교 석사학위논문, 1983 ; 양진국, 「기녀시조연구」, 경산대학교 석사학위논문, 1998 ; 임주탁, 「이야기 문맥을 고려한 황진이 시조의 새로운 해석」, 『우리말글』 38, 우리말글학회, 2006, 199-228면도 그러하다.

것일 수 있다. 그러나 앞의 여러 시조에서 본 것처럼 여전히 항상 산은 여성인 황진이 자신이고, 물은 늘 남성인 대상이라는 점은 이러한 비유방식을 굳이 고집하는 시인의 의도라 하지 않을 수 없을 것이다. 일화가 분명한 배경을 가지고 있어서 시인과 화자의 거리가 밀착되게 여겨진다는 점을 감안한다면 일반적인 남녀에 대한 사회적 인식, 그리고 상하층에 대한 사회적 시선을 굳이 거슬러서 표현하는 황진이의 자유로운 인식과 비유방식, 그리고 시적 표현에 주목할 수 있을 것이다.

3.2. 한시와 시조의 다양한 화자

전술한 것처럼, 사대부 남성의 경우 한시는 실제 작가와 밀착되어 있는 반면에 국문시가에서는 이보다는 더 다양한 화자를 내세우고 있고, 이 점은 17세기 이후 더 강화된다. 반면 허난설헌은 16세기에 이를 적극적으로 보여주었다고 하였는데, 황진이도 그러하다. 특히 한시만이 아니라 시조에서도 다양한 화자의 모습이 나타나 시인이 처한 사회적 상황과 화자의 모습이 다르고 둘 간의 거리가 가깝다고 보기 어려운 특징들이 보인다. 황진이의 전기적 사실이 명확하게 알려진 것은 아니지만 16세기 당시 여성이 처한 사회적 지위나 입장을 고려할 때에, 특히 사대부 남성에 비해 천민 신분이라는 기녀의 처지를 생각해볼 때에 이러한 상식적 상황을 벗어난 화자의 모습이 눈에 띈다. 이와 관련하여 다음 작품을 보자.

〈詠半月〉[46]
誰斲崑山玉　裁成織女梳　牽牛離別後　愁擲碧空虛
누가 곤륜산의 옥을 찍어
직녀의 빗을 만들었는가.

---

[46] 이하 황진이의 한시는 김지용 역, 『역대여류한시문선』, 대양서적, 1973을 참고한다.

견우와 이별한 후
시름겨워 푸른 하늘에 던졌구나.

한시 <영반월(詠半月)>은 이별한 여성 화자의 상심한 심정을 표현했다고 볼 수 있다. 그러나 그 소중한 옥빗을 공중에 던져버릴 정도의 패기와 의연함은 오히려 상심이 아니라 이러한 인연을 훌훌 털어낼 수도 있는 새로운 여성의 모습을 보여준다. 기다리고 슬퍼하는 일반적인 서정 시가의 여성 화자의 모습이 아니다. 조선시대에 여성의 모습으로 일반적으로 규정되는 바인 남성과의 관계에서 한없이 인내하고 기다리는 여성상이 아니라 남성과의 관계에서 빗으로 상징되는 여성성을 버릴 수 있는 한 사람, 인간으로서의 단독자의 모습을 의연히 보여주는 것이라 할 수 있다.[47]

이러한 모습을 잘 보여주는 또 다른 한시가 바로 <별김경원(別金慶元)>[48] 이다. 수동적인 여성의 모습을 벗어나서 도리어 남성의 변덕스러울 수 있는 마음을 꼬집고 지적하고 있다. 물론 기녀라는 점에서, 또 황진이의 일화에서 전해지는 황진이라는 인물의 성품을 고려할 때에 이러한 적극적이고 날카로운 지적을 할 수 있다고 볼 수 있는 측면도 있을 것이다. 그러나 이를 작품화하고, 특히 사대부 남성의 영역이라고 여기는 한시라는 갈래를 통해서 이러한 당시 여성의 모습과 상반되는 모습을 담고 있다는 점에서 그 의미가 크다. 한시에서는 사대부 남성이 보통 생각하거나 당시 보여지는

---

[47] 이 한시의 해석에 있어서 노인숙, 「황진이 한시 연구」, 『청람어문교육』 23권, 청람어문교육학회, 2001, 225-242면에서는 버려진 여성의 원망과 시름이라 보았으나 김태봉, 「황진이 한시와 중국시의 비교 연구」, 『중국학보』 75, 한국중국학회, 2016, 221-247면에서는 속박을 거부하는 풍류의식과 재치라고 보고 있다.

[48] <別金慶元> 三世金緣成燕尾 此中生死兩心知 楊州芳約吾無負 恐子還如杜牧之
삼세의 소중한 인연으로 좋은 짝이 되었으니
이중에 살거나 죽거나 서로가 마음을 알리라.
양주의 꽃다운 약속을 나는 어기지 않으나
두려워라 당신이 도리어 두목지 같이 될까봐.

여성의 모습을 담는 것이 일반적이다. 그런데 여성작인 이 한시에서는 이와 상반되는 여성의 모습을 그리고 있기 때문에 한시를 통해 기존의 사대부 남성의 한시에서 잘 다루지 않는 여성 화자를 볼 수 있게 되었다.

이번에는 시조를 보자.

> 어져 내 일이야 그릴 줄을 모로ᄃᆞ냐.
> 이시라 ᄒᆞ더면 가랴마ᄂᆞᆫ 제 구틔야
> 보내고 그리ᄂᆞᆫ 情은 나도 몰라 ᄒᆞ노라.[49]

이 시조에서 과연 황진이가 누군가에게 이러한 내용의 연모의 정을 드러낼 일이 있었겠냐고도 보고 이 시조를 황진이의 것이 아니라고 제외하는 입장도 있다.[50] 문학이 원래 작가와 화자인 페르소나가 일치하지 않는 것이 당연하지만 16세기에 이러한 경향이 나타나기 어렵다고 여겨서인지 이러한 논의를 진행했던 것으로 보인다. 그러나 황진이의 경우 이른 시기부터 이러한 문학의 페르소나를 활용하고 문학의 가능역을 넓혔다는 점에서 더욱 시인과 화자를 일치되게 보는 관점이 지양될 필요가 있다. 한시에서도 위 시조의 내용을 다루기도 했기 때문에[51] 시인과 다른 화자의 모습을 표현했다는 점에서 오히려 작가가 자기 처지와 다른 인물을 구현해냈다고 할 것이다.

이러한 황진이의 한시는 자기 밀착적 고백의 통로라는 당시 남성 양층언

---

[49] 김천택 편, 앞의 책, 6번.
[50] 임주탁(2006), 앞의 글.
[51] <상사몽(想思夢)> 相思相見只憑夢 儂訪歡時歡訪儂 願使遙遙他夜夢 一時同作路中逢
그리워 서로 바라보지만 다만 꿈속이라
내가 기쁘게 그대를 찾을 때 그대도 나를 기쁘게 찾네.
원컨대 다른 밤 꿈속에서도
같은 때에 함께 만나게 되기를.

어시인의 한시의 범주를 벗어나서 다양한 화자의 처지를 다루고 있어 화자와 시인이 거의 밀착된 한시의 화자의 가능역을 더 다양하게 넓힌 의의가 있다. 선행연구에서도 황진이의 한시가 여성에 한정되지 않는 선비로서의 풍류의식[52]이라고 보거나 여성적 정조에 머물지 않고 객관적 세계에까지 확대시켰다[53]고 보았고, 시조에 대해서도 마찬가지로 인간론 일반으로 확장하는 시세계를 보여준다고 보고 있다.[54] 또 양희철(2012)[55]에서는 황진이 시조가 중의적 표현으로 다양한 인물을 지칭하고 있다고 해석하고 있다.

지금까지 살펴본 바, 황진이의 시조와 한시는 작품수가 많지는 않지만 그 안에서도 당시 한시나 시조에서 보여지는 여성 화자의 모습과 다른 다양한 처지의 화자를 볼 수 있었다. 이 점은 허난설헌도 마찬가지로서, 모두 자기 시대의 한시나 국문시가의 모습과 달리 다양한 처지의 화자를 보여주고 있다고 할 것이다.

4. 16세기 여성의 양층언어문학적 관점과 문식성

지금까지 16세기 사대부 여성과 기녀의 양층언어문학이 가진 특성과 시대적 의미가 무엇인지, 구어와 문어, 한문과 국문이라는 언어의 양층적 특성이 여성과 남성이라는 사회적인 양층의 위상을 고려해 가지는 대비점이 무엇인지 논의하였다. 허난설헌과 황진이 모두 한시와 국문시가를 지었

---

[52] 김태봉(2016), 앞의 글.
[53] 문흥구, 「황진이의 시문학 세계 연구」, 『돈암어문학』 12, 돈암어문학회, 1999, 269-289면.
[54] 이에 대해서는 김일렬, 「시조에 나타난 시간의식-황진이, 이황, 이현보의 작품을 대상으로」, 『백영정병욱 선생 환갑기념논총』, 신구문화사, 1982 ; 이화영, 「황진이 시조에 나타나는 의지의 문제-인간의 신뢰성 회복의 지향-」, 『어문연구』 25(1), 한국어문교육연구회, 1997, 78-92면 참조.
[55] 양희철, 「황진이의 시조 <어져 내일이야...>의 연구」, 『배달말』 50, 배달말학회, 2012, 223-254면.

지만, 허난설헌은 한시 작품이 월등히 많고 당대 사대부 남성 이중언어시인에 비해 한시에서 더 두드러진 차이를 보여 이를 집중적으로 살폈고, 황진이는 한시와 시조의 비슷한 분량 속에서 양쪽 모두 당시 이중언어시인과 다른 차이점이 두드러진 것을 보았다.

여기서는 허난설헌과 황진이가 보여준 양층언어문학적 특성을 문식성의 문제에서 살펴보고자 한다. 본서에서 주력해 다루는 사대부 남성 작가들에 비해 허난설헌과 황진이는 여성 시인으로서, 특히 한시와 국문시가를 모두 향유하여 작품이 남아있는 드문 경우에 속한다. 이런 점에서 두 시인의 특성은 현대에까지 적용할 수 있는 양층언어의 문제, 나아가 구어와 문어 문학만이 아니라 디지털 문학의 문제까지 그 상호 관련성을 고민할 수 있는 시사점을 크게 준다고 여겨 이에 대해서 본장에서는 주력해서 논의하고자 한다. 특히 공식적인 교육의 대상이 되지 못했던 대상이라는 점에서 현대의 관점에서 고급문학과 그런 대접을 받지 못하는 문학의 관계, 그리고 그 향유층에 대해 생각해볼 수 있는 기회를 제공한다고 여겨 이를 생각해보고자 한다.

문식성은 종이에 쓰인 글에 대한 것으로만 한정되지 않는다. 문학이 기록 문학만 대상으로 하는 것이 아닌 것과 같은 이치이다. 요즘은 디지털 문학 등 디지털 문식성이 등장하고 동영상, 각종 기호 등 복합 문식성까지 요구되는 시대이다.

그러나 시대적 화두로 떠오른 디지털 문식성이나 복합 문식성은 교육의 장에서는 상대적으로 적극적으로는 다루어지지 않는다. 디지털 매체의 문식성은 종이 매체의 문식성보다는 하위의 것으로 인식하므로 적극적으로 교육의 내용이나 대상으로 삼지 않는다. 이는 중세 양층언어문학에서 보았듯이 언어 사용의 상하의 위계성과도 연결되는 지점이다. 근간의 연구들은 문식성 교육의 쟁점을 주류 세력만이 아니라 취약 계층 등의 문화나 언어의 위계성과 소통 방식까지도 주목하고 비판적 능력 신장에까지 주목하고

있다.[56]

언어의 기본 기능을 의사소통이라고 보고 국어 교육을 의사소통 교육이라고 하지만, 언어 사용의 근본적 속성을 권력의 문제, 명령의 이행과 수단이라고 보는 관점도 존재한다.[57] 단지 읽고 쓸 수 있는 능력이 문식성이 아니라, 특정 사회 그룹 속에서 구성원이 어떻게 신호를 받는지, 곧 문자, 행동, 가치, 신념 등을 읽어내고, 다양한 양식의 글을 통해 어떻게 의미가 주어지고 나누어지는 것을 허용하는지, 이들 간의 상호 관련성은 무엇인지 읽어낼 수 있어야 한다.[58] 사회적 언어와 텍스트 속에서 형성된 담론이 어떻게 '인간 위계'와 밀접하게 이루어지고 획득되고 있는지, '사회적 실행과 갈등' 속에서 텍스트의 기능과 의미가 어떻게 이루어지고 있는지 그 역동성을 읽어내는 능력이 문식성이다.[59] 그리고 이는 국어교육에서 지향하는 비판적, 창의적 역량이기도 하다.[60] 이런 관점에서 두 가지의 시사점

---

56 이에 대한 자세한 논의는 윤여탁, 「다중언어문화 한국어 학습자의 문식성 교육」, 『다중언어문화 학습자의 정체성과 문식성 교육』 국제학술회의 자료집, 서울대학교 국어교육연구소, 2018, 211-229면 참조.
57 김승숙, 『들뢰즈와 문학』, 동문선, 2006, 155-188면.
58 Nell K. Duke, Marla H. Mallette eds., Literacy Research Methodologies(2nd), New York: The Guilford Press, 2011, pp.72-3.
59 Nell K. Duke(2011), 위의 책, p.96.
60 2015 국어과 교육과정. "학습자는 '국어'의 학습을 통해 '국어'가 추구하는 역량인 비판적·창의적 사고 역량, 자료·정보 활용 역량, 의사소통 역량, 공동체·대인 관계 역량, 문화 향유 역량, 자기 성찰·계발 역량을 기를 수 있다.
'국어'에서 추구하는 비판적·창의적 사고 역량은 다양한 상황이나 자료, 담화, 글을 주체적인 관점에서 해석하고 평가하여 새롭고 독창적인 의미를 부여하거나 만드는 능력이고, 자료·정보 활용 역량은 필요한 자료나 정보를 수집, 분석, 평가하고 이를 효과적으로 활용하여 의사를 결정하거나 문제를 해결하는 능력이다. 의사소통 역량은 음성 언어, 문자 언어, 기호와 매체 등을 활용하여 생각과 느낌, 경험을 표현하거나 이해하면서 의미를 구성하고 자아와 타인, 세계의 관계를 점검·조정하는 능력이며, 공동체·대인 관계 역량은 공동체의 가치와 공동체 구성원의 다양성을 존중하고 상호 협력하며 관계를 맺고 갈등을 조정하는 능력이다.

을 얻을 수 있다.

첫째, 고전문학에 대한 문식성도 새롭게 접근될 필요가 있다. 오랫동안 한문과 국문이 공존하며 상하남녀의 위계성을 가진 고전문학의 세계를 읽는 문식성 역시 양층언어문학적 관점에서 접근이 될 때에 용이한 점이 많다. 일례로, 국문(國文)의 창시 동기가 훈민(訓民)이라는 목적에 있었던 반면, 한문은 지식층, 특히 사대부 남성의 전유물이었고 한문을 익히고 과거를 보는 대상은 매우 한정된 사람들이었다. 사대부 남성은 양적인 수로는 적지만 주류 문학을 형성하고 있었다. 수적으로 다수인 여성과 백성은 오히려 당시 소수문학에 속한 시대였다. 그러나 본고를 통해 소수문학이 양층언어문학성의 한계 속에서 어떻게 새로운 시대를 선도하는 선구적 가치를 보여주었는지 읽어낼 수 있었다.

흔히 소수문학이라고 할 때에 수적인 소수만이 아니라 그 저항적 가치관을 중시한다.[61] 그래서 카프카 같은 이중언어 사용자의 문학은 제3의 언어와 문학을 짓는다는 것만이 아니라 그 속에서 말하고자 하는 새로운 가치관에 주목한다. 이런 점에서 소수자인 기녀가 소수문학인 기녀문학을 한다는 자체가 수복되는 시점이 아니라 당시의 주류적 가치관을 억행히는 자유로운 생각과 상상력을 담아낸다는 점이 주목될 필요가 있다. 황진이의 시조가 가진 저항과 전복의 측면을 양층언어문학에 대한 문식성으로 연관지어 이황의 시조와 비교해서 접근할 수 있을 것이다. 이 점이 우리말로 당시 애정

그리고 문화 향유 역량은 국어로 형성·계승되는 다양한 문화를 이해하고 그 아름다움과 가치를 내면화하여 수준 높은 문화를 향유·생산하는 능력이며, 자기 성찰·계발 역량은 삶의 가치와 의미를 끊임없이 반성하고 탐색하며 변화하는 사회에서 필요한 재능과 자질을 계발하고 관리하는 능력이다. 이들 역량은 미래 사회에서 필요한 핵심적인 능력 요소로서, '국어'는 이를 신장하기 위해 의미 있는 목표를 설정하고 적정한 성취기준 및 효과적인 교수·학습과 평가의 방향을 체계적으로 제시하였다."

61 김승숙(2006), 앞의 책.

의 문제를 시조화했다는 점, 기녀 시조의 세계를 보여준다는 점 외에도 황진이의 시조가 보여주는 양층언어사회에서의 소수문학으로서의 가치라고 할 것이고, 이러한 관점에서 고전문학 문식성 교육에 대한 새로운 접근이 시도될 수 있을 것이다.

둘째, 국문과 한문, 구어와 문어, 여성과 남성이 가지는 상하의 양층언어적 관계가 현재는 사라지고 국문 전용 사회로 바뀐 점은 현대의 언어 사용과 문식성의 양상을 해명하고 이해하는 데에도 그 원리가 적용된다. 외형은 한시와 시조의 문제이고 여성과 남성 문학의 문제처럼 보이지만, 조선시대나 현대나 문식성의 문제는 본질적인 측면에서 다르지 않다. 조선시대에 국문은 구어의 기록수단이었지만 이제는 한문 대신 전용 기록매체로서 특정인이 아닌 모두의 언어 매체가 되었다. 과거 한문과 국문이 가진 위상이 국문 내에서 구어와 문어의 관계로 바뀐 점이나, 구어가 혼합된 디지털 언어문화와 새로운 양층언어적 관계를 이루고 있는 점을 인식하는 데에 그 유사성에 기반한 이해의 지평을 열어줄 수 있다.

과거에 비해 문어와 구어가 모두 국문을 사용하여 둘 간의 거리가 더 가까워진 것은 사실이지만, 문어에 비해 구어를 상대적으로 더 비격식적이고 낮은 지위로 생각하는 것은 여전하다. 과거와 같이 한문과 한글이라는 두 종류의 언어가 아니라고 해도 같은 국문을 사용하는 한 언어 속에서도 문어는 구어보다 더 격식있고 고급스럽게 인식된다. 또 학습자들이 학교에서 배우는 교과서나 교육과정 상에서 접하는 여러 자료들의 언어 문화에 비해 이들이 일상에서 사용하는 구어문화, 특히 디지털 상의 언어문화를 보면 구어체의 특성이 훨씬 더 강하고 격식있는 언어사용 양상과 거리가 멀다고 평가된다.

이렇게 굳이 서로 다른 두 언어의 관계가 아니라도 해도 언어 사용자들과 문화에 따라 더 고급스럽게 여겨지거나 그 반대로 인식되는 상위어와 하위어의 관계는 존재한다. 문어와 구어, 교육현장에서의 교육적 언어와 디지털 공간에서의 청소년의 언어에 대한 사용자의 인식과 사회적 위상이 대등하지 않다는 점에서 양층언어현상은 지금도 지속되고 있다. 이러한 본질적 측면에 주목하도록 지금의 양층언어성을 새롭게 찾고 적용하는 응용력을 길러주고, 이를 통해 우리 시대의 언어문화를 읽어내는 문식력을 신장하도록 교육적 접근이 가능할 것이다.

현대는 남녀에 따른 양층언어성은 존재하지 않지만, 기성세대와 청소년이라는 노소(老少)에 따른 양층언어성이 존재한다. 모두 일상 구어를 공유하면서도 기성세대는 기록문화를 선호하며 우위로 여기고, 청소년은 디지털문화를 더 선호한다. 디지털문화 속에는 문어성과 구어성이 공존하는데, 이런 점에서 현대 학습자는 이미 문어와 구어의 두 특성을 넘나들며 적극적으로 사용하고 있다. 또 일상에서 청소년들이 즐기는 대중가요와 학교에서 배우는 시는 역시 구술문학과 기록문학으로서 구어성과 문어성에 기반한 양층언어문화의 관계 속에 있다. 그러므로 동시대에 공존하는 양층언어문화를 모두 인정하고 다루어 각 특성을 잘 알고 적절하게 사용하는 능력을 길러줄 필요가 있다.[62] 한문과 국문이 공존하지만 한문이 주류이며 한문학만 교육했던 시대는 이제 존재하지 않듯이, 학습자를 기록문화와 고급문화 기준으로 문식성 교육을 시키기보다는 혼용을 통해 얻고자 하는 효과와 사용감을 발견하고 긍정하며 유연한 문식성 교육이 이루어져야 한다.

청소년의 디지털 문식성 신장에 대한 교육적 관심은 그 이면에 남성/한문/고급문학이라는 요소와 대비되는 여성/국문/일상구어문학이 가지는 의의와 의미에 주목하는 시각과 같은 뿌리이다. 전자가 현대에는 찾아보기 힘든 현상이 되었듯이, 청소년 학습자가 매일 접하고 쓰고 읽는 디지털 문화에

---

[62] 이와 관련한 시각을 디지털 게임서사에 주목한 다음의 논의에서 볼 수 있다. 정소연, 「서사 향유 현상으로서의 고전소설과 온라인게임의 문학사적 의미」, 『문학교육학』 46, 한국문학교육학회, 2015, 27-52면.

대해 위계적 열등감을 느끼게 하기보다 디지털 문식성에 대해 적극적 관심과 교육에의 노력을 기울이는 것은 다음 시대의 준비가 될 것이다. 또한 더 공정하고 나은 사회를 위해 국어교육이 할 수 있는 사회적 역할이기도 하다.[63]

이런 점에서 지금까지 논의한 두 가지 측면을 함께 고려해 현대 구어와 문어, 구술문화와 문자문화, 종이문화와 디지털문화 등의 양층언어성을 고려한 문식성 교육이 필요하다. 한시와 국문시가가 보여준 양층언어문학성처럼, 문자문화 속에서 구술문화를 배척하거나 구술성을 배제하면서 기록성 위주로 문식성 교육이 이루어지기보다 각 특성의 장단을 알고 대등하게 인식하며 활용하는 교육이 필요하다. 기록문학의 권위와 고급화 지향으로 격차를 내기보다는 언어문화의 대등함과 자유를 통해 언어사용의 더 본질적 차원에 주목해야 할 필요가 있다.

또한 문식성 문제의 본질에 주목하면 고전문학에 접근하는 방식이 달라질 수 있고 고전 문식성 역시 현대의 문식성 신장의 문제로 다루어질 수 있다. 노래의 한시화와 다양한 페르소나를 보여주는 허난설헌의 한시는 당대 양층언어 문식성을 잘 혼용하면서 다음 시대의 주류를 앞서 보여준 소수문학이었다. 또 디지털의 유동성과 기록성, 구술성과 문자성의 결합을 허난설헌의 한시 향유 방식이 이미 보여주고 있다는 점을 찾을 수 있을 것이다. 이와 같이 청소년의 디지털 문학이나 디지털 언어 사용에 대한 주목은 현재는 소수와 비주류, 하위의 문화로 인식되지만 문식성 교육에 있어서 반드시 다루어야 할 지점이고, 고전과 현대 모두의 문화를 읽는 문식성 신장의 문제로 연결된다.

16세기 여성의 양층언어문학이 보여주는 바, 이들이 한문에 적극적 관심

---

[63] J. Elspeth Stuckey, The Violence of Literacy, Heinemann Educational Books, 1992, pp.97-8.

을 가지지 않고 한글과 국문문학에만 관심을 두었다면 어땠을까? 조선시대 여성은 왜 한문과 한시 공부에도 적극적이었을까? 조선시대 여성은 한문 문식성을 거부하지 않았다. 배제하려는 문화 담론 속에서 이를 적극적으로 추구하되, 새로운 내용과 방식으로 추구하였다. 중세 여성 한시는 많이 남아있지 않고, 이런 상황에서 여성의 한시 창작이 가지는 의미는 소수자이지만 문학에 대한 더 적극적인 시도와 목소리 표출을 보여주는 것이다. 근대 민주주의의 이른 운동이라 해도 과언이 아닐 것이다.

지금은 학습자가 당시 여성의 그 모습을 보여주는 것처럼 보인다. 한자와 고어를 거부하고, 문어에 기반하지만 구어성을 적극 활용한 디지털 문화의 성을 더 견고히 구축하고 있는 중이다. 쉽고 재미있는 문화 속에서 학교 교육의 내용은 청소년의 일상과 거리감이 크다. 특히 고전 문식성에 대한 거부감은 더 크다. 그러나 고전 문식성의 문제는 세대 단절만이 아니라 지적 권력, 지식으로부터의 단절과 배제로 연결될 수 있다.

따라서 본론에서 상론한 바, 당대 여성의 양층언어문학에 대한 접근을 통해 청소년의 디지털 문화를 긍정하고 같은 기준에서 대등하게 다룬다면 고전에 대한 시각과 흥미도 새로워질 수 있을 것이다. 일례로 시조의 위상을 높이면서 한시와 시조가 모두 성정을 표현한다는 점에서 긍정하는 시가동도론(詩歌同道論)이 조선후기에 대두된 것처럼[64] 기존의 문학과 디지털 문학의 공통점을 추출하고 긍정하는 기반을 마련할 필요가 있다. 구어와 문어, 그리고 디지털언어의 특성을 대등한 관점에서 인식하고 문식성을 신장한다는 것은 다중언어문화사회에 필요한 태도의 신장에도 기여하리라 생각한다.[65]

---

[64] 김풍기, 「언어의 위계화와 새로운 언어 권력의 탄생」, 『용봉인문논총』 46, 전남대 인문학연구소, 2015, 65-91면.
[65] 다중언어사회란 단지 종류가 다양한 언어의 공존만이 아니라 구어나 문어, 디지털언어 등 특정 언어 사용 방식에 어느 정도 기대고 있는가의 차이가 현격한

기실 고전문학의 전개는 주류에 대한 소수 문학의 문식성의 신장과 확대의 과정이라고 해도 과언이 아니다. 여성이 구술적 방식으로 한시를 향유하되 한시를 순국문으로만 음독해서 기록하고, 한시의 특정 구절을 가져와 자기만의 한시를 새롭게 구축하듯이[66] 텍스트에 대한 반응으로서의 재생산의 기회를 가질 수 있도록[67] 디지털 문화를 활용하고, 그에 익숙한 청소년들만의 방식으로 재창작할 수 있는 방안이 모색될 필요가 있다. 이를 통해 학습자가 비판적으로 자기 삶에 적용하는 상황화(sitz im leben)와 자기화를 이룰 수 있는 생산 능력의 신장을 도모할 수 있을 것이다. 특히 청소년이 자신만의 언어로 수용한 것을 표현하는 것은 중요한 문식성 교육의 지점이다. 고전이 교과서 집필자들이나 전문 번역자들에 의해 현대역이 되었다고 해도 학습자의 언어로 다시 내면화하여 자기 세대의 문화와 언어로 바꾸어 쓰여지고 이해될 필요가 있다.

사회의 공존을 의미하는 것으로도 접근할 수 있다. 일례로 세계의 70% 이상이 구어나 구술-시각(oral-visual) 기반의 문화라는 점은 전세계를 염두한 언어교육이라는 측면에서 본다면 현재 한국의 문식성 교육 내용의 다변화를 요구한다. Orality is a critical topic in global mission today. 5.7 billion people in the world are oral preference learners. 70% to 80% of the world does not depend on textual transmission; they depend on aural, or oral-visual, means to receive, process, remember, and pass on information. Samuel E. Chiang and Grant Lovejoy eds(2013), Beyond Literate Western Models: Contextualizing Theological Education in Oral Contexts, Hong Kong: International Orality Network, p.14 ; https://www.lausanne.org/networks/issues/orality(2018/10/15)

[66] 전술한 <기각한필>이 좋은 사례이다. 249수 중에서 40여 수가 역대 명시 한 구를 제목으로 삼아 새로운 의경을 창출하고 있고, 기존 5언시에 2언씩 더하여 7언시로 바꾸기도 한다.

[67] Susan R. Goldman, Jennifer Wiley, "Discourse Analysis: written text", Nell K. Duke(2011), 앞의 책, pp.115-122.

5. 결론

본장에서는 중세의 주류 문학인 사대부 남성의 문학 활동 속에서 여성의 한시와 국문시가의 문학 활동은 어떤 특징이 있는지 16세기 허난설헌과 황진이를 중심으로 그 양층언어문학성에 기반하여 양상을 살펴보고, 이를 통해 현대 문식성 교육에 시사하는 바가 무엇인지 살펴보았다.

2.에서는 허난설헌의 한시와 국문시가를 다루면서 우리말노래의 특성을 적극 활용한 한시 향유방식이 조선후기 사대부 남성의 양상보다 앞선 경향을 보이면서 여성으로서 취할 수 있는 소수문학으로서의 의미가 시대적 선구자의 모습을 보여주어 여성 한시에서 더 나아가 한시의 민족어문학화로서 자국어문학의 새로운 지평을 열어준 점을 조명하였다. 3.에서는 황진이의 시조가 동시대 성리학자인 사대부 남성의 시조와 반대되는 사상을 표출하며 소수문학으로서 가질 수 있는 저항과 전복의 새로운 가치관을 펼치는 통로로 활용된 점을 살펴보았다. 4.에서는 현대의 문식성과 문학의 양층언어성에 적용가능한 시사점에 대해 살펴보았다. 이제 결론에서는 지금까지 논의한 바가 의미하는 몇 가지 더 추가적인 지점을 정리하고 논의를 맺고자 한다.

첫째, 허난설헌과 황진이가 보여준 한시와 국문시가의 상관성은 이중언어문화, 특히 양층언어문화 속에서 어떻게 언어 선택과 장르 간의 경쟁과 보완이 문학의 흐름을 이루고 있는지 살펴봄으로써 이 시대의 다중언어문화 속에서 어떤 선택과 문학적 활동을 할 것인가 고민하는 기회를 제공한다. 한자와 국문이라는 매체의 차이가 해당 언어의 사용자층을 염두한 것이라는 점은 굳이 문학 활동이 아니라도 언어생활에 있어서도 이를 적용할 수 있다. 구어와 문어의 선택과 사용이나 또래집단과 가정에서, 또 선생님과의 관계 등 서로 다른 언중 간 언어 사용의 선택에 대한 이해를 넓혀줄 수 있다.

디지털성으로 인해 구어 사용이 일반화되어 문어 사용이 필요한 상황에서도 학습자들이 구어적 표현을 많이 사용하게 된다. 학습 글쓰기에서도 이러한 특성이 나타나 적절한 장르와 상황에서 구어와 문어의 선택이 왜 필요하고 어떻게 해야 하는지에 대한 인식을 제공해준다. 또한 시조의 일상 구어적 특성이 한시의 문어와 대비된다는 측면은 학습자가 일상 구어, 화법 영역이 문학과도 연계되면서 멀게 느끼는 고전시가를 더 가까이 느끼게 하는 계기가 될 수 있다. 그간 시문학으로서 접근한 시조와 같은 우리말노래의 구술성에 주목함으로써 대중가요와 연계하면서 학습자 자신과 더 가까운 거리의 장르라는 것을 상기시킬 수 있을 것이다.

무엇보다, 과거에 한문이 기능한 역할과 국어가 기능한 역할이 현대에는 국어가 모두 그 역할을 어떻게 수행하고 있는지, 언어 사용에 대한 메타적 고민을 던져줄 수 있다. 한문이 중세 공용어로 기능했다면 지금의 국어는 그 기능을 하지는 않는다. 또 국어에 한자어가 70%인 것은 한문의 장점과 기능을 음성언어였던 국어가 어느 정도 취한 것은 아닌가에 대해서도 생각해볼 수 있을 것이다. 뿐만 아니라 언어교육으로서의 문학교육의 의미를 더해준다. 문학도 국어교육의 한 부분으로서 존재하므로 언어의 차이가 문학에 어떤 변화를 가져오는가를 성찰할 수 있는 기회를 제공해줄 수 있다.

둘째, 한시와 국문시가에 대한 현대 독자의 대비적 거리감은 시공간적 거리감, 혹은 한자와 국문이라는 언어의 차이라는 오해를 풀 수 있다. 한시보다 시조가 그나마 가까이 여겨지는 것은 현대 독자에게 한시보다 더 가까운 시대의 산물이라서가 아니라 음성언어와 문자언어의 차이라는 점도 작용한다는 점을 제시할 필요가 있다. 그간 문학 교육에서 다루었던 사대부 남성의 한시가 아니라 여성 한시를 적극 다루되 허난설헌의 사례와 같이 우리말노래와 긴밀한 관련이 있는 한시를 다룸으로써 학습자와 한시의 거리감이 새롭게 조정될 가능성이 있다.

셋째, 다중언어문화시대에 특히 한국 내 가장 많이 와있는 중국인들과의 접점을 제공한다. 국문시가만의 강조는 중국인들과 차이를 부각시키지만 한시는 동아시아의 공통된 배경을 환기시킨다. 학습자에게도 시조 작가의 한시를 함께 학습하는 것이 한시에 대한 거부감과 생소함을 줄일 수 있고 더 친근감을 갖게 하며 이는 나아가 한자문화권 내의 다중언어문화에 대한 인식의 기반을 넓혀준다.

넷째, 양층언어시인의 세계관과 장르관은 이후 해당 시인의 새로운 많은 시편을 접할 때에도 어느 정도 작품 이해에 진입할 수 있는 기반과 기준을 제공한다. 작품 감상에 있어서 그 상위의 장르와 언어 매체에 대한 관점이 어느 정도 형성되어 있어서 고전시가 작품을 새롭게 만날 때의 두려움보다는 이미 알고 있는 총체적 이해를 기반으로 흥미로운 마음으로 접근할 수 있는 기반이 되는 것이다. 이를 통해 개별 작품 그 자체로 독립되고 파편적인 이해로 끝나는 것이 아니라 작품들 간의 유기성과 전체 지형도를 고려하여 해당 작품을 풍성하게 이해하는 기본원리를 제공할 수 있을 것이다.

끝으로, 주류문학과 비주류문학을 대등한 관점에서 비판적으로 인식하는 시각을 기를 수 있을 것이다. 남성이 주류인 시대의 문학사 속에서 여성문학의 특성과 가치를 대등한 관점에서 조명하는 시각을 기르는 것은 청소년들이 자기 시대의 문학과 문화를 비판적으로 읽어내고 조명하는 시각으로 이어질 것이다. 또한 여성과 남성, 상층과 하층 등 처지에 따른 특성을 거시적 안목에서 바라보는[68] 문학사 교육으로도 이어질 수 있기를 기대한다.

---

68 이경하, 「한국고전여성문학연구의 정체성과 지구화 시대의 과제」, 『한국고전여성문학연구』29, 한국고전여성문학회, 2014, 355-388면.

16-17세기

6. ≪악장가사≫의 한문가요·현토가요·국문가요의 상관성

1. 이중언어문학 자료로서의 ≪악장가사≫

≪악장가사≫는 ≪악학궤범≫, ≪시용향악보≫와 더불어 국문으로 기록된 국어시가를 볼 수 있는 3대 가집 중 하나로 유명하다. 이 세 책에서 더욱 주목할 만한 사실은 한문가요, 국문가요, 한시에 우리말의 조사와 어미가 현토된 현토가요 등 한문과 국문, 두 표기매체를 다양하게 활용한 작품들을 모두 볼 수 있는 자료집이라는 점이다. 곧, 한문과 국문, 두 가지 기록매체를 함께 사용해서 조선시대 이중언어 사용이 시가(詩歌) 기록에 있어 어떤 양상으로 이루어졌는지 볼 수 있다는 점에서 주목된다.

≪악학궤범≫에서는 한자어가 나올 때 해당 단어에 국문음을 병기(倂記)하지 않아서 각 갈래별로 한 가지씩 세 종류의 표기방식이 존재한다. ≪시용향악보≫는 정간보라는 점에서 나머지 두 책과 성격이 다르고 문자 표기방식이 ≪악학궤범≫과 같다. ≪악장가사≫는 세 책 중에서 표기방식이 가장 다양하다. 따라서 조선 중기 한문과 국문의 표기 방식에 따른 시가(詩歌)의 특성을 살펴보기에는 ≪악장가사≫가 가장 좋은 자료이다. 따라서 ≪악장가사≫를 위주로 살펴보되, 필요에 따라 ≪악학궤범≫을 함께 다루

도록 하겠다.

한문가요는 순한문으로만 기록된 것이다. 현토가요는 한문과 국문을 모두 사용하되 기본적인 한문구조에 조사나 어미 등의 형식형태소가 국문인 경우이다. 국문가요는 순국문인 경우도 있지만 한국어에 한자어가 많이 들어와서 한자어가 존재한다는 점에서 역시 한문과 국문을 모두 사용한다.

그런데 실제로 작품을 기록하는 방식은 위와 같이 단순하지 않다. 한자의 음을 표시하기 위해 국문이 사용되는 경우가 있기 때문에 한문가요의 기록방식이 두 가지가 된다. 현토가요의 경우에도 한자부분에 국문음을 병기(倂記)해주면 역시 두 가지의 기록방식이 나온다. 국문가요는 역으로 한자어의 한문을 노출시키는 방법, 한자어 노출에 국문음을 병기하는 방법, 한자어도 국문음만 표기하는 방법 등 세 가지까지 포함하면 총 7가지의 경우가 나타난다.

한편, 편찬시기와 관련해 서문(序文)이나 발문(跋文) 등 편찬된 책에 의례히 있을 법한 글들이 없이 작품들만 있어서 누가 언제 만들었는지에 대해 아직도 의견이 분분하다. 그래서 이것을 해명하는 논의가 ≪악장가사≫를 연구한 기존연구사의 대부분을 차지한다.[1] 이르게는 16세기로 보기도 하고[2] 17세기 초의 것이라고 논의가 되기도 하였다.[3] 그래서 본고는 늦어도 17세기초의 것이므로 본장에서 이를 다루고자 한다. 특히 언제 편찬되었는지, 누구의 편찬작인지에 지나치게 관심이 집중되어 있는 편이어서 작품집

---

[1] 김광순, 「악장가사 연구 (기일)-수찬연대 고증을 중심으로-」, 『국어교육연구』 2집, 국어교육학회, 1971 ; 박준규, 「아속가사와 악장가사의 비교」, 『한국언어문학』 12집, 한국언어문학회, 1974 ; 박준규, 「아속가사 연구-악장가사 및 속악가사와의 비교를 중심으로-」, 『호남문화연구』 7집, 전남대학교 호남문화연구소, 1975 ; 강전섭, 「판본 악장가사에 관한 관견」, 『한국언어문학』 14집, 한국언어문학회, 1976 ; 김수업, 「<악장가사>와 <가사상>」, 『배달말』 13호, 배달말학회, 1988.

[2] 박준규(1974), 앞의 글 ; 박준규(1975), 앞의 글 ; 강전섭(1976), 앞의 글.

[3] 김광순(1971), 앞의 글.

전체의 면모를 본격적으로 연구하는 논의가 더 진행될 필요가 있다.

≪악장가사≫에 속한 한문악장이나 고려속요, 경기체가를 개별 갈래나 특정 작품에 대한 관심에서 부분적으로 연구되기는 했어도 본격적으로 ≪악장가사≫ 자체에 대해 연구가 된 것은 2000년대에 들어서이다.[4] 이 중 기존연구에서 문자표기상황에 주목한 연구로는 김명준(2004)[5]과 김수업 (1988)[6]의 연구를 들 수 있다. 김명준(2004)은 국문으로 된 가사를 수록 했 다는 점에서 그 의의를 인정하고[7], 한문가요에 국문음이 병기된 것을 고려해 장악원 소속 관원들을 대상으로 한 책으로 보고, "통일된 교본을 통 한 교육 및 연습도 검토대상이 되었을 것으로 보이며, 그 결과 ≪악장가사≫의 편찬이 이루어진 것으로 이해할 수 있다."[8]고 했다.

그러나 교육 및 연습을 위한 것이라면 한문가요의 경우 모든 작품에 국문음이 병기(倂記)되어야 하는데, 작품에 따라 한문매체로만 기록되기도 하고 때로는 한문과 국문을 병기한 표기방식도 보여서 의문이 든다.

김수업은 이 점에 대해 애초에 세 권으로 된 책을 합본하면서 생긴 것으로 보고 표기방식이 곳곳마다 다른 것은 각각 다른 책을 가지고 와서 묶은 것이라고 했다.[9] 그러나 다른 여러 책에서 가지고 오더라도 새로운 책을 낼 때에는 표기방식의 통일에 대해서는 한 번쯤 생각해볼 만하고, 표기를 통일시키지 않을 때에는 그럴 만한 이유나 의도가 있다고 생각한다. 이본이 세 가지인데, 각각의 책명이 ≪악장가사≫ (장서각본), ≪속악가사≫(봉좌

4 　김명준, 「악장가사의 성립과 제재작품의 전승양상 연구」, 고려대학교 박사학위 논문, 2003 ; 김명준, 『악장가사연구』, 다운샘, 2004a로 출판.
5 　김명준(2004a), 위의 책.
6 　앞의 글.
7 　김명준(2004a), 앞의 책, 248-252면.
8 　김명준(2004a), 위의 책, 190면.
9 　김수업(1988), 앞의 글, 209면.

문고본), ≪아속가사≫(윤씨본)인 것으로 보아서 어느 이본이나 궁중에서 불리는 노래를 모두 다 보이려고 편찬된 것이라는 인상을 준다. ≪악장가사≫라는 명칭이 가장 그러하고, ≪아속가사≫ 역시 아악이나 속악의 가사 모두를 지칭하고 있기 때문이다. 그러나 이러한 편찬의도나 배경을 서문이나 발문 등에서 해명할 법한데 이 방법으로는 확인할 길이 없는 상황이다.

본서는 이에 대해서 기존의 여러 책을 묶더라도 작품을 기록할 때에 경우에 따라 한문매체와 국문매체를 취사선택한 데에는 이유가 있다고 보고, 표기방식의 원리 및 해당 표기방식과 작품의 상관관계를 해명하고자 한다. 이는 한문과 국문, 두 가지 표기매체를 함께 사용했던 조선시대의 언어사용 실태와 19세기에 국문이 공식적인 표기매체가 되기까지의 언어사용변천사를 알 수 있는 단서가 된다는 점에서 중요하다.

≪악장가사≫에 실린 작품들의 공통점은 오직 한 가지, 조선시대 궁중에서 불렸던 노래의 가사라는 점뿐이다. 수록된 작품들을 살펴보면 차이점들이 오히려 눈에 띄는데, 우선 여러 갈래의 작품들이 수록되어 있다. 문학의 갈래에 따라 본다면 고려속요, 경기체가, 악장[10] 등 다양한 갈래들이 있고, 표기매체로 본다면 국문가요, 한문가요, 한시에 국문이 현토된 노래가 뒤섞여 있다. 같은 한문가요라도 어떤 곳에는 국문음이 병기(倂記)되어 있지 않고 한 칸에 한문만 큼직하게 한 줄로 기록되어 있지만, 어떤 한문가요에

---

[10] 참고로 조규익은 "조선 초기 각종 악서에 등장하는 고려노래들이 대중가요로서의 '속요'가 아니라 궁중악으로서의 '속악가사'였음은 당연하고, 그에 따라 그 노래들의 1차적 분류범주가 '악장'임은 이론의 여지가 없다."고 한 바 있다.(조규익, 「조선초기 악장을 통해 본 전환기의 실상」, 『온지논총』 15집, 온지학회, 2006, 7-29면.) 이러한 입장에서 본다면 우리가 한문악장, 고려속요, 경기체가 등으로 나누는 갈래를 좀 더 포괄적인 시각으로 접근해 모두 궁중문학으로서의 악장으로 볼 필요가 있다고 역설했다는 점에서 주목할 만하다. 그러나 본서에서는 일단 '가요'라는 말을 기본으로 하여 문자매체에 따라 '한문가요', '국문가요', 우리말조사나 어미의 虛辭가 국문으로 현토된 '현토가요'의 세 가지로 분류해서 지칭하도록 하겠다.

는 한문에 대한 국문음이 병기되어 있어서 한 칸에 작은 글씨로 한문 한 줄, 국문 한 줄로 나란히 두 줄이 기록되어 있다.

　더 자세히 살펴보면 작품마다 다양한 표기방식을 찾아볼 수 있다. 한문만 순수하게 표기했는지, 한문에 대한 국문음을 병기했는지, 순수한 한문가사에 국문현토만 달려있는지, 한문에 대한 국문음 병기에 국문현토까지 달렸는지 등 다양한 표기방식을 찾아볼 수 있다. 갈래가 다양한 것은 모두 궁중에서 불렸다는 점에서 묶인다고 해도, 한 작품집 내에서 표기 매체가 작품마다 다른 것은 도대체 무슨 원칙에 따른 것인지 의문이 아닐 수 없다. 특히 필자가 본서에서 풀고자 하는 의문점은 같은 한문가요, 같은 현토가요 등 갈래가 같음에도 불구하고 어떤 대목에서는 한문표기만 살리고, 어떤 곳에서는 한문가요의 한자부분에 국문음을 달아주는 등 표기체제가 통일성이 없다는 점이다.

　물론 커다란 틀은 보인다. ≪악장가사≫는 '아악가사', '속악가사', '가사'의 세 가지로 세부체계가 나누어져 있는데, '아악가사'는 대체로 한문가요로 구성되어 있되 한문으로만 표기하고 국문음이 倂記되지 않았다는 것, 그러나 국문으로 현토된 현토가요가 있다는 예외가 보인다. '속악가사' 역시 모두 한문가요인데, '아악가사'에서와 달리 한문과 더불어 국문으로 그 음이 병기되어 있어서 두 가지 기록매체를 동시에 사용하고 있다. '가사'라고 된 곳의 작품들은 대개가 국문가요인데 한자어에는 모두 국문음표기가 병기되어 있다. 그러나 역시 한문가요도 있으며 국문음으로 병기(倂記)되어 있고, 현토가요의 경우 한시부분에도 모두 국문음이 달려있다. 이처럼 한문가요가 어떤 곳에서는 한문으로만 기록되어 있고, 또 다른 곳에서는 국문음이 병기되어 있기도 하는 등의 다양한 기록방식을 찾아볼 수 있다.

　이는 작품을 기록할 때에 실제로 어떻게 두 문자매체를 활용했는지 언어사용의 실태를 보여주는 것이고, 그 이유에는 기록매체를 선택할 때에 그 언어가 지닌 기능이나 의미가 별도로 있기 때문이라는 것을 추정하게 한다.

따라서 본서에서는 ≪악장가사≫라는 가사집을 연구하되 같은 갈래라도 표기매체가 책의 곳곳에서 다른 것에 주목하고 어떠한 원칙에 따라 작품의 기록매체가 달라지는지 그 원리를 찾아보고자 한다. 그리고 이러한 한문과 국문이라는 기록매체의 차이가 실제 작품의 내용이나 특징과는 어떤 관계에 있는지 그 상관관계에 대해 규명하고자 한다.

≪악장가사≫의 한문·현토·국문가요가 나뉘는 데에는 비단 기록매체의 차이만이 아니라 상하의 향유층과 함께 악곡적 성향도 밀접하게 연관되어 있다. 한문·현토·국문가요는 전자일수록 상층의 향유층과, 후자일수록 하층과 관련된다. 또 세 갈래는 순서대로 각각 아악·당악·향악과도 밀접하다. 한문으로만 표기된 한문가요와 현토가요의 일부는 주로 아악가사이고, 국문가요는 주로 향악가사이다. 당악가사의 작품이 한문 위주이면서 신(神)이나 임금 등의 상층을 발화 대상으로 삼고, 향악곡적 성향인 국문가요는 백성 남녀 일반으로 확장된다.

따라서 본장에서는 언어매체의 차이에 따른 향유층, 더 구체적으로는 작품 내적인 시적 화자와 화자가 지향하는 발화 대상의 상관성을 살펴보고자 한다. 한 작가의 두 갈래를 비교할 때에는 작가가 분명해서 작가의 회지의 관계에 주목했다면, ≪악장가사≫와 같이 작가를 모두 알 수 없는 경우에는 작가의 범위를 향유층으로 넓혀서 접근하여 화자와 발화 대상을 살펴보고자 하는 것이다.

≪악장가사≫는 세 가지의 이본이 있다. 책명은 다르지만 내용체계는 모두 '아악가사', '속악가사', '가사'의 세 가지로 이루어져있다는 점에서 공통적이다. 윤씨본에 아악가사 <문선왕> 3편이 더 있어 <문선왕>이 10편이고, 장서각본에 속악가사 <비궁속악>과 <무안왕묘악가>가 더 있으며 나머지는 모두 공통적이다. 본서에서는 기왕의 관례에 따라, ≪악장가사≫로 대표명칭을 삼고, 세 이본에 공통된 작품을 대상으로 논의를 진행하도록 한다.[11] 2절에서는 우선 전반적으로 표기가 어떻게 되어있는지 정리해

보고, 3절에서는 표기언어와 작품의 특성이 가지는 상관관계를 밝혀 보도록 하겠다.

2. ≪악장가사≫ 전체의 표기방식 개관

앞에서 언급했듯이, ≪악장가사≫는 편찬체계가 크게 세 가지로 나누어져 있다. '아악가사', '속악가사', '가사'로 분류되어 있는데, 각 분류내의 작품들의 표기방식은 대체로 커다란 공통점은 가지고 있다는 점을 서론에서도 밝힌 바 있다. ≪악장가사≫ 자체에서 분류된 세 가지 체제를 문자매체를 기준으로 하여 다시 분류해본다면 한문가요는 '아악가사', '속악가사', '가사' 세 곳에 모두 나오고, 국문가요는 '가사'에만 있으며 한시에 국어의 조사나 어미 등의 허사(虛辭)가 국문으로 현토된 현토가요는 '아악가사'와 '가사'에 있다.

문자매체의 사용상황에 따라 한문가요, 현토가요, 국문가요의 세 가지로 나뉘지만, 실제 기록된 표기방식을 보면 다섯 가지로 기록되어 있다. 한문가요에서 국문음이 병기(倂記)되었는지, 현토가요의 한시부분에 국문음이 병기되었는지의 여부에 따라 총 다섯 가지의 표기방식을 찾아볼 수 있는 것이다. 이제 ≪악장가사≫ 전체에서 발견되는 표기매체의 상황을 구체적인 작품을 예로 보이면서 검토해보도록 하겠다.

우선 한문가요인데, 한문에 대한 국문음이 병기되지 않고 한문표기만 한 경우를 들 수 있다. 이러한 표기방식은 '아악가사'에서 볼 수 있는데 이를 (가)방식이라고 하겠다. 다음의 예가 그러한 경우이다.

(가) 〈風雲雷雨〉中 徹籩豆[12]

---

[11] 자료는 김명준, 『악장가사 주해』, 다운샘, 2004b에 영인된 세 이본을 참고하였다. 이하의 영인본 자료도 모두 이 책의 것을 사용함을 밝혀둔다.

禮儀旣備磬無不宜有踐籩豆載徹不遲
孔惠且時神具醉飽如期如式維我純嘏

위 작품은 원본에 있는 그대로여서 글자와 글자사이에 띄어쓰기가 되어 있지 않고 행 구분도 되어있지 않지만 자료를 원본 그대로 보기 위해 세로쓰기만 가로쓰기로 바꾸고 그대로 옮긴 것이다. 작품의 형식을 살펴 보면 4언 4구가 두 행이 있는 것으로 볼 수 있다. 이처럼 '아악가사'의 한문가요는 한문매체만으로 기록하고 있는데 (가)의 방식으로 된 경우를 '아악가사'에서만 총 33편을 찾을 수 있고 형식은 모두 4언 4구로 되어 있다. 한문가요가 '속악가사'나 '가사'로 분류된 곳에도 있지만 (가)의 표기 방식이 아닌 것으로 보아 (가)의 표기방식은 '아악가사'의 특징인 것으로 보인다. 그러나 '아악가사'에는 한문가요만 있는 것이 아니라 현토가요 도 눈에 띄므로 이 작품들을 검토한 후에 '아악가사'만의 특징인가에 대해 결론을 내릴 수 있을 것이다.

두 번째 표기방식은 같은 한문가요이지만 한문에 대한 국문음이 병기된 경우이다. '속악가사'와 '가사'에서 볼 수 있는데 이를 (나)로 지칭하겠다.

---

12 (가)의 원문은 <속악가사>(봉좌문고본), <악장가사>(장서각본) 모두 다음 사진과 같다.

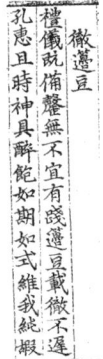

구체적인 작품예는 다음과 같다.

(나-1) 〈宗廟永寧殿〉中 迎神[13]
世德啓我後於昭想形聲肅肅薦明禋綏我賚思成
셰덕계아후오쇼샹형셩슉슉쳔명인유아뇌ᄉ셩

(나-2) 〈與民樂〉中 첫 한 줄[14]
海東六龍飛莫非天所扶古聖同符   深之木風
ᄒᆡ동륙룡비막비텬소부고셩동부   근심지목풍

  (나-1)은 '속악가사'에 있는 작품이고, (나-2)는 '가사'에 속해있는 것이다. 역시 원문에 있는 대로 한 줄에 두 표기매체가 나란히 기록되어 있는 것을 그대로 옮긴 것이다. (가)와 달리 한문과 국문을 모두 한 줄안에 병기(倂記)하느라 글자크기가 (가)의 절반만한 크기로 작아졌다. 이러한 표기방식은 '속악가사'의 모든 작품인 28편에서 볼 수 있고, '가사'에서는 〈與民樂〉, 〈步虛子〉, 〈靈山會相〉의 세 작품을 찾을 수 있다. 이렇게 한문가요이지

---

[13] (나-1)의 원문은 〈속악가사〉(봉좌문고본), 〈악장가사〉(장서각본) 모두 다음 사진과 같다.

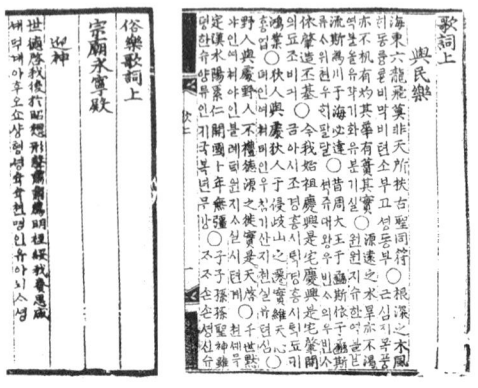

[14] (나-2)의 원문은 위의 사진(우)와 같다.

만 '아악가사'에서는 (가)의 방식으로 기록하고, '속악가사'와 '가사'에서는 (나)의 방식으로 다르게 기록되어 있는 것이다. 이 점이 본서에서 풀어야 할 핵심과제인데 3절에서 논의하도록 하겠다.

한편, 앞에서 '아악가사'에서만 국문음이 병기가 되지 않는지에 대해 살펴볼 필요가 있다고 했는데 이는 '아악가사'에 속한 작품 중 (가)를 제외한 작품을 검토한 뒤에 가능하다. 바로 한시에 조사와 어미 등의 허사(虛辭)가 국문으로 현토된 현토가요들인데, 이를 (다)방식이라고 지칭하도록 하겠다. <납씨가(納氏歌)>와 <정동방곡(靖東方曲)> 두 작품이 전부인데 구체적인 작품을 보면 다음과 같다.

(다-1) 〈納氏歌〉 첫 두 줄[15]
納氏恃雄强ᄒ야入寇東北方ᄒ더니縱
傲誇以力ᄒ니鋒銳라不可當이로다我
(하략)

(다-2) 〈靖東方曲〉 첫 네 줄[16]

---

[15] (다-1)의 원문은 다음 사진과 같다.

[16] (다-2)의 원문은 다음 사진과 같다.

繫東方阻海陲彼狡童竊天機ᄒ니이다
偉東王德性
肆狂謀興戎師禍之極靖者誰어니오
偉東王德性
(하략)

(다-1)은 원문의 두 줄을, (다-2)는 원문의 네 줄을 있는 그대로 가져왔는데, (다-2)만 원문에 행구분이 되어있다. (다-2)는 한시(漢詩) 한 행의 중간을 끊지 않고 행의 끝에 있는 어미만 국문으로 현토했다면 (다-1)은 한시 한 행의 중간과 행말(行末)에 모두 국문으로 현토가 되어있다. 또 (다-2)는 (다-1)과 달리 한문으로 된 후렴구가 반복되어서 문어(文語)인 한문을 구어(口語)로 활용한 것을 볼 수 있다. 국문매체와 한문매체의 가장 큰 차이점이라면 구어(口語)와 문어(文語)라는 점인데 국문가요의 특징중 하나인 후렴구의 반복을 한문을 통해 표현함으로써 문어의 구어적 활용의 현상을 엿볼 수 있다.

≪악장가사≫ 전체에서 현토가요는 '아악가사'에 속한 위의 두 작품뿐 아니라 '가사'에도 몇 작품이 보인다. 그러나 (다)의 방식과 달리 한시부분에 국문음이 함께 기록되어 있어서 차이가 난다. 아래의 예가 그것으로

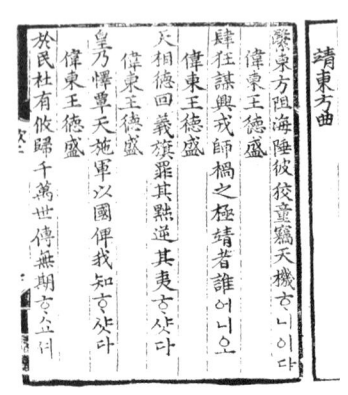

네 번째 표기방식인 (라)로 분류하겠다.

(라) 〈風入松〉中 첫 두 줄[17]

聖明天子當今帝神補天助敷化來理世欣　　나　　恩深遐邇古今稀外國躬
셩명텬ᄌᆞ당금뎨신보텬조부회리리셰흔　　　　　은심하이고금희외국궁

趂盡歸依　　야　　四境寧淸罷槍旗盛德堯湯難比　　야　　且樂大平時是處笙簫
추진귀의　　　　　ᄉᆞ경령쳥파창긔셩덕외탕란비　　　　　챠락대평시시쳐싱쇼

(하략)

(라)는 '가사'에 있는 작품중 하나로 역시 끊어읽기를 하지 않고 원문에 기록된 그대로 작품의 첫 두 줄을 가져온 것이다. 한문이나 국문을 모두 한 줄안에 병기(倂記)하느라 글자크기가 (가), (다)의 절반만하게 작고 '나, 야' 등의 국문으로 현토된 부분은 글자가 크다. 제일 마지막에 끝에서 여섯 번째 글자인 '平'이 국문음자리에 그대로 '平'이라고 되어있는 것도 원문 그대로이다.

---

[17] (라)의 원문은 다음 사진과 같다.

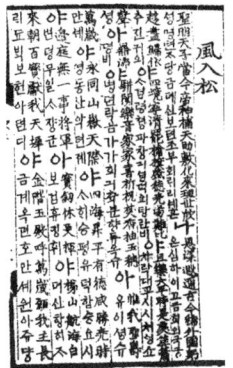

(라)의 방식으로 된 작품은 '가사'에서 <방엄찬(楞嚴讚)>, <풍입송(風入松)>, <야심사(夜深詞)>의 세 작품을 찾을 수 있다. (다), (라)의 방식은 모두 현토가요로서 작품집 전체에서 몇 작품 되지는 않지만 왜 같은 현토가요가 한자만으로 기록하기도 하고, 때로는 한자에 대한 국문음 표기를 같이 달아서 두 기록매체를 모두 사용하는지 의문이 생긴다. 이 점은 앞에서 한문가요에서 보이는 두 가지 표기방식의 차이와 같은 문제라고 할 수 있다. 즉, 한문가요이든 현토가요이든 왜 '아악가사'에서는 국문음을 병기하지 않고, '속악가사'와 '가사'에서는 국문음을 한문과 병기하는지의 문제로 일반화시킬 수 있다.

앞서 '아악가사'는 한문에 대한 국문음이 병기되지 않는 것이 원칙인지 의문을 표명한 바 있다. '아악가사'에서는 (가)와 (다)의 두 가지 표기 방식이 발견되는데, 한문가요이든 현토가요이든 모두 한문에 대한 국문음 표기를 하지 않는 것이 원칙이라는 공통점을 찾을 수 있다. 그렇다면 '속악가사', '가사'와 구분되는 '아악가사'만의 표기원칙을 찾은 셈이다. 그러나 본서는 세 분류체계의 특징을 찾는 데에 머무르지 않고 작품의 실제적인 내용과 표기체계의 상관관계를 찾는 데에까지 나가고자 하므로 이 점에 대해서는 3장에서 상론하도록 하겠다.

마지막으로 ≪악장가사≫에서 볼 수 있는 또 다른 표기방식은 국문가요로서 한자어가 한자어가 1음절이라도 나올 때에는 국문음을 병기해주는 경우이다. 이를 (마)방식으로 지칭하도록 하겠다. 구체적인 작품의 예는 다음과 같다.

(마-1) 〈翰林別曲〉 첫 두 줄[18]
元淳文仁老詩公老四六李正言陳翰林雙韻走筆
원슌문인노시공노ᄉ륙니졍언딘한림쌍운주필

---

[18] (마-1)의 원문은 다음 주석의 사진(좌)와 같다.

沖基對策光釣經義良鏡詩賦　위　試場　ㅅ　景　긔엇더
튱긔디척광균경의량경시부　시댱　　경

(마-2) 〈가시리〉中 첫 두 줄[19]
가시리가시리잇고나ᄂᆞᆫ ᄇᆞ리고가시리잇고나ᄂᆞᆫ
위증즐가大平盛代○날러는엇디살라ᄒᆞ고ᄇᆞ리
　　　　대평셩대

(마-1), (마-2)는 모두 '가사'에 들어있는 작품으로 원본의 세로쓰기를 가로쓰기로 바꾸고 작품의 첫 두 줄씩을 그대로 가져온 것이다. (마-2)에서 '大平盛代'라는 한자어는 한자를 오른쪽에 쓰고 국문음으로 '대평셩디'라고 병기되어 있다. 실제로는 한문과 국문이 한 줄에 병기되어 있어서 두 매체의 글자크기는 같다. (마)방식은 대부분의 국문가요로서 '가사'에 속한 <감군은(感君恩)>, <정석가(鄭石歌)>, <청산별곡(靑山別曲)>, <서경별곡(西京別曲)>, <사모곡(思母曲)>, <쌍화점(雙花店)>, <이상곡(履霜曲)>, <유림가(儒林歌)>, <신도가(新都歌)>, <한림별곡(翰林別曲)>, <처용가(處容歌)>, <어부가(漁父歌)>, <만전춘별사(滿殿春別詞)>, <화산별곡(華山別曲)>, <오륜가(五倫歌)>, <연형제곡(宴兄弟曲)>, <상대별곡(霜臺別曲)> 등 총 18작품

---

[19] (마-2)의 원문은 다음 사진(우)와 같다.

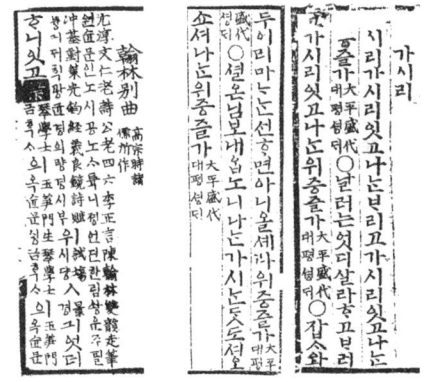

이 있고 모두 (바)의 방식으로 표기 등 총 18작품이다. (마-1)처럼 한자어가 한시(漢詩)의 한 줄을 그대로 수용한 듯 한자어가 많은 경기체가부터 (마-2)처럼 작품전체에서 한자어가 아주 드문 고려속요에 이르기까지 한자어의 빈도는 다르지만 한문가요나 현토가요와는 엄연히 구분되는 국문가요인 것만은 확실하다. 국문가요는 다른 데에는 있지 않고 '가사'에만 보이고 또 (마)의 방식도 '가사'에서만 볼 수 있다.

(마-2)에서 '大平盛代대평성대'는 굳이 한자를 노출시키지 않고 '대평성대'로 국문만으로 표기해도 무슨 뜻인지 알 수 있지만 두 기록매체를 모두 사용하는 것은 국문가요를 기록하는 ≪악장가사≫에서의 원칙이라고 할 수 있다. 한문가요가 (가)와 (나)로, 현토가요가 (다)와 (라)로 표기되는 것과는 달리 국문가요는 두 매체를 병기한 (마)와 순수한 국문사용표기의 두 가지로 나뉘지 않는 것은 ≪악장가사≫가 편찬된 시대의 국문가요의 표기방식이라고도 할 수 있을 것이다. 즉, (가)처럼 한문매체는 국문매체의 도움 없이 순수한 한문표기로만 기록하기는 했어도 한자어도 국문매체만으로 순수하게 기록하는 경우는 아직 있지 않다는 것은 그 시대가 국문만으로 기록되기에는 국문이 기록매체로서의 기능이 약하다는 것이다.

따라서 이러한 기록의 상황은 19세기 갑오경장 이후 국문이 공식적 기록매체가 되기 전까지의 양층언어(diglossia) 사용[20]의 상황을 잘 보여준다고 할 수 있다. 두 가지 언어를 사용하는 시대이므로 이중언어시대라고 할 수 있지만, 조선시대 한문과 국문의 두 표기매체는 그 지위와 기능이 동등

---

[20] 이에 대한 자세한 설명은 Charles A. Ferguson, "Diglossia", Word 15, 1959 ; Gumperz John J., "Types of Linguistic Community", Anthropological Lingustics Vol.4, No.1, 1962 ; Joshua A. Fishman, "Bilingualism with and without Diglossia ; Diglossia with and without Bilingualism", Social Issues, Vol.22, No.2, 1967 ; 조동일, 『공동문어문학과 민족어문학』, 지식산업사, 1999 ; 이익섭, 『사회언어학』, 민음사, 1994 ; 정소연, 「신흠의 절구와 시조 비교 연구」, 서울대학교 박사학위논문, 2006을 참고할 수 있다.

하지 않았으므로 양층언어라 할 수 있다. 따라서 한문만으로 표기하는 (가)처럼 국문만으로 기록하는 표기방식이 없다는 것은 아직은 국문매체가 한문매체에 비해 기록매체로서의 기능이 상대적으로 약하다고 할 수 있는 것이다.

한 가지 더 지적할 수 있는 것은 제목에 대한 표기방식이다. (가)부터 (마)까지 모든 제목에는 한문에 대한 국문음이 달려있지 않다. (마-1)에서 볼 수 있듯이 국문가요의 제목이 한자어인 경우에도 국문음을 병기(倂記)해 주지 않는 것이다. 따라서 ≪악장가사≫에서 작품제목의 표기방식은 모두 (가)의 방식이라고 할 수 있다.

흥미로운 것은 17세기 윤선도의 ≪고산유고≫를 보면 시조의 작품내에서뿐 아니라 제목도 (마)의 방식처럼 한자어에 대한 국문음을 倂記하고 있다는 것이다. 일례로 <산중신곡(山산中듕新신曲곡)>, <어부사시사(漁어父부四ᄉ時시詞ᄉ)> 등을 들 수 있다. 윤선도의 문집에는 한문과 국문이 나란히 있지는 않고, 한문보다 약간 아래의 위치에 국문이 더 작은 글씨로 기록되어 있다.

그렇다면 ≪악장가사≫에서 제목은 왜 한문만으로 기록했던 것일까? 제목은 문자문화의 소산이다. 구술문화에서는 제목이 있지 않다. 일례로 대부분의 시조나 민요를 보면 노래의 첫 소절이 거의 제목처럼 사용되지, 제목을 따로 명사로 만들어 붙이지 않는 것을 볼 수 있다. 따라서 문자문화의 산물인 제목의 존재를 생각할 때에 비록 제목이 있는 국문가요일 경우에도 태생이 구어(口語)인 국문을 제목에 병기(倂記)한다는 생각을 하지 않았을 수도 있다고 추정해본다.

지금까지 우리는 ≪악장가사≫에 나온 표기방식이 한문과 국문을 어떤 방식으로 사용하고 있느냐에 따라 5가지로 나타난다는 것을 살펴보았다. (가), (다)는 한문부분에 대해 국문음을 달지 않는 방식이고, 나머지 (나), (라), (마)는 한문부분에 대한 국문음을 병기(倂記)하는 방식이다. 후자의 방식은 국문이 창제되었기 때문에 가능한 것일 뿐 아니라 한문과 국문 두 기록매체를 병용(倂用)한 조선시대의 문자생활의 상황을 잘 보여주는 것이기도 하다.

그런데 여기까지의 논의는 우리에게 한 가지의 줄기차게 제시되는 문제를 부각시키고 있음을 발견하게 된다. 그것은 한문가요, 현토가요, 국문가요라는 구분에서 더 나아가 어떤 갈래이든 한문매체가 독립적으로 사용되는지, 아니면 한문매체에 국문매체가 병기되는지 두 가지의 특징이 다시 나타난다는 것이고, ≪악장가사≫라는 한 권의 책에서 표기방식이 통일되지 않고 이렇게 전자와 후자의 두 가지로 기록되는 이유는 무엇인가 하는 점이다. 특히 '아악가사', '속악가사', '가사' 모두에 실려있는 것이 한문가요인데, 왜 '아악가사'에서는 한문매체만으로 기록하고, 나머지 에서는 한문에 국문매체를 병기했느냐는 점이다. 단지 한문을 그대로 읽을 수 없는 사람을 위해서라고 하기에는 맞지 않는 또 다른 이유가 있어 보인다.

따라서 다음 장에서는 한문가요, 현토가요, 국문가요를 대상으로 구체적인 작품 내용을 살펴봄으로써 표기매체와 작품 내용의 상관관계를 찾아보고자 한다. 이로써 표기방식의 원리가 무엇인지 밝혀내고, 이 장에서 제기된 문제를 풀어보도록 하겠다.

3. 표기매체·발화대상·작품내용의 상관관계

3.1. 한문가요: 신(神)을 향한 찬양과 간구

'아악가사'와 '속악가사'는 모두 제례의식에 쓰이는 노랫말이고, '가사'는 연향의식에 쓰이는 노랫말이다.[21] 그렇다면 한문가요가 대부분인 '아악가사'와 '속악가사'가 제례의식용이고, 국문가요가 대부분인 '가사'가 연향

---

[21] 김명준(2004a), 17면.

의식용이라고 할 수 있다. 그런데 2장에서 살펴보았듯이 표기방식은 '아악가사'와 '속악가사'가 다르고, 오히려 '속악가사'와 '가사'의 표기방식이 공통적이었다. 세 가지 분류속에 모두 나오는 것이 한문가요인데, '아악가사'에서의 한문가요는 (가)의 방식이라면 '속악가사'와 '가사'의 한문가요는 (나)의 방식인 것이다. 따라서 제례용과 연향용이라는 향유상황은 한문가요와 국문가요의 갈래와 밀접하지 ≪악장가사≫라는 책에서 작품을 기록할 때 어떻게 표기했는지의 문제와는 별개의 것임을 알 수 있다.

따라서 '아악가사'에서 한문가요의 표기방식이 나머지 부분에서 한문가요의 표기방식과 다른 이유를 찾기 위해서 '아악가사'의 한문가요인 (가)의 방식으로 표기된 작품들을 구체적으로 검토해볼 필요가 있다. (가)의 방식으로 된 작품은 <풍운뢰우(風雲雷雨)>, <사직(社稷)>, <선농(先農)>, <선잠(先蠶)>, <우사(雩祀)>, <문선왕(文宣王)>이고 작품편수로는 31편이다. <풍운뢰우>는 풍사(風師), 운사(雲師), 뇌사(雷師), 우사(雨師) 신(神)에 대해 제사하는 내용으로 되어있다. <사직>은 토지신과 곡식신에 대한 제사 때 쓰는 작품이다. <풍운뢰우>가 하늘의 신에게 드리는 노래라면 <사직>은 땅의 신에게 드리는 노래이다.

<선농>은 신농(神農)에게, <선잠>은 누에치기를 처음 시작했다는 서릉씨(舒陵氏)에게 제사를 지내며 부르는 노래이다. <우사>는 비를 기원하는 기우제때 부르는 노래로 지금까지의 작품들이 모두 의식주와 밀접한 인간생활을 주재하는 신들에게 드리는 제사의식때 사용되는 것들이다. 한편 <문선왕>은 孔子에게 제사를 지내며 부르는 노래인데, 앞의 작품들에 비해 사람을 대상으로 하고 있지만, 작품의 내용을 보면 신격화에 가깝게 존숭하고 있는 것을 볼 수 있다. 다음은 그 일부분이다.

〈文宣王〉중 迎神

自生民來誰底其盛惟王神明度越前聖
粢幣俱成禮容斯稱黍稷非馨惟神之聽

 위에서 볼 수 있듯이 공자를 선성(先聖), 강림한 신(神)으로 추앙하고 있다. 따라서 앞의 작품들과 같이 공자에게 바치는 노래인 <문선왕>도 모두 사람이 신에게 제사를 하는 내용이라는 점에서 공통점을 가진다고 하겠다.
 지금까지 (가)의 방식으로 된 '아악가사'의 한문가요를 보면 천신(天神)이나 지신(地神) 혹은 중국의 인신(人神)을 대상으로 한 작품이라는 공통점을 발견할 수 있었다. 그렇다면 (나)의 방식으로 기록된 '속악가사'와 '가사'는 어떤 작품들인지 보도록 하자.
 '속악가사'는 속해있는 작품 모두가 (나)의 방식으로 되어 있다. 작품은 <宗廟永寧殿>으로 迎神, 奠幣, 進饌, 初獻 11편, 亞獻 12편, 徹籩豆, 送神의 총28편이다. 우선, 종묘영녕전제는 조선시대 역대 왕과 왕비, 그리고 추존된 왕과 왕비들에 대한 제사이다. 작품의 몇 대목을 살펴보면 다음과 같다.

〈宗廟永寧殿〉

迎神
<u>世德</u>啓我後於昭想形聲肅肅薦明禋綏我賫思成
셰덕계아후오쇼샹형셩슉슉쳔명인유아뇌ᄉᆞ셩

奠幣
菲儀尙可交承筐將是帛<u>先祖</u>其顧歆式禮心莫莫
비의샹가교승광쟝시빅션조기고흠식녜심막막

 위 작품의 밑줄친 곳을 보면 대상이 '世德'과 '先祖'라고 명시가 되어 있어서 제사의 대상이 조선의 列祖임이 잘 드러난다. 또 작품의 곳곳에

'列聖', '皇聖穆', '皇聖翼', '皇聖考' 등 목조, 익조, 태종 등의 조선시대 列 王을 대상으로 한 것을 볼 수 있다. 王을 '皇'으로 높이기는 했어도 神格化한 곳은 보이지 않는다. 이 점은 (가)의 표기방식의 작품들과 다른 부분이다. 즉, (가)는 神을 대상으로 했다면, (나)는 돌아가신 조선의 王인 사람을 대상으로 한 것이다. 그러나 아직 일반화하기는 이르다. (나)라고 하기 위해서는 '가사'의 (나) 표기방식의 작품들도 확인해봐야 할 것이다.

'가사'에서는 <與民樂>, <步虛子>, <靈山會相>의 세 작품이 (나) 의 표기방식으로 되어 있는데 <여민락>은 <용비어천가> 한문본의 1·2·3·4·125장 그대로이다. 차이점이 있다면 <용비어천가>에서는 2, 3, 4, 125장이 두 행 및 세 행으로 되어있는데, ≪악장가사≫에서는 모두 한 행씩 나누어서 각 행마다 '○'으로 구분하여 총 10개가 되게 했다. 내용은 주지하다시피 태조 이전의 육조(六祖)의 행적에 대한 내용과 후대왕에 대한 권계로 되어 있다.

<보허자>와 <영산회상>은 다음과 같다.

〈步虛子〉

碧煙籠曉海波閑江上數峰寒佩環聲裡異香飄落
벽연롱효회파한강샹수봉한패환셩니이향표락

人間弭絳節五雲端　　宛然共指嘉禾瑞微一笑破
인간미강졀오운단　尾　완연공지가화셔미일쇼파

朱顔九重嶢闕望中三祝堯天萬萬載對南山
쥬안구듕요궐망듕삼츅요텬만만지디남산

〈靈山會相〉

靈山會上佛菩薩　代壽萬歲歌
령산회샹불보살　디슈만셰가

碧海神人乘紫烟　　分曺呈舞繡簾前
벽희신인승ᄌ연　　분조뎡무슈렴젼

揷花頭重迴旋緩　　共獻君王壽萬年
삽화두듕회션완　　공헌군왕슈만년

 두 작품은 모두 원문에 세 줄로 되어 있는데 세로쓰기를 가로쓰기로만 바꾸고 그대로 옮겼다. 위의 <보허자>의 내용을 보면 구중궁궐을 바라보며 만만년을 남산을 맞보며 솟아있길 축수한다고 하여 장수를 기원하는 내용으로 되어있다. '가사'에 속한 노래여서 잔치자리에서 장수를 기원하며 불렀던 것으로 보이는데, 궁궐을 바라보며 장수를 기원한다는 것은 왕을 향한 것이라 할 수 있다. 그렇다면 <문선왕>의 경우와 같이 왕을 대상으로 하는 노래라는 점에서 같다.
 <영산회상>은 또 어떠한가? 위 작품에서 첫 줄을 보면 <靈山會相>이라는 노래의 가사가 <壽萬歲歌>로 대체되었다고 기록이 되어있다. 그리고 그 아래에 <수만세가>가 두 줄로 나와있는데, <보허자>처럼 君王의 만수무강을 기원하는 내용으로 되어있어서 두 노래가 같은 내용임을 알 수 있다.
 한편 <여민락>은 원래 <용비어천가>라는 제목으로 국문시가와 한역시, 또 <용비어천가 약본>이라는 언해 등 다양한 방식으로 존재하는 작품이다. 2장에서 살펴본 (마)방식의 <용비어천가>라는 국문가요로도 존재하고 국문음 병기가 없는 한문가요의 (가)방식으로도 존재하는 것이다. 그럼에도 ≪악장가사≫에서는 기존에 있던 (가)나 (마)방식의 <용비어천가>를 취하지 않고, 한문가요에 국문음을 병기하는 (나)라는 새로운 형태로 기록하고 있다.
 이는 ≪악장가사≫의 편찬자가 신에 대한 발화는 (가), 왕에 대한 발화는 (나)라는 표기원칙을 가지고 있다는 것을 보여주는 예가 된다. 즉 (가)·(나)·(마) 세 가지의 표기방식이 가능한 <여민락>은 내용상 왕에 대한 이야기이

기 때문에 (나)의 표기방식을 선택하고 있는 것이다. 이처럼 <여민락>은 ≪악장가사≫의 표기원칙을 잘 보여주는 증거중 하나이다.

지금까지 우리는 '속악가사'와 '가사'에 속해있는 (나)방식으로 표기된 작품들을 살펴보았는데, 공통적으로 왕에 대한 노래라는 점을 추출할 수 있었다. 그렇다면 한문가요 중 국문음이 병기(倂記)되지 않은 (가)방식이 신(神)을 발화대상으로 했다면 국문음이 병기된 한문가요인 (나)방식의 작품들은 왕을 발화의 대상으로 한 것이라는 결론에 도달할 수 있다. 따라서 ≪악장가사≫의 편찬자는 발화대상이 신(神)인 한문가요는 굳이 국문음으로 표기하지 않고, 발화대상이 왕인 경우, 다시 말해 사람인 경우에는 국문음을 병기하는 원칙을 적용했다고 할 수 있다.[22]

그런데 이렇게 표기매체의 선택과 작품의 발화대상이 밀접한 관계에 있을 뿐 아니라 이에 더 나아가 (가)와 (나)가 속하는 의식이나 음악, 작품의 형식과도 관련된 것을 발견할 수 있다. 이를 시사하고 있는 것이 (가)는

---

[22] 한문가요에서 국문음을 倂記하는 기준으로 발화대상을 王에서 그칠 뿐 아니라 '사람'으로 확대했는데, 이는 한문가요만이 아니라 한문부분에 국문음을 병기한 현토가요 (다)·(라)와 국문가요 (마)의 기록방식에까지 적용된다. '가사'에 속한 대부분의 국문가요는 왕에서 신하, 일반 남녀에 이르기까지 모두 사람과 사람의 사랑과 이별에 대한 내용, 송축, 흥겨움 등을 다루고 있다.
(다)방식은 한문에 대한 국문이 병기되지 않으면서 국문현토가 되어있는 경우인데, <납씨가>와 <정동방곡> 모두 납씨와 신우 등 타국의 반란사건과 우리 임금에 대한 내용으로서 국문음이 병기되지 않았지만 국문이 현토되었다는 점에서 역시 순한문표기가 아닐 경우에 사람에 대한 발화라는 원칙에 벗어나지 않는다. <태조실록>와 <삼봉집>에는 두 작품이 한시로만 되어있는데 ≪악장가사≫에서는 국문이 현토되어 두 기록매체가 모두 나오도록 기록한 것을 보면 역시 발화대상 및 내용에 따른 표기매체의 원칙이 의도적으로 ≪악장가사≫에 적용되었다는 것을 뒷받침한다고 하겠다. 즉, ≪악장가사≫에서 순수한 한문표기는 신(神)을 향한 발화일 때, 한문과 국문 두 문자체계가 병기된 것은 사람을 향한 발화일 때 라고 확대할 수 있는 것이다. 하지만 면밀한 검토와 좀 더 많은 연구가 필요하기 때문에 본서에서는 한문가요를 대상으로 작품표기방식의 원리를 찾는 데에 주력하고자 하였다.

모두 '아악가사'에 속하고 (나)는 모두 '속악가사'에 속하는 작품들의 표기 방식이라는 점이다. '아악가사'와 '속악가사'는 그 명칭을 통해 아악과 속악에 얹어부르는 노랫말임을 알 수 있다.

길례에 주로 연주되는 아악은 주나라때부터 사용한 궁중의 제사 음악이다.[23] 고려시대 예종때 송(宋)에서 수입했으나 크게 융성하지 못했고, 공민왕에 의해 명(明)에서 수입했으나 역시 성과를 거두지 못하다가 조선에 이르러 세종조에 본격적으로 정비가 된 바 있다. 속악은 향악으로 삼국시대부터 지금까지 전승해오는 한국 고유의 음악을 가리킨다. 이처럼 아악은 중국에서 들여온 음악이고, 속악은 우리의 음악인 점과 전자에 얹어부르는 (가)방식의 작품과 후자에 얹어부르는 (나)방식의 작품의 상관성에 주목할 만하다. 중국에서 들여온 음악은 순한문으로만 표기하고, 우리의 음악에 얹어부르는 작품은 같은 한문가요라도 국문음을 병기하고 있는 것이다.[24]

또한 작품의 형식을 보면, 대개 중국의 정격가사가 시경체와 같이 4언 형식이듯이[25] 아악에 얹어부르는 (가)방식의 작품들도 4언형식의 정격악장체를 취하고 있다. 2절에서 예를 들었던 <風雲雷雨>中 徹籩豆나 3절에 제시한 바 있는 <文宣王> 등을 보아도 그렇고, 일일이 다 작품을 제시할 수 없지만 나머지 (가)에 해당하는 모든 작품들이 4언 형식의 정격악장 형태를 취하고 있는 것을 볼 수 있다. 반면 (나)에 해당하는 작품들을 보자. 2절에서

---

[23] 이와 관련한 이후의 논의는 박경주,『한문가요연구』, 태학사, 1998, p.79-108 ; 김명준(2004a), 앞의 책, 34-73면; 송방송,『(증보)한국음악통사』, 민속원, 2007, 228-269면, 342-346면 ; 송방송,『한국전통음악의 전승양상』, 보고사, 2008, 108-156면을 참조하였다.
[24] 참고로 '아악가사'에 실려있지만 현토가요로서 (다)에 속하는 작품들인 <납씨가>와 <정동방곡>은 속악을 사용했다는 점은 염두할 만하다. 따라서 여기서도 그 배경음악과 기록매체의 차이를 발견할 수 있다.
[25] 이에 대한 자세한 논의는 이종찬,「한국 악장과 중국 악부와의 대비」,『국어국문학 논문집』7-8집, 동국대학교 국어국문학부, 1969, 241-254면 참조.

예로 든 <宗廟永寧殿>이나 <여민락(與民樂)>, 3절에서 보인 <보허자(步虛子)>, <영산회상(靈山會相)> 등을 보면 작품의 형식이 일률적이지 않고 다양한 것을 알 수 있다.

작품의 형식이 고정되지 않고 다양하다는 것은 정격악장에 비해 그것을 표기하는 방식에 있어서도 변화나 다양성을 추구할 수 있는 가능성을 허용하는 측면이 있다. 중국에서 유입된 아악에 얹어부르는 작품인데다가 그 형식도 4언으로 고정된 작품의 경직성으로 인해 한문가요에 국문을 병기하지 않았다면, 우리의 음악에 얹어부르면서 작품의 형식도 다양한 경우에는 국문을 병기할 여지가 생길 수 있는 것이다. 이렇게 정격형식인 작품들에는 한문만으로 표기하는 (가)의 방식을, 변격형식인 작품들에는 한문에 국문을 병기하는 (나)의 방식을 취하고 있는 것을 볼 수 있다. 이처럼 기록매체의 사용양상 및 표기방식과 작품의 배경이 되는 음악의 기원, 작품의 형식이 밀접하다는 것을 알 수 있다.

그렇다면 (가)방식은 신(神)을 향한 발화, (나)방식은 사람(왕)을 향한 발화라는 점이 가지는 의미는 무엇인가? (가)는 문명권의 공동문어(共同文語)인 한문매체로만 기록한 것이고, (나)는 민족어와 공동문어를 병기한 것이다. 신은 어디서나 동일하므로 문명권 공동문어로 사용하고, 사람은 우리민족, 조선의 왕이므로 두 가지 언어를 함께 기록하고 있는 것이다. 이는 두 가지 문자매체를 사용하면서도 한문에서 국문으로 변모되는 조선시대의 문자생활의 한 단면을 보여주는 것이라고 할 수 있다. 국문이 있기 전, 언어는 공동문어인 한문을 사용하면서도 내용은 조선적인 것을 담아야 했던 고뇌의 과정이 국문이 생긴 후 반영되어 외적으로는 한문으로 된 한문가요이지만 그 내용에 따라 두 가지 기록매체를 어떻게 활용했는지 당대인의 고민의 흔적을 찾아볼 수 있는 것이다.

≪악장가사≫라는 작품집의 재미는 여기에 있다. 노랫말만을 기록한 작품집인데도 그 노래가 실제 연행되었을 때에 발화의 대상이 되는 존재가

누구인지에 대해 엄격하게 구분해서 표기매체를 선택하고 있기 때문이다. 이 작품집을 보는 것은 궁중음악 관련자이다. 그래서 그들에 맞게 일률적인 기록방식을 채택하는 것이 당연할 것이다. 그럼에도 불구하고 이 편찬자는 작품집을 활용하는 궁중음악관련자의 입장에서가 아니라 실제 이 노래가 연행되었을 때의 발화대상에 따라 표기매체를 선택하고 있는 것이다.

물론 이러한 결론은 표면적인 현상에 대한 해석이다. 여기서 더 나아가 ≪악장가사≫는 기록된 문헌이기 때문에 연행상황을 떠나서 작품의 노랫말과 그 노랫말의 기록수단이 되는 기록매체의 상관성의 문제로 더 깊이 이해해야 할 필요가 있기 때문이다. 다시 말해 이는 ≪악장가사≫뿐만 아니라, 좀 더 근원적으로 당대 기록물에서 기록매체의 선택 및 표기방식의 차이가 어디서 오느냐의 문제이다. 이는 한문과 국문의 기능과 사용처, 두 기록매체의 위상에 대한 당대 언중(言衆)의 인식의 문제로 확장해서 논의할 필요가 있는 것이다.

주지하다시피 조선시대에는 한문과 국문이라는 두 기록매체가 함께 사용되었다. 그런데 한문은 상층지식인의 공식적 기록매체였다면, 국문은 '언문(諺文)'이나 '이어(俚語)', '암글'이라는 말에서 볼 수 있듯이 여성이나 어린이, 하층의 것으로 인식되었다. 곧 한문은 상위어(high variety), 국문은 하위어(low variety)로 두 기록매체의 지위와 사용처가 상하관계에 있었던 것이다.

따라서 시가(詩歌)를 짓거나 기록할 때 기록매체를 선택하는 데에 있어서 한문은 상층남성에 의해 공식적 내용이나 당대 주류적 가치관인 유교적 세계관, 혹은 작가의 있는 그대로의 현실적 상황을 나타내는 때에 선택된다면 상대적으로 국문은 여성이나 아동, 하층의 언어로 인식되어 비공식적인 내용을 담거나, 당대의 비주류적 가치관인 불교적 세계관을 나타내거나 작가가 상상하는 비현실적이거나 탈현실적인 내용을 나타내는 때에 선택되는 경향이 있다는 것이다.[26]

우리는 이러한 원리를 여기서도 발견할 수 있다. (가)방식이 신(神)을 대상으로 하고, (나)방식이 사람을 대상으로 한 것도 사람보다 더 우위에 있는 하늘의 신들을 향한 발화는 상위어인 한문으로, 땅에 있는 사람을 대상으로 한 것은 하위어인 국문을 한문과 함께 병기(倂記)했다고 볼 수 있는 것이다. 여기서 주의할 점은 이처럼 꼭 신을 대상으로 한 노래여야 한문만으로 표기하고, 신이 아닌 사람(왕)을 대상으로 한 노래는 한문에 국문이 병기(倂記)되는 것은 고정된 원칙이 아니라 상대적으로 두 기록매체가 선택될 때에 나타나는 하나의 사례라는 점이다.

(나)방식을 사람으로 확장했지만 좀 더 구체적으로 말하면 왕(王)을 대상으로 한 것이기 때문에 국문만으로 표기하지 않고 그 기본은 한문으로 된 한문가요라는 점을 간과해서는 안된다. 상대적으로 신에 비해 사람이라는 층위를 가진다는 것이지 사람안에서는 가장 높은 층이기 때문이다. 따라서 신이든 왕이든 국문가요가 아닌 한문가요라는 점을 염두해야 하고, 그 중에서도 신을 대상으로 한 노래는 국문으로 병기하지 않고 한문만으로 표기하는 (가)방식으로, 왕을 대상으로 한 노래는 한문가요에 국문이 병기되고 있다는 점을 이 시대의 양층언어적 상황에서 이해할 필요가 있는 것이다.

3.2. 현토가요: 임금(君)을 향한 찬양

≪악장가사≫에서 현토가요는 다섯 작품인데, 한시에 대한 국문음이 안 된 경우인 (다)방식이 두 작품, 한문에 국문음이 병기된 (라)방식이 세 작품이다. ≪악장가사≫는 '아악가사', '속악가사', '가사'의 세 부분으로 분류되

---

26 이에 대한 기존연구로는 이종묵, 「조선시대 여성과 아동의 한시 향유와 이중언어체계(Diaglosia)」, 『진단학보』 104집, 진단학회, 2007 ; 정소연, 「신흠의 절구와 시조 비교연구」, 서울대학교 박사학위논문, 2006 ; 정소연, 「<龍飛御天歌>와 <月印千江之曲> 비교연구 -양층언어현상(Diglossia)을 중심으로-」, 『우리어문연구』 33집, 우리어문학회, 2009 등이 있다.

어 있는데, (다)의 방식으로 된 작품은 '아악가사'에 있는 <납씨가(納氏歌)>, <정동방곡(靖東方曲)>이고, (라)의 방식으로 된 작품은 '가사'에 있는 <방엄찬(楞嚴讚)>, <풍입송(風入松)>, <야심사(夜深詞)>이다.[27]

앞에서도 잠깐 언급하였지만 더 자세히 보도록 하자.

(다1) 한자어에 국문음이 병기되지 않은 현토가요
〈納氏歌〉

納氏恃雄强ᄒ야　　　날씨가 강한 힘을 믿어
入寇東北方ᄒ더니　　동북방에 침략하더니

縱傲誇以力ᄒ니　　　방자하고 오만하게 힘을 과시하니
鋒銳라不可當이로다　날카로워라 감당할 수 없도다
我后倍勇氣ᄒ샤　　　우리 임금께서 용기를 배로 내시어
挺身衝心胸ᄒ샤　　　앞장서서 적의 가슴을 찌르시어
一射애斃偏裨ᄒ시고　한 번에 부장을 쏘아죽이고
再射애及魁戎ᄒ시다　두 번에 괴수도 맞추시다
(中略)　　　　　　　(中略)
卓矣莫敢當ᄒ니　　　우뚝하여 감당할 수 없으니
東方이永無虞로다　　동방이 영원히 근심이 없도다
攻成이在此擧ᄒ시니　공을 이룸이 이 거사에 있으시니
垂之千萬秋이샷다　　천만년토록 전해질 것이로다

(다2) 〈정동방곡(靖東方曲)〉
繄東方阻海陲彼狡童竊天機ᄒ니이다 동방의 바다경계에 辛禑가 왕의 자리

---

[27] 참고로 ≪악학궤범≫에서 현토가요는 여섯 작품인데, 모두 (다)의 방식으로 기록되어 있다. ≪악장가사≫에도 있는 <納氏歌>와 <靖東方曲> 외에 <鳳凰吟>, <북전(北殿)>, <관음찬(觀音讚)>, <문덕곡(文德曲)>이 있다. <납씨가>와 <정동방곡>은 권2의 '時用俗樂祭樂'에 들어있고, 나머지 네 곡은 권5의 '時用鄕樂呈才圖儀'에 들어있다.

	를 빼앗았도다
偉東王德盛	아! 동방에 왕덕이 盛하도다!
肆狂謀興戎師禍之極靖者誰어니오	경솔한 꾀로 發軍하여 화가 극에 달했으니 누가 평정하리오
偉東王德盛	아! 동방에 왕덕이 盛하도다!
天相德回義旗罪其出逆其夷ᄒᆞ샷다	하늘이 德人 도와 義旗를 돌려 죄인과 오랑캐를 몰아내셨네
偉東王德盛	아! 동방에 왕덕이 盛하도다!
(中略)	(中略)
千萬世傳無期ᄒᆞ쇼셔	천만세대에 끝없이 전하소서
偉東王德盛	아! 동방에 왕덕이 盛하도다!

(다1)은 작품의 표기방식을 내용과 함께 확인하기 위해서 원문과 달리 내용에 따라 임의로 끊어읽기를 하였다. (다2)는 원문에서도 위와 같이 행이 나누어져 있는 것을 그대로 가져왔다. (다1·2)는 모두 태조 이성계를 찬양하는 내용이다. 전자는 동북면에 침입한 원의 나하추[納哈出]를 물리친 것을, 후자는 위화도 회군을 칭송하는 노래이다. 그렇다면 (다)는 현토가요이지만 우리 임금을 칭송하기 위해 부르는 노래이므로 (나)방식의 발화대상과 같다. (나)와 (다)의 공통점은 한문에 대한 國文音 倂記가 아니라 한문과 국문을 함께 사용하고 있다는 그 자체이다. (나)는 한문에 대한 국문음을 표기하기 위해서 국문매체를 사용했고 (다)는 조사나 어미의 표기를 위해서 국문매체를 사용하고 있다. 따라서 (다)를 현토가요라는 측면에서 주목하기보다 한문매체와 국문매체가 병기(倂記)되었다는 그 자체의 사실에 더 주목할 필요가 있다. 즉, 발음표기이든 현토 표기이든 국문매체가 병기(倂記)되었다는 그 자체가 더 중요하고 이 점이 (나)·(다)의 공통점이라는 것이다.

사실 국문매체가 (나)에서와 같이 한문의 발음을 표기하기 위해서 사용되든지, 혹은 (다)에서와 같이 국어의 조사나 어미 등의 허사(虛辭)를 표기하기 위해서 쓰이든지 둘 다 국문매체가 소리와 관련된다는 점에서는 동일하다. 국문은 태생적으로 표음문자이다. 따라서 표의문자인 한문에 대한 보조적 수단으로 국문이 쓰일 때에는 표음문자로서의 특징 때문에 선택되는 것이다. 그러므로 시각적인 한문을 청각화하는 역할을 하는 것이 바로 국문이다.

그런데 구두로서 발음되는 모국어, 곧 '말'은 민족어로서 '우리 자신'을 생각하게 하지만 후천적인 교육과 노력을 통해 특정 계층 위주로 습득되는 한문은 그렇지 않다. 우리의 구어(口語)와 일치하지 않는 문어(文語)인 한문은 문명권의 보편어이다. 그래서 시야를 주위로 돌리고 우리만이 아닌 외부의 세계를 의식하게 한다. 이러한 두 언어의 차이는 이 언어를 사용한 작품의 내용과 직결되고 있음을 알 수 있다. 즉 문명권의 공동문어인 한문으로만 표기한 (가)는 보편적 대상인 신(神)에 대한 찬양의 내용을 담고 있는 반면에 한문위주의 노래이지만 표음문자인 국문매체가 함께 나타나는 표기방식, 곧 (나)와 (다)는 우리 땅, 우리 임금에 대한 내용을 담고 있는 것이다.

이번에는 (다)방식에 속하는 나머지 네 작품을 살펴보도록 하겠다. 아래의 작품을 보도록 하자.

(다3) 〈봉황음(鳳凰吟)〉
山河千里國에 佳氣鬱葱葱ᄒ샷다
(中略)
克配天ᄒ시니 聖子神孫이 億萬年이쇼셔

(다4) 〈북전(北殿)〉
(前略)
慶雲深處에 仰重瞳ᄒ니나ᄂ
(中略)
聖壽無疆ᄒ샤 千萬春이쇼셔

(다5) 〈관음찬(觀音讚)〉
百花ㅣ 芬其萼ᄒᆞ고 香雲이 彩其光ᄒᆞ니
圓通觀世音이 承佛遊十方이샷다
(中略)
不思議妙德이여 名篇百億界ᄒᆞ시니
淨聖無邊澤이 流波及斯世시니라

(다6) 〈문덕곡(文德曲)〉 開言路章/ 保功臣章/ 正經界章
(前略)
我后之德이 與舜同ᄒᆞ샷다/ 壽無窮ᄒᆞ샷다/ 烝哉樂愷享千秋ᄒᆞ샷다

위에 든 작품들은 모두 너무 길어서 내용의 핵심을 잘 드러내는 일부분만 들었다. (다3·4)는 온 천지에 임금의 덕이 가득쳐서 태평세월을 이루었으니 임금을 찬양하고 임금의 만수하라는 송축의 내용을 담고 있다. 제목의 '봉황'도 임금을 가리킨다고 할 수 있다. (다6)에서 든 대목은 각 장의 마지막 후렴구이다. 전체 내용은 임금의 행적을 찬양하고 이로 인해 백성이 편안함을 누리므로 임금의 덕과 즐거움이 무궁함을 송축하는 것으로 이루어져있다는 점에서 (다3·4)와 비슷하다. 이런 점에서 앞에서 다룬 (다1·2)의 같은 내용을 담고 있다고 하겠다.

(다5)는 한문가요로 도창(導唱)한 뒤에 그에 화창(話唱)하는 현토가요 부분이다. 부처를 이어 관세음이 우주에 노니니 세상에 그 묘덕이 두루 미친다는 찬양의 내용이다. 임금은 아니지만 임금에 비견할 만한 존재인 관세음을 찬양한다는 점에서 역시 지금까지 살펴본 (다)방식의 내용에서 크게 벗어나지 않는다.

지금까지 현토가요를 한 작품씩 모두 살펴보았는데 이것만으로는 아직 논의를 깊이있게 진행할 수가 없다. (다)의 특징이 분명하게 드러나기 위해서는 현토가요이면서도 표기방식이 다른 (라)방식의 작품을 살펴보아야 한다. 국문매체를 허사(虛辭) 표기의 문법적 기능을 위해서만이 아니라 발

음표기를 위해서도 사용한 (라)방식에서는 어떠한 특징이 있는지 구체적인 작품을 보도록 하자.

(라1) 〈풍입송(風入松)〉
聖明天子當今帝神補天助敷化來理世欣 나 성명천자는 지금의 임금이니
셩명텬즈댱금뎨신보텬조부회리리셰흔   나 하늘을 보좌하여 오셔서
                                    세상을 다스리시네

恩深遐邇古今稀外國躬趨盡歸依 야 은혜 깊어 고금에 드무니
은심하이고금희외국궁추진귀의   외국에서 찾아와 모두 귀의하네

四境寧清罷槍旗盛德堯湯難比 야 사방은 평안하고 무기와 군대깃발 없어져
ᄉ경령쳥파창긔셩덕외탕란비   큰 덕은 요·탕왕과도 비하기 어렵도다

惟我聖壽萬歲 야 오직 우리 임금님 성수만세
유아셩슈만세

(中略)

永同山嶽天際 야 영원히 저 산봉우리와
영동산악텬졔   하늘끝같이 사소서

(中略)

<u>君臣共醉大平筵帝意多懽是此日</u>銀漏莫催頻傳 아 군신이 함께 태평잔치에 취하고
군신공취대평연뎨의다환시ᄎ일은루막최빙뎐   임금님이 많이 기뻐하시니
                                              이날은 시간이 늦었다고 재촉말라

(下略)

(라2) 〈야심사(夜深詞)〉[28]

(前略)

| 花盈瓶酒盈觴君臣 | 아 | 꽃은 병에 가득 차고 술은 잔에 가득찼도다 군신아 |
| 화영병쥬영샹군신 | | |

君臣共醉大平年懽醉夜深鷄唱曉人心深厚留連 아
군신공취대평년환취야심계챵효인심심후류련

                군신이 함께 태평세월에 취하였네 기뻐하며 취하고
                밤깊어 닭이 울어도 인심이 후해 잔치가 계속되도다

人心深厚留連	아	인심이 후해 잔치가 계속되도다
인심심후류련		사람을 기다리는 것은 어렵구나
(中略)		사람을 기다리는 것은 어렵구나
待人難待人難何處在		어느 곳에 계신 것인가
디인란디인란하쳐지		

| 深閉洞房待人難長夜不寐君不到 | 깊은 동방속에 갇혀 사람을 기다리는 것은 어렵구나 |
| 심폐동방디인란댱야블미군블도 | 밤은 길고 잠은 오지 않는데 임금(님)도 오지 않는구나 |

| 羅幃繡幕是仙間羅幃繡幕是仙間 | 비단휘장 수놓은 장막 이것이 신선이 사는 곳이라 |
| 나위슈막시션간나위슈막시션간 | 비단휘장 수놓은 장막 이것이 신선이 사는 곳이라 |

---

28 (라2)의 원문은 다음 사진과 같다.

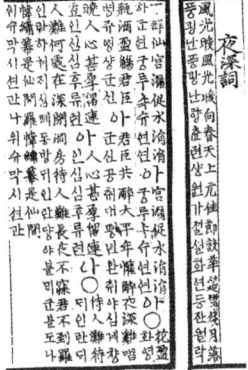

위의 작품 모두 원문과 달리 내용에 따라 끊어읽기를 한 것이다. 우선 (라1)의 <풍입송>을 보면 (나)·(다)와 같이 우리 임금을 찬양하고 장수를 기원하는 내용의 작품이라는 점에서 예외가 아니다. (라2)의 작품은 원문에서 '○'으로 구분되어 크게 세부분으로 나누어져 있는데, 위에서는 두 번째와 세 번째 부분의 일부를 가져왔다. (라2)에서 밑줄친 "君臣共醉大平年" 부분은 앞의 (라1)인 <풍입송>에서 밑줄친 부분과 같은 대목이다. 그러나 <풍입송>에서는 마지막 글자인 '年' 대신에 '筵'으로 되어있어서 "군신이 함께 태평잔치에 취하고"의 의미라면, (라2)에서는 "군신이 함께 태평세월에 취하고"의 의미로 해석된다. 전자는 잔치자리에서만 취하는 것이고 후자는 시대전체를 취하며 보내는 것이므로 강도가 더 강해졌다.

또한 (라2)에서 군신(君臣)이 모여서 태평함에 대해 노래하지만 임금 자체에 대해 초점이 맞추어져 있지는 않다. 따라서 (라2)가 (라1)과 같은 대목을 사용하기는 하지만 잔치분위기를 높이면서 임금에 대한 초점이 상대적으로 흐려지고 있고, 오히려 그것을 누리는 사람들쪽으로 내용의 변화가 일어난 것을 볼 수 있다. 또 (라2)의 중간부분에서는 '君'이 나오지만 마지막 부분에서는 '待人難'에서 보듯 임금이 '사람'으로 확장되고 있어서 (라2)의 진한 글씨로 해둔 '君'의 해석을 임금 대신에 '님'으로 대체해서 이해해도 무리가 되지 않는다.

다음 절에서 상세히 다시 다루겠지만 이러한 (라2)의 특징들은 (마)나 (바)표기방식인 국문가요의 특징과 좀 더 가깝다. 즉, <야심사>는 내용이 좀 더 국문가요쪽에 편향된 현토가요라 할 수 있다. 따라서 (라2)는 (나)·(다)·(라1)의 임금에 대한 발화에서 임금이 아닌 다른 존재로 노래의 내용이 넘어가는 과도기의 모습을 보여주는 작품이라 할 수 있다. 현토가요가 한문가요와 국문가요의 중간적 성격에서 점점 국문가요로의 편향성이 일어나리라는 것, 다시 말해 조선후기에 문자생활이 변모되면서 한문매체 위주에 국문으로 현토하는 현토가요가 국문매체 위주의 국문가요와 비슷한 영역의 내용을 다루게 되리라는 것을 짐작할 수 있다.[29] 이 점에 대해서는 3절을 통해서 더 자세히 논의하도록 하겠다. 이제 끝으로 (라)의 마지막 작품을 보도록 하자.

(라3) 〈방엄찬(楞嚴讚)〉[30]

世界衆生 이   세계중생이
셰계즁ᄉᆡᆼ

迷失本覺隨波逐浪 이어늘   혼미하여 본각을 잃고 물결따라 헤매거늘
미실본각슈파듁랑

如來愛民 ᄒᆞ샤   여래께서 백성을 사랑하시어
여릐이민

---

[29] 물론 한 작품의 경우를 들어 문자생활의 변천이 반드시 이렇게 흐른다는 것은 아니지만 표기매체와 작품내용의 밀접한 상관성을 염두할 때에 과도기의 한 면모라고 할 수는 있을 것이다. 그러나 이 점에 대해서는 차후 조선전기의 현토가요에서 조선후기의 현토가요까지 시대의 흐름에 따른 변화가 어떻게 일어나는지 별도로 논의가 이루어져야 할 것이다.

[30] (라3)의 원문은 다음 사진과 같다.

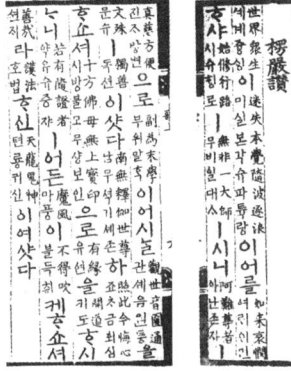

始修行路
시슈힝로 ㅣ   행할 길을 닦으시니

無非一大師
무비일대ᄉ ㅣ시니   큰 스승이시니

南無釋迦世尊
남무셕가세존 하   나무석가세존이여

(中略)

照此今悔心
죠츠금회심 ᄒᆞ쇼셔   이 후회하는 마음을 비춰주소서

 (라3)은 찬불가적 성격이 강한 작품으로 ≪악장가사≫전체에서 유일하게 불교적 내용을 담고 있다.[31] ≪악장가사≫에는 원래 <楞嚴讚>외에 <靈山會相>이라는 불교적 노래가 있었다. 그런데 실제로는 제목만 남아있고 <壽萬歲歌>로 대체되어 임금의 장수를 기원하는 내용이 되었다. <壽萬歲歌>는 (나)표기방식으로 한문가요에 국문음을 병기한 것인데, 순수한 한문가요라는 점에서 현토가요보다는 작품의 엄격성이 더 강하다. 따라서 ≪악장가사≫에서는 (나)방식으로는 불교적 성격의 노래 자체를 허용하지 않았다는 말이다. (나)방식의 한문가요보다는 상대적으로 국문매체가 더 많이 쓰인 갈래가 (다)와 (라)방식의 현토가요이다.
 (다5)에서 우리는 불교적 노래를 살펴본 바 있다. 그런데 (다5)는 관세음에 대한 찬양위주의 노래라면 (라3)은 진하게 표시해둔 대목처럼 여래의

---

[31] 물론 또 다른 불교적 성격의 작품으로 (나)방식의 <영산회상>이 있지만, 제목만 남아있고 실제 작품은 <壽萬歲歌>로 대체되었고, 임금의 장수를 기원하는 내용으로 되어있다.

찬양과 더불어 자신의 처지를 하소연하는 고백이 들어있다는 점에서 차이가 난다. 이는 같은 현토가요라도 (다)보다는 국문표기를 더 많이 사용하고 있는 (라)에서 시적 화자의 처지가 드러난다는 것을 보여준다. 같은 불교관련 노래이자 현토가요라고 해도 표기방식에 따라서 (다)에서처럼 작품의 내용이 발화대상만을 향하고 시적 화자의 한탄이나 하소연은 나타나지 않을 수도 있고 (라)에서처럼 발화대상만이 아니라 시적 화자 자신의 목소리를 꺼낼 수도 있음을 알 수 있다.[32]

유교를 국가이념으로 표방한 나라에서 공식적 언어인 한문매체만으로 불교적 성격의 노래를 담아내는 것은 심리적으로 저항이 있을 수 있다. 반면에 문명권의 공동문어이자 상층의 언어인 한문에 비해 엄격성이 적고, 무엇보다 자국어로서 아직 그 언어의 지위가 한문보다 낮은 국문매체가 더 많이 쓰인 (라3)에서 불교적 노래가 허용될 가능성이 더 높은 것이다.

앞에서 (라2)가 왕을 대상으로 하는 내용이면서도 (나)(다)(라1)에 비해 작품의 초점이 '사람'으로 확장하는 일면이 보인다고 했는데, (라3) 역시 그 연장선상에 있는 작품으로 볼 수 있다. 작품을 보면 '백성'이 혼미하여 방황하는 것을 불쌍히 여기고 있고, 또 화자(話者)의 뉘우침을 돌아봐달라고 하고 있어서 (나)(다)(라1)에 비해 작품의 중심이 왕에게서 일반백성에게로, 또 발화의 대상에서 발화자에게 옮겨지고 있는 것이다.

즉, 국문매체가 허사(虛詞)로서 조금씩 쓰인 (다)의 경우보다는 허사 표기

---

[32] 이러한 차이는 불교적인 노래내에서만이 아니라 유교와 불교를 각각 다룬 두 노래의 비교에서도 드러난다. 15세기의 국문악장인 <龍飛御天歌>와 <月印千江之曲>의 예를 들 수 있다. 국문가요라도 '한문'앞세움표기로 된 <용비어천가>는 왕업의 찬양과 유교적 이념을 다루고 있다면 '국문'앞세움표기의 <월인천강지곡>은 불교적 성향이면서 개인적인 슬픔과 신앙을 다루었다는 점, 그리고 <용비어천가>는 (가)방식의 한문가요가 있으나 <월인천강지곡>에는 (마)방식의 국문가요만 있다는 점에서도 역시 불교적 내용이 국문매체가 더 강화된 쪽에서 다루어진 것을 볼 수 있는 것이다. 이에 대한 자세한 논의는 정소연 (2009a) 참조.

와 더불어 발음표기로도 국문매체가 많이 쓰인 (라)에서 발화자의 대상이 임금에서 더 멀어져 백성이나 신하쪽으로 더 확장되고, 또 발화대상인 왕만을 찬양하기보다 발화자인 자신에게 관심이 옮겨질 가능성이 더 높아진다는 사실을 알 수 있다. 이로써 표기매체가 단순한 기록수단에 불과한 것이 아니라 같은 현토가요라도 어떤 방식으로 한문과 국문을 활용하고 있는지가 내용과 밀접하다는 점을 증명할 수 있었다.

　물론 (다)는 '아악가사'에 속한 작품이고, (라)는 '가사'에 속한 작품이라서 아악(雅樂)인지 속악(俗樂)인지에 따라 (다)처럼 작품내용도 더 경직되고 왕중심이거나 (라)처럼 좀 더 자유롭고 발화대상이 확장될 가능성이 높다고 할 수 있다. 아악이 아닌 속악에서 상대적으로 언어의 지위가 낮은 국문매체를 더 활용할 수 있고, 그래서 내용도 변화의 융통성을 보일 수 있는 것이다. 이 점 역시 한문과 국문의 아속관계(雅俗關係), 곧 언어의 지위관계가 아악과 속악의 아속관계에 그대로 반영되어 나타난 것이라 하겠다.

　지금까지 살펴본 바와 같이 현토가요는 하나의 성격으로 지적할 수 없고 (다)방식과 (라)방식이 서로 다른 특징을 지닌다. 발화대상에 대한 시적 화자의 태도와 시적화자의 목소리가 드러나는 정도에 있어서 차이가 있는 것이다. 특히 (라)방식은 국문가요의 특징에 가까운 편향성을 보인다는 점은 주목할 만하다. 현토가요의 이중적 성격과 더불어 (마)로 가는 과도기적 성향이 있다는 것을 보여주기 때문이다.

　조선시대 문자생활은 한문에서 국문으로 변모되어 19세기 갑오경장을 기점으로 국문이 공식적인 기록매체가 되었고, 국문전용시대가 열렸다. 따라서 중간적 성격인 현토가요의 특징이 (라1)에서 (라2·3), 그리고 점점 (마)와 (바)로 변모되리라는 것은 짐작이 가능하다. 현토가요가 한시(漢詩)의 국어시가화(國語詩歌化)를 꾀한 갈래이므로 한문가요와 국문가요의 중간적 성격을 띠고 있고, 그래서 그 성격도 이중적이라 할 수 있다.

　한편, (다)의 <납씨가>와 <정동방곡>의 경우 ≪태조실록≫과 ≪삼봉집≫에는 순수한 한시로만 되어 있고 현토가 없다. 그런데 ≪악장가사≫에서 국문으로 현토한 것은 악곡상의 이유라고 보는 견해가 있다.[33] <납씨가>는 <청산별곡>, <정동방곡>은 <서경별곡>의 악곡에 얹어부르기 위해 맞지 않는 부분에 국문으로 현토를 했다는 것이다.

그러나 악곡상의 맞지 않는 부분을 한문의 허사(虛詞)를 넣어 글자수를 맞출 수도 있는데, 즉 한문가요를 유지하면서도 자수(字數)를 악곡에 맞게 하는 방법이 있는데도 국문으로 현토를 해서 현토가요가 되었다는 것을 생각해볼 필요가 있다. 또 ≪악장가사≫에는 신(神)을 대상으로 찬양하는 내용의 현토가요는 없다는 점에도 주목할 필요가 있다. 굳이 어떤 악곡밖에 얹어부를 수 없는 상황이 생기더라도 (가)와 같은 내용을 현토가요로 바꾸지는 않는다는 것이다. 이 점 역시 한문과 국문, 두 언어매체가 지닌 사회적인 지위와 인식이 작용한 결과임을 지적할 수 있겠다.

3.3. 국문가요: 발화대상의 확장(君臣男女)과 다양한 정서 표출

이제 국문매체가 위주인 국문가요를 살펴보도록 하겠다.

≪악학궤범≫에는 권5의 '時用鄕樂呈才圖儀'에 국문가요 다섯 작품이 있는데 한자어에 대해 국문음이 병기되지 않은 (마)방식으로 기록되어 있다. <처용가(處容歌)>, <동동>, <정읍사>, <삼진작(정과정)>, <용비어천가> 등이 이에 속한다.

≪악장가사≫에는 '가사'에 속한 <감군은(感君恩)>, <정석가(鄭石歌)>, <청산별곡(靑山別曲)>, <서경별곡(西京別曲)>, <사모곡(思母曲)>, <쌍화점(雙花店)>, <이상곡(履霜曲)>, <유림가(儒林歌)>, <가시리>, <신도가(新都歌)>, <한림별곡(翰林別曲)>, <처용가(處容歌)>, <어부가(漁父歌)>, <만전춘별사(滿殿春別詞)>, <화산별곡(華山別曲)>, <오륜가(五倫歌)>, <연형제곡

---

[33] 장사훈, 『국악논고』, 서울대학교 출판부, 1966, 49-67면.

(宴兄弟曲)>, <상대별곡(霜臺別曲)> 등 총 18작품이 있고 모두 (바)의 방식으로 표기되어 있다. 많은 작품이 있지만 ≪악학궤범≫과 겹치는 작품은 <처용가> 한 작품뿐이다.[34]

　작품의 내용을 살펴보면 일률적이지 않고 다양한 것을 볼 수 있다.[35] 우선 작품이 많이 실린 ≪악장가사≫의 경우를 보면 작품의 내용에 따라 크게 세 가지로 분류할 수 있다. 왕조와 임금에 대한 찬양이 나타나고 있는 (바1), 신하들이 작품내용의 중심이 되고 있는 (바2), 사랑과 이별을 위주로 다룬 (바3)으로 정리된다. 이와 관련해 ≪악학궤범≫의 작품들을 분류해보면 <處容歌>, <동동>, <정읍사>, <삼진작(정과정)> 등의 (마3)은 (바3)에 들어가고 (마1)인 <용비어천가>는 (바1)에 들어간다. 따라서 (마)와 (바)의 표기차이는 현토가요만큼 차이가 나지 않는다는 것을 알 수 있다.

　우선, (바1)에 해당하는 일곱 작품을 보면 다음과 같다. <신도가>, <화산별곡>, <유림가>, <용비어천가>는 조선 창업과 왕을 찬양하는 내용이다. 그러면서도 5연으로 된 <유림가>에서는 "浴乎沂風乎舞雩詠而歸호리라"며 儒者의 풍류의 모습을 매 연마다 반복적으로 후렴하고 있다. <오륜가>는 임금과 신하의 조화로운 관계를 비롯한 다섯 덕목을, <연형제곡>은 세종과 그 형제간의 관계와 더불어 왕의 위업을 찬양하고 있다. <감군은>은 임금의 덕과 은혜를 찬양하면서도 <유림가>와 같이 매연의 끝에서마다 "一竿明月이 亦君恩이샷다"고 하여 화자가 낚시하는 삶이라는 구체적 일상의 면모를 들면서 임금의 은혜를 노래하고 있다.

---

[34] 여기서 경기체가나 고려속요 등 시가(詩歌)의 여러 하위갈래가 함께 들어가 있지만 본 논의에서는 경기체가나 고려속요 자체의 갈래적 특성에 대해서는 전혀 다루지 않는다. 하위 갈래보다는 상위의 갈래인 국문가요에서의 표기방식을 보는 것이기 때문이다. 그래서 하위갈래명을 전혀 언급하지 않고 작품명만 든다.

[35] 대부분의 작품들이 매우 유명해서 잘 알려진 작품들이기도 하고, 또 작품수도 많아서 일일이 작품을 예로 보이지 않고 내용을 정리한다.

따라서 (바1)은 시적 화자가 발화대상을 임금에게서 옮겨 시적 화자 자신의 이야기를 어느 정도 한다는 점에서 공통점을 찾을 수 있다. 곧 왕을 중심에 두고 왕에 대한 찬양을 하면서도 시적 화자의 개인적인 감회가 더불어 강조되고 있다는 특징을 지닌다. 현토가요 중 (라2)·(라3)에서 발화 대상이 왕에서 다른 사람으로 일반화하여 확장할 수 있는 가능성을 발견한 바 있는데, (바1)은 이보다도 더 그 성향이 강화되고 있는 것을 볼 수 있다.

다만 <용비어천가>의 성격은 발화대상이 임금에게 고정되어있고 시적 화자 자신에게 초점을 두는 대목이 없다는 점이 이질적이다. 중요한 것은 국문가요에서는 <용비어천가>와 같이 발화대상이 시종 임금인 것과 <유림가>나 <감군은>처럼 임금과 더불어 시적 화자 자신의 목소리가 함께 나오는 경우가 모두 있다는 점이다. 이것은 나머지 작품들을 모두 검토해본 후 다시 논의하도록 하겠다.

이번에는 (바2)에 해당하는 두 작품을 살펴보자. <한림별곡>은 한림원의 여러 文臣들의 기개와 자기 과시를 다룬 내용이다. <상대별곡>은 사헌부의 모습과 위용을 노래하고 있는 작품이다. 이 두 작품의 공통점은 찬양의 대상이 왕이 아니라 신하로 내려왔다는 점이다. 또한 상대방이 아니라 학자가 화자 자신을 노래한다는 점에서 발화자에게 초점이 맞추어졌고, 발화의 대상과 발화자가 일치되어 있다.

이제 남아있는 작품들은 모두 13개의 작품인데 그 내용을 보면 다음과 같다. <정석가>, <서경별곡>, <쌍화점>, <이상곡>, <가시리>, <처용가>, <만전춘별사>, <동동>, <정읍사>, <삼진작(정과정)>은 잘 알려진 것처럼 남녀간의 사랑과 이별을 다룬 작품들이다. 그 외 <청산별곡>은 삶의 애환을 노래한 것이고, <어부가>는 어부의 한가로운 삶을, <사모곡>은 어머님의 사랑을 노래한 것이다. 이 13개의 작품을 (바3)이라고 해둔다.[36]

---

[36] (마3)으로 분류한 <처용가>외 세 작품이 (바3)에 들어가므로 앞으로 (마3)은 별도

(바3)에 해당하는 작품들의 발화 대상을 보면 (바2)에 비해 일반 사람으로 그 지위가 더 내려온 것을 알 수 있다. 또한 발화의 대상이 외부의 누군가가 아니라 발화자 자신에게로 향하고 발화자와 일치하는 경향이 (바2)에 비해 더욱 강하다. 노래의 초점이 님과 이별하게 된 발화자 자신의 마음이다. 특히 고통이나 아픔, 혹은 삶속에서 느낀 한가로움과 애환 등 발화자 자신이 작품의 중심내용이다.

그런데 이러한 내용의 차이가 표기매체와 무관하지 않다는 것에 주목할 필요가 있다. 작품의 일부를 예로 들어 보이면 다음과 같다.

(바1) 〈신도가〉
(前略)
聖壽萬年 ᄒᆞ샤 萬民 의 咸樂 이샷다
셩슈만년   만민   함락
(後略)

〈화산별곡〉
(前略)
太祖太宗創業貽謀太祖太宗創業貽謀
태조태종창업이모태조태종창업이모

위 持守 ㅅ 경 긔엇더ᄒᆞ니잇고
   디슈   景
(後略)

〈유림가〉
(前略)

로 지칭하지 않고 (바3)에 포함시키도록 하겠다.

浴乎沂風乎舞雩詠而歸
욕호긔풍호무우영이귀 호리라

我窮且樂 아 窮且窮且樂 아
아궁챠락   궁챠궁챠락

〈오륜가〉
(前略)
仁義禮智三綱五常秉彝之德
인의례디산강오샹병이지덕

위 萬古流行 ㅅ 경 긔엇더ᄒ니잇고
　　만고류힝　　景

(後略)

〈연형제곡〉
(前略)
良知良能天賦使然良知良能天賦使然
량디량능텬부ㅅ연량디량능텬부ㅅ연

위 率性 ㅅ 경 긔엇더ᄒ니잇고
　　솔셩　　景

(後略)

〈감군은〉
一竿明月 아 亦君恩 이샷다
일간명월   역군은
(前略)

위에서 보듯 한시구의 한 행이 그대로 들어가 있다든지 국어로 풀어 쓸 수 있는 부분도 한자구(漢字句)로 쓴다든지 하는 경우를 많이 볼 수 있다. (바2)의 <상대별곡>과 <한림별곡> 역시 사헌부나 한림원의 상층사대부들의 위용을 자랑하는 내용이라서 표기방식이 (바1)과 유사하다. 반면 (바3)의 작품들은 국문사용이 (바1·2)보다도 현격하게 많은 국문가요들이 대부분이다. 작품 예를 보이면 다음과 같다.

(바3) 〈가시리〉
가시리가시리잇고나ᄂᆞᆫ ᄇᆞ리고가시리잇고나ᄂᆞᆫ
위증즐가 大平盛代
　　　　　대평셩ᄃᆡ
(後略)

　위와 같이 후렴구의 일부에는 한자구가 들어가지만 대부분을 우리말로 표현하고 있는 것을 볼 수 있다. 그리고 (바1)·(바2)·(바3)으로 갈수록 임금에서 신하, 일반적인 사람으로 발화대상이 확장되고 지위가 낮아지고 있다. 국문가요인 (마)·(바)는 두 기록매체를 자유롭게 활용하면서 세 층위의 인물에 대해서 다 다루고 있는 것이다. 또한 작품의 초점이 발화대상에서 점점 발화자 자신에게로 바뀌고, 발화대상과 발화자가 일치된다는 것, 그리고 표기매체 역시 뒤로 갈수록 국문매체가 현격하게 강화된다는 점을 발견할 수 있다. 한문매체만 쓴 한문가요나 한문위주의 현토가요보다 한문을 함께 사용하는 국문위주의 가요에서 발화대상이 가장 다양하고 시적 화자의 감정의 양상도 다양해진다는 특징을 찾을 수 있다.
　그렇다면 왜 국문매체가 강해질수록 작품의 초점이 발화대상에서 발화자로 옮겨지는가? 이는 한문과 다른 국문의 언어적인 그 자체의 특성에서 기인한다. 한문은 우리에게 문어(文語)이기만 하지만 국문은 소리를 그대로 글자로 옮긴 것이고 문어(文語)와 구어(口語)가 일치하는 언어이다. 한문은 시각적인 언어이자 표의문자이지만 국어는 표음문자로서 소리를 표현할 수 있고 들을 수 있는 청각적인 언어이다. 곧 한문은 문자언어이기만 하지만 국문은 구두언어이면서 문자언어인 것이다. 따라서 한문과 국문의 극명한 차이점을 찾으라고 한다면 한문의 문자성과 국문의 구술성을 들 수 있다. 이러한 두 언어의 근원적 차이점에 기초해서 논의를 진 행해보도록 하겠다.[37]

문자언어는 문자를 구현하는 사람의 바깥에 존재한다. 반면 목소리는 발화자의 속에서 나오고 바깥을 향해 음성을 퍼트리는 속성이 있다. 이에 따라 한문매체 위주로 기록된 가요는 바깥의 신을 향해, 혹은 왕을 향해 노래한다. 시야를 통해 볼 수 있는 거리가 음성이 전달할 수 있는 거리보다 멀 듯이 한문매체 위주의 노래는 멀리 있는 신이나 왕을 노래한다. 반면 자신의 속에서 음성을 외부로 퍼트리는 음성언어의 속성처럼 구어 위주의 국문가요는 발화 대상이 외부의 존재가 아니라 자기 자신이고 자신의 감정을 다양하게 표현한다.

문자언어는 그것을 사용하는 사람이 존재하지 않아도 문자로 된 기록물이 독립적으로 존재할 수 있다. 반면 음성언어는 그 말을 하는 사람의 속에서 음성이 나오므로 발화자와 언어를 뗄 수가 없고 항상 함께 해야 구두언

---

[37] 이하의 논의에서 음성언어와 문자언어, 말과 글의 특징과 관련해서는 다음을 더 참고할 수 있다. 정소연(2006), 앞의 글, 18-30면 ; 정소연(2009a), 앞의 글 ; Walter J. Ong, *The Technologizing of the Word*, Routledge, 1982, 이기우·임명진 역, 『구술문화와 문자문화』, 문예출판사, 1995 ; Walter J. Ong, *The Presence of the Word*, 이영걸 역, 『언어의 현존』, 탐구당, 1985 ; Michel Foucault, *Les Mots et les choses-une archéologie des sciences humaines*, 이광래 역, 『말과 사물-인문과학의 고고학』, 민음사, 1987 ; J. L. Austin, *How to do Things with Words*, Harvard University Press, 1962, 김영진 역, 『말과 행위』, 서광사, 1992 ; Jacque Lacan, 「무의식에 있어 문자가 갖는 권위 또는 프로이트 이후의 이성」, 권택영 편, 민승기·이미선·권택영 역, 『자크 라캉 욕망이론』, 문예출판사, 1994 ; Albertine Gaur, *A History of Writing*, The British Library, 1984, 강동일 역, 『문자의 역사』, 새날, 1995 ; J. Patrick Duffey, "A War of Words : Orality and Literacy in Mariano Azuela's Los de Abajo", *Romance Notes*, Volume.38, No.2, Department of Romance Languages, University of North Carolina, 1998.

어의 존재가 가능하다.[38] 그렇기 때문에 문어(文語)보다 구어(口語)가 언어 구현자의 존재, 곧 발화자의 존재가 더 강해진다. 이로 인해 문자 언어인 한문으로 기록된 작품보다 음성언어인 국문 위주로 기록된 작품에서 시적 화자의 목소리가 더 강해진다고 하겠다.

또한 문자언어는 그것을 쓸 때 사용자가 고독하게 존재한다. 문자언어의 수신자가 문자언어의 발신자와 함께 있지 않기 때문이다. 즉 문자언어의 사용은 종이를 대면하는 일방통행의 고독한 작업이라면 음성언어의 사용은 청자와 화자가 현장에서 주고받는 쌍방향의 작업니다. 수신자의 존재여부는 발신자의 표현력에 영향을 미칠 수 있다. 들어줄 존재가 있을 때 표현력이 증가하고 표현의 욕구를 더 느끼기 때문이다.

이제 논의한 글과 말의 특성을 작품내용과 연결시켜보자. 한문매체만 쓰인 (가)는 발화의 '대상'인 저 높은 곳의 神이 강조되고 신을 찬양하는 내용 일색이다. 상대를 찬양하고 강조하면서 자기는 낮아지고 없어진다. 한문가요인 (나)도 마찬가지로 왕을 강조하고 찬양하는 내용 일색이다. 이에 비해 국문매체가 많은 (바)로 갈수록 발화의 대상인 왕만 강조되는 일방통행성보다는 발화자와 청자가 함께 나온다. 나아가 시적 화자의 목소리, 화자의 기쁨이나 고통의 토로 등의 감정 표현이 강화되고 있다.

한편, 표기매체의 차이가 발화자의 정서경향과도 밀접하다는 것을 발견할 수 있어서 흥미롭다. (바3)의 작품을 보면 발화자 자신의 정서가 기쁨이나 쾌활함보다는 슬픔으로 향하고 있다. (가)·(나)·(다)·(라)·(바1·2)까지 작품의 정서가 항상 밝은 쪽이었는데, (바3)은 어두운 쪽인 슬픔, 아픔이 강하게 표출되고 있는 것이다.

---

[38] 물론 현대사회는 녹음기 등의 이차매체를 통해서 음성과 발화자가 떨어져서도 존재할 수 있지만 본서에서는 현대사회의 특징이나 이차매체를 고려하지 않고 두 언어의 근원적인 특성 자체를 비교한다.

이는 작품내용의 중심인물의 지위와 밀접하다. (나)·(다)·(라)·(바1)에서는 임금, (바2)에서는 상층 귀족, (바3)에서는 일반남녀로 발화대상의 신분이 낮아진다고 했는데 일반남녀로 일반화되면서 왕이나 귀족에 비해 삶의 아픔이 더 많은 일반사람의 정서가 더 잘 드러나고 있는 것이다. 일반사람은 곧 너와 나, 우리라는 민중으로 확장될 수 있다. 당시 한문은 왕과 귀족을 중심으로 한 상층의 언어라면 국문은 언문(諺文)이나 이어(俚語)로 격하해서 부르기도 했던 백성의 언어로 두 언어의 지위와 기능이 구분되었다. 따라서 두 기록매체가 함께 쓰인 (나)~(바) 중에서 국문매체가 가장 강한 (바3)에서 민중들의 삶에서 나타나는 다양한 정서를 엿볼 수 있는 것이다.

4. 국문가요·현토가요·한문가요에 나타난 양층언어문학성

지금까지 한문과 국문 병기(倂記)의 정도에 따라 시적 화자와 발화대상의 관계, 또 발화대상의 신분의 상하 등의 차이가 나타난다는 점을 살펴보았다. 곧 한문가요와 현토가요를 대상으로 시적화자보다는 발화대상을 향한 찬양의 내용이 주가 되고 그 발화대상이 한문가요에서는 신이나, 현토가요에서는 임금인 경우가 많았다. 국문가요에서는 발화대상으로 지위가 높은 임금뿐만 아니라 군신남녀(君臣男女)로 확장되고 있는 것과 발화대상만이 아니라 시적화자의 입장을 토로한다는 점이 현토가요와 다른 것을 보았다.

이는 단지 한문에 국문이 병기되었는지의 여부에 따른 특징일 뿐 아니라 더 섬세하게 국문이 병기되는 정도에 따라 나타나는 다양한 양상의 스펙트럼을 점검한 결과라고 할 수 있다. 필자의 이전 논문에서 한문 가요는 신(神)이라는 발화대상을 향한 찬양이 위주라고 한 바 있어서[39] 세 가지 층위가 각각 어떻게 다른지 모두 살펴본 셈이다. 그러므로 국문 병기 유무(有無)의

---

[39] 정소연(2009b), 앞의 글.

이분법적 특징에 더 나아가 국문가요·현토가요·한문가요의 각 갈래에 해당하는 특징이라고 이해할 수 있다.

따라서 지금까지의 논의를 통해서 우리는 다음과 같은 결론에 도달할 수 있다. 첫째, 표기방식에 있어서 (가·나)·(다·라)·(마· 바)[40], 곧 한문가요·현토가요·국문가요는 후자로 갈수록 국문매체가 더 많이 쓰이고 한문매체가 약화되면서 국문위주의 기록방식이 강화된다. 둘째, 이와 같이 발화의 대상도 神·君·人으로 지위가 내려온다. 셋째, 발화의 대상에서 발화자 자신에게로 작품의 초점이 변하면서 발화의 대상과 발화자가 점점 일치한다. 넷째, 국문매체가 많이 사용될 뿐 아니라 한문매체도 함께 쓰고 있는 국문가요인 (마)·(바)에 이르면 발화대상이 가장 다양하고, 시적 화자의 감정의 층위도 찬양뿐 아니라 슬픔 등 다양하게 나타난다. 지금까지의 논의결과를 정리하면 다음과 같다.

[표1] ≪악장가사≫에 나타난 한문·현토·국문가요의 언어매체와 시적 화자·발화 대상의 상관관계

	표기방식	기록매체	발화대상	발화대상에 대한 시적 화자의 태도
A	(가)	한문◎ 국문×	神	찬양
B	(나)(다)(라1)	한문○ 국문○	人(君)	찬양
C	(라2·3)(마)(바)	한문△ 국문◎	人(君臣男女)	찬양, 슬픔 등의 다양한 감정 및 자기 토로

---

40 논의의 진행을 용이하게 하기 위해 여기서 (가)~(바)가 지칭하는 바를 2.에서 밝혔지만 다시 환기하면 다음과 같다. (가)는 한문만으로 된 한문가요, (나)는 한문에 국문음이 병기된 한문가요, (다)는 한자어에 국문음이 병기되지 않은 현토가요, (라)는 국문음이 병기된 현토가요, (마)는 한자어에 국문음이 병기되지 않은 국문가요, (바)는 한자어에 국문음이 병기된 국문가요이다.

위 표를 크게 이분해서 본다면 'A'와 'B+C'로 볼 수 있다. 기록매체만을 기준으로 나누어서 A의 (가)는 한문매체로만 된 표기방식이고, 나머지는 한문과 국문의 기록매체가 모두 쓰이는 방식이기 때문이다. 이와 관련해 발화대상을 보면 (가)는 신(神)이고 나머지 (나)·(다)·(라)·(마)는 사람[人]으로 이분된다. 왕이나 신하도 모두 사람이라는 점에서는 신(神)과 구분되기 때문이다.

그런데 이분법에서 더 나아가 다양한 양상의 스펙트럼을 살펴보면, A는 한문가요이고 B는 한문가요와 현토가요의 일부, C는 현토가요 일부와 국문가요가 해당된다. 한문가요의 경우 그 자체는 한문매체만을 사용한 갈래이지만 국문으로 발음을 표시하게 되면서 국문 병기(倂記)로 인해 A와 B로 나뉜다. 또 현토가요도 B와 C로 나뉜 것을 볼 수 있는데, 이는 현토가요라는 갈래 자체가 이미 한문과 국문 두 매체를 사용하고 있어서 그 성격도 이중적이고 중간적이기 때문이다. 비록 현토가요가 5편밖에 되지 않지만, 특히 (라)방식은 세 작품이지만[41] B와 C에서 보듯 다양한 면모를 보여주고 있는 것이다.[42] 그러므로 기존의 한문가요, 현토가요, 국문가요로의 삼분법이 큰 분류방식으로는 유의미하지만 조선시대 한문과 국문의 두 기록매체를 사용했던 우리의 실상을 구체적으로 살펴보기 위해서는 두 기록매체의 사용정도에 따라 위와 같이 세분하는 것이 연구에 더 도움이 된다는 것을 알 수 있다.

한편 같은 작품이 문헌에 따라 다르게 표기된 경우가 있어서 살펴볼

---

[41] 이해의 편의를 위해서 (라)의 세 작품과 특징을 다시 언급한다. (라1)은 <풍입송>, (라2)는 <야심사>, (라3)은 <방엄찬>이다. (라1)에 비해 상대적으로 (라2·3)은 임금보다는 신하에 초점이 맞추어져 있고 임금이라는 높은 신분에서 임금이 아닌 사람으로 확장되고 있다는 특징이 있다.

[42] 성주연, 「현토 악장의 성격과 위상에 관한 연구」, 이화여자대학교 석사학위논문, 1999에서도 현토악장이 한문악장과 국문악장의 중간적 성격을 띤다고 한 바 있다.

필요가 있다. 대표적인 작품이 <여민락(與民樂)>이다. (바)방식의 <용비어천가>라는 국문가요로도 존재하고 국문음 병기가 없는 한문가요의 (가)방식의 <여민락>으로도 존재한다. 그럼에도 ≪악장가사≫에서는 기존에 있던 (가)나 (바)방식의 <용비어천가>를 취하지 않고, 한문가요에 국문음을 병기하는 (나)라는 새로운 형태로 기록하고 있다.

이는 ≪악장가사≫의 편찬자가 신에 대한 발화는 (가), 왕에 대한 발화는 (나)·(다)·(라1), 사람에 대한 발화는 (마)라는 표기원칙을 가지고 있기 때문이다. 즉 (가)·(나)·(마)·(바)로 네 가지의 표기방식이 가능한 <여민락>은 내용상 왕에 대한 이야기이기 때문에 (나)의 표기방식을 선택하고 있는 것이다. 이처럼 <여민락>은 ≪악장가사≫의 표기원칙을 잘 보여주는 증거 중 하나이다. 서론에서 ≪악장가사≫는 ≪악학궤범≫보다 더 뒤에 편찬되었다고 한 바 있다. 따라서 이는 16~17세기에는 한문과 국문이라는 두 가지 기록문자를 쓰는 방식이 15세기의 ≪악학궤범≫보다 더 체계화되었다는 것을 의미한다.

≪악장가사≫는 이본이 모두 필사본인데 편찬자가 작품을 기록하면서 기록매체를 선택할 때에 표기하는 방식과 작품내용의 상관성을 의식하면서 편찬했다는 것을 알 수 있다. 그리고 이 점은 비단 이 책의 편찬자만 가지고 있는 유일하고 독특한 특성이 아니라 조선시대에 두 언어를 함께 사용했던 당대의 문자생활의 한 면모라고 볼 수 있다. 조선시대는 한문과 국문을 모두 사용하되, 초기에는 한문이 공식적이고 주된 기록매체이고 국문은 여성이나 아동이 사용하며 기록매체로 동등하게 인정받지 못하였다. 갑오경장을 기점으로 국문이 공식적 기록매체로 선포되기까지 두 가지 언어가 지위와 기능이 동등하지 않고 한문이 상층의 언어, 국문이 하층의 언어로서 양층언어적(Diglossia) 관계에 있었던 것이다.

그러므로 우리는 본서를 통해서 조선시대 문자생활의 변모가 한문에서 국문으로, 19세기 국문전용시대로 진행되기까지 국문과 한문이 구체적으로 어떠한 방식으로 사용되었는지 ≪악학궤범≫과 ≪악장가사≫를 통해서 그 일면을 살펴볼 수 있었다. 한문과 국문 두 기록매체를 모두 활용한 시가집은 이외에도 적지 않지만 대개는 ≪악학궤범≫처럼 (가)·(다)·(마) 방식으로 되어있다. 그런데 ≪악장가사≫는 한문과 국문을 한 줄에 나란히 같이 기록한 (나)·(라)방식까지 함께 있어 ≪악학궤범≫과 비교하며 조선 시대 표기매체의 사용면모를 살펴볼 수 있는 좋은 자료라고 할 수 있다.[43]

지금까지의 논의를 통해 다음과 같은 성과를 얻었다고 할 수 있다. 조선시대 한문과 국문이라는 두 기록매체를 함께 사용했던 양층언어적 상황 속에서 두 언어의 사용처와 기능, 그로 인해 작품의 특성이 어떻게 달라질 수 있는지를 해명할 수 있었다. 나아가 전세계적으로 나타난 양층언어현상의 한국적 상황을 연구한 것으로서, 특히 중세에 초점을 맞춘 연구는 거의 없는 실정에서 한국중세의 사례를 논의했다는 점에서도 유의미하다고 본다. 또한 ≪악장가사≫나 ≪악학궤범≫의 문자표기에 대한 연구가 많지 않은 기존연구사에 본 문헌의 특징을 연구했다는 점에서도 기여할 수 있을 것이다. 그간 문학작품의 표기방식은 어학적 차원에서만 이루어지는 경우가 많았다. 반대로 어학쪽에서는 작품의 내용보다는 표기방식 자체만 다루고 있어서 표기방식과 작품내용간의 긴밀성을 따져볼 기회가 부족했다. 이런 점에서 본서는 문자가 기록된 표기방식을 살피는 데에서 끝나지 않고 그것이 문학작품의 내용과 어떤 상관성이 있는지, 특히 시가에서 중요한 요소인 시적 화자와 발화 대상의 관계와 어떤 연관이 있는지 연구했다는 점에서 의의를 찾을 수 있다.

그러나 한문과 국문이 함께 사용된 당대 문자생활의 한 면모를 볼 수 있었다고는 해도 조선시대 전체를 조망하기에는 아직도 가야 할 길이 멀다.

---

[43] 한문에 국문음을 그대로 병기한 기록방식은 시가집보다는 교육용 등의 산문으로 된 언해집에서 주로 찾아볼 수 있다.

두 문헌이 15세기와 16~17세기의 자료이지만 각 시대의 단면에 불과해서 전면모를 알기에는 역부족이다. 앞으로 더 많은 자료를 대상으로 표기방식의 변화와 작품내용간의 상관성에 대한 분석이 이루어져야 한다.

| 17세기 |

7. 신흠의 한시와 시조 비교

1. 작품의 현황 및 선행연구 검토

17세기의 대표적인 양층언어작가로는 신흠, 윤선도, 정훈, 박인로 등을 꼽을 수 있다. 이 중에서 신흠(1566~1628)은 생몰연대가 가장 이른 시기에 속해 먼저 다룬다. 신흠은 2천여 수에 달하는 한시와 30수의 시조를 지었다. 한시와 시조를 모두 지었을 뿐 아니라, 시조의 한역 30수가 시조와 함께 ≪청구영언≫에 남아있다.

신흠은 한문 사대가(四大家) 중 한 사람으로 조선 전기와 후기의 사상사적 흐름에도 중요한 위치를 차지할 뿐만 아니라[1] 작품 수도 많다. 이에 비해 시조의 수는 매우 적지만 시조사적으로 본다면 신흠의 위치는 상당하다. 정병욱(1982)[2]에 의하면 20수 이상의 시조를 남긴 작가는 11명에 불과하다. 이 자료에서 미처 다루지 않은 19세기의 이세보와 정현석, 조황, 안민영 등을 더하여도 20여 명이 채 되지 않는다. 30수를 지은 신흠도 시조를

---

[1] 박희병, 「申欽의 學問과 그 思想史的 位置」, 『민족문화』 20집, 민족문화추진위원회, 1997 ; 고정희, 「申欽 시조의 사상적 기반에 관한 연구」, 『고전문학과 교육』 1집, 청관고전문학회, 1999.
[2] 정병욱 편, 『時調文學事典』, 신구문화사, 1982.

다작한 첫 그룹에 속하는 것이다.

한시의 구성을 보면 다양한 시 형식을 시도하고 있다는 점이 눈에 띈다. 문집의 배열 순서대로 보면, 고시와 율시, 배율과 절구 등은 여느 작가와 크게 다르지 않는데 비해 고시보다 더 앞에 배열된 ≪시경≫의 풍체 (風體) 16장 40수, 3언에서 7언까지 다양한 악부체 198수, 그리고 고악부 6언 절구 등 다양한 잡체의 한시를 볼 수 있다는 점이 주목된다.

이중 악부시가 200여수에 달한다는 점이 여타 작가에 비해 가장 두드러지는 특징이다. 악부시는 곧 노래에 대한 관심을 보여주는 것으로, 시조를 지었던 신흠의 의도가 악부시를 통해서도 드러난다고 할 수 있다. 곧 노래에 대한 관심에서 한문으로 된 악부도 지어보고, 국어로도 시조를 짓게 된 것이다. 이와 관련해 조성진(2008)[3]에서는 노래에 대한 관심과 더불어 방축의 상황도 그 계기로 보았다. 이런 점에서 악부시는 한시이면서도 가시 (歌詩)로서 시조 창작의 동기와 맞닿아 있다.

한편 시조 30수의 한역이 남아있어서 이 역시 주목된다. 지금까지 신흠 시조의 한역에 대해서는 김주백(1999)[4]에서 일부 다루고 있는 정도이고 본격적으로 논의되지는 않았다. 17세기에 시조를 한역한 작가로 그간 논의된 경우는 이민성인데, 시조 한역 12편을 남겼다.[5] 17세기 또 다른 작가로 윤선도는 77수중 <몽천요> 3수만 한역해두었다. 이에 비해 30수의 한역이 남아있다는 것도 이 시기 양층언어작가로서 두드러진 점이다. 이에 대해서는 2장에서 자세히 살펴보도록 하겠다.

---

[3] 조성진, 「신흠의 악부 인식과 민족 시가의 재인식」, 『한국시가연구』 25집, 한국시가학회, 2008.
[4] 김주백, 「신상촌 시조의 세계-한시와의 관계를 중심으로」, 『한문학논집』 14집, 1996에서 한역을 함께 다루고 있다.
[5] 이에 대한 자세한 논의는 조해숙, 『조선후기 시조한역과 시조사』, 보고사, 2005 참고.

신흠의 한시, 시조 각각에 대한 연구는 꾸준히 많이 이루어져 왔으나 두 갈래의 상관성을 살펴본 연구는 손에 꼽힌다. 대체로는 공통점, 유사성에 주목한 반면[6], 이성근(1992)[7]에서는 신흠의 절구와 시조를 비교하면서 시와 노래라는 확장된 개념 속에서 논의를 진행했다. 자아설정의 방식과 감정표출, 대상인식의 태도에 있어서 절구는 '독백적, 관조적'인 반면에 시조는 '적극적, 상대지향적'인 특징을 지닌다고 했다. 또 감정표출 양 상의 차이에 대해서는 시와 노래, 고립어와 첨가어라는 측면에서 원인을 찾았고, 자아설정 방식과 대상인식 태도에 대해서는 시와 노래의 향유방식에서 원인을 찾아 그 이유를 해명하였다. 이에 더 나아가 정소연(2004)[8]와 정소연(2006)[9]에서는 절구와 시조가 시와 노래, 실자와 허자 사용, 등가구조와 연속구조 등에 있어 대비적인 측면을 살펴보았다.

본장에서는 이러한 선행연구를 기반으로 다양한 한시체와 시조 한역을 추가적으로 검토한다. 시조와 절구의 내용 비교 등의 기본적 부분은 정소연(2006)에 이미 있으므로 양층언어시가사적 관점에서 작가와 화자의 관계, 세계관적 지향 등을 더 구체적으로 살펴보고자 한다.

2. 신흠의 양층언어문학관: 한문과 국어, 한시와 시조, 시와 노래에 대한 관점

여기서는 신흠이 당시 양층언어적 관계에 있었던 한문과 국어에 대해, 그리고 두 언어 매체로 지어진 한시와 우리말노래인 시조, 나아가 더 상위의

---

[6] 김주백, 「신상촌 시조의 세계-한시와의 관계를 중심으로」, 『한문학논집』 14집, 단국한문학회, 1996 ; 양태순, 「신흠의 시조와 한시의 관련 양상 연구」, 『고전문학연구』 33집, 한국고전문학회, 2008.
[7] 이성근, 「신흠의 절구와 시조 연구」, 부산외국어대학교 석사학위논문, 1992.
[8] 정소연, 「절구의 시학과 시조의 시학」, 『관악어문연구』 29집, 서울대학교 국어국문학과, 2004.
[9] 정소연, 「신흠의 절구와 시조 비교 연구」, 서울대학교 박사학위논문, 2006.

시와 노래에 대해 어떻게 생각했는지 산문기록을 통해서 살펴보고자 한다.

신흠은 출사기에는 시조를 짓지 않고 한시만 짓다가, 방축·유배기에 시조 30수를 모두 지었다. 시조를 지은 시기에 대해서는 논자에 따라 조금씩 다르다. 시조 서문의 기록에 "萬曆癸丑 長至"라고 밝힌 대로 1613년 계축옥사에 연루되어 파직 당하고 선영(先塋)이 있는 김포로 쫓겨난 때가 시조를 짓기 시작한 즈음으로 보기도 하고, 시조 30수를 모두 완성한 시기로 보기도 한다.[10] 그러나 분명한 것은 한시의 창작은 일생 계속되었지만 시조는 방축·유배기였던 10여 년간에 지었다는 점이다.

이는 신흠의 경우만이 아니라 이황이나 권호문, 윤선도 등 한시와 시조를 함께 지은 작가의 보편적인 특징이다. 대체로 한시는 일생 계속해서 삶 가운데 일상적으로 짓지만, 시조는 유배기나 은퇴기 등 중앙 무대가 아닌 곳에서 창작이 이루어진다.[11] 시조 창작의 공간과 시기적 배경이 이러하다는 것도 사대부의 삶과 밀착된 서정시는 한시라는 것을 잘 보여준다. 또한 두 갈래 중 어떤 것을, 어떤 때에 짓느냐에 대해 의식이 있었다는 것을 말해준다. 한문학의 대가이자 사상가로도 중요한 위치를 점하는 신흠은 한문과 국어를 병용(竝用)하는 당시 언어사회와, 이에 따른 한시와 우리말 노래 간의 관계에 대해 어떻게 인식했는지 다음의 <방옹시여서(放翁詩餘序)>가 잘 보여준다.

> 중국의 노래는 풍아(風雅)를 갖추어 책에 실린다. 우리나라의 소위 노래라는 것은 다만 잔치자리의 오락으로써 족하므로 풍아를 갖추어 책에 실리지는 않으니 대개 말소리가 죽기 때문이다. <u>중국의 소리는 말</u>

---

[10] 이에 대한 자세한 논의는 성기옥, 「申欽 時調의 해석 기반 -<放翁詩餘>의 연작 가능성-」, 『진단학보』 81, 진단학회, 1996 참조.

[11] 시조의 창작공간과 서로 다른 두 언어매체의 作詩로 인해 한시에서는 敍景化의 특징이, 시조에서는 敍情化의 특징이 나타나는 점에 대해서는 정소연(2004), 앞의 글에서 논의한 바 있다.

이 곧 글이 되지만 우리나라의 소리는 번역을 통해서 글이 된다. 그러므로 우리나라에 재주있는 사람이 적지 않지만 樂府, 新聲과 같은 것은 전해지지 않는 것이다. 가히 개탄스럽고 또한 조야하다. (중략) 오직 사물을 만나면 읊조리는 것이 병이나 마음에 와닿는 것이 있으면 詩章을 짓고 그러고도 남는 것이 있으면 방언(우리말)로 엮어서 거기에 가락을 붙였다. 그리고 그것을 諺文으로 기록하였다. 이것은 시골구석의 노래여서 文壇에 득이 되지는 않지만 遊戲에서 나왔어도 혹 볼만한 것이 없지는 않다. 만력 계축 장지 방옹이 김포 전사에서 쓴다.[12]

위의 글은 신흠이 '방옹시여', 곧 자신이 지은 시조와 관련하여 남긴 서문(序文)이다. 이 글에서는 시조의 기능과 효용이 무엇인지에 대한 갈래 인식과 더불어 한문과 우리말의 양층언어적 관계에 대해 어떻게 생각하고 있는지 잘 드러나고 있어서 주목을 요한다.

우선 중국과 우리의 시가를 비교하는데 '노래'에서 출발하고 있다. 중국의 노래는 책에 실리지만 우리는 풍아를 갖추지 않은 오락거리라고 비교하고 있다. 우리의 노래가 기록되어 잘 전하지 않고 잔치자리에서 즐기는 것에 족한 이유를 말과 글의 차이라고 인식하고 있다는 점이 중요하다. 시대적이라거나, 중국의 노래가 우리보나 나아서가 아니라 말과 글이 달라서, 곧 말소리를 글로 적으면 그 소리가 죽기 때문이라고 한 것이다. 말소리가 죽는 이유는 우리말을 그대로 못 적고 번역하기 때문이라고 하였다. 중국의 노래는 번역의 과정을 거치지 않고 자기네 소리를 자기네 문자로 기록하는데, 우리는 말과 글이 달라서 소리가 달라진다는 것이다. 이는 무

---

[12] <放翁詩餘序>, 심재완, 『歷代時調全書』, 세종문화사, 1972. 中國之歌 備風雅而登載籍 我國所謂歌者 只足以爲賓筵之娛 用風雅載籍則否焉 蓋語音殊也 中華之音以言爲文 我國之音 待譯乃文 故我東非才彦之乏 而如樂府新聲無傳焉 可慨而亦謂野矣 (中略) 惟遇物諷詠則有憑婦下車之病 有所會心 輒形詩章 而有餘綴以方言腔之 而記之以諺 此下里折楊 無得於騷壇一般 而其出於遊戲 或不無可觀 萬曆癸丑長至 放翁書于黔浦田舍.

슨 말인가? 신흠이 생각한 문자, 곧 기록매체는 한문이지 당시 존재했던 훈민전음인 국문은 아닌 것임을 의미한다. 이는 한문과 국문의 상하의 관계가 뚜렷한 시기의 인식이다.

그렇다고 해서 우리의 노래까지 하등한 것이라고 하지는 않았다. 노래를 짓는 재주를 가진 사람은 많다고 했다. 노래는 소리가 중요한데, 소리가 번역을 거치지 그 맛이 살지 않고 죽으므로 전하지 못해서 개탄스럽다고 한 것이다.

그렇다면 신흠 자신은 어떤 식으로 했는가? 한시를 먼저 짓고도 남는 것이 있으면 우리말로 지어서 곡을 붙였다고 했다. 그리고 기록도 언문, 곧 국문으로 했다고 한다. '시여(詩餘)', 곧 한시를 짓고도 마음에 맞는 그 무엇이 남아있으면 노래인 시조를 지었고, 기록도 한문이 아니라 국문으로 했다고 한 것이다. 그래서 30수의 시조에 대한 한역을 우리는 볼 수 있다.

여기서 우리는 두 가지 중요한 변화를 볼 수 있다. 첫째, 노래에 관해 중국과 우리의 것을 대등하게 바라본 관점이다. 이에 대해 한시와 우리말 노래를 대등하게 보기보다 열등하게 본 것이라는 견해가 없지 않으나[13] 조성진(2008)[14]에서는 열등한 의식이 아니라는 점을 논의하고 있다. 둘째, 기록매체를 더 이상 한문이 아니라 우리 노래는 우리 문자로 기록한다는 점이다.

두 가지 변화 중에서도 후자는 기록매체의 변화라는 점에서 더욱 주목되는데, 이는 전자와 같은 인식의 전환이 있지 않으면 불가능한 일이다. 우리

---

[13] 조규익,『조선조 시문집 서발의 연구』, 숭실대학교출판부, 1988 ; 김대행,「조선후기 악부의 시가관」,『한국문화』12집, 서울대학교 규장각 한국학연구원, 1991 ; 김창원,「신흠 시조의 특질과 그 의미」,『고전문학연구』16집, 한국고전문학회, 1999 등에서는 민족시가에 대한 신흠의 반성적 자각을 고려하면서도 어느 정도의 열등의식을 함께 지적하고 있다.

[14] 조성진(2008), 앞의 글.

의 노래가 중국 못지 않게 볼만한 것이 있으므로 소리가 죽도록 한문으로 번역하지 않겠다는 것이다. 우리 노래의 가치를 그대로 살리려면 소리를 기록할 수 있어야 하므로 언문이지만 우리의 문자로 기록한 것이다.

한시는 문단의 가치를 인정받는다면 노래인 시조는 즐기기, 유희로서의 가치를 가지고 있다는 인식도 볼 수 있다. 즐거움의 소산인 노래는 그 자체로 소중하므로 굳이 번역을 할 필요가 없다. 번역을 통하면 그 맛이 죽기 때문이다. 잔치의 즐거움, 유희로서의 노래인 시조 그 자체를 긍정하는 시가관을 신흠을 가지고 있는 것이다.

앞시대의 이황은 <도산십이곡>의 발문에서 국문시가를 한시와 같이 고급갈래로 격상하고자 하였다. 그래서 언지와 언학 등 교육적 효용성을 추구하였다면[15] 신흠은 시조가 한시와 닮아지도록 하면서 얻는 격상이 아니라 시조는 시조대로 가진 그 자체의 장점을 인정함으로써 그 지위와 가치를 높이고 있다. 그래서 이황의 시조에서 볼 수 없었던 유희로서의 시조가 더러 보인다. 중세후기의 이황과 중세에서 근대로 가는 길목의 신흠이 취한 선택의 차이가 극명하게 나타난다.

신흠은 한시로 악부시를 200여 수 가까이 지었다. 그런데 이와 관련해 그의 입장을 밝힌 산문을 보면 한시로서의 악부시보다 더 근원적으로 노래로서, 또 소리로서의 갈래에 더 주목하고 있는 것을 알 수 있다. 이와 관련해 다음 글을 보도록 하자.

> 樂府는 詩의 類이며 歌의 祖이니, 이 또한 風·雅에서 흘러나온 것이다. 그리하여 唐·宋 이후로는 詞曲을 하는 자들이 모두 악부를 따라서 서술하였다.

---

[15] 이에 대한 구체적인 논의는 본서의 앞장에서도 살펴보았고, 또 김진숙, 『조선전기 시가예술론의 형성과 전개』, 소명출판, 2003, 185-252면에서도 이러한 관점을 볼 수 있다.

대체로 악부는 옛사람들이 郊祀에도 쓰고 軍旅에도 썼으니, 漢나라 때의 練時日·鐃歌 등 諸調가 바로 그것이다. 그런데 魏·晉 및 唐시대에는 각각 제작을 달리하였는지라, 이 때문에 민간의 가요에서 생각을 그려내거나 슬픔을 서술하는 데 있어 혹은 길게도 하고 혹은 짧게도 하여 일정한 범위에 국한하지 않았다. 그래서 비분강개하고 슬퍼함을 서술한 것도 있고, 요염하고 아름다움을 서술한 것도 있었으나, 그 體는 본디 그대로였다.

생각컨대, 그 처음에는 音뿐만 아니라 오직 그 사실을 중시했다가, 먼 후세로 내려와서는 그 음만 있고 사실은 없어졌는데, 비록 그 사실은 없어도 음은 절로 중시되었다. 그래서 이를 흉내내어 비슷하게 한 것을 옛 사람이 新豊에 비유하였으니, 이는 그 음을 귀하게 여긴 때문이었다.

나는 스스로 자신을 헤아리지 않고 이를 모방하여 지으면서 간간이 귀와 눈으로 보고 기억한 것들을 섞어 넣고 여기에 부록하여 篇으로 삼노니, 음과 사실이 구비되었다는 것이 아니요 <u>다만 세상을 한탄한 것의 일부분일 뿐이다.</u>[16]

악부는 시이면서도 노래인 성격임이 첫 문장에 잘 나타나있다. 악부와 관련하여 '사(事)'만이 아니라 '음(音)'을 중시한 점에 대해 중요하게 다루고 있다. 악부는 내용적으로 비분강개하거나 슬퍼하는 것이 적지 않고, 자신 또한 이 악부를 지은 것은 세상을 한탄한 것 때문이라고 하고 있다.[17] 악부

---

[16] 신흠, ≪상촌고≫ 권3. 樂府, 詩之類而歌之祖, 亦風雅之餘也. 唐宋以後, 爲詞曲者, 皆從樂府而演之, 蓋樂府者. 古人用之於郊祀, 用之於軍旅, 漢之練時, 日鐃歌諸調是已. 魏晉及唐, 代各殊製, 以而閭巷謳謠, 抒思舒悲, 或長或短, 不局彀的. 忼慨悒悵者有之, 嬌嬈婉麗者有之, 其體固然也. 顧其昉也, 不唯音, 唯其事也, 流之遠也, 則有其音而無其事, 雖無其事, 音自可貴. 擬而肖之者, 昔人譬之新豊, 貴其音也. 余竊不自撥做, 而爲之間雜耳, 目所覩記, 附以爲篇. 非謂音與事備, 抑傷世之一端云爾.

[17] 조성진(2008), 앞의 글과 조성진, 「신흠 시조의 성격과 그 일신의 면모」, 『국문학연구』 20호, 국문학회, 2009에서는 이 점을 신흠 악부시의 주된 정서로 주목하고 있는데, 시조와는 오히려 다른 지점이기도 하다.

는 완전히 노래이기만 한 것은 아니지만 노래적 성격에 기반해 시조와 비교해볼 수 있다. <방옹시여서>에서 노래에 대해 시조를 언급한 내용과 이 글에서의 악부와 비교해보면 그 다루는 내용과 성격의 차이가 드러난다. 시조는 유희, 오락으로서의 기능을 가지고 있었는데, 악부는 한탄한 내용에 더 치우쳐져있는 것이다. 이와 관련한 글을 다음에서 또 볼 수 있다.

> 중국에서는 이른바 노래라고 하는 것이 곧 古樂府 및 新聲을 관현의 악기에 올린 것이 모두 그것이다. 우리나라의 노래는 俗音으로 내어 文語를 맞춘다. 이것이 비록 중국과 다르지만 情境이 모두 실리고 音律이 고르게 조화를 이루어서 사람으로 하여금 영탄하고 흠뻑 젖어 즐거워 춤추게 하는데 있어서는 똑같다.[18]

위 인용문은 이수광이 명(明)나라를 왕복하면서 지은 가사(歌詞)에 대해 쓴 글의 일부이다. "우리나라의 노래는 속음(俗音)으로 내어 문어(文語)에 맞춘다"는 것은 우리말로 부르되, 그것을 기록할 때는 한문의 도움을 얻는다는 말이다. 시조를 짓고 한문으로 번역해 남긴 것도 이것의 일종이라 할 수 있다.

특히 그 다음 대목에서는 중국의 노래와 우리나라의 노래는 언어면에서는 다르지만 "사람으로 하여금 영탄하고 흠뻑 젖어 즐거워 춤추게 하는" 것은 똑같다고 한 점에 주목해보자. 노래로서 가지는 공통된 특질은 영탄하고 흠뻑젖어 춤추게 하는 것인데, 이는 마음속에 있는 것을 있는 그대로 다 표현할 수 있기 때문이다. 노래의 공통성이 여기 있다면, 상대적으로 시(詩)는 그렇지 않다는 의미이기도 하다. 시이면서 노래인 악부는 이 두

---

[18] 권37, <書芝峯朝天錄歌詞> 中國之所謂歌詞, 卽古樂府曁新聲, 被之管絃者俱是也. 我國則發之藩音, 協以文語, 此雖與中國異, 而若其情境咸載, 宮商諧和, 使人詠嘆淫佚, 手舞足蹈, 則其歸一也.

가지 속성이 다 있되, 신흠이 악부에서 취한 것은 한탄한 것을 나타내는 것이라면, 시조는 즐거움의 기능을 취하기까지 한 점이 대비적이다. 따라서 노래로서 시조를 지은 것은 시(詩)와 대비되는 어떤 효과, 특히 가시(歌詩)인 악부에서도 다 나타낼 수 없는 어떤 효과를 누리고자 한 것이라 하겠다.

신흠의 시가관을 보면 근체시만이 아니라 악부도 많이 짓고, 또 한문이 아닌 국어로 시조를 짓고 국문으로 기록할 법하다는 것을 알 수 있다. 이와 관련한 내용이 바로 아래의 글이다.

> 詩는 요컨대 뜻을 얻어야 아름다운 것으로 境을 인하여 情이 생기고, 情으로 인해 언어가 생기고 그 언어로 인해 法이 생기니 韻과 格은 네 가지의 밖에 있는 것이다.[19]

위 인용문은 역시 유배·방축기, 춘천에 있는 동안 지은 글의 일부이다. 시(詩)가 뜻을 얻어야[得意] 자작(佳作)이라는 것은 나타내고 싶었던 것을 시를 통해 적실하게 표현할 수 있어야 함을 의미한다. 법(法)과 운(韻), 격(格)보다는 정의 표현과 나타내고자 했던 애초의 뜻을 얻는 것이 작시(作詩)의 궁극적 목적임을 말하고 있다. 곧 형식보다, 외적인 측면보다 내용과 정서에 더 방점을 찍고 있는 신흠의 시가관을 볼 수 있는 것이다. 다음의 글도 이러한 연장선상에서 이해될 수 있다.

그러므로 과거의 巨匠들을 두루 살펴보면, 한가한 가운데 지은 것이 졸지에 지은 것보다 낫고, 초야의 소리가 관각보다 낫다. 이는 대개의 도적으로 짓는 것이 자연에서 얻는 것만 같지 못하기 때문이다.[20]

---

[19] 권55, <春城錄>, 詩要得意方佳, 緣境生情, 緣情生語, 緣語生法, 韻與格 在四者之外.

[20] 권72, <晴窓軒談> 上, 故歷觀往匠閒居之作, 勝於應卒, 草野之音, 優於館閣. 蓋有意而爲之者, 不若得之於自然也.

시간의 여유를 가지고 지은 시가 낫다는 것은 억지로 시간에 쫓겨 짓는 것보다 자연스럽기 때문이다. 또 한가한 때에 지은 것이 졸지에 지은 것보다 나은 것도 마찬가지이다. 마지막 문장에서 자연에서 얻었다는 것은 자연이 가장 자연스러운 모습을 담고 있기 때문이므로 '자연스럽게' 표현했다는 의미이다. 이렇게 시인의 내면에 나타내고자 하는 것을 자연스럽게 표현하는 것을 좋은 작품으로 보는 관점은 조선 후기의 성정론(性 情論), 천기론(天機論)의 성격과 일정 정도 연결된다고 할 수 있다.[21] 또 이러한 조선 후기의 문학론은 국문시가론의 일환으로 주장되기도 한 것이다. 여기서 신흠이 지향하는 노래관과 시관은 마음의 것을 자연스럽게 다 표현해낸다는 점에서 공통적이라 할 수 있다.

한편 境→情→語→法의 과정은 한시를 두고 한 말이기도 하지만, 한시만이 아니라 시가문학으로 확장해도 무리가 가지 않는다. 이렇게 봤을 때, 한시를 짓느냐 시조를 짓느냐는 情→語의 단계에 해당한다. 그런데 왜 한시를 짓고 나면 남는 것이 있어서 시조를 지을 수밖에 없는가는, 시를 짓고 난 후 노래를 지을 수밖에 없다는 말로, 더 나아가 마음의 것을 다 표현하기 위해 어떤 언어매체를 선택하느냐의 문제와 직결된다. 곧 한문으로 한시를 지을 것인지, 국어로 시조를 지을 것인지의 문제로 적용해 볼 수 있는 것이다.

사실 절구의 태생이 노래라는 점에서 시조와 절구는 근본적인 공통점이 있다. 오언 절구의 경우 본래 민가(民歌)와 악부(樂府)에 근원을 두고 있어서 근체시의 형식적 규율로부터 상당히 자유로워 고시와 근체시의 경계가 명

---

21 이러한 관점을 우응순,「조선중기 사대가 문학론 연구」, 고려대 박사학위논문, 1990 ; 전재강,『象村 申欽 文學 硏究』, 형설출판사, 1997 ; 박희병,『한국의 생태사상』, 돌베개, 1999 ; 정종대,「신흠의 시와 자연지향」,『선청어문』29집, 서울대학교 국어교육과, 2001 ; 이석우,「申欽의 詩評 硏究」, 대전대학교 박사학위논문, 2004 등의 논의에서도 볼 수 있다.

확하지 않다.[22] 노래라는 점에서 고절구와 시조의 유사성은 실제 신흠의 창작결과에서도 나타난다. 시조와 시상 전개나 전체적인 내용이 흡사한 한시를 찾아보면[23] 대개 절구나 오언(五言) 사구(四句)의 악부시이다. 특히 시조를 짓기 전에 지었으리라고 여겨지는 매우 흡사한 내용의 몇몇의 절구는 '古絶句'로 보인다. 그 예를 들면 다음과 같다.

〈將進酒短曲〉[24]
有琴曷不絃
有酒曷不觴
昨日少年子
今朝歸北邙

[시조10][25]
술먹고 노논 일을 나도 왼줄 알건마논
信陵君 무덤우희 밧가논 줄 못보신가
百年이 亦草草ᄒ니 아니놀고 엇지ᄒ리

---

[22] 고절구의 특징으로는 仄韻을 주로 사용하고 同字와 類似句를 반복하며 虛辭를 많이 사용한다. 對偶도 공교롭기보다 질박하고 단순한 대우를 선호함으로 세련된 근체절구의 정형에서 벗어나는 경향이 있다. 고절구의 특징과 절구의 기원에 대한 자세한 논의는 민병수, 『韓國漢文學槪論』, 태학사, 1997 ; 장유승, 「17세기 古詩 硏究」, 한국학대학원 석사학위논문, 2002 ; 장유승, 「17세기 古絶句 창작양상에 대하여」, 『한국한시연구』10집, 한국한시학회, 2002 ; 王力, 『詩詞律格』, 中華書局, 1977, 裵奎範 역, 『한시 율격의 이해』, 보고사, 2004, 91-102면 참조.
[23] 이에 대해서는 김주백, 「신상촌 시조의 세계-한시와의 관계를 중심으로」, 『한문학논집』14집, 근역한문학회, 1996 참조.
[24] 신흠, ≪象村稿≫ 권3, 악부체 중. 이하 악부는 여기에서 가져온다.
[25] 시조 번호는 ≪청구영언≫(정주동, 유창균 교주, 명문당, 1977)에 수록된 순서를 사용한다. 이하 신흠의 시조를 지칭하는 방식은 이와 동일하다. 이는 신흠의 시조 30수가 연작적 관계에 있다는 점을 염두하여 어느 순서나 위치에 있는 시조인지 상기하는 의미도 있다.

〈池亭睡起觀物有作〉
草間蟲化蝶
溪上鷺窺魚
變態兼機事
冥觀午夢餘

[시조7]
냇ᄀ에 해오라바 므스일 서잇ᄂ다
無心ᄒᆫ 져 고기를 여어 무슴 ᄒ려ᄂ다
아마도 ᄒᆞᆫᄆᆞᆯ에 잇거니 니져신들 엇ᄃᆞ리

이렇게 신흠의 시조 중에 고절구나 악부와 유사한 경우가 적지 않은데, 이는 노래라는 점에서 시조와의 상관성이 크다는 것을 보여주는 것이라 하겠다.

지금까지 신흠의 문집에 나타난 산문기록을 통해 시관과 노래관, 한시, 악부, 시조에 대한 갈래관, 한문과 국어, 국문의 언어매체에 대한 인식 등을 살펴보았다. 시와 노래, 한문과 국어 등에 대한 인식이 적지 않게 산문에 남아있다는 것은 신흠이 그만큼 양층언어문학에 대한 관심을 적극적으로 가졌다는 것을 보여준다. 그렇기 때문에 우리말노래도 국문으로 기록하겠다는 인식의 전환도 보여주고, 우리의 노래인 시조를 중국의 노래와 어떻게 같고 다른지 비교하며 대등하게 인식할 수 있었다.

신흠이 남긴 국문본의 시조 원본을 볼 수는 없지만, 국문으로 기록했다는 사실 그 자체가 획기적인 변화이다. 이제 신흠이 이러한 양층언어시가사적 위치에 있는 작가임을 유의하며 구체적인 작품을 통해서는 어떤 특징을 보이고 있는지 절구와 시조를 비교해보도록 하자.

3. 노래 취향의 한시와 시조, 시조 한역(漢譯)의 비교

앞에서 신흠이 노래에 대해, 또 언어매체의 차이에 대해 적극적으로 인식한 점을 바탕으로 여기서는 '노래'에 기반한 세 유형을 비교하고자 한다. 곧 풍체, 악부체, 잡체, 사 등 노래의 특징을 가진 한시와 우리말로 된 시조, 그리고 시조의 한역, 이 세 가지를 검토함으로써 노래로 묶이지만 언어가 다를 때 나타나는 특징이 무엇인지 살펴보고 이로써 신흠이 보인 양층언어 작가의 모습을 조명하고자 한다.

3.1. 자유로운 시형의 한시: 풍체(風體), 악부체(樂府體), 잡체(雜體), 사(詞)

시조와 정보량이 비슷한 한시는 7언 절구이지만, 노래라는 공통점을 가지면서도 한문과 국어의 두 언어매체의 관계를 볼 수 있는 것은 풍체와 악부체, 그리고 잡체로 묶여있는 작품들이다. 정보량에 있어서는 유사하지 않더라도 노래에 대해 적극적으로 인식했던 신흠이 이들 풍체와 악부체, 잡체 등 고시가 아닌 자유로운 시형의 한시를 많이 지은 것은 당연하고도 자연스러운 선택으로 보인다.

악부체 198수와 풍체 16제 40수, 잡체 16수, 사(詞) 6제 9수 등을 통해서 추구한 바는 무엇인지, 시조와 또 어떻게 다른지 살펴보지 않을 수 없다. 악부체, 풍체, 잡체, 사 등의 공통점은 엄격한 정형시가 아니라 자유로운 시형이라는 점이다. 한시 내에서 가시(歌詩)로서, 노래의 특성이 강한 작품들이다. 앞에서도 보았듯이 신흠은 시조가 노래라는 점에서 한시와 대비된다고 보았는데, 한시 내에서도 노래 지향의 작품들을 즐겨 지은 것이다. 가장 작품수가 많은 악부체의 경우, 중국에서의 악부와 다른 의미가 우리에게는 있다. 고려시대에 속요를 한시화하여 소악부라고 부르기도 하였고, 19세기 자하 신위 등에 의해 시조가 한시화된 것도 소악부로 보기도 한다. 곧 국어시가가 한문 매체로 시화될 때에 소(小)라는 말을 붙이기는 하였지만 악부라고 지칭하는 경향이 있다.

그런데 신흠이 노래 지향의 악부 등을 통해 나타내고자 주력했던 내용은 앞에서 양층언어시가관에서 보았던 것처럼 한탄하는 심사이다. 인간이 살아가는 세상과 사회에 대해 불편한 마음, 한탄하는 심정, 여성 화자의 이별의 마음 등을 적극적으로 드러내는 통로로 풍체와 악부체, 잡체, 사 등의 한시를 택했다. 불편한 심사, 이별의 심정 등은 모두 온유의 교화적 기능을 수행하는 근체의 시가 아니라 시 이전에 더 자유로운 양식으로 존재했던 노래를 택해 표출하고자 하였던 것이다.

우선, 그 예로 잡체를 보도록 하자. 잡체 12제 16수에는 다양한 시 형식이 보인다. 일례로 <雜言三句>는 제목에 '三句'이라는 형식을 넣었는데, 7언 3구로 된 작품이 3수이다.

〈雜言三句〉 제1수[26]
有口不言無口同
有冤莫洩空塡胸
白日何事靑天中

이 작품만이 아니라 12제의 작품 제목이 대부분 시 형식을 제목으로 삼고 있다. <建除體>, <一言至十言賦閑興>, <九言雙韻>, <三五七言>, <平聲體>, <上聲體>, <側聲體>, <玉連環體>, <回文詩賦漫興>, <春事回文> 등이 그것이다.

<잡언삼구>는 1행이 7언인 구가 3개라고 하였다. 이는 한 행에 홀수 음절수와 전체 행수가 짝수줄을 가진 것이 일반적인 절구나 율시 같은 근체시의 특징이라면 이러한 상보적 홀짝의 균형을 깨트린 작품이 <잡언삼구>이다. 한 행도 홀수의 음절수, 한 수의 전체 행수도 홀수로 된 것이다.

<일언지십언부한흥>은 한 행의 음절수가 1개에서 10개까지, 1언에서 10언까지 각 행이 2구씩 총 20구가 피라미드의 절반의 모양처럼 되어있다.

---

[26] 신흠, ≪象村稿≫ 권20. 이하 잡체시는 여기서 가져온다.

유사한 방식이 <삼오칠언>인데 아래와 같다.

　〈三五七言〉
　人如屈
　地如湘
　草閣懸厓逈
　樵蹊竝壑長
　山花野卉韶華嫩
　玄燕黃鶯底事忙

한 행이 3언인 구가 2구, 5언인 구가 2구, 7언인 구가 2구씩 총 6구로 된 작품이다. 이 두 작품은 상단이 짧고 하단이 길다면 그 역인 작품도 있다. 사(詞)에서 <望江南> 2수는 8언, 7언, 5언 등 음절수가 구마다 점점 짧아지는 형태이다. <망강남>을 보면 다음과 같다.

　〈望江南〉 제2수
　不須道世路險於山
　綠水丹厓何處好
　竹槮茅屋此中還
　眞簡碩人寬

<減字木蘭花>는 4언과 7언이 4회 반복되는 시형이라 더 흥미롭다.

　〈減字木蘭花〉
　浮生百歲
　榮辱悲歡竟何許
　蟲臂鼠肝
　一任天公千萬般
　雲林石瀨

閑往閑來長自在
明月淸風
夜夜相尋不負儂

이 외에도 구마다 음절수가 특정한 패턴이 없이 다양하게 구성된 작품도 있다. 이렇게 자유로운 시형을 통해서 노래로서의 자유로움, 또 나타내고자 하는 내용이 형식을 뛰어넘도록 했다고 할 수 있다. 시형이 엄격하게 고정된 근체시가 아니라 행마다 다양한 음절수를 취함으로써 형식보다 의미를 중시하고자 하는 것을 볼 수 있는 것이다.

그렇다면 그 말하고자 하는 바는 무엇일까? 앞에서 본 <감자목란화>에서는 인생의 허무함과 하늘에 맡기는 초탈함, 항존하는 자연의 인식 등을 볼 수 있다. <잡언삼구> 제1수에서는 원한과 억울함을 호소하고 있다. 억울함과 세상에 대한 풍자는 풍체에서 자주 나온다. 아래 작품을 예로 든다.

〈山有魚矣〉2수[27]
山有魚矣
水有禽矣
人之爲言
亦孔之任

山有魚矣
水有禽矣
亦已焉哉
云誰之斟

산에 물고기가 있고 물에 새가 있다는 간사하고 거짓된 말을 풍자하고 있다. 이번에는 악부체 중 한 작품을 보자.

---

[27] 권2.

〈山中相〉[28] 제1수와 제8수
山中相樂何樂
一言取封侯
匈奴笑千秋
山中相樂何樂
樂何樂
山中賊

　총 8수로 된 악부의 첫 수와 마지막 수를 가져왔다. 매 수마다 '山中相樂何樂'가 반복되고, 그에 대한 답으로 한 수가 이루어져있다. 인재 등용의 잘못을 비꼬면서 결국 산중의 재상은 산중의 도적이라고 직접 답을 하고 작품을 맺고 있다. 악부체는 200여 수에 이르기 때문에 이러한 세상 한탄이나 풍자 외에도 이별이나 여성 화자의 심정도 절절하게 담고 있다. 이에 대해서는 다른 자리에서 상론하기로 하고 지금까지 살펴본 작품을 정리해 보자.
　이렇게 허무함, 초탈함, 세상에 대한 한탄과 불편한 심사 등의 내용이 주를 이루고 있는 것이 지금까지 살펴본 다양한 시체의 한시들이다. 근체시에서는 세태에 대해 적극적으로 표명하기보다 자신의 처지에서 느끼는 고독이나 이별의 고통이 주류를 이룬다. 《상촌집》의 서문중에 나타 난 김상헌의 언급처럼 시(詩)는 온유의 교화적 통로였기 때문에 불편한 마음, 허무적 세계관은 적극적으로 드러내기 어려웠을 수 있다. 따라서 엄격한 시형인 근체시에서보다 자유로운 형식의 노래의 성격이 강한 시형들을 통해 말하고자 하는 바를 표현하는 데에 주안을 둔 것이라고 할 수 있다.
　지금까지 살펴본 작품들은 신흠이 왜 자유로운 형태의 한시, 곧 가시(歌詩)를 적지 않게 지었는지 그 추구하는 바를 잘 보여준다. 신흠이 17세기

---

[28] 권3.

초기에 30수나 되는 국어시가인 시조를 지었을 뿐만 아니라 시의 내용지향적 측면에서도 조선 전기와 후기를 가르는 전환기적 변화를 보이는 작가로서의 위치를 가지는데, 그러한 작가적 위치는 비단 시조만이 아니라 한시의 이런 작시 경향을 통해서도 나타난다고 할 것이다.

본절에서 본 자유로운 형태의 한시에 비해 국어시가로서 노래로서의 성향이 강한 시조는 정형시라고 할 수 있을 것이나 시조의 한역을 함께 보면 꼭 그렇게 인식된 것같지도 않다. 이런 점에서 시조와 풍체, 악부체 등의 한시는 다시 만난다고 할 수 있다. 이는 절을 달리해서 살펴보도록 하자.

3.2. 시조와 시조 한역

17세기의 이민성이 한시의 격식에 맞도록 한역했다는 점에서 시조의 한시화라고 할 수 있다면,[29] 신흠의 경우는 시조의 의미를 살려서 번역에 충실하다는 점에서 시조의 한역이라는 말이 더 적합하다. 3구, 4구, 5구, 6구 등 한역시의 형태는 다양한데, 초장이 2구가 되거나 중장이나 종장이 2구가 되는 등 어떤 시조의 장도 최소 1구에서 2구로 번역이 되고 있다. 이는 형태적 동일성을 추구하기보다 내용 중심으로 번역한 것으로 앞에서 본 다양한 시형의 한시에서 보았던 특징이기도 하다. 구체적인 작품을 보도록 하자.

[한역시1]
山村雪後 石經埋兮   山村에 눈이 오니 돌길이 무쳐셰라
柴扉且莫開兮 訪我有誰哉   柴扉를 여지마라 날 추즈리 뉘이시리
中宵一牛明月兮 是吾朋兮   밤즁만 一片明月이 귀벗인가 호노라

---

[29] 이에 대한 구체적인 논의는 조해숙(2005), 앞의 책 참조.

[한역시2]
溪邊鷺立何事   냇フ에 해오라바 므스일 셔잇ᄂ다
漁自無心底事窺   無心ᄒ 져 고기를 여어 무슴 ᄒ려ᄂ다
旣是一樣水中物 相忘也宜 아마도 ᄒᄒ믈에 잇거니 니저신들 엇ᄃ리

　　[한역시1]은 시조 초, 중, 종장을 모두 각각 2구로 번역하여 총 6구로 한역하였다. [한역시2]는 초장과 중장은 1구로 한역하고, 종장은 2구로 한역하여 총 4구가 되었다. 이렇게 우리가 정형시로 인식하고 있는 시조를 한역하되 자유롭게 한역한 것을 볼 수 있다. 근체시의 방식에 구겨넣은 것도 아니고, 그렇다고 시조의 3구 형식이나 2음보씩의 6구 형식을 통일감 있게 한역한 것도 아니다. 정형시와 자유시는 상대적인 것으로, 근대 국어 시가의 자유시에 비하면 시조가 정형시이지만, 17세기 신흠에게 있어 시조는 근체한시의 정형성에 비한다면 오히려 노래가 가진 자유로운 형태로 인식되었을 것이다. 또 다른 경우를 더 보자.

[한역시3]
欲見神仙渡弱水   神仙을 보려ᄒ고 弱水를 건너가니
玉女金童來相問   玉女金童이 다 나와 뭇ᄂ괴
歲星何所是吾身   歲星이 어듸나간고 긔날인가 ᄒ노라

[한역시4]
朝雨晚風   아ᄎᆷ은 비오ᄃ니 느지니ᄂ ᄇ람이로다
千里萬里 風雨何爲 千里萬里길헤 風雨ᄂ 무스일고
黃昏尙遠 休歇歸止 두어라 黃昏이 머럿거니 수여간들 엇ᄃ리

　　[한역시3]과 [한역시4]도 한역한 결과가 3구, 5구로 형식이 같지 않다. [한역시3]은 초장, 중장, 종장을 모두 각각 1구로 번역했고, [한역시4]는 초장은 1구로, 중장과 종장은 2구씩 번역했다. 특히 [한역시4]의 종장 '두어

라'라는 어구는 번역하지 않았다. 그런데 어떤 작품에서는 '두어라'를 '置焉哉'로 번역하기도 해서 시조 종장 첫 음보에 감탄구가 올 경우에도 한역의 일관성이 보이지 않는다.

이는 시조를 고정된 격식의 시로 만들겠다는 것이 아니라 시조는 그것대로 그 의미를 전달하는 데에 초점을 두고 한역을 했다고 할 수 있다. 2장에서 신흠은 언문(諺文) 그대로를 기록매체로 사용한다고 하여 국문을 적극적으로 활용했다고 한 바 있다. 그런 신흠이기 때문에 시조를 굳이 한시화하려고 한 것은 아님을, 다시 말해 정형화된 틀에 넣고자 한 것이 아님을 한역을 통해서도 볼 수 있다. 이런 점에서 한시의 다양한 시형식이나 시조의 한역을 통해 고정된 틀의 시와 대비되는 자유로운 노래를 인정하고 긍정한 것이라 할 수 있는데, 이는 2장에서 본 신흠의 시가관이 작품에서도 그대로 나타난 것이라 하겠다.

시조의 한역에서 특히 주목되는 것은 다양한 한역 형식만이 아니다. 두 언어의 특징을 어떻게 인식하고 있는가에 대한 점도 살펴볼 필요가 있다. [한역시1], [한역시2] 등에서 볼 수 있는 바와 같이 국어로 된 시조의 조사나 어미, 의문사 하나라도 빼놓지 않고 是, 兮, 哉 등 모두 그대로 번역한 것이다. 이러한 번역 결과인 한역시와 한시를 비교해보면 비단 외형의 정형성에서만이 아니라 시어의 사용 양상에서도 큰 차이가 난다. 특히, 이는 한시와 시조의 언어 사용 양상의 차이이기도 하다. 우리말과 한문, 더 엄밀히 말하자면 시조의 문체와 한시의 문체의 차이점이 바로 이러한 조사, 어미 등의 허자(虛字)에 있기 때문이다.

한문과 국어의 통사구조를 살펴보는 데에 공통적으로 적용할 수 있는 개념은 실자(實字)와 허자(虛字)이다. ≪시인옥설(詩人玉屑)≫과 ≪영규율수(瀛奎律髓)≫ 등 전통적인 한시작법에서는 명사를 '실자(實字)'라 하고, 명사 외의 것을 '허자(虛字)'라고 한다. 때로 실자는 체언을, 허자는 용언을 가리키기도 하지만, 한시작법에서는 전자로 보는 견해가 더 우세하다.[30]

국어는 첨가어로서 문장 구성에 있어서 고립어인 한문에서보다 허자가 더 필수적인 요소이다. 한문에서 실자는 모두 자립할 수 있어서 실자만으로도 문장 구성이 가능하지만 국어에서 실자는 의존형태소도 있기 때문에 더욱 허자의 사용이 요청된다.[31] 곧 한문에 비해 국어는 허자 사용이 두드러진 특징인데다 이에 더 나아가 절구의 작시법에서는 허자 사용은 대체로 배제하고 실자 위주로 구성하는 것이 일반적이다. 반면에 시조에서는 허자를 배제하지 않고 일상어에 거의 가까워 첨가어적 특성이 그대로 나타난다.

국어가 첨가어적 특성을 가진 점과 시조의 언어가 첨가어의 다양한 허자들을 배제하지 않고 자유롭게 표현할 수 있었다는 점은 중요하다. 그래서 당시 한문을 기록매체로 사용한 문인들이 일상에서 사용하는 구어와 유사한 표현을 할 수 있었다. 현대인에게 시조가 정형시로 보여도 당시 근체한시와 비교해 시조는 자유로운 노래로서의 성격이 강했다. 이는 양층언어문학적 관계를 보여주는 것이기도 하다. 시는 고급문학으로서 시어의 조탁을 강화시키고 엄격한 정형성 안에 넣었다면 노래인 시조는 허자를 활용해 마음의 것을 자유롭게 표현할 수 있기 때문에 시조의 존재 의미와 역할이 클 수 있었다. 따라서 허자의 사용 여부가 절구와 시조의 대조적인 측면이기도 하다.[32]

---

[30] 이종묵, 「漢詩의 言語와 그 짜임」, 『한국 한시의 전통과 문예미』, 태학사, 2002. ; 한시에서의 허자와 실자에 대한 더 자세한 논의는 林玉山, 『漢語語法學史』, 湖南敎育出版社, 1983 ; 이종묵(2002), 「한시 분석의 틀로서 虛와 實의 문제-조선전기 '樓亭詩'를 중심으로」, 위의 책, ; 정순영, 위의 글, 32-39면 참조. 전통적인 한시작법에서 체언 중에서도 특히 명사 를 실자라고 한 것은 시사하는 바가 크다. 특히 명사를 실자로 보는 관점은 한시작법에서만이 아니라 漢語의 초기 문법적 인식이었다는 것을 생각해볼 때에 더욱 그렇다. 곧 실사(實詞) 중에서도 實字는 명사라는 인식은 언어의 뼈대가 되는 가장 핵심이 이 명사에 있다는 것을 보여주고, 근체시 작법에서도 명사가 가장 중요한 요소라는 뜻이기도 하다.

[31] 배공주, 「국어 보조 서술 형식 연구」, 아주대학교 박사학위논문, 2003.

[32] 허자(虛字)와 실자(實字), 그리고 허사(虛詞)와 실사(實詞)에 대한 더 자세한 논의

시조의 한역 결과, 이렇게 허자를 놓치지 않고 자세하게 다루고 있다는 것은, 그리고 이로 인해 한역시가 5언 절구나 7언 절구 등의 근체시가 아닌, 자유로운 장단구가 되게 한 것을 보면 한시와 시조가 어떤 점에서 대비적인지 잘 드러난다. 곧 시조가 정형시라고 우리는 생각하지만, 당시 신흠에게 엄격한 고정 형식은 한시이고, 시조는 이에 비하면 자유로운 갈래가 되는 것이다.

구체적인 사례를 살펴보자. 앞에서 보인 [한역시1]의 종장에서 '긔벗인가'라고 했는데, 여기서 '긔'는 문맥상 그렇게 필수적인 요소는 아니다. 그냥 종장을 "밤중만 一片明月이 벗인가 하노라"고 하거나 "~내 벗인가 하노라"고 해도 되는 것을 '긔'를 넣은 것이라 할 수 있다. 따라서 특정한 의미는 없지만 화자의 표현을 더 강조하기 위해서 강세적 의미로 사용한 것이다. [한역시3]에서도 '귀날인가'를 '是吾身'으로 지시사를 살리고 있다.

관사와 지시사들은 보통명사들과 이 보통명사들이 지시하는 개체들을 연결시켜 주는 단어들이다. 곧 구체화해주는 단어, 혹은 추상을 배제하는 단어인 것이다.[33] 따라서 화자의 언술이 더 구체적으로 드러나도록 돕는 역할을 한다. 언어의 기원에 대한 논의에서, 인간의 감정을 표출하는 것에서 감탄사나 관사(지시사)가 만들어졌으며, 이것은 동사에 기반하고 있다고 하는 것을[34] 보면 지시사가 구체화 및 감정 표현의 효과가 크다는 것을 알 수 있다. 따라서 지시사 같은 허자를 배제하는 근체한시에 비해 시조는

는 정소연(2006), 앞의 글에 자세하다.

[33] J-B, Lemercier, *Lettre sur la Possibilité de Faire la Grammaire un Art-Science*, 1806, 63-65면, Michel Foucault, *Les Mots et les Choses-une Archéologie des Sciences Humaines*, 이광래 역, 『말과 사물-인문과학의 고고학』, 민음사, 1987, 136면에서 재인용.

[34] Johann Gottfried von Herder, *Über den Ursprung der Sparache*, 1770, 조경식 역, 『언어의 기원에 대하여』, 한길사, 2002, 69면.

지시사의 활용으로 화자가 표현하고자 하는 대상을 더 구체화시켜주고, 강조나 표현적 효과를 강화하는데 기여한다는 점에서 한시와 또 다른 효과를 가지고 있음을 볼 수 있다.

의문형이나 청유형, 명령형 등의 다양한 어미도 첨가어로서의 특징을 잘 보여주는 대목이자 구술성과도 밀접하다. 마치 청자가 존재하는 듯 대타적(對他的) 어법을 보여주는 이러한 특징은 앞에서 악부체나 잡체, 사, 풍체 등에서도 자주 나오는 방식이다. 특히 <山中相>과 같은 작품은 하위 8수가 모두 묻고 답하는 문답의 방식으로 매 작품이 구성되어 있는 것을 앞에서 본 바 있다.

또 다른 작품을 보자.

[한역시5]
昨夜雨 石榴花開   어젯밤 비온 後에 石榴곳이 다 픠엿다
芙蓉塘畔 捲起水晶簾   芙蓉塘畔에 水晶簾을 거더두고
等閑愁爲誰苦 눌向ᄒ   기픈 시름을 못내 프러 ᄒᆞᄂᆞ뇨

[한역시6]
四皓眞也僞 留侯奇計   四皓ㅣ 진짓것가 留候의 奇計로다
實有四皓應不屈   진실로 四皓ㅣ면은 一定 아니 나오려니
終爲呂氏客   그려도 아니냥 ᄒᆞ여 呂氏客이 되도다

[한역시5]에서 초장과 중장은 거의 한역이 되었으나, 초장에서 '다 픠엿다'의 '다'나 '비온 후에'에서 '후'가 번역이 되지 않았다. 그러나 '비온 후 에'는 '비에'라고 하기에는 음보의 기준음절수가 맞지 않아서 늘인 것으로 이해될 수 있어서 '다'라는 강조가 한역이 안된 정도로 볼 수 있다. 이에 비해 종장의 한역은 더 결여가 많다. '깊은 시름'에서 '깊은'이나 '못내 플러 ᄒᆞᄂᆞ뇨'는 모두 한역이 되지 않았다. '깊은'이 강조의 역할이라면 굳이 의미를 번역하지 않은 것이 수긍이 되지만 '못내 프러 ᄒᆞᄂᆞ뇨'에 대 해서는

여전히 미진하다고밖에 볼 수 없을 것이다.

[한역시6]은 또 어떠한가? 초장은 그대로 한역이 되었고, 중장에서 '일정 아니 나오려니'가 '不屈'로 의역된 것도 수긍이 된다. 이에 비해 종장은 한역이 미진하다고 할 수 있다. '그려도 아니냥 ᄒᆞ여'가 '終'으로 한역된 것은 시조의 의미가 섬세하게 살지 못하기 때문이다. 이렇게 한역이 시조의 섬세하고 구체적인 측면까지 다 전달이 되지 않기 때문에 시조 그 자체의 의미나 역할이 크다는 것을 오히려 잘 볼 수 있는 것이다.

지금까지 우리는 시조의 한역을 다양한 시형의 한시와 비교하며 공통적 효과와 더불어 어떤 차이가 있는지 살펴보았다. 우리말의 조사나 지 시사, 어미 등의 첨가어를 최대한 한자로 번역함으로써, 또 형태는 다양하게 번역함으로써 앞 절에서 본 한시의 다양한 형식의 시들과의 유사성을 볼 수 있었다. 곧 말하고자 하는 바가 더 잘 드러내는 데에 초점이 놓여진 것을 볼 수 있는 것이다. 그러나 그 세세한 것까지는 잘 드러내기 어려운 점 역시 볼 수 있었다.

신흠은 시조의 내용에서도 노래를 짓는 이유를 말하였다. 마음 속의 시름을 풀고자 노래한다고 하였다. 악부체나 풍체, 잡체, 사 등 다양한 한시의 시형도 마음의 것을 푸는 데에 기여하였지만 시조를 통해서도 이를 시도하였다. 그런데 이에서 더 나아가 이들 자유로운 시형의 한시만이 아니라 절구에서 나타내고자 하는 바까지 시조는 담고 있다는 데에 시조의 의의가 있다. 절구에서 다룬 내용을 보면 시조와 공통적인 것은 충절(忠節)과 별한(別恨), 시름 등이다.[35] 나아가 다양한 시형의 한시가 한탄이나 풍자에 주력하고 있다면 시조는 잔치의 즐거움같은 흥도 함께 담고 있다.

이렇게 작가가 표현하고자 하는 다양한 정서를 시조를 통해 표출했다는 점이 악부체, 절구, 시조를 모두 지으면서 신흠이 보여주었던 양층언어작가

---

35 이에 대한 자세한 내용은 정소연(2006), 앞의 글, 19-21면 참조.

의 면모라고 할 것이다. 논의의 초점이 시조에 더 비중이 있는 것 같으나 이는 신흠에게 사대부로서 당연하고 일반적인 한시에 비해 변(辨)이 필요한 갈래가 시조였던 점에 기반한 것이다. 한시는 유년기부터 임종 전까지 일생 지속적으로 짓지만, 시조는 작품수도 적고 특정 향유공간이나 동기와 더 밀착되어 있는 것이 당시의 두 갈래의 공존하는 모습인 것이다.

4. 절구와 시조의 세계관적 지향 : 규범적 세계관과 탈속적 세계관

여기서는 신흠의 7언 절구와 시조의 주된 내용과 세계관적 지향을 비교하고자 한다. 신흠의 7언 절구는 권18에 146수, 권19에 175수, 권20에 166수로 총 487수이다. 비교를 위해서 시조가 지어진 방축·유배기의 10여 년간 지어진 절구를 대상으로 하고자 한다. 앞에서 살펴본 것처럼, 신흠이 스스로 같은 시기에 두 갈래를 비교하면서 그 효용과 차이를 대비적으로 인식하며 창작했기 때문이다. 따라서 이 시기 지어진 약 160여 제(題) 230여 수(首)의 7언 절구를 대상으로 할 것이다.

앞에서 신흠의 양층언어문학관을 살펴보면서 시조가 가진 즐거움, 유희의 기능을 살펴본 바 있다. 따라서 7언 절구에서도 이러한 내용이 나타나는지 유의해서 살펴볼 필요가 있다. 시조에서 다루어진 주제는 크게 충분(忠憤), 별한(別恨), 유흥(遊興)과 취락(醉樂), 신선·노장적 한가(閑暇), 영원성 희구의 순서로 정리할 수 있다. 이 주제는 신흠이 방축, 유배기에 쓴 산문들 속에서 계속 반복되어 나오는 주된 화제이기도 하다. 당시 신흠은 선조나 친한 벗들과의 사별(死別)과 이별(離別)의 아픔을 토로하거나, 자신에게는 잘못이 없는데도 일어난 不義한 상황과 이치를 벗어나는 현실과 역사에 대한 고뇌가 깊었고 이를 상수역학적 세계관으로 극복하고자 했다.[36]

---

[36] 이에 대한 더 자세한 논의는 박희병, 「申欽의 學問과 그 思想史的 位置」, 『민족문화』 20집, 민족문화추진위원회, 1997. ; 고정희, 「申欽 시조의 사상적 기반에 관한

그런데 이러한 내용이 절구에서는 잘 나타나지 않는다. 이는 사대부 작가에게 한시와 시조의 기능과 인식이 어떠했는지의 양층언어문학성과 밀접하다. 술을 먹고 취하는 즐거움을 추구하고 그것을 노래한다거나 혹은 시적 화자 자신이 신선이라고 직접적으로 표현하고 있는 시조의 내용은 절구를 통해서 나타내기에 제약이 따른다. 유가적 세계관의 절제와 '예(禮)'를 추구해야 할 사대부가 인생의 허무와 술이 주는 쾌락이나, 혹은 도가적 세계관에 경도된 신선사상을 나타내기에 한문이라는 언어, 곧 이것으로 지어진 절구라는 갈래는 적절하지 않은 것이다.

이는 비슷한 제재를 표현할 때에도 두 갈래의 지향이 다른 것으로 나타난다. 일례로 한가(閑暇)를 표현한 경우 절구에서의 한가함은 자연을 관조적으로 바라보는 경우가 많다면, 시조에서는 신선·노장적 한가함으로 그려져 있다. 시조는 연작된 맥락속에서 개개의 작품을 봐야 하고, 연작성안에서 각 편이 해석된다는 점을 감안하면서[37] 구체적인 작품을 보도록 하자.

[한시1] 〈小雨(가랑비)〉[38]
小雨初晴麥壠分 가랑비가 개고 나니 보리밭 경계 분명한데
鳴鳩乳燕正紛紛 우는 비둘기 새끼 제비가 이리 날고 저리 나네
山村長夏無來客 긴긴 여름 산촌에 찾아오는 사람 없어
閒倚東樓詠白雲 한가로이 동쪽 누대에 기대어 흰 구름을 읊조리네

연구」, 『고전문학과 교육』 1집, 청관고전문학회, 1999. ; 정소연(2005a), 위의 글 참조.
신흠의 易에 대한 사상을 볼 수 있는 글로는 권31의 〈坎止窩銘〉, 〈至日箴〉, 〈元春四箴〉, 〈體乾箴〉, 권32의 〈進古經周易箚〉와 권40의 〈愼分篇〉, 권41에서 권43의 〈諱言〉 1에서 3, 권47·48의 〈野言〉1·2, 권52에서 권54의 〈求正錄〉上·中·下, 권55의 〈先天窺管〉 등이 있다.
37 정소연, 「신흠 시조의 연작성 고구」, 『한국시가연구』 17집, 한국시가학회, 2005a 참고.
38 권 20.

[시조13]
날을 뭇지마라 前身이 柱下史ㅣ뢰
靑牛로 나간 後에 몃힌마니 도라온다
世間이 하 多事ᄒ니 온동만동 ᄒ여라

[시조14]
是非업슨 後ㅣ라 榮辱이 다 不關타
琴書를 흐튼 後에 이 몸이 閑暇ᄒ다
白鷗ㅣ야 機事를 니즘은 너와 낸가 ᄒ노라

　[한시1]에서는 화자의 한가함을 경물 가운데의 객관화된 모습으로 그리고 있다. 기구(起句)와 승구(承句)는 화자가 관찰하고 있는 자연의 모습이다. 전구(轉句)와 결구(結句)는 현재 화자가 처한 모습으로 동쪽 누대에 기대어 한가롭게 시를 읊고 있다고 했다. 이는 마치 하루 일상중 일부분을 그대로 옮겨온 것같아 생활시라고 해도 과언이 아니다.
　반면에 [시조13]에서는 자신을 노자로 표현하며 세상이 어수선하다고 했다가, [시조14]에서는 이런 시비(是非)의 문제를 모두 초월한 후에 한가하다고 했다. 이 두 작품에서는 노장적 세계관이 깔려있다. 절구에서는 방축·유배라는 인생의 극심한 변화를 어느 정도 이겨낸 뒤 시간적 여유로움과 세상과 멀어진 한가함을 느끼는 감회라면, 시조에서는 전술했듯 신선(神仙)이나 노자(老子) 등의 소재를 통해 태고적과 멀어진 이 세상에 대한 시름과, 죽음을 겪어야 하는 인생의 유한성이라는 문제를 영원성의 추구로 극복한 시적 화자의 한가함이라는 차이가 있는 것이다. 곧 절구에서는 한가함을 표현할 때에도 실제 작가의 일상적 삶과 밀착되고 있는 반면에 시조에서는 시적 화자가 전신(前身)이 '老子'라고 하는 등 시적 화자의 가면이 사실에 근거하기 보다는 상상력에 의거한 점이 더 강하다.
　앞에서 시조의 내용을 분류하면서 이별의 고통을 표현하기 위해 여성 화자를 설정했다고 했는데 이별의 아픔을 효과적으로 표현하기 위해 현실적 작가와 먼 상상적 가면을 쓴 화자를 허용했듯이, 한가함을 다룬 작품에서도 절구에서는 현실의 모습의 연장선에 더 가깝다면, 시조에서는 상상적 자아의 면모를 택하고 있어서 작품외적 화자와의 거리가 더 멀다. 특히 이 두 가지 화자의 모습은 그 근저의 세계관과도 직결된다.

따라서 세계관의 지향이 사대부 작가가 놓인 현실적 모습에 가까운지, 아니면 이를 벗어난 자유롭고 상상력이 가미된 허구적 모습이 나타났는지와 밀접하다. 허구적 화자의 모습 역시 작가의 모습이기도 하지만 실제 작가가 처한 현실 속에서 어느 갈래로 어떤 화자의 모습을 드러내고 있는지의 차이가 보이는 것이다.

여기서 한 가지 생각해볼 것은 신흠이 사상적으로 상수역학적(象數易學的) 세계관에 심취한 작가였다는 사실이다.[39] '易'에 대한 관심은 어릴 적부터 있어온 것으로서 소역, 곧 소옹(邵雍)의 ≪皇極經世書≫를 읽었다고 했다.[40] 이 책은 송대(宋代) 상수역(象數易)을 대표하는 저술로서, ≪周易參同契≫의 영향을 많이 받았는데, 신흠은 이를 15세에 읽었다고 하고, 책에서 나오는 도가(道家)의 양생술(養生術)을 시험해보기까지 했다고 한다.[41] 다음의 자료들은 주역(周易) 외에도 신흠이 당시 심취했던 사상에 대해 잘 보여준다.

우거하는 동안 하는 일 없이 그저 조용히 앉아 날을 보내고 있었는데

---

[39] 이에 대한 더 자세한 논의는 박희병(1997), 앞의 글 ; 고정희(1999), 앞의 글 참고.
[40] "내가 어릴 적에 소역(邵易)을 보기를 좋아하였는데 그 요체를 이해하지 못하여 사색을 하다가 다시 그냥 놔두곤 하였다. 이렇게 한 것이 대개 수십 년 동안 되었는데, 세상에 이를 궁구(窮究)한 명유(名儒)와 석사(碩師)가 없어서 의문점을 물어보고 나의 어리석음을 깨우칠 길이 또한 막연하였다." 「先天窺管」, 권55. 余少時喜觀邵易, 而未領其要, 思索而復置之. 如是者蓋數十年, 世無名儒碩師究窮乎此者, 亦無緣就質而擊蒙矣.
[41] 「春城錄」, 앞의 책, 권52. 余年十五, 得兪玉吾所註參同契, 試其法.

가끔 장자의 글을 가져다 보면 가슴 속이 쾌활해지는 느낌을 받곤 하였다. 선배들이 많이 노장(老莊)에 잘못 빠진 것도 이 때문이었을 것이다.[42]

이 글은 유배·방축기에 쓰여진 것인데, 위에서 "장자의 글을 읽으며 마음이 쾌활해졌다"는 점은 주목을 요한다. 인생에서 당한 시련으로 고뇌하던 중 장자의 글을 보면 가슴속이 쾌활해졌다는 것이다. 비록 노장에 빠지는 것이 잘못이라고는 했지만 노장사상에 빠질 수밖에 없는 이유를 제시한 것이다. 이외에도 신흠은 莊子의 <齊物論>과 소강절의 <無名公傳>을 좋아하여 그것을 모아서 적기도 했다. 이런 자신에 대해 哲人의 길을 버리고 오묘한 사람의 자취를 따라가려고 한다는 어떤 이의 비난에 대해 답변한 것이 <莊邵白三公文後跋>이다.[43]

그렇다면 이러한 작가의 세계관적 지향이 절구에서는 어떻게 나타나고 있는가. 7언 절구에서도 시조와 유사한 작품을, 곧 화자의 면모가 상수역적 세계에 기반한 작품을 찾아볼 수 있다. 절구 전체 작품수에 비한다면 몇 안되지만 이런 면모가 가장 잘 드러난 작품을 비교해보도록하자.

[한시2] 〈次南郭韻 (남곽 운에 차하다)〉
長憶平丘驛路東　　언제나 생각나네 평구역 길 동편에
一盃相別兩衰翁　　한 잔 술로 헤어지던 쇠한 두 늙은이
神奇臭腐吾何有　　신기한 것 썩은 냄새 나에게 무슨 소용인가
蝴蝶莊周是夢中　　호접되어 훨훨 나는 장주 꿈을 꾼다네

[시조11]
神仙을 보려ᄒ고 弱水를 건너가니

---

[42] 「江上錄」, 앞의 책, 권50. 僑寓中無人事, 唯靜坐度日, 時取莊子文見之, 胸次覺快活. 先輩多爲老莊所誤者以此也.
[43] 권37

玉女金童이 다 나와 뭇는괴야
歲星이 어듸나간고 긔날인가 ㅎ노라

  [한시2]는 남곽 박동열(朴東說)의 시에 차운한 작품이다. 광해군 5년 여름 이이첨(李爾瞻) 등이 인목대비를 폐위하기 위해 큰 옥사를 일으켜 선조(宣祖) 때의 원로 대신들이 일망타진되었는데, 박동열 또한 그 표적이 되어 심리를 받은 뒤 중풍에 걸려서 경기 양주(楊州)로 쫓겨나 살다가 10년만에 죽었다. 기구와 승구에서는 남곽과 이별하던 때를 추억하고 있고, 전구와 결구에서는 이제는 세상에서의 어떤 구분과 차별을 넘어 나비가 된 장주를 꿈꾼다고 했다.
  전구(轉句)에 나오는 "神奇臭腐"는 ≪장자≫ <知北遊>에 나오는 대목이다. 관련한 다음의 대목을 보자.

> 삶이란 죽음의 한 부분이고, 죽음은 삶의 근본이니 어느 누가 그 법도를 알 수 있을까. 사람의 삶은 기의 모임이니 모인즉 살고 흩어진즉 죽는 것이다. 만약 죽음과 삶이 같은 것이면 나는 또한 어찌 근심하는가. 그러므로 만물은 하나이다. 그러나 그 아름다운 것을 신기하다고 하고 그 추한 것을 냄새난다고 한다. 썩은 것이 다시 신기해지고 신기한 것이 변하여 냄새나게 되니 그러므로 천하가 통하여 하나의 기일 따름이라고 성인이 귀하게 여긴 것이다.[44]

  냄새나는 것과 신기한 것이 하나이고, 죽음과 삶도 하나이다. 어떤 것은 아름답다고 신기하게 여기고 어떤 것은 추하다고 냄새나게 여기는 것의 구별은 천하가 하나의 기로 통한다는 사실을 깨달으면 무의해진다. 이와

---

[44] ≪莊子≫外篇 <知北遊> "生也死之徒 死也生之始 孰知其紀 人之生氣之聚也 聚則爲生 散則爲死 若死生爲徒 吾又何患 故萬物一也 是其所美者爲神奇 其所惡者爲臭腐 臭腐復化爲神奇 神奇復化爲臭腐 故曰 通天下一氣耳. 聖人故貴一"

같이 삶과 죽음의 구별도 어리석은 것이고 둘이 결국 하나의 기의 움직임인 것을 깨달아야 한다. 앞에서 든 <減字木蘭花>에서도 보았지만 신흠은 당시 인생의 유한함, 곧 죽음으로 인한 허무함에 대해서 고뇌했다.[45] 죽음의 문제는 유한함만이 아니라 돌아가신 선조나 친한 벗들의 유배지에서의 죽음 등을 통해 사별(死別)의 고통으로 이어졌다. 이러한 때에 장자의 삶과 죽음이 하나의 기의 통함이라는 것은 큰 위로가 될 수 있었다. 이때 상수역학적 세계관에 심취되어 죽음의 문제를 극복하고자 한 것이다. 결구(結句)에서의 호접지몽도 인생의 허무함과 이에 대한 고뇌가 투영되어 있다.

한편 [시조11]은 이와 유사한 맥락에서 읽을 수 있는 작품이다. 시조는 6편의 작품이 일군을 이루는 가운데 한 작품에 해당되므로 전술한 바 연작성의 맥락 가운데 이 작품의 의미를 새길 필요가 있다. 초장에서 시적화자는 신선(神仙)을 보려고 弱水를 건넜다고 함으로써 현실에 기반하지 않고 상상력 가운데 작품이 전개되고 있다. '신선을 보려한다'는 것은 신흠이 지향하는 세계관이 어떠한 것인지를 우회적으로 이해할 수 있어도, '약수를 건넜다'는 것은 상상의 세계가 아니고서는 불가능한 문제이다.

[시조11]의 중장에서는 약수를 건너 당도한 곳에 옥녀금동(玉女金童)이 다 나와서 화자를 맞아주었다고 했는데, 이 역시 상상적 세계에 해당한다. 종장에서는 세성(歲星)이 어디 갔느냐고 묻는 말에 곧 자신이라고 답하고 있다. 세성(歲星)은 목성으로 易에서는 한 해의 시간과 관련한 별인데, 그것이 곧 화자라고 하였다. 이렇게 시조에서는 작품이 현실의 시간과 공간을 뛰어넘어 전개되고 화자 역시 시간과 공간의 한계에 묶인 인생이 아니라 신선으로 자신을 인식하고 있다.

절구와 시조 두 작품 모두 인생의 유한함을 초월하고자 하는 지향은 같지만, 절구에서는 기구와 승구에서 현실과 밀착되어 있고, 그래서 장자가

---

45 이에 대한 구체적인 논의는 정소연(2005a), 앞의 글 참조.

나비가 된 인생의 허무함과 유한함의 초월은 꿈으로만 지향할 뿐이다. 반면에 시조에서는 꿈이나 상상으로 지향한다고 하지 않고, 상상이 곧 화자가 처한 현실이요, 그래서 이생의 시간만이 아니라 공간까지 초월하고 있다. 또한 화자 자신이 곧 신선이라고 밝히고 있어서 절구보다 시조에서 화자의 지향점에 대한 자세가 적극적이고 직접적이며 상상력이 자유롭다.

이제 또 다른 작품에서는 어떠한지 살펴보도록 하자.

[한시3]
〈還金陵 與舍弟小酌 (금릉에 돌아와 사제와 술잔을 나누면서)〉2수 中 第2수
五年遷客始歸田 귀양살이 오년만에 비로소 고향에 돌아오니
故里人疑化鶴仙 신선이라도 된 것같이 고향사람들 의심하네
正似彭城風雨夜 어쩌면 팽성의 비바람 치던 밤에
兩蘇相對一床前 한 침상에 마주앉았던 두 소씨와 그리 같은가

[시조13]
날을 뭇지마라 前身이 柱下史ㅣ뢰
靑牛로 나간 後에 몃힌마니 도라온다
世間이 하 多事ᄒ니 온동만동 ᄒ여라

신흠은 방축-유배-방축의 시간을 10여 년간 보냈는데, 위 절구는 유배에서 두 번째 방축의 시기에 지어진 작품이다. 그러한 사실이 기구(起句)에 나타나있다. 승구(承句)에서는 고향사람들이 돌아온 자신을 신선인 듯 의심한다고 했는데, 그 이유는 전구(轉句)와 결구(結句)에 드러난다. 결구의 두 소씨는 송(宋)의 소식(蘇軾)·소철(蘇轍) 두 형제를 일컫는다. 이들은 영해(嶺海)로 귀양살이 가 있을 때 누구 하나 찾아주는 사람이 없었다고 한다.[46] 따라서 고향사람들이 신선인 듯 의심했다는 것은 고향에 돌아와도 반겨

---

46 ≪宋史 巢谷傳≫,『국역상촌집』권20 주석에서 재인용.

맞아주거나 그간의 고생을 마음 아파하기보다 자신을 모르는 사람 보듯, 혹은 고관대작이 어쩌다가 영락했는가 하는 눈으로 대한다는 의미로 이해할 수 있다.

시조에서는 초장에서 시적 화자 자신이 주하사(柱下史)라고 했는데, 노자가 지냈던 벼슬이다. [시조 11]에서와 마찬가지로 시적 화자의 모습이 자유롭게 변화되는데, 여기서는 자신을 노자와 동일시하고 있다. 중장에서는 청우(靑牛)를 타고 나갔다 몇 해만에 돌아온다고 했다. 청우(靑牛)도 노자가 서피(西避)할 때 타던 것으로, 노자는 당시 어지러운 세상에 자신의 뜻을 펴려고 했으나, 그를 시기하는 사람들에 의해 뜻을 펴지 못하고 서역으로 떠났다. 뜻을 펴지 못하고 유배를 당하고 고향으로 돌아온 것을 신선이 된 노자를 빌려 표현하되 화자가 직접 자신을 지칭하고 있는것이다.

절구에서는 자신이 신선이라도 된 듯 사람들이 본다고 한 것이 정말 신선이 되어서는 아니다. 또 남들이 그렇게 본다고 하고 화자가 자기 자신을 가리켜 신선이라고 하지도 않았다. 반면에 시조에서는 시적 화자가 신선이 되기도 하고 노자가 되기도 하는 상상의 자유로움을 보여준다.

이는 당시 사대부에게 있어서 한시와 시조라는 두 갈래가 차지했던 위상과 연관지어 이해될 수 있다. 한문을 매개로 지어지는 한시는 사대부의 일상적 삶과 밀착되어 있어서 삶과 아주 벗어난 상상적, 가면적 자아를 표현하기는 어렵다. 한시는 사대부라는 위치와 지위를 말해주는 문화생활의 일부이기 때문이다. 더구나 주자학적 세계관을 기반으로 하고 있는 조선시대 사대부에게 도가적인 세계를 한시로 직접 드러내기란 제약을 느낄 수 있는 일이다.

반면 국어를 매개로 하여 짓는 시조는 한문으로 지은 한시에 비해 상대적으로 민중과 기층세계에 가깝다. 이는 국어의 지위가 한문에 대해 가지는 낮은 위상 때문이다. 이어(俚語)라고도 폄하되었던 국어는 당시 사대부 남성이 아닌 여성과 민중의 언어였다. 따라서 화자의 모습을 여성이나 신선 등 더 자유롭게 취하는 것이 한시에서보다 더 용이하고 익숙하다. 절구에서는 잘 표현되지 않은 상수역학적 세계관이 시조에서는 직접적이고 구체적으로 거론된다는 점은 이렇게 구어 사용을 배경으로 하고 있는 것이다.[47]

이와 관련하여 문자문화 이전의 세계관을 볼 수 있는 창세신화에서 도가적 세계관이 발견되며, 신화의 세계인식이 유가의 세계인식과 다르다는 논의는 시사하는 바가 크다.[48] 구어의 특성이 강한 시조에서 도가적 세계관이 발현될 수 있었던 것도 문자문화 이전의 신화적 세계가 보여주는 관점과 닿아있는 것이다.

한편, 우리의 경우만이 아니라 나이지리아 등 아프리카에서는 양층언어 중 상대적으로 지위가 낮은 언어를 사용한 시는 주로 여성의 문제를 다루기 위해 사용된 예를 종종 찾아볼 수 있다.[49] 중국의 경우에도 문자는 상층인의 학문과 문자생활 등과 관련되어 지위를 말해주는 것이었고, 음악은 도가의 신비주의와 결합한 세계를 나타내는 통로이기도 했다.[50] 시조의 언어가 제

---

[47] 이와 관련하여 바흐친은 독백주의와 규범화, 대화주의와 탈규범화의 양상에 대해 논의한 바 있다. 이에 대한 구체적인 논의는 여홍상 엮음, 『바흐친과 문학이론』, 문학과 지성사, 1997. 특히 Julia Kristeva, "Word, Dialogue, and Novel", *Desire in Language : A Semiotic Approach to Literature and Art,* ed. Leon S. Roudiez, trans. Thomas Gora, Alice Jardine, and Leon S. Roudiez, New York : Columbia University Press, 1980, 여홍상 엮음, 위의 책 참조. 한시가 독백적이고 시조가 대화적인 점은 문어와 구어의 특성에 기인하는데 이 점은 정소연(2006), 앞의 글 참고.

[48] 조현설, 「동아시아 창세신화의 세계인식과 철학적 우주론의 과제」, 『구비문학연구』13집, 한국구비문학회, 2001 ; 조현설, 「한국창세신화에 나타난 인간과 자연의 문제」, 『한국어문학연구』41집, 한국어문학연구학회, 2003.

[49] 대표적으로 다음을 들 수 있다. Ezenwa-Ohaeto, "Bridges of Orality : Nigerian Pidgin Poetry", *World Literature Today,* vol. 95, No.1, University of Oaklahoma Press, 1995.

[50] Patricia Shehan Campbell, "Orality, Literacy and Music's Creative Potential : A

약이 적은 하위어일 뿐 아니라, 말로 하는 노래라는 점에서 같은 측면으로 이해될 수 있는 것이다.

나아가 문자와 음성의 문제는 유가적 세계관과 도가적 세계관으로 각각 연결된다. 복사(卜辭)에서 '文'이라는 글자는 사람의 가슴에 갖가지 형상을 새겨놓은 문신 모양이었다. 문신은 아름답게 꾸미려는 것이므로 결국 文은 문학, 우아 등과 같이 인위적인 수식과 관련된다. 이는 음성이 자연스럽게 주어진 소통의 도구로서 천연을 그 본래적 특징으로 하고 있다면, 수식은 인위적인 것으로 절제와 교화, 곧 '禮'와 연결된다. 따라서 절제로 인한 예(禮)를 갖고 있지 않는 자연스러움은 야만이나 교화의 대상으로 인식되기도 한다. "본성은 수식이 없다면 스스로 아름다울 수 없다"[51]는 순자(荀子)의 말 속의 '수식'은 문자와 '禮'의 밀접함을 잘 보여준다.

제사를 통해 구성원을 하나로 통제하고, 이후 이를 예악사상으로 발전시켜 통치질서의 기반을 다졌던 정치적 상황을 생각해보면 '禮'는 유가적 세계관에 기반한 것으로서 교화와 규범성으로 쉽게 연결지어 볼 수 있다. 따라서 문자를 사용한 기록시가와 유가적 세계관의 견고한 결합, 그리고 이에 나타난 규범성과 상층의식의 개념관계를 지적할 수 있겠다.

그렇다면 음성의 자연스러움과 비격식성, 비고정성은 초월적이고 순진무구의 세계를 추구하는 노자나 장자의 도가적 세계관과 연결지어 생각해 볼 수 있다. 도가적 세계관에서 중요한 개념인 '無爲自然'과 모든 사회적

Comparative Approach", Butler University Indianapolis, Council for Research in Music Education, School of Music University of Illinois, 1989 summer, 31-33면 참조. 이외에도 양층언어현상과 관련하여 언어의 기능과 사용처, 사용자의 의식에 대한 더 자세한 논의는 다음을 참조할 수 있다. J. Patrick Duffey, "A War of Words : Orality and Literacy in Mariano Azuela's Los de Abajo", *Romance Notes*, vol. 38, No.2, Department of Romance Languages, University of North Carolina, 1998.

51 정제한, 앞의 글, 69면에서 재인용.

공리와 일체의 구속을 벗어나는 '坐忘' 등은 인간사회의 질서와 도덕성에 주력하는 유가적 세계관과 대비적이다.[52] 도가적 세계관의 무한한 상상력 역시 음성의 유동성과 비고정성의 성격과 긴밀하다. 따라서 이러한 언어매체의 성격에 따라 절구에서보다 시조에서 상상력에 기반한 세계와 화자의 탈유가적인 면모를 보이고 있다는 것을 알 수 있다.

5. 작가와 화자의 거리에 따른 절구의 사실성과 시조의 허구성

앞에서 절구에서는 실제 작가와 시적 화자가 거의 일치하면서 사대부의 규범적 세계를 지향했다면 시조에서는 작가의 또 다른 모습인 탈규범적 세계관을 지향하는 시적 화자가 자유롭게 그 지향을 드러내고 있는것을 보았다. 이번에는 세계관의 문제가 아니라 화자와 작가 관계로 이를 더 확장해 두 갈래의 특징을 일반화할 수 있는지 보도록 하자.

남성인 작가의 모습과 전혀 다른 화자의 모습은 곧 여성일 것이다. 남성 작가가 여성 화자의 가면을 쓰고 이별의 정서를 표현하는 전통은 노래에서 노래 지속되었다. 한시의 사(詞)에서도 그렇지만, 시조 역시 마찬가지이다. 이 점은 정철의 경우에서도 살펴보았다. 이와 관련해 신흠은 어떠한지 이별 제재의 절구와 시조를 비교해보자.

[한시4] 〈癸丑五月十五日 與韓相國應寅 徐判書渻 朴錦溪東亮 被逮 韓觀察浚謙 在任所隨逮 就理翌日作(계축년 5월 15일, 상국 한응인, 판서 서성, 금계 박동량과 함께 체포당했는데, 관찰사 한준겸은 자기 임지에서 체포되었다. 의금부에 나아가 심리를 받고 그 다음날 지었다)〉[53]

---

52 李澤厚, 『華夏美學』, 香港 : 三聯書店, 1988, 권호 역, 『華夏美學』동문선, 1990.
53 권17.

未效秦良死　진나라 양인들 죽음을 본받지 못하고
空爲楚獄囚　헛되이 옥중의 죄수가 되었네
蒼梧望不極　창오산 끝없이 바라보니
迢遞白雲愁　저 멀리 흰구름에 시름겹구나

[한시5] 〈丁巳冬廢論起 白沙李相國以異議 將遠 貶 聞而書寄(정사년 겨울 폐모론이 일어나자 백사 이상국이 이의를 주장했다가 멀리 귀양가게 되어 그 소식을 듣고 읊어 보내다)〉[54]

草草平丘別　바삐바삐 평구에서의 이별
前期問却迷　앞날을 물어도 기약이 아득했지
傷心今日淚　마음 아픈 오늘의 눈물이여
殘照穆陵西　목릉 서켠에 석양빛이 비치네

[한시6] 〈別舍弟及東陽父子(사제와 동양위 부자를 전별함)〉[55]
別弟仍別子　아우를 작별하고 자식을 보내고
子去又將孫　아우를 작별하고 자식을 보내고
搖落山村裏　쓸쓸하게 산촌 속에 남아
沈吟日欲昏　중얼중얼 읊다 보니 해가 지려하네

　[한시4·5]는 모두 충절과 이별의 정서가 결합되고 있는 경우이고, [한시5]는 이별과 고독이 함께 나타난 경우이다. [한시4]는 계축옥사로 체포된 뒤 심리를 받고 지은 작품이라고 제목에서 밝히고 있다. [한시5]도 구체적 시간의 정보와 사건의 발단 등의 정보가 제목에 자세하게 나와 있다. [한시6]에서도 이별의 대상이 누구인지 실제 인명(人名)이 나타나 있다. 이렇게 작품의 제목에서 소재가 되고 있는 사건의 구체적 정보들, 곧 시간이나 인명(人名) 등이 자세하게 나와있어서 사건과 순간의 기록으로서의 역할을 볼 수

---

[54] 권17.
[55] 권17.

있다.

[한시4]의 기구(起句)와 승구(承句)는 '님'과 함께 죽지 못하고 옥중 죄수가 된 화자의 신세를 표현하고 있고, 전구(轉句)와 결구(結句)는 님에 대한 그리움을 표현했다. 제목이 밝히는 바, 님은 곧 선조라는 것을 알 수 있는데, 선조와의 사별(死別)이 충심(忠心)과 결합되어 있는 대표적 작품이다. 이렇게 사대부로서 임금인 선조가 이별과 충절의 대상인 점은 실제 작가인 신흠의 삶과 밀착된 모습을 보여주는 것이다.

[한시5]는 백사 이항복이 유배가게 되어 쓴 시로서 벗과의 이별이 일차적 주제이다. 그런데 결구에서는 목릉 서쪽에 석양이 비친다고 함으로써 선조에 대한 충심을 드러내고 있다. 여기서 충절과 별한이 복합적으로 나타나고 있는 것은 이별의 대상이 함께 선조를 섬기던 벗들이었기 때문이다. 이 작품 외에도 당시 이별의 아픔을 표현한 절구를 보면, 대개 함께 선조를 섬기다가 죄망에 걸려 여기저기로 유배가게 된 벗들을 대상으로한 것이 대부분이다. 이 작품 역시 실제 작가인 신흠의 삶의 구체적 사실가운데 쓰여진 작품이다.

[한시6]의 기구와 승구에서는 아우와 자식, 그리고 손자까지 떠난다고 하였다. 전구에서는 그래서 쓸쓸하게 산촌 속에 남아있다고 하고, 결구에서는 모두가 떠난 뒤 화자의 삶의 모습, 곧 혼자서 시를 읊다가 석양이지는 것을 보고 있다고 했다. 이별의 아픔을 드러내놓고 호소하거나 고독의 정감을 표명하지는 않았지만, 이별과 고독이 맞물린 화자의 정감이 결구에서 석양의 이미지와 결합되어 드러난다. 이 경우 이별의 대상이 가족들로 구체화되어 나오는 것 역시 작가 신흠의 실제 삶의 모습에 기반한 것이고, 그 때 느꼈던 고독감을 그대로 표현하고 있는 것이다.

이렇게 이별을 다룬 절구에서는 실제 작가의 삶과 밀착되어 인명(人名)과 지명(地名) 등의 정보가 구체적으로 등장한다.

이번에는 시조를 보자.

[시조16]
내가슴 헤친피로 님의 양ᄌᆞ 그려내어
高堂素壁에 거러두고 보고지고
뉘라셔 離別을 삼겨 사룸죽게 ᄒᆞ난고

[시조17]
寒食 비온 밤의 봄빗치 다 퍼졋다
無情ᄒᆞᆫ 花柳도 ᄣᅢ를 아라 픠엿거든
엇더타 우리의 님은 가고 아니오ᄂᆞᆫ고

[시조18]
어젯밤 비온 後에 石榴곳이 다 픠엿다
芙蓉塘畔에 水晶簾을 거더두고
눌向ᄒᆞᆫ 기픈 시름을 못내 프러 ᄒᆞᄂᆞ뇨

[시조19]
窓밧긔 워석버석 님이신가 니러보니
蕙蘭蹊경에 落葉은 므스일고
어즈버 有限ᄒᆞᆫ 肝腸이 다 그츨가 ᄒᆞ노라

[시조20]
銀釭에 불붉고 獸爐에 香이진지
芙蓉 기픈 帳에 혼자ᄭᅢ야 안자시니
엇더타 헌ᄉᆞᄒᆞᆫ 저 更點아 ᄌᆞᆷ못드러 ᄒᆞ노라

[시조21]
봄이 왓다 ᄒᆞ되 消息을 모로더니
냇ᄀᆞ에 프른 버들 네 몬져 아도괴야
어즈버 人間離別을 ᄯᅩ 엇지 ᄒᆞᄂᆞ다

위 작품들은 이별의 정서를 집약해서 보여주고 있다. 그런데 절구와 대비해서 주목할 것은 시적 화자가 모두 여성이라는 점이다. 이별에 대한 고통을 가장 효과적으로 나타내기 위해서 남성과 이별한 여성을 화자로 하여 그 고통을 토로하고 있다.[56] 그리고 마지막 시조21에서는 '人間離別'이라고 하여 이별의 대상이 확장되고 있다. 이로써 남녀 간의 이별만이 아니라 인생 가운데 겪는 온갖 이별의 고통을 효과적으로 표현하고자 함을 알 수 있다.

그러나 절구에서 보았듯이 작가인 신흠이 처한 이별은 충절과 밀접한 상황 속에 일어난 경우가 많았는데도 시조에서는 전혀 이 점이 드러나지 않는다. 한시에서는 개별 작품마다 제목에 이러한 정보들이 나타나는데, 시조에서는 제목이 별도로 있지 않다. 그래서 이별의 대상이 '님'이라고만 하고 있고, 구체적으로 임금인지, 가족들인지, 친구들인지, 혹은 기녀나 궁녀의 목소리를 대변한 것인지[57] 등에 대해 확언할 수는 없다. 절구에서 다룬 이별의 대상을 기반으로 그 가능성이 되는 님의 존재를 이렇게나마 예상해볼 수 있을 뿐이다. 곧, 시조에서는 이별의 고통이나 충절 등의 주제가 각각 뚜렷하게 구분되어 나타나면서 구체성보다는 추상적 대상을 향한 발화이면서 화자 역시 실제 작가와 일치하거나 밀착되지만은 않는다는 특징이 보인다.

이렇게 시적 화자를 여성으로 내세우고 이별의 구체적 대상이 누구인지 나타나지 않음으로써 얻게 되는 효과와 특징은 무엇인가? 우선, 충절이나 우정 등의 구체적 상황과 연계되는 특정한 이별이 아니라 오히려 '이별'이라는 상황 그 자체와 '이별의 정서' 그 자체를 집중적으로 다루게 되는 특징이 나타나게 되었다. 또 작가와 화자의 관계에서 본다면 절구에서는 실제 작가와 화자가 거의 일치하고 밀착된 반면에 시조에서는

---

[56] 조동일, 「호남문학사의 맥락 : 남성시가의 여성화자」, 『지방문학사-연구의 방향과 과제』, 서울대학교출판부, 2003에서 여성 화자의 이별시가에 대해 구체적으로 다루고 있다.
[57] 앞에서 작품을 예로 들지는 않았으나 악부시에서는 물론이고 절구에서도 여성 화자의 처지를 대변하는 목소리가 강한 작품들을 볼 수 있다.

실제 작가인 신흠이 겪었던 상황과 멀어졌고, 문학적 허구성, 가면적 자아가 더 강화되는 결과를 낳았다. 실제 작가와의 상황에서 멀어져 작품과 화자는 더 자유로워지고 상황 맥락에서 벗어나 정서 그 자체에 집중할 수 있게 된 것이다.

이는 비단 절구가 자구나 운자, 평측 등의 형식적 측면 때문에 정서 표현이 어느 정도 한계가 있었던 것은 아님을 알게 된다. 작가가 왜 시조를 썼는지는 시조가 정서 표현의 효과가 더 크고, 다양한 종류의 정서를, 비단 한탄이나 풍자만이 아니라 오락의 유희적 측면까지 다룰 수 있는 것등, 또 말과 글이 일치되어 번역을 거치지 않아도 되는 등의 이유가 있다고 앞에서 신흠의 산문 기록을 통해서 본 바 있다. 그런데 이에 더 나아가 우리가 문학사적으로, 특히 양층언어시가사적으로 신흠의 시조 창작이 가지는 의미를 찾는 것이 필요하다.

시조가 구체적 작가의 삶과 밀착된 정보가 없고, 그래서 허구성이 강화되고 정서 표출에 더 집약적인 특성을 가지게 되는 이유는 여러 가지 측면에서 찾을 수 있다.

첫째, 구체적 정보를 보여주는 통로가 한시에서는 내용만이 아니라 주로 제목인데 시조는 개별작품마다 제목이 있는 것이 아니다. 노래는 기록문학이 아니므로 굳이 제목이 별도로 필요하지 않다. 노래는 우리말로 부르고, 말은 상황맥락적이므로 구체적 정보를 따로 거론할 필요성이 줄어든다. 일례로 기록물은 저자명을 표기하지만 말을 할 때 자기 이름을 별도로 말하지 않는다. 기록물은 문자와 기록자 사이에 종이와 붓이 매개체로 존재하지만 말하는 사람은 다른 매개체 없이 자기 목소리로 직접 말하고 있어서 구연자가 바로 그 자신이기 때문이다. 이런 연유로 작가의 삶과 밀착된 정보가 제시되지 않는 언어적 환경을 가지고 있다.

둘째, 말은 남녀노소상하를 막론하고 누구나 할 수 있는 언어이므로 누구나 자신을 대입할 수 있는 공평하고 공동체적인 언어이다. 이에 비해 글은 식자층만 소유하고, 특히 한문은 남성사대부의 전유물로서의 성격이 강하다. 후자의 성격이 절구의 특징이라면 전자의 성격이 시조의 특징이다. 사실적 정보가 줄어들어, 어떤 상황이든 이별의 정서를 겪는 '사람'이라면 누구나 시조를 향유하고 공감할 수 있는 보편성이 더 커지는 것이다. 이 점을 정철의 시조에서도 절구와 대비되는 특징으로 볼 수 있었다. 17세기 신흠에게서도 절구와 시조가 기록성과 구술성의 측면에서 대비적인 특성이 지속되고 있는 것이다.

셋째, 구체적이고 사실적인 정보를 제시하지 않으므로 허구성이 개입할 여지가 생긴다. 그래서 화자도 여성이라는 가면을 내세울 수 있게 된다. 또 구체적인 상황이 개입되지 않으므로 이런 이별, 저런 이별 등으로 정서가 복합적이지 않고 정서 그 자체에 집중할 수 있다.

넷째, 우리말로 부르고 언문으로 기록했다고 하였는데, 언문은 암글이라고 불리기도 하는 여성의 문자였다. 여성성이 강한 매체로 인식되었기 때문에 여성을 화자로 내세우기가 더 용이하다. 정철이 여성 화자의 대화체로 가사를 쓴 것도 국문 매체가 가진 특성을 십분 활용한 것이고, 연군시조가 대체로 화자가 여성이 되어서 그 애절한 마음을 표현하는 경향도 이와 무관하지 않다고 본다.

다섯째, 남성성에 비해 여성성이 정서나 감정의 노출이 더 자유롭다는 것도 이별의 정서를 여성 화자를 내세워서 표현하는 효과를 크게 하게 만들어 사대부 남성 작가에서 여성이라는 가면을 쓰고, 그래서 허구성이 강화될 여지가 생긴다.

이번에는 '忠憤'을 다루고 있는 시조를 보도록 하자.

[시조3]
草木이 다 埋沒ᄒ제 松竹만 프르럿다
風霜 섯거친제 네 무스일 혼자 프른
두어라 내 性이어니 무러 무슴ᄒ리

[시조4]
四皓ㅣ 진짓것가 留侯의 奇計로다
진실로 四皓ㅣ면은 一定 아니 나오려니
그려도 아니냥 ᄒ여 呂氏客이 되도다

[시조5]
兩生이 긔뉘런고 眞實로 高士ㅣ로다
秦ᄯᅥᆨ의 일홈업고 漢ᄯᅥᆨ의 아니나니
엇덧타 叔孫通은 오라 말라 ᄒ는고

[시조6]
어젯밤 눈온後에 ᄃᆞᆯ이조차 비최엿다
눈後 ᄃᆞᆯ빗치 믈그미 그지업다
엇더타 天末浮雲은 오락가락 ᄒᄂᆞᆫ뇨

[시조7]
냇ᄀᆞ에 해오라바 므스일 셔잇ᄂᆞᆫ다
無心ᄒᆞᆫ 져 고기를 여어 무슴 ᄒ려ᄂᆞᆫ다
아마도 ᄒᆞᆫᄯᅳᆯ에 잇거니 니저신들 엇ᄃᆞ리

[시조8]
혓가레 기나 쟈르나 기동이 기우나 트나
數間茅屋을 자근 줄 웃지마라
어즈버 滿山蘿月이 다 내거신가 ᄒ노라

[시조9]
蒼梧山 히진 후에 二妃는 어듸간고
흠ᄭᅴ 못 주근들 셔롬이 엇더톤고
千古에 이 ᄯᅳᆺ 알니ᄂᆞᆫ 댓숩핀가 ᄒ노라

[한시4] 〈癸丑五月十五日 與韓相國應寅 徐判書渻 朴錦溪東亮 被逮 韓觀察浚
謙 在任所隨逮 就理翌日作(계축년 5월 15일, 상국 한응인, 판서 서성, 금계

박동량과 함께 체포당했는데, 관찰사 한준겸은 자기 임지에서 체포되었다. 의금부에 나아가 심리를 받고 그 다음날 지었다)〉[58]

未效秦良死 진나라 양인들 죽음을 본받지 못하고
空爲楚獄囚 헛되이 옥중의 죄수가 되었네
蒼梧望不極 창오산 바라보니 끝이 없고
迢遞白雲愁 저 멀리 흰구름에 시름겹구나

우선, 절구가 충절과 이별이 복합적 상황이었던데 비해 시조에서는 이두 가지가 분리된 것을 볼 수 있다. 이 시조 작품군에서 충절을 표현하는 방법은 시적 화자와 대조적인 존재를 설정함으로써 화자의 충절이 더욱 두드러지게 하였다.[59] 그런데 이 작품들에서는 시적 화자가 실제 작가와 어떤 관계인지 직접적으로 드러나지는 않는다.

이에 비해 절구는 선조의 유언을 부탁받은 일곱 신하가 계축옥사를 겪게 된 배경에서 지어진 것으로 작가의 실제 처지를 화자가 말하고 있음을 알수 있다. 기구와 승구에서는 죽음으로써 선조를 좇지 못하고 옥중 죄수가 된 현재 처지를 표현하고 있다. 선조를 좇지 못하고 사별(死別)하게 된 화자의 심정을 짐작해볼 수 있다. 전구와 결구에서는 선조를 그리워하는 마음과 더불어 흰 구름같이 어떻게 될지 모르는 자신의 신세를 근심하는 마음이 드러난다.

이렇게 시적 화자가 어떤 처지에서 이 작품을 지었는지, 그리고 자신이그리워하는 창오산이 가리키는 바가 무엇인지 알 수 있는 것은 제목(題目)을 통해서이다. 한시는 제목이 없는 경우가 없다. 반드시 제목이 있고, 달리

---

58 권17.
59 기존논의에서도 신흠 시조가 지니는 대립적 구조에 대해 지적하고 있다. 대표적으로 전재강, 「신흠 시조의 대립성과 현실 대응방식 연구」, 『문학과 언어』 15집, 문학과 언어연구회, 1994을 들 수 있다.

제목이 없을 때에도 '無題'라고 하거나, 혹은 주제를 드러내는 제목이 아니더라도 작시의 배경을 알려주는 단서를 반드시 기록한다.

반면에 시조를 보면 창오산(蒼梧山)의 '히'와 이비(二妃)가 나오기 때문에 충절을 주제로 하고 있다는 것을 알 수는 있지만 시적 화자의 상황이 구체적으로 어떠한지 작품 속에서는 드러나지 않는다. 그래서 절구에서의 시적 화자가 제목의 도움으로 인해 현실에 기반한 작가와 어떤 관계인지 알 수 있다면, 시조에서의 화자는 구체적인 맥락에서 벗어나 있다. 의미적으로 창오산(蒼梧山)의 '히'가 선조를 가리키고, '二妃'는 작가 자신을 가리킨다는 것을 알 수는 있지만, 사대부 남성 작가인 신흠이 여성으로 변화되었다는 점에서 실제 작가와도 거리가 있다.

이러한 절구와 시조의 차이는 기록성과 구술성, 문어와 구어의 차이이기도 하다. 절구에서 작품을 지은 실제 작가의 현실을 알려주는 단서는 바로 제목이라고 했다. 제목의 유무(有無)는 기록문화와 구술문화의 차이와 밀접하다. 제목을 다는 것은 구술사회에서 문자사회로 가면서 작품을 눈으로 보기 시작하면서 생긴 것이다.[60] 작품과 작품과의 경계를 명확하게 드러내주고, 또 독자에게 해당 작품에서 작가가 강조하는 바를 지적해주고 강조한다. 글에서 제목을 밝혀 핵심을 꼬집어준다는 것은 말에 비해 화자의 의도가 잘 전달되지 못하고 있다고 느끼기 때문이다. 문자를 매개로 해서 간접적으로 작가와 독자가 만나기 때문에 작가의 강조가 필요한 것이다. 작가의 손을 떠나 문자가 대신 전하기 때문에 텍스트 그 자체가 완결성을 가지게 하는 역할도 한다.

반면에 제목이 없는 시조에서는 이런 단서가 잘 드러나지 않는다. 또한 말은 글과 달리 발화자가 직접 말을 하기 때문에 작가의 정보나 구체적 맥락 등을 따로 제시할 필요성이 적어진다. 현장에 맞게 추가할 수도 있고

---

[60] 조경식 역(2002), 앞의 책, 87-89면 참조.

발화자의 어조, 표정, 몸짓, 음색 등 다양한 정보 전달의 통로가 더 있기 때문에 문자로 된 작품처럼 자체적 완결성을 강하게 요구하지도 않는다. 글은 저자정보와 저자권이 중요하지만 상대적으로 말은 이러한 점에서 더 자유롭다. 그것을 말하는 누구나가 화자가 된다.

또한 말과 글의 특성 외에도 한시와 시조의 향유 상황과도 관련이 있다. 한시는 교유시도 있지만, 여기서 살펴보는 방축, 유배기의 절구들은 대체로 작가가 자기 자신에게 말하는 독백적인 내용이 많다. 이와 달리 시조는 특정 공간에서 공동체 내에서 여럿이 함께 향유하는 경우가 많다. 비록 이별이나 충절을 읊은 시조가 자기 고백적인 내용이 포함이 되기는 하여도 독백적이기 보다 풍류 공간에서 함께 향유하는 특성이 공존하고 있는 것이다.

전자에서 말한 바, 절구의 경우는 글의 특징이기도 하다. 그리고 후자의 시조의 경우는 말의 특징이기도 하다. 글쓰기는 자기 자신에게 독백적으로 쓰는, 종이를 맞댄 고독한 작업이지만, 말하기는 타자에게 표현하는 상대와의 교감 작업이다. 특히 시와 노래의 경우, 무엇보다 신흠 당시의 한시와 시조의 경우는 이렇게 대비적인 특징을 각각 지니고 있었다. 사적 내용의 표현인 절구와 달리 시조는 누가 노래하든 자신의 이야기로 대입할 수 있는 여지가 더 있었던 것이다. 그래서 현실의 작가와의 거리가 더 멀어지고 그만큼 실제와 달리 이별과 충절을 분리해서 표현한다거나 여성을 시적 화자로 내세우는 등의 비현실감, 곧 상상력이 더 가미될 수 있었다. 하지만 비단 제목과 관련한 기록성과 구술성의 문제에서만 그 이유를 찾을 수는 없다. 곧 두 언어의 사회적 지위면에서도 이 점은 연결되기 때문이다.

이번에는 문자언어였던 한문과, 일상 구어의 기능이 강했던 국어의 관계로 생각해보자. 문자언어는 시각적으로 고정될 뿐만 아니라 식자층임을 말해주기 때문에 규범적이라고 할 수 있다. 그렇다면 사대부가 자신의 실제 모습에서 많이 벗어나는 상상력을 펼치기가 어려운 점이 있다. 반면 음성언어는 유동성과 자유로움 때문에 시적 화자가 실제 작가와 거리가 먼 가면을 쓰는 것이 허용된다. 상층 사대부인 작가가 한문을 사용해서 현실에서 벗어나는 모습을 나타내는 것은 꺼려지기 때문에, 이런 점에서는 국어가 더 자유로웠을 것이다.

이와 관련하여 각 갈래에서 차지하는 주제의 비중이 시사하는 바가 크다. 절구 내에서 주된 비중을 차지하는 '景物'을 다룬 작품은 시조에서는 거의 나타나지 않는다. 반면 시조 내에서는 이별의 고통이나 충분(忠憤), 유흥과 취락(醉樂) 등 시적 화자의 정감을 표현하는 내용의 비중이 더 커서 각 갈래에서 주로 더 많이 다루는 내용에 극명한 차이가 난다. 그렇다면 이 점이 언어의 선택과 관련해서 말해주는 바는 무엇인가?

절구에서 화자의 여러 심회가 경물에 빗대어 드러나거나 경물 자체를 읊는 경우가 많다는 것은 문자언어의 시각성과 관련된다. 구체적인 작품의 예를 살펴보면서 논의를 계속하도록 하겠다.

[한시7] 〈池上坐占(못 위에 앉아 읊다)〉[61]
池荷風動葉田田　연못에 바람 이니 연잎들이 둥둥 뜨고
細柳新蒲色競妍　수양버들 새 부들은 예쁜 자태 다투네
落日平堤煙雨裏　해 질 무렵 방죽 이슬비 안개 속에
小舟來去鏡中天　물에 비친 하늘 위를 작은 배가 오가네

[한시8] 〈朝起詠事(아침에 일어나 사실을 읊다)〉[62]
山下柴扉晚不開　산 아래 사립문을 늦도록 열지 않고
隔林殘雪罨亭臺　숲 너머에 남은 눈이 亭臺를 덮고 있네
沙汀水落氷猶淺　모래톱에 물은 잦고 얼음만 얕게 깔려 있는데
江口漁人宿未廻　강어귀의 어부가 돌아오지 않고 자고 있네

---

[61] 권 20.
[62] 권 20.

[한시1]⁶³ 〈小雨(가랑비)〉⁶⁴

小雨初晴麥壠分   가랑비가 개고 나니 보리밭 경계 분명한데
鳴鳩乳燕正紛紛   우는 비둘기 새끼 제비가 이리 날고 저리 나네
山村長夏無來客   긴긴 여름 산촌에 찾아오는 사람 없어
閒倚東樓詠白雲   한가로이 동쪽 누대에 기대어 흰 구름을 읊조리네

[한시7]은 기구에서는 연못의 연잎을, 승구에서는 못가에 있는 부들과 버들을 표현하고 있다. 전구와 결구에서는 해질 무렵 둑 너머 비까지 내려 안개가 자욱한 가운데 석양빛이 비추인 연못의 하늘 그림자위를 작은 배가 오가는 모습을 그리고 있다. 시적 화자는 관찰자가 되어 외부의 경물을 묘사하고 있어서 화자 자신의 감회가 직접 드러나지는 않는다.

[한시8]은 아침에 일어나 보이는 풍경을 그리고 있다. 기구와 승구에서는 겨울날 아침, 아직 사립문이 열리지 않고, 남은 눈이 누대를 덮고 있다고 했다. 전구와 결구는 강이 살짝 얼었는데 어부가 돌아오지 않고 자고있는 모습을 그렸다. 이 작품 역시 시적 화자가 아침에 일어나서 본 것을 관찰하는 입장이 되어 작품화한 것이다.

[한시1]은 기구와 승구에서는 가랑비가 갠 뒤 풍경을 표현하고, 전구와 결구에서는 그 가운데 시적 화자가 흰 구름을 바라보고 읊조리고 있는 모습을 객관화시켜 그리고 있다. 앞의 두 작품에서 화자는 관찰자였다면, 이 작품에서는 기구와 승구에서는 관찰자로, 전구와 결구에서는 관조의 대상으로서 존재한다. 곧 결구에서 한가롭게 시를 읊고 있는 화자의 모습을 그림으로써 경물과 더불어 화자도 한 장면의 일부가 되고 있다. 이처럼 모두 시적 화자가 바라보고 있는 외부의 경물을 먼저 제시한 뒤에 그것에 빗대어 마음의 정감을 나타내는 방식을 취하고 있다.

---

63 앞에서 들면서 사용한 번호를 그대로 가져온다.
64 권 20.

이렇게 절구에서 다루는 내용 중 '景'의 비중이 크다는 것은 문어의 시각성과 밀접하다. 절구는 문자를 통해 작품을 향유하기 때문에 작가와 수용자가 같은 공간에 있지 않고 서로 다른 곳에서 문자를 매개로 해서 접하게 된다. 따라서 작가의 정감을 촉발한 시각적 배경을 먼저 제시해야 다른 공간에서 이 작품을 접하게 되는 독자가 상황을 공유할 수 있게 된다. 반면 구어를 사용할 때에는 화자와 독자가 같은 현장에 있으므로 상황적 배경에 대해서는 이미 공유하고 있다. 따라서 배경으로서의 서경이 생략되고 바로 화자의 정감을 표현할 수 있게 된다.

6. 신흠의 절구와 시조의 상관성이 가지는 문학사적 의미

지금까지 신흠의 절구와 시조, 한역시를 대상으로 한문과 국어라는 언어 선택에 따른 주제의 비중과 세계관, 시적 화자와 작가와의 관계 등을 살펴보았다. 주제와 세계관, 시적 화자와 실제 작가와의 거리는 한문과 국어가 각각 상층과 하층의 언어라는 사회적 지위와, 문어와 구어로 기능했던 당시 상황이 작용하고 있었다.

시조에서 정감의 표현이 두드러지고 유흥(遊興)·취락(醉樂)·신선(神仙) 지향적인 것은 구어가 가지고 있는 유동성과 자유로움으로 인한 것인 반면 한시에서 이런 내용이 잘 다루어지지 않는 것은 한문이라는 언어의 상층성과 보수성, 규범성 때문이라 할 수 있다. 시조의 내용은 죽음을 초월하는 영원함을 추구하기도 하지만, 절구에서는 현실의 삶과 밀착된 내용을 많이 다루는 것도 한문으로는 사대부의 현실적 삶을 벗어난 내용을 다루는 데에 제약이 따르기 때문이다. 특히 시조에서 시적 화자는 여성이나 신선 등 현실의 실제 작가의 모습과 거리가 먼 가면을 쓰고 있다면, 절구에서 시적 화자는 실제 작가의 삶과 거의 흡사한 것도 같은 이유 때문이다.

한편, 절구에서는 주자학적 세계관을 크게 벗어나지 않는 가운데 일상 속에서의 한가한 생활을 표현한 반면, 시조에서는 시적 화자가 자신을 현실

세계를 초월한 신선이나 노자라고 지칭하여 시간의 유한성을 극복하고 영원성을 추구하는 면모가 보인다. 신선이 되어 장생불사(長生不死)하여 세계의 흐름을 지켜보겠다는 것이나 취흥(醉興)을 통해 현세적 시간을 극복하고 주관적인 시간의식으로서 영원을 지향하고자 한 것은 모두 상수역학적 세계관으로 볼 수 있다. 시간 관념에 있어서 유한성을 초월하고 변역(變易)의 세계를 읽어내려한 것이기 때문이다. 당대 사대부로서 이러한 도가적 상상력은 주자학적 세계관과 대치된다는 점에서 사대부의 언어인 한문으로 된 절구보다는 시조에서 표현하기가 더 자유로웠다.

그렇다면 여기서 신흠이 한시를 먼저 짓고 남는 것이 있어 시조를 짓는다는 말을 다시 한 번 생각해볼 필요가 있다. [시조29]에서 "노래삼긴 사룸 시름도 하도할샤/ 닐러 다 못닐러 불러나 푸돗둔가/ 眞實로 풀릴거시면은 나도 불러 보리라//"고 노래를 통해 마음의 시름을 다 해소하고자 했던 것을 떠올리게 된다. 한시에서보다 시조가 더 마음의 시름을 푸는 데 더 효과적인 것은 위에서 살펴본 바, 문자언어와 음성언어의 차이에서 비롯된 것이라 할 수 있다. 곧 절구에서보다 시조에서 시적 화자의 표현정도가 강하고 마음의 것을 더 구체적으로 직술할 수 있기 때문이다.

신흠을 통해서 우리는 정철의 한시와 시조에서 나타난 특성이 지속되고 있는 것을 보았다. 한시는 일생 창작되지만 시조는 특정 상황과 시기에 창작되는 점, 한시는 작품수가 많고, 시조는 훨씬 적다는 점, 사대부남성 작가의 모습이 한시에서는 거의 그대로 노출되지만 시조에서는 가면적 자아의 다양한 화자의 모습이 보인다는 점 등이 그것이다.

그러나 차이점도 보인다. 정철에게 한시는 사대부 내적 교유나 개인적인 독백의 통로인 반면 시조는 사대부에서 더 나아가 백성과도 소통하는 갈래였다. 이에 비해 신흠은 잔치 자리의 유흥으로서 고유하는 시조가 없지는 않지만 한시와 시조 모두 대체로 사대부 내, 혹은 개인적인 표현의 갈래였고 대민적(對民的) 통로로서의 시조는 짓지 않았다. 곧 정철에 비해 신흠은 시조를 이전보다는 더 개인적인 정서 표현의 갈래로 인식하였다는 차이를 볼 수 있다.

이는 또 다른 의미로, 신흠에게 두 갈래는 정철보다 더 가까워진 것이라 할 수 있다. 왜냐하면 정철에게 한시는 '훈민'의 통로이기도 하였으나 신흠에게는 그렇지 않기 때문이다. 이와 관련해 이황의 경우를 생각해보면, 역시 신흠의 시조가 더 사적이고 개인적인 갈래의 성격이 더해진 것으로 보인다. 이황의 시조는 개인적 소회나 정서 표현의 측면이 없는 것은 아니지만 부르는 자나 듣는 자가 유익되게 하려는 교육적, 교화적 목적이 있어서 역시 신흠보다는 더 대타적, 공동체적 성격을 더 가졌기 때문이다. 아무래도 잔치의 유흥성이나 교화적 성격, 이 두 가지는 시조의 공동체적 향유의 성격이 강한데, 이 점이 신흠의 시조에서는 정철, 이황에게 있는 만큼은 아닌 것이다.

지금까지 논의를 통해 얻은 성과는 다음과 같이 정리할 수 있다.

첫째, 신흠이 당시 고급문어로 여겨진 한문과 이를 매체로 한 한시에 비해 일상의 구어로서 하층의 언어로 여겨진 국어와 이를 매체로 한 시조의 효용적 측면을 발견하고 십분 활용했다는 점을 밝혔다는 점에서 의의를 갖는다. 곧 아직 한문과 한시에 비해 상대적으로 사회적 지위가 낮은 국어와 시조의 의의를 깊이 인식하고 이를 승격시켰던 작가라는 점을 드러낼 수 있었다.

지금까지 신흠의 문학사적 위치는 한문사대가로서 한문학에서 상당한 지위를 지닌 작가라는 측면에만 초점이 있었다. 시가문학쪽에서는 한시보다는 시조에서 조선 전기와 중기 사회의 문제적 작가로 주목되었다. 그러나 본서는 신흠의 시가 전반, 곧 시조, 절구, 한역시, 악부체 등을 대상으로 한시와 국어시가의 사회적 인식과 효용, 언어매체의 특성 등을 비교함으로써 신흠이 차지하는 문학사적 위치와 그 이유를 밝혔다는 점에서 의의를 갖는다.

둘째, 한시와 시조의 언어매체가 문어와 구어였던 당대 언어사회의 배경에 착안해 신흠의 작품에 나타난 어떤 점이 문어와 구어 사용의 결과인지 밝혀냈다는 점에서 의의를 갖는다. 문어와 구어는 비단 조선시대만이 아니라 한국시가사, 나아가 한국문학사를 통틀어 설명할 수 있는 중요한 이론적 틀이 될 수 있다. 한문과 더불어 향찰문자, 구결, 훈민정음 등 국문은 역사 속에서 지금까지 계속 병용되고 있는데 두 언어의 문어성과 구어성의 원리를 중심으로 시가사를 설명할 수 있는 이론적 근거가 된다는 점에서도 의의를 발견할 수 있다.

지금까지 한문과 국어의 문어와 구어라는 속성에 기반하여 신흠의 절구와 시조를 살펴보았다. 그런데 한문과 국어는 각각 표의문자와 표음문자이다. 시각과 청각에 의거한 이 두 가지의 속성은 비단 두 언어만이 아니라 언어라는 자체가 생기게 된 태생적 특성이다. 곧 모든 언어는 소리와 형태, 이 두 가지에서 기인한다. 전자의 방식으로 만들어진 문자를 표음문자라고 하고, 후자의 경우를 표의문자라고 한다. 따라서 조선시대 당시 문어인 한문과 구어로서 기능한 국어의 특징은 두 언어의 생래적 특징과 각각 닮아있는 것이다.

그러나 17세기 작가로 겨우 한 작가를 다룬 결과로서 신흠의 양층언어시가사적 위치를 바로 논의할 수는 없다. 또 이러한 성과가 조선시대 내내 지속되는 것도 아니다. 다만 신흠은 앞 시대 이황과 이이보다는 작품수가 더 많고, 한시로 악부시를 상당수 지은 것처럼 노래에 대한 관심 역시 두 언어매체로 하는 등 갈래와 언어의 문제를 예민하게 인식하고 있는 작가라는 점은 분명하다. 이로 인해 양층언어로 된 시가사의 전개에 대표적인 예증이 되어 많은 시사점을 준 것이 사실이다. 따라서 17세기의 가장 이른 시기인 신흠의 연구성과를 토대로 이후 윤선도를 비롯해 이 시기의 다른 작가들과의 비교와 시가사적 전개를 살피는 데에 중요한 기여를 하고 있다는 점을 확인할 수 있었다.

> 17세기

8. 윤선도의 시조와 한시 비교

1. 작품 현황 및 선행연구 검토

윤선도(1587~1671)의 ≪孤山遺稿≫에는 총 75수의 시조가 실려 있으며 한시에서 시조와 가장 정보량이 비슷한 7언 절구는 총 146수가 있다.[1] 시조 작가로서 작품수가 많은 편에 속하기도 하거니와 그 이룩한 문예적 성취로 인해 선행연구는 한시에 비해 시조를 중심으로 논의가 많이 이루어졌다.

특히 윤선도가 성취한 우리말노래의 미학과 사상사적 위치가 시가사에서 차지하는 의미가 무엇인지에 대해 집중적으로 조명되었다. 전자에 대해서는 일일이 거론하기 어려울 정도로 많은 연구가 이루어졌다. 후자의 경우에는 17세기가 가진 시가사적 성격과 관련해 상반된 견해가 나오기도 하였다.

---

[1] 윤선도의 한시는 ≪孤山遺稿≫에 360여 수가 실려 있는데, 최근 ≪私稿詩≫와 필사본 동시집(東詩集)이 발견되어 250여 수가 더 추가되었다. 이에 대한 자세한 논의는 김대현, 「고산윤선도 한시(漢詩)의 자료학적 고찰」, 『고시가연구』32집, 한국고시가문학회, 2013, 5-31면 참고. 윤선도의 동시(東詩)에 대해서는 김대현, 「孤山遺稿 권6 所載 東詩 冒雪訪孤山 考察」, 『한문학보』18집, 우리한문학회, 2008 ; 김대현, 「17세기 東詩 文學과 孤山 尹善道의 錢塘春望」, 『한문학보』19집, 우리한문학회, 2008에 자세하다.

16세기 전·중반의 경우 시조는 향촌 교화라는 측면과 더불어 가창이라는 연행 방식에서 주로 주목되었다. 시조가 노래로 존재하였기 때문에, 시로는 미처 드러내지 못한 작가 내면의 목소리를 토로하며 시를 보완하는 일이 시조의 역할이 되었다고 보았다.[2] 17세기의 윤선도의 경우에는 주도권 다툼이 격화되었던 상황으로 인해 '자신을 내몬 현실 정치에 대한 표명'이 두드러지게 나타나며, 정치적 이유로 인해 어쩔 수 없이 은거하는 와중에도 이를 군은으로 받아들이고 강호에서의 삶에 자족하는 태도를 보인다고 논의되었다.[3] 특히 자연을 대하는 의식과 관련해서, 이념의 거울로서의 시세계를 보인다는 입장[4]과 대비적으로 현실에서 벗어나 순수서정을 드러낸다고 보기도 한다.[5] 또 패배의식이 아니라 자연 속에서 풍류를 즐기려고 했다고 보기도 한다.[6]

시조사적 관심에 집중되어있기는 하여도 윤선도의 한시, 그리고 한시와 시조를 대비한 논의도 꾸준히 이루어져왔다.[7] 윤장현(1983)에서는 한시와

---

[2] 이상원(2004), 「16세기 시조의 성격과 조선전기 시조사의 구도」, 『조선시대 시가사의 구도와 시각』, 월인.

[3] 이상원(2000), 「관료문인 시조의 양상과 특징」, 『17세기 시조사의 구도』, 월인, 38-39면.

[4] 김석회(1987), 「윤선도의 자연관과 그 실현양상에 관한 한 고찰」, 『고산연구』1, 고산연구회.

[5] 이화형(1998), 「윤선도의 시적 지향: 시조에 나타난 자연관을 중심으로」, 『순천향어문논집』5, 순천향어문학연구회.

[6] 이형대, 『한국 고전시가와 인물 형상의 동아시아적 변천』, 소명출판, 2002.

[7] 윤장현, 「윤선도의 한시와 시조의 고찰」, 조선대학교 석사학위논문, 1983 ; 이용숙, 「고산윤선도의 시가 연구」, 원광대학교 박사학위논문, 1986 ; 원용문, 「윤선도 한시와 시조의 상관성 고찰」, 『고산연구』3집, 고산연구회, 1989 ; 정운채, 「소상팔경을 노래한 시조와 한시에서의 경의 성격」, 『국어교육』79집, 한국국어교육연구회, 1992 ; 정운채, 「윤선도의 시조와 한시의 대비적 연구」, 서울대학교 박사학위논문, 1993 ; 정운채, 「≪악장가사≫제재 <어부가>의 한시 수용 양상」, 김병국 외, 『장르교섭과 고전시가』, 월인, 1999 ; 초립평, 「윤선도의 시조와 한시의

시조가 사친(思親), 충효, 현실비판, 자연 친화 등 내용이나 이미지 등이 흡사한 작품들을 대비하며 중국 한시와의 영향도 함께 고찰하였다. 이용숙(1986)에서는 애국연주(愛國戀主), 효제충신(孝悌忠信), 강호한정(江湖閑情) 등의 유사성에 대해 논의하였다. 원용문(1989)에서는 표기체계와 형식이 다를 뿐 제재와 사상적 측면에서 거의 같은 작품이라고 해도 과언이 아니라고 보았다.

지금까지의 논의들이 공통점에 기반한 것들이라면 차이점에 대한 논의도 이루어졌다. 정운채(1992, 1993)에서는 윤선도의 한시와 시조를 대비하면서도 한시와 시조가 음영과 가창이라는 향유방식을 취하는 이상 한시는 독백적, 관조적이고, 시조는 대화적이라는 특징이 나타날 수 있다는 차이점에 주목하였다. 이는 자아와 대상간의 관계에 초점을 둔 것으로 신흠의 경우를 논의한 이성근(1992)[8]의 논의결과인 '고백적/대화적, 관조적/적극적'이라는 두 갈래간의 차이와도 연결이 된다. 절구는 의상적(意象的), 관조적, 독백적이며, 시조는 정취적(情趣的), 주체적, 대화적이라는 특성이 있고, 이렇게 된 원인이 음영(吟詠)과 가창(歌唱)의 향유방식과 밀접하다고 소상팔경을 다루고 있는 한시와 시조에서 경(景)이 각각 독자적, 부수적 위치를 차지하고 있다는 것[9]과 <어부가>의 한시 수용 양상을 고구한 결과 시조가 대화(對話)의 어법을, 한시가 독백(獨白)의 어법을 지향하고 있음을 밝혀내[10] 신흠과 윤선도만이 아니라 한시와 시조 일반의 특성임을 밝혀냈다는 데에 의의가 있다. 다만 그 대상으로 하는 작품들이 조선 전·중기에 해당되

특성 연구」, 서울대학교 석사학위논문, 2002.
[8] 이성근, 「신흠의 절구와 시조 연구」, 부산외국어대학교 석사학위논문, 1992.
[9] 정운채, 「소상팔경을 노래한 시조와 한시에서의 경의 성격」, 『국어교육』79집, 한국국어교육연구회, 1992.
[10] 정운채, 「≪악장가사≫소재 <어부가>의 한시 수용 양상」, 김병국 외, 『장르교섭과 고전시가』, 월인, 1999.

므로 시가사 내내 지속되는 특성이라 하기에는 아직 이른 감이 있다.

초립평(2002)[11]에서는 윤선도의 한시를 절구, 율시, 고시 등 전반에 걸쳐 논의대상으로 삼고 있는데, 역시 한시는 관조적이고 주로 이치를 드러내는 기능을 하는 반면에 시조는 즉흥적이고 주로 흥취를 드러내는 경향이 있다고 했다. 앞의 논자들과 유사한 결과를 도출하고 있고, 한시 일반으로 대상을 확장했다는 점에서도 의의가 있다. 그러나 윤선도의 시조가 한시에 대비해 지니는 특성을 ≪소학≫ 탐독과 소동파의 영향에서만 찾는 것은 왜 같은 작가의 한시에는 이러한 특성이 드러나지 않는지를 해명할 수 없다. 또 작가가 달라지면 적용될 수 없다는 점으로 인해 모처럼 확장된 논의의 의의가 축소될 가능성이 있다.

최근의 연구로 고미숙(2012)에서는 두 갈래의 작품을 생애 전반에 걸쳐 다루며 두 양식을 균형있게 창작의 그릇으로 삼되 시조의 위상이 높다는 것으로 의미를 부여하였다.[12] 한시와의 전면적 비교는 아니지만 시조의 시가사적 위상이 높다는 의미로 이해된다. 곧 윤선도의 시조가 한시 못지않게 그 위상이 일정 수준 이상이라고 평가했다는 점에서 윤선도의 양층언어시가사적 위치를 어느 정도 포착한 것이라 생각한다.

이렇게 윤선도의 한시와 시조에 대한 비교 연구는 두 갈래 간에 유사한 주제나 이미지가 공통적으로 나타난다는 점과 더불어 향유방식에서는 독백과 대화로 대비적이라고 논의가 되었다. 전자와 후자를 종합적으로 살펴보면 향유방식에서는 두 갈래가 서로 다르지만, 내용적으로는 유사하다고 할 수 있다. 사실 다른 이중언어시인의 경우 이렇게 두 갈래의 유사점 및 차이점이 이만큼 다양하게 논의되지는 않아서 이중언어시가사에 있어서 윤선도는 일찍부터 주목되어왔다고 할 수 있다. 앞의 이황이나 이이에 비해

---

11 초립평, 「윤선도의 시조와 한시의 특성 연구」, 서울대학교 석사학위논문, 2002.
12 고미숙, 『윤선도평전』, 한겨레출판, 2012, 51-52면 참조.

윤선도의 경우 시조의 작품수가 75수에 이르기 때문에 더 적극적인 갈래 비교가 가능하기 때문도 이유가 될 것이다. 본서에서도 이러한 기대를 가지고 윤선도의 절구와 시조를 비교하되, 선행연구의 결과는 양층언어시가사에서는 또 어떤 의미를 띠고 있는지도 살펴보고자 한다.

윤선도의 한시 창작은 다른 양층언어작가들과 마찬가지로 일생동안 지속되었다. 문집에 남아있는 생애 첫 창작 시기는 14세로[13] 생애 마지막 시기인 80대에까지 한시 창작은 계속되었다. 이에 비해 시조 창작은 다른 작가들처럼 정치적 중앙 무대가 아니라 유배시절 및 지방의 은거시절에 이루어졌다. 윤선도는 30세, 52세, 74세에 3회에 걸쳐 유배시절을 보냈다. 특히 30세(1616)의 함경도 경원으로 유배를 갔던 일련의 시기, 56세(1642)에 보길도 금쇄동에 은거하던 일련의 시기와 관직 삭탈후 다시 해남으로 갔던 1645년 등 이 기간이 시조 창작이 집중적으로 이루어진 시기이다. 시조 작품수가 많은 만큼 앞 시대 두 작가에 비해 시조의 창작 시간과 기회가 많아졌지만, 역시 일정 기간과 공간에 치우쳐져있다는 점, 또 중앙 관직시절이 아니라 지방의 유배기나 은거시기에 시조가 주로 지어졌다는 점이 같다고 할 것이다.

윤선도의 시조 75수는 대부분 연시조가 차지하고 단시조 한 작품으로 구성된 경우는 없다. 특히 <어부사시사> 40수는 75수의 절반이 넘는 분량을 차지하고 있어서 시조 작가 중에서 가장 긴 연시조를 지었다고 할 수 있다. 게다가 <어부사시사>는 3행의 평시조 구성에 행과 행 사이에 변주를 이루는 여음구와 반복되는 '지국총 지국총 어사와'라는 여음구가 들어가 총 5행으로 볼 수도 있는 독특한 형식을 띠고 있어서 광의의 시조라고 할 수 있다. 이런 실험적 시도 역시 이현보의 <어부가>와 ≪악장가사≫의

---

[13] ≪孤山遺稿≫권1 첫 작품인 <自國島廻舟>의 주(註)에 이 작품이 14세에 지어진 것이라고 되어 있다.

<어부가>를 거쳐 '어부가' 계열 노래의 지속 가운데 변화를 띠고 있어서 주목된다. 아래 표에서 보듯이 앞의 두 작품들이 절구에 현토를 하는 방식이라는 점에서 한시와 시조의 상관관계를 보여주는 사례이기 때문에 양층언어시가사적으로도 유의미한 작품이라고 하겠다.

[표1] <어부가> 계열 시조의 수용사적 작품들

(1) 이현보, <어부장가>[14] 제1장	(2) ≪악장가사≫<어부가>[15] 제1장	(3) 윤선도,<어부사시사>[16] 春 1
雪鬢漁翁이住浦間 自言居水이勝居山이라ᄒ놋다 빅떠라빅떠라 早潮纔落 晚潮來ᄒᄂ다 지국총지국총어ᄉ와 倚船漁父이 一肩이高로다	雪鬢漁翁이住浦間ᄒ야셔 自言居水ㅣ勝居山이라ᄒᄂ다 빅떠라빅떠라 早潮ㅣ纔落거를 晚潮ㅣ來ᄒᄂ다 지곡총지곡총어ᄉ와어ᄉ와 一竿明月이 亦君恩이샷다	압개예안개것고 뒫뫼희ᄒᆡ비췬다 빅떠라빅떠라 밤믈은거의디고 낟믈이미러온다 지국총지국총어ᄉ와 江村온갓고지 먼빗치더욱됴타

위의 세 작품은 시대순으로 놓은 것이다. ≪악장가사≫는 편찬 시기가 분분하지만 본서의 앞에서 다룰 때에는 16세기에서 늦어도 17세기 초의 것으로 보고 논의를 진행한 바 있다. (1)에서는 7언 절구의 각 구를 4음과 3음으로 중간에 끊어 우리말 조사와 어미를 추가했다면 (2)에서는 우리말의 형태를 더 갖추었다. 곧 첫 행에 '住浦間' 뒤에 우리말 어미인 'ᄒ야셔'를, 또 '早潮纔落'와 '晚潮來'의 한자구를 다시 2음씩 끊어 우리말 조사를 추가한 것이다. (3)은 이에 더 나아가 한시의 흔적을 전혀 찾아볼 수 없다. 이러한 우리말 어순의 형태가 강화되는 과정이 표기의 변화와도 밀접하

---

14 (영인본)≪악장가사≫, 김명준, 『악장가사 주해』, 다운샘, 2004.
15 ≪농암선생문집≫ 권3.
16 ≪고산유고≫ 권6.

게 관련되어 있어서 흥미롭다. 이현보의 문집에는 한자에 국문이 병기되어 있지 않은데《악장가사》원문에는 한자어에 국문과 한문이 병기되어 있다.[17] 윤선도의 문집에서는 국한문이 병기되었을 뿐만 아니라 가사 자체에 한자어가 거의 사라지고 국어의 문장어순에 따른 노랫말로 대거 바뀐 점이 시대적 흐름의 변화를 잘 보여주는 것이기도 하다.

이러한 흐름은 우리말노래와 한시의 밀접한 상관성과 윤선도의 양층언어시가적 위치를 잘 보여준다. 동아시아 전통의 <어부가> 계열에서 절구의 흔적을 떼고 우리말노래화하는 것으로 양층언어문학사의 일획을 그었다.[18] 절구와 시조의 만남인 <어부장가>에서 끝나지 않고, 고려속요의 여음구라는 구술적 특성이 시조의 기존 형식을 어느 정도 파괴하고서라도 계승하면서 어부가 계열을 우리말노래로 바꾸었다는 점에서 시가사적 지위를 가지고 있다.

윤선도의 한시에 대해서는 중국 시인 이백, 도잠, 두보, 소식 등의 영향

---

[17] 《악장가사》본 이현보의 <어부가>의 원문은 아래 사진과 같다. (원문 출처: '속악가사'(봉좌문고본), 김명준, 『악장가사 주해』, 다운샘, 2004, 원문 42-43면.)

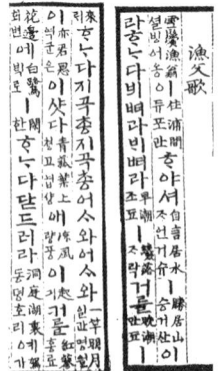

[18] 주자의 무이구곡은 윤선도의 노래에서 나타나지는 않고 부용동 원림을 조성하는 것으로 본받았다. 이에 대한 더 자세한 논의는 성범중, 「16, 17세기 호남지학 園林文學의 지향과 그 변이」, 『한국한시연구』14집, 한국한시학회, 2006 참고.

관계가 많다거나[19] 자연을 사랑하고 많이 읊었으며[20] 가족애와 우정을 다룬 시와 기행시 등이 논의되었다.[21]

이제 구체적으로 윤선도의 시조와 7언 절구를 살펴보고자 한다. 우선 내용적 측면에서 대비한 후에 형식적 측면에서 비교하고자 한다. 이 가운데 같은 17세기 작가로서 앞 장에서 살펴본 신흠과 어떤 점에서 같고 다른지를 함께 염두하며 논의를 진행하고자 한다.

2. 한시와 시조의 내용 비교

2.1. 전체적 비교

여기서는 7언 절구와 시조가 주로 어떤 내용을 표현하는 통로로 사용되고 있는지 전체적인 경향을 살펴본다. 윤선도는 시조의 작품수가 75수에 이르고, 7언 절구는 146수이다. 양층언어작가 중에는 이황이나 신흠처럼 시조의 작품수는 너무 적은 반면 절구의 작품수는 너무 많아서 비교에 어려움이 있기도 한데, 윤선도의 경우에는 2배수 정도의 차이를 보이기 때문에 갈레간의 양적 차이가 절대적으로는 크지 않다. 윤선도의 시가에서 많이 다루어지는 내용은 주로 정치적 현실과 자연, 개인적 삶으로 나눌 수 있는데, 그 경향을 다음 그림과 같이 나타낼 수 있다.

---

19 문영오, 「고산 윤선도의 한시 연구」, 『한국문학연구』5집, 1982 ; 초립평(2002), 앞의 글.
20 원용문, 「윤선도 한시에 나타난 자연의식 탐구」, 『우리어문연구』2집, 우리어문학회, 1988.
21 문영오(1982), 앞의 글.

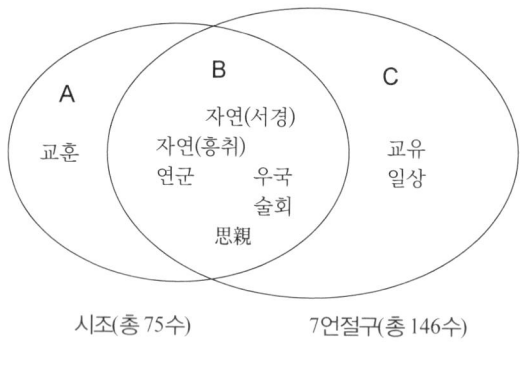

[그림1] 윤선도의 시조와 7언 절구의 내용 비교

위 [그림1]에서 A는 시조에서만 다루어지는 내용이고, B는 절구와 시조 모두에서 다루는 내용이며, C는 절구에서만 다루어지는 내용이다. 특히 B영역 중 A쪽에 가깝게 배치된 용어들은 시조와 절구에서 다 다루어지더라도 시조에서 더 많이 다루는 내용이다. 마찬가지로 B영역에서 C쪽에 가깝게 배치된 용어들은 절구에서 더 많이 다루는 내용이다.

그런데 [그림1]에서 보듯이 절구와 시조가 다루는 내용들이 겹치는 경우가 대부분이다. 곧 같은 내용에 대해서 윤선도는 절구로도 표현하고 시조로도 노래한 것을 알 수가 있다. 이에 속하는 것들이 자연을 노래한다거나, 나라 걱정, 임금에 대한 마음, 부모님을 그리는 마음, 지난 일에 대한 술회 등이다.

곧 앞에서 삼분했던 내용으로 본다면 정치적 내용이나 자연에서의 감회는 절구와 시조 모두에서 많이 다루는 내용이지만 개인적인 생활의 소회, 교유 등은 절구에서만 있다. 또 교훈적인, 특히 백성을 향한 내용은 시조에만 보인다. 앞에서 본 이황이나 이이, 정철에 비하면 시조의 작품수가 훨씬 더 많아졌기 때문에 시조의 주제 영역이 이전보다 더 넓어졌고, 절구에서만 다루는 주제가 정철보다도 더 적어진 경향을 보인다. 정철도 윤선도 못지 않게 많은 시조를 지었는데도 윤선도가 정철보다는 시조의 주제 영역이 절구와 더 많이 겹치고 있다. 그만큼 절구에서만 다루던 주제 영역을 시조에서도 다루는 경우가 더 많아졌다는 것을 의미한다. 곧 윤선도는 정철보다 시조 작품수는 20여 편 더 적지만, 주시조를 통해 표현하는 내용들은 정철보다 더 다양하고, 시조를 통해 정서 표현의 다양한 영역을 시도했다고 할 수 있겠다.

이제 시조와 7언 절구에서 모두 보이는 내용(그림1의 B부분), 7언 절구에서만 보이는 내용(그림1의 C부분), 반대로 시조에서만 보이는 내용(그림1의 A부분)으로 나누어서 자세히 살펴보도록 하자.

2.2. 한시와 시조의 공통 내용에서 나타나는 차이: 서경성과 서정성

같은 내용들을 두 갈래로 모두 표현하는 경우에도 그 작품의 양은 특정 갈래에서 더 많이 나타나는 경향도 보인다. 같은 자연을 노래하더라도 절구에서는 서경적 묘사에 더 무게 중심이 있다면, 시조에서는 자연에 대한 화자의 정서와 감흥이 더 적극적으로 드러난다는 차이가 보인다. <어부사시사> 40수가 후자에 속하는데, 정서를 적극적으로 드러내는 주된 통로가 윤선도에게는 7언절구보다는 시조이다. 이와 관련하여 다음의 작품들을 보도록 하자.

[한시1] 〈堂成後漫興(집을 완성한 후의 흥취)〉[22]
入戶靑山不待邀　집으로 들어온 청산이 기다리지도 않고 맞이하고
滿山花卉整容朝　온 산에 가득한 꽃이 얼굴 다듬고 인사하네
休嫌前瀨長喧耳　앞 여울이 귀에 시끄럽다고 싫어하지 말기를
使我無時聽世囂　나로 세상 소리를 듣지 않게 한다네

---

[22] ≪고산유고≫ 권1. 이하 한시는 모두 ≪고산유고≫ 권1에 있으므로 따로 출처를 밝히지 않는다.

[한시2] 〈羲皇橋(희황교)〉
橋北橋南着小欄   다리 북쪽과 남쪽에 작은 난간을 붙이니
中間恰受兩蒲團   중간은 마치 양쪽에 부들이 모인 것같구나
靑山霽後支頤臥   청산 비 갠 뒤에 누워있노라면
水樂荷香興一般   물에 연꽃 향기 그윽함과 흥이 일반이라

[시조1] 〈山中新曲(산중신곡)〉중 〈漫興(만흥)〉 제3수[23]
잔 들고 혼자 안자 먼 뫼흘 ᄇ라보니
그리던 님이 오다 반기옴이 이리ᄒ랴
말ᄉᆞᆷ도 우움도 아녀도 몯내 됴하 ᄒ노라

　[한시1]과 [시조1]은 모두 '만흥(漫興)'이 제목에 나타나고 '산'이 주제재로 등장한다. [한시1]에서는 청산과 그 산에 만발한 꽃들이 자신을 향해 인사하는 자연의 모습을 기구와 승구에서 그리고 있고, 전구에서는 여울도 묘사를 하고 있는데 무엇보다 세상 소리를 듣지 않게 하니 시끄러워도 싫지 않다는 내용이 결구로 연결되고 있다. [시조1]에서는 잔을 들고 산을 바라보고 있으니 그리운 님보다도 반갑고, 아무 반응이 없어도 못내 좋다고 하고 있다.
　두 작품 모두 자연이 좋다는 말을 하고 있지만 그것을 드러내는 과정은 다르다. [한시1]에서 작품의 절반 이상은 그 자연을 자세히 묘사하는 데에 사용하고 있는 반면에 [시조1]에서는 자연에 대한 묘사는 거의 나오지 않고, 초장부터 종장까지 화자의 행동이나 화자의 내면이 전체를 차지하고 있다.

---

[23] ≪고산유고≫ 권6, <山中新曲> 중. 이하 시조는 모두 ≪고산유고≫ 권6 '歌辭'에 있으므로 출처를 따로 밝히지 않는다. 본서에서 인용한 ≪고산유고≫본에는 한주국종(漢主國從)의 방식으로 한자는 크게, 한자어에 대한 국문음 표기는 그 아래에 작게 적혀있다. 이를 따라서 인용시에도 한주국종의 방식으로 적되, 한자어의 국문음은 괄호에 넣기로 한다. 문헌에는 한자 음절마다 국문음이 표기되어 있지만, 본서에서 인용시에는 한자어 단위로 국문음을 괄호에 넣어 표기한다.

곧 절구에서는 대상에 대한 서경적 묘사가 작품의 상당 부분을 차지하는 반면에 시조에서는 대상보다는 대상에 대한 화자의 정서 표현이 더 주류를 이루고 있는 것이다. 이는 [한시2]를 보아도 그렇다. 흥(興)이 등장하는 작품인데도 기구부터 전구까지가 모두 외부의 경물을 묘사하고 있는 것이다. 이러한 대비적 특성은 다음 [한시3]을 통해 더 잘 드러난다.

[한시3] 〈遊大芚寺次楣上韻(대둔사에 노닐며 현판의 미상운으로 차운하다) 三首〉 중 제1수
淸溪一曲直而斜 맑은 시내 한 구비가 곧다가 비스듬히
樹色陰濃晚更多 짙은 녹음 저녁 되니 더욱 짙구나
偸眼小峯雲起處 흘깃 작은 봉우리 구름 이는 곳을 보니
却忘前日計生涯 예전 생애 도모하던 일이 문득 잊히네

[한시3]도 기·승·전구는 모두 자연을 묘사하는 내용이 차지하고 있다. 자연을 보노라니 세상 일을 다 잊을 수 있다고 하였으나 [시조1]에서만큼 자연에의 흥취와 사랑이 강하게 드러나고 있지는 않다. 특히 [시조1]에서는 그리던 님보다 자연이 더 좋다니, 님을 그리도 그렸던 화자가 이보다 더 상위의 가치를 자연에 두고 있는 것을 보게 되는 것이다. 그리도 그렸던 '님'이 누구인지 이 작품에서 구체적으로 직접 언급되지는 않았지만, 윤선도의 한시나 시조에서 자주 그리워하는 대상으로서의 '님'은 임금이라고 할 수 있다. 특히 시조 곳곳에 '님'이나 '님군'이라는 표현이 자주 나오는데, <견회요> 5수에서는 님이 곧 임금이라는 점이 직접적으로 제시되기도 한다. 곧 늘 그리워하던 님보다 이 자연이 더 좋다는 비교를 한시에서는 하지 않지만 시조에서는 하고 있는 것이다. 그만큼 자연에 대한 적극적인 태도와 흥취가 한시보다 시조에서 강하게 드러난다고 하겠다.

또 다른 한시를 하나 더 보기로 하자.

[한시4] 〈偶吟(우연히 읊다)〉 을유년(1645)
金鎖洞中花正開   금쇄동 안의 꽃은 활짝 피었고
水晶巖下水如雷   수정암 아래 물은 우레같이 흐르네
幽人誰謂身無事   유인이 일이 없다고 누가 말하는가
竹杖芒鞋日往來   죽장망혜로 매일 오가는 것을

위 <偶吟>이라는 절구는 한시의 작시 경향을 잘 보여주는 작품이다. 기구와 승구에서는 시적 화자가 거하는 공간을 묘사하고 있어서 선경(先景)이라면, 화자가 말하고자 하는 바, 자연속의 은자가 얼마나 분주한지는 후정(後情)에 해당된다. 그래서 원용문(1988)에서는 "아름다운 동양화 한폭을 대한다는 착각에 빠지게 된다"고 이 작품에 대해 말하기도 하였다.[24] 외경 묘사가 아니라면 전구와 결구에서 말하는 바는 이미 <산중신곡> "바회 끝에 실ᄏ장 노니노라"에 이미 다 들어있다.

[시조2] 〈漁父四時詞(어부사시사)〉중 秋(추) 제8수
乾坤(건곤)이 제곰인가 이거시 어드메오
빈 미여라 빈 미여라
西風塵(서풍진) 몯 미츠니 부체 ᄒ야 머엇ᄒ리
至匊恩(지국총) 至匊恩(지국총) 於思臥(어사와)
드론 말이 업서시니 귀 시서 머엇ᄒ리

한편, 위의 [시조2]는 [한시1]의 결구와 유사한 내용이 있어서 <어부사시사> 중에서 가져온 것이다. [한시1]에서 세상 소리가 자연 때문에 안들린다고 한 것처럼 [시조2]에서도 세상 티끌이 못미치는 자연 속에 있다. 두 작품 모두 자연에 있으면서 세상과 멀리 있게 되고, 그래서 세상을 가려주는

---

24 원용문, 「윤선도 한시에 나타난 자연의식 탐구」, 『우리어문연구』2집, 우리어문학회, 1988, 214면

존재로 자연을 인식하고 있다.

그런데 [시조2]는 일반적인 평시조의 모습이 아니다. 초장과 중장 사이, 중장과 종장 사이, 곧 행마다 그 사이를 여음구가 자리하고 있다는 점에서 시조의 확장적 모습을 시도하고 있는 형태이다. 이렇게 여음구가 들어가면서 작품의 흥은 더 고조된다. 초장과 중장 사이의 여음이 명령형의 사람의 목소리가 직접 나타난다면, 중장과 종장 사이의 '지국총 지국총 어사와'는 배를 저으면서 나는 소리를 구음화한 것이다. 곧 행과 행 사이마다 직접적인 화자의 목소리를 넣어서 화자의 존재를 더 적극적으로 드러내고, 또 조흥구로서 정서 표현도 더 적극적으로 표출되고 있다.

[시조2]는 단편적인 한 수를 든 것이지만, <어부사시사> 전체로 보면 40수가 이렇게 조흥구로 흥을 더하는 방식의 시형을 택하고 있다. 윤선도의 시조 75수 중에서 절반이 넘는 <어부사시사> 40수가 자연에 대한 적극적인 화자의 태도와 목소리, 흥취를 드러내고 있는 것이다. 사실 윤선도의 절구가 146수인데, 이 중에서 자연을 제재로 취하고 있는 작품은 60여 수이다. 이에 비해 시조에서는 75수 중에서 50여 수가 자연을 그리고 있고, 그 중에 40수가 <어부사시사>이다. 곧 자연을 다룬 작품수가 절구와 시조가 60수와 50수라 할지라도 전체 작품수에서 차지하는 비율은 시조에서 훨씬 더 높다. 자연에서의 화자의 정서나 태도, 흥취가 절구보다 시조에서 더 적극적으로 나타날 뿐만 아니라 이를 다룬 작품의 비율도 시조가 더 높은 것이다.

사실 <어부사시사> 40수 중에서 한편만 꺼내어 보기보다 봄에서 겨울까지, 새벽에서 밤까지 하루와 계절과 1년을 모두 다루고 있는 연시조 전체를 보아야 이 작품이 자연 속에서 어떤 흥취를 다루고 있는지 제대로 읽어낼 수 있다. 이와 마찬가지로 제목에 '만흥(漫興)'이 나타나는 작품이 한시에서는 절구 1수로만 되어있는 반면에 시조는 6수의 연시조로 되어 있어서 이 경우 역시 전체 연시조를 보아야 만흥이 더 잘 드러난다.

서론에서 언급한 것처럼 윤선도는 절구는 연작성을 띠고 여러 수를 잇는 경우가 시조에서만큼 많지는 않다. 비슷한 정보량이라는 점에서 7언 절구와 단시조를 비교하고는 있지만, 연작성을 띤 연시조와 단편적 절구는 또 다른 특성을 가지게 될 것이다. 앞에서 본 것처럼 단편작 한 수끼리 비교해 보아도 그 특징이 대비적이기는 하지만 시조는 화자의 흥취를 연이어 드러낸다는 점도 차이점으로서, 이로 인해 화자의 정서 표현이 더 적극적으로 나타나게 되는 것이다.

<어부사시사>만큼 긴 연작은 아니지만 윤선도의 절구에도 9수로 이루어진 연시가 보인다. <次鄭子羽韻詠黃閣老松棚八景(정자우의 시에 차운하여 황각로의 송붕팔경을 노래하다)>가 그것인데, 이 9수에 이어 8수로 된 연시를 2회 더 지어 주목된다. 두 작품군의 제목은 <再次(다시 차운하다)와 <又次(또 차운하다)>로 하위의 소제목 8수가 동일하다. 곧 세 작품에서 모두 金剛爽氣, 大屯嵐光, 東峯霽月, 西嶺落照, 海村朝煙, 城門暮角, 前郊農歌, 後溪水聲이라는 소제목 하에 같은 운자(韻字)를 사용하여 지은 것이다. 윤선도의 작품 중에서는 가장 작품수가 많은 연작시로서 매 절구마다 경치를 중심으로 읊고 있어서 <어부사시사>보다 더 서경적인 특징 역시 여기에서도 볼 수 있다.

이번에는 또 다른 작품들을 보도록 하자.

[시조3] <山中新曲(산중신곡)>중 <漫興(만흥)> 제2수[25]
보리밥 풋ᄂ물을 알마초 머근 後(후)에
바횟긋 믉ᄀ의 슬ᄏ지 노니노라
그나믄 녀나믄 일이야 부롤줄이 이시랴

---

[25] ≪고산유고≫권6 下.

[한시5] 〈記實(사실을 기록하다)〉
黃原浦裏芙蓉洞　황원포 안 부용동
矮屋三間蓋我頭　오두막 세 칸이 내 머리를 덮네
麥飯兩時瓊液酒　보리밥 두 끼에 동동주
終身此外更何求　종신토록 이 외에 또 무엇을 구하리

[한시6] 〈對案(밥상을 대하며) 을유년(1645, 인조23)
前山雨後蕨芽新　앞산에 비온 뒤 고사리 싹 새로 나니
饌婦春來莫更顰　찬부(饌婦)여 봄이 왔으니 더 이상 찡그리지 마오
滿酌玉泉和麥飯　잔 가득 샘물 담아 보리밥을 마니
幽人活計不爲貧　유인(幽人)의 살 계책이 가난하지 않네

　[시조3] <漫興>은 56세때 금쇄동에서, [한시5] <記實>은 82세때 지었다고 한다. 시조를 먼저 짓고 절구를 지었는데 비슷한 내용을 담고 있어서 비교할 만하다. 앞에서 본 것처럼 [한시5]에서도 기구와 승구는 시적 화자 외부의 경물을 묘사하고 있다. 여기서 황원포는 <黃原雜詠 3수>라는 시에서 보길도의 바다를 일컫는다고 하였다. [한시5]의 전구(轉句)가 [시조3]의 초장과, [한시5]의 결구(結句)가 [시조3]의 종장과 유사하다. 곧 한시에서는 선반부에서 외부의 경물을 묘사하고 중반 이후에 나오는 말이 시조에서는 바로 나오고 있다. 절구의 3행에 나타나는 내용부터 시조의 1행이 시작되는 것이다. 절구에서는 시적 화자의 모습에 들어가기 이전에 화자가 거하는 공간적 배경이 기구와 승구의 전반부를 차지하고 있다. 멀리 큰 공간에서부터 화자 자신에게로 공간과 초점의 이동이 이루어지면서, 전구와 결구에 와서야 화자의 청빈한 삶과, 그래서 다른 것을 종신토록 구하지 않겠다는 의지와 마음이 드러나고 있다. 이에 비해 시조에서는 초장부터 화자의 행동을 다루고, 심지어 중장에서는 바위끝 물가에서 실컷 노는 행동까지 말하고 있다.
　게다가 [시조3]의 중장에서 화자가 자연을 누리는 적극적인 모습도 담고

있다. 두 작품 모두 금쇄동과 보길도의 부용동, 곧 자연 속에서의 삶을 다루고 있지만 [한시5]에서는 보리밥 두 끼에 동동주, 곧 청빈한 삶 외에 구하지 않겠다는 것이 주된 내용이고, [시조3]에서는 청빈한 삶에 더하여 자연을 누리고 실컷 노는 것 외에 더 구하지 않겠다고 하고 있어서 더 적극적인 자연 속에서의 흥취가 드러나고 있다. 이렇게 두 갈래에서 모두 자연 속에서의 삶을 그리고 있더라도 서경적 묘사와 화자의 흥취가 절구와 시조에서 각각 대비적으로 초점화되고 있는 것을 볼 수 있다.

또 [한시6]과 [시조3]을 대비해 보더라도 [한시6]에서는 보리밥과 풋나물의 삶도 가난하지 않다는 것이 주된 내용이라면 [시조3]에서는 가난하지 않다는 안빈낙도의 문제라기보다 가난에도 불구하고 자연에서의 흥취를 흠뻑 즐기는 것이 남부러울 것이 없다는, 자연과의 대비가 더 주된 초점이 되어있는 것을 볼 수 있다. 마지막으로 이와 관련하여 한 작품을 더 보도록 하자.

[한시7] 〈病還孤山舡上感興(병들어 고산에 오는 중 배 위에서의 감흥)〉
吾人經濟非無志   우리가 경국제민(經國濟民)에 뜻이 없지 않으나
君子行藏奈有時   군자(君子)의 길에 때가 있다네
着處江山皆好意   가는 곳 강산이 모두 좋으니
夕陽歸棹不嫌遲   석양에 가는 배 느려도 괜찮네

[한시7]은 <어부사시사>보다 9년 정도 뒤에 지어진 작품이다. 시기는 다르지만 배 위에서 감흥이 일었다는 점이 유사해 예로 가져왔다. 그런데 배로 지나는 자연을 보며 감흥이 일었지만 감흥을 먼저 화제로 꺼내지는 않고 있다. 기구와 승구에서는 군자의 나아가고 물러남에 때가 있기 때문에 지금은 물러나는 때로서 자연을 즐기는 것이 경국제민에 뜻이 없는 것은 아니라는 변명을 먼저 말하고 있다. 그리고서야 강산이 모두 좋다는 것과 석양이 지는 때에 배에서의 감흥을 이미지화하며 작품을 맺고 있는 것이다.

이렇게 절구에서는 흥취를 직접적으로 그대로 드러내지 않고 작가의 군자로서의 처지를 의식하고 있어서 화자가 단독자로 나오기보다 실제 현실에서의 작가와 관련이 있다. 이는 화자가 작가와 달리 가면적 자아로만 존재하는 <어부사시사>에서는 볼 수 없는 이야기방식이다. 이처럼 흥취의 표현 방식은 화자와 작가의 문제와도 관련이 있어서 이에 대해서는 다시 3.에서 재논의하고자 한다.

한편, 앞에 [그림1]에서 보았듯이, 임금을 그리워하는 마음도 두 갈래에서 다 다루고 있지만 절구보다는 시조에서의 작품수가 더 많다. 임금은 시적 화자와 함께 작품 밖의 작가의 처지와 관련이 있는 제재이다. 시조와 절구에서 임금을 어떻게 그리고 있는지도 비교해볼 필요가 있는데, 이는 화자와 작가의 거리를 조명하는 3장에서 자세히 다루기로 하고 여기서는 간략히 이 정도만 살피도록 하겠다.

2.3. 7언 절구에서만 보이는 내용: 개인적 가족사, 만사(挽詞), 일상사, 화답시

나라 걱정과 지난 일에 대한 술회는 두 갈래에 다 있지만 절구에서 더 많이 보인다. 또 교훈적인 내용, 잔치자리에서의 노래는 시조에서만 나타나는 반면에 윤선도 자신의 개인적인 가족 상황, 죽음에 대한 애도 및 교유시, 일상적 생활의 모습 등은 절구에서만 나타난다. 그 대표적 작품을 들면 각각 아래와 같다.

[한시8] 〈和諸兒作(여러 아이들과 화답해 짓다)〉(1653)
蕭瑟何時共枕眠　소슬한 밤 어느 때 함께 잘까

獨聞中夜雨聲連　홀로 밤중에 연이은 빗소리 듣네
池塘靑草非難寫　연못의 푸른 풀은 그릴 수 있으나
此日難將此意傳　이 날 이 마음은 전하기가 어렵네

[한시9] 〈挽尹訓導子時英(윤훈도의 아들 시영에 대한 만사)〉
신사(辛巳)(1641)
二十八年夢一場　28년 꿈같은 한 마당
百千萬恨淚雙行　백만 천만의 한이 두 줄기 눈물로 흐르네
冥間倘遇吾亡子　저 세상에서 내 아이를 만나거든
報道爺孃白髮長　부모님 백발이 길다고 알려주오

[한시10] 〈山齋夜話次季夏韻〉(1638)
當杯休訴夜三更　술자리에서 삼경이라 말하지 마오
月爲分明雨爲晴　달도 더 밝고 비도 그쳤네
歸路亦無鼕鼓響　가는 길에 새벽 북소리도 없으니
何嫌漁父渡橋爭　어부와 길 다툼이 어찌 싫겠는가

　　[한시8]은 아이들과 화답한 시이다. 전구에서 연못의 푸른 풀을 그대로 시로 나타내는 것은 어렵지 않으나 비내리는 밤에 아이들과 떨어져서 지내는 것은 그 심경을 이루 다 표현할 수 없다고 하였다. '연못의 푸른 풀'은 한시가 외부의 경(景)을 묘사하는 특성이 강한 것을 보여주는 것이기도 하는데, 서경적 묘사보다 화자 내면의 심리를 표현하는 것은 그만큼 어렵다는 것을 의미한다. 그래서 가족애에 대한 작품들은 적지 않지만 7언 절구보다는 긴 작품이 더 많은 편이다. 가족애에 대한 7언 절구가 많은 편은 아니라도 적어도 부모님을 비롯해 아이들, 아내 등 가족들을 생각하며 가족애를 드러내는 작품들이 종종 보인다. 아래 작품도 그 중 하나이다.

[한시11] 〈聞大兒爲來觀孟仲春間自海南發程而二月十七日風鼕雪虐仍念行路之苦(큰 아이가 나를 보려고 중춘에 해남에서 출발했다 하는데, 2월 17일에 바람과 눈보라가 심하니 길에서 고생할 것을 생각하며 짓다)〉
兒子時年五十八　아이 나이 58세
三千里路若爲行　삼천리길이 고생이구나
今辰風雪終朝暮　오늘은 풍설이 아침부터 종일이니
耿耿通宵念汝情　잠 못들고 너를 생각하노라

그러나 시조에서는 가족에 대한 마음은 부모님에 대한 것만 보인다. 게다가 이와 관련한 작품을 보면 부모님만 생각하기보다 임금에 대한 마음과 함께 나타나는 점이 주목된다. 아래 작품이 그 예이다.

[시조4] 〈遣懷謠(견회요)〉 5편 중 제4, 5수
뫼흔 길고 길고 믈은 멀고 멀고
어버이 그린 뜯은 만코 만코 하고 하고
어듸셔 외기러기는 울고 울고 가누니
어버이 그릴 줄을 처엄붓터 아란마는
님군 向(향)한 뜯도 하놀히 삼겨시니
眞實(진실)로 님군을 니즈면 긔 不孝(불효)인가 녀기롸

〈遣懷謠(견회요)〉 제1~3수까지는 나와 님의 이야기가 진행되다가 제4수에서 어버이가 등장해 변화를 보이고, 제5수에서는 어버이와 님군이 효의 문제로 하나로 이어지는 것을 볼 수 있다. 작품의 전체 흐름을 보자면 낳아주고 길러주신 부모님에 대한 효 못지않게 임금을 섬기는 것이 중요하다는 점을 강조하고 있는 구조로 읽을 수 있다.

결국 [시조4]는 효나 충의 이념 문제를 다루고 있으면서도 교훈적인 가치의 문제를 같이 다루는 작품이다. 이런 점에서 가족애를 다룬 [한시8]과는 또 다른 것이다. 곧 [시조4]에서 부모님에 대한 그리움을 다루는 것은 효와 충이라는 교훈적 덕목에 대한 시조의 작시적 경향과도 맞기 때문이다. 곧 작가의 개인적인 가족관계나 가족의 처지를 말하고자 함이 우선이 아니라, '효'라는 교훈적 가치의 비중이 크기 때문에 시조에서 다루어지는 것이다.

여기서 한 가지 생각해볼 점은 시조의 교화적 기능이다. 정철이나 이황이 백성이나 제자들에 대해 교화적 시조를 지은 전통이 윤선도의 경우 부모님의 그리움과 효·충의 문제를 연결시켜 나타나는 것으로 볼 수도 있기 때문이다. 곧 [시조4]는 교화적 기능을 적극적으로 하는 것은 아니라는 교화적

기능의 부분적 지속과, 절구 만큼 개인적 가족 상황이 두드러지지 않지만 부모님에 대한 그리움이 교화적 내용과 연관되어 나타나는 작품으로서의 의의가 있다고 할 것이다.

한편, [한시9]는 다른 이의 아들에 대해 지은 만사(挽詞)이다. [한시8]에서 아들에 대한 그리움의 심경을 시로 다 나타내기 어렵다고 고백한 것처럼 사별로 인한 그리움을 다룬 만사는 더욱 어려우니 짧은 작품으로는 할 말을 다 할 수가 없다. 그래서 만사는 대부분 긴 작품이 많고, 윤선도 자신의 아내나 아들의 죽음에 대한 만사도 긴 작품들이다. 그러나 이렇게 7언 절구로도 죽은 이에 대한 마음을 드러내고 있다. 이외에도 7언 절구로 된 만사는 <挽韓僉知(한첨지에 대한 만사)> 2수가 더 있다.

이에 비해 윤선도의 시조에는 만사(挽詞)에 해당하는 작품이 보이지 않는다. 앞에서 잔치 자리의 흥겨움의 작품도 보았지만, 반대로 인간의 죽음에 대해 제재나 주제로 다룬 작품은 시조에는 없는 것이다. 정철의 경우에는 <장진주사>와 평시조 1수에서 모두 죽음을 소재로 하였으나, <장진주사>는 작가 주변의 특정인이 아닌 보편적인 인간의 죽음을 제재로 하였고, 또 다른 평시조인 <남진 죽고~>는 소재로 나오지만 죽음 그 자체보다는 여성의 고단한 삶을 나타내는 데에 더 주력하고 있다. 이렇게 윤선도는 물론이고 아직까지 양층언어작가에게 있어서 시조는 인간의 죽음, 특히 구체적인 작가 주변 인물의 죽음과 사별로 인한 마음을 드러내는 통로로 기능하지는 않고 있는 것이다.

[한시10]은 '이계하'라는 사람과 깊은 밤까지 대화하며 차운시를 지은 것이다. 제목 아래 윤선도의 자주(自註)에는 이 사람도 유배중이라고 하였다. 같은 처지의 사람과 밤이 깊도록 이야기를 나누면서, 서울 생활과 달리 통금을 알리는 북소리도 없고 깊은 밤 달빛과 청명한 기운도 이야기하기에 좋은 운치를 자아내고 있으며, 어부와 다리를 건느느라 앞뒤를 가리는 것도 거리낌이 없는 시골 외지에서의 생활이 잘 드러난다.

이런 화답, 증답, 차운시가 곳곳에 7언 절구로 많이 보인다. [한시8]과 같이 아이들과 화답한 시로 <五柳(다섯 버들) 二首>도 있고, 청학동에 같이 유람가자는 의사를 이자형에게 묻는 내용인 <將遊靑鶴洞寄李子馨(청학동에 유람하려고 이자형에게 부치다)>, '박이후'라는 진사에게 준 <朴進士而厚惠西瓜東瓜兼寄絶句五首近體一首次韻答之(진사 박이후가 수박과 동아를 보내면서 절구 다섯 수와 근체시 한 수를 부쳤기에 차운하여 답하다)> 등은 생활 속에서 같은 사대부간에 화답시를 통해 뜻을 전하는 소통의 기능을 보여주는 작품들이다.

비단 사대부만이 아니라 윤선도가 한시를 주고받은 대상은 다양하다. 금객(琴客)인 '권해'라는 이에게 준 <贈別權伴琴(권 반금과 헤어지며 주다)>, 승려인 '허백노사'에게 준 <集古寄虛白老師(옛 시구를 모아 허백 노사에게 부치다)>, 30대에 첫 유배시 만난 기녀에게 준 <戱贈路傍人(노방의 사람에게 장난삼아 지어 주다)>도 보인다. 흥미로운 것은 생애의 세 번째 유배시절인 함경도 삼수로 가는 도중에 조생의 딸들을 만나서 그 어머니에게 준 운자를 다시 사용한 <復用前韻贈洪獻禮勝二娘(다시 앞의 운을 써서 홍헌의 예순과 승례 두 낭자에게 지어 주다)>도 보인다는 것이다.

이러한 작품을 통해 알 수 있는, 시조와 대비적인 특징은 사대부의 한시 화답문화이다. 상대방의 시에 화답하되, 같은 운자를 사용해 차운시를 짓는 문화는 윤선도의 시조에서는 보이지 않는다. 물론 때때로 시조사에서 화답시조가 나타나는 것은 사실이지만, 시조 전체 작품에서 보자면 아주 일부에 속하고, 한시만큼은 아니다. 또 앞에서 보았던 다른 양층언어작가나 윤선도도 화답시조는 보이지 않는다.

한시의 화답문화는 사대부의 일반적인 향유방식으로서 사대부 내적소통의 통로이기도 하지만 앞에서 본 것처럼 금객이나 승려, 기녀 등 다양한 층의 사람들과 주고 받는 기능으로서 한시를 사용하는 것을 볼 수 있다. 이는 앞에서 본 이이의 경우 더욱 많은 비중을 차지하고 있는 것을 보았다.

비중은 작가마다 다르더라도 한시로 소통하는 화답문화는 사대부 일반의 특성이라고 할 것이다.[26]

이에 비해 시조는 사대부 간에 화답시로 기능하지는 않았다. 또 죽은 이를 애도하는 만사나, 작가 개인적인 가족의 상황과 가족에 대한 마음들을 구체적으로 드러내는 기능을 하지도 않았음을 윤선도의 경우를 통해 볼 수 있다. 특히 아들에 대한 죽음은 한시로는 다루었으나 시조에는 없다. 아들의 죽음은 친지나 친구나 친구 아들의 죽음보다 더 충격적인 사건일 수 있는데, 시조에서 죽음을 소재로 하지 않는 특성이 여기에서도 예외이지 않다. 내면 깊이 슬픔을 토로하고 마음을 정리하기에는 눈으로 읽거나 음영하는 시(詩)인 절구가 노래로 부르는 시조보다 더 적합하게 여겨졌다고 할 것이다.

끝으로, 일상적 생활의 모습은 시조에서는 잘 보이지 않으나 한시에서는 생활의 순간적 포착이나 일상적 사물을 대상으로 작품화한 경우가 적지 않다. 5언 절구이기는 하지만 닭에 대해 읊으며 복희씨 때부터 꿩과에 속한 것을 짐작하는 내용으로 된 <詠鷄>와 같이 일상 속에서의 사물을 한시로 나타내었다. 7언 절구 중에서 대표적 작품을 보면 아래와 같다.

  [한시12] 〈詠小硯(작은 벼루를 읊다)〉
  吾友陶君絶短小 나의 벗 도군(陶君)은 짧고 작은데
  外方中坦百無尤 겉은 네모져도 속은 평탄해 흠이 없네
  何須風子丈餘大 비록 풍(風)자 형태 벼루처럼 크지 않아도
  便可封爲卽墨侯 가히 즉묵후(卽墨侯)에 봉하리

[한시12]는 벼루를 의인화하여 친구로 칭하고 있다. 네모난 형태이지만

---

26 정소연, 「한시 화답문화의 국어교육적 가능성 탐구」, 『한국학연구』45집, 고려대학교한국학연구소, 2013, 273-308면.

가운데가 평탄하여 허물이 없다는 점을 들어 칭찬한다. 이 작품은 시조 <오우가>를 떠올리게 한다. <오우가>도 자연의 특성을 들어 칭찬하며 자신의 벗으로 삼고 있기 때문이다.

그러나 자연은 남녀상하가 모두 공유할 수 있는 소재인 반면에 벼루는 사대부의 전유물로서 한문을 사용하는 계층과 밀접하다. 곧 시조에서는 자연이 중심이 되고 있는 반면에 이 절구에서는 사대부의 가까이 있는 소재인 벼루가 제재로서 이러한 소재를 시조에서는 다루지 않는다. 한 작품이기는 하지만, 한 작품의 소재도 한문과 한시, 사대부층이라는 연결고리와 긴밀하게 엮일 수 있는 점을 포착할 수 있다.

2.4. 시조에서만 보이는 내용: 대민적(對民的) 교화시, 잔치의 유흥시

시조에만 보이는 작품들을 살펴보도록 하자. 교화적 시조는 <山中新曲(산중신곡)> 중 <夏雨謠(하우요)> 2수, <日暮謠(일모요)>, <夜深謠(야심요)>가 대표적이다. 이 시조들은 여름에 비올 때, 저녁에 해질 때, 밤이 깊었을 때가 시간적 배경이다. 책을 읽는 양반은 비가 오나 저녁이나 밤이 되나 하던 일을 계속 할 수 있다. 이에 비해 몸을 사용하는 노동자인 백성들은 기후나 하루의 시간대가 노동과 밀접하게 상관이 있다. 이러한 시간대에 쉬고 놀 수 있는 백성에게 이 시조들은 무엇을 할지 말하고 있다.

[시조5] 〈夏雨謠(하우요)〉 2수
비오└디 들희 가랴 사립 닷고 쇼 머겨라
마히 미양이랴 잠기 연장 다亽려라
쉬다가 개└ 날 보아 亽래 긴 밧 가라라

심심은 호다마└ 일 업술亽 마히로다
답답은 호다마└ 閑暇한가홀亽 밤이로다
아히야 일즉 자다가 東동트거든 닐거라

[시조6] 〈日暮謠(일모요)〉
夕陽석양 넘은 後후에 山氣산긔논 됴타마논
黃昏황혼이 갓가오니 物色믈식이 어둡는다
아히야 범 므셔온디 나돈니디 마라라

[시조7] 〈夜深謠(야심요)〉
ᄇᆞ람분다 지게 다다라 밤들거다 블 아사라
벼개예 히즈려 슬ᄏᆞ지 쉬여보쟈
아히야 새야오거든 내 ᄌᆞᆷ와 ᄭᅵ와스라

　[시조5] <하우요>에서는 소를 먹이거나 쟁기 같은 연장을 다듬어놓고, 비가 그칠 때를 대비하라고 한다. 또 일찍 자두었다가 동트거든 일어날 수 있도록 다음 날을 준비하라고 한다. [시조6] <일모요>에서는 어두워서 범이 무서우니 바깥 출입을 삼가라고 명한다. [시조7] <야심요>에서는 바람에 문단속을 잘 하고 불도 살피라고 한다. 푹 쉴테니 날이 새면 화자 자신을 깨우라고 한다. 이러한 내용상 종장 첫 음보마다 반복되는 '아히야'는 상투어가 아니라 진실로 자신보다 아래인 사람들, 백성에게 하는 말이다.
　시조의 언어인 국어는 양반만의 언어가 아니다. 절구의 언어인 한문은 양반의 언어매체이지만, 시조는 백성에게 하는 말도 담을 수 있는 갈래이다. 그래서 이황도 교육적 목적으로 시조를 짓는다고 하였고, 정철도 훈민시조를 16수나 지었다. 윤선도 역시 75수 중에 4수는 백성을 향해 직접명하는 교화적 내용을 담고 있어서 시조의 언어가 상하를 아우르되, 하층을 향한 발로의 통로로서 시조가 사용되고 있는 것을 볼 수 있다. 앞의 작가들에 비해 교화적 시조가 훨씬 적어진 것은 그 기능이 지속하는 가운데 더 약해진 것으로 볼 수 있겠다.
　시조에만 나오는 연회(宴會)를 다룬 작품은 <初筵曲(초연곡)> 2수와 <罷宴曲(파연곡)> 2수가 있다.

[시조8] 〈初筵曲(초연곡) 二章(이쟝)〉
집은 어이ᄒ야 되연ᄂ다 大匠대쟝의 功공이로다
나무ᄂ 어이ᄒ야 고든다 고조즐을 조찬노라
이 집의 이 ᄯᅳᆮ을 알면 萬壽無疆만슈무강ᄒ리라

술은 어이ᄒ야 됴ᄒ니 누록 섯글 타시러라
국은 어이ᄒ야 됴ᄒ니 鹽梅염미ᄯᅩᆯ 타시러라
이 음식 이 ᄯᅳᆮ을 알면 萬壽無疆만슈무강ᄒ리라

[시조9] 〈罷宴曲(파연곡) 二章(이쟝)〉
즐기기도 ᄒ려니와 근심을 니즐것가
놀기도 ᄒ려니와 길기 아니 어려오냐
어려온 근심을 알면 萬壽無疆만슈무강ᄒ리라

술도 머그려니와 德덕 업스면 亂란ᄒᄂ니
춤도 추려니와 禮례 업스면 雜잡되ᄂ니
아마도 德덕 禮례를 딕희면 萬壽無疆만슈무강ᄒ리라

말 그대로 잔치를 시작하는 노래와 잔치를 마치면서 부르는 노래이다. 내 작품의 죵장에서 모누 '萬壽無疆(만슈무강)ᄒ리라'라는 축원을 담고 있다. 이렇게 송축의 의미를 담은 잔치에서의 유흥적 취향의 노래는 음영하는 절구로는 어렵지만 노래하는 시조로는 가능하다. 음영이나 묵독의 시보다는 곡조있는 노래로서 기능할 수 있는 시조의 역할이 여기에도 잘 드러난다.

이렇게 시조에만 있는 작품들의 주제적 경향을 보면 백성을 향한 교훈적 내용이나 잔치에서의 송축을 담은 유흥적 취향의 노래라는 공통점이 있다. 이는 모두 시조의 언어매체인 국어의 특성에 기인한 바가 크다. 우선 국문이 훈민정음으로서 만들어진 것처럼 대민적(對民的) 내용은 절구가 아닌 시조로 나타내는 경향을 볼 수 있다. 또 눈으로 읽기만 하는 기록매체인 한문에 비해 국어는 음성언어로서 노래할 수 있기 때문에 잔치자리의 분위기를 돋우는 기능은 절구가 아니라 시조를 통해 할 수 있다.

특히 음성으로 노래불린 시조는 같은 공간의 우리나라 사람이라면 지위의 고하, 남녀노소를 막론하고 모두가 향유할 수 있다. 잔치자리에서 소리가 퍼져나가는 한 모든 이와 흥을 공유하는 공동체적 흥겨움이 시조를 통해 가능한 것이다. 이처럼 상층 중심의 기록매체인 한문이 아니라 상하층이 공유할 수 있는 음성언어로 된 우리말이 교훈성과 잔치의 유흥성에 맞으므로 시조에만 나타나는 것이다. 두 주제적 경향은 시조가 한시와 대비되는 당시 양층언어문학적 기능 구분을 잘 보여준다고 하겠다.

지금까지 윤선도의 7언 절구와 시조의 주제에 대해서 살펴보았다. 16세기 작가들보다 두 갈래에서 공통적으로 다루는 주제가 더 많아졌다고 하여도, 여전히 특정 갈래에서만 다루어지는 주제 영역은 구분되어 있다는 것을 보았다. 또 공통된 주제인 것 같아도 그 초점이나 지향이 다른 점도 보았다. 특히 연군이든, 만사, 가족에 대한 그리움, 교유시 등 사람과의 관계는 시조보다 절구에서 주력해 다루고 있고, 자연이 사람보다 더 높은 가치로 인식되는 자연애는 절구보다 시조에서 더 주력해 적극적으로 다루어지고 있다고 할 수 있다.

3. 시적 화자와 실제 작가의 거리 비교

앞에서는 작품 내적인 접근으로서 주제나 내용 위주로 살펴보았다면, 이번에는 작품 속의 화자와 작품을 지은 실제 작가와의 관계를 살펴보려고 한다. 내용 비교시에도 이 점이 연결됨을 보았거니와, 두 갈래의 대비적 측면이 됨을 신흠과 정철의 경우에서도 살펴본 바 있어서 같은 기준에서 이를 비교하고자 한다.

문학을 창작하는 작가는 자신의 모습 그대로 작품에 등장하지는 않는다. 작품에서는 작품 속에서 말을 하는 서정적 자아를 내세우게 된다. 따라서 작가와 시적 화자는 항상 일치하는 것은 아니다. 문제는 둘의 관계와 거리이다. 동일하다고 할 수는 없지만 또 전혀 다르게 타자화되었다고도 할 수 없다. 그렇다면 윤선도의 한시와 시조에서 이 작가와 화자의 관계는 어떠한지 살펴보도록 하자.

3.1. 작가의 삶과 밀착된 사실적 기록으로서의 절구

2장에서 보았던 [한시5] <記實>이라는 작품은 내용만이 아니라 제목을 통해 실제를 기록하고 있다는 것을 알 수 있다. 이와 관련하여 아래 작품도 제목이나 내용이 실제의 일을 기록하고 있다.

[한시13] 〈三江記事(삼강의 일을 기록하다)〉 3수 중 제1, 3수 신축(辛丑)(1661)
囚山不必說囚籬　산에 갇혔으니 위리안치를 말할 것도 없으리
氷鑑三時夏甑炊　얼음같은 겨울, 시루에 찌는 듯한 여름
地獄誰云信無有　지옥이 따로 없다고 누가 말했나
溫公蓋未到而知　온공(사마광)은 와 보지도 않고 알았네
銷氷淅米珠和粒　얼음 녹여 쌀을 이니 쌀알에 구슬이 둥둥
煖酒濡脣玉裹髥　술을 데워 입술 적시니 수염에 옥이 주렁주렁
銀海黃庭俱凍合　은해(눈)과 횡경(오장육부)가 보소리 얼어붙는 판에
靈臺何事獨安恬　영대(마음)만은 오직 편안한 것은 무슨 일인가

위 작품은 74세에 함경도 삼수로 유배갔을 때 지은 것이다. 유배지가 너무 고통스러운 곳이라는 것을 지옥이라는 단어까지 가져와 표현하고 있다. 유배지에서의 생활에서 느끼는 고통이나 시련은 시조로는 거의 나타내지 않았던 내용이다. 반면에 한시에서는 사실적으로 자세하게 그리고 있어서 시조와 다른 절구의 기능을 볼 수가 있다.

이와 관련해 또 다른 작품을 비교해보자.

[시조10] 〈漫興(만흥)〉중 제4수
누고셔 三公(삼공)도곤 낫다 ᄒᆞ더니 萬乘(만승)이 이만ᄒᆞ랴
이제로 헤어든 巢父(소부) 許由(허유) ㅣ 냑돗더라
아마도 林泉閑興(님쳔한흥)을 비길 곳이 업세라

[한시14] 〈遣懷(마음의 품은 뜻을 풀다)〉
三公不換此仙山 삼공도 이 선산(仙山)과 바꾸지 않으리
遷謫惟愁去此間 유배지를 옮겨도 오직 걱정은 여기를 떠나는 것
蒙被隆恩來故里 융숭한 은혜로 고향에 돌아왔으니
不希官祿喜生還 살아온 것만도 기쁘니 관록(官祿)은 바라지도 않으리

시조와 한시가 모두 자연 속에서의 삶을 그리고 있다. 그런데 시조에서는 화자가 왜 자연 속에 있는지 이유가 나타나지 않는 반면에 한시에서는 유배지를 옮겨와서 자연 가운데 있다는 것을 말하고 있다. 두 작품모두 초장과 기구에서는 자연에서의 삶이 좋다고 하였다.

하지만 이후의 내용의 전개는 전혀 판이하다. 시조에서는 자연에서의 삶이 삼정승을 지내는 것보다 좋다는 내용이 자연에 은거한 서부와 허유의 지혜로움까지 거론하며 좋다는 내용으로 종장까지 이어가고 있다. 반면에 절구에서는 기구에서만 자연이 삼정승보다 좋다고 하였고, 승구부터는 유배지에 살아온 것만도 감사하므로 관직은 바라지도 않는다는 내용으로 전개되고 있다. 또 이렇게 된 임금의 은혜까지 언급하고 있어서 내용이 복합적이다. 절구에서는 작가가 처한 구체적 정보가 여럿이 언급되면서 내용도 복잡해졌다. 이에 비해 시조에서는 자연에서 느끼는 즐거움 하나에 집중하고 있고, 작가의 구체적 정보도 나타나 있지 않다.

앞장에서 우리는 신흠의 시조와 절구를 비교하며 이와 같은 특징을 본 바 있다. 절구는 작가의 삶의 사실적 정보가 기록되면서 상황도 구체적이고, 이로 인해 복합적인 내용을 다루는 경우가 많았다. 윤선도의 경우에도 이 절구를 보면 자연에서의 삶에 대한 만족감+임금의 은혜+살아온것의

다행함이 복합적으로 나타나고 있다. 반면에 시조에서는 자연에서의 삶 그 자체에 초점이 맞추어져 있고 또 다른 내용이 복잡하게 얽혀있지 않다. 특히 소부와 허유를 언급함으로써 자발적인 자연에의 은거라는 것을 볼 수 있다. 물론 이 시조를 지을 당시가 스스로 은거한 시절이어서일 수 있을 것이다. 그럼에도 초장과 기구가 동일한 내용을 담고 있으면서 그 전개 양상이 서로 다를 수 있는 것은 비단 작가의 처지만이 아니라 두 갈래의 차이와 무관하다고 할 수 없을 것이다.

앞에서 신흠도 절구에서는 유배에 적거하게 된 사실을 기록한 반면에 시조에서는 자신이 스스로 자연에 은거하여 사람들을 거부한 것처럼 노래하기도 하였던 것을 떠올릴 수 있다.[27] 작가의 실제 처지를 감추고 있는 것이다. 신흠이 밤중의 밝은 달만 벗이라고 한 것처럼 윤선도 역시 <오우가>에서 달은 '보고도 말없으니' 자신의 벗이라고 한 점 역시 유사하다.

아래 작품은 유배 도중의 작품인데, 작은 느낌, 사실적 기록은 한시로 하고 있는 것을 여기서도 볼 수 있다.

[한시15] 〈路中偶吟(길 위에서 읊다)〉
古今風漢出康莊　예나 지금이나 미친 사람이 거리에 나오면
老弱相登若堵墻　노약자들 서로 담장에 오르네
此去且多來見者　이번에도 많은 사람들이 와서 보니
遠人應亦識吾狂　먼데 사람들 내가 미치광인 줄 아네[28]

27　[시조1]
　　山村에 눈이 오니 돌길이 무쳐셰라　山村雪後 石經埋兮
　　柴扉룰 여지마라 날 츠즈리 뉘이시리　柴扉且莫開兮 訪我有誰哉
　　밤중만 一片明月이 귀벗인가 ᄒᆞ노라　中宵一牛明月兮 是吾朋兮
28　김대현(2013), 앞의 글, 14-15면.

[한시16] 〈竹嶺道中(죽령 가는 길에)〉
昔歲曾從鳥嶺去   옛날에는 조령(鳥嶺)으로 갔는데
今來竹嶺問前程   지금은 죽령(竹嶺)에서 앞길을 묻네
如何回避經行處   왜 보통 가는 길을 피하느냐면
愧殺明時有此行   밝은 시대에 이런 길 부끄러워서라네

그러나 윤선도의 경우는 신흠만큼 대비적인 것은 아니다. 절구에서는 [한시15]는 1차 유배지로 가는 길에 지은 것이고, [한시16]은 2차 유배지로 가는 길에 지은 것이다. 시조에는 유배지로 가는 길에 대한 기록이나 심회는 작품으로 남아있지 않다. 이에 비해 절구에서는 가는 길의 단상이나 심정, 당시의 상황 등을 작품으로 남기고 있다.

[한시15]는 미치광이를 보러 사람들이 모여드는 장면이 자신이 유배지로 가는 길에 나타나서 멀리서 자신을 모르는 사람들은 자신을 미치광이로 알 것이라는 화자의 심정이 나타나있다. 기구에서는 1차 유배지로 가는 길과 다른 길로 2차 유배지로 가는 길에 자신의 부끄러운 심사를 표현하고 있다.

두 작품에서 화자는 곧 작가의 실제 처지와 무관하지 않다. 작가 윤선도가 실제로 유배지로 가는 도중에 느끼는 심정이 화자를 통해 나타나고 있기 때문에 작가와 화자의 거리가 매우 가깝다고 할 수 있다. 이렇게 시조에서는 잘 다루지 않은 내용이 절구에서 있다는 것은 절구가 사대부 작가인 윤선도에게 더 일상적이고 1차적인 표현의 통로라는 것을 의미한다. 작가와 화자가 거의 밀착되어 있다는 점 역시 그러한 이유에서라고 할 것이다.

3.2. 인명, 지명 등의 고유명사의 사용 양상

화자와 작가의 거리는 시어, 특히 작가의 정보를 구체적으로 알 수 있는 고유명사의 사용을 통해서도 알 수 있다. 앞에서 <記實>이라는 절구와 시조 ≪산듕신곡≫중 <만흥> 제2수에서 고유명사가 대비적으로 나타나있던 것을 보았다. 그리고 이러한 고유명사 등의 작가 관련 정보가 신흠에게서도 두드러진 것을 보았다.

항상 고유명사를 적극적으로 사용하고, 그렇다고 시조에서는 항상 고유성을 감추는 것만은 아니다. 대비적인 가운데에서도 윤선도는 시조에서도 작가의 실제 현실이 어느 정도 드러나는 고유명사를 사용하는 것을 볼 수 있다.

우선, 윤선도의 한시와 시조에 공통적으로 등장하는 인물 중 반금(伴琴)이라는 금객을 들 수 있다. 한시로는 7언 절구의 <贈別權伴琴>, 곧 반금과 이별하며 준 증시가 있고, 또 집구시로 반금에게 붙인 <集古寄伴琴>이라는 장단구도 있다. 그런데 시조에서도 반금에게 준 증시가 있어서 주목된다. 시조의 제목에서도 '伴琴'이라는 고유명사인 인명이 사용되고 있다. 바로 아래의 작품이다.

[시조11] 〈증반금(贈伴琴)〉
소리는 或혹 이신돌 ᄆᆞ옴이 이러ᄒᆞ랴
ᄆᆞ옴은 或혹 이신돌 소리ᄅᆞᆯ 뉘ᄒᆞᄂᆞ니
ᄆᆞ옴이 소리예 나니 그를 됴하 ᄒᆞ노라
多君心曲 暗合造化 七絃百囀 皆方寸間事 余每聽之忘味 金鎖洞病儂

여기서 제목이 없다면 작품에서 말하는 '소리'는 악기 소리인지, 사람의 노래소리인지, 어느 기녀에게 준 시조인지 등으로 상상의 여지가 커진다. 그런데 제목에서 '伴琴에게 준다'는 말이 있어서 구체적인 인명 등의 정보가 제공되어 반금이라는 금객에게 준 것이라는 사실이 구체화된다. 이에 더 나아가 아래의 산문기록을 통해서 작가의 심회와 구체적인 정보가 더해진다.

결국 작가가 금쇄동에 있으면서 이 시조를 반금이라는 사람에게 지어준 것이고, 반금이 연주하던 거문고는 7현을 가진 악기라는 점, 마음이 그대로 악기에 반영되어 조화를 이루어 심곡(心曲)을 이루는 연주를 했다는 점 등이 구체화되는 것이다. 이렇게 제목과 부연설명을 통해서 작품의 정보나 작가와 작품의 관계가 명확해지고 금쇄동 시절의 윤선도라는 작가와 작품의 화자의 거리가 더 좁혀지는 것을 볼 수가 있다.

이렇게 한시로도, 시조로도 반금이라는 사람에게 지어준 것은 시조도 한시와 같은 증시(贈詩) 문화의 방편으로 사용했다는 것을 의미한다. 비록 그 대상이 금객이라서 같은 사대부간의 증별시는 아니지만, 작품을 지어주는 통로로 시조가 사용되고 있는 것은 가볍게 보아넘길 일은 또 아닌 것이다.

윤선도와 같은 중앙 고위관직의 사대부의 처지가 아니지만 17세기 향반인 정훈은 벗에게 시조 <월곡답가>를 10수나 지어주기도 하였다. 윤선도의 경우에는 벗과의 교유시로서 나눈 것은 아니지만 적어도 한시의 증시 문화를 시조로도 취하였다는 점에서 시조의 위상과 기능이 달라진 것을 볼 수 있다고 하겠다.

또 다른 예로 시조 <견회요 5편>은 경원 유배시절의 작품으로서 제3수에 '楸城鎭胡樓츄셩딘호루'라는 구체적 지명이 나온다. 같은 시기에 지은 절구인 <登鎭胡樓 次楣上韻 四首>와 같이 동일 지명이 시조에서도 보이는 것이다. 따라서 윤선도의 시조에서는 시적 화자가 실제 작가와 한시만큼 밀착된 것은 아니지만, 실제 작가의 정보를 시조에서도 조금씩 더 드러내고 있는 점이 특징이라고 하겠다.

고유명사의 사용은 보편성을 약화시키고 특수성을 강화시킨다. 특정 지명이 등장함으로 인해 특정 상황에 대한 것으로 제한될 수 있기도 하다. 반면에 나타내고자 하는 특정 사실은 더 분명하게 드러낼 수 있다는 장점도 있다. 이이는 실제 지명이 아니라 자신이 만든 시어로 지명을 지칭함으로써 고유명사가 아니라 일반명사로 어떤 공간도 이에 적용할 수 있는 보편성을 확보하였다. 이황과 정철도 마찬가지로 고유명사가 빈번하게 등장하지는 않는다.

그만큼 시조가 사대부 작가 개인의 정서를 표현하는 시로서의 성격보다는 사대부라는 점을 뛰어넘어 더 넓은 향유층을 확보하고 공동체 내에서 함께 향유하는 기능이 컸던 것이다. 이에 비해 윤선도의 시조에서는 작가의 실제 모습과 관련되는 사실적 정보가 나타나서 작가 개인적 상황에 더 밀착되는 갈래로의 변화가 나타난다. 시조가 공동체적 보편성을 확보하는 기능보다는 개인적 정서 표출의 기능이 강화된 것이다.

시조에서 고유명사 사용이 적고 일반명사화하는 경향이 크다는 것은 우리말노래를 향유하는 자국민을 대상으로 보편성을 높이는 것이다. 사대부의 처지와 관련되는 고유명사나 관련 시조가 줄어드는 만큼 상하층의 보편적 공감대가 확장되기 때문이다. 그만큼 사대부 작가로서 작가의 실제 모습은 가면 뒤로 숨게 된다.

반면에 고유명사 사용이 높아지게 되면 작가의 실제 모습이 더 드러날 가능성이 높아진다. 사대부 작가로서, 혹은 임금을 가까이 모시는 위정자이자 신하로서, 혹은 남자로서 등의 작가의 실제 모습이 더 드러나게 되는 것이다. 시조에서 작가의 모습을 직접 드러내는 것은 앞에서 본 고유명사 사용의 두 가지 측면을 고려할 때에 시조의 위상이 높아지는 것과 무관하지 않다. 작가의 모습을 드러내기를 꺼려하지 않고, 하층이나 백성 등 자국민 내에서의 보편성보다는 작가의 표현적 욕구를 십분 드러내는 데에 초점이 맞추어지기 때문이다.

여기에서 우리는 윤선도의 <오우가(五友歌)>를 떠올리지 않을 수 없다. 윤선도는 시조에서도 벗과의 교유와 그리움을 읊고 있는가? 그러나 실제 작품은 사람인 친구가 아니다. 水, 石, 松, 竹, 月, 곧 시조에서 말하는 친구는 자연이다. 실제 존재하는 어떤 특정인이 아니라 어느 산, 어느 자연에서도 보편적으로 만날 수 있는 자연물이다. 이 역시 한시에서는 작가의 실제 상황과 맞닿아있으면서도 구체적인 인명이 등장하고 있는 반면에 시조에서는 보편적 명사시어를 통해 누구나 대입해서 인식할 수 있는 자연을 친구로 등장시키고 있는 차이점을 볼 수 있다. 아직은 사대부 간의 교유시로서 시조가 그 기능과 위상을 가지고 있는 것은 아니지만 시조를 증시(贈詩)로서 활용한 경우를 통해서 적어도 그 시작의 기미는 볼 수 있는 것이다.

3.3. 임금에 대한 표현

윤선도의 시조가 적극적 교유시는 아니더라도 증시로서의 기능을 하는 그 출발 정도의 모습을 보이는 것처럼, 이러한 경향이 사대부 작가의 모습이 드러내는 임금에 대한 구체적 시어를 통해서도 나타난다.

이와 관련하여 아래 작품을 보자.

[시조12] 〈견회요(遣懷謠) 오편(五篇)〉 此以下 戊午謫慶源時所作 附錄於此[29]
슬프나 즐거오나 올타ᄒᆞ나 외다ᄒᆞ나
내 몸의 힉올 일만 닫고 닫글 뿐이언뎡
그 받긔 녀나믄 일이야 분별홀 줄 이시랴

내 일 망녕된 줄을 내라 ᄒᆞ야 모룰손가
이 ᄆᆞ음 어리기도 님 위훈 타시로쇠
아ᄆᆡ 아ᄆᆞ리 널러도 님이 혜여 보쇼셔

楸城鎭胡樓츄성딘호루 밧긔 우러녜는 뎌 시내야
ᄆᆞ음 호리라 晝夜듀야의 흐르는다
님 向향훈 내 뜻을 조차 그칠 뉘롤 모로ᄂᆞ다

뫼훈 길고 길고 믈은 멀고 멀고
어버이 그린 뜻은 만코 만코 하고 하고
어듸셔 외기러기는 울고 울고 가ᄂᆞ니

---

[29] 권6.

어버이 그릴 줄을 처엄붓터 아란마는
님군 向향훈 뜻도 하놀히 삼겨시니
眞實진실로 님군을 니즈면 긔 不孝블효ㅣㄴ가 녀기롸

위 시조에서는 '님'이라는 표현이 주로 사용되고, 마지막 연에서만 '님군'이 등장한다. 이에 비해 한시에서는 임금을 직접적으로 표현하고 있어서 시조와 대비된다. 다음 작품들이 그 예이다.

[한시17] 〈題鄭仁觀巖 四首〉 중 제1수
娛儂川上有高臺   오농천가에 높은 누대 있어
天作奇形待我來   하늘은 기이한 형상 만들고 나오기를 기다렸네
除却思親思聖主   어버이 생각, 임금 생각 없다면야
何須南望首頻回   어찌 자주 머리 돌려 남쪽 바라볼 것 있으랴

[한시18] 〈睡覺思親 二首〉
酒醒孤枕夢初廻   술 깬 외로운 베갯맡에 꿈도 갓 깨니
月滿西窓曉角哀   달빛 가득한 서창에 새벽 피리 소리 슬퍼라
遙想高堂安穩未   아득히 부모님 안부 생각하여
三千里外首空擡   삼천리 밖에서 부질없이 머리 드네

庭闈溫淸誠宜念   부모님 문안은 진실로 마땅히 생각하나
宗社安危豈忍看   종사의 안위를 어찌 차마 간과하랴
以孝爲忠忠便孝   효로써 충을 행하면 충이 곧 효이니
孰云忠孝兩全難   충효를 겸전하기 어렵다고 누가 말하겠는가

위의 시조와 한시는 모두 윤선도가 30세 때 이이첨(李爾瞻)의 횡포에 대해 상서하였다가 함경도 경원으로 유배되었을 때 지은 것이다. 같은 시기의 작품들인 만큼 두 작품에서 모두 비슷한 시상을 드러내고 있다. 두 작품에서 모두 멀리서 부모님, 임금 생각으로 머리를 그쪽으로 향해 든다고 하였다.

한시에서 '聖主'나 반복되어 나오는 '忠', 그리고 '宗社' 등의 시어들은 임금을 직접 나타내거나 시적 화자의 실제 처지가 사대부이자 신하라는 사실을 말해준다. 그런데 시조에서도 이와 크게 다르지 않다. 시조는 이러한 배경이 세 번째 작품의 '추성(秋城) 진호루(鎭胡樓)'에 잘 나타나 있다. 추성은 경원성이다. 곧 자신의 유배지가 명확하게 나타나있어서 작가의 처지와 화자가 다른 존재로 생각될 수 없다.

이번에는 시적 대상에 대한 표현에 주목해보자. 한시에서는 대상인 임금과 부모님이 직접적으로 언급되고 있는 반면에 시조는 중간적 현상을 보이고 있다. 구체적 예로 '님 위훈', '님 향훈', '님군 향훈 뜻' 등에서 '님'이라는 표현과 '님군'이라는 표현, 이 두 가지가 한 연작시 내에서 공존하고 있는 것이다.

두 가지 시어 중 우선 '님'에 대해 생각해보자. 시조 <견회요> 제2수와 제3수에서는 '님'이라는 표현만 나오고 있다. '님'이라고 하면 윤선도라는 작가와 창작 시기나 배경 등을 알 때에는 이 '님'이 임금이라는 것을 알 수 있기는 하지만, 작품 내적인 것으로만은 연인관계에 있는 '님'으로 읽힐 수도 있는 것이다.

그런데 제5수에서는 '님군'이라고 표현하고 있다. 일차적으로 '님군'은 금을 지칭하는 것으로 이해될 수 있다. 그러나 동시에 시적 화자가 여성화되어서 상대방인 님에 남성적 존재를 나타내는 '군'을 더한 것으로 볼 수도 있는 것이다. 이와 관련해 '님군'이 나오는 또 다른 시조를 보자.

[시조13] 〈어부ᄉ여음(漁父詞餘音)〉
江山강산이 됴타흔들 내 分분으로 누얻ᄂ냐
님군 恩惠은혜롤 이제 더옥 아노이다
아므리 갑고쟈 ᄒ야도 ᄒ올 일이 업세라

此乃山中新曲漫興第六章 而以爲漁父詞餘音 故重錄於此

[시조13]은 <어부ᄉ시사(漁父四時詞)>와 관련 산문 기록 다음에 나오는 작품이다. ≪산듕신곡≫ 중 <만흥(漫興)>의 한 작품이기도 하지만 <어부사(漁父詞)>의 여음이 되기도 하므로 여기에 다시 싣는다는 원주(原註)가 있다. 중장의 밑줄친 것과 같이 '님군 恩惠은혜' 덕분에 강산의 즐거움을 누린다고 하였다. 곧 <만흥>에서도, 또 <어부ᄉ시사>의 남은 노래에서도 그저 '님'이 아니라 임금이라는 존재를 어느 정도는 직접 표현하고 있는 것이다. 이 역시 작가가 국어시가인 시조에서 사대부로서의 자신을 감추고 임금을 직접 표현하지 않던 그간의 관례에 비한다면 눈에 띄는 점이다. 따라서 임금에 대한 표현도 이황이나 신흠에 비하면 어느 정도 직접적으로 표현하고 있으면서도 전적인 상황은 아닌 정도 즈음에 윤선도의 시조가 위치하고 있다고 할 것이다.

한편, [시조12] 4연에는 어버이만 등장한다. 부모님과의 관계나 불효의 문제는 사대부 작가뿐만 아니라 남녀노소 누구나 해당된다. 반면에 5연에서는 어버이와 임금이 모두 나온다. 임금과의 관계를 작품에서 거론한다는 것은 해당하는 사람들의 범위가 훨씬 좁다. 사대부로서 임금을 가까이 하는 남성 사대부라는 작가의 처지가 노출되는 것이다. 따라서 한시에서는 화자가 실제 작가와의 거리가 멀지 않은 반면에 시조에서는 그래도 다양한 여지를 남기고 있어서 화자의 범위가 실제 작가보다는 더 다양할 수 있는 것을 알 수 있다.

이렇게 연군(戀君)이나 사친(思親)이라는 비슷한 주제를 표현하더라도 한시에서는 임금을 직접 드러내면서 화자의 처지가 드러나고 있고, 시조에서는 임금을 '님'이나 '님군'으로 대체하면서 화자가 누구인지 상상할 수 있는 여지가 아직 남아있다. 시조에서는 '님'이라는 연모의 대상으로 임금을 지칭하는데 비해, 절구에서는 현실적인 군신 관계가 더 부각되는 특징이 있는 것이다.

이황은 <도산십이곡>에서 임금이라는 표현 대신에 '미인(美人)'으로 대신하였고, 정철 역시 여성 화자로서의 가면을 쓰고 연군지정을 표현하였다. 신흠의 시조에서 선조에 대한 마음을 드러낼 때에는 '님'이라고만 되어있고 시적 화자도 여성이어서 실제 상황이 숨겨져 있었다. 대개 지금까지 사대부 작가가 한시에서와는 달리 시조에서는 '사대부 남성' 작가로서의 처지를 그대로 드러내지 않았던 것이다. 그런데 윤선도는 '님군', 곧 임금을 그대로 노출시키고 있고, 부모님께 불효가 된 상황을 고스란히 담아내고 있어서 시적 화자와 실제 작가의 삶의 모습이 앞의 이중언어시인들에 비해서는 밀착된 것을 볼 수 있는 것이다.

그렇다면 윤선도는 16세기 양층언어작가에 비해 시조와 한시의 대비적 측면이 약간은 더 완화되고 있다고 보인다. 한시가 시조와 유사하게 변하기보다는 시조가 사대부 작가의 개인적 정서 표현의 용도로서 한시와 같은 기능을 더 하는 방향으로 변한 것이다. 한시와 시조가 양층언어문학으로서 가진 먼 거리가 어느 정도 좁혀지며 시조의 위상이 더 높아진 것이라 할 것이다. 이에 대해서는 다음 장에서 자세히 다루고자 한다.

4. 시조에 나타난 변화들: 한시와 시조의 가까워진 거리

윤선도의 한시와 시조의 관계에 대해서는 3장에서 주력해서 보았다면 이 장에서 다룰 내용은 앞에서 다룬 양층언어작가들, 특히 신흠을 염두하며 윤선도의 한시와 시조에 나타난 변화를 중심으로 본 것이다. 그리고 이 변화는 한시에서보다는 시조에서 더욱 두드러진다. 그리고 시조의 위상이 한시와 같아지려는 방향으로의 변화라고 할 수 있다. 크게 3가지로 나타나는데, 각 절로 나누어 살펴보도록 하자.

4.1. 시조 제목의 존재 및 양상

윤선도의 시조에는 한시처럼 제목이 있다. 윤선도의 시조는 대부분이 연작으로 구성된 시조들이다. 최소 2수 이상에서 최대 40수까지에 이르는 연시조로서 작품의 제목이 붙어있는 것이다. 또 연시조일 경우에만 제목이 있는 것이 아니라 1편으로 된 시조에도 모두 제목이 있고 상위의 제목이 또 다시 있다. 일례로≪산듕쇽신곡(續山中新曲)≫이쟝(二章)에는 <츄야조(秋夜操)> 1수와 <츈효음(春曉吟)> 1수가 있는데, 단편작에도 제목이 있고, 이 둘을 묶어서 다시 ≪산듕쇽신곡(續山中新曲)≫이쟝(二章)이라고 제목을 붙이고 있다. 한시에서는 주제를 나타내는 제목이 없어도 '無題'라는 제목을 붙여둔다. 이렇게 윤선도는 한시처럼 시조에서도 제목을 필수적인 존재로 여겼다는 것을 알 수 있다.

신흠의 30수에는 별다른 제목이 있지 않았다. 물론 16세기 이황이나 이이도 연시조로서 작품의 제목이 있었지만, 정철은 연작성을 보이든 그렇지 않든 제목이 필수적으로 있지 않았다. 윤선도는 정철과 같이 시조를 다작하면서 제목을 필수적인 것으로 여긴다는 것이 두드러진 특징이다.

앞에서 시조는 노래로서 제목이 필수적 조건은 아님을 논의한 바 있다. 그런데 제목을 두고 그 제목이 단순한 첫 소절의 노랫말이 아니라 한시와도 같은 표제방식을 취하고 있다는 것은 시조가 노래로서만이 아니라 어느 정도 기록문학으로서의 시(詩)의 지위를 갖게 된 것이라고 볼 수 있다. 이런 점에서 시조에서의 제목을 주목해서 보는 것이다.

표제의 방식은 몇 가지 경향으로 나눌 수 있다. <몽텬요(夢天謠)>, <우후요(雨後謠)> 등의 '요(謠)'임을 표명한 제목에서부터 <어부ᄉ시사(漁父四時詞)>와 같은 '사(詞)'나 <초연곡(初筵曲)>같은 '곡(曲)', <오우가(五友歌)>같이 '가(歌)'를 표명한 제목, 나아가 <고금영(古今詠)>, <증반금(贈伴琴)>과 같이 '영(詠)'이나, 혹은 한시의 화답과 같이 '증(贈)~' 등을 표명한 제목까지 다양한 표제 방식을 취하고 있다. 곧 시(詩), 가(歌), 요(謠)의 세 층위가 다 나타나고 있다.

또한 제목의 형태도 주목된다. 노래의 첫 소절 그대로를 가져오거나 순수한 우리말로 된 제목이 아니라 모두 한자어구로 조어가 된 형태를 취하고 있다. '영(詠)'이나 '음(吟)' 등만이 한시의 제목과 유사한 방식이 아니라 이러한 표현이 없더라도 <만흥(漫興)>이나 <긔셰탄(譏世歎)>같은 제목은 한시의 제목과 별반 다르지 않은 표제들이다.

이황이나 이이의 경우에는 <도산십이곡>이나 <고산구곡가>에서와 같이 가(歌), 곡(曲) 등의 표제를 취하고 있다. 이에 더 나아가 윤선도는 가(歌)나 곡(曲)은 물론 다양한 시조의 표제방식을 보여주고 있다는 점, 시조의 층위를 요(謠)에서 시(詩)까지 구분해서 인식하고 있다는 점, 나아가 시조를 시(詩)로서 한시와 대등하게 기록문학으로 인식하고 있다는 점 등에서 시조의 제목을 통해 시조사적 전개에서 유의미한 변화를 보이는 경우라고 할 수 있는 것이다.

제목은 비단 작품의 주제나 내용을 집약해줄 뿐만 아니라 여러 가지 정보를 주기도 한다. 신흠의 경우를 보면서 한시에서의 제목이 작가의 구체적 정보를 더해주고 작품의 의미를 세밀하고 구체화시키는 기능을 한 것으로 본 바 있다. 윤선도는 시조에서도 제목을 두고 있어서 이러한 효과를 볼 수 있는데, 비단 제목만이 아니라 제목과 더불어 산문 기록으로 부연설명을 곳곳에 해두고 있어서 역시 그 효과를 더하고 있다. 이에 대해서는 다음 절에서 자세히 살펴보도록 하자.

4.2. 시조의 부연설명에 나타난 작가의 목소리

아래의 작품을 보면서 논의를 진행하도록 하자.

[시조14] 〈雨後謠 우후요〉[30]
有人傳道時宰改過 于斯時也 宿雨適霽 余曰 彼之改過也苟能如斯雨之晴 如斯雲之捲 如斯前川之還淸 則吾儕敢不歸仁乎 遂作俚語永言之

---

30 고산유고 권6.

구즌비 개단 말가 흐리던 구룸 걷단 말가
압내희 기픈 소히 다 믉앗다 ᄒᆞᄂᆞᆫ다
眞實진실로 믉디옷 믉아시면 갇긴 시서 오리라

시조의 제목이 '비온 뒤의 노래'이다. 제목 다음의 산문기록을 통해 작시의 의도나 상황 등을 알 수 있게 하였다. 여기서 말하는 비는 날씨로서의 비와 더불어 어떤 사람의 잘못을 말하는 것과 같다고 했다. 곧 비온 뒤에 날이 갠 것은 어떤 사람이 잘못을 하다가 이를 멈추고 고친 것이라고 말하고 있다. 그래서 기쁘니 노래를 지어 부를 만하다고 하고, 이어(俚語)로 지어 영언(永言), 곧 노래했다고 하였다.

창작의 의도를 기록하지 않고 작품만 보았다면 언뜻 악인의 회개를 비온 뒤의 청명으로 비유하는지는 더 생각해보아야 할 일이다. 초장과 중장이 비온 뒤의 상황을 너무 길게 묘사하고 있는게 아닌가하는 의문도 들만하다. 그런데 제목과 산문 기록의 도움으로 자연이 비유인 것을 알 수 있다. 단지 비온 뒤의 자연을 묘사하는 것이 목적이 아니라 악인의 회개한 모습이기 때문에 이토록 화자가 초장과 중장이라는 작품의 상당한 분량을 할애해서 말하고 있다는 것이 이해될 수 있다. 이처럼 작시의 의도를 밝히는 사주(自註)나 부연설명 등의 기록이 한시에서는 일반적인데, 윤선도는 이러한 경우가 적지 않게 보인다.

<우후요(雨後謠)>에서와 같이 윤선도는 시조에 대한 자신의 입장이나 설명을 때때로 함께 기록하고 있어서 살펴볼 필요가 있다. <어부ᄉᆞ시사(漁父四時詞)>에서도 작품 뒤에 이어(俚語)를 사용해 창작하게 된 배경을 소개하고 있다. <고금영(古琴詠)>과 <증반금(贈伴琴)>에도 해당 시조와 관련한 작가의 목소리를 담아내고 있다.

해당 시조에 대한 서문이나 발문은 이황이나 신흠에게서도 볼 수 있었다. 그런데 윤선도는 서문이나 발문 등의 개념이 아니라 작품과 관련한 부연 설명을 한시에서 하듯이 시조에서도 하고 있다. 이는 작품과 관련한 작가의

목소리나 구체적인 작시 배경과 상황 등을 소개한 것으로서해당 작품의 맥락이나 의미를 더 구체화하는 역할을 한다. 곧 이러한 산문기록이 없다면 무한하게 확장이 가능한 의미가 맥락의 한정과 작가의 정보로 인해 작품과 작가의 거리가 좁혀지고 밀착되는 결과를 낳게 되는 것이다.

정철이나 신흠을 통해 시조는 한시에 비해 작가와의 거리가 멀고 화자의 목소리나 존재가 더 커지고 확장되어 허구성과 공동체성이 강화되는 것을 본 바 있다. 제목도 없고 부연설명도 없으며 대명사가 많이 사용되어 작가의 구체적인 정보나 상황이 거세되면서 더 많은 향유층을 확보하며 누구나 자신을 대입할 수 있는 여지가 커진 것을 보았다. 그런데 윤선도의 시조에서와 같이 작가의 구체적 설명이나 상황에 대한 소개 등의 작가의 목소리가 강화되는 것은 한시와 같이 화자와 작가가 더 밀착되는 효과를 낳는다.

아래의 <몽텬요(夢天謠) 삼쟝(三章)>에서는 작품 뒤에 <詩經(시경)>에서와 두보가 노래하고 흥얼거린 것처럼 가요(歌謠)를 지은 배경을 쓰고 있다. 이와 관련해 아래 작품을 보자.

    [시조15] <몽텬요(夢天謠) 삼쟝(三章)> 壬辰在孤山時[31]
    샹해런가 꿈이런가 白玉京빅옥경의 올라가니
    玉皇옥황은 반기시나 群仙군션이 꺼리ᄂ다
    두어라 五오湖호煙연月월이 내分 분일시 올탓다

    픗ᄌᆷ의 꿈을 꾸어 十二樓십이루에 드러가니
    玉皇옥황은 우스시되 群仙군션이 꾸짇ᄂ다
    어즈버 百萬億蒼生빅만억창싱을 어늬 결의 무르리

    하ᄂᆞ리 이저신제 므슴 術슐로 기워낸고
    白玉樓重修빅옥루듕슈홀 제 엇던 바치 일워낸고
    玉皇옥황끠 술와보쟈 ᄒ더니 가몯ᄒ야 오나다

---

[31] 고산유고 권6.

> 魏詩曰 園有桃 其實之殽 心之憂矣 我歌且謠 不知我者 謂我士也驕
> 彼人是哉 子曰何其 心之憂矣 其誰知之 其誰知之 蓋亦勿思 杜子美詩曰
> 非無江海志 瀟灑送日月 生逢堯舜君 不忍便永訣 取笑同學翁 浩歌彌激烈
> 夫我咨嗟詠歎之餘 不覺其發於聲而長言之 豈無同學咥咥之譏
> 子曰何其之誚也 然而自不能已者 是誠所謂我思古人 實獲我心者也
> 壬辰五月初十日 芙蓉釣叟病滯孤山識

이 작품은 윤선도의 유일한 시조 한역도 함께 볼 수 있다는 점에서 주목되는 작품이다. 또한 유사한 시상의 한시도 있기 때문에 시조와 한시, 한역시의 관계를 잘 보여주기도 한다. 한역과 관련해서는 다음 절에서 다루기로 하고, 여기서는 제목과 산문기록 등 시조의 기록문학성에 주목해서 보도록 하자.

우선, 제목과 제목 옆의 기록을 통해 임진년(1652) 고산에 있을 때 지었다고 원문에 밝히고 있다. 또 이어 산문기록을 통해 어떤 맥락의 작품인지 자신의 마음을 추가해서 기록하고 있다. 제목을 풀이하면 꿈에 하늘에 간 노래 정도라고 할 수 있다. 하늘에는 죽어서 가는 곳이니 꿈이거나 비유가 아니면 갈 수 없는 곳이다. 실제로 이 작품은 꿈이거나 비유로 해석할 때에 뜻이 통한다. 제1수와 제2수는 대등한 내용의 반복이고, 제3수가 결론에 해당한다.

제1수에서는 꿈에 백옥경에 갔다고 하고, 제2수에서는 꿈에 12루에 갔다고 하였다. 두 작품에서 모두 옥황은 자신을 반기지만 여러 신선들이 꺼리거나 꾸짖는다고 하였다. 그래서 자연에서 은거하는 것이 화자의 분수이고, 백만억창생에 대해서는 물을 수도 없다고 하였다. 이렇게 작품만 보면 백만억창생은 이 세상의 모든 사람을 가리키는 것으로, 신선이나 옥황이 나왔으니 도교적 세계관을 읊은 것인가 할 수도 있다.

그러나 ≪시경≫의 '魏詩'나 두보의 시에 대한 기록을 통해서 마음의 근심이 있어서 작가도 이러한 노래를 지었다는 사실과 작품 속 화자의 근심은 나라의 백성 걱정과 임금을 잊지 못하는 마음이라는 것이 구체화된다. 이로 인해 이 작품은 임금과 다른 대신들, 그리고 임금이 있는 궁을 비유한 것임을 알게 한다. 또한 작가는 고산(孤山)이라는 강해(江海)에 머물고 있는 상황에서 왜 이런 작품을 지었는지도 이해하게 한다.

이렇게 윤선도는 신흠과는 달리 시조도 한시처럼 제목을 일일이 달아두고 작시의 구체적인 상황을 소개하고 있다. 이를 통해 시조도 한시와 같이 표제가 있는 기록물의 하나로 인식하고 있다고 할 수 있다. 곧 한시는 기록 매체인 한문으로 된 시(詩)인 반면에 시조는 구어인 우리말로 된 노래[歌]로서 대비적이라고 할 수 있는데, 윤선도는 시조도 제목을 두어 한시의 기록 방식처럼 기록성의 특성을 가지게 한 것을 볼 수 있다.

이뿐 아니라 시조의 화자나 작품의 의미가 산문기록을 통해 더 구체화되고 작가의 의도를 잘 전달하는 한정적 기능을 한다는 것도 알 수 있다. 절구에서의 제목과 부연 설명 등의 구체적 정보가 작가와 밀착되어 작가와 화자의 거리가 거의 일치하게 되는 특징을 다른 양층언어작가들에게서 볼 수 있었는데, 윤선도에 이르면 시조에서도 이러한 특징이 보인다. 그만큼 시조와 한시의 거리가 가깝다고 할 수 있고 이는 곧 시조가 한시와 같이 대등하게 기록문학으로서의 시(詩)로서 인식되고 있는 것으로 볼 수 있다.

또한 한시가 사대부작가의 일상적이고 일반적인 표현의 통로인 점도 이러한 작가의 삶과 밀착된 정보나 맥락을 통해 알 수 있었다. 따라서 윤선도의 경우에는 시조도 자신의 삶과 밀착된 갈래로 여기는 것으로 볼 수 있다. 자신의 심회를 표현하기 위해서 한시도 지었지만 시조의 부연설명에서 두보가 시를 지었듯이 자신은 <몽텬요(夢天謠) 삼장(三章)>을 짓는다고 했기 때문이다. 곧 시조가 잔치자리의 오락이나 훈민적 내용도 담는 통로이지만 사대부 작가로서의 자기 자신의 정서 표출의 직접적 통로로서 한시 못지않은 기능과 위상을 차지하고 있는 것을 알 수가 있는 것이다.

한편, 시조에 대한 부연설명은 곧 작가가 작품의 의미나 배경을 더 구체화하고자 하는 의도를 반영한다. 무한한 상상력과 해석으로 뻗어갈 수 있도록 수용자에게만 맡기지 않고 작가가 개입해서 의미에 대한 적극적 해석을 가하는 것이다. 노래는 가창자의 목소리를 통해 표현되고 누구나 부르며 자신을 대입하는 점에서 저자권이나 작가성이 '상대적으로' 뚜렷하지 않은 구술문학적 특성을 가지고 있다. 이에 비해 문자로 전달되는 기록문학은 그 물리적 존재로 인해 작가성이 강하다. '누구'의 작품인지 저자권이 분명하다. 그만큼 시조를 작품으로서 인식하며 작가성을 의식해 작품의 의도를 소개하고 있는 것으로도 볼 수 있을 것이다.

4.3. 시조의 한역(漢譯)과 국·한문의 표기방식

이 절에서 살펴볼 내용은 구술성과 기록성, 곧 문자 표기와 관련하여 한문과 국문의 표기 방식이 어떠했는지와 이와 관련해 시조의 한역은 또 어떠했는지를 살펴보는 것이다. 우선 시조와 한역, 한역시를 비교한 뒤에 전체적인 표기 문제를 살펴보도록 하겠다.

앞에서도 잠깐 언급하였지만 윤선도도 시조를 한역하였다. 전체 시조에 비하면 적은 수이지만 <몽천요(夢天謠)> 삼장(三章)은 한역을 해두고 있어서 주목된다. 윤선도의 시조 한역의 작품수가 적은 이유는 신흠과의 비교를 통해 어느 정도 추정을 해볼 수 있다. 이는 한역의 동기나 시조의 위상과 밀접하기 때문이다.

시조의 한역은 작가마다 상황에 따라 그 동기가 다르다. 신흠의 경우에는 시조 한역을 통해서 우리말의 첨가어나 다양한 어미, 어조 등 정서표출에 더 효과적인 방향으로 시조를 향유했음을 보았다. 그러나 시조와 같이 노래의 성격이 강한 악부체나 사 등 각종 한문 매체로 된 작품들은 문집에 있는 반면에 시조는 현재의 신흠의 문집에 있지 않고 따로 ≪청구영언≫을 통해 시조 30수와 그 한역 전체를 볼 수 있다.

이에 비해 윤선도는 시조도 한시와 나란히 문집에 담을 수 있는 갈래로 인식했다고 할 수 있다. 물론 문집의 간행과 관련해서는 후손들의 영향이나 상황이 크게 작용하지만 이러한 조건은 다른 작가들도 거의 대부분 비슷하기 때문에 시조의 문집 게재 여부는 유의미한 현상이 될 수 있다. 곧 윤선도와 신흠의 시조가 문집에 한시와 함께 있는지의 여부와 시조 한역은 밀접한 관련이 있다고 보인다.

윤선도의 75수 시조 중에서 3수만 한역이 있다는 것은 시조 역시 한시와 같은 기록문학으로서 문집에 싣고자 했기 때문일 수 있다. 국문으로의 기록을 인정하고 별도의 한문 매체로의 기록을 필요로 하지 않은 것으로 볼 수 있다. 곧 국문도 기록매체로 인정해서 굳이 한역의 필요성을 느끼지 못한 것이라고 볼 수 있는 것이다.

16세기의 이황이나 이이도 시조를 낮은 지위의 것으로만 인식하지 않았기에 <도산십이곡>과 <고산구곡가>같은 수준높은 작품을 지을 수 있었다. 이는 17세기 신흠도 마찬가지이다. 윤선도 이전의 작가들도 우리말과 우리 언어로 된 노래인 시조의 가치와 지위를 한시와 대등하게 하고자 하는 선구자적 시각이 있었기 때문에 시조의 창작과 향유가 가능했다.

그런데 윤선도는 이에 더 나아가 기록문학으로서 한시와 대등하게 하고자 한 데에서 더 나아갔다고 할 수 있다. 앞에서 살펴본 제목의 표제 방식이나 한시와 시조의 유사한 작품이 많다는 점, 또 한역 작품수가 적고 문집에 시조와 한시가 함께 실려있다는 점 등이 이를 보여주는 것이다.

이제 구체적으로 <몽천요> 3장의 시조와 한역, 한시와 비교해보도록 하자.

[한역시] 〈翻夢天謠〉 丙申
샹해런가 꿈이런가 白玉京빅옥경의 올라가니   夢耶眞耶 一上玉京閶闔開
玉皇옥황은 반기시나 群仙군션이 꺼리누다   玉皇靑眼群仙猜
두어라 五오湖호煙연月월이 내分 분일시 올탓다   已矣乎五湖煙月閑徘徊

픗줌의 꿈을 꾸어 十二樓십이루에 드러가니   野人化蝴蝶翩翩飛入十二樓
玉皇옥황은 우스시되 群仙군션이 꾸짇누다   玉皇含笑群仙尤

어즈버 百萬億蒼生빅만억창싱을 어늬 결의 무르리 吁嗟乎萬億蒼生問何由

하놀히 이저신제 므슴 術슐로 기워낸고 九重天有缺時 補綴用何謨
白玉樓重修빅옥루듕슈홀 제 엇던 바치 일워낸고 白玉樓重修日 何工成就乎
玉皇옥황끠 솔와보쟈 ᄒ더니 가몯ᄒ야 오나다 欲問玉皇無暇問歸來空一吁

시조는 임진년(1652)에 지었는데 한역은 이보다 4년 뒤인 병신년(1656)에 이루어졌다. 이 시기에도 아직 훈민정음은 '소리'이지 기록매체, 문자로서 사대부들에게 사용되지는 않고 있었다. 그래서 이 시기 시조를 한역한 경우를 보면 한시의 근체시 양식에 시조를 맞추어서 번역하는 경우가 많았다. 시조는 시가 아니기 때문에 한시 형식에 넣어서 시가 되게 하려고 했고, 시조의 언어는 구어이지 문자가 아니기 때문에 한문으로 기록하려고 했던 것이다. 그런데 이러한 때에 윤선도는 대부분의 시조를 한역하지 않고 문집에 넣어 묶고 있고, 또 <몽천요> 3편만 한역하되 근체시 형식이 아니라 장단구로 자유롭게 한역했다. 이는 시조의 노랫말 그 자체를 인정하고 살리려는 것으로 보인다.

또 다른 증거로 윤선도는 이 시조에서도 옥황이나 신선이라는 비현실적 시어를 '꿈'이라는 매개를 통해 사용하고 있다는 점을 주목할 필요가 있다. 신흠은 시조에서 자신이 신선이라고 하는 말을 아무런 장치 없이 꺼내서 현실적인 작가의 모습과 상상적인 시적 화자의 거리가 매우 멀었는데[32],

---

[32] 같은 시기 지은 신흠의 한시와 시조를 비교해보면 아래와 같이 한시에서는 "신선이라도 된 것같이 의심한다"고 해서, 의심이라는 조건을 내세우고 있어서 현실적 작가의 모습과 의 거리감을 완화시키는 장치로 활용하는 반면에 시조에서는 그런 장치가 없다.

<還金陵 與舍弟小酌 (금릉에 돌아와 사제와 술잔을 나누면서)>2수 中 其二
五年遷客始歸田 귀양살이 오년만에 비로소 고향에 돌아오니
故里人疑化鶴仙 신선이라도 된 것같이 고향사람들 의심하네

윤선도는 시조에서도 이런 도가적 화자의 모습을 꿈이라는 전제를 가지고 얘기하고 있는 것이다. 앞의 2장에서 본 것처럼 윤선도는 시조에서도 상상의 여지가 있을지라도 완전한 비현실적 화자를 그리고 있지는 않는 것이다.

그러나 시조를 기록하면서 한자어는 국한문을 병기하고 있는 점, 특히 한자어를 표기할 때에 한주국종(漢主國從)의 방식으로 문집에 기록해두고 있는 것은 시조나 국문(國文) 매체에 대해 윤선도의 인식이 어떠했는지 그 현주소를 보여주는 것이기도 하다. 이와 관련해 [그림1]을 보자.

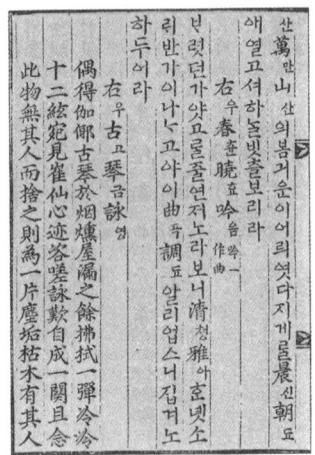 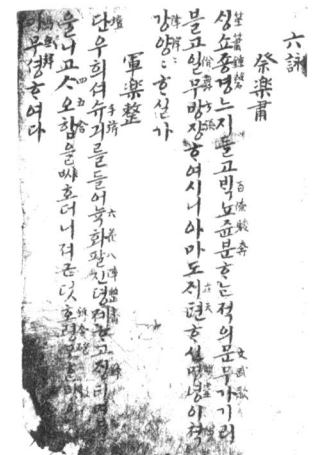

[그림1] 윤선도 문집의 국한문 병용 양상[33]   [그림2] 권섭 문집의 국한문 병용 양상[34]

正似彭城風雨夜 어쩌면 팽성의 비바람 치던 밤에
兩蘇相對一床前 한 침상에 마주앉았던 두 소씨와 그리 같은가

13. 날을 믓지마라 前身이 柱下史ㅣ뢰
  靑牛로 나간 後에 몃힌마니 도라온다
  世間이 하 多事ᄒ니 온동만동 ᄒ여라

[33] 윤선도, (영인본)≪孤山遺稿≫, 이형대 역, 『국역 고산유고』, 소명출판, 2004, 367면.
[34] 권섭, (영인본)≪玉所稿≫, 다운샘, 2007, 231면.

위 원문 사진에서 보듯이, 한자어를 표기할 때에 음절마다 국한문을 병기하고 있는데 한문이 먼저 나오고 국문이 뒤에 나온다. 또 한자어에서 한문에 대해 개별 음절마다 국문을 기록하는 것은 그것을 어떻게 읽는지 '소리'로서 국문을 병기해둔 것이라고 볼 수도 있다.[35]

이 점은 향후 17세기의 다른 작가나 18세기 이후 작가와 비교해볼 필요가 있다. 18세기 권섭의 경우에는 국주한종(國主漢從)으로 순서가 바뀌고 있고, 글자의 크기도 국문이 더 크고 한문은 작게 병기되고 있기 때문이다. [그림2]가 그것이다.

이렇게 18세기와 같이 국한문 병용인 것은 같지만 18세기의 권섭에 비한다면 국문보다는 한문이 먼저 나오고, 한자의 크기가 더 크게 쓰여지고 있는 것을 볼 수 있다. 이는 국문에 대한 인식 태도와 시조의 기록과 관련한 17세기의 모습이라고 할 것이다. 이렇게 한역의 문제 및 국문 표기 양상을 통해 시조를 기록문학으로서 그 위상을 한시와 대등하게 인식하고 있다는 점을 볼 수 있었다.

5. 윤선도의 양층언어시가사적 위치

지금까지 윤선도의 시조와 한시를 비교하되, 이를 앞시대의 신흠이나 이황, 이이, 정철과 다시 비교하며 시가사적으로 어떤 의미가 있는지 자세히 살펴보았다. 16세기나 17세기에 한시와 함께 시조를 지었던 양층언어작가들은 어떤 의미로든 적어도 국어시가에 대한 적극적 관심과 한시못지 않은 대등한 갈래로 인식하고 그 지위를 높이고자 꾀한 선구자적 위치에 있다고 할 수 있다.

그 가운데에서도 작가마다 조금씩 특정 부분에 있어서 이전 시대보다

---

[35] 이와 관련한 더 구체적인 논의는 본서 2장 「<용비어천가>와 <월인천강지곡>의 표기문자에 나타난 교양층언어성」 참고.

더 새로운 시대적 특징을 취하며 상하의 관계에 있던 한문과 국어, 한시와 시조, 시와 노래의 상관관계를 점점 대등하게 변화시켜 나아가는 모색을 구체적으로 살펴볼 수 있었다. 그리고 네 작가 중에서는 윤선도가 가장 두 갈래의 관계가 가깝고 시조를 노래로서만이 아니라 기록시로서 인식한 흔적이 여러 측면에서 발견된 것을 볼 수 있었다.

이렇게 기록매체로서의 한문과 구어인 국어의 언어적 위치나 위상의 역사적 변화가 문학갈래 간에서도 드러나고 있다는 점을 발견할 수 있었다. 7언 절구와 시조의 비교를 하면서도 작가마다 가지는 특성과 차이가 바로 통시적 전개의 변화를 보여주고 있다는 것을 보았다. 따라서 국어가 점점 기록매체로서 國'文'으로서의 지위 향상을 꾀하며 한문의 자리를 완전히 대체하는 20세기에 이르기까지의 변화양상이 시가사적 전개와 밀접하다는 것을 알 수 있다.

중세후기에는 한문과 국어가 고급문어와 일상의 구어로서 상하의 지위적 격차가 컸지만, 이행기에는 두 언어간의 지위가 좁혀지고, 갑오경장 이후[36] 근대에 이르면 한글과 한문은 대등한 지위관계에 놓이게 되는 것을 위와 같이 표현할 수 있다. 근대 이후에는 한문과 국어가 더 이상 양층언어적 관계를 지니지 않는데, 이렇게 하위어의 지위가 상승함으로써 양층언어 현상이 역사속에서 사라지는 변화는 세계적으로 공통적이다.[37]

이행기에는 고급어와 하위어, 문어와 구어로서의 두 언어를 사용한 한시와 시조의 특성도 서로 넘나드는 것을 볼 수가 있는데, 앞에서 윤선도의 시조가 신흠보다 문어성이 커지는 것을 예로 들 수 있다. 반대로 한시에서 소악부나 구비적 경향이 나타나는 변화도 이에 해당한다. 그러나 작가에

---

[36] 1894(고종 31)년, 고종 칙령 제1호 공문식 14조. "法律勅令 總以國文爲本 漢文附譯 或混用國漢" 곧, "법률 칙령은 다 국문으로 본을 삼고 한문 번역을 붙이며, 혹은 국한문을 혼용한다"는 한글 전용 대원칙에 관한 법령이 공포되었다.

[37] 이에 대한 구체적인 논의는 이익섭, 『사회언어학』, 민음사, 1994 참조.

따라서 시기적으로는 선후의 차이가 조금씩 있겠지만 한시와 시조의 비교 연구는 두 언어의 관계가 점점 대등해지는 시가사적 전개에 따라 위의 어느 지점에 속한다고 설명할 수 있다.

국문시가 일반화된 현대시에서는 문어성이 아주 강하게 나타난다. 송기중(2005)[38]에 의하면 현대시를 언어학적으로 고찰한 결과, 허사를 배제한 단순구문과 명사시어의 병치, 등가구조 등의 특징이 두드러진다. 이러한 일련의 특징은 작가의 입장에서 보자면 '의미의 전달'을 기피하는 현대시의 경향성이라고 지적하고 있다. 이 역시 읽는 시로서 독자의 역할을 극대화한 결과라 할 수 있다. 또 최재남(1988)[39]은 시조에서는 화자의 평가적 태도가 나타나는 반면, 현대시는 묘사적 태도가 두드러지고 독자에게 평가할 수 있는 여유를 남기고 있다고 함으로써 부르는 시조와 보는현대시와의 차이점을 지적하고 있다.

그렇다면 언어의 문제와 세계관의 지향의 관계에 대해 윤선도와 신흠의 경우를 조금 더 생각해보자. 앞에서 우리는 윤선도라는 실제 작가와 시적 화자의 거리가 한시 못지 않게 시조에서도 이전 작가보다는 더 가까운 것을 여러 가지 측면을 통해서 살펴보았다. 사대부 작가로서의 윤선도의 세계관도 두 갈래에서 유사하게 나타나는 것 역시 예상되는 바이다. 이는 윤선도 이전 작가 중 신흠의 경우와는 사뭇 다른 점이다. 신흠의 시조는 한시와는 달리, 화자가 자신을 신선이라고 지칭하는 등 탈속적이고 도가적인 세계관을 규범적이고 유가적인 세계관 못지 않게 다루고 있음을 보았다.

윤선도의 시조에도 도가와 관련한 용어가 나온다. 일례로 <어부ᄉ시사> '冬詞' 넷째 작품 종장에 "仙界ㄴ가 佛界ㄴ가 人間이 아니로다"를 들 수

---

[38] 송기중, 「우리나라 현대시의 국어학적 관찰」, 인문대교수연구발표회, 2005년 12월 13일 발표문.
[39] 최재남, 「시조 종결의 발화상황과 화자의 태도」, 『고전문학연구』4집, 한국고전문학연구회, 1988.

있다. 그러나 경치의 아름다움을 빗대기 위해 시어(詩語)로써 사용했을 뿐, 시적 화자가 도가적 색채를 띠는 것은 아니다. 이는 앞에서도 보았듯이 <몽련요 삼장>에서도 마찬가지이다.

또 내용적으로 볼 때, 윤선도 시조의 주제는 주로 자연과의 감흥을 드러내는 내용이 큰 비중을 차지하고 있다. 물론 충절에 대한 시조가 10수, 우국(憂國)·세태(世態)를 다룬 시조가 7수라는 점은 신흠과 비슷하지만, 자연을 그리는 비중이 더 높다는 점은 신흠과 두드러진 차이점이다. 주제를 나타내는 핵심적 역할을 하는 시어가 명사에 더 비중이 크다는 것도[40] 자연을 다룬 내용이 많기 때문이다. 따라서 윤선도의 시조에서 비중있는 핵심어가 서술어나 접사보다 명사라는 점, 또 자연을 다루는 비중이 크다는 점은 문어로 된 절구의 특성이 시조에서도 시도되고 있는 것으로 볼 수 있다.

신흠은 시조를 통해 유가적 세계관만이 아니라 상수역학적 세계관을 드러내고 죽음이라는 인생의 허무를 초월하여 영원성을 추구하고자 한다고 했다. 그런데 유가적 세계관이 강한 절구에서는 자연을 통해 조화롭고 이상적인 세계를 그리지 인생의 허무와 갈등 등을 시조에 비해 잘 드러내지 않는다. 또한 신흠의 시조는 한시에 비해 허사나 서술어 등 국어의 첨어가 적 특성이 두드러진다는 점도 염두할 필요가 있다.

그런데 하이데거에 의하면 존재의 의미는 '시간'이며 존재는 불변하는 현전이 아니라 시간적이고 역사적인 사건이므로 명사가 아니라 동사로서 이해되어야 한다.[41] 절구와의 거리가 가까운 윤선도의 시조가 명사 시어가 핵심적 역할을 한다는 점, 이와 달리 절구와의 거리가 더 먼 신흠의 시조가

---

[40] 이에 대한 더 자세한 내용은 고정희, 「윤선도와 정철 시가의 문체시학적 연구」, 서울대학교 박사학위논문, 2001 ; 고정희, 『고전시가와 문체의 시학』, 월인, 2004 참고.

[41] Marks Miller, *Existenzphilosophie im geistigen Leben der Gegenwart*, 3rd ed., 박찬국 역, 『실존철학과 형이상학의 위기』, 서광사, 1988, 140-141면.

다양한 어미의 서술어를 비롯한 허자가 더 주력적 역할을 한다는 점은 두 시인의 세계관적 지향과도 연결되어 있는 것이다.

여기서 우리는 동사가 함의하는 존재자의 현존을 배제하지 않는 시조는 절구에서 보이지 않는 비극적 세계관이 발생한다는 점을 놓치지 말아야 한다. 주자학적 세계관에서 자아는 궁극적인 존재, 즉 초시간적인 영원한 자연에 비해 순간적이고 유한한 것으로 보고 그것에 합함으로써 절대 시간에 속하는 만족을 누렸다. 그러나 시조에서 신흠은 철저하게 시간적이고 역사적인 존재인 자아가 자연과 합일되는 방법이 아닌, 그 자체를 긍정하고 드러낼 뿐만 아니라 이로써 영원성을 희구하기 위한 방법을 고민하였던 것이다.

따라서 주자학적 세계관에 기반한 절구에서 드러난 천인합일은 절대적이고 순수한 세계를 긍정한다는 점에서 우아미의 표출이라면, 시조에서 자아는 거기에 도달하지 못하는 현재적이고 역사적인 자아의 한계를 인식하고 여기서 오는 고통을 표현했다는 점에서 비극미의 표출인 것이다. 그리고 이러한 세계관의 표현이 절구에서는 자연을 묘사하는 명사 위주의 즉물적 감각이, 시조에서는 자아의 다양한 삶의 양상을 반영하는 첨가어와 숨어 위주의 정서표현의 토로가 주를 이루었던 것이다.

그렇다면 윤선도의 시조가 보여주는 시학적 특징과 세계관은 어떠한가? 신흠의 절구에서는 유가적 세계관 내에서 규범적이고 조화로운 자연의 이상적 모습이 드러났다면, 윤선도의 시조에서는 신흠의 절구와 시조에서 나타나는 특징이 복합적으로 드러난다. 곧 자연의 조화와 이상적인 세계보다는 자연과 인간의 분리가 자의식적으로 인식되기 시작하고 있는 것이다.[42]

---

[42] 고정희, 「알레고리 시학으로 본 <어부사시사>」, 『고전문학연구』22집, 한국고전문학회, 2002, 86면.

윤선도 시조에서 자연을 다루는 비중이 크고 자연의 조화와 이상적인 세계를 표면화하고 있으면서도 이면에는 도덕적 측면에서 일탈의 욕구를 누르려고 하는 모습이 함께 나타난다는 것이다. 이는 윤선도의 시조가 신흠보다는 절구와의 거리가 더 가까운 고급문학이자 기록문학적 특성을 보인다는 것과도 무관하지 않다.

물론 둘 다 비극성의 추구라는 점에서 이미 18세기의 역사주의나 현실주의, 사실주의와 가깝고, 16세기의 추상과 이념주의, 고상하고 우아한 미를 추구하는 시기와는 더 멀어졌다는 점에서 공통적이다. 그러나 위에 서 살펴보았듯이 윤선도보다 신흠이 18세기 이후와 더 긴밀하게 연결된다. 곧 사대부의 입장에서 고급어인 한문을 언어매체로 한 작품세계는 아직 이전 시기의 중세성 안에 머물러있다면, 한문에 비해 하위어로 인식되던 국문을 언어매체로 하여 구어성을 추구할 때, 좀 더 자유로운 가치관을 드러내고 이로써 점점 절대적이고 순수하며 고상한 이념이 해체되는 근대에 가까워지게 된 것이다.

그간 윤선도나 신흠의 절구와 시조를 비교한 기존논의에서는 두 작가의 공통점이 드러나긴 했어도 이와 같이 차이점에 대해서는 지적된 바가 없다. 그러나 본서는 언어학적 접근을 통해 두 갈래를 비교함으로써 작가 간에 나타나는 차이점의 문제가 시가사적인 변화와 맞물린다는 사실을 밝혀낼 수 있었다. 절구와 시조의 갈래적 특성은 양층언어관계의 변천과 밀접하다는 점, 그리고 15세기에서 17세기 중기에 이를수록 국문과 시조의 지위와 위상이 점점 높아져 한문과 한시와 가까워져가는 시가사적 변화를 볼 수 있었다.

이는 비단 시조사만의 문제도 아니고, 시가사만의 문제도 아니다. 양층언어라는 한문과 국어의 관계라는 양층언어사와도 밀접한 문제이다. 양층언어와 시가사가 밀접하게 얽혀있다는 점을 간과해서는 안된다. 이는 한국시가사를 고전과 근현대가 단절되지 않고 연속적으로 볼 수 있는 중요한 지점이기도 하다.
  양층언어의 문제는 한문과 국어라는 서로 전혀 다른 두 언어의 문제에만 한정되지 않는다. 같은 언어 내에서도 구어와 문어는 양층언어적 관계에 있고, 시(詩)·가(歌)·요(謠)의 층위 역시 이러한 양층언어와 밀접한 관계가 있다. 고전시가는 시가(詩歌)이다가 근대시나 현대시는 가(歌)와 결별하고 시(詩)로 불리는 것도 마찬가지이다.
  이러한 내용은 아직은 이른 이야기일 수 있다. 17세기 중반까지의 양층언어의 관계나 한시와 시조의 관계로는 시조의 변화나 국어의 위상의 어느 정도의 변화까지 읽어낼 수 없기 때문이다. 이후 17세기 작가로 정훈이나 박인로 등을 더 다루어야 하고, 또 18세기와 19세기까지 다룬 뒤에야 근대시까지 이야기할 수 있을 것이다.

* 소결: 조선 전·중기 한시와 국문시가의 상관성

여기서는 지금까지 논의한 내용을 요약하기보다는 본서를 통해 말하고자 하는 궁극적인 목적을 재조명하면서 논의를 정리하려고 한다. 또한 이후 살펴보게 될 조선후기에 대해 미리 간략히 언급하는 자리를 마련하는 의미도 있다.

시조는 시이면서 노래이다. 그러나 한시와의 공존 구도 속에서 시조는 노래의 기능이 강하고, 상대적으로 한시는 시로서의 성격이 강하다. 시는 소리를 내어도 읊조리는 정도이고 기록성이 더 강한 읽는 갈래라면, 노래는 기록은 하였어도 소리내어 부르는 구술성이 더 강하다. 중국에서도 한시 중 근체시는 성운, 곧 성조(聲調)와 음운(音韻)을 통해 소리를 지향하고자 하였어도 기록성이 강한 시를 보완하기 위함이다.

이러한 둘의 성격이 어떻게 대비적인지 비교하는 작업을 위해 지금까지 본서는 정보량이 같은 단형의 서정시인 시조와 7언 절구가 시와 노래로서 어떤 관계로 한 작가에게 존재하였는지 살펴보았다. 시와 노래로서의 7언 절구와 시조는 기록성과 구술성의 성격만이 아니라 한문과 국어라는 언어의 차이가 있다. 그리고 이러한 차이는 둘의 관계가 대등하기보다 사회적인 차이를 가져온다.

본서는 궁극적으로는 이러한 둘 간의 관계, 곧 한시와 국어시가의 관계를 작가별로 고찰하였지만, 궁극적으로는 시대적 흐름을 통해 한시가 문학사의 저변으로 자리하고 국어시가의 시대인 근대에 이르기까지의 과정을 탐색하려는 목적이 있다. 그래서 시조와 7언 절구만이 아니라 한시와 국어시가로 확장해 악장과 가집[1]을 함께 살펴보았다.

우선 15세기에서 17세기에 시와 노래로서의 한시와 우리말노래가 어떤 관계에 있는지 보았다. 한문과 국어가 상하의 위계 관계 속에 있는 것처럼 한시와 우리말노래 역시 그러한 양층언어문학성이 강하다는 것을 볼 수 있었다. 그리하여 조선 전·중기의 한시와 우리말노래는 서로 간의 대비적인 측면이 강하였다. 그러나 근체한시의 엄격성은 그 모습이 흐트러지지 않고 지속되는 가운데, 상대적으로 우리말노래는 조금씩 변화의 조짐이 나타났다.

곧, 16세기의 이황과 이이, 정철에게 훈민이나 교화로서의 기능, 공동체적 향유로서의 오락성이 강한 시조가 신흠과 윤선도에게는 그러한 성격의 작품이 상대적으로 줄어들고 개인의 고백의 통로로서의 기능을 하는 경향이 더 강해졌다. 한시가 사대부 내적 서정의 주된 표현 통로의 기능을 한 반면, 시조는 그러한 기능이 16세기보다는 17세기 작가들에게서 더 강화되었던 것이다.

노래로서 함께 타인과, 특히 그 타인에는 사대부만이 아니라 백성이나 제자 등과 향유하는 경향이 강한 시조가 사대부 작가 개인의 서정을 표현하는 통로의 기능이 점점 커졌다. 백성을 향한 말하기의 통로이거나 잔치자리의 오락적 기능이 강하다는 것은 백성이나 공동체와의 향유를 공유하는 노래로서의 성격과 밀접하다. 그런데 이 점이 조금씩 줄어들면서 그 자리에 사대부 내면의 서정을 표출하는 자기 고백적 서정시로서의 기능이 강화되어가는 것이다.

이는 곧 시조의 위상이 달라졌다는 것에서 더 나아가 그 방향성이 노래로서만이 아니라 고백적 서정'시'로서의 위상을 가지게 되었다는 것을 의미한

---

1 흔히 '가집(歌集)'이라고 하면 조선후기 시조집을 많이 떠올리지만 《악장가사》, 《악학궤범》도 다양한 갈래를 담은 가집으로서의 의미를 가진다. 오히려 본격적 가집으로서의 이른 시기의 모습으로서, 더욱이 한시와 국어시가의 다양한 갈래를 담은 가집으로서의 의미가 있다. 조선후기에는 국어시가를 중심으로 가집이 나타나지만 그 이전 시기의 모습으로 양층언어사회로서의 면모를 그대로 담았다는 의의가 있다.

다. 곧 한시와 시조의 양층언어적 관계가 조금 완화가 되었고, 시조가 한시와 더 가깝게 격상되어가는 것을 의미하는 것이다. 특정 갈래에서 한 차원 상위의 개념으로 보자면, 노래인 시조가 시로서 격상되어가는 것이다.

이러한 변화는 짧은 길이의 정형시로서의 국어시가가 개인적 정서 표현의 통로로서의 서정시로 어떻게 자리를 잡아가는가를 보여주는 것이다. 왜냐하면 사대부에게 있어서 개인적인 내면의 정서를 표현하는 주된 통로는 한시였다. 시조를 통해 일부 하기도 하였지만 주된 갈래는 아니었던 것이다. 따라서 이는 국어시가가 어떻게 사대부에게 개인 서정시로서의 역할을 해내가는지를 추적하는 과정을 보여주는 것이다.

고려후기만 하여도 노래인 고려속요는 이황이 지적한 것처럼 잔치자리의 유흥이나 방탕한 것이고, 한림별곡류도 설만희압한 것이어서 고급문학으로서, 개인 서정시로서의 기능을 하지는 못했다. 비록 <정과정곡>과도 같이 상층 문인이 서정의 통로로 지었다고 하더라도 현재 우리가 보는 ≪악장가사≫소재의 고려속요는 잔치자리에서의 유흥으로서 함께 즐기는 '노래'의 기능이 강했다.

따라서 시가사에서 시조의 등장은 '국어'시가로서의 공동체적 향유나, 훈민이나 교화로서의 기능이 공존하고 있다고 하더라도 사대부 내면의 정서를 표현하는 통로, 곧 '개인적 서정시'로서의 색깔을 띤다는 점에서 고려속요나 경기체가와 큰 차이가 있다. 문제는 전자의 성격과 후자의 성격의 비중의 정도인데, 본서는 17세기에 후자, 곧 개인적 서정시의 기능이 더 강화되었다는 것을 보였다는 점에서 의의가 있는 것이다.

지금까지의 논의결과를 통하여 17세기 이후에는 이러한 성향이 더 강화될 것이라고 예상해볼 수 있다. 왜냐하면 노래인 국어시가가 근대가 되었다고 어느 날 갑자기 서정시로서의 기능을 할 수는 없기 때문이다. 국어시가가 어떻게 근대'시'로서 자리하게 되는지의 과정이 분명 있을 것이다. 그리고 이러한 과정은 국어시가의 다양한 갈래 중에서도 근체 한시와 같은 정보량을 가지면서 같은 단형이고, 또 정형시이면서 서정시의 성격이 가장 강한 시조가 가장 잘 보여줄 수 있다. 실제로 시조는 20세기 초에 국민문학으로서의 시도가 시인들에 의해 있었고, 시조부흥운동이 나타나기도 했다. 근대 국문시가 무엇이어야 하는지, 전통 국문시가 중에서 대체할 수 있는 갈래는 없는지의 모색이라고 보인다. 지금까지의 논의는 이러한 20세기 근대 기록문학으로서의 국문시의 모색까지는 아직 갈 길이 멀지만, 조선후기의 현상이 나타나기까지 조선전기는 어떠했는지를 탐구한 것이다.

노래인 시조가 시로서의 위상을 갖게 되는 것은 양층언어문학성이 점점 줄어드는 것을 의미한다. 시조가 한시의 자리를 완전히 대체하면서 양층언어문학성이 사라지고 국어시가의 시대가 되기 때문이다. 물론 근대시로서의 국어시가는 시조만이 아니라 새로운 갈래가 등장하면서 또 다시 국어시가끼리 경합을 벌인다. 그때 등장하는 새로운 국어시가는 형식과 내용의 모든 변화를 보여준다.

그러나 본서에서 살펴본 조선 전·중기에서 국어시가의 변화는 아직 형식의 변화에 비해 내용의 변화가 크다. 노래가 시가 되는 것은 형식과 내용의 변화가 필히 나타나는데, 본서의 연구 대상을 통해서는 형식 변화에 비해 내용 변화가 더 두드러졌다고 할 수 있다. 곧 지금까지 요약해서 설명한 바인 사대부 개인 서정시로서의 내용이 강화되고 상대적으로 훈민, 교화, 잔치자리의 오락 등의 기능이 약해지는 변화를 보여준다.

갈래의 속성이 변화하는 과정은 형식과 내용이 변화가 동시에 일어날 수도 있겠지만 내용이 먼저이고, 그 내용으로 인해 형식도 자연스럽게 변화되는 것이 자연적 이치이다. 따라서 이러한 내용의 변화가 조선 중·후기에 이르면 형식 변화까지 가져올 것이다. 가장 쉬운 예가 사설시조이겠지만, 평시조 내에서도 형식 변화는 일어난다. 구체적인 변화 내용은 향후 과제가 될 것이다.

16, 17세기 시조에 있어서도 물론 형식의 변화가 전혀 없지는 않았다.

정철의 <장진주사>나 윤선도의 <어부사시사>가 그것이다. 한편으로는 시가사적으로 전무후무한 형태이고, 갈래로 귀속하기 어려운 독특한 형식이라 할 수 있다. 그러나 또 다른 한편으로는 전술한 바, 형식 변화까지 수반되는 후기적 양상으로서 사설시조와 같은 새로운 형식이 등장할 수 있는 바탕과 밑거름이라고도 할 수 있다.

그렇다면 내용 변화와 관련한 향후 전망은 어떠한가. 사대부가 시조를 통해 목적으로 했던 훈민과 교화 점점 줄어들면서, 중하층민의 풍자가 강화되는 경향이 중후기의 변화가 될 것이다.[2] 그렇다면 사대부의 교화적 성격은 이후 어떻게 되는지 살펴보아야 한다. 또 잔치자리의 오락성은 중하층과 재지사족의 사설시조 향유로 변화가 된다. 그렇다면 이후 사대부의 시조는 어떻게 색깔과 기능이 더 강화되는지, 그 서정시로서의 강화라는 것은 어떤 내용과 형식으로 바뀔 것인지 역시 향후 살펴보아야 한다.

이후 살펴보게 될 조선 중·후기는 문학사에서 여러 가지 많은 변화들이 두드러지게 나타나는 시기라는 점에서 주목되는 시대이다. 이와 관련해 시가사의 흐름을 조금 더 거슬러 올라가 보자. 시조나 가사와 같은 우리말 노래가 고려 후기에 적극적으로 나타나기 시작한 것은 같은 고려시대라도 중세전기와 중세후기로 문학사적 시기를 구분하는 중요한 단서가 된다. 이 시기에는 중세전기의 우리말노래인 향가가 일연의 ≪삼국유사≫에 대거 기록되기도 한다. 또한 시조, 가사는 물론이고 향가, 경기체가, 고려속요 등 다양한 우리말노래가 적극 향유되며 공존하던 시기가 고려 후기 이후이다. 그야말로 우리말노래의 향연의 시대라고 할 만하다.

이러한 배경 하에 조선 전·중기에는 다양한 우리말노래 중에서도 시조를 통해 우리말 노래의 품격을 높이려는 시도가 가능했다. 이황이나 이이는

---

[2] 시가사적 전개를 이렇게 보는 것은 향후 별도의 고찰이 필요하다. 여기서는 따로 논증을 할 자리가 아니라서 설명을 하지 못하고 이 정도로만 표현한다.

조선 전기에 우리말노래인 시조를 한시와 같이 격상시키고자 노력했던 작가들이다. 이에 더 나아가 신흠이나 윤선도는 시조의 문예미를 상당한 수준으로 끌어올린 작가들이다. 한시 작품수에 비해 시조 작품수는 턱없이 적지만, 그나마 시조 작품수가 많으면서 이러한 노력을 기울인 작가들이 적지 않게 나타날 수 있는 토양이 이 시기에 우리말노래를 대거 기록하는 ≪악장가사≫와 같은 출현도 가능하게 했다고 본다.

이제 조선 중·후기로 가면 시조에서 한시와 같은 기능을 취하는 경향이 나타나기까지 한다. 시조를 격상시키려는 노력은 한시보다 낮다고 여길 때 나타나는 현상이라면, 이제는 시조가 한시와 같이 어느 정도는 대등한 위치나 기능을 가진 갈래로 인식되고 있는 것이다. 곧 시와 노래, 기록성과 구술성, 상층 내부의 기능과 하층과의 공유성, 작가 개인적 취향과 공동체적 향유 경향 등 대비적 측면이 강한 것이 조선 전·중기라면,[3] 조선중·후기에는 그러한 대비성이 약해지고 갈래 간의 유사성이 강해진다.

조선 전·중기 시조를 한시와 같이 격상시키는 방식으로서, 이황은 도학적 세계관의 지향이라는 내용적 측면에서, 또 향유 대상과 목적을 제자들에게 교육적 용도로 쓰는 길을 택했다. 이이도 같은 사대부 내에서 도학적 세계관의 지향을 공유하는 갈래로 택했다.

이황과 이이가 연시조라는 갈래로 이러한 내용과 기능을 추구한 점도 시조의 고급화 전략의 한 방식이었다. 두 사람을 예로 들긴 하였지만 조선 초·중기에 사시가계, 오륜가계, 육가계 연시조가 도학적 세계관을 담고 있는 것도 이러한 현상들이다. 이 점이 신흠이나 윤선도에게서는 매우 약화되고, 이에 더 나아가 조선 중·후기에 도학적 세계관을 연시조에 담아내는 현상이 극히 드문 것도 시조의 위상, 기능의 변화를 보여준다.

---

[3] 이에 대한 자세한 논의는 정소연, 『조선 전·중기 시가의 양층언어문학사: 우리말노래와 한시 비교를 중심으로』, 새문사, 2014e 참고.

조선 중·후기에는 내용과 함께 기록방식이나 문체를 통해서도 시조의 고급화를 볼 수 있다. 특히 정훈과 박인로는 한시에서의 변화도 두드러지게 나타나 두 갈래의 변화가 동시에 진행되는 점이 특징이다. 이 점이 같은 17세기 작가라도 박인로와 정훈을 여기서 다루는 이유이다. 이는 18세기나 19세기에 한시와 국문시가를 함께 지은 시인들에게서도 지속적으로 나타난다.

이들에게 시조는 더 이상 공동체가 함께 향유하는 노래로서의 기능이 아니라 사대부 개인의 정서 고백의 통로인 시로서의 기능 위주가 되면서, 그간 이러한 역할을 맡아왔던 한시에서는 반대로 자유로운 노래의 취향이 나타나게 된다. 비단 한시와 시조를 모두 지은 양층언어 작가만이 아니라 한시만 지었던 정약용이나 이옥 등을 비롯해 18세기 이후 자유로운 취향의 한시의 등장은 주지하다시피 한시사에서도 발견되는 현상이다. 이러한 경향이 양층언어작가에게도 나타나면서 한시는 자유로워지고, 시조는 시와 같이 기록성을 띠며 두 갈래가 서로 가까워지는 경향이 보이는 것이다. 이에 대해서는 이후 본문을 통해 상론하게 될 것이다.

조선 후기는 한시사에서도 중인의 등장이 눈에 띄듯이 시조사에 있어서도 중인 가객이나 대중으로 향유층이 확장되면서 두드러진 역할을 하게 되었다.[4] 그런 점에서 상대적으로 사대부라는 향유층에 한정할 때에 조선 후기의 국어시가는 퇴화의 흐름으로 보며 사대부 내부의 변화를 적극 읽어 내기가 어려웠던 감이 있다.

그러나 문학사 전체를 보자면 그렇게 볼 수 있겠지만, 본서는 조선 전기부터 한시와 시조를 함께 지을 수 있었던 사대부 작가층이라는 기준을 고정

---

[4] 이와 관련해 류수열, 「18세기 시가문학과 대안적 근대의 탐색」, 『한국시가연구』 28집, 한국시가학회, 2010, 155-181면은 문자성과 구비문학성, 상층과 하층의 상관관계를 조망하고 있어서 주목된다.

해서 19세기에 이르기까지 어떤 시가사적 전개를 보이는지 추적하고자 하였다. 이를 통해 조선 전기와 중기를 풍미하며 국어시가에서 높은 문학적 성취를 이룬 사대부가 조선 후기에는 시가사에서 어떤 역할을 했는지 발견하게 될 것이다.

17세기

9. 정훈의 시조와 한시 비교

1. 작품의 현황 및 선행연구 검토

양층언어작가로서 16세기의 정철이나 17세기 중반의 신흠, 후반의 윤선도에 대해서는 어느 정도 논의가 되었으나[1] 비슷한 시기에 두 갈래를 모두 지은 정훈(1563~1640)에 대해서는 논의가 본격적으로 이루어지지 않았다. 선행연구는 정훈의 시조와 한시, 그리고 가사까지 모두 논의가 되었으나 각각에만 주목하고 특히 문학적 성취의 부분에 있어서는 6편이나 되는 가사의 작품수로 인해 시조보다 가사문학을 중심으로 논의가 더 많이 이루어졌다.

따라서 본장에서는 단형의 정형시라는 공통점을 가진 한시와 시조를 대비적으로 살펴보는 비교논의를 시도하고자 한다. 정훈에게 있어 시조와 한시는 어떤 관계에 있고 어떤 의미였는지 그 상관성을 살펴보려는 것이다. 이는 정훈의 작가론과 작품세계 연구에도 기여할 수 있을 뿐만 아니라 한문과 국문, 두 언어로 시가(詩歌) 활동을 한 작가들과 비교해 공시적·통시

---

[1] 관련한 대표적인 논의로 다음을 들 수 있다. 정운채, 『윤선도의 시조와 한시의 대비적 연구』, 서울대학교 박사학위논문, 1993 ; 정소연, 「상촌 신흠의 절구와 시조 비교연구」, 서울대학교 박사학위논문, 2006.

적 문학 현상을 이해하는 데에도 유용하다. 두 언어매체로 시가활동이 지속된 조선시대에 정훈의 앞 시대와 뒷시대를 함께 살펴보며 한시에 대한 국어시가의 대응 양상과 시가사적 의미를 찾는 데에 기여할 수 있으리라 생각한다.

정훈에 대한 선행연구는 그간 17세기 후반 재지사족의 문학적 기반 및 세계관적 지향과 관련해 논의가 집중되었다. 이는 비단 정훈에게만 집중된 관심이라기보다는 17세기가 가진 문학사적 특성과 당대에 문학사적으로 중요한 역할을 한 재지사족이라는 향유층을 이해하는 일환으로 진행된 연구들이다.

선편을 잡을 뿐만 아니라 《水南放翁遺稿》를 발견해 학계에 소개한 박요순(1973)[2] 은 <탄궁가>의 궁핍 형상에 주목해 현실과 이념적 당위 사이에서 유가적 이념과 강호의 실천을 통해 사족으로서 존재적 당위를 모색하려 한 것으로 보았다. 이와는 초점을 조금 달리한 이상원(1997)[3]에서는 정훈이 관념적 방축자라는 점에서 신흠과 다르며, 현실 정치가 자신을 받아주지 않는 상태에서 자신의 존재를 알리고 사족으로서 가문의 지위를 향상시키려고 일생동안 노력한 흔적이 드러난다고 보았다. 류속영(1998)[4]에서는 정훈의 국어시가는 정치권에서 소외되어 향촌에 정착하게 된 일군의 사족들에게 위로와 치유로서, 현실을 이겨내는 통로로서 역사적 대응력의 의미가 있다고 보고 있다.[5]

---

[2] 박요순, 「정훈과 그의 시가 고」, 『숭전어문학』 2집, 숭전대 국어국문학연구회, 1973, 79-106면 ; 「정훈과 그의 시가」, 『한국시가의 신조명』, 탐구당, 1984, 79-108면.

[3] 이상원, 「정훈 시조 연구」, 『우리어문연구』 11집, 우리어문학회, 1997, 237-256면.

[4] 류속영, 「정훈 문학의 현실적 토대와 작가의식」, 『국어국문학』 35집, 국어국문학회, 1998, 129-154면.

[5] <탄궁가>를 대상으로 한 최홍원, 「자기 조정과 위안으로서 <탄궁가>의 정서 읽기」, 『고전문학과 교육』 23집, 한국고전문학교육학회, 2012도 같은 연장선상의

그러나 권순회(1999)[6]에서는 선행연구가 재지사족 일반의 의식 지향으로만 귀속되는 것에 대해 비판하며 가문과 개인의 정체성 문제로 작품을 살폈다. 곧 한시와 시조, 가사를 함께 살펴보며 당대 서인들과의 교유를 통해 나온 작품들로서 자신의 사족으로서의 입지를 다지고 지키려는 의식에서 나온 것이라고 보았다. 이러한 연구성과는 가사를 대상으로 한 최홍원(2011)[7]에서 작품 외적인 전기적 사실이 아니라 작품 내적 특질에 주목할 때에 강호가도와 우활의식의 이중성이 결국 사족 사회에서 배제되지 않으려는 몸부림의 표현이라는 일관적 해석이 가능하다는 것으로 이어졌다. 강경호(2006)[8]에서는 혼란한 시대상 속에서 '우환 의식'을 가지고 살아갔던 한 향촌사족의 현실 인식과 고뇌가 여러 문학 작품에서 형상화되어 나타난 것으로, 그 이전 시기 시가 작품에서는 볼 수 없었던 문학적 역량이나 또는 그 이후 시기에 전개되는 다채로운 국문 시가의 모습을 찾아보기는 힘들다고 보았다.

그러나 2008년도에 들어 정훈의 시가에 대한 관심이 더욱 집중되면서 새로운 방향의 논의가 이루어졌다. 이승남(2008)[9]에서는 불우한 삶에 대한 정서를 직접 드러낸 점이 이전과 다른 모습이라고 하였고, 나정순(2008)[10]

논의라고 할 수 있다.

[6] 권순회,「17세기 남원지방 재지사족의 동향과 정훈의 시가」,『어문논집』39, 민족어문학회, 1999, 194-221면.

[7] 최홍원,「정훈 시가 다기성에 대한 시학적 이해」,『국어국문학』159집, 국어국문학회, 2011, 147-178면.

[8] 강경호,「정훈 시가에 반영된 현실 인식과 문학적 형상 재고」,『한민족어문학』49집, 한민족어문학회, 2006, 193-230면.

[9] 이승남,「정훈가사의 이념과 현실의 정서적 형상화-<성주중흥가>·<탄궁가>·<우활가>를 중심으로」,『한국사상과 문화』44집, 한국사상문화학회, 2008, 69-96면.

[10] 나정순,「17세기 초의 사상적 전개와 정훈의 시조」,『시조학논총』27집, 한국시조학회, 2007 ;『고전시가의 전통과 현재성』, 보고사, 2008, 49-78면.

에서는 전대의 시조에서 볼 수 없는 정훈의 개인적인 시선이 드러난다는 점을 포착해서 주목된다. 이에 대한 이유로는 도학적 이념과 달리 실천적 이념을 제시한 점을 연결해서 논의하고 있다. 또 박상영(2008)[11]에서도 현실에 대한 관심과 초월에 대한 긍정이 공존하는 양가적 태도를 지닌다는 점이 신흠의 현실주의적 성격을 내포한 초월과 다르다고 하였다. 오선주(2008)[12]에서는 정훈이 우활의식을 반어적으로 전환시켜 자신의 삶을 적극적으로 긍정·강화하고 있다고 보았다.

이렇게 시적 화자의 의식과 관련해서는 향반으로서 느끼는 고뇌를 표현했다고 하거나 혹은 한미한 가문을 일으키려고 했다는 의도나 그 일환으로서의 문학활동이라는 관점으로 나뉘고, 세계관으로는 현실비판의식과 자연에의 은거, 혹은 관념적 은거와 자족적이고 긍정적인 자의식으로 보는 경향으로 나뉠 수 있다. 이러한 정훈 문학의 다양성은 정보량이 많은 가사 갈래나 국어시가 전체를 볼 때에 특히 발견되는 특징이다.[13]

따라서 이는 팽팽하게 맞서고 있는 연구동향으로 보기보다는 특정 작품 위주로 보느냐, 혹은 특정 갈래나 국어시가를 다 보느냐, 또 연역적으로 보느냐 귀납적으로 보느냐 등에 따라 차이가 날 수 있는 것으로 보인다. 17세기 재지사족이라는 작가적 처지나 환경에 대한 배경지식에 너무 몰입하기보다, 실제 작품에 나타난 내용을 면밀히 검토하다보면 정치현실에 대한 관심이나 비판, 자연 속에서의 흥취, 우활한 자신에 대한 탄식이 모두 나타나기 때문에 이를 어떻게 한 작가의 작품으로서 일관성있게 해석할

---

11 박상영, 「정훈 시조의 구조적 특질과 그 미학적 의미 : 신흠 시조와의 구조적 대비를 통해」, 『시조학논총』 28집, 한국시조학회, 2008, 29-61면.
12 오선주, 「정훈의 '우활 의식'에 대한 재고」, 『고시가연구』 22집, 2008, 185-209면.
13 최홍원(2011), 앞의 글 ; 최상은, 정훈 가사에 나타난 가문의식과 문학적 형상, 한민족어문학 45집, 한민족어문학회, 2004, 361-382면을 그 대표적 논의로 꼽을 수 있다.

것인가에 대해 관심의 초점이 모아져있다고 할 수 있다.

재지사족이라는 양반의 처지 변화나 작가 개인의 세계관도 중요하지만 본장에서는 한시와 국어시가를 모두 지은 양층언어작가라는 점에 주목해 시가사적 의의를 찾고자 한다. 이를 통해 선행연구에서 평가절하된 작가적 면모와 시가사에 기여한 정훈의 문학사적 지위는 무엇인지가 드러나게 될 것이다.

정훈의 작품은 ≪水南放翁遺稿≫[14]와 ≪慶州鄭氏世稿≫[15] 두 판본을 합하면 20수의 시조와 5편의 가사, 19수의 한시가 남아있다. 그리고 시조 한역시 4편과 가사 한역시 1편이 더 있다. 숭실대 소장의 필사본인≪수남방옹유고≫에는 한시 9수, 시조 20수, 가사 5수가 실려 있다. 한시로 <우음(偶吟)> 4수, <사월곡(思月谷)> 3수, <우음(偶吟)> 1수, <송림유흥(松林幽興)> 1수가 있으며, 시조는 <곡쳐>, <탄로>, <자경>, <기우인>, <문북인작변>, <월곡답가> 10수와 제문(祭文)에 시조 5수가 더 포함되어 있다.

≪수남방옹유고≫의 시조 중에서 한역해 실은 작품으로 <계해반정후계공신가>, <탄강도함몰대가출성가>, <탄북인작변가>, <탄오성한음완평찬적가>의 순으로 총 4수가 보인다. ≪수남방옹유고≫의 <문북인변>의 제목이 ≪경주정씨세고≫에는 <탄북인작변가>로 바뀌어 있다.

1862년에 엮은 목판본인 ≪경주정씨세고≫에는 '시류(詩類)'와 '가류(歌類)'로 나뉘어 있는데, 시류에는 한시가, 가류에는 가사·시조한역이 실려 있다. 한시에 속하는 작품으로 실려 있는 것은 순서대로 <우음> 2수, <기우인> 1수, <감회> 3수, <몽주공> 2수, <자경> 2수, 총 10수가 있다.

그런데 이 한시 10수는 ≪수남방옹유고≫의 한시와 전혀 겹치지 않는 작품들이다. 가류에서는 국문 시조는 실려있지 않고, 한역된 시조 4편이

---

[14] 정훈, ≪수남방옹유고≫, 『숭전어문학』2집, 숭전대학교 국어국문학회, 1973.
[15] 정훈, ≪경주정씨세고≫, 회상사, 2002.

실려있다. 가사도 <우희국사가>와 <성주중흥가>만 한역하여 싣고 있어서 국문을 전혀 사용하지 않는 것을 볼 수 있다.

두 판본에 실린 한시는 전혀 중복이 되지 않아서 ≪경주정씨세고≫가 ≪수남방옹유고≫에 없는 한시를 게재하려고 했다고 보인다. 또한 국문시조를 전혀 싣지 않고, 20수의 국문시조 중에서 4수만 한문으로 번역해 실은 것은 한문이라는 기록매체 위주로 작품화하려 했다는 의도를 보여준다. 이를 표로 정리하면 다음과 같다.

[표1] 정훈의 시조·한시·시조 한역 작품의 현황

시조	한시	시조 한역(漢譯)	비고
월곡답가(月谷答歌) 10수	思月谷 3수		≪수남방옹유고≫
자경(自警) 2수	偶吟 4수		
기우인(寄友人) 1수	偶吟 1수		
탄로(歎老) 1수	松林幽興 1수		
곡처(哭妻) 1수			
민여임청백찬가(閔汝任淸白讚歌) 1수	偶吟 2수		≪경주정씨세고≫
탄오성한음완평찬적가(歎鰲城漢陰完平竄謫歌) 1수	寄友人 1수	歎鰲城漢陰完平竄謫歌 1수	
계해반정후계공신가(癸亥反正後戒功臣歌) 1수	感懷 3수	癸亥反正後戒功臣歌 1수	
탄강도함몰대가출성가(歎江都陷沒大駕出城歌) 1수	夢周公 2수	歎江都陷沒大駕出城歌 1수	
문북인변(聞北人變) 1수	自警 2수	歎北人作變歌 1수	
총 20수	총 19수	총 4수	

(▨:≪수남방옹유고≫, 나머지 흰색 부분:≪경주정씨세고≫)

위 표에서 진한 글씨에 밑줄을 그은 작품은 시조와 한시에서 모두 동일한 제목이 보이는 경우이다. ≪경주정씨세고≫의 '詩類'에 있는 <기우인>과 <자경> 2수 중 1수가 시조와 내용이 유사하다고 해서 시조의 한역으로 보는 경우도 있다.[16] 그러나 시조의 한역(漢譯)은 ≪경주정씨세고≫에서는 따로 '歌類'로 분류하고 있다. ≪경주정씨세고≫에서는 한글을 전혀 사용하지 않고, 가사도 한역을 해두고 있다. 국문 사용은 철저히 배제하고 한문으로만 문집을 구성한 것이다. 따라서 한시는 '시류'로, 시조는 '가류'로 분류하되, 국문 그대로의 시조가 아니라 한역해두고 있는 것이다. 이러한 문집의 특성을 고려할 때에 '시류'에 있는 <기우인>과 <자경>은 시조의 한역이 아니라 한시로 보고 논의를 진행한다.

정훈의 한시와 시조의 가장 대비적인 지점은 언어 매체 및 시가 향유의 방식, 두 가지이다. 이 두 가지 특성은 정훈 이전의 시조와 한시, 그리고 국어와 한문의 대비적인 특징이었다. 곧 한문과 국어가 각각 가진 특성인 문자성과 음성성, 그리고 한시는 문자로 기록된 시로서 눈으로도 읽을 수 있는 특성이 있고, 시조는 노래로 부르며 음성으로 향유하는 특성이 있다는 점이 일반적인 특징이라고 할 수 있다.

그런데 이러한 특성이 대비적이기만 하지 않고, 서로 넘나드는 특성이 포착되어 이에 대해 집중적으로 조명하고자 한다. 이를 볼 수 있는 단서로는 문학작품이므로 외형상으로는 형식과 문체를, 내용상으로는 주제를 통해 나타난다. 나아가 작품을 지은 작가와 시적 화자의 관계, 화자와 청자, 발화 대상의 상관관계에서도 보게 될 것이다. 특히 화자와 청자, 곧 발신자와 수신자의 문제는 문체와 밀접하므로 함께 논의가 이루어질 것이다.

---

[16] 나병호, 「정훈 박인로 시가 대비연구」, 한남대학교 석사학위논문, 1989.

2. 시조와 한시의 주제 비교

정훈의 경우, 한시와 시조는 작품수가 각각 19수와 20수로 유사하다. 두 언어매체로 두 갈래를 지은 경우에, 이렇게 한시와 시조가 유사한 작품 수인 경우는 거의 없다. 특히 시조의 편수에 비해 한시는 월등히 많은 것이 일반적인데 정훈의 경우에는 한시가 몇 편 남아있지 않아서 아쉬운 감이 있다. 게다가 단시조와 정보량이 같아서 비교할 수 있는 한시는 7언 절구인데, 이에 해당하는 작품은 <사월곡>3수 중 제1수, <우음>, <송림유흥>으로 총 3수에 불과하다. 남아있는 작품이 이러한 것은 실제로 정훈이 한시를 더 짓지 않아서일 수도 있겠지만, 후대인들이 문집을 편찬할 때에 한시가 남아있지 않아서일 수도 있다.

따라서 이 자체로 절대 비교를 하기는 어렵지만, 남아있는 자료의 사정이 이러함을 감안해서 이 상황에서 주제를 우선 비교하면 아래의 [그림1]과 같다.

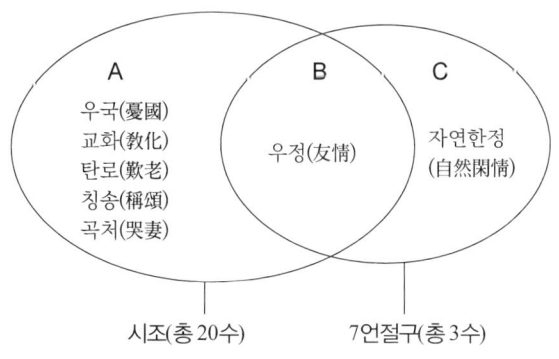

[그림1] 정훈의 시조와 7언 절구의 주제 비교

A영역은 시조에서 다루고 있는 주된 내용이고, C영역은 7언 절구에서 다루고 있는 주된 내용이다. B영역은 시조와 7언 절구에서 공통적으로 다루

고 있는 주된 내용이다. 여기서 지적할 수 있는 것은 한시의 주제는 우정과 강호한정이 각각 1수와 2수가 있고, 공통된 주제는 '우정'을 다루고 있다는 것이다. 이에 비해 시조에서는 다양한 주제를 다루고 있기 때문에 같은 정보량의 두 갈래가 각각 주제적 특징이 극명하게 나뉘고 대조적이라고 할 수 있다.

일반적으로 대개 한시와 시조를 모두 지은 작가들은 한시의 작품양이 많고 실제로도 작시의 기회를 많이 가지므로 다양한 주제 영역을 한시로 표현한다. 시조는 꼭 한시의 일부에 속하는 주제는 아니지만 주제의 종류로 치자면 한시보다 적은 것이 사실이다. 이에 비해 정훈은 자연한정이나 벗에 대한 그리움은 한시로 일부 나타내고, 그 외 우국(憂國), 탄로(歎老), 아내의 죽음에 대한 애처로운 마음, 타인에 대한 칭송, 교화적인 권유는 시조로 나타내고 있다. 그러나 한시의 작품수가 너무 적어서 동등비교는 어렵고, 다만 각 갈래에서 주로 표현하는 주제 영역과 갈래간의 상관성에 대해서는 논할 수 있을 것이다. 자료적 사정을 고려해서 다른 양층언어작가들과의 비교를 통해서 그 의미를 탐색해보도록 하자.

시조에서 다루고 있는 우국, 탄로, 칭송, 애곡 등은 대체로 다른 양층언어 작가들의 경우에는 한시로 많이 나타내는 주제들이다. 이와 관련해 우선 16세기 정철의 경우와 비교해보도록 하자. 앞의 [그림2]의 정철의 시조와 7언 절구의 주제적 경향을 그림으로 나타낸 것이다.

[그림2]에서 정철의 경우를 보면, 상대적으로 훈민적인 주제는 A영역인 시조에서 많이 나타내고, 우국(憂國)은 시조에서도 다루지만 7언 절구에서도 많이 다루어져 B영역에 속한다. 그 외에 탄로나 교유 등은 C영역인 7언 절구에서 주로 많이 나타나는 주제이다. 이러한 주제들이 정훈에게 있어서는 시조인 A영역에서 주로 다루어지고 있다는 점이 주목된다.

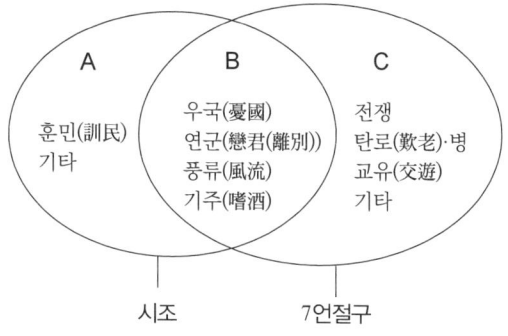

[그림2] 정철의 시조와 7언 절구의 주제 비교[17]

정훈의 시조에서 주로 다루고 있는 주제의 특징은 그의 한시가 상당수 유실되고 없거나 혹은 원래부터 적거나 간에, 분명 다른 양층언어작가와는 남다른 점이 있다. 그 대표적인 예가 <곡처(哭妻)>이다. 대개 한시에서는 가족이나 친지, 친구 등 작가와 직접 관계된 이들에 대한 추모, 애도의 마음을 표현하는 경우가 흔하다. 그런데 시조에서는 현실적이고 현세적 내용을 주로 다루기 때문에 죽은 이에 대해 다루는 경우가 드물다.

93수의 시조를 지은 정철도 광의(廣意)의 시조인 <장진주사>라는 작품에서 죽음을 다루기는 해도 자신의 가족에 대한 것이 아니라 죽음 일반에 대한 내용일 뿐만 아니라 단시조의 형태도 아니다. 또 "남진 죽고 남은 계집~"이라는 시조가 있긴 해도 이 역시 남편을 잃은 아내의 노래가 아니라, 남편을 잃고 아이가 보채는 여성에게 남의 아내가 되라고 하는 사람을 꾸짖는 교훈적인 내용으로 종장이 마무리되고 있다.

또한 '우정(友情)'에 대한 것도 대개는 한시로 주로 나타내는 주제 영역이다. 17세기의 윤선도가 <오우가>를 노래하긴 하였어도, 이 역시 사람인

---

17 정소연, 「한문과 국어의 양층언어성(diglossia)을 중심으로 본 송강 정철의 한시와 시조 비교연구」, 『한국학연구』 38집, 고려대학교 한국학연구소, 2011, 392면.

친구가 아니라 자연물이 친구가 되는 경우이다. 대체로 벗과의 교유시가 한시에서는 일반적인 반면에 시조는 실제 벗과의 교유관계에서 다루어지는 경우가 거의 없다. 윤선도의 <오우가>도 자연을 의인화한 것이지 교유시라고 하기는 어렵다.

이전에 시조로 화답하는 문화가 전혀 없는 것은 아니었다. 기녀와 사대부 남성 간의 화답 시조나, 이방원과 정몽주 같이 벗이 아닌 화답 시조는 있었다. 그러나 한시를 화답하듯이 시조를 통해 사대부 작가들 간에 벗과의 교유시를 주고 받는 경우는 이전에 없었다.

그런데 정훈은 '월곡(月谷)'이라는 벗과의 우정을 시조에서, 그것도 전체의 절반에 해당되는 10수나 다루고 있다. 이 10수 중에서도 직접적으로 '사우(思友)'를 다루고 있는 것은 다시 절반인 5수에 이른다. 나정순(2007)에서는 <월곡답가>의 '월곡'이 당대 의병장인 우배선을 그리고 있는 것이라고 하였다.[18] 그 이전의 논의들도 이 벗이 누구인지에 대한 관심을 보였는데, 그간 연구사에서도 월곡은 특정한 벗이라고 여기고 있는 입장이 대부분인 것이다.

같은 사대부 남성 간에는 한시로 교유하는 것이 일반적이다. 그래서 많은 사대부남성 작가의 한시에는 교유시가 상당수를 차지한다. 물론 정훈도 한시에서 <思月谷> 등 월곡을 그리워하는 작품을 남기기도 하였다. 하지만 시조에서 절반 가량이 벗과 교유한 내용이 차지하고 있는 것은 흔한 현상은 아니다. 같은 남성사대부 간에 국문시가로 소통하고 친교적 관계를 형성한다는 것은 매우 특이한 현상이다. 한시는 소통의 통로로서 사대부간에, 국내외적으로 늘 주고받는 문화가 오래 지속되었다. 이에 비해 對民的인 교화적 내용은 국어로 된 시조를 통하는 것이 그간의 관습이었다. 곧 한시와 시조가 각각의 기능과 역할이 어느 정도 구분되어 있었던 것이다.

---

[18] 나정순(2007), 앞의 글.

그런데 벗과의 사귐을 시조로, 그것도 단편작이 아니라 10수에 이르는 긴 연시조로 표현하고 있다는 것은 정훈에게 있어서 시조는 한시와 같이 같은 사대부 내 소통의 갈래로도 여겨지고 있다는 점에서 주목된다. 이는 상대가 정훈과 같은 향반으로서의 처지일 수 있기 때문으로 생각해볼 수 있다.[19] 최상층인 사대부 남성 간에는 한시로의 교유문화가 일반적이지만, 중앙에 진출하기보다 향리에 머무는 양반으로서의 처지로 인해 시조를 통한 교유시의 시도가 가능했을 수 있기 때문이다.

사실 시조의 창작 상황에는 작가의 처지나 공간이 중요하게 작용하는 경우가 많다. 이황이나 이이, 정철, 신흠, 윤선도 등 대부분의 시조를 다작한 작가들은 대개 자의적이든 타의적 유배이든 지방으로 내려가 있을 때가 많았기 때문이다. 따라서 작가의 처지와 상황으로 인해 시조로의 교유도 가능하지 않았을까 생각해볼 수 있다.

이번에는 같은 정보량이 아니라서 단순비교는 안되지만 그래도 한시 전체와 시조 전체의 주제를 비교해보고자 한다. 이를 정리하면 다음 [그림3]과 같다.

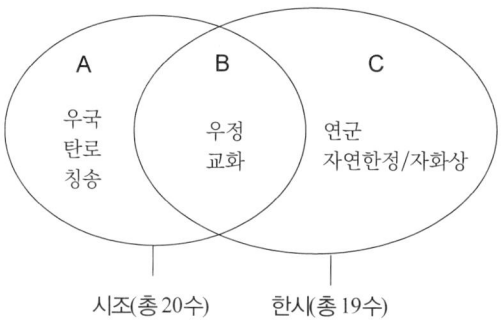

[그림3] 정훈의 한시와 시조 전체의 주제 비교

---

[19] 월곡 우배선의 생애에 대해서는 나정순(2007), 앞의 글 참조.

한시와 시조에서 공통적으로 나타나는 주제는 '우정'과 '교화'이다.

'우정'은 시조에서도 <月谷答歌(월곡에게 답하는 노래)>가 10수 있고, 한시에서도 <思月谷(월곡을 그리워하다)>가 3수 있다. 또 '교화'와 관련해서는 시조에서는 5수가 있고, 한시에서는 3수가 있다. 한시의 경우, 동일 제목의 시조의 한역시에 가깝다고 할 정도의 작품 1수를 포함한 <자경> 2수, <기우인>이라는 시조와 동일 제목의 한시 1수가 있다. 특히, 주제 영역이 같다는 정도에서 더 나아가 '월곡'과의 교유, <자경>, <기우인> 등 동일인을 대상으로 하거나 같은 제목의 한시와 시조가 모두 있어서 한시와 시조 간에 긴밀하다는 점을 볼 수 있다.

조금 더 구체적으로 정훈의 시조와 한시, 한역시의 주제 영역과 해당되는 작품을 살펴보면 다음 [표2]와 같다.

[표2] 정훈의 시조, 한시, 한역시의 주제 비교표

	시조	한시	한역시
우정	10수(월곡답가 1~10)	3수(사월곡 1~3)	
교화	5수 (자경2수중제2수, 기우인, 탄오성한음완평찬적가, 계해반정후계공신가, 문북인변)	3수 (자경 2수, 기우인)	3수 (탄오성한음완평찬적가, 해반정후계공신가, 탄문북인작변가)
충심연군	0	5수 (감회 3수, 몽주공 2수)	
자연한정/자화상	0	8수 (우음 4수, 우음, 송림유흥, 우음 2수)	
우국	2수(자경 2수 중 제1수, 탄강도함몰대가출성가)	0	1수 (탄강도함몰대가출성가)
탄로	1수(탄로)	0	
칭송	1수(민여임청백찬가)	0	
곡처	1수(곡처)	0	0
총합	20수	19수	4수

공통적으로 우정이나 교화적인 내용이 정훈의 한시와 시조에 모두 있기는 하지만 앞의 [그림1]에서도 보았듯이 시조에서 훨씬 더 많이 다루고 있다. 반면에, 한시에서는 자연 속에서 자신에 대해 술회하는 자화상적 고백의 작품이 많은데, 시조에서는 그렇지 않다. 한시가 고백적, 독백적이고, 이에 비해 상대적으로 시조가 대화적인 것은 선행연구에서도 밝혀진 바 있다.[20] 이에 더 나아가 정훈 시조의 주제를 보면 '대타(對他)'적이라고 할 수 있다. <탄로>만 제외하면 나머지 19수가 모두 타인에 대한 노래이기 때문이다. 곧 한시는 자기 고백적인 자화상에 대한 '대자(對自)'적인 주제가 많다면, 시조는 대타적인 주제가 많다고 하겠다.[21]

또 임금에 대한 그리움은 시조에는 거의 없고, 한시에서는 많다. 시조에서도 다루지 않는 것은 아니지만 본격적인 연군(戀君)을 표현하고 있지는 않다. 이 점은 정철이나 윤선도와는 다른 현상으로, 정철과 윤선도는 시조와 한시 모두 연군을 다루고 있다. 남성 사대부로서 임금을 어떻게 대하고 표현하고 있는지는 대부분의 작가에게 볼 수 있는 현상인데, 정훈은 왜 한시에서만 연군을 표현하고 있는지, 재지사족이라는 작가적 처지의 차이 때문인지 이 점은 재지사족인 박인로와 대비해서 다음 장에서 구체적으로 살펴보도록 하자.

지금까지 주제 영역에 있어서 정훈의 시조와 한시를 대비하며 이를 다시 다른 작가와의 비교 속에서 그 특징을 살펴보았다. 17세기 신흠은 시조를 '시여(詩餘)'라고 하여, 한시를 짓고도 남은 바가 있어서 짓는다고 창작 동기를 밝힌 바가 있다. 실제로 한시의 주제 영역 및 시조와 한시에서 공통적으로 다루는 주제 영역을 빼면 시조로만 나타내는 것은 실제 작가와의 거리

---

[20] 정운채(1993), 앞의 글.
[21] 최홍원(2011), 앞의 글에서는 가사를 대상으로 이 두 가지가 작품에 따라 다르다고 하였는데, 이렇게 한시와 시조를 대비하면 작품의 특성이 아니라 한문으로 된 한시와 국어로 된 시조의 갈래적 특성으로 대비된다는 점 역시 흥미롭다.

가 큰 상상적이고 비현실적인 화자의 모습이다.[22] 정철의 경우에도 앞에서 [그림2]에서 보듯이 B와 C영역을 제외하고 시조에만 있는 A영역은 대민(對民)적인 내용들이다. 즉 정철과 신흠 모두 한시와 시조의 역할이나 표현 영역이 뚜렷하게 구분되는 특정 영역이 존재했고 한시 일반의 주제 영역이 아니었던 것이다.

그러나 정훈의 경우에는 [그림1]에서 보듯이 시조에만 있는 A영역에 해당되는 것들이 한시와 뚜렷하게 구별되는 특정 주제 영역이 아니다. 다른 작가에게 있어서는 한시에서 다루고 있는 것들을 정훈은 시조에서도 다루고 있는 것이다. 만약 우리가 모르는 또 다른 한시작품들이 더 많이 있어서 발견된다고 해도, 적어도 정훈이 다른 이중언어시인들이 시조로 잘 나타내지 않던 것을 시조로 다룬다는 이 사실만은 변함이 없는 것이다. 곧 앞 시기의 정철이나 비슷한 시기의 신흠에 비해 시조의 주제 영역이 한시와 같아질 만큼 넓어졌다고 결론적으로 말할 수 있다.

3. 시조와 한시의 등장인물, 시어, 형식 비교

정훈의 한시는 많지 않지만 2절을 통해서 한시 일반의 주제 영역을 지속하고 있다는 것을 볼 수 있었다. 이에 비해 시조의 주제 영역은 이전이나 당대 다른 작가와 차이점이 크고, 한시의 주제 영역을 공유하는 점이 많다는 것을 2절에서 밝혔다. 곧 정훈에게 있어서 한시와 시조는 16세기 정철이나 17세기 신흠에 비해 시조가 한시와 가까워지고 있다는 점을 보았다. 그렇다면 이러한 특징이 주제 외의 다른 부분에서도 나타나는지 살펴볼 필요가 있다. 이 점이 두드러진 측면으로서 이 장에서는 등장하는 인물의 특성, 사용하는 시어 및 작품의 형식을 살펴보고자 한다.

---

[22] 이에 대한 더 구체적인 논의는 정소연(2006), 앞의 글 참고.

본서는 양층언어(diglossia)적 관점에서 한시와 시조를 살펴본다고 하였다.[23] 곧 기록매체로 여겨진 한문과 일상 구어로 사용된 국어, 문자로 기록하며 짓는 시와 음성으로 부르면서 향유하는 노래 등의 대비적 특징을 고려한다고 하였다. 16세기의 정철이나 17세기라도 신흠이나 윤선도는 7언 절구와 시조가 각각 시와 노래로서 대비적인 측면이 그래도 많은 편이었다.[24] 이에 비해 정훈은 앞 시대의 양층언어작가들에 비해 시조가 한시와 같은 시적(詩的) 특성이 강해지고, 반면에 한시는 시조와 같은 구술적 특성이 더해지는 경향이 눈에 띈다.

곧, 시 지향의 시조와 노래 지향의 한시는 일차적으로는 정훈의 시조에 한시 작시적(作詩的) 경향의 몇몇 특성이 발견된다는 점과 정훈의 한시에 근체시로서의 특성이 약화되고 음성의 여러 특성이 발견된다는 것을 의미한다. 이차적으로는 한시의 작시적 경향과 시조의 작시적 경향은 곧 기록된 문자로 향유하는 시와 음성으로 부르며 향유하는 노래로서의 특성과 만난다는 것을 의미한다. 즉, 한시와 시조라는 갈래적 특성의 교차적 지향과 각 갈래가 기반한 문자성과 구술성이라는 원리적 특성의 교차적 지향이 보인다는 뜻이다.

따라서 이러한 특성들을 살펴보는 가운데 정훈에게서 나타난 한시와 시조의 상관관계가 양층언어문학의 역사에서 가지는 의미가 무엇인지 생각해보고자 한다. 한 개인의 특성이 무조건 일반화하는 것도 문제이지만 한 개인의 특성이 어떠한 의미를 가지는지는 문학사적 관점에서 조명하지 않을 수 없기 때문이다. 이제 구체적으로 작품을 보며 이를 살펴보도록 하자.

---

[23] 이에 대한 더 자세한 논의는 정소연(2014e), 앞의 책 1장 참조.
[24] 이에 대한 자세한 내용은 정소연(2014e), 앞의 책 참조.

3.1. 시조와 한시의 제재와 등장인물의 비교: 자연과 사람을 다루는 비중의 변화

정훈은 같은 소재나 주제로 한시와 시조 두 갈래로 모두 짓는 경우가 적지 않아서 비교하기에 좋은 작품들이 여럿 있다. 2절에서 벗과의 교유를 시조로 했다는 점이 특이하다고 한 것을 상기하며 이에 대해 살펴보도록 하자. 시조의 절반을 차지하는 월곡과의 화답시조가 있듯이 한시에도 <思月谷> 3수가 있다. 첫 수는 7언 절구이나 나머지 두 수는 오언율시로 되어있다. 같은 대상을 향한 두 갈래의 작품을 비교해보도록 하자.

[한시1] <思月谷(3-1)>[25]
思君多日見君少 그대를 생각하는 날은 많으나 보는 날은 적고
見面無時背面多 얼굴을 보는 때보다 등을 볼 때가 많네
不禁胸中生鄙吝 흉중의 어리석은 생각을 금할 수 없으니
一場談笑更謀何 한바탕 담소를 어찌 다시 꾀할까

[시조1] <月谷答歌(10-2)>[26]
내 양주 하 험호니 비노 셩젹 아니 호니
분 브른 각시님네 다 웃고 돈니거든
엇쓰제 지나간 호 분이 호자 곱다 호노라.

[시조2] <月谷答歌(10-4)>[27]
靑松으로 울흘 삼고 白雲으로 帳 두르고
草屋 三間이 숨어 겨신 져 내 벗님
胸中에 邪念이 업스니 그룰 ᄉ랑 호노라

---

[25] 정훈, ≪수남방옹유고≫, 12면.
[26] 정훈, ≪수남방옹유고≫, 26면.
[27] 정훈, ≪수남방옹유고≫, 27면.

[시조3] 〈月谷答歌(10-6)〉[28]
둘이 발근 제논 잔을 들고 싱각ᄒ고
時節이 됴흔 제논 景을 보고 그리노라
살옴이 덜 괴운 타스로 니칠 저기 져거라

　제목을 보면 시조는 '월곡에게 답을 한 노래'라 한 반면에, 한시는 '월곡을 생각한다'고 되어 있다. 정훈의 19편의 한시는 누군가와 주고받은 작품은 남아있지 않다. 사실 한시는 사대부 간에 주고받는 화답문화가 일반적이다.[29] 그런데 이와 대조적으로 시조에서는 20수의 절반인 10수가 화답시조인 반면에 한시는 같은 월곡을 대상으로 하고 있어도 화답이 아니고 혼자 생각한다. 물론 <사월곡>이라는 한시를 월곡에게 보냈을 수도 있다. 여기서 주목되는 것은 시조를 한시의 화답문화와 같이 벗과 교유하는 갈래로 향유하고 있다는 점이다.

　이황은 우리말노래를 왜 짓는가에 대한 긴 이야기가 필요하다고 생각하였고, 노래부르기 위해서는 우리말로 짓지 않을 수 없다고 하였다. 신흠은 시조를 '시여(詩餘)'라 하여 한시를 짓고 남은 것을 시조화하였다. 이렇게 두 작가의 경우 시조와 한시는 각각의 기능이 구분되고 나뉘어진 역할이 있다고 인식하였다. 그러나 정훈은 시조를 벗과 교유하는 갈래로 삼았다. 한시가 가진 중요한 역할 중 교유시로서의 기능을 시조를 통해서도 가능하게 여겼던 것이다. 같은 갈래라도 정훈은 그 기능이나 주제영역을 개척해서 새로운 세계를 추구한 것이다.

　[시조2]와 [시조3]을 보면 정훈이 사랑하는 대상은 사람이고 자연이 아니다. [시조2]를 보면 자연으로 둘러싸여 숨어있는 벗님을 사랑한다고 하였다.

---

[28] 정훈, ≪수남방옹유고≫, 27면.
[29] 이와 관련한 자세한 논의는 정소연, 「한시 화답문화의 국어교육적 가능성 탐구」, 『한국학연구』45집, 고려대학교 한국학연구소, 2013 참고.

[시조3]에서는 달과 경치를 보면 그 자연을 즐기는 것이 아니라 월곡이라는 벗을 생각한다. 윤선도는 <만흥>에서 잔을 들고 먼 산을 바라보면 멀리서 벗이 온다고 해도 그 즐거움이 이만하겠는가 하였고, <오우가>에서는 달과 자연이 벗이라고 하였다. 이에 비해 정훈은 자연을 보고도 사람이 생각난다고 하였고, 사랑의 대상이 자연이 아니라 사람이라고 하고 있는 것이다.

여기서는 두 가지에 대해 주목할 필요가 있다.

첫째, 정훈은 자연에 대해 시조로 노래하지는 않았다. 벗에 대한 그리움, 아내에 대한 애곡, 사회문제에 대한 안타까움 등 대인(對人), 대사회적 갈래로 시조를 향유하였다. 이에 비해 한시에서는 자연 속에서 한가하게 있는 감흥을 읊고 있고 자신을 관조하는 작품들이 많다. 특히 7언 절구인 <사월곡> 3수 중 [한시1]을 제외한 나머지 두 수가 모두 그렇다.

둘째, 정훈의 시조에 나타난 사람은 제목을 통해 실명을 밝히거나 대상이 누구인지 분명한 작품들이 대부분이다. 월곡이라는 벗, 아내, 한음과 오성, 민여임 등 작가와의 삶 속에 실제로 존재하는 인물들이다. 또 북인이 변을 일으켰다거나(<聞北人變>) 강도가 함몰되고 어가가 나갔다거나(<歎江都陷沒大駕出城歌>) 등의 실제적 사건과 상황이 연관된 작품들이 많다. 창작의 동기가 실질적인 상황과 환경, 실제 인물과의 관련 속에 있는 것이다.

그렇다면 한시와 시조를 모두 지은 다른 작가들의 경우와 비교해 보도록 하자. 이황이나 이이, 정철과 신흠의 시조에서는 사건이나 특정 인물이 두드러지게 나타나지는 않는다. 시조에서는 시적 화자가 실제 작가와 동일하기보다 다양한 목소리와 모습으로 나타나 있는 반면에 한시에서는 실제 작가와 시적 화자가 거의 일치하고 밀착되어있다. 윤선도의 경우에도 시조에서 사건이나 인물이 계기가 되어 짓는 경우는 드물다. 또 자연을 많이 읊기보다 사람을 더 많이 읊은 정철의 시조도 나, 너, 우리 등 누구나 대입이 가능한 대명사의 활용으로 보편성을 얻고 있는 것이 특징이다.

이에 비한다면 정훈은 다른 양층언어작가들이 한시를 통해 보여주었던 작시적 경향을 시조에서도 보여준다고 할 수 있다. <곡처>의 경우에도 아내의 죽음이라는 특정한 일회적인 사건이 계기가 된 작품이다. 정훈이 남편으로서 실제 조강지처와 사별한 내용을 그대로 보여주는 것이기도 하다. 또 정훈에게 있어 '님'은 '월곡'이라는 '벗님'이지 연군지정의 대상인 임금을 나타내는 표현도 아니다. 정철이나 윤선도, 신흠은 임금을 '님'으로 지칭하였으나 정훈에게 님은 더 이상 여성 화자로 분한 사대부 남성이 고백의 대상으로 삼은 임금이 아니라 벗인 것이다.[30]

이렇게 다른 양층언어작가들의 시조에서 보이는 작시적 경향이 정훈에게서는 약하게 나타나고, 한시에서 보이는 작시적 경향이 도리어 시조에서 나타난다고 하겠다. 자연시조를 다루거나 노래를 부르는 많은 사람들에게 적용될 수 있는 보편적인 상황을 다루기보다 특정한 사건, 특정한 인물과의 관계 속에서 시조를 지었던 것이다. 자연을 사랑하기보다 사람을 사랑하고, 자기 주변의 실질적인 인물과 실제 사건 속에서 작품을 향유하고 있는 것이다. 이러한 특징들은 정훈에게 있어 시조는 작가적 삶과 밀착된 갈래라는 점을 보여준다고 할 수 있다.

이전 다른 양층언어작가들은 시조를 통해서는 실제 작가와 다른 모습의 시적 자아를 내세우기도 하고, 또 다양한 사람들이 자신의 이야기로 공감할 수 있는, 조금 더 일상적이고 보편적인 상황을 다루기도 한다. 오히려 삶의 하루하루 일어나는 사건들과 일회적인 일들, 특정 상황들은 한시를 통해 많이 다루었다. 이에 대해 선행연구는 국어는 일상구어로서 누구나 사용하는 언어이고, 누구나 가진 음성으로 향유하는 노래인 반면, 한시는 사대부 작가로서의 삶과 밀착되어 고급문어인 한문으로 짓는 시이기 때문에 그러하다고 하였다.

---

30 <月谷答歌(10-8)>예셔 그리는 뜻을 졔겨 아니 모로는가/ 므던히 고은 님 덧업시 녀희올덧/ 하로밤 더 새고 간 후에 다시 볼가 하노라.

그렇다면 정훈이 시조도 벗과의 교유 관계에서 주고받으며 짓고, 일회적이고 실제적 사건을 계기로 한 상황을 시조에서 주로 다루는 것은 한시와 시조의 격이 그리 멀지 않다는 것을 의미한다고 할 수 있다. 사대부 간의 교유도 한시만이 아니라 시조도 할 수 있다는 것을 보여주었고, 실제 작가의 삶과 밀착된 여러 사건과 상황에서 한시만이 아니라 시조도 짓고 있는 것은 시조에 대한 인식이 한시와 유사한 갈래로서 여긴다는 것을 의미하는 것이라 하겠다.

이를 기존 연구를 통해 밝혀진 바, 한시는 시로서, 시조는 노래로서의 특징이 있고, 이와 관련해 한시는 문자성과 기록성이, 시조는 음성성이 강하다는 점과 연결지어 생각해보자. 소리는 퍼져나가는 것으로 해당 공간에 있는 사람은 누구나 향유하게 된다. 이에 비해 문자로 되어 눈으로 읽는 시는 개인적으로 향유하는 것이 특징이다. 곧 시와 노래, 문자성과 음성성의 특성에 기인한 것이라 할 수 있다.

정훈이 실제 삶의 여러 사건과 상황 속에서 시조를 짓는 것은 그동안 한시의 작시적 경향이었다. 그런데 정훈은 시조도 보편적 상황이나 감정만이 아니라 일회적 상황을 기록할 수 있는 갈래로 여기고 있는 것을 볼 수 있다. 개인의 내밀한 정서나 체험, 개인적인 일상사, 벗과의 교유 등을 표현하고 기록하는 통로로서 시조를 활용하고 있는 것이다. 보편적인 상황이나 교훈적인 내용을 시조화하는 것은 시조가 노래로 불리면서 다 함께 공유하는 갈래로서 기능하기 때문이다. 이러한 특성을 염두할 때에 개인의 일회적 사건의 기록으로서 시조를 향유한다는 것은 시조가 그만큼 소리로서의 노래만이 아니라 개인적 향유 방식의 시로서의 역할을 하고 있다는 것을 의미한다.

3.2. 시조에 나타난 시어 사용의 변화: 고유명사, 대명사, 투어의 사용 양상

앞에서는 제재와 등장인물의 비중에서 나타난 변화를 중심으로 살펴보앞다면, 이번에는 표현적 측면에서는 앞의 특징이 어떻게 연결되고 있는지 보도록 하자.

우선, 정훈의 시조에서는 실제 작가가 처한 현실에 등장하는 실제 지명이나 고유명사가 많이 등장하는 편이다. 한시에서는 특정인 등의 고유명사나 실제 지명이 일반적이나 시조에서는 일반적인 경향은 아니다. 이황이나 이이, 윤선도도 특정 지명을 밝히지 않는 경우가 대부분이고, 일반화될 수 있는 지명이 주로 시조에 등장한다. 일례로 이황의 시조에 비해 더 구체적 지명을 밝히고 있는 경우라 할 수 있는 이이의 <고산구곡가>는 1곡에서 8곡이 모두 고유명사로서의 지명이 아니라 이이가 새롭게 부여한 지명인데다가 그 지명 역시 일반화시킬 수 있는 표현들이다. 정철의 경우 그 많은 시조 중에서 인명이 등장하는 경우는 '정좌수' 등이 나오는 1수밖에 보이지 않는다. 전술하였듯이 정철은 고유명사보다는 나, 너, 우리 등의 대명사를 즐겨 사용하고 있는 것이다.

고유명사나 실제 지명과 인명보다 대명사나 보편적이고 일반적인 명사를 사용한다는 것은 그만큼 더 많은 사람의 보편적 정감을 담는 노래로서의 특징이라고 할 수 있다. 작자는 특정인이지만, 향유자는 부르는 이마다 자신을 대입해서 공감할 수 있도록 보편성을 높이는 것이 노래로서의 시조의 특징이기 때문이다. 음성성, 구술성이 가진 대중성과 보편성이 나타나는 것과 밀접하다.

이에 비해 문자로 기록된 시는 개인적인 향유가 가능하다. 개인과 밀착한 갈래로서의 기능이 존재하는 것이다. 따라서 정훈이 한시 작시의 경향을 시조에서도 적용해 고유명사나 구체적 지명이 시조에도 등장시키고 있는 것은 시조를 한시와 같은 시로서, 개인적 정서 표현의 통로로서 인식하고 있다는 것을 의미한다고 하겠다. 따라서 고유명사나 실제 지명이 시조에서도 많이 나타난다는 점 역시 시조의 언어가 구술성만이 아니라 문자성, 기록성을 가지고 있다는 것을 보여준다.

또한, 시조 종장의 첫 음보에 곧잘 나타나는 투어가 정훈의 경우에는 매우 적은 편이다. 특히 이 자리에 누군가를 부르는 호격이나 공동체적 향유 양상을 잘 드러내는 등의 구술적 특징이 나타나는 경우는 정훈의 시조 20수 중 단 3편이다. 곧 '두어라(<탄오성한음완평찬적가>)', '우리눈(<문북인변>)', '엇디타(<자경> 2수 중 제2수)'가 그것이고, 다른 작품들은 대부분 이 자리에 투어가 아닌 실사로 표현한 경우가 많다.

실제로 종장 첫 음보에 사용된 시어를 보면 다음과 같다. <월곡답가>에서는 '이제도, 엇쯔제, 世上, 胸中에, 밤마다, 살음이, ᄆ음만, 하로밤, 世上의, 山中에'가 사용되었다. <자경(自警)> 2수 중 제1수에서는 '匠石이' <기우인(寄友人)>에서는 '百年이', <계해반정후계공신가(癸亥反正後戒功臣歌)>에서는 '殷鑑', <곡처(哭妻)>에서는 '머리해', <탄로(歎老)>에서는 '알고셔', <탄강도함몰대가출성가(歎江都陷沒大駕出城歌)>에서는 '一長劒', <민여임청백찬가(閔汝任淸白讚歌)>에서는 '淸風이' 등이 나타난다.

이렇게 시조에서 작가 개인의 삶과 밀착한 내용을 위주로 한다는 점, 그리고 노래로 불릴 때 사용되던 투어 사용이 지극히 드물다는 점은 서로 밀접한 상관성이 있다. 공동체가 노래로써 함께 향유하는 특성이 강했던 시조가 작가 개인의 고백적인 정서 표현의 통로로서의 성격이 강해지면서 이러한 투어 사용이 적어지고 개인의 삶에 대한 제재를 주로 다루며 기록성이 강해지는 시의 특성을 가지게 되는 변화를 읽어낼 수 있는 것이다.

한편, 한시의 언어인 한문이 진서(眞書)로 높이 여겨지고, 반면에 시조의 언어인 국문은 언문(諺文)으로 낮게 인식되기도 하였지만 항상 그런 것만은 아니다. 근대로 가까워오면서 국문(國文), 말 그대로 '나라의 문자'로서의 지위를 점점 획득해나가면서 이러한 영향이 시조에도 나타난다고 할 수 있다. 즉, 시조의 언어에서도 일상 구어로서만이 아니라 기록매체로서 문자성을 획득해나간 영향이 시조에도 나타나는 것이다. 한문만 기록매체이고, 한시가 사대부 고유의 고급문학의 시로서 인식되는 데에서 국문과 시조도 그 지위와 기능을 점점 얻게 되는 것이다.

이러한 두 언어의 지위와 사용자의 인식의 변화는 시조의 지위와 기능의 변화에도 나타나게 된다. 시조가 노래로서, 또 공동체가 함께 향유함으로써 가지는 특징들이 점점 줄어들고, 작가 개인의 실제 삶과 밀착되어 문자로 기록되어 향유하는 시로서의 특징이 강해지는 것이 그것이다. 정훈에게서 한시의 작시적 관습이 시조에도 나타나고, 시조의 작시적 관습이 약해지는 것은 바로 이러한 두 언어의 지위와 기능의 변화, 나아가 두갈래의 지위와 기능에 대한 변화의 현상으로서 읽어낼 수 있을 것이다.

3.3. 한시에 나타난 형식과 시어 사용의 변화

앞에서 본 시조와 한시의 상관관계는 형식적 측면에서도 어느 정도 나타난다. 앞에서는 시조에 주력해 보았다면, 이번에는 한시에 나타난 형식적 변화를 중심으로 이를 살펴보도록 하자.

≪경주정씨세고≫에서는 국어시가를 싣지 않았지만, 싣고 있는 한시도 근체시가 아닌 경우가 적지 않다. 관련하여 다음 작품을 보자.

[한시2] 〈寄友人〉[31]
世間雖多人　세상에는 비록 많은 사람이 있지만
五倫知幾人　오륜을 아는 이는 그 몇 사람인가
攀龍附鳳願卜鄰　용같고 봉같은 자네를 좇아 살고 싶지만
百年何容易　백년에 어찌 쉬운 일이랴
難可所願伸　뜻을 펴는 것은 가히 어렵네

[한시3] 〈感懷〉 제1수[32]
壬辰丁卯過了身　임진과 정묘 두 번의 난리를 겪은 내가

---

[31] 정훈, ≪경주정씨세고≫, 14면
[32] 정훈, ≪경주정씨세고≫, 14면.

皇恩奈之何	임금의 은혜를 어찌 잊을까
百死報無路	백번 죽어도 갚을 길이 없으니
此身未死前	이 몸이 죽기 전에는
願無二心麼	두 마음을 갖지 않으리

[한시4] 〈感懷〉 제2수[33]
北極遙望見	북녘을 멀리 바라보니
帝鄕知在彼	임금이 계신 곳이 저기인줄 알겠네
九萬里雲全沒	구만리 구름에 덮여
望而未去心	바라는 보아도 가지는 못하는 마음
切根無人揣	누가 능히 알아주겠는가

[한시5] 〈感懷〉 제3수[34]
忠臣未成身	충신이 되지 못한 몸
義士詎可期	의사를 어찌 기약하겠는가
國家危急那忍見	국가의 위급함을 차마 보고 있으랴만
東海望未踏	동해를 바라보아도 밟지 못함은
其故不自知	그 이유를 나도 알지 못하겠구나

위 한시들은 앞절에서도 언급했듯이, 문집에서 한역시가 실린 '가류'가 아니라 한시가 실린 '시류'에 있어서 한역시가 아닌, 한시로 본다. 시조를 한역한 작품이 아닌데도 행의 글자수가 동일하지 않다. 행마다 다양한 것은 아니지만 특정 행이 음절수가 갑자기 늘어나서 근체시라고 하기 어렵다. 더 주목되는 것은 벗이나 임금에 대한 내용을 다루는 한시인데도 근체시가 아니라는 점이다. 또 임금에 대해 다른 또 다른 작품도 6행으로 된 5언시 2수로 되어 있다.[35] 이렇게 정훈의 한시는 작품수가 많지 않은 가운데 격식

---

[33] 정훈, ≪경주정씨세고≫, 15면.
[34] 정훈, ≪경주정씨세고≫, 15면.
[35] 〈夢周公〉 제1수 綠陰不勝睡/ 枕肱一夢成/ 洛陽豊鎬裏/ 不覺倏爾征/ 周公見吾來/

을 깨트리는 경우가 많이 보인다.

또한 쌍성(雙聲)이 많이 나타나는 것도 특징이다.[36] [한시5]에서 1행의 '성신(成身)'의 'ㅅㅅ'이나 바로 아래의 2행에서 '가기(可期)'의 'ㄱㄱ', 그 아래의 3행에서 '인견(忍見)'의 'ㄴㄴ' 등 같은 소리의 연속된 반복이 두드러진다. 이렇게 쌍성은 우리말의 초성의 반복, 그리고 중성이나 종성의 반복이라고 할 수 있으므로 한시를 우리말 구어로서 소리낼 때의 효과까지 염두하고 있는 것으로 볼 수 있다. 즉, 공동문어인 한문으로 짓는 기록시인 한시를 민족구어의 소리가 나도록 작시해서 민족구어로서 노래하는 듯한 음악적 효과를 내려고 했다고 볼 수 있다. 이 역시 한시와 시조의 거리가 좁혀지는 것이다. 이렇게 시조는 한시와 가까워지는 경향이 보인다면 한시에서는 격식을 깨뜨려 자유로움을 추구하고 구술성을 살리는 경향을 보인다고 하겠다.

한편, 《경주정씨세고》에는 《수남방옹유고》에 있던 시조 중 4수의 한역시가 있어서 주목된다. 그 중 한 작품을 보자.

[한역시1] 〈歎北人作變歌〉[37]
後山之結雲延及蔽中天
風耶雨耶霜耶雪耶
未知天意竟何然

[시조4] 〈聞北人變〉[38]
뒷뫼희 뭉킨 구룸 압들헤 퍼지거다

欣然出而迎// 제2수 於此吾夢也/ 欣喜無窮極/ 平生所願意/ 今也幸而適/ 見而不得厭/ 只是爲傷盡≪경주정씨세고≫.
36 이정윤, 「정훈의 시가 연구」, 전남대학교 교육대학원 석사학위논문, 1992에서도 자세히 살피고 있다.
37 정훈, ≪경주정씨세고≫, 55면.
38 정훈, ≪수남방옹유고≫, 26면.

브람 불디 비 올지 눈 올지 서리 올지
우리논 하놀 쯧 모르니 아므랄 줄 모로리다

　[한역시1]은 [시조4]의 한역시로 중장과 종장은 거의 같으나, 초장은 '앞들' 부분이 '中天'으로 바뀌고, 종장의 '우리논'이 한역이 되지 않은 정도의 차이가 있다. 이 정도의 차이점이 있으나 다른 한역시도 역시 시조와 거의 비슷한 내용으로 한역이 되어 있다.
　여기서 주목할 부분은 한역의 방식이다. 한시의 근체시 형식으로 격식 안에 넣은 것이 아니라 시조의 3행 형식이 한역에 반영되어 있다. 장단구로서 시조의 내용과 형식을 살린 것이다. 시조를 한역시화하는 것은 이렇게 시조의 3장 형식을 고려해 장단구로 하는 방법과 시조의 내용에 가감을 해서 4행의 절구로 근체시화하는 방법이 있는데, 정훈은 전자의 길을 택하였다. 이는 곧 시조가 노래이므로 격식을 갖춘 시(詩)가 되게 하려고 한 것보다는 시조 그 자체의 형식을 인정하고 있다는 것을 의미하는 것이라고 하겠다. 이런 점을 보아도 정훈이 시조를 한시보다 못한 갈래로 인식하고 있다고 보기는 어려울 것이다.

4. 정훈의 시조와 한시가 가지는 양층언어시가사적 의미

　지금까지 정훈의 한시와 시조를 대비적으로 살펴보았다. 한문과 국어가 대등하지 않고, 한시와 시조가 시와 노래로 상대적 우열관계에 있다고 논의되어온 선행연구의 관점을 이어 두 갈래가 정훈의 경우에는 어떠한 기능과 특징을 각각 가지고 있는지 비교해보았다. 그 결과 얻은 성과를 정리하면 다음과 같다.
　첫째, 한시와 시조가 다루고 있는 주제적 영역을 비교한 결과, 한시에 비해 시조의 주제 영역이 더 넓은 편이었다. 특히 한시에서 주로 다루는 내용은 정철, 신흠 등 다른 양층언어작가와 크게 다르지 않으나, 시조에서 다루는 내용은 이들에 비해 더 다양화된 점이 특징이다. 그리고 그 다양성 안에는 다른 작가들이 한시에서 주로 나타내었던 내용을 시조에서도 다루고 있다는 점이 두드러진 차이점이라고 할 수 있다.

둘째, 한시의 화답적 문화가 시조에 두드러지게 나타난다. 교유시가 대체로 한시에서 많은 다른 작가에 비해 정훈은 20수라는 시조의 절반이 월곡이라는 벗과 교유한 내용이 차지하고 있어서 한시의 작시 문화가 시조에도 나타난다는 점이 주목되는 특성이다.

셋째, 정훈 한시는 자연과 자기 자신에 주목하고 있다면 시조는 자연은 다루지 않고 다른 사람이나 사건에 집중되어 있다. 시조 창작의 계기는 보편적이거나 추상적인 소재이기보다 일회적이거나 특정한 실제 사건인 경우가 많다. 또 시조에서 다루어지는 인물도 가공의 인물이거나 보다 많은 사람이 대입해 공감할 수 있는 일반명사 혹은 대명사로 나타나기보다 실제 존재했던 특정인물로서 작가의 삶과 밀착된 경우가 많다.

넷째, 한시에서는 시조의 구술성을 취하려는 경향이 보이고 시조에서는 구술성보다는 시로서의 특성을 취하려는 경향이 보인다. 한시에서는 근체시의 격식을 깨트리고 우리말 음성의 반복을 시도하는 한편, 시조에서는 종장의 첫 음보에서 주로 나오는 관습적 투어 사용이 적어지고 실질적인 시어가 많이 등장한다.

다섯째, 시조를 한역한 경우에도 시조의 형식 그 자체를 긍정하고 있는 것을 볼 수 있다. 곧 시조를 한시 근체시의 격식에 넣으려고 하지 않고 시조 3장의 형식을 인정하고 그 자체를 살리는 장단구 방식을 취하고 있다. 정훈이 직접 한역을 했는지는 알 수 없고, 후대인의 문집 편찬시 이루어진 작업일 가능성도 있겠지만 시조를 한시처럼 만들려고만 하지 않고 그 자체로 긍정하고 있는 모습이라는 점은 주목된다고 하겠다.

지금까지 살펴본 이러한 특성들이 의미하는 바를 본서는 시조와 한시의 지위와 기능의 변화로 포착하였다. 앞 시대의 정철이나 비슷한 시기의 신흠에게 시조는 자유로운 노래로서 구술성, 음성성이 강한 반면에 한시는 격식있는 시로서 기록성, 문자성이 강한 것이 특징이었다. 또 시조에서는 국어의 첨가어적 특성과 허사 사용의 특성이 강하게 나타나고, 한시에서는 허사가 자제되고 엄격한 격식안에 실사 위주의 작시적 경향이 강하다는 대비적 경향이 강하였다.

이는 시와 노래, 구어와 문어 등의 성격이 매우 대비적인 갈래로 인식되고 있다는 것을 의미한다. 이에 비해 정훈에게서 나타나는 위의 5가지 특성들은 시조는 한시와 가까워지려고 하고, 한시에서는 시로서의 격식이 약해지고 노래로서의 특성을 띠려는 경향으로 이해하였다. 이러한 특징 외에도 시조 20수에 모두 제목이 있다는 점, 특히 이 제목이 시조의 첫 소절이나 동기가 되는 제재 정도가 아니라 한문식 표제 방식을 사용하고 있다는 점도 또 하나의 추가되는 특징이라고 할 수 있다. 그래서 한시의 제목과 동일한 여러 시조의 제목들을 볼 수 있었던 것이다.

정훈의 한시와 시조를 대비하기는 하였어도 여전히 한시가 적은 점이 애석한 측면이 있다. 물론 다음 장에서 살펴볼 박인로의 경우에도 시조와 한시의 작품수가 각각 67수와 93수로 17세기 전반기 양층언어작가에 비한다면 상대적으로 두 갈래의 작품수 차이가 크지는 않다. 그러나 역시 한시 작품수가 더 많기 때문에 정훈의 한시는 실제로 작가가 평생 지었던 만큼 남은 것은 아닐 가능성이 높다. 따라서 한시가 매우 적게 남은 점을 감안한다면 시조의 변화가 한시의 변화보다 더 다양하고 두드러진다고 할 것이나 한시에 있어서 근체시의 형식을 파괴한 점 역시 매우 큰 변화라고 할 수 있다.

한시와 한문이 사대부 본연의 갈래와 언어매체로서 격식있는 시(詩)와 문자(文字)로 인식되고, 시조와 국어는 노래로서 한시와 한문에 비해 격식이 낮은 상하의 관계를 가진 것이 중세의 특징이라면, 근대는 한문과 국문이 동등하게 인식되고 국문 전용의 시대까지 되어 한시는 어느덧 수면 밑으로 가라앉고 국어시의 시대가 된 것이 특징이다. 그런데 이러한 변화는 어느 날 갑자기 이루어지지 않고 우리 문학사에 서서히 그 변화 과정이 나타나게 된다. 이를 추적하고자 16세기 정철과 16~17세기 초기의 신흠에게서 한시와 시조의 대비적 특징이 매우 두드러졌다는 선행연구에 힘입어 16~17세기 초기의 정훈의 경우에는 어떠한지 살펴보았다. 그리고 정훈에게서 시조와 한시의 거리는 앞의 두 작가에 비해 그리 대비적인 먼 거리를 유지하고 있지만은 않다는 것이 지금까지의 논의를 통해 나타난 결론이다.

고려시대 한시에는 사대부로서의 작가가 처한 사회적 위치가 더 강하게 의식되었고[39] 이러한 한시에서의 작가와 화자의 밀착된 특성은 조선시대 정철과 신흠에게서도 두드러지게 보인다. 반면에 시조에서는 작가와 다른 가면으로서의 화자의 성향이 강하고, 그 대표적 예가 여성 화자의 연군적 경향이라 할 것이다. 이들은 중앙관직에 진출해 진퇴가 분명한 반면에 정훈은 일생 향반으로 지냈다. 이러한 작가적 처지가 시조와 한시의 뚜렷한 특징을 상대적으로 약하게 했다고 볼 수도 있을 것이다.

여기서 중요한 것은 시가사의 전개를 설명할 수 있는 중요한 사례로서 정훈이 자리하고 있다는 점이다. 이러한 결과는 이후 17세기 후기의 윤선도나 18세기 권섭, 황윤석 등 한시와 시조를 모두 지은 다른 작가에 대한 연구가 지속되어야 더 유의미한 논의가 될 것이다. 하나의 예이지만《진본 청구영언》에서 남성 사대부나 가객이 여성 화자로 노래하는 평시조는 한 편도 없다. 무명씨의 경우 5편이 있으나[40] 이 5편 중에 3편은 후대 가집에 이조년과 김상용으로 밝혀졌고 나머지 2편은 작가를 확인할 길이 없으니 역시 18세기 이후에 남성 사대부 작가가 자신의 실제 모습과 멀게 가면을

---

[39] 김은정, 「안축 한시에 나타난 사대부 의식의 제층위」, 『한국한시작가연구』, 한국한시학회, 1996.
[40] 남정희, 「<진본 청구영언>내 평시조에 나타나는 여성적 목소리와 그 의미」, 『한국고전연구』16집, 한국고전연구학회, 2007, 97-125면.

쓰고 노래하는 시조는 보이지 않는 것이다.

　정훈이 실제 작가의 삶에 등장하는 고유명사의 인물을 시조에서 많이 다루고, 벗과의 교유도 시조로 했다는 것은 사대부층 내의 시조에 대한 인식의 제고와 확장을 의미하는 것으로 볼 수 있다. 한시로 화답하던 사대부의 문화가 시조로도 가능해진 것으로서 시조는 유흥이나 백성을 위한 것이기만 하지 않고 작가적 삶과 밀착된 갈래로 여겨진 것이기 때문이다. 이제 남은 과제는 18세기 이후의 이중언어시인에게서는 한시와 시조와 상관성이 어떻게 나타나느냐이다. 또한 정훈의 작품에서만 두드러지게 나타나는 현상이 아니라 이러한 변화적 양상이 17세기 다른 작가에게서도 나타나는지 더 면밀하게 검토해볼 필요가 있다. 이에 대해서는 다음 장에서 이어 자세히 살펴보도록 하자.

> 17세기

10. 박인로의 시조와 한시 비교

1. 작품의 현황과 선행연구 검토

박인로(1561~1642)는 67수의 시조와 93수의 한시, 9수의 가사를 지었다. 시조의 경우, 후대 문집에서 추가된 <續刊(속간)>[1] 을 포함하면 68수이다. 한시는 절구가 82수인데, 그 중에서 7언 절구는 40제 73수로서 7언 절구를 즐겨 지은 것을 알 수 있다.[2] 비슷한 정보량으로 비교할 수 있는 시조와 7언 절구가 각각 68수와 73수이니 조선시대 이중언어시인을 통틀어서 두 갈래의 작품수가 가장 유사하다. 곧 시조의 작품수가 많은 편이면서도 다른 작가들에 비해 한시의 작품수가 적은 편이라서 작품량이 유사해질 수 있었다.

이렇게 한시와 국어시가를 모두 창작한 이력에 비해 그간 박인로의 시가

---

[1] 문집에 후대인이 추가한 <續刊>은 『대동풍아(大東風雅)』에는 박인로의 작품으로, 『해동가요(海東歌謠)』에는 이정보의 작품으로 소개되어 있다. 작품은 다음과 같다.
"江湖에 노는 고기 질기믈 자랑마라/ 어부 도라간 후 빅구잇셔 엿보ᄂᆞ니/ 종일을 쓰락 잠기락 한가한 씨 업세리"

[2] 古寫本에 7언절구가 7수, 7언율시가 2수 더 있다고 한다. (박남주, 「노계 박인로의 한시 연구」, 조선대학교 교육대학원 석사학위논문, 1996, 13면 참고).

에 대한 선행연구는 가사 작가로서 논의가 집중되어왔고, 교훈시조의 전통과 관련해 <오륜가> 25수에 대해서도 연구가 많이 되었다.³ 이외에도 17세기 시가의 특징과 관련해 재지사족으로서의 박인로의 시가에 대해 조명이 많이 되었다.⁴ 이에 비해 한시에 대한 연구는 매우 소략하다.

무인 출신으로서 다른 작가의 한시에 비해 문예미가 빼어나거나 작품수가 많지 않은 점도 이유가 될 것이다. 그래서인지 한시 자체에 집중하기보다 제재적 면에서 시조, 가사와 함께 조명되거나 박인로 문학 전체의 부분으로 살펴보는 정도에 그쳤다.⁵

---

3   선행연구가 많으나 여기서 일일이 거론하지는 않고, 논의와 직접 관련된 경우에 언급하기로 한다.
4   이와 관련한 대표적인 논의로는 다음을 들 수 있다. 최현재, 「교훈시조의 전통과 박인로의 <오륜가>」, 『한국시가연구』14, 한국시가학회, 2003, 63-100면에서는 박인로를 비롯한 이 시기 교훈시조는 국가로부터 지배력 행사를 인정받은 재지사족이 자신의 교화력이 미치는 범위 내에서 통용될 수 있도록 지은 것이라 하였다. ; 한창훈, 「박인로의 <오륜가>에 드러난 작가의식과 그 사회적 성격」, 『한국시가연구』2, 한국시가학회, 1997, 227-246면 ; 한창훈, 『시가와 시가교육의 탐구』, 월인, 2000 ; 김용철, 「누항사의 자영농 형상과 17세기 자영농 시가의 성립」, 『한국가사문학연구』, 집문당, 1996 ; 이동찬, 「<陋巷詞>에 나타난 士族의 가난체험과 의식의 변화」, 『한국민족문화』14, 부산대학교 한국민족문화연구소, 1999, 57-79면 ; 최현재, 「박인로 시가의 현실적 기반과 문학적 지향 연구」, 서울대 박사논문, 2004a ; 한창훈, 「조선 중기 향촌 사회의 정치적 동향과 시가 문학 -박인로·정훈·강복중을 중심으로-」, 한국고전문학교육학회 발표자료집, 2014. 6. 25.
5   한시에만 집중한 선행연구는 다음의 한 편이 유일하다. 박남주, 「노계 박인로의 한시 연구」, 조선대 교육대학원 석사논문, 1996에서는 내용상으로 자연시, 애민시, 도학시로 나누고 작품별 비평을 덧붙이고 있고, 형식상으로 관용구, 첩어, 중운 사용으로 낭송의 효과를 노리고 있다고 한 점에서 주목된다.
    그 외의 선행연구로는 도학사상에 주목한 구수영, 「박인로의 시문학 의식고」, 『어문연구』24, 어문연구학회, 1993, 69-83면 ; 도연명의 수용 양상에 주목한 동달, 「박인로와 도연명의시가 비교 연구」, 한남대 석사논문, 1987 ; 김주순, 「노계 박인로 시에 나타난 도연명의 수용 양상」, 『고시가연구』23, 한국고시가문학회, 2009, 115-146면을 들 수 있다. 또 구수영, 「노계 박인

여기서는 그간 연구사에서 주목되지 못한 박인로의 국어시가와 한시, 특히 단형의 서정시인 시조와 7언 절구에 나타난 상관성을 탐구하는데 주력하고자 한다. 무엇보다 당시 한문과 국어, 읽는 시와 부르는 노래로서의 양층언어문학관계에 있는 한시와 시조가 17세기 박인로에게는 어떤 관계로 그 양층언어문학성이 놓여있는지 중요한 한 사례라고 생각한다. 따라서 시조나 가사 등 특정 갈래에만 주목하기보다, 또는 국어시가만 살펴보기보다 한 작가의 생애에 있어서 두 언어매체로 이루어진 시가 활동의 상관관계를 탐색하고자 하는 것이다.

박인로의 시조와 한시의 상관성을 살펴보는 작업은 박인로에 대한 연구사적 성과를 이어 이에 한 걸음 더 나아간다는 의미도 있지만, 이에 더해 17세기 시가사에서 한시와 국어시가의 상관성이 우리 시가사에서 어떤 위치를 차지하는지 조명하는 의미가 더 크다. 앞장에서 본 정훈과 같이 재지사족으로서 한시와 시조의 상관사에 기여하는 역할은 무엇인지 살펴보는 대상으로 삼는다는 점에서도 유의미하다. 이는 근대시에 이르기까지 조선시대 시와 노래, 한시와 국어시가가 가진 양층문학적 관계가 어떤 과정을 거쳐 전개되었는지 해명하는 하나의 중요한 사례가 될 것이다.

박인로는 서울 중앙에서 활동하지 않고 흔히 재지사족이라고 불리는 향반에 속한다. 그래서 17세기 시가의 특징으로서만이 아니라 향반으로서의 박인로의 시가에 대해 조명이 많이 되었다.[6] 가장 이른 시기로 기록된 시조의 창작기는 <조홍시가>를 지은 40세로, 13세에 지었다고 기록

로의 시가 연구」, 동국대학교 박사학위논문, 1986 ; 최영희, 「노계 박인로의 시문학 연구」, 종대학교 박사학위논문, 2003 ; 최현재(2004a), 앞의 글에서는 박인로 시문학의 일부로 시조, 가사와 함께 한시를 살펴보았다.

[6] 이와 관련한 대표적인 논의로는 다음을 들 수 있다. 한창훈, 「17세기 향반계층 시가의 강호 인식 : 박인로·정훈·강복중을 대상으로」, 『어문학보』24집, 강원대학교 국어교육과, 2002 ; 김용철(1996), 앞의 책 ; 이동찬(1999), 앞의 글 ; 최현재(2004a), 앞의 글.

된 7언 절구 <戴勝吟>과 비교할 때에 한시를 더 이른 시기부터 생애 후반기까지 짓고, 시조는 이보다 늦게 짓기 시작하여 생애 후반기까지 지었다고 할 수 있다. 역시 한시의 창작이 생애 전반적 시기에 걸쳐 이루어졌다면 시조는 더 늦게, 생애의 후반기에 치우쳐서 지었다고 하겠다.

작품의 현황을 개관하면 다음과 같다. 68수의 시조는 1수로 된 <思親>, <蘆洲幽居> 같은 단시조도 있지만, 작게는 2수로 된 <辛酉秋與鄭寒岡浴于蔚山椒井>, <慕賢>, 3수로 된 <自警>, 4수로 된 <早紅枾歌>, 많게는 25수의 <五倫歌>, 29수로 된 <立巖>까지 연작시조가 많은 편이다. <오륜가>는 다시 父子有親, 君臣有義, 夫婦有別, 兄弟有愛가 5수씩, 朋友有信이 2수, 總論이 3수로 구성되어 있다. <입암>은 ≪蘆溪集≫에서 비교적 늦게 추가된 작품으로 立巖이 10수로 되어 있고, 精舍, 起予巖, 戒懼臺, 吐月峯, 九仞峯, 小魯岑, 避世臺, 合流臺, 尋眞洞, 採藥洞, 浴鶴潭, 數魚淵, 響玉橋, 釣月灘, 耕雲野, 停雲嶺, 産芝嶺, 隔塵嶺, 畫裏臺라는 제목으로 1수씩 있어서 총 29수이다.

시조 제목들에서도 알 수 있듯이 자연을 노래한 작품이 30수로 시조 전체의 절반 가까이 된다. 교훈적 내용이 <오륜가> 25수 외에도 부모님과 임금을 생각하는 <조홍시가>와 <사친>, 성현을 생각하는 <모현>, <신유추여정한강욕우울산초정>, <자경> 등 역시 30수가 넘어 두 주제군이 가장 큰 비중을 차지하고 있다. 16세기나 17세기 양층언어작가들보다 훨씬 많은 수의 교훈시조를 지었고, 박인로가 지은 시조 전체에서 차지하는 비중도 가장 크다는 점이 특징이다.

이번에는 한시를 살펴보자. 7언 절구가 73수인데, 제목은 40제이므로 절구에서도 단편작보다는 연작시를 꽤 지었다고 볼 수 있다. 적게는 2수, 3수로 된 작품에서 많게는 8수로 된 <四友亭>, <四時吟>, 10수로 된 <耕田歌十韻>도 보인다. 선행연구에서는 박인로의 한시 93수 전체를 대상으로 주제적 양상을 정리한 바 있다. 自然沒入類·自然景觀類·生活日常類·農事類·花木類·孝類·修身類·憂國類·戰場類·兄弟友愛類의 10가지로 보았다.[7] 7언 절구만 추리면 그 양상이 달라질 수 있으므로 이에 대해서는 2절에서 자세히 살펴보도록 하겠다.

시조와 한시의 창작 시기를 비교해보면 두 갈래의 위상에 대해서 어느 정도 파악할 수 있다. 한시는 생애의 어린 시절부터 생애 후반기까지 긴 시간 동안 짓고, 시조는 이보다 늦게 짓기 시작하여 생애 후반기까지 지었다. 이는 한시의 경우 유년기부터 한문을 익히는 과정에서 습득하게 되는 반면에 시조의 경우에는 성장 이후 풍류의 공간을 경험하면서 습득하고 향유하게 되는 점과도 무관하지 않다. 시조 창작기가 한시에 비해 생애 중 늦거나 짧은 기간인 것은 두 갈래를 모두 지은 양층언어작가에게서 나타나는 공통적 현상이다. 17세기 신흠이나 윤선도는 유배기나 지방은 거기인 생애 중후반기에 짓고, 한시의 작품수도 훨씬 많다. 이런 점에서 박인로를 비롯해 이 시기 사대부 작가에게는 시조보다는 한시가 더 일상적이고 사대부 본연의 갈래라는 인식이 없지 않아 보인다.

국어시가 내부의 갈래로 다른 작가와 잠시 비교해보자. 정철과 박인로는 가사를 지었다는 공통점이 있으나 박인로는 <장진주사>같은 긴 시조를 짓지는 않았다. 윤선도는 여음구가 들어간 광의의 시조인 <어부사시사>를 지었는데, 박인로는 사설시조나 광의의 시조 역시 짓지 않았다. 변격의 시조는 짓지 않은 것이다. 가사는 또 다른 갈래로 한시의 고시와 비교해야 하는 새로운 논의이므로 여기에서는 7언 절구와 평시조를 비교하고자 한다.

무인(武人)으로도 활동했던 박인로는 윤선도와 같은 17세기 사람이면서도 처지면에서는 달랐다. 사회적 처지가 다른 것처럼 작품의 세계나 한시와 시조의 대비적 특징이 윤선도와는 여러 측면에서 다르다. 우선 윤선도는 비슷한 제목이나 내용의 절구와 시조가 많았는데, 박인로는 시조와 가사가

---

7 구수영, 「노계 박인로의 시가 연구」, 동국대학교 박사학위논문, 1986 ; 박남주, 노계 박인로의 한시 연구, 조선대학교 교육대학원, 1996.

그러하다. 그러나 윤선도는 신흠보다는 한시와 시조의 거리가 조금 더 가까운 편인데, 박인로는 윤선도보다 더 한시와 시조가 가까운 특성들이 발견된다. 바로 앞장에서 본 정훈보다 그러한 특성이 더해진다. 이에 대한 구체적인 논증은 본문에서 하기로 하고, 이제 절을 달리해서 자세히 살펴보도록 하자.

2. 시조와 7언 절구의 주제적 경향 비교

2.1. 개괄적 비교

여기서는 두 갈래를 비교하는 목적으로 대체적인 주제적 경향을 비교하고자 한다. 주제를 잘 드러내주는 제재를 기준으로 접근해보면 박인로의 시조는 자연과 교훈을 다루는 작품이 대다수이다. 교훈시조로 알려진 <오륜가>가 벌써 25수를 차지하고, 자연을 읊은 <입암>이 29수나 되기 때문이다. 이 외에 부모님을 그리워하는 작품 등이 더 보인다. 7언 절구에서도 자연의 흥취나 경관을 다룬 작품들이 40여 수 가까이 있어 가장 큰 비중을 차지한다. 이 외에도 밭갈이를 읊은 <耕田歌十韻> 10수나, 교유시, 개인 신변의 일상적 술회 등이 보인다. 이렇게 제재의 종류의 다양성만 보자면 시조보다 7언 절구에서 다루는 제재가 더 다양하다. 이러한 특성은 서론에서도 잠시 언급한 바 있지만, 한시의 작품수가 더 많고 더 긴 시간동안 지어졌다는 점이 영향을 미칠 가능성이 크다.

두 갈래에서 다룬 주제 영역을 그림으로 나타내면 다음의 [그림1]과 같다. 7언절구의 작품수가 더 많기 때문에 원의 크기가 약간 더 크다. A와 B가 시조의 영역이고, B와 C가 절구의 영역이다. B영역은 두 갈래가 공통적으로 다루는 제재이지만, 시조에서 더 많이 나오는 연군, 형제애는 시조에 가깝게 적었다. 각 영역에서 가장 많이 다루어지는 순서부터 위에서 아래로 적었다. 곧 시조에서는 교훈과 자연 제재가, 7언 절구에서는 자연과 교유 제재가 가장 비중이 커서 제일 위에 놓였다.

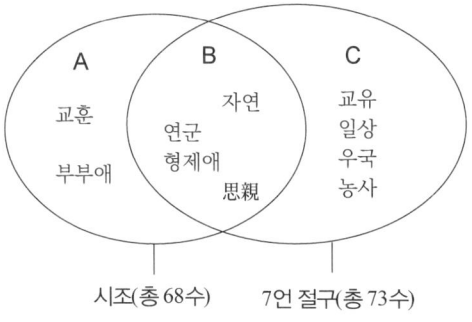

[그림1] 박인로의 시조와 7언 절구의 주제 비교

[그림1]에서 보듯이 박인로의 시조의 제재가 자연과 교훈에 집중되어 있다보니 시조에서 다루지 않은 더 다양한 내용들이 절구에서 다루어지고 있다고 할 수 있다. 공통적으로 자연에 대해 각 갈래의 절반 이상에서 다루고 있어서 이를 교집합에 해당하는 B에 넣었다. 부모님을 그리워하는 작품은 교훈성도 있지만 제재적 측면에서 시조와 절구에 약간 수의 작품이 보인다.

A영역은 시조에만 보이는 내용으로 교훈적인 내용이 절대적으로 많다. <오륜가> 25수 외에도 부모님과 임금을 생각하는 <조홍시가>와 <사친>, 성현을 생각하는 <모현>, <신유추여정한강욕우울산호정>, <지경> 등 30수가 넘어 가장 큰 비중을 차지하고 있다. 16세기나 17세기 양층언어작가들보다 훨씬 많은 수의 교훈시조를 지었고, 박인로가 지은 시조 전체에서 차지하는 비중도 가장 크다는 점이 특징이다. 그러나 교훈 시조라고 해도 정철이 곡진한 마음을 훈민시조에서 표현한 것처럼 박인로 역시 임금이나 부모님, 부부나 형제 등에 대한 정서를 담아 교술적이기만 하지는 않다.

박인로의 교훈 시조에 대해 선행연구에서는 16세기 교훈 시조가 목민관의 입장에서 백성을 교화하기 위한 것이라면 17세기 박인로와 같은 재지사족의 교훈시조는 주변의 재지사족을 교화하고 결속하기 위한 것으로서 한자 사용이 많은 것도 이를 뒷받침한다고 보고 있다.[8] 선행연구는 교훈 시조만 비교한 결과이지만, 이를 양층언어적으로 접근하면 그 의미가 색다르다.

곧 정철이나 윤선도가 교훈적 시조를 지을 때에는 아이를 비롯해서 백성을 향해 말하는 방식이지만, 박인로의 교훈적 시조는 대상이 하층민이 아니라는 점에서 시조가 백성을 향한 발화의 통로에서 사회적 지위가 더 높은 재지사족들을 대상으로 발화하는 통로로 사용되고 있다는 것을 발견할 수 있다. 상층과 하층간의 발화 통로에서 상층 내부의 발화 통로로 시조가 그 기능을 하고 있다는 점에서 교훈 시조사로 접근하더라도 시조의 사회적 지위가 높아졌다는 점을 알 수 있다.

교훈 시조의 범위를 넓힌다면 주목되는 작품이 <自警>이다. 박인로의 교훈 시조가 하층민이 아닌 같은 사대부층 내부를 향한 것이라 하였는데, 이에 더 나아가 자기 자신을 향한 교훈 시조를 지었기 때문이다. 하층민을 향한 교훈 시조일 경우에는 시조를 통한 자경(自警)의 발상이 나오기가 쉽지 않지만, 같은 사대부층을 향한 교훈 시조가 되면 그 사대부층에 자신도 속하므로 자기를 향한 교훈 시조가 가능해지는 것이다. 특히 같은 사대부층을 향한 교훈 시조라도 <오륜가> 등 타인을 향한 발화이거나 타인과의 관계에서가 아니라 자신을 돌아보고 자신에게 교훈적인 의도로 발화한다는 점에서 주목된다. 이러한 현상은 17세기 정훈이나 18세기 황윤석에게서도 나타나는 것으로 보아서 박인로 이후에 두드러지게 나타났다고 할 수 있다.

C영역은 7언 절구에서만 주로 보이는 내용들이다. 농사일이나 세태 한탄, 일상 등은 시조에서 할 법도 한데 박인로의 경우에는 절구에서 주로 다루고 있다. 교유시는 시조에는 없으나 절구에는 제목을 통해서도 알수 있을 만큼 적지 않다. 7언 절구로 된 교유시는 총 23편이나 보인다. 구체적인 양상은 다음 [표1]과 같다.

---

8   한창훈(1997), 앞의 글 ; 최현재, 『조선 중기 재지사족의 현실인식과 시가문학』, 선인, 2006.

[표1] 박인로의 7언 절구로 된 교유시

제목	교유인물
<吳山書院敬次張旅軒韻(오산서원에서 공경히 장여헌의 시에 차운하다)>	장현광(張顯光) : 인조조 문신 1수
<月城古池次李提督三省韻(월성 옛못에서 이제독 삼성의 시에 차운하다)>	이삼성(李三省) : 제독 1수
<送全節度三達赴關西(관서에 부임하는 전절도사 삼달을 보내다)>(2수)	전삼달(全三達) : 병마절도사(종2품) 2수
<黃太守呼韻(황태수가 운자를 부르다)>(2수)	황태수(黃太守) : 태수 2수
<贈鄭奉事弘業(정봉사 홍업에게 주다)>	정홍업(鄭弘業) :奉事(종8품) 1수
<戲贈富山鄭公延吉(부산 정공 연길에게 재미로 지어주다)>(2수) <贈鄭公延吉(정공 연길에게 주다)> <鄭公延吉幽居(정공 연길의 유거)>(2수) <述明德洞義贈鄭丈延吉(명덕동의 뜻을 술회하며 정장 연 길에게 주다)>(3수)	정연길(鄭延吉) : 노계곡(蘆溪谷) 은거시 교유한 인물 8수
<次友人韻(벗의 시에 차운하다)>	벗 1수
<奉呈細谷亭主人(세곡정 주인에게 바치다)>(3수) <贈細谷亭主人(세곡정 주인에게 주다)>	세곡정 주인 4수
<戲贈東湖主人(동호 주인에게 재미로 지어주다)>	동호 주인 1수
<次竹院韻(죽원의 시에 차운하다)>(2수)	죽원 2수
총 23수	

　7언 절구 73수 중에 23수가 교유시에 해당된다는 것은 상당한 비중을 가지고 있다고 볼 수 있다. 한시가 사대부 내 교유관계에서 활용되는 것은 일반적인 현상이다. 실제로 박인로 주변에서 함께 교유하던 인물로서 비슷

한 처지의 동향인들이라고 할 수 있다. 구체적 인명을 알 수는 없으나 '세곡정 주인', '동호 주인'이라는 표현을 보아도 그렇고, 또 정연길·정홍업·최기남·전삼달 등도 그러하다.

그런데 시조 역시 박인로 개인적인 취향의 작품이라기보다 당대 거유들과의 교류 속에서 나온 작품들이 적지 않다. <조홍시가> 4수의 경우 한음(漢陰) 이덕형이 보내준 홍시를 보고 지은 작품이라고 하고,[9] <입암> 29수는 위 절구에서도 보았던 장여헌, 곧 여헌 장현광이 입암에 은거시 그를 대신해서 지었다고 한다.[10] 시조만이 아니라 가사도 그런 경우가 적지 않다. <태평사>의 경우 부산에서 박인로가 성윤문의 막하에 있을 때 주둔하던 왜적이 도망간 것을 좇고 돌아온 후 성윤문의 지시로 지은 작품이라 한다.[11]

물론 엄밀히 말하면 시조 창작의 동기가 당대 거유들과 관련이 있다는 것이지 실제로 교유시로서의 기능을 한 것은 아니다. 시조의 작품 내용에서 교유관계가 드러나는 것은 거의 없고, 그나마 제목에서 교유관계가 드러나는 것은 <辛酉秋與鄭寒岡浴于蔚山椒井> 2수가 보인다. 한시의 경우와 같이 주고 받는 교유라기보다 寒岡(한강) 鄭逑(정구)와 같이 갔다는 사실을 보여주는 것에 그친다는 점에서 엄밀히 말해 교유관계에서 나온 시라고 하기는 어렵다.

따라서 실제 작가 주변의 인물과 시를 주고받으며 교유했던 정보들이 드러나는 것은 한시를 통해서이고, 시조에서는 사람과의 교유보다는 자연을 대상으로 하되 자연을 의인화하는 방식을 택하고 있는 것으로 둘을 비교할 수 있다. 곧 사람과의 교유는 한시로, 자연과의 교유는 시조로 했다고

---

[9] ≪노계선생문집≫ 권3, "辛丑九月初 漢陰相公饋公早紅柿 公因時物有感而作".
[10] ≪노계선생문집≫ 권3, "時旅軒張先生寓居本郡北立巖 公嘗從遊 代旅軒作此歌".
[11] ≪노계선생문집≫ 권3, "戊戌季冬 釜山屯賊乘夜奔潰 時公佐左兵使成允文幕 兵使聞卽率軍馳到釜山 留十餘日後還到本營 明日使之作此歌".

할 수 있다. 이는 앞에서 본 윤선도의 경우와도 유사하다. 한시에서도 자연을 대상으로 의인화하는 경우가 전혀 없는 것은 아니나 두 갈래의 대비적 특징을 고찰할 때에는 한시는 작가 주변의 실제 인물과의 교유시가 적지 않은데 비해 시조에서는 그렇지 않기 때문에 이렇게 말할 수 있다.

그런데 절구에서 사대부 작가들의 일반적 특징인 교유시가 많다는 점은 다른 양층언어작가와 같은 현상이지만, 해당 작품들의 문체는 이전 작가들과 다른 변화를 보인다. 이에 대해서는 4절에서 구체적으로 논의하도록 하겠다.

2.2. 공통된 주제 영역의 비교

이제 두 갈래가 공통적으로 가장 많이 다루고 있는 B영역에 주목해보자. 제재는 유사하더라도 실질적인 내용이나 지향점, 정서 등도 유사한지 살펴볼 필요가 있다. 우선, 시조의 절반을 차지할 뿐만 아니라 절구에서도 절반을 차지하는 자연 제재의 작품들을 살펴보도록 하자. 아래 두 작품은 자연을 제재로 하면서도 제목까지 유사하고, 제명에 '노계(蘆溪)'라는 박인로의 호까지 들어가 있어서 비교할 만한 작품들이라 제시한다.

[한시1] 〈蘆溪卜居〉[12]
離群脫俗入山中 세속의 무리를 떠나 산중에 들어와
獨釣苔磯細柳風 홀로 낚시하는 곳 실버들에 바람이 부네
千載非無西伯獵 천년 뒤 서백(西伯)의 사냥이 없지 않으리니
可憐虛老一溪翁 가련하구나, 헛되이 늙어가는 시냇가 한 노인이여

---

[12] 《노계선생문집》 권1. 박인로의 7언 절구는 모두 권1에 있으므로 이하에서는 따로 출처를 표기하지 않는다. 본장에서는 김문기 역주, 『국역노계집』, 역락, 1999에 있는 영인본을 대상으로 한다.

[시조1] 〈蘆洲幽居〉[13]
어화 아희들아 후리치고 가자스라
田園이 뷔엇거니 엇지 아니 가로소냐
道川上 明月淸風이 날 기두리니 오리니라.

두 작품의 제목은 박인로의 호이기도 한 '노계(蘆溪)', 곧 갈대 시냇가에 산다는 내용을 공통적으로 담고 있다. 이런 점에서 자화상적 작품이라고 할 수 있을 것이다. 그런데 두 갈래가 유사한 제명이지만 내용의 전개나 지향, 주된 정서 등이 전혀 달라서 매우 대비적이다.

[한시1]에서는 세속의 무리를 떠나 갈대 시냇가에 돌아와 사는 화자 자신의 신세를 가련하다고 하고 있다. 반면에 [시조1]에서는 모든 것을 버려두고 전원으로 가자고 하되, 자기 자신만이 아니라 아희들까지 청유하며 함께 가자는 내용이다. [한시1]에서는 전원으로 이미 돌아왔으나 이런 화자 자신이 가련하다고 고백하고 있는 반면에 [시조1]에서는 아직 전원으로 돌아가지는 않았지만 전원에서의 삶에 최고의 가치를 부여하고 다른 이들에게까지 적극적으로 권면하고 있는 긍정적인 분위기를 보인다. 특히 시조에서는 자신을 돌아보기보다 '전원이 비었다'거나 '명월청풍'이라는 노계(자연) 자체의 모습에 주목하고 있다. 시적 화자보다는 배경인 자연에 더 주목하고 있는 것이다.

이렇게 같은 제재, 거의 유사한 제명의 두 갈래에서, 한시에서는 자연에서 헛되이 늙어간다고 하였는데, 시조에서는 전원으로 돌아가는 삶을 부정적으로 그리고 있지는 않다. 이는 현실과 이상의 문제일 수도 있고, 실제 작가의 모습과 가면적 자아의 차이일 수도 있다.

한시가 작가의 실제 현실적 삶의 모습과 화자의 모습이 맞닿아있다는

---

[13] ≪노계선생문집≫ 권3. 이하 박인로의 시조는 모두 권3에 있으므로 따로 출처를 표기하지 않는다.

특징은 신흠에게서도 나타나는데, 이 점 역시 박인로의 한시에서도 그렇다고 할 수 있다. 전원에서의 이상적 삶을 기대하는 시조에 비해 한시에서 보이는 자연에서의 현실적 삶에서는 화자의 처지를 가련하게 느끼고 있는데, 이러한 자기 인식의 태도가 다른 절구에서도 종종 보이기 때문이다. 이와 관련해 아래 작품들을 보도록 하자.

[한시2] 〈述懷 二首〉중 제1수
草野愚慵一箇身   초야에 어리석고 용렬한 한 몸이
念時憂國暗傷神   시대를 염려하고 나라를 걱정해 남몰래 상하네
聖恩未報頭先白   성은을 아직 갚지 못했는데 머리는 희어지니
西望長安淚濕巾   서쪽 장안을 바라보며 눈물흘리네

[한시3] 〈漫興〉
年老家貧客不來   나이들어 늙고 집은 가난해 손님이 오지 않으니
但看黃鳥自飛來   다만 꾀꼬리 나는 것을 바라보네
松牕晝永無餘事   소나무 드리워진 창에 낮은 길고 일이 없으니
更有閑雲任去來   한가한 구름만 오가며 바뀌네

위의 [한시2]와 [한시3]에서는 기구(起句)마다 화자가 자기 자신을 인식하고 있는 모습을 볼 수 있다. [한시2]에서는 초야에 있는 어리석고 용렬한 사람이라고 하고 있고, [한시3]에서는 늙고 가난한 사람으로 자신을 그리고 있다. [한시2]에서는 자연에 묻힌 어리석고 용렬한 사람이지만 마음만큼은 나라 걱정, 임금 걱정으로 가득하다고 하였다. [한시3]에서는 자연 속에서 늙고 가난하기 때문에 아무도 찾지 않지만 그래서 새와 구름을 보며 흥이 인다고 하였다. 그런데 두 작품에서 모두 작품을 시작할 때에 선경후정의 방식으로 외부의 경을 그리기보다 화자의 자기 인식 태도가 먼저 기술이 된다는 점에서, 또 이런 작품이 여러 작품이라는 점에서 박인로가 자신의 자화상을 어떻게 그리고 인식하고 있는지 알 수 있다.

[한시2]와 [한시3]에서 화자의 자기 인식의 태도를 보았지만, 이를 가장 잘 보여주는 것이 앞에서 본 [한시1]이다. 전원으로 돌아오기는 하였어도 전구(轉句)에서 보듯이 낚시하던 강태공을 재상으로 삼았던 일처럼 자신도 그럴 수 있기를 기대하는 마음은 버리지 못해 세월만 흐르는 자신의 신세를 한탄하고 있는 것이다. 따라서 [한시1]에서 '노계'는 '자연'이라는 의미 외에도 '박인로'라는 자기 자신의 자화상에 대한 고백이라고 할 것이다.

이에 비해 [시조1]은 자기 자신에 대한 자화상보다는 '어화'라는 소리를 시구로 표현하며 아이들을 불러 자연으로 갈 것을 청하고 있다. '어화'가 조흥적 역할을 더해 작품의 분위기가 절구에서 본 고백적 분위기와는 전혀 달라지고 있다. 흥겹게 여러 사람들과 함께 자연에서의 즐거운 삶을 기대하고 있고, 화자 자신에게 관심을 몰두하고 있지는 않는 것이다. 시조의 기능이 유흥적이며 공동체가 함께 향유하는 노래로서의 역할이 절구와 다른 것을 알 수 있다.

그렇다면 이번에는 B영역에서 또 다른 주제군을 비교해보도록 하자. 가족과 관련해 부모님을 그리워하거나 형제애를 보이는 내용은 두 갈래에서 모두 나타난다. 시조에서는 <오륜가>를, 한시에서는 <夢陪先親覺後泣書>, <有感>과 <又>의 세 작품을 볼 수 있다. <오륜가>에서 부모님을 제재로 한 시조는 5수, 형제를 제재로 한 작품은 5수, 총 10수이다. 이에 비해 절구에서는 앞의 두 절구가 부모님을 제재로 한 것이고, 형제를 제재로 한 것은 <又> 한 작품만 보인다. '오륜'이라는 교훈성과 관련한 내용은 시조에서 주로 다루어지는 내용이다보니 절구에서는 더 적은 수만 보인다.

<유감>과 <우>는 문집에 연이어 실려 있다. 부모님을 그리워하는 <유감>을 먼저 쓰고 또 형제애를 작품화하고 있는 것으로 보인다. 표면적인 연작시는 아니지만 '又'라는 말로 인해 두 작품의 연계성이 짙다고 할 수 있다. 시조에서도 부모님을 먼저 다루고, 형제에 대한 것이 이후에 나와서 순차적 질서도 한시와 같다. 그렇다고 절구도 <오륜가>처럼 부모님, 임금,

부부, 형제, 벗의 순서로 연작시를 지은 것은 아니라서 가족 제재의 작품은 모국어(母國語)인 국어시가의 시조에서 더 적극적으로 다루어지는 영역이라고 하겠다.

우선 부모님을 제재로 한 작품을 아래와 같이 보도록 하자.

[시조2] 〈五倫歌〉중 '父子有親' 5수중 제4수
世上 사룸들아 父母恩德 아는산다
父母 곳 아니면 이 몸이 이실소냐
生死葬祭예 禮로뻐 終始갓게 섬겨서라

[한시4] 〈有感〉

永慕情懷老益深   부모님 그리는 정이 늙을수록 더욱 깊어지니
窮天無地盡吾心   무궁한 천지처럼 내 마음을 다하리라
楸原霜露偏增感   무덤 위 서리 이슬이 감정을 더하니
省掃年年淚不禁   성묘때면 해마다 눈물을 금할 수 없구나

[시조2]와 [한시4]는 부모님을 제재로 한 점은 같으나 화자가 말하고자 하는 내용은 조금은 다르다. 한시에서는 부모님이 돌아가신 후라는 작가의 실제 현실이 나타나 매우 슬퍼하고 그리워한다. 반면에 시조에서는 '세상사람들'에게 하는 말이다. 작가 개인의 처지와 무관하게 누구에게나 해당되는 보편적 내용을 다루고 있어서 살아계시든 돌아가시든 시종 한결같이 섬기라고 한다. 누구든 이 상황에 해당될 수 있도록 보편적 이야기를 하고 있는 것이다.

그런데 부모님을 제재로 한 시조는 한 수가 더 보이는데 <思親>이라는 작품으로 오륜과 관련되지 않으면서 절구에서와 같이 먼저 가신 부모님을 그리워하는 내용으로 되어 있다.[14] 따라서 절구에서는 시적 화자의 사친(思親)의 정서가 부각된다면 시조에서는 이런 내용도 있지만 화자의 정서적

측면보다는 대상을 향해 당위적 도리를 강조하고 있기도 하다. 시조는 절구와 같이 자기고백적 기능의 작품도 있으면서 대(對)타인적 기능도 하고 있는 것이다.

한편, 임금이나 형제를 제재로 한 작품은 어떠한지 살펴보자. 먼저, 아래 작품은 형제를 다룬 작품들이다.

[시조3] 〈五倫歌〉 중 '兄弟有愛' 5수 중 제3수
友愛를 尤篤ᄒ야 百年을 ᄒᆞ틔 살며
ᄒᆞᆫ옷 ᄒᆞᆫ밥을 논하 닙고 논하 먹고
白髮애 아뮈줄 모ᄅᆞ도록 흠긔 늘쟈 ᄒ노라

[시조4] 〈五倫歌〉 중 '兄弟有愛' 5수중 제4수
同氣로 셋 몸되야 ᄒᆞᆫ 몸가치 지니다가
두 아은 어디 가셔 도라올 줄 모ᄅᆞᆫ고
날마다 夕陽門外예 한숨계워 ᄒ노라

[시조5] 〈五倫歌〉 중 '兄弟有愛' 5수중 제5수
友愛 깁흔 ᄯᅳ지 表裏 업시 ᄒᆞᆫ 쯧 되야
이 中에 和兄弟를 우린가 너겨쩌니
엇지라 白首隻鴈이 혼자 울 줄 알리오

[한시5] 〈又〉
宜弟宜兄睦一家　형제가 사이 좋아 한 집안이 화목하니
人言友愛世無加　사람들이 말하기를 세상에 더없는 우애라 하네
如今譨作孤飛雁　지금은 외로운 기러기같아서
隻影虛堂只自嗟　외로이 빈 집에서 다만 탄식할 뿐이네

14　<思親> 霜露旣降ᄒ니 보기도 悽愴코야 이 옷시 열다 ᄒ야 치위 저허 그러ᄒ랴
　　一生애 永慕方寸의 문득 늣겨 ᄒ로라

앞에서 부모님을 제재로 한 두 갈래에서는 유사성과 더불어 대비적 측면도 두드러진 반면에 형제를 제재로 한 두 갈래는 유사성이 많다. 특히 작가의 실제 현실적 모습과 당위적이고 보편적 내용이라는 차이점이 형제와 관련한 작품에서는 두드러지지 않는다. 위의 시조와 한시를 보면 한시의 각 구절이 시조마다 일부씩 들어가 있어서 두 갈래의 작품들이 거의 유사한 내용이라고 할 수 있다.

[한시5]를 보면 형제와 사이가 매우 좋았는데, 지금은 먼저 가서 외롭게 있다고 하였는데 이런 내용들이 위의 시조 3수에 고루 나오고 있다. 곧 [한시5]의 기구와 승구의 내용은 [시조3] 전체와 [시조4]의 초장, [시조5]의 초장과 중장에 보인다. [한시5]의 전구와 결구의 내용은 [시조4]의 중장과 종장, [시조5]의 종장에 나오고 있다. 특히 [한시5]의 결구와 [시조5]의 종장은 거의 같다고 해도 과언이 아니다.

형제우애를 노래한 절구는 박인로의 한시 전체에서 [한시5]만 보이는데, 시조는 5수가 보인다. 그런데 5수의 시조 중에서 [시조5]는 제5수로서 마지막 작품인데, [한시5]의 결구 역시 작품의 마지막 자리라는 점에서 공통적인 위치에 있다. 또 [시조4]의 밑줄 친 부분을 보면 작가 박인로의 실제 가족관계가 그대로 나타난다. 실제로 박인로는 맏이로서 아래로 박인수(朴仁叟), 박인기(朴仁耆) 두 남동생이 있는데, [시조4]의 초장에서도 "同氣로 셋 몸되야 호 몸가치 지니다가"라고 해서 실제 3형제인 사실과 일치한다.

따라서 이 경우 박인로의 시조와 절구는 매우 근접해있어서 두 갈래의 거리가 가깝고 그 성격이 거의 일치한다고 할 수 있다. 이와 같이 한시와 시조가 거의 유사한 구절과 내용을 표현하는 경우도 많다. 절구 <九仞山>과 시조 <九仞峰>, 절구 <黃太守呼韻 2수>와 시조 <立巖 29곡>중 <數魚淵>도 대표적인 예가 될 것이다. 이들 작품도 구체적인 실제 지명을 사용한다거나 실존인물과의 교유시라는 점이 공통점이다. 이렇게 한시가 작가의 실제의 삶과 일치하는 현상이 시조에서도 나타난다. 즉, 박인로에게 있어서 한시와 시조는 명확하게 구분되기만 하는 것이 아니라 화자와 작가가 거의 일치하는 특성을 공통적으로 가지기도 하는 것이다.[15]

이번에는 임금을 다룬 작품들을 비교해보도록 하자.

[시조6] 〈五倫歌〉 '君臣有義' 5수 중 제1수
聖恩이 罔極흔 줄 사룸들아 아느순다
聖恩 곳 안니면 萬民이 살로소냐
이 몸은 罔極흔 聖恩을 갑고말려 ᄒ노라

[시조7] 〈五倫歌〉중 '君臣有義' 5수 중 제2수
稷契도 안닌 몸애 聖恩도 罔極훌샤
百번을 죽어도 갑흘 닐이 업것마는
窮達이 길이 달나 못뫼압고 설웟로라

[한시6] 〈述懷 二首〉
草野愚慵一箇身 초야에 어리석고 용렬한 한 몸이
念時憂國暗傷神 시대를 염려하고 나라를 걱정해 남몰래 상하네
聖恩未報頭先白 성은을 아직 갚지 못했는데 머리는 희어지니
西望長安淚濕巾 서쪽 장안을 바라보며 눈물흘리네

報國初心久未成 나라의 은혜를 갚으려는 첫 마음을 아직 이루지 못했으니
孤眠長夜惱愁情 긴 밤을 외롭게 지새우며 근심하네
夢中馳入遼陽路 꿈속에나 말달려 요동에 들어가
射殺單于奏凱聲 선우(單于)를 쏘아죽이고 승리의 함성을 아뢰리라

---

[15] 이와 관련해 최현재(2004b)에서는 박인로가 선가자(善歌者)로서 대상으로 하고 있는 인물의 모습과 더불어 작가의 모습이 공존하고 있다는 점에 주목하고 '대리 화자'로서의 면모를 살펴본 바 있는데, 주로 가사를 대상으로 한 것이지만 시조에서도 작가적 면모와 가면적 화자의 모습이 공존하는 현상과 연결지어 이해할 수 있다.

[한시6]은 2수 중 제1수만 [한시2]로 다루어진 바 있는데, 여기서는 2수를 모두 보므로 [한시6]으로 지칭한다. [한시6]에서 밑줄 친 부분과 [시조6]과 [시조7]의 밑줄 친 부분은 유사한 내용이다. 한시에서 시적 화자는 성은(聖恩)을 갚고자 하는데, 아직 이루지 못하고 나이가 들어가고 있다. 이와 같이 시조에서도 성은을 갚고 말리라 다짐하였지만 궁달(窮達)이 생각과 달라 그러지 못하고 있다고 하였다. 특히 [시조6]의 종장에서 '이 몸은'은 시적 화자가 자기 자신을 가리키는 말이지만 절구와 같은 내용이자 실제 작가의 처지와 같은 점이기도 하다.

물론 약간의 차이도 보인다. [한시6]에서는 임금의 은혜와 나라를 걱정하는 마음이 함께 있는데, 시조에서는 임금의 은혜 그 자체에 초점이 맞추어져 있다. 그런데 임금을 그리워한다기보다 임금의 은혜에 감사하거나 그 은혜를 갚고자 애를 쓰는 내용이 대부분을 차지한다는 점에서 일반적인 연군(戀君)이라고 보기는 어렵다. <오륜가>에 속하는 윤리성, 교훈성을 목적으로 한 작품이기 때문에 그렇게 되었다.

그렇다면 시조가 작가 내면의 서정성을 고백하는 통로가 아니라 교훈성을 목적으로 할 때에 화자와 작가가 분리될 가능성이 커지게 된다는 것을 포착할 수 있다. 시조와 한시가 모두 서정시이고, 특히 7언 절구와 단시조가 정보량이 유사한 정형의 서정시라는 공통점이 있음에도 불구하고 시조는 왜 절구와 달리 화자가 작가와 일치하지 않는 특성이 나타나게 되는지 설명할 수 있게 되는 것이다.

일반적으로 서정시가 작가가 서정적 자아를 내세워서 정서를 표현하는데, 시조는 절구와 달리 이렇게 교훈성을 담아내는 기능을 하기 때문에 작가와 화자가 일치하기만 하는 것이 아니다. 물론 시조의 작가와 화자가 일치하지 않는 경우가 교훈성 때문만은 아니기 때문에 또 하나의 경우라고 할 것이다. 자기가 자기에게 발화하는 것이 아니라 타인(백성)을 향해 발화하는 기능을 해야 하기 때문에 이럴 경우의 화자는 작가를 떠나서 새로운 모습이 되어 청자에게 말을 하게 되는 것이다.

따라서 시조가 절구와 달리 우리말로 된 노래로서 훈민적 기능을 하게 된 점이 작가와 화자의 불일치를 높이는 하나의 문학적 장치로 작용하게 되어 상상적 화자, 이상적 내용을 담을 수 있는 여지를 만들어내게 된다는 것은 중요한 지점이다. 시조가 절구와 다른 양층적 관계에 있다는 점이 작가와 화자의 관계를 설명하는 중요한 지점이 되고, 나아가 시조가 절구와 다른 문학적 장치가 작용할 수 있는 계기를 만들어준다는 것을 발견할 수 있게 된 것이다.

한편, 한시에서의 현실적 삶의 모습은 [그림1]에서 C영역과도 밀접한 관련이 있다. 절구에서 주로 다룬 내용들이 농사일이나 일상적 삶 등 작가의 실제 삶과 밀착한 생활의 모습들이 보이는 반면, 시조에서는 이런 내용들이 나타나지 않는다. 대표적인 작품을 예로 들어보자.

[한시7] 〈耕田歌十韻〉 제1수
舜何人也歷山耕 순(舜)임금같은 사람도 역산에서 밭을 갈고
伊尹之賢莘野耕 이윤(伊尹)같은 현인도 밭을 갈았네
古昔聖賢皆若此 옛 성현이 모두 이와 같으니
此翁何獨不躬耕 이 늙은이가 어찌 홀로 밭갈지 않으리

[한시8] 〈耕田歌十韻〉 제2수
每願生平釣與耕 평생에 늘 낚시와 농사를 원했는데
雖能自釣未能耕 낚시는 하였어도 농사는 못하였네
如今幸得羸牛一 지금처럼 다행히 여윈 소 한 마리를 얻으니
雨後春田帶月耕 비온 뒤 봄밭에 달빛을 두르고 갈리

[한시9] 〈耕田歌十韻〉 제4수
乘涼步出早朝耕 서늘한 이른 아침에 나가 밭을 갈고
罷釣歸來午後耕 낚시마친 후 돌아온 오후에도 밭을 가네

<u>吾豈厭貧求富者</u> 내 어찌 가난을 싫어하고 부유함을 구하리
不妨蓑笠雨中耕 도롱이와삿갓있으면비오는데밭가는것도거리끼지않네

[한시7·8·9]는 농사를 제재로 하고 있는 10수의 연작시의 일부이다. 제목의 아래에는 '때에 느낀 것이 있어 짓다(時寓感而作)'고 되어있는데, 밭갈이 하는 것을 보고 추상적 얘기를 한 것일까 생각이 들지만 [한시7]에서는 옛 성현과 같이 자신도 밭을 갈겠다고 하고, [한시8]을 보면 지금 소 한 마리를 얻었으니 밭을 갈겠다고 평생의 원하는 바라 하였다. 물론 작품 속의 화자와 작품을 지은 작가가 항상 일치하는 것은 아니기 때문에 가공된 인물인 화자가 작품에서 밭갈이를 소원하고 소를 얻었다고 지어낼 수도 있다.

그러나 위 [한시7·8·9]에서 밑줄 친 대목을 보면 가면적 자아의 모습만이라고 하기는 어려워보인다. 게다가 앞에서 보았듯이 비슷한 제목의 한시와 시조를 대비할 때에도 한시에는 작가의 자화상적 고백이 나타난 것을 보았다. 그리고 C영역에 속하는 교유시 역시 실제 박인로 주변의 인물들과 교유하며 쓴 시라는 점에서 한시가 실제 작가의 삶의 모습을 담고 있는 경향이 박인로에 이르러서 달라졌다고 보기는 어려울 것이다. 곧 한시에서는 화자의 모습이 곧 작가의 모습과 거의 유사하며 일상에서 겪는 작가 신변적 사건을 다룬다는 점이 시조와 다른 점이라 하겠다.[16]

또 다른 한시를 더 보도록 하자.

---

[16] 최현재(2004a), 앞의 글에서는 박인로의 <누항사>에 나타난 화자의 모습이 실제와는 거리가 멀다는 점을 고증하였다. 가사에서 나타난 매우 가난한 모습, 특히 소도 얻지 못해 돌아오는 모습과 [한시8]과는 다른 내용이다. 한시에서의 시적 화자도 작가와 완전히 일치하지는 않겠지만, 국어시가에서 어느 정도 가면적 자아가 더 강한 것을 여기에서도 생각해볼 수 있다.

[한시10] 〈耕田歌十韻〉 제6수
上古民心遜畔耕　옛 사람들은 밭두둑을 양보하였는데
今人何事互侵耕　지금 사람은 어찌 서로 밭을 침범하는가
草萊耕者知無數　밭가는 이는 셀 수 없이 많지만
未見長沮桀溺耕　장저(長沮)와 걸익(桀溺)이 밭가는 것은 보지 못했네

[한시11] 〈迎壻日詠雁〉
爲問九秋何處雁　묻노라 깊은 가을에 어디 있던 기러기인가
飛來繡幕落華筵　비단장막에 날아와서 꽃자리에 앉았네
汝須喚做新人福　너는 모름지기 새로운 복을 불러와
生子生孫享永年　아들 손자 낳고 길게 그 복을 누려라

또 [한시10]을 보면 세태를 비판하는 어조도 느껴진다. 특정 사건이나 인물을 두고 한 말은 아니지만 지금 사람들은 양보하지 않고 오히려 남의 것을 침범해 빼앗는 현실임을 말하는 것 역시 작가의 실제 현실을 비판하는 것이라고 보암직하다. [한시11]과 같이 '사위를 맞이하는 날에 짓다'고 한 것 역시 실제 박인로가 생활 속에서 겪는 사건을 두고 작품을 지은 것이라 보인다. 곧 한시에서는 화자의 모습이 곧 작가의 모습과 거의 유사하며 일상에서 겪는 작가 신변적 사건을 다룬다는 점이 시조와 다른 점이라 하겠다.

　이렇게 지금까지 박인로의 절구와 시조의 주제를 비교하는 가운데 다음의 사실을 발견한 점이 큰 수확이다. 곧 절구는 같은 사대부층의 교유시로 화답하는 기능으로 인해 실제 작가와 시적 화자의 모습이 거의 일치하는 경향이 짙다. 이에 비해 시조는 상하층간의 훈민적 기능으로 인해 작가와 화자가 불일치하는 경향이 더 나타나게 된다는 대비적 특징을 여기서 볼 수 있었다. 곧, 두 갈래에서 화자와 작가의 관계의 차이를 가져오는 장치가 절구의 사대부 내적 화답문화, 그리고 시조의 훈민적 기능이라는 양층문학적 특성이라는 점을 끌어낼 수 있게 되었다.

3. 시조에 나타난 '읽는 시(詩)'의 특징

박인로는 시조와 한시의 차이점보다는 유사성이 훨씬 더 많은 작가이다. 박인로에게 있어서 두 갈래의 유사성이란 노래로서의 시조 못지 않게 시로서의 특징이 강하게 나타난다는 것을 의미한다. 무엇이 시의 특징인가가 중요한 지점인데, 박인로 당시 작가들에게 시란 곧 한시이다. 따라서 시조에는 잘 나타나지 않는 특징으로서 한시의 일반적인 특징이 곧 시조에 나타난 시의 특징이라고 볼 수 있을 것이다. 이 장에서는 구체적으로 어떤 점에서 그러한지 절을 나누어 살펴보고자 한다.

3.1. 제목의 양상: 절구와 같은 방식의 시조 제목

절구는 작품에 제목이 없는 경우가 거의 없다. 제목이 없더라도 '무제(無題)'라는 제목을 붙일 만큼 제목의 존재가 필수적이다. 문자로 기록되는 기록문화의 일환이기 때문에 제목의 존재가 필연적이다. 이에 비해 시조는 제목이 없는 경우가 많고, 해당 작품을 지칭시 첫 소절을 제목처럼 사용하기도 한다. 첫 소절을 제목처럼 사용하는 것은 시조만이 아니라 구술적으로 향유되는 노래의 특성이기도 하다. 물론 현대의 가요에는 제목이 없지 않는데, 노래마다 가사가 앨범에 함께 수록되고, 노래가 방송이 될 때에도 자막이 수반되는 환경 가운데 있는 등 기록문화가 일반적인 상황이기 때문이다.

절구에서 제목은 작품을 이해하는 데에 큰 도움을 준다. 이와 관련해 아래의 작품을 보자.

[한시12] 〈夢陪先親覺後泣書〉
永慕平生寸草心 평생에 사모하는 마음 한치 풀같이 미약한데
潛催華髮鬢蕭森 어느새 백발이 되니 귀밑머리가 허전하네
依然殘夢三更後 꿈의 잔상이 삼경후에도 의연한데
枕上那堪淚濕襟 베갯머리 적시는 눈물이 옷깃을 적시니 어찌하랴

[한시12]에서 제목이 없다면 '사모하는 대상'이 누구인지 전혀 알 수가 없다. 물론 '촌초심(寸草心)'이 당(唐)의 시인인 맹교(孟郊)의 <遊子吟(유자음)>[17]의 시에 나오는 구절이라서 어머님의 은혜와 관련한 내용이라는 것을 짐작할 수는 있다. 그러나 이는 고전이 가진 용사와 점화 등의 특성이라서 별도로 논의가 필요한 대목이다. 여기서는 텍스트라는 공시적 관점에서 접근하고자 하는데, 곧 제목의 '선친(先親)'이라는 시어로 인해 그 사모의 대상이 어머님인 것을 알 수 있다. 만약 제목이 없다면 고전시가의 용사와 점화 등의 상호텍스트성까지 고려하지 않는다면 사모의 대상이 누구인지 정보를 찾기 어려운 것이다.

따라서 '작품'이라고 하면 비단 기구에서 결구까지만을 일컫는 것이 아니라 제목까지 작품에 속한다. 그렇다면 작품에서 제목과 본문이라는 구성을 취하는 것이 절구가 가지는 특성이라고 할 수 있을 것이다. 그런데 여기서 제목을 보면 거의 산문 문장에 가깝다. 명사구나 명사시어가 아닌 문장으로 되어있는 것이다. 이로 인해 절구가 꿈에서 깬 후에 울면서 썼다는, 사건이나 정황을 남기는 기록으로서의 기능을 하고 있다고까지 할 수 있다. 그리고 이 작품에 대한 여러 정보를 주고, 그래서 작가와 화자가 거의 일치하고 있다는 것을 알게 하는 것이 바로 절구가 가진 제목의 특성이다.

이에 비해 16세기 양층언어작가들은 시조에 개별 하나하나의 작품마다 소제목을 붙이지는 않았다. 물론 연시조를 주로 지었기 때문에 개별 작품들을 묶어주는 전체 제목만 있으면 되기도 하였으나 정철의 경우 단시조에도 제목이 없는 경우가 많았다. 이황의 경우에도 한시 <도산잡영>에서는 연작성을 가진 경우에도 개별 작품마다 제목을 둔 반면에 시조에서는 그렇게 하지 않았다. 17세기 신흠도 '방옹시여'라는 표현 외에는 시조의

---

[17] 孟郊, <遊子吟> "慈母手中線 遊子身上衣 臨行密密縫 意恐遲遲歸 誰言寸草心 報得三春暉."

제목을 찾아볼 수 없고, 윤선도의 경우에는 앞의 작가들의 비하면 시조에 제목이 대부분 존재한다. 물론 윤선도와 박인로가 그나마 문집에 국어시가를 기록한 경우로서 다른 앞의 작가들보다 제목 사용이 빈번한 점과 문집에의 기록이 유관한 것을 알 수 있다. 그러나 윤선도만 하여도 시조에 제목이 있지만 소제목을 개별 매수마다 붙이지는 않았다. 꼭 시조 작품수가 많지 않은 작가들도 떠올려보면 대부분의 단시조에 특별한 제목이 없는 것을 볼 수가 있다.

반면에 박인로는 시조마다 필수적으로 제목이 작품 본문과 함께 있는 구성을 취하고 있고, 표제 방식도 한시와 유사한 것을 볼 수 있다. 연작성을 가진 시조도 매 수마다 소제목을 두고 있다는 점에서 한시의 표제 방식과 더 가까워진 점이 특징이다. <오륜가>에서는 5수마다 소제목을 두었고, <입암> 29수에서는 더 적극적으로 소제목을 활용하고 있다.[18] 29수 중에서 10수는 <입암>이라는 제목 하에 있으나 이어서 싣고 있는 19수는 모두 개별 제목이 있다. 精舍, 起予巖, 戒懼臺, 吐月峯, 九仞峯, 小魯岑, 避世臺, 合流臺, 尋眞洞, 採藥洞, 浴鶴潭, 數魚淵, 響玉橋, 釣月灘, 耕雲野, 停雲嶺, 産芝嶺, 隔塵嶺, 畫裏臺이 그것이다.

문집이나 학계에서는 29수를 모두 <입암>으로 묶어서 보고 있지만 만약 앞의 10수만 <입암>에 해당되고 나머지 19수는 단시조 19편이 각각 문집에 놓여져 있을 뿐이라고 치자. 그렇다고 해도 상황은 크게 변하지 않는다. 오히려 매수마다 한 작품도 놓치지 않고 제목화하려는 특징이 잘 드러날 뿐만 아니라 그 표제방식이 모두 영물시나 경물시에서와 같이 한시에서 지명을 제목으로 삼을 때의 특징과 같다는 점은 변함없는 사실인 것이다.

---

[18] 『한국문집총간』≪노계집≫ 권3에는 22수만 있고, 판본에 따라 후손이 발견한 2수+5수를 추간하여 29수로 볼 수 있다. 본장에서는 29수를 전체로 보고 논의를 진행한다.

여기서 더 주목할 점은, 연작시 방식으로서 <입암>으로 묶이는 '영물(詠物) 시조'를 지었다는 점이다. 연시조라고 하기는 어렵지만 병렬적으로 개별 작품들이 영물이라는 형상화방식으로서 묶을 수 있는 일군의 시조를 지은 것이다. 자연의 사물을 나열하며 하나하나를 읊는 방식은 한시에서는 있어왔던 것이나 시조에서는 이이 정도를 들 수 있다. 이황이 <도삽잡영>에서 도산의 여러 장소와 자연을 읊은 것을 박인로는 시조로 한 것이라고 볼 수 있다. 연작 시조에서 개별 작품마다 제목을 하나씩 부여한다는 것은 바로 한시에서의 나열식의 영물 연작시의 방식을 취한다는 점에서 주목되는 것이다. 즉 시조도 영물시조를 짓는다는 점이 박인로의 시조가 한시의 방식과 유사한 측면이다. 이는 이후 18세기에 권섭에게서도 볼 수 있다.

흥미로운 점은 <立巖> 29수가 장소명칭의 연시조라는 전통의 지속에 박인로가 추가한 새로운 변화까지 모두 담고 있다는 것이다. 일례로 <고산구곡가>는 10수로 이루어져있으면서 소제목이 매수마다 있지 않은 구조인데, <입암> 29수에서 소제목이 각각 있는 19수를 제외하면 같은 10수가 된다. 여기에 19수를 더 추가하되 추가한 작품에는 각각의 소제목을 붙여서 한시와 같은 방식으로 영물시조화하는 새로운 변화를 시도했다고 볼 수도 있는 것이다. 곧 성리학적 세계관을 담는 장소 명칭의 연시조의 전통에 영물시조로서의 변화를 추가한 변화가 공존하고 있는 것이다. 그 예를 들면 다음과 같다.

[시조8] 〈입암〉 29수 중 제15수 九仞峯
巍巍혼 九仞峯이 衆山中에 秀異코야
下學工程이 이 山하기 갓건마는
엇디라 이제 爲山은 功虧一簣 ᄒ는게오

제18수 合流臺
合流臺 ᄂ·린 물이 보기예 有術ᄒ다

彼此업시 흘러가고 左右에 逢源ᄒ니
分時異合處同을 이 臺下애 아라고야

<입암>에서는 문체의 변화 역시 포착된다. 한문 문장식 등은 3.2.에서 자세히 다루기로 하고, 여기서는 종결어미를 잠깐 살펴보자. <입암>은 문장 종결이 53회 나타난다. 3행으로 된 작품이 29수가 된다는 점을 감안하면 연결어미로 행이 끝나는 경우가 많다는 것을 의미한다. 여기서 가장 주목되는 것은 명령형 종결어미가 제22수 '數魚淵' 종장에서 1회만 등장한다는 점이다. 의문형 종결어미는 13회 나타나 전체 문장에서 24.5% 나타나고, 53회 중 73.5%가 평서형으로 끝난다. 위의 [시조8] 제15수 초장의 감탄적 평서형이든 제18수 초장과 같이 그냥 평서형이든 대개 시조의 특징으로 논의되는 청자지향적 문체가 두드러지지 않고 자연물을 읊는 방식으로 인해 한시의 독백적 문체가 시조에서도 나타나는 것이다.

이번에는 앞의 [한시12]와 같이 문장형의 시조 제목을 가진 작품을 살펴보자.

[시조9] 〈辛酉秋與鄭寒岡浴于蔚山椒井〉 2수
神農氏 모른 藥을 이 椒井의 숨겨던가
秋陽이 쬐오ᄂᆞᄃᆡ 물 속의 잠겨시니
曾點의 浴沂氣像을 오늘 다시 본 덧ᄒ다

紅塵에 쓰지 업셔 斯文을 닐을 삼아
繼往開來ᄒ야 吾道을 발키시니
千載後 晦菴先生을 다시 본 덧 ᄒ여라

[시조9]의 제목인 〈辛酉秋與鄭寒岡浴于蔚山椒井〉은 '신유년 가을에 정한강과 울산 초정에서 목욕하다'고 풀 수가 있다. 해당 시조가 어떤 상황에서 나오게 되었는가를 알려주는 정보를 제목을 통해 보여주고 있어서 절구에

서 흔히 볼 수 있는 표제방식을 시조에서도 볼 수 있는 것이다. 이 제목이 없다면 정한강의 관계나 시기를 추정하기가 쉽지 않을 것이다.

물론 작품의 내용을 읽어보면 이 정보가 그렇게 필수적이었을까 하는 의문을 가지게 된다. 그렇다면 왜 작가는 내용을 이해하는 데에 실질적이거나 긴요한 역할을 하는 것도 아닌데 제목을 이렇게 문장으로 제시하고 있는 것일까? 분명 지금 이 작품의 제목은 '내용을 잘 집약해서 보여주는' 그런 제목은 아니다. 내용의 핵심을 요약적으로 제시하는 제목이 아니라 작품의 창작 계기나 상황을 설명해주는 역할을 하는 제목이다. 곧 무언가를 '기록'하려고 할 때에 이와 관련한 정보를 부기하는 의미로서의 제목인 것이다. 다시 말해 [시조9]의 제목과 같은 것은 시조가 구술적 향유방식으로서 노래되기만 한 것이 아니라 절구와 같이 작가와 화자가 일치하면서 기록으로서, 문자문화의 일환으로서 인식되고 있는 흔적을 보여주는 것이다.

절구에서와 같이 교유관계에서 나온 일상적 삶의 모습을 '기록'하는 기능을 시조가 하고 있고, 그래서 제목을 필수적으로 동반하며 상황을 설명하는 문장형태로 제목을 제시하고 있는 것이다. 이로써 박인로에게 시조는 공동체에 구술적 향유 방식의 노래로서만이 아니라 개인의 삶에서 절구와 같이 사대부 교유의 상황을 기록하는 방식의 시로서의 기능도 하고 있다고 하겠다.

이런 점에서 제목의 표제 방식이 절구와 유사하다는 것은 바로 외형적 유사성만을 의미하는 것이 아니다. 절구와 같이 시조의 기능이 변화되고 있다는 것을 보여주는 것이다. 시조도 제목을 필수적으로 작품의 구성요소로 인식하는 갈래가 되고, 그만큼 문자문화로서 시조와 시조의 언어가 인식된다는 것을 의미한다. 시조가 기록문화로서 인식되고, 사대부간의 교유의 흔적을 남기는 기능을 하고 있다는 점에서 박인로의 시조는 절구와 유사한 기능과 외적 모습을 가지고 있다고 하겠다.

3.2. 시조에서의 한문 문장식 표현

이번에는 시조에 절구의 특성인 한문식 표현이나 사자성어 고사 등의 활용이 나타나는 현상을 살펴보자.

[시조10] 〈五倫歌〉 중 '總論' 3수
天地間萬物中에 사룸이 最貴ᄒ니
最貴호 바논 五倫이 아니온가
사룸이 五倫을 모르면 <u>不遠禽獸</u>ᄒ리라

幸茲秉彝心이 古今업시 다 이실시
爰輯舊聞ᄒ야 二三篇 지어시니
<u>嗟哉 後生</u>들아 살펴보고 힘서ᄒ라

仔細히 살펴보면 뉘 아니 感激ᄒ리
文字논 拙ᄒ되 誠敬을 삭여시니
진실로 <u>熟讀詳味ᄒ면 不無一助</u>ᄒ리라

[시조11] 〈입암〉 29수 중 제21수 浴鶴潭
浴鶴潭 몱근 물에 鶴을 조차 沐浴ᄒ고
訪花隨柳ᄒ야 興을 투고 도라오니
아무려 <u>風乎舞雩詠而歸</u>ㄴ들 블을 일이 이시랴

위 시조들에서 진하게 밑줄을 그은 부분은 모두 단순한 한자어가 아니라 우리말구조로 바꿀 수도 있는데 한자를 사용해 한문 문장식으로 표현한 경우이다. 특히 [시조10]의 두 번째 작품 종장에서 '嗟哉'라고 된 부분은 얼마든지 '오호라'라고 시조 종장 첫 음보 3음절을 맞출 수도 있는데, 한역을 했다고 보이는 대목이다. 감탄사는 가장 구술적인 대목으로서 소리에 기대는 측면이 강하다. 그런데 이러한 감탄구까지 한문으로 표현하고 있는 것이다.

또 [시조10]의 세 번째 작품에서 '文字는 拙ᄒᆞ되'라고 한 것을 보면 <오륜가> 25수는 노래로서보다는 문자로서 그 문구가 중요하게 인식되고 있다는 인식을 엿볼 수 있다. '말은 졸하되'라고 할 수도 있는데도 시조의 내용들을 '문자'로 인식한 것은 비단 교훈적인 내용이기 때문만은 아닐 것이다. 이뿐 아니라 [시조11]의 중장과 종장에서도 우리말로 풀어쓰지 않고 한문 문장식 표현을 볼 수 있다. <입암> 29수에는 이 외에도 제6수의 중장에서 '왕기순인ᄒᆞ야~', 제15수 '구인봉' 중장에서 '하학공정이~', 제16수 '소로잠' 중장에서도, 제17수 '피세대' 중장에서도, 제18수 '합류대' 종장 등 이러한 경우가 빈번하다.

따라서 이러한 특징들, 곧 한문 문장의 빈번한 사용은 구술적인 노래에 나타난 기록성으로의 시적 특징으로 이해될 수 있다. 박인로의 시조는 우리 '말'로서의 국어만이 아니라 '한문'투를 통해 우리말노래가 '문자'로 된 시로 인식되고 있는 것을 볼 수 있다. 노래인 시조에 한문 문장을 접목해 기록성을 더 가미하고 눈으로 읽을 때 더 유의미한 작품이 되게끔 하고 있는 것이다.

4. 한시에 나타난 구술성의 특징

4.1. 절구에서의 동일 운자(韻字) 반복

7언 절구는 28개의 서로 다른 글자들이 이루어내는 묘미를 보여준다. 절구에서는 한 글자도 동일하게 쓰지 않는 것이 일반적인 것이다. 이와 달리 시조는 동일어구나 어미 등이 반복되고 중첩되는 것이 오히려 묘미를 가져온다. 윤선도의 시조에서 '만코 만코 하고 하고' 등은 오히려 작품의 미감을 높여주는 기여를 하는 것을 예로 들 수 있다.

그런데 박인로의 절구는 일반 절구와 달리 동일 글자의 반복과 첩어(疊語)를 많이 사용한다는 특성이 보인다. 동일한 글자의 반복은 시각적인 반복만이 아니라 청각적 낭송효과를 내기도 한다.[19] 나아가 근체시의 고정적 형식에서 벗어나 우리말이 가진 뜻을 살리고자 한 것으로도 볼 수 있다. 이렇게 엄격한 근체시에 같은 글자를 반복함으로써 노래의 자유로움과 음성성을 접목했다는 점에서 주목된다.

여기에는 다시 두 가지로 나눌 수 있다.

첫째, 동일한 글자를 반복함으로써 의미와 주제를 강조하는 경우이다. 이는 박인로의 절구에서 매우 빈번하게 나타난다. 아래 작품들이 그 예이다.

[한시13] 〈百日紅〉
百日紅花百日紅 嬋娟眞態冠千紅 花人未辨花王在 錯道花中第一紅

[한시14] 〈次竹院韻 二首〉 중 제2수
十載幽居養性情 人間無處細論情 淸陰玉節長隨我 此物由來不世情

[한시15] 〈贈鄭公延吉〉
草野常懷慷慨心 傷時憂國百年心 多病人間頭已白 可憐虛老一丹心

[한시16] 〈奉呈細谷亭主人 三首〉 중 제3수
才疏雖未學天人 願效安貧樂道人 若使操存天賦性 寧憂浮世是非人

위 한시들은 모두 동일한 글자를 운자로 반복해서 사용하면서 해당 운자가 작품의 내용이나 주제에 핵심적 역할을 하는 경우들이다. 특히 [한시14·15·16]과 같은 교유시에서는 인간관계를 보여주는 시어가 운자로 반복적으로 활용되고 있어서 주목된다. 情, 心, 人 등 인간관계에서 중요한 핵심어가 운자로 활용되고 있으면서도 반복되어 사용함으로써 주제를 강조하는 기능을 하고 있는 것이다.

이렇게 절구에서 동일 글자 사용의 회피라는 원칙을 깨면서 운자로 같은

---

[19] 이 점은 박남주(1996, 앞의 글)에서도 지적된 바 있다.

글자를 반복하는 것은 구술성의 활용으로 이해할 수 있다. 절구의 여러 글자들 중에서도 특히 운자는 소리의 동일성에 기반한 글자들을 활용하는 것인데, 박인로는 시어까지도 동일하게 사용함으로써 시각적 반복 및 음성적 반복을 모두 작품에 접목하고 있는 것이다. 따라서 절구가 기존에 가지고 있는 음성성을 더 극대화시키면서도 문자의 시각성도 강조한다는 점에서 박인로의 절구가 가진 한시사적 의미와 더불어 한시와 시조의 밀접한 상관관계를 볼 수 있는 현상으로서 주목된다.[20]

둘째, 같은 운자를 두 작품 이상에서 반복함으로써 연작성을 가진 하위의 작품들이 하나로 연결되어 한 편의 작품인 것을 보여주는 역할을 하는 경우이다. 곧 연작 한시의 연결장치로서 동일시어의 반복적 사용을 활용하고 있는 것이다. 이와 관련해 다음 작품을 보자.

[한시17] 〈耕田歌十韻 時寓感而作〉
舜何人也歷山耕　伊尹之賢莘野耕　古昔聖賢皆若此　此翁何獨不躬耕
每願生平釣與耕　雖能自釣未能耕　如今幸得羸牛一　雨後春田帶月耕
生民事業本於耕　遊手何人獨不耕　戴勝亦知農務急　飛來飛去勸民耕
乘涼步出早朝耕　罷釣歸來午後耕　吾豈厭貧求富者　不妨蓑笠雨中耕
莫言干祿勝於耕　干祿焉能及此耕　宦路有時榮與辱　無榮無辱莫如耕
上古民心遜畔耕　今人何事互侵耕　草萊耕者知無數　未見長沮桀溺耕
太古之時未始耕　徒知木實不知耕　雖無五穀猶能壽　底事神農始敎耕
虞芮爭田未決耕　如周入界讓其耕　如何後世爭田者　不識吾儒以禮耕
誰云飢餓在於耕　若信斯言不必耕　簞食一瓢何足苦　丹田方寸學耘耕
自古荒田澤澤耕　丹田何事不知耕　若能鋤耰方寸地　培養工程百倍耕

---

[20] 이외에도 운자가 반복되는 작품을 더 들 수 있다.
〈江村卽事〉三 三, 〈述懷〉衣 衣, 〈述明德洞義贈鄭丈延吉三首〉제2수와 제3수 名 名, 天 天 天, 〈卽事〉花 花, 〈芙蓉〉花 花 花, 〈鄭公延吉幽居〉山 山 山.

[한시17]은 10수로 된 연시(連詩)이다. 절구에서는 대개 짝수구와 기구, 곧 최대 3개의 운자를 사용하는데, 이 작품을 보면 매 수마다 운자의 자리에 '耕'이라는 동일한 글자를 사용하고 있는 점이 특이하다. 또 한 수 내에서 耕이 3회 반복될 뿐만 아니라 10수 모두에서 반복되고 있다. 한 작품에 동일 글자가 무려 총 30회나 등장하고 있는 것이다.

특히 이 작품은 제목에서부터 '가(歌)'를 표방하고 있다. 밭갈이라는 제재는 재지사족이라 할지라도 일반적인 것은 아니다. 고급문학인 시보다는 더 향유범위가 넓은 노래가 더 알맞은 제재이다. 그래서 시적 화자도 제1수 결구에서 '이 노인이 어찌 혼자 밭갈지 않겠는가'라고 하여 농사짓는 사람으로 표현하고 있기도 하다. 이는 작가와 관련지어 <누항사>에서와 같이 향반으로서 직접 농사지을 가능성을 고려할 수도 있겠지만, 또 한편으로는 화자와 작가의 일치성 여부를 떠나 시적 화자가 문학적 허구로서 가면을 쓴 자아로 등장해 농경에 대한 개연성을 높이려는 의도로도 볼 수 있다. 곧 농경이라는 제재, 노래라는 갈래와 '耕'이 30회나 반복되는 것이 밀접하다.

이렇게 절구 일반의 형식미학을 깨트리면서 얻고 있는 것은 무엇일까? 제목에서 표방한 바와 같이 노래는 입으로 부르는 것이니 구술적으로 소리의 반복적 효과를 의도한 것으로 보인다. 뿐만 아니라 소리의 반복과 동일 시어의 반복을 통해 매 수가 하나의 큰 연시의 일부로서 10수 전체를 한 작품으로 묶어주는 역할을 한다. 작품의 제재도 밭갈이라는 서민적 소재를 취한 것이어서 문자보다는 구술성의 효과를 가지려고 하고, 또 밭갈이 노래, 곧 노동요적 색깔도 추구한 것이라 할 수 있는 것이다.

또 [한시17]만큼은 아니지만 연시인 <四時吟 八首>도 일부 작품에 동일시어와 연작성이 연계된 것을 볼 수 있다.

[한시18] 〈四時吟 八首〉 중 제1, 2, 5, 6수
東風微雨暗催春 庭畔梅梢已動春 瘦影對來成一友 強携樽酒賞新春
擧目南郊物色新 千林萬樹一般春 東風不慣人間事 吹入庭中不棄貧 (右春)

白鷺洲邊波萬頃 碧梧階上月千秋 年非壬戌人非古 却訝蘇仙赤壁秋
萬里滄江獨泛舟 一輪明月政高秋 如何赤壁蘇仙子 虛度良辰八月遊 (右秋)

[한시18]에서는 네 계절 중에서 특히 봄과 가을을 노래한 2수마다 같은 운자를 반복해서 사용하고 있는 것을 볼 수 있다. 이 경우 연작인 작품들임을 알게 하는 표지의 기능을 함과 동시에 이 글자를 각 수의 제재이자 핵심 시어이기 때문에 반복하며 강조하는 의미도 있을 것이다. 동일 글자를 반복해서 사용하는 것을 피하는 근체시에서 오히려 글자의 반복적 사용으로 주제를 강하게 드러내는 방식을 취하고 있는 것이다.

이 외에도 2수로 된 <戲贈富山鄭公延吉二首>[21]는 '貧'을 운자로 짝수 구에서 반복사용하면서 2수에서 모두 사용되어 '貧'이 총 4회 등장한다. 이 역시 2수를 묶어주는 기능과 더불어 정공이 사는 곳은 '富山'이고 또 모두가 추구하는 욕망이 부(富)이지만 정공은 부(富)와 대비되는 빈(貧)을 추구하며 부와 바꾸지 않음을 강조하는 의미가 있다.

일반적으로 연작성을 띤 시조와 한시를 비교해보면, 음성성과 일회성의 구어에 기반한 시조에서는 개별 작품이 독립적이기만 하지 않고 전체 내용의 흐름과 맥락 속에 놓여져서 유기성을 갖는 여러 장치를 가진다. 반면에 기록성과 영구성의 문어에 기반한 한시에서는 그렇지 않다고 하였다. 본서의 앞에서는 이황의 경우를 들어 이를 살펴보았다. 그러나 이이는 이황과 달리 한시에서도 연작성의 표지를 활용하고 있다는 점도 살펴보았다.

박인로의 경우에도 역시 연작의 한시에서도 개별 작품간의 유기성을 보여주는 장치가 연시조처럼 곳곳에 되어있다. 앞에서 본 [한시17] <耕田歌十韻 時寓感而作>과 같이 매 수마다 같은 운자를 통해 시각적으로 공간을

---

[21] <戲贈富山鄭公延吉二首>
富山山下人皆富 底事高明獨守貧 願作芳隣期百歲 樵山釣水共安貧
世人莫笑漁樵叟 家計雖貧德不貧 採山釣水生涯足 彼富焉能換此貧

통해 한 편의 연작이라는 점을 보여줄 뿐만 아니라 청각적으로 듣는다고 해도 일정한 시간의 흐름 속에서 같은 소리가 반복될 수 있어서 하나의 작품을 묶을 수 있는 기반이 된다.

아래의 <四友亭>이라는 작품은 운자의 반복만이 아니라 <고산구곡가>의 서론이나 <오륜가>의 마지막 3수에 '총론'이 있듯이, <사우정> 8수에는 4가지 자연물을 읊을 뿐만 아니라 마지막 작품은 총론처럼 마무리하는 작품이 들어가 있다.

[한시19] 〈四友亭〉
千百花中獨也梅　瓊琚蕭灑冒霜開　暗香似識幽人意　月下無風自八杯
西湖遺種一叢梅　千里移栽雪下開　靜裏好爲知己友　閑吟相對酌深杯 (右梅)

此間不可居無竹　手植軒前數十竿　外直中通能起我　雪聰長對却忘寒
種竹非徒偏愛竹　閑邊兼欲作漁竿　清陰看罷因徐步　獨釣秋江月色寒 (右竹)

池邊植立數株松　鬱鬱凌霜倚碧空　時送虛堂清韻入　懦夫長對伯夷風
池上亭亭百尺松　寒天斜日翠浮空　四時不變專孤節　肯畏嚴霜與疾風 (右松)

陶後無人知愛菊　翁今偏愛數叢香　摠英泛酒醒還醉　不覺西岑已夕陽 (右菊) (此下一首缺)

底事斯翁愛花卉　人心物性自天眞　老來得友彝倫外　獨也人間有六倫

[한시19]는 '梅', '竹', '松', '菊' 각 제재에 대해 두 수씩 같은 운자를 사용하고 있어서 묶인다. 이때의 운자는 해당 제재가 되는 글자이기 때문에 내용의 핵심적 시어를 운자로도 사용하고 있는 것이다. [한시17]에서는 '耕'이라는 글자가 제목부터 매수 운자마다 반복되어 한 작품 전체에서 지속적으로 통일감있게 반복되었다면 여기서는 같은 제재의 경우 2수 내에서 반복되고 있다. 한 작품 내에서가 아니라 다른 두 작품에서 같은 운자를 활용하는 경우는 일반적인 현상이나, 여기서는 동일한 작품 내에서 이어지는

두 수 내에서 운자가 같고 또 제재가 달라지면 또 그 두 수 '마다' 다른 운자로 반복해준다는 점에서 연작성을 보여주는 기능을 하고 있다는 점이 특색이다.

또 마지막 제8수에 밑줄 친 것에서 보듯이 전체 8수를 묶는 총론의 역할을 하고 있다는 점도 주목된다. 시어의 반복은 아니지만 연작성을 보여주는 기능을 총론적 작품이 마지막에 있음으로써 이 연작시 전체를 묶어주는 역할을 한다. 시조에서는 이런 역할의 작품이 있는 것이 일반적인데, 이러한 방식을 박인로는 절구에서도 사용하고 있는 것이다.

4.2. 구어성의 활용: 대화체 한시와 허사(虛辭)의 빈번한 사용

2절에서 박인로 시조와 한시의 주제를 비교하면서 한시에서 교유시가 상당한 분량을 차지한다는 점을 본 바 있다. <送全節度 赴關西> 2수, <戲贈富山鄭公> 2수, <贈鄭奉事>, <述明德洞義贈鄭丈> 3수, <黃太守呼韻> 2수, <贈鄭公>, <次友人韻>, <戲贈東湖主人>, <奉呈細谷亭主人> 3수, <次竹院韻> 2수, <贈細谷亭主人> 3수, <鄭公 幽居> 2수가 그것이다.

사실 교유시는 한시 일반의 특성으로서 특이할 것은 없다. 그러나 시조와 절구의 작품 분량이 비슷한 박인로의 경우에, 절구의 67수 중 3분의 1에 해당하는 21수가 화답 관계에 있는 작품이라는 것은 또 다른 의미를 가진다. 대부분의 양층언어작가는 조선 전기에는 이황이나 이이와 같이 한시의 작품수가 월등하게 많고, 조선후기에는 이세보와 같이 시조의 작품수가 월등하게 많은 것이 일반적이다.

그런데 박인로는 비슷한 정보량을 가진 두 갈래를 유사한 작품수로 지었다. 조선 중기라는 시기를 생각해볼 때에, 시조와 절구의 작품수가 비슷한 박인로의 경우는 다른 양층언어작가처럼 한시로 여러 주제영역을 표현할 수 있는 부분을 다 하지 않더라도 교유시만큼은 한시를 통해 적극적으로 표현하고자 했다는 점을 생각해볼 필요가 있다. 앞에서 박인로가 보여준 시조와 한시의 상관관계를 통해 짐작해볼 때에 시조에서 대화체나 문답체를 많이 사용하듯이, 절구도 주고받는 대화처럼 활용되고 있다고 볼 수 있는 것이다. 즉 시조의 구술성을 한시를 통해서도 활용하고자 한 것으로 볼 수 있는 것이다.

이러한 구체적인 작품을 보도록 하자.

[한시20] 〈吳山書院敬次張旅軒韻(오산서원에서 공경히 장여헌의 시에 차운하다)〉
吳山形勝舊聞名 오산의 승경 예부터 들었지만
來訪今朝眼忽驚 오늘 아침에 와서 보니 돌연 놀랍구나
休道武夫狂且濫 무부(武夫)가 거만하고 외람되다 하지 말고
看他心事一般淸 그 심사가 똑같이 맑다는 것을 보게나

[한시20]에서는 전구와 결구에서 모두 명령형 어미를 사용하고 있다. 제목을 통해 장여헌의 시에 차운한 것이므로 장여헌이라는 청자가 실제로 존재하는데, 이러한 상황이 충분히 드러날 수 있도록 명령형으로 말을 건네는 방식을 취하고 있다. 그런데 이러한 차운시를 통한 교유는 사대부 작가에게 늘 일반적으로 있기 때문에 명령형이 자주 나올 법도 한데 실상은 그렇지 않다. 명령형같은 2인칭 어미가 절구에서 잘 사용되지는 않는 것이다. 그럼에도 박인로는 교유시는 말 그대로 말을 주고 받으며 명령형을 한 작품에 2회나 구사하고 있어서 주목되는 것이다.

특히 이 작품의 전구(轉句)는 작품 밖의 실제 작가의 모습이 드러나기 때문에 더욱 주목된다. 전구에 "休道武夫狂且濫", 곧 '무부(武夫)가 거만하고 외람되다 하지 말고'고 한 대목을 보면 작가 자신이 무인임이 언급되고 있다. 그런데 이 작품이 교유관계에서 나온 교유시라는 점이 더 흥미롭다. 앞에서 박인로의 7언 절구에서 교유시의 비중이 매우 높은 편이라서 화답적 통로로 한시를 활용하는 것도 구어의 소통 기능의 일환으로 볼 수 있다

고 했거니와, 작품의 어미 역시 이렇게 2인칭 청자를 향해 발화하는 방식을 취하고 있는 것이다. 사대부들의 일반적 화답문화인 교유시는 일반적인 현상이지만 대화체의 사용은 그렇지 않다. 문체상으로는 절구의 일반적 특징인 독백체가 더 많았던 것이다.

이러한 특징은 위 작품에서만 나타나는 것이 아니다. 실제 작가의 일상적 삶을 다룬 것으로 <迎壻日詠雁>같은 작품도 작가와 화자가 일치하는 특징이 지속되면서도 시조와 같이 대화체가 나타난다. 아래 작품을 보자.

[한시11]²² 〈迎壻日詠雁(사위를 맞이하는 날에 기러기를 읊다)〉
爲問九秋何處雁 묻노라 깊은 가을에 어디 있던 기러기인가
飛來繡幕落華筵 비단장막에 날아와서 꽃자리에 앉았네
汝須喚做新人福 너는 모름지기 새로운 복을 불러와
生子生孫享永年 아들 손자 낳고 길게 그 복을 누려라

[한시21]〈戱贈富山鄭公延吉(부산 정공 연길에게 장난삼아 지어주다)二首〉 중 제2수
世人莫笑漁樵叟 세상사람들이여 고기잡고 나무하는 늙은이를 비웃지 마시오
家計雖貧德不貧 가계가 비록 가난해도 덕은 가난하지 않으니
採山釣水生涯足 산나물 캐고 낚시하는 생애가 족하니
彼富焉能換此貧 저 부요를 어찌 능히 이 가난과 바꾸리오

[한시22]〈黃太守呼韻(황태수가 운자를 불러주다) 二首〉
天光雲影蘸清潭 하늘 빛 구름 그림자 맑은 호수에 비치니
魚數分明一二三 물고기가 몇 마리인지 분명하게 셀 수 있겠구나
高臥磯頭塵慮斷 높은 곳에 누워 세상 근심을 끊으니
求仙何必學童男 어찌 반드시 선계를 찾으러 동남(童男)을 보내리

위 작품에는 모두 의문형이나 명령형 등 화답적 문체가 사용되고 있어서

---

²² 앞에서 이미 이 작품을 제시하면서 사용한 번호를 그대로 가져온다.

가지고 온 것이다. [한시11]은 직접적인 화답시는 아니지만 세 작품이 모두 다른 사람들과 화답하거나 차운한 가운데, 혹은 새 사위를 맞이해 그에게 당부하는 상황에서 지어진 것이다. 곧 자기고백적 상황이기보다 타인과 화답하는 상황 가운데 나온 작품들인 것이다.

교유시는 대개의 사대부들이 많이 쓰며 한시로 화답한 문화가 일상적이었으나 박인로와 같이 화답적 문체를 적극 활용한 편은 아니다. 그런데 박인로는 이렇게 교유관계에서 주고받은 작품들에는 2인칭 청자를 의식한 의문형이나 명령형 등의 청자지향적 표현을 많이 사용해 대화적 느낌이 작품에도 드러나도록 하고 있다. 이외에도 앞에서 본 [한시17] <耕田歌十韻>에서도 2인칭의 존재가 인식된 표현들이 매우 많다. 제1수 결구에서는 의문형이, 제3수의 승구에서 의문형, 제5수의 기구에서 부정명령형, 승구에서는 의문형, 제6수의 승구에서도 의문형이, 제7수 결구에서 의문형, 제8수에서는 전구와 결구에서 이어지는 의문형이, 제9수 기구에서 의문형, 박인로의 한시가 화답적인 대화적 문체, 곧 구어적 특성이 많다는 것은 위의 특징만이 아니다. 또 다른 증거는 절구에 지시어나 허사를 자주 사용한다는 점이다. 허사의 빈번한 사용은 첨가어적 특징을 가진 국어의 특성이자 구술성을 가진 시조의 특성이기도 하다.[23]

이와 관련해 위에서 든 [한시21]을 보자. 결구에 진한 글씨로 밑줄친 부분에 주목해도록 하자. 결구에는 지시어가 2회나 나온다. 그런데 비단 2회가 나온다는 것만이 아니라 이 지시어들의 사용이 작품을 구성하는 데에 묘미를 보이고 있다. 부요함은 '저[彼]'라는 먼 곳을 지시하는 지시사를 사용하고 있고, 가난함은 '이[此]'라는 가까운 곳을 지시하는 지시사를 사용하고 있다. 정연길이라는 사람이 가진 가난은 지향하는 바이기 때문에 가까운 의미를 가진 지시사를 사용하고, 부요함을 멀리 하고자 하는 대상이므로

---

[23] 이에 대한 구체적인 논의는 정소연(2006), 앞의 글로 미룬다.

먼 데 있는 것을 지칭하는 지시사를 사용한 것이다.

이와 같은 방식은 더 앞에서 든 [한시20]의 결구에서도 보인다. 무부(武夫)의 마음, 곧 자신의 마음을 상대방 입장에서 '他心事'로 지시어를 사용해 말하고 있다. '그 마음'이므로 '其心事'라 할 수도 있지만 '다르다'는 뜻을 포함한 지시어로 '他'라는 시어를 고르지 않았을까 한다. 마치 '당신이 보기에는 '다른' '그' 마음이지만 맑다는 것은 같다'는 결정적 주제를 말하고자 하는 것이다. '他'는 '그'라는 멀리 있는 것을 지시하는 의미와 함께 정여헌 같은 학문적으로 높은 문인이 보기에는 무인(武人)이라서 다른 부류라는 점을 문인의 입장에서 지시하는 의미가 담겨져 있다.[24]

이외에도 [한시17] <耕田歌十韻>의 제1수 전구에서는 '若此', 같은 수의 결구에서는 '此翁'으로 자신을 지칭하고 있다. 또 제5수의 승구에서 '此耕', 제9수의 승구에서는 '斯言' 등 한 연작시 내에서 지시사가 4회 등장하는 것이다. 같은 지시사라도 제1수 결구의 '此翁'은 화자가 작가 자신을 가리키므로 사용한 말이지만 제5수 승구의 '此耕'은 화자가 긍정적으로 생각하는 밭갈이므로 가까운 곳을 지칭하는 지시사를 사용한 것이다. 제명에 '노래[歌]'라는 점을 내세운 작품이므로 구술적 특성이 강한 작품에서 이렇게 지시사 사용이 빈번하게 나오는 것이라고 할 수 있을 것이다.

이, 그, 저 등의 지시어는 화자와 청자가 동일한 공간에 있을 때에 지시하는 현장성을 강조하는 기능이 있다. 그래서 문어체보다 구어체에서 지시사 사용이 많은 것이 일반적인 특징이다. 그래서 지시사로 현장성과 청자의 존재가 더 현실감있게 와닿는다. 특히 이와 관련한 작품들이 교유하며 쓴 시라는 점에서 상대방이 마치 현장에서 함께 있는 것처럼 지시어를 활용해

---

[24] 게다가 다음 작품은 다른 곳도 아닌 '결구'에서 지시어를 사용하고 있어서 지시사 사용으로 의미도 또 깊어지면서 말하고자 하는 바를 나타내는 묘미가 있다. <黃太守呼韻 二首>天光雲影蘸清潭/ 魚數分明一二三/ 高臥磯頭塵慮斷/ 求仙何必學童男

주제를 더 강화시키고 있는 효과를 가져오고 있다는 점에서 주목된다.

이 외에도 '不, 非, 無, 莫, 未' 등 부정어 사용이 빈번하고 이중 부정 등 우리말의 어미를 다양하게 활용하는 듯한 효과를 가지고 있는 작품들이 다수 보인다. 부정어 사용도 어미의 다양한 변화를 활용하는 것의 일환으로서 이 역시 어미가 다양하게 발달한 첨가어적인 우리말 문장식 표현을 활용한 것이라고 할 수 있다.

그 예로 [한시17] <耕田歌十韻>을 대표적으로 들 수 있다. 앞에서 작품을 제시하였으므로 여기서는 부정사만 들어본다. 제3수 승구에서 부정사 '不'이 1회, 제5수 기구에서 부정사 '莫'이 1회, 같은 수의 결구에 부정사가 '無, 無, 莫' 모두 3회나 등장한다. 제6수 전구에는 '無', 결구에는 '未'가 나오고, 제7수 승구에서 부정사 '不' 1회, 전구에서도 부정사 '無' 1회가, 제8수에서도 결구에서 부정사 '不'이 1회, 제9수의 승구에서도 부정사 '不'이 1회, 제10수 승구에서도 부정사 '不'이 1회 사용되고 있다. 한 작품에서 총 12회나 등장하는 것이다.

지금까지 박인로의 절구가 시조와 같이 구술적 특성이나, 시조의 언어와 같이 첨가어적 특성을 보여주는 경우를 살펴보았다. 이러한 특성은 절구가 시조의 특성을 지향하여 두 갈래의 거리가 가까워지는 것으로 볼 수 있다. 특히 <耕田歌十韻>은 지금까지 살펴본 지사사, 부정사, 청자지향적 표현 등의 허사 사용이라는 모든 구술적 특성이 다 나온다. 이 작품의 제목이 '노래'를 표방하고 있다는 점에서 절구에서 시조와 같은 노래를 지향하고자 하는 것이라고 볼 수 있는 가장 대표적인 사례라고 할 것이다.

따라서 절구가 시조를 지향한다고 본 이 현상은 시(詩)가 노래를 지향하는 것으로 볼 수 있다. 절구에도 운자와 같은 음성성이 보이지 않는 것은 아니고, 음독이라는 향유방식도 일종의 구술적 방식이다. 그러나 시조와 대비해 절구가 기록시의 특성이 강한 것도 사실이다. 절구가 아무리 구술성이 있다 하더라도 구어인 우리말로 된 노래에 비한다면 문자성이 강한 시인 것이다. 그런데 박인로는 이러한 절구도 시조와 같이 노래의 특성을 적극적으로 접목한 것을 볼 수 있다. 한시를 시조처럼 지었다는 말은 곧 기록시에 노래의 특성을 가미해 노래적 특성을 지향한다고 할 수 있는 것이다.

5. 시조와 한시의 더 가까워진 거리

지금까지 박인로의 한시와 시조가 각 갈래의 일반적인 특성이 서로 다른 갈래에 적용되는 사례들을 살펴보았다. 이러한 비교는 한시와 시조의 언어인 한문과 국어의 문자성과 음성성의 양층언어성에 기반하여 진행된 것이다.

2절에서는 제재와 내용 비교를 통해 7언 절구와 시조가 가진 양층문학성을 대비해서 살펴보았다. 두 갈래에서 대비적인 측면도 적지 않았지만, 각 갈래에서만 나타나는 주제 영역이라 할지라도 가면적 자아가 강한 시조와 작가와 화자가 거의 일치하는 한시의 대비적 특징이 시적 화자와 실제 작가의 일치성, 밀착성의 측면에서 어떻게 유사한지 발견할 수 있었다.

특히 그간 교훈시조에 대한 논의에서 주목되었던 교화의 대상의 문제가 백성 일반에서 재지사족으로 옮겨진 것, 또 교유 관계에 기반한 시조창작 경향은 시조가 한시와 같은 사대부 일상의 갈래로 더 가까워지는 문제와 연결되는 점을 포착할 수 있었다. 또 작가와 화자가 거의 일치하는 한시에 비해 백성, 혹은 사대부 대상의 교훈시조는 시조의 화자가 가면적 자아로서 문학성 허구성을 획득하는 계기가 될 수 있음도 보았다.

3절에서는 시조의 표제 방식 및 한문 문장식 표현 등을 통해 기록문학으로서의 시 지향성을 보았다면 4절에서는 절구의 동일 글자의 반복 및 대화체, 허사의 빈번한 사용 등의 구술성을 살펴보았다. 곧 글자의 중복사용을 피하는 근체시의 고정성과 엄격성을 시어의 반복적 사용을 통해 탈피함으로써 구술성이 가진 자유로움을 접목하고, 또 동일한 운자의 반복으로 음성의 효과를 활용하는 구술성의 지향을 살펴보았다. 반복되는 시어는 주제를 잘 드러내는 핵심어로서 이는 음성의 일회성으로 쉽게 사라지는 노래에서 주제를 강조하는 방식이기도 하다.

  이렇게 한시에서는 구술적인 특성이 나타나고, 시조에서는 문자로 기록되는 시의 특성이 나타난다. 곧 박인로의 경우에는 두 갈래가 대비적이기만 하지 않고 서로 다른 갈래의 특징이 접목됨으로써 서로의 거리가 좁혀지는 현상을 볼 수 있었다. 이는 시가사적으로 본다면 매우 중요한 하나의 사례라고 할 수 있다. 정철, 신흠이나 윤선도의 경우와 비교한다면 한시는 가장 한시다운 특성이 약화되고, 시조는 가장 시조다운 특성이 약화된 것이다. 또한 재지사족의 정훈에게서 나타난 시조와 한시의 좁혀진 거리감이 또 다른 방식으로 좁혀진 또 하나의 사례로서도 의미를 갖는다.

  이를 17세기에만 주목해서 살펴보도록 하자. 최상층의 사대부인 신흠, 윤선도에게서 한시와 시조는 기록문학인 시와 구술적인 가창성이 각각 대비적이었는데, 재지사족인 박인로나 정훈의 경우에는 대비적인 가운데 서로의 특징이 접목되고 거리가 조금 더 가까워지는 현상이 나타난 것으로 볼 수 있는 것이다. 이는 처지에 따른 향유층의 위치와 시가사적 전개가 밀접하다는 점을 의미할 수도 있다. 곧 최상층에서는 고급문학인 한시와 일상 구어로 노래불리던 시조의 격차를 좁히기보다 확연하게 구분하였다면 재지사족이 문학사적 변화에는 더 적극적이라고 할 수 있을 것이다.

  또 한편으로는 한 작가가 한문과 국어, 곧 기록매체인 한문으로 지은 고급문학인 한시와 일상의 구어로서 아직 기록매체로서는 인식되지 않는 국어로 지은 노래인 시조를 모두 지을 때 두 갈래의 상관관계가 어떻게 나타나는지에 주목할 때에 박인로는 17세기에 두 가지의 구도가 공존하고 있다는 점을 보여주는 사례로서의 시가사적 중요성을 주목할 수 있다. 곧 한시와 시조가 대비적인 가운데 어느 정도 국어시가인 시조가 기록성을 강화해가는 과정이 어떻게 이루어지고 있는지 그 단면을 볼 수 있는 사례가 되는 것이다.

  이는 근대가 되면서 한시는 문학사의 저변으로 사라지고 국어가 기록매체가 되면서 한시의 자리를 대신하는 과정이 갑작스러운 것이 아니라 점진적으로 조선 중후기에 나타났다는 것을 짐작해볼 수 있는 한 사례가 될 것이다. 곧 훈민정음이라는 국문(國文)이 없을 때 만들어진 시조가 가창성이 그 본질적 특성이었는데, 국문이 생긴 직후에도 한문과 국문은 상하의 양층언어적 관계에 있었고, 시조 역시 갑자기 기록문학으로서 인식되지는 않았을 것이다. 그러다가 국문 매체가 기록성의 기능이 강화되면서 시조 역시 노래로서만이 아니라 시로서 인식되면서 근대에 시로서 자리매김하게 되었다고 본다. 이러한 과정에서 시조가 어떻게 기록성, 곧 시로서의 기능을 획득하게 되는지의 한 모습이 박인로를 통해서 보여지는 것이다.

또 한시사의 전개로서도 박인로의 한시에 나타난 노래적 특성이 의미하는 바가 적다고 할 수 없을 것이다. 18세기 한시사에 나타나는 민요적 취향이나 그 이후 육담풍월이나 언문풍월 등의 급격한 변화가 어느 날 갑자기 나타났다고 하기는 어렵다. 오히려 17세기 박인로의 경우를 통해 그 전조로서 구술적 지향이 나타나는 현상이 18세기에 민요같은 국어시가나 우리말의 특성을 한시에 접목하는 경향이 가능한 토대가 되었을 수 있을 것이다.

16세기부터 박인로까지 한시와 시조의 상관관계를 보자면 그 기능과 향유 양상이 뚜렷이 구분되다가 조금씩 서로의 특성을 공유하는 방향으로 변화해가는 것이라고 할 수 있다. 한시가 시로서, 시조가 노래로서의 특성을 대비적으로 가지다가 시조도 시의 기능을 조금씩 하게 된다면, 상대적으로 한시도 시의 기능에서 어느 정도 자유로워져서 노래가 가진 특성을 가미하게 되는 것이다.

이는 비단 시와 노래의 문제에서 더 나아가 국어시가의 위상이 높아진 것과도 관련이 있다. 곧 한시의 국어시가화의 문제로 접근해서 생각해볼 필요가 있다. 한시와 시조가 각각 상하의 관계에 있다가 시조의 지위가 상승되면서 한시를 통해서 얻었던 효용을 시조를 통해서도 얻을 수 있게 되었다. 또한 국어시가의 지위가 상승하면서 한시에 이를 접목하는 것도 생각해볼 수 있게 될 것이다. 비단 시조의 한역과 같은 번역의 문제와는 또 다르다. 시조의 한역과 시조의 한시화는 비슷한 것 같지만 다른 측면도 있기 때문이다. 시조의 한역은 국문(國文)의 기록매체로서의 기능이 약하여 한문(漢文)으로 남기려는 것이 강하다면 시조의 한시화는 시조의 기능이나 특성을 한시에 접목해서 어느 정도 침체된 한시를 새롭게 하려는 변화와 그만큼 시조, 곧 국어시가의 가치를 더 높이 인정하는 분위기와도 연결되기 때문이다.

비록 박인로의 한시가 그 문학적 성취가 높지 않다고 하더라도 시와 노래의 대비적 특성에 기반해 양층언어문학사로 접근하면 두 갈래의 특성을 서로 넘나들며 접목한 시인이라는 점에서 박인로의 새로운 위치를 발견할 수 있다. 한시나 시조 등 특정 갈래 하나만 보지 말고 시가사적으로 접근하면 한 작가의 시가사적 기여나 의미도 재발견할 수 있는 것이다. 이와 같이 그간 두 언어로 다양한 갈래를 지은 작가들을 바라볼 때에 특정 갈래에서 이룩한 문예적 성취라는 관점에서 벗어나 시가사의 전개라는 측면에서 재조명하는 작업이 필요할 것이다.

지금까지 박인로라는 한 작가의 개별적 특성에서 더 나아가 전후 시가사적 진개를 고려해 두 갈래의 상관사가 어떻게 이루어졌는지를 탐색하는 관점에서 논의를 전개하였다. 이러한 작업이 그 타당성과 의미를 더욱 확보하기 위해서는 박인로와 같이 양층언어문학적 성과를 가진 더 많은 작가들을 앞으로 지속적으로 검토할 필요가 있다. 일례로 18세기 황윤석의 경우 한시에서는 첩운이 자주 나타나고, 시조에서도 한문 문장식 표현이 적지 않다. 이는 19세기 이세보의 시조에게서도 빈번하게 나타난다.

또 권섭의 한시와 시조에서도 이러한 현상이 발견된다. 이러한 결과가 박인로 개인에게서 끝나는 일회적 현상이 아니라 우리 시가사에서 한시와 시조의 상관관계의 전개에 있어 지속적으로 나타난다는 것은 다음 장을 통해 더 생각해보도록 하자.

18세기

11. 권섭의 시조, 한시, 한역시의 비교

1. 권섭의 시조, 한시, 한역시의 개관 및 선행연구 검토

　18세기의 시조와 한시를 잠깐 개관해보면, 그 향유층의 확대가 공통적이다. 시조도 중인가객이 창작과 가창에 활발히 참여해 가집(歌集)이 대거 등장하고[1], 한시도 사대부이긴 하지만 서얼인 경우나 중앙권력에서 소외된 시인들, 중인의 시사(詩社) 결성 등 담당층이 다양해진다.[2] 그만큼 18세기는 한시사와 시조사에서 획기적인 다양한 변화가 나타난 시기로 조명되었다.

　옥소 권섭(1671~1759)은 이러한 시기에 예술사 및 사회사와 관련해 주목되는 작가이다. <夢記>와 그림들을 비롯해 각종 제화시, 기속시, 기행시문 등의 방대한 저작과 소장 화첩 등이 이를 잘 보여준다. 선행연구에서도 이러한 시대적 관점에 기반해 그간 권섭의 시조와 한시 각각에 대한 논의가 꾸준히 이루어졌다.[3]

1 　신경숙, 『조선후기 시가사와 가곡 연행』, 고려대학교 민족문화연구원, 2011
2 　안대회, 『18세기 한국한시사 연구』, 소명출판, 1999
3 　대표적인 연구로 신경숙·윤진영·이민주·이창희·장정수·최원석·최호석·홍성욱, 『18세기 예술·사회사와 옥소 권섭』, 도서출판 다운샘, 2007을 들 수 있다.

작품의 현황을 보면 시조 75수, 가사 2수, 한시 4800여 제와 한역시 42수를 남겼다. 필사본 2종인 제천본과 문경본을 보완한 영인본 ≪玉所稿≫ 권1, 2, 3, 12에서 7언 절구만 추리면 2684제 4000여 수에 이른다.[4] 전체 한시에서 절반이 넘는 작품이 7언 절구로서 이는 같은 시대 황윤석과 유사하다. 기속시는 무려 800여 수에 이른다. 권섭의 한시에 대한 선행연구에서도 기속시를 비롯해 영사시, 연작시, 잡체 등에 주목했는데[5] 이는 조선후기의 조선풍의 한시로 평가받기도 하였다.[6]

국어시가는 문경본이라고도 불리는 필사본 화지본(花枝本)[7] ≪玉所稿≫ 별고(別稿)에서 "추명지(推命紙)"내 '가곡(歌曲)'에 시조와 가사가 실려 있다.[8] 동시대에 황윤석의 시조가 28수인데 비하면 권섭은 시조가 75수이니

---

[4] 권섭 저, 이창희, 장정수, 최호석 편저, ≪玉所稿≫, 다운샘, 2007. 권섭의 문집에 대한 서지적 고찰은 최호석, 「옥소 문집의 서지적 고찰」, 『국제어문』 36집, 국제어문학회, 5-37면 참고. 제천본과 문경본의 성립연대와 누가 글씨를 썼는지는 알 수 없다.

[5] 권혁대, 「옥소 권섭의 한시 연구」, 경북대학교 박사학위논문, 2011.

[6] 이정선, 『조선후기 조선풍 한시 연구』, 한양대학교출판부, 2002.

[7] 박요순(1990), 앞의 책에서는 화지본이라고 부르고, 최호석(2007), 앞의 책에서는 문경본이라고 부르고 있다.

[8] <황강구곡가>는 제목만 있고 실제 작품은 영수암본(永邃菴本) '옥소장계(玉所藏 곔)'에 전한다.

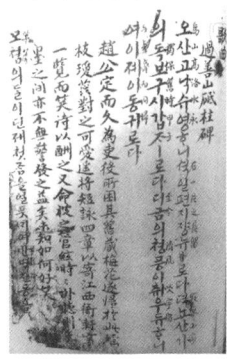

작품수가 많은 편이고, 이는 다른 양층언어작가에 비해서도 적지 않은 편수이다. 75수의 시조 중에서 59수가 연시조로, 특히 비슷한 방식과 제목으로 한시와 시조를 모두 지었다는 점에서 중요한 비교지점이 된다. 그러나 앞 시대의 윤선도도 시조가 75수인데, 윤선도는 75수 중에 <어부사시사> 40수를 비롯해 연시조가 대부분이라면 권섭은 연시조군이 많지만 75수 중에서 16수는 단편적 시조라는 점은 다르다. 이황, 이이, 윤선도, 박인로의 시조가 대부분 연시조인데, 권섭은 단시조 수가 상대적으로 많다는 점이 지금까지의 양층언어작가와 다른 점이다.

권섭의 한역시는 42수가 있다. 자신이 지은 연시조 <黃江九曲歌> 10수를 한역한 <黃江九曲歌用武夷櫂歌韻飜所詠歌曲>10수는 <武夷櫂歌>에서 차운하여 7언 절구화한 것이다. 또 이이의 <高山九曲歌>를 <武夷櫂歌>에서 차운하여 7언 절구로 한역한 <飜栗翁高山九曲歌用武夷櫂歌韻> 10수가 있다. 이는 모두 7언 절구라는 제언체로의 한역시화 작업이다. 이에 비해 함흥에서 만난 87세의 동갑 기녀인 가련(可憐)과 주고받은 시조의 한 역시 22수는 장단구의 3행으로 한역하였다. 가련의 시조가 19수이고, 권섭 자신의 시조가 3수이다. 앞의 두 연시조에 비해 주제적으로 성리학적 규범이 아니라 남녀의 사랑과 이별이라는 특성이 한역시의 형식도 자유롭게 한 것으로 보인다.

18세기 황윤석도 한역시가 46수가 있고, 또 홍양호 등 18세기의 다른 작가들도 시조의 한역 작업을 적극적으로 하는 등 풍부한 한역시의 양상은 이 시대적 경향으로 볼 수 있다. 또한 19세기에는 시조 작품수도 많지만 한역도 역시 많아서 그 추세가 더 강화된다고 할 수 있다. 다만 황윤석의 한역시에는 자신이 지은 작품이 한 편도 없지만 권섭은 타인의 시조와 함께 자신의 시조를 포함해 한역시화 작업을 했다는 점에서 다르다. 자기 작품 중 어떤 것을 선택하고, 또 타인의 작품은 어떤 것을 택해 한역했는지 그에 나타난 의미는 무엇인지 대비해서 살펴볼 필요가 있다. 기녀와 화답한 애정

시조와 사대부적 취향의 시조를 모두 한역의 대상으로 삼았다는 점에서 남녀상하의 모든 양상을 살펴볼 수 있다.

선행연구를 살펴보자. 한시 작품수는 시조에 비해 월등히 많지만 연구성과는 시조에 비해 적다. 문집의 국역 작업도 아직 이루어지지 않은 실정이다. 권혁대(2011)[9]에서는 영사시, 기속시, 연작시, 잡체 등에 주목하고, 이창희(2008)[10]에서도 800여 수에 달하는 권섭의 기속시는 악부 형식으로 풍속, 역사, 설화까지 수용하는 다음 세대의 선구적 모습이라고 하였다.[11] 이권희(2008)와 이권희(2012)[12]에서는 파격적인 일상의 형상화, 탄식의 시적 토로, 달관과 초탈의 경지 표현 등을 지적하고 사대부와 여항인의 중간적 모습이라고 한 바 있다. 강혜선(2010)[13]에서는 절구 형식의 집경시를 통해 간결하게 산수미를 포착하고, 가행체나 고시를 통해 여행의 과정이나 즐거움, 풍류를 연속적으로 나타냄으로써 경화사족과 향촌사족의 경계에 있다고 하였다.

시조를 처음 발견하고 학계에 소개하여 연구의 선편을 잡은 박요순(1990)[14]은 전체 작품들을 모두 개관하고 현실체험의 형상화 및 서민생활의 감정을 나타낸 점에 주목하였다. 또 연시조에 주목해 한시에서도 연체시의 5언절구가 많다는 점을 지적해 권섭의 연작시적 경향에 대해 언급한 바

---

9 권혁대, 「옥소 권섭의 한시 연구」, 경북대학교 박사학위논문, 2011.
10 이창희, 「옥소 권섭의 기속시 연구」, 『우리어문연구』30집, 우리어문학회, 2008: 177-206면.
11 이정선, 『조선후기 조선풍 한시 연구』, 한양대학교출판부, 2002.
12 이권희, 「옥소 권섭 한시의 여항문학적 성격」, 『어문연구』58집, 2008 ; 이권희, 「옥소 권섭의 한시문학 연구」, 충남대학교 박사학위논문, 2012.
13 강혜선, 「옥소 권섭의 기행시문 연구」, 『한국한시연구』18집, 한국한시학회, 2010, 259-287면.
14 박요순, 『옥소 권섭의 시가 연구』, 탐구당, 1990.

있다. 이후 제재, 주제의 다양성과 시적 대상의 개성화를 주목한 권성민(1992)[15]에 이어 이창식(2001)[16], 최규수(2004)[17], 최규수(2005)[18]에서는 순 우리말 구사 및 시조 제목의 설정 등에 주목하였다. 이념과 관련해 정흥모(1993)[19], 박길남(1996)[20], 전재강(2009)[21]에서는 자연을 대하는 인식이 그간의 사대부와 다르고, 이념이 개입되지 않는 경물적(景物的) 소품(小品)임을, 최규수(2005)[22]에서는 국어시가와 한시를 함께 다루며 이념성, 교훈성보다는 문학의 순수성을 추구하였음을 지적하였다. 고선미(2006)[23]에서도 전대의 사대부가 보여준 연시조의 이념적 응집성이 약하다고 하였고, 박이정(2002)[24]에서는 사경(寫景) 일치의 사실성과 정신성, 도문일치의 입장, 진경시적(眞景詩的) 특성을 지적하였다. 이후 조동일(2005)[25]에서는 결론적으로 풍속 묘사 등 사대부시조의 규범을 무너뜨린 혁신을 보였다고 하였다.

---

[15] 권성민, 『옥소 권섭의 국문시가 연구』, 서울대학교 석사학위논문, 1992.
[16] 이창식, 「권섭의 <황강구곡가>연구」, 『시조학논총』17집, 한국시조학회, 2001.
[17] 최규수, 『권섭 시조에 나타난 웃음의 문학적 형상화와 그 의미: <소의호 사장>을 중심으로』, 「한국시가연구」15집, 한국시가학회, 2004, 229-254면.
[18] 최규수, 『표제의식의 측면에서 본 권섭 연시조의 특징적 양상과 18세기적 의미』, 「고전문학연구」28집, 한국고전문학회, 2005.
[19] 정흥모, 「옥소 권섭의 시조 재론」, 「대진논총」1집, 대진대학교, 1993, 83-97면 ; 정흥모, 「조선후기 사대부 시조의 세계인식」, 월인, 2001에 재수록.
[20] 박길남, 「권섭 시조의 주제의식고」, 『한남어문학』21집, 한남대학교 국어국문학회, 1996.
[21] 전재강, 「권섭 시조에 나타난 산수의 다층적 성격」, 『시조학논총』31집, 한국시조학회, 2009.
[22] 최규수(2005), 앞의 글.
[23] 고선미, 「옥소 권섭의 시문학 연구」, 성신여자대학교 석사학위 논문, 2006.
[24] 박이정, 「18세기 예술사 및 사상사의 흐름과 권섭의 <황강구곡가>」, 『관악어문연구』27집, 2002.
[25] 조동일, 『(제4판)한국문학통사』권3, 지식산업사, 2005.

한편, 최규수(2005)[26]에서는 같은 제목의 한시와 시조의 존재가 두 갈래의 긴밀성을 보여준다고 하였다.[27] 특히 작품 표제가 단형식에서 서술식까지 4가지 유형으로 다양하며, 가(歌)보다는 영(詠)을 사용한 표제를 통해 시조가 일상화되어가고 있는 점을 보인다고 하였다. 또 <16영>, <6영> 등의 숫자 사용, 연시조 내적인 높은 응집성은 창작 계획이 강하게 표출된 것이라고 하였다. 반면에 고선미(2006)[28]에서는 전대의 사대부 연시조가 의미 있는 연결체로서 집합적인 성격을 지니고 있는 것에 비해, 옥소의 시조 <16詠>이나 <6詠>은 단형시의 군집에 가까운 양상을 보인다고 이야기했다.

박요순(1990)[29]과 권성민(1992)[30]에서도 위 두 작품군과 관련해 한시와 시조가 밀접한 관련이 있다는 점을 지적한 바 있으나 최규수(2005)는 18세기 양층언어작가의 특성을 잘 포착했다는 점에서 중요한 연구성과로 꼽을 수 있다. 본격적인 비교연구로서 그 의미를 탐색한 것이 아닌데도 한시와 시조의 긴밀한 관련성이 포착되었다는 점에서, 앞에서 다룬 어떤 양층언어 작가보다도 두 갈래간의 관련성이 두드러진 작가임은 분명하다.

권섭의 한역시에 대해서는 연구가 매우 부족한 실정이다. 한역시를 처음 다룬 본격적 논의로 장정수(2006)[31]에서는 <번노파가곡15장>이 축자직 민역일 가능성이 크다고 하였다. 또 서사적 흐름을 고려하여 주제 중심으로 권섭이 재구성한 것으로 보고 16세기말~17세기초, 주로 유교적 이념과 사대부적 미의식을 다룬 특정 작품을 5언 고시 양식을 택하는 방식과 다른

---

[26] 최규수, (2005), 앞의 글.
[27] 이 점은 박요순(1990), 앞의 책, 93-4면에서도 지적하고 있다.
[28] 고선미, 「옥소 권섭의 시문학 연구」, 성신여자대학교 석사학위 논문, 2006.
[29] 박요순(1990), 앞의 책.
[30] 권성민(1992), 앞의 글.
[31] 장정수, 「옥소 권섭의 시조 한역시(번노파가곡십오장) 및 관련 작품에 대하여」, 『어문논총』44집, 한국문학언어학회, 2006.

것이라 하였다. 이후 논의가 없어서 본서에서 본격적으로 논의대상으로 삼고자 한다.

지금까지 권섭의 문학, 특히 한시와 시조에 대한 연구사는 두 갈래 간의 상관성 변천사에 기반해서 보기보다 권섭 개인의 특성에 주목하고 있는 편이다. 따라서 18세기라는 시대가 가지는 변화의 측면과 함께, 두 갈래 간의 상관성이 시가사적으로 이 시대와 어떤 관계 속에 놓이는지에 대한 의미를 살펴볼 필요가 있다. 지금까지의 선행연구에 힘입어 본서에서는 권섭의 한시와 시조에 나타난 변화들이 양층언어문학사에서 가지는 의미가 무엇인지 주목해 집중 조명하고자 한다.

특히 앞장에서 다룬 정훈이나 박인로의 경우에서 보았던 바, 시조와 한시의 긴밀한 상관관계가 18세기 권섭의 경우에는 어떻게 나타나고 있는지 보게 될 것이다. 시조와 한시의 작품수가 모두 많은 편이라서 비교할 지점들이 적지 않고, 한역시까지 42수에 이르러 양층언어시가사적인 유의미한 점들이 많이 발견되리라 생각한다. 다루는 내용, 작품의 형식, 사용하는 어휘의 특징, 담고 있는 세계관적 지향, 시적 화자와 작가의 거리 등의 측면을 집중 조명하고자 한다.

2. 주제, 제재 비교를 통해 본 시조와 한시의 가까워진 거리

시조와 7언 절구의 작품수가 75수 대 4000여 수이므로 대등한 비교는 되지 않겠지만, 그 안에서 발견되는 특징이 가진 의미, 또 이전 시대의 작가들과의 유사점과 차이점 등을 염두하며 논의를 진행하고자 한다.

2.1. 시조와 한시의 유사성

한시는 7언 절구만 추려도 4000여 수에 이르러서 시조와 작품의 수적 차이가 매우 크다. 작품수의 양적인 큰 차이는 그만큼 해당 갈래가 다루고 있는 제재의 다양성과도 연관이 된다. 곧 시조와 한시에서 공통적인 것들로는 시조에서 다룬 주제적 영역이 한시에 거의 나타나면서 이에 더 나아가 시조에서 다루어지지 않는 내용들까지 나타나고 있다는 점이 특징이다. 이를 그림으로 나타내면 다음 [그림1]과 같다.

위로부터 아래의 순서는 작품수가 많은 순부터 적은 경우로 배열한 것이다. 7언 절구의 원의 크기는 훨씬 더 커져야 하지만 편의상 상대적 크기로 작품수의 차이를 나타냈다. 시조에서 다루고 있는 제재는 A와 B영역이다. A, 곧 시조에서만 다루는 제재가 현저히 적어지고 B와 같이 7언절구에서도 나타나면서 시조에서도 다루는 제재가 많아진 것이 특징이다.

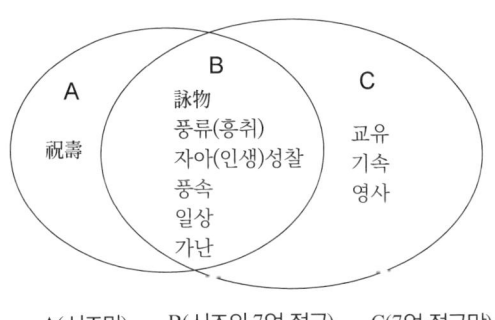

[그림1] 권섭의 시조와 7언 절구 제재 비교

시조에서만 다루는 A영역에는 만수무강을 비는 연시조 5수인 <郭都正從祖重卺日壽詞>가 들어간다. 이는 17세기의 신흠과 윤선도가 잔치자리의 송축이나 흥을 시조로 다룬 경향이 이어지는 것으로 볼 수 있다. C영역에서, 선행연구에서도 지적하고 있듯이 한시사적으로 기속시나 영사시가 많다는 점이 권섭의 한시의 특징이기도 하거니와, 기속시나 영사시가 고시체나 율시가 아니라 7언 절구에서도 많이 나타난다는 점 역시 눈에 띈다.

그러나 무엇보다 [그림1]을 권섭 이전의 16세기나 17세기 양층언어작가와 비교할 때에 가장 두드러진 차이점은 B영역이 많아진 것이다. 시조의 작품수가 한시보다 훨씬 적음에도 불구하고 7언 절구와 공통적인 내용이 이전의 어떤 작가보다도 더 많다. 그만큼 시조와 한시의 거리가 가까워졌다는 것을 보여준다. 이와 관련해 두 갈래에서 공통적으로 다루고 있는 내용인 B영역을 살펴보도록 하자.

자연물을 보며 느끼는 단상을 비롯해 시조에서 가장 많은 비중을 차지하는 영물(詠物)과 풍류의 내용은 7언 절구에서도 역시 많이 나타난다. 예를 들어, 시조 <十六詠>같은 작품들은 아예 동일하거나 비슷한 제목으로 비슷한 소재를 다룬 <十詠>, <八詠>, <十六詠> 등의 작품이 한시에도 있다. 자아 성찰적 내용의 기쁨과 슬픔을 다룬 작품 역시 [시조 55~62]의 <笑矣乎 四章>과 <悲來乎 四章>과 같은 내용으로 <自笑>와 <除夕吟> 등을 볼 수 있다. 특히 <笑矣乎 四章>과 관련해서는 7언 율시로 <失題>라는 작품도 유사하다고 할 수 있는데, <笑矣乎 四章>이 앞 수의 종장이 다음 수의 초장으로 이어지는 것과 같이 단시조가 아니라 여러 수의 연작시라는 점과 정보량을 감안하면 7언 율시로 비슷한 내용을 쓴 사정을 짐작할 수 있다. 그 외에 회포나 일상의 단상을 다룬 작품 역시 시조에서와 같이 7언 절구에서도 나타난다.

이렇게 비슷한 내용이 두 갈래에서 모두 나타날 뿐만 아니라 위와 같이 동일한 제목에, 동일한 제재로, 그것도 단편작이 아니라 연작시의 구성까지 유사한 작품들이 시조와 한시에서 모두 나타나는 경우가 적지 않다는 점이 이전의 어떤 양층언어작가보다 두 갈래간의 유사성이 강하다는 것을 보여주는 것이기도 하다.

이러한 현상에서 가장 주목되는 것은 시조에서 다루는 내용들이다. 이전 양층언어작가와 비교할 때에, 한시에서 다루는 내용의 변화가 커진 점보다 시조에서 다루는 내용의 변화가 훨씬 더 두드러지게 달라져서 한시와 시조가 유사한 내용을 다루는 B영역이 많아진 것이기 때문이다. 특히 시조에서 나타나는 시조사적 변화가 한시와 유사해지는 부분을 세 가지 측면에서 살펴보면 다음과 같다.

첫째, 다른 양층언어작가들이 시조에서 많이 다루지 않는 영물(詠物)과 관련한 시조가 많다. 앞장에서 박인로에 대해 살펴보면서 박인로의 시조에서도 영물 시조가 보인다고 하고 이를 특기한 바 있는데, 18세기의 권섭은 이보다 더 적극적으로 한시와 같이 자연물을 연작시조로 읊고 있는 것을 볼 수 있다.

일반적으로, 곧 이전 양층언어작가에서 보았듯이, 영물시는 시조보다는 한시에서 주로 많다. 선경후정의 방식을 취하는 절구에 비해 시조는 사경(寫景)을 하지 않아도 되고 노래를 통해 화자의 정서를 표출하는 효과가 크다는 이점이 있기 때문에 시조에서 영물시적 경향은 흔하지 않은 것이다. 그런데 권섭은 시조를 통해서도 외부의 경물을 묘사하고 먼저 말하는 식의 영물 시조를 즐겨지었다. 시조 75수 중에서 <十六詠>이나 <六詠>을 포함하여 29수에 해당하는 작품이 영물시조라는 점은 한시적 제재를 시조를 통해서도 나타내려고 한 것이라 할 수 있는 것이다. 적어도 내용적 친연성에 있어서 권섭은 시조의 작시 경향이 한시와 닮아있다고 하겠다.

이에서 더 나아가 영물시조는 과거에 흔하지 않은 반면에 한시에서는 흔한 작시 방식이었다는 점을 생각해보자. 또한 영(詠)이라는 향유방식은 가창(歌唱)으로 주로 향유되는 시조와 달리 한시의 향유방식이었다는 점도 상기해보자.[32] 그렇다면 음영과 가창의 향유방식은 한시와 시조의 항상적(恒常的) 특성이 아니라 문학사적 전개에 따라 변할 수 있다. 이황은 노래하기 위해서는 시조를 지을 수밖에 없다고 하였지만, 18세기에 이르면 시조도 가창만이 아니라 음영의 방식으로 향유하는 것이 적지 않았던 것이다. 그동

---

[32] 이와 관련한 대표적인 연구성과는 정운채(1993), 앞의 글을 들 수 있다.

안 가창에 너무 주목한 것은 연구사의 치우친 경향이고, 가창만이 18세기 시조의 향유방식은 아닌 것이다.

게다가 시조를 음영할 뿐만 아니라 영물적 작시 방식으로 구조까지 동일한 한시와 시조 작품들이 있는 양상은 향유방식과 작시 구조가 모두 밀접한 관계가 있는 특성이라는 점도 간과할 수 없다. 한시를 음영한 것은 문자로 기록된 시(詩)이기 때문이다. 시조를 가창한 것은 시(詩)가 아니라 구어로 주로 사용했던 국어로 된 노래[歌]였기 때문이다. 시조를 음영한다는 것, 또 사물을 나열하며 그 특성을 읊는다는 것은 시조가 노래로서의 성격만이 아니라 시(詩)로서의 성격을 가지고 있어서라고 추정할 수 있다.

고전시가를 시가(詩歌)라고 부르는 것은 문학사적 전개에서 시와 노래의 성격을 모두 가지고 있기 때문이다. 현대시조는 노래부르지 않기 때문에 시조시의 성격이 강하지만 전통시조는 시조시적인 성격보다 시조노래적인 성격이 더 강하다. 그런데 시가적 성격을 모두 가진 시조가 하루아침에 시조시가 되지는 않았을 것이다. 시가가 시로서 자리를 굳히는 과정적 시간이 필요했을 것이다.

그런 면에서 전술한 특성을 가진 권섭의 시조는 그 과정을 보여주는 18세기적 사례라고 볼 수 있다. 시조가 시적인 특성이 강화되는 사례로서 권섭의 경우는 구체적으로 어떤 식으로 시화(詩化)의 과정을 거치는지를 보여준다. 그리고 그 과정에서 한시와의 상관관계가 밀접하다는 것을 알수 있다. 시조만 보아서는 18세기 권섭의 시조가 시적(詩的) 성격이 강화되는 예라고 말하는 것이 약하다.

그간 우리 시가사에서 늘 시(詩)로서 격조높은 고급문학의 자리를 차지하고 있던 것은 한시이다. 그리고 우리말노래인 시조는 상대적으로 한시와 경합을 벌이면서 고급문학으로서 시(詩)로서의 기능과 지위를 획득해 간다. 그렇다면 두 갈래를 모두 지었던 양층언어작가로서는 둘 간의 거리를 의식하며 작품을 지으므로 자연스럽게 두 갈래의 상관관계를 통해 그 과정을 보여주게 된다. 특히 18세기 사대부 작가에게 시란 한시이므로 시조를 시처럼 한다는 것은 곧 한시가 가진 특성들을 접목하는 것이될 가능성이 높다.

음영과 가창이라는 향유방식을 각각의 고유한 특성으로 가졌던 한시와 시조는 그 기능과 사회적 인식이 구분되어 있어서 양층언어문학이라고 한다. 음영과 가창은 문자성과 음성성, 기록성과 구술성, 시와 노래, 고급문학과 상대적으로 지위가 낮은 문학 등의 특성으로 연결된다. 근본적으로 한문과 국어의 특성이 두 언어매체로 지어진 한시와 시조에 이와 같은 다양한 결과들을 가져오는 것이다.

그런데 그 분명했던 양층성의 경계가 허물어지면서 구분이 차차 모호해지고 서로의 특성을 공유하게 된다면 양층언어문학으로서의 관계도 약화된다. 한시와 시조가 시와 노래로서의 고급문학과 그렇지 않은 문학이 가졌던 거리감과 기능 구분이 거의 없이 동등해지는 것이 근대이다. 한문학은 문학사의 저편으로 사라지고 국문학의 시대가 되고, 시조가 시(詩)로서의 지위를 얻게 된 것이 그것이다. 국어는 일상 구어이거나 암글, 언문(諺文)이기만 하지 않고, 진서(眞書)인 한문의 자리를 대체하는, 말 그대로의 '나라문자[國文]'이 된 것이다.

시조의 기록을 훈민정음 그대로가 아니라 한역시라는 방식을 통했던 것도 기록매체는 훈민정음이 아닌 한문(漢文)이라는 양층언어적 의식 때문이다. 국어가 일상 구어이기만 할 때에, 곧 기록매체로서 인식되지 않았을 때에는 시조는 노래이기만 하지 시(詩)로서의 의식이 매우 약하였다. 그래서 한역시라는 방법을 취할 수밖에 없게 된다.[33] 물론 모든 한역시의 동기가

---

[33] 권섭도 물론 한역시 작업을 하였다. 그런데 당대 한역시 작업을 한 다른 작가들과 또 다른 특성을 가진다. 기록매체를 한문이라고 여겼기 때문으로만 설명할 수 없고, 한역시의 구조화 방식이나 상황, 한역시의 대상 등이 양층언어작가로서 시조와 한시의 위상을 어떻게 인식하였는지 보여주는 개척적 면모를 보인다. 이에 대해서는 6절에서 면밀하게 검토하게 될 것이다.

그런 것은 아니겠지만, 적어도 양층언어작가가 아니면서, 곧 국어시가는 짓거나 국문으로 기록하지는 않으면서 한문으로만 문학활동을 한 경우에 국어시가를 한역했다면 이러한 이유라고 볼 수 있을 것이다.

그러나 동시에 18세기는 훈민정음이 기록매체로서 기능하는 다양한 징후들이 나타난다. 우선 시조 가집의 출현이다. 시조만 골라서 시조집을 묶는다는 의식은 시조에 대한 위상과 사회적 지위의 변화를 보여준다. 한시집은 일반화되었으나 국어시가만을 묶는 국어시가집은 전례가 없다. 이러한 때에 국어시가만 묶는, 곧 시조집이 나타난 것은 국어시가의 위상이 높아질 뿐만 아니라 훈민정음의 기록매체로서의 지위 획득을 의미한다. 가사 갈래를 묶은 가사집의 출현도 마찬가지의 현상이다.

시조집의 등장은 비단 '시조'집의 의미만이 아니라 양층언어문학사적으로 보자면 '국어시가''집'의 의미가 그 못지 않게 크다. ≪청구영언≫이 음악적 분류에 따라 시조가 배열되기는 하였어도 훈민정음만으로 된 책을 묶는다는 생각 자체가 그 시대에 나타난 문학사적 혁신이다. 문집은 한문으로만 된 것이지, 국문으로만 된 책을 엮는다는 것은 시조도 국어 그대로를 기록할 가치가 있다는 것을 보여주는 것이기 때문이다. 그 일을 앞장선 사람들이 사대부 남성이 아니라 중인인 것은 의식의 각성이 이들을 통해 먼저 일어났기 때문이다.

시조와 한시의 거리가 가까워진 한 예를 살펴보자. 다음 표는 작품의 구성과 소제목이 유사한 <16영> 한시와 시조를 비교한 것이다. 한시는 제1수~제8수는 5언 절구인데, 제9수~제16수는 7언 절구라서 흥미롭다. 우선 제재에 따른 각 작품의 핵심적 내용을 대비하면 아래의 표와 같다. 한시와 시조 제목의 순서가 다른 부분에는 음영을 표시하였다.

[표1] 권섭의 <16영> 한시와 시조 내용 비교

	한시제목	한시 내용	시조제목	시조 내용	한시와 시조 비교
1	松	교룡같은 노송이 풍상을 싫어하지 않고 바위에 기대어 있는 모양	松	獨也靑靑한 소나무를 베지 않고 두면 동량재가 될 것이다	의미는 풍상에도 굴하지 않고 있는 소나무를 모두 말하고 있지만 시조는 이에 더 나아가 인재가 되도록 두어야 함을 추가함
2	菊	풍상의 계절에도 꽃이 만개해 향기로운 국화	菊	초목이 요락할 때에도 향기[晩節寒香]이 가시지 않는 국화	거의 유사함.
3	梅	歲寒의 기약을 지켜 눈 속에도 암향을 고치지 않음	梅	찬 바람에도 暗香을 들리게 하는 매화	거의 유사함
4	竹	바람에 근심어린 소리로 울지만 새로운 죽순이 구름을 떨치고 자란다	竹	雪霜風雨에도 사철 푸르고 곧은 대나무, 바람에 근심어린 소리가 어떤고	거의 유사함
5	仙	날 때부터 神인 이들은 항상 고요한 중에 구름 가운데 노닐며 광한궁에서 연회함이 다함이 없음	山	기세가 壯하고 한양의 靈長이다	한시5와 시조9가 仙을 다룸. 한시에서는 신선의 한가함만 다룬 반면, 시조에서는 이에 더하여 이들이 속세를 보며 우스워할거라는 내용이 추가됨
6	龍	만물을 건질 수 있는 용이 연못에서 있는 것은 옳지 못함	溪	소리가 좋으나 맺힌 일이 있는 듯 운다.	한6과 시조10이 '龍'을 다룸. 모두 능력있는 용이 뜻을 펴지 못하고 있는 것을 안타까워함
7	虎	호랑이의 날쌘 위무(威武)에 온 산의 짐승이 놀람	江	유장하고 끊임없이 흐르나 가는 곳을 모름	한시7과 시조11이 호랑이를 다룸. 시조에서는 호랑이가 없으면 득세하는 간사한 동물을 언급하는 것이 다름
8	鶴	검은 하늘에 날개짓 하는 하얀 학이 홀로 깊은 곳에 이름	海	깊이와 가를 모르는 바다의 물결을 언제 기다려서 성을 쌓을고	한시8과 시조12가 鶴을 다룸. 시조에서는 뜻을 이루지 못해서 울지만 한시에서는 뜻을 이루는 차이가 보임

9	山	위로는 창공을, 아래로는 용과 호랑이를 대하는 천년 정기를 머금은 산이 천지의 영웅의 기미임	仙	한가한 신선분들이 이 세상을 보면 우스운 일이 많을 것이다	한시9와 시조5가 모두 山을 제재로 영웅임을 드러낸다는 점에서 유사함
10	溪	암계(巖磎)를 지나며 울며 도는 맑은 여울은 어떤 굽이를 지나도 옛소리를 바꾸지 않는다	龍	변화가 신기한 용에게 한 김이 따라주면 생령(生靈)이 살까	한시10과 시조6이 溪를 다룸. 시조에서는 맺힌 일로 우는 것같다고 하고, 한시에서는 변함없는 소리로 흐른다는 차이가 보임
11	江	평원을 가로지르는 유장하게 흐르는 강이 나라의 벼리가 되니 어느 때 이렇게 나뉘었을까	虎	氣焰도 황홀한 호랑이가 떠나면 여우와 살쾡이가 판을 칠 것이다	한시11과 시조7이 '강'을 다룸. 초점은 조금 다르지만 큰 차이는 아님
12	海	깊이와 가를 모르는 바다에 더러움과 비림이 자연히 씻긴다	鶴	밝은 밤에 쓸쓸히 울며 돌아갈 날을 기다리는 학	한시12와 시조8이 모두 海를 다루는데, 시조에서는 성을 이루지 못함을 말하나, 한시에서는 모든 부정적인 것을 씻기는 긍정적 존재로 그려지는 차이가 보임
13	人	시주(詩酒)청담(淸談)도 허망하고, 높은 곳에 올라 창해를 바라며 검을 의지해 슬픈 노래 부르네	人	자신의 해온 일이 곡식창고의 돌피같고 특이하나, 쥐 같은 인간은 말해서 무엇하리	시조에서는 타인을 대비해 비판적으로 언급하나 한시에서는 장부의 호연지기와 슬픈 자화상을 그리는 차이
14	鯉	심연을 다니는 잉어가 때를 얻으면 운우를 일으키니 하늘의 변화된 용과 같음	鯉	금비늘을 가진 잉어가 미끼를 아무리 주어도 잡히지 않음	잉어를 제재로 하고 있으나 시조에서는 인간의 작은 속임에 넘어가지 않음을 강조하고 한시에서는 잉어 자체를 읊음
15	馬	천리지를 품은 말은 늙어도 이를 방해하지 못함	馬	적표마의 千里志를 몰라줌을 서러워함	한시에서는 긍정적으로, 시조에서는 뜻을 이루는 못함을 더 부각시키고 있는 차이
16	鷹	맑은 밤을 기다려 평원 밖에서 큰 날개짓을 하는 매	鷹	날아갈 때를 기다리는 매	한시에서는 때를 기다려 날개짓을 하나 시조에서는 때를 기다리는 데에서 끝나는 차이

우선, 다루는 제재는 16가지가 동일하지만 다루는 순서는 조금 다르다. 위 표에서 중간에 음영을 해둔 곳이 순서가 다른 부분이다. 1~4의 송(松)·국(菊)·매(梅)·죽(竹)의 순서로 같고, 13~16의 인(人)·리(鯉)·마(馬)·응(鷹)이 같다. 그런데 한시 5~8의 선(仙)·용(龍)·호(虎)·학(鶴)이 시조에서는 9~12에서 다루고 있고, 한시 9~12의 산(山)·계(溪)·강(江)·해(海)는 시조에서 5~8에서 다루고 있다. 중간 부분이 서로 교차하면서 위치가 바뀌고 있는 것이다.

최규수(2005)에서는 시조 <16영>을 4등분하지 않고 3등분을 하여 송(松)·국(菊)·매(梅)·죽(竹)의 식물, 산(山)·계(溪)·강(江)·해(海)의 자연, (仙)·용(龍)·호(虎)·학(鶴)·인(人)·리(鯉)·마(馬)·응(鷹)의 움직이는 존재로 나누었으나, 연시조의 구조상 순서대로 4수씩 4등분을 하는 것이 내부적인 구조임이 시조와 한시를 비교하면 위와 같이 확연하게 드러난다. 곧 한시를 기준으로 했을 때, 1~4의 송국매죽(松菊梅竹)의 식물, 5~8의 선용호학(仙龍虎鶴)의 신비로운 선적 존재, 9~12의 산계강해(山溪江海)의 공간, 13~16의 이 공간에 사는 현실적 존재인 인리마응(人鯉馬鷹)으로 말이다. 그리고 시조는 1~4에서 식물을, 5~8에서 공간을, 9~12에서 신비로운 선적 존재를, 13~16에서 현실적인 존재를 다루고 있다.

한시와 시조 모두 구조적으로 4수씩 4분(分) 구조로서 균등한 분량의 작품수로 구성된 안정적인 16수의 연작성을 띠고 있다는 점에서 공통적이다. 동일한 제목, 동일한 제재, 동일한 구조라는 공통성은 권섭에 이르러 한시와 시조가 동일한 제재로 동일한 구조로 지어진다는 점에서 한시와 시조의 거리가 더 가까워진 것이라고 볼 수 있다. 17세기의 윤선도도 유사한 상황을 시조와 한시로 모두 나타낸 작품이 있지만 전체 작품수에 비한다면 소수일 뿐만 아니라 내용적 유사성이 있지만 차이점이 더 크다.[34] 따라서

---

[34] 이에 대한 구체적인 논의는 정소연(2006), 앞의 글 ; 정소연(2014d), 앞의 책에서 윤선도를 다룬 장 참고.

권섭은 <16영>, <6영> 등 더 많은 작품에서, 제목, 제재, 구조 등의 유사성을 보이고 있다는 점에서 더 적극적으로 두 갈래를 유사하게 지으려고 시도했다고 할 수 있다. 물론 [표1]의 비교란에는 차이점도 보이는데, 이는 2.2.에서 자세히 다루도록 하겠다.

둘째, 앞에서 보았던 양층언어작가들이 많이 다루던 교화적 내용이 권섭의 시조에는 드물다. 백성이라는 하층 대상의 훈민이든, 가문이나 친지, 제자 등의 교화적 내용이든 타인을 향한 교화적 기능이 많이 약해진 것이다. 교화 시조는 16세기에 정철의 훈민가나 17세기에 박인로의 오륜가는 물론이고, 몇 안되지만 윤선도에게서까지 보였던 시조까지 그간의 양층언어작가인 사대부 시조에서 지속적으로 나타나는 주제적 경향의 하나였다. 그렇다고 해서 후기로 갈수록 교화시조가 없어진다고까지 할 수는 없겠지만 75수나 되는 많은 시조에서 보이지 않는다는 점은 주목되는 현상이다. 다만, 이전 양층언어작가만큼의 적극적 교화시조는 아니더라도 권계, 교훈의 의미가 일부 포함된 것으로 [표1]의 <16영>에서 시조1이나 시조11 정도가 부분적으로 눈에 띈다.

교화적 내용의 시조는 타인을 향해 발화하는 시조의 이점을 십분 활용하는 것으로, 이러한 변화도 타인을 향해 말하는 대타적(對他的)인 시조의 갈래가 작가가 그 자신을 향한 정서 고백의 갈래로 인식되는 변화와 무관하지 않을 것이다. 이는 문체로서의 고백체와는 또 다른 것으로, 화자와 작가의 거리로서 가늠되는 특성을 말하는 것이다. 이에 대해서는 17세기의 정훈에게서도 일부 볼 수 있다.

또한 교화시조가 거의 없다는 것은 시조 갈래가 사대부에게 차지하는 기능과 역할의 변화와도 관련이 된다. 시조의 훈민성, 더 범위를 넓혀서 교화성은 시조의 사회적 지위와 기능이 하층을 향하거나 가르침이 필요한 존재에게 교육적 수단으로서의 성격임을 의미한다. 그런데 이런 기능이 거의 없고 사대부 작가 자신과 밀착된 정서 표출의 통로로서 여겨진다는 것은 그만큼 시조의 기능이 한시가 하던 기능을 대신하는 측면도 있는 것이다. 또 한시 못지 않게 국어로 된 시가의 지위가 이전보다 더 높아진 것이라 할 수 있다.

이러한 예로 선비들 간의 대화로 이루어진 연작 시조들을 들 수 있다. <獨自往遊戲有五詠(독자왕유희유오영)>, <諸文官答(제문관답)>, <後謂他客(후위타객)> <他客答(타객답)>, <自解(자해)>에 이르는 일련의 연작시조는 선비들 간에 묻고 답하는 화답시조라는 점에서 이전 양층언어작가에게서는 볼 수 없던 방식이다. 정철도 화답에 가까운 시조 몇 수가 있었는데, 선비들 간의 대화라고 보기는 어렵고, 또 제목을 달고 문답임을 명시하지는 않은 반면에 권섭은 더 적극적인 방식으로 화답시조를 지었다. 이는 사대부 간의 한시 화답 문화가 시조를 통해 나타난 것으로서 시조의 위상이 사대부 내적인 소통의 통로로 사용된 것을 볼 수 있다.

셋째, 순간적 발견에 대한 담담한 독백이 더 강한 것이 눈에 띈다. 예를 들어, 시조 <食多鯉魚>는 밥을 먹다가 생선에 가시가 너무 많다고 하는 내용이 전부이다. 사실과 현상에 대한 순간적인 발견을 보고하고 있는 식의 시조는 이전 양층언어작가의 시조에서는 전혀 볼 수 없었던 작품인 것이다. 이러한 변화도 바로 앞의 특징과 연관선상에서 이해할 수 있다. 이와 관련해 작품을 잠깐 살펴보자.

[시조1] 食多鯉魚[35]
이 고기 가싀만타 ᄒ고 ᄇ리기ᄂᆞᆫ 앗갑고야
ᄇ리디 마쟈ᄒ니 이 가싀를 엇디ᄒ리
이 가싀 낫낫치 골희고 먹어 보쟈 ᄒ노라

제목은 '가시많은 생선을 먹다'로 지극히 사소한 일상의 체험을 읊고

---

[35] 《옥소고》16, <推命紙>. 이하 시조는 모두 출처가 같으므로 따로 밝히지 않는다.

있다. 가시가 많아서 버리기는 아깝고, 취하자니 가시가 문제인 상황이 초장과 중장의 내용이다. 그러나 종장에 이르면 가시를 가려내고 먹어보겠다는 결론에 이르고 있다. 일상의 작은 체험을 그렸다는 점에서 조선전기의 이념적인 시조의 세계도 아니고, 그렇다고 정서의 표출이 강력한 시조도 아니다. 소소한 생활의 체험을 그리고 있다는 점이 전대의 시조와 다른 차이로 한시의 생활시와도 가까워보인다.

그런데 또 한편으로는 이러한 일상의 작은 체험이 우리의 보편적 상황을 보여주기도 한다. 가시라는 부정적 측면으로 버리기는 아깝고, 취하자면 가시를 해결해야 하는 상황이 우리의 삶에서는 얼마든지 있다. 이는 비단 식사중의 생선 얘기가 아니라 삶의 보편적 측면을 말하고 있는 알레고리로도 읽힐 수 있는 것이다.[36]

이렇게 알레고리로서 언어 이면의 보편적 가치를 말하고자 하는 주제 표출 방식은 같은 제재를 다룬 한시와 또 다른 시조의 특징이라고 할 수 있다. 시조가 한시와 유사한 속성을 취해가면서도 시조가 전통적으로 가지고 있던 알레고리적인 수사법이 내재해 있다고 할 수 있는 것이다. 따라서 두 갈래의 유사성이 전대의 양층언어작가보다 크지만 그 안에서 여전한 차이점은 지속되면서 긴밀한 상관성을 보이는 것이다. 따라서 다음 항에서는 이에 대해 더 구체적으로 살펴보도록 하자.

2.2. 유사성 내에서의 차이점

지금까지 살펴본 바, 권섭의 시조와 7언 절구, 곧 한시에서는 이전 양층언어작가보다 더 공통적 내용이 많은 점이 주목된다고 하였다. 앞에서 본 바, <16영>처럼 시조와 한시에서 동일한 제목을 사용할 수 있다는 것, 게다

---

[36] 고정희, 『한국 고전시가의 서정시적 탐구』, 월인, 2009에 시조의 알레고리적 접근에 대한 이론적 검토가 자세하다.

가 그 방식이 한시, 곧 시의 방식을 취하는 방향으로 이루어진 것은 시로서의 시조의 면모를 보여주는 것이다. 한시와 동일한 제재를 읊은 작품이 한 두 개가 아니라 16수라는 연작적 구조를 띤 다수작이라는 점 역시 한시의 구조를 시조에서 취함으로서 동일해진 것을 보여준다. 게다가 자연물을 나열하며 다루는 영물적(詠物的) 방식 역시 한시의 작시적 경향으로서 시조에서도 동일한 방식을 취한 것이다.

하지만 공통적인 내용 안에서도 갈래적 특성이 보이지 않는 것은 아니다. 위의 특징들이 시조의 시(詩)로서의 성격이 강화되는 것이라면, 상대적으로 시조가 한시와 달리 가지고 있는 특성도 여전하게 포착된다. 일례로 앞에서 예로 든 알레고리적 측면이나, [표1]에서 한시는 사물 자체를 읊으나 시조는 가시성 이면의 관념적 주제를 표출하는 '松'이나 '虎' 등의 작품들이 그러하다. 따라서 B영역과 관련해서 작품을 구체적으로 살펴보며 유사성 내에서의 차이점은 또 무엇인지 따져보도록 하자.

선행연구에서는 17세기 윤선도나 신흠의 경우를 통해서 가창을 하는 시조는 대화적 문체를 취하고 화자와 청자의 두 존재가 설정이 되며, 상대적으로 한시는 독백적 문체를 취하고 화자의 존재가 중심이 되고 있다는 점이 밝혀진 바 있다.[37] 또 조선 전기 시조가 청자지향적이라는 점도 밝혀진 바 있다.[38] 권섭의 시조에서도 시적 화자인 나와 청자인 너를 설정하거나, '두어라'의 명령형, '살올가', '무슴하리' 등의 의문형 종결어미가 상당수 등장한다. 곧 문체상 대화체인 것은 지속적으로 나타나는 특성으로 꼽을 수가 있는 것이다.

---

[37] 윤선도에 대해서는 정운채(1993), 앞의 글 ; 신흠에 대해서는 정소연(2006), 앞의 글 참고.
[38] 조하연(2000), 「시조에 나타난 청자지향적 표현의 문화적 의미 연구 : 조선 전기 사대부 시조를 중심으로」, 서울대학교 석사학위논문.

이와 관련해 <16영> 제13수의 '人'과 제14수의 '鯉' 두 작품을 예로 들어 더 자세히 비교해보도록 하자.

[시조2] 〈十六詠〉 제13수 人
이 몸이 텬디간(天地間)의 태창졔미(太倉稊米) 굿것마는
고금(古今)을 혜여보니 히온 일도 긔특(奇特)홀샤
두어라 쥐 ㄱ튼 인간(人間)이야 닐러 무숨ᄒᆞ리

[한시1] 〈十六詠〉 제13수 人
詩酒淸談太妄愚
東襟危坐亦疎迂
一登喬岳臨滄海
倚釖悲歌是丈夫

[시조3] 〈十六詠〉 제14수 鯉
너도 믈의 잇다ᄒᆞ고 사롬마다 잡으려 흔들
금닌(金鱗)이 잠간(暫間)일면 구롬모라 ᄃᆞ닐여든
아므리 밋기를 준들 걸닐 줄이 이시랴

[한시2] 〈十六詠〉 제14수 鯉
掉尾深淵似不容
肯隨鱗族上飧饔
有時亦自與雲雨
終是天中變化龍

위 작품들은 모두 <16영>에서 같은 위치인 제13수, 제14수에 속하고 제재가 같으며 정보량이 유사하다는 점에서 공통적이다. 우선, '사람'을 다룬 13의 두 작품을 비교해보자. 시조에서는 초장과 중장은 '이 몸'에 대한 내용이고, 종장은 '쥐 같은 인간'에 대한 내용이다. 이 몸은 시적 화자라면 쥐 같은 인간은 시적 화자보다 더 못한 존재이다. 시적 화자도 곡식창고의

돌피같은 부족한 존재이지만, 곡식창고 자체를 갉아먹는 도둑인 쥐 같은 인간은 더 심각한 문제를 가진 존재이다. 등장하는 인물이 두 사람이고, 둘을 대비하고 있으며 종장이라는 시조의 위치적 중요성을 고려해볼 때에 나타내고자 하는 바는 시적 화자보다 더 못한 쥐같은 인간에 대한 비판이다.

한시에서는 등장인물이 한 사람이다. 기구에서 결구까지 모두 장부(丈夫)에 관한 묘사이다. 시주청담(詩酒淸談)이라면 사대부 일반의 삶이다. 그런데 이는 크게 허망하고 어리석은 것이고, 그보다는 높은 산에 올라 창해를 대하며 비가(悲歌)를 부르는 것이 장부라는 것이다. 곧 시조에서는 두 인물이 등장하지만 시적 화자보다 상대적 인물인 쥐같은 사람에 대한 비판이 내용의 중심이라면 한시에서는 상대적 인물이 등장하지 않고 시종 화자가 말하고자 하는 한 존재를 그리고 있다.

그 아래 작품들도 그렇다. 잉어를 제재로 하고 있는 제14수의 시조에서도 상대적인 두 존재가 등장하고 있다. 초장에서 '너'로 지칭되는 청자인 '잉어'와 이를 잡으려고 미끼를 던지며 구름처럼 몰려다니는 '사람들'이 대비되고 있다. 그리고 종장에서와 같이 잉어는 절대 잡히지 않는다는 사실을 강조하며 작은 먹잇감으로 덫을 놓고 잡으려는 사람들을 비판적인 태도로 바라보고 있다. 한시에서는 심연의 잉어가 때를 얻으면 구름비같이 흥하니 하늘의 변화한 용과 같다고 하여 기구에서 결구까지 잉어자체만을 다루고 있다. 잉어에 상대적인 다른 존재가 등장하지 않는 것이다.

두 갈래가 모두 제재로서 하나의 대상을 다루고 있기는 하지만 시조는 제재와 대비되는 상대적 존재를 설정해서 비판적 메시지를 전하려고 한다. 여기서 주목되는 것은 두 가지이다.

첫째, 시조에서는 대비적인 두 존재가 등장하는 반면에 한시에서는 하나의 대상만 등장한다는 차이점이다. 외형적 문체상의 화자와 청자의 설정에서 더 나아가 두 존재가 등장하며 대비적 관계로 그려지고 있는 것이다. 이에 비해 한시에서는 제재로 취한 대상인 하나의 물(物) 그 자체만 다루고 있고 평서형 중심의 문체인 점이 대비적이다.

둘째, 16개 제재의 특성이나 이러한 제재들 16가지를 나열적으로 구조화한 연시조 구성을 취한 것 등은 상대적으로 이전 양층언어작가에 비해 영물적(詠物的)이기는 하다. 작시의 발상적 측면에서 영물적이라는 것이다. 하지만 한시에 비해 시조는 영물 가운데서도 종장을 통해 전하고자 하는 비판적 태도에 더 무게 중심이 있다. 이는 문체와도 무관하지 않다. 대비적 두 존재의 설정은 결국 한편은 긍정적이고, 다른 한편은 부정적인 존재로 대응될 수밖에 없고, 그러면 자연스럽게 비판적 어조가 나타나게 되는 것이다.

또 하나의 예를 더 들어보자. 시조 <16영>의 제12수인 '虎'에서는 호랑이로 인해 여우나 살쾡이, 곧 간사한 존재가 판을 치지 못한다고 하고 있다. 그런데 이는 비유적 의미이지 실제 숲 속의 질서를 사실적으로 그린 것에 지나지 않는다고 할 수는 없을 것이다. 예를 들어, <虎跡呼韻(호랑이발자국)>[39]이라는 시를 지은 바 있는데, 호랑이의 자취를 보고 놀라고 두려워하는 내용이다. 실제적인 삶 속에서는 호랑이라는 존재가 마을에 흉흉한 일을 만드는 두려운 존재인 것이다. 그에 비해 시조에서는 호랑이가 떠나지 않기를 바라는 의중을 보인다. 호랑이의 발자국만 보고도 놀라는 두려운 존재로 인식하는 사람이 마을과 상관이 없는 숲속의 질서를 왜 염려한단 말인가. 따라서 이 시조는 표면적으로는 호랑이를 다루고 있지만 이면적으로는 호랑이같은 존재로 인해 간사한 사람들이 판을 치지 못하는 상황에 대해 그리고 있는 것으로 보인다.

이러한 맥락에서 시조 16수는 표면적으로는 해당 제재를 읊고 있지만

---

[39] 《玉所稿》 卷2, 詩10.
大跡胡村內 마을 안에 큰 발자국 있으니
前宵虎下來 어젯밤 호랑이가 내려 왔네
窺人與噬狗 사람이든 개든 먹을까 엿보았으리니
驚恐幾家回 두려워라, 몇 집이나 돌아다녔을까

이를 통해 추상적 의미화를 꾀하고 있다고 볼 수 있다. 시조 1~4에서 다루는 송국매죽은 조선시대 이념의 표상으로서 작품의 제재가 많이 되어왔고, 독야청청, 암향 등 반대적 상황 속에서 이를 극복한 특성으로 인해 찬양의 대상으로 읽어내지 않을 수 없다. 또 마지막 12-16의 5수는 자신의 상황을 비유하는 것으로 읽는다. 박길남(2011)[40]에서도 시조5-16은 비판적인 의식을 종장, 심지어 초장부터 드러내고 있다고 하였는데, 시조4에서도 곧고 푸른 대나무가 세상을 걱정하는 소리를 내는 것으로 직접 표현하고 있고 시조1-3도 흔들고 방해하는 부정적 세력에도 불구하고 향기나 푸름을 유지하고 있다는 것 역시 비판적인 현실을 의식하고 드러내는 것으로 볼 수 있는 것이다.

여기서는 내용과 제재적 측면을 대비해보았으나, 형식적 측면에서도 권섭은 한시와 시조가 유사점이 많다. 시조에서도 연시조가 많지만, 연작성을 띤 장편의 절구가 많다는 점도 두드러지는 특징이다. 연작한시가 많은 것은 그 자체로는 특이하다고 하기는 어렵다. 그러나 짧게는 2수에서 8수, 10수, 16수에서 많게는 40수, 66수, 120수까지의 장편 연작시는 매우 특이하다고 할 수 있다. 또 같은 운자를 사용해서 다양한 제목으로 연작시를 짓는 것도 독특한 작시법이다. 이렇게 권섭은 장편화되는 연작시의 작시 경향이 나타난다는 점이 다른 양층언어작가에 비해 두드러지는 특징이라 하겠다. 이에 대해서는 다음 장에서 더 자세히 살펴보고자 한다.

3. 시조의 시화(詩化): 시조의 한시적 작시 경향

3.1. 영물(詠物)과 기록으로서의 시조 창작

권섭은 절구에서도 영물시가 많은 것은 물론 시조에서도 <육영(六詠)>이

---

40 박길남(2011), 앞의 글.

나 <십육영(十六詠)>의 제목으로 영물시를 짓는다는 점이 특이하다. 동일 제목의 연작 한시도 있거니와, 시조를 한시와 같이 짓는 경향이 강하다는 점을 2절에서 충분히 살펴보았다. 여기서는 그 외의 작품에 나타난 영물적 경향에 대해서 다루고자 한다.

권섭의 시조를 보면 전통 시조의 이념성을 이으면서도 제재가 일상의 순간순간을 한시처럼 포착하는 작품도 보인다. <詠燕>이 대표적 예이다. 아래의 작품을 보도록 하자.

[시조4] 〈詠燕〉
흙조각 쥐비즌 집을 발 안희 디어 두고
어디가 도니다가 텰텰이 도라와셔
아마도 쥬인(主人)님 쩌났던 졍(情)을 못내 닐러 ᄒᆞᄂᆞ니

위 시조의 형식을 보면 행과 행이 연속적이면서 초·중·종장이 모두 1개의 문장으로 이루어져 시조 일반의 특성을 가졌다. 그러나 시상 전개 방식의 구조는 한시적이라고 할 수 있다. 곧 외부의 경물을 초장과 중장에서 읊고 종장에서는 시적 화자의 마음이 아닌 제비의 마음을 표현하고 있는 것이다. 제비는 관조적 대상이자 외부 경물인데, 시조를 통해 사람으로서의 시적 화자의 정서 표출이 아닌 제비의 마음을 고백하고 있다는 점이 매우 독특하다.

시조에 한시적 경향을 접목한 것은 <매화사장(梅花四章)>이나 <병중영분매 삼장> 등의 연작시조에서만이 아니다. 단편 시조들도 영물시조가 적지 않다는 점이 눈에 띈다. 다음 작품들이 그것이다.

[시조5] 〈映湖樓〉
태빅쳥량(太白淸凉) 믄이 불은 막대 낙연도산(落淵陶山) 횟도라와
귀뢰정(歸來亭) 빵단도(雙短棹)로 일셩댱뎍(一聲長笛) 느디블며

셕양(夕陽)의 못 슬믠 긔약(期約)이 영호누(映湖樓)ㄴ가 ᄒ노라

[시조6] 〈浮石寺〉
쳥암졍(靑岩亭)으로셔 복운동(白雲洞)으로셔 부셕ᄉ(浮石寺)의 올라두라
산운(山雲)을 샐리 쓸고 츄원누(聚遠樓)의 안즌말이
션사(禪師)ㅣ 졈졈(點點) 쳥산(靑山)이 아므둔 줄 몰래라

  이러한 영물시조는 외부의 경을 중심에 두는 말하기 방식이므로 절구에서 많이 쓰이던 작시법이다. 시조는 오히려 외부의 경을 끌어들이지 않고도 화자의 정서를 바로 표출할 수 있다는 장점이 17세기에는 한시와 대비해 양층언어작가들이 시조 창작을 주목하게 하였다. 그런데 권섭의 경우에는 이러한 시조의 특성이자 장점을 활용해 화자의 정서 표출의 기능을 강화시키기보다는 오히려 외부의 사물을 읊는 데에 시조를 활용하고 있는 것을 볼 수 있다. 또 단지 연작시조에서의 영물시조만이 아니라 단편 시조에서도 영물시조가 보인다. 위에서 든 45번과 46번 작품이 그것이다.

  사물을 대상으로 읊는 것이 영물시조라면, 사물보다 더 범위가 넓은 대상을 기록하고 있는 것도 권섭 시조의 한 특징이다. 곧 시적 화자의 정서보다 대상에 대한 서술이 더 많은 비중을 차지하는 경우가 이에 해당된다. 관련하여 아래 작품을 보도록 하자.

[시조7] 〈記夢〉
쳥뇽검(靑龍劍) 쌔쳐들고 풀쏩내며 넓쎠셔니
빅만(百萬) 호병(胡兵)이 플쓸니듯 ᄒ거고야
그제야 븍 쭝쭝 울리며 안비셔귀(徐歸)ᄒ야고

[시조8] 祭樂肅 〈六詠〉 제1수
싱쇼죵경(笙簫鐘磬) 느지들고 빅뇨쥰분(百僚駿奔) ᄒ는적의
문무가(文武歌) 기리블고 일무방쟝(佾舞方張) ᄒ여시니

아마도 지텬(在天)ᄒ신 명녕(明靈)이 쳑강양양(陟降洋洋) ᄒ실가

[시조9] 軍樂整 〈六詠〉 제2수
단(壇)우희셔 슈긔(手旂)를 들어 뉵화팔진(六花八陣) 뎡졔(整齊)ᄒ고
징(錚)티며 븍울니고 소오합(四五合)을 싸호더니
져근덧 호령포(號令砲) ᄒ방의 만마무셩(萬馬無聲)ᄒ여라

[시조10] 禪樂定 〈六詠〉 제3수
가사쟝삼(袈裟長衫) ᄀ초닙고 초례로 버러셔셔
탁하(卓下)의 삼비ᄒ고 쳔수공양(天壽供養) 도도ᄂ양
아마도 삼ᄃㅣ샹위의(三代上威儀)를 다시 본ᄃᆺ ᄒ여라

[시조11] 女樂蕩 〈六詠〉 제4수
거믄고 가약고 히금(奚琴) 피리 댱고(長鼓) 섯거투며
나삼(羅衫)을 반(半)만 드러 보허ᄉ(步虛辭)로 얼러추니
밤듕(中)만 금연화쵹(錦筵華燭)의 취(醉)ᄒᄂ줄 몰래라

[시조12] 傭樂捷 〈六詠〉 제5수
져지(笛差)비 비파ᄌ비(琵琶差備) 필(篳)이ᄌ비 세히나
집마다 줏갑닐고 걸냥됴로 블며투며
슬토록 휼라휼라 ᄒ다가 멋만듯고 가노매

[시조13] 巫樂淫 〈六詠〉 제6수
몽도리의 블근갓 쓰고 칼들고 너펄며셔
잡(雜)소리 저저리고 졔셕군흥(帝釋軍興) 쳥(請)ᄒ노매
새도록 댱고(長鼓) 븍 던던던 ᄒ며 그칠줄을 모른다

위 작품들은 모두 화자 외부의 상황이나 모습들을 기록하고 있는 경향이 강하다. [시조7]의 경우에는 제목에서도 '꿈을 기록하다'고 하고 있고, 실제 내용도 꿈의 내용을 그대로 남기고 있다. 또 [시조8]에서 [시조13]의 <六詠>

6수에서는 궁중음악의 공연상황을 거의 그대로 기록하고 있는 것을 볼 수 있다.

3.2. 시조 제목에 나타난 변화와 표기 방식

이번에는 시조의 제목에 주목해보자. 권섭 시조의 제목에 대해서는 이창식(2001)[41]과 최규수(2005)[42]에서 이미 주목한 바 있다. 시조에 일일이 제목있다는 것과, 제목의 경향이 단형식에서 서술식까지 4가지 유형이 있다는 점에 대해 논의되었다. 제목의 존재 여부에 대한 것, 또 표제화의 방식에 대한 이러한 연구들은 권섭의 시조에 나타난 변화에 대해 중요한 부분을 지목한 것이다. 여기에서는 이를 비롯한 몇 가지 더 추가적 사항을 지적하며 시조와 한시의 거리가 가까워지는 문제와 관련해서 논의를 진행하고자 한다.

제목은 한시에서는 당연한 것이나 시조에는, 특히 단편 한 수의 시조에는 제목이 없는 경우가 일반적이다. 제목의 존재는 기록문화의 현상으로서, 음성으로 가창되는 노래는 대체로 첫 소절이 제목처럼 지칭되는 경우가 많고 따로 제목을 갖지 않는 경우가 대부분이다. 그런데 권섭 시조의 모든 작품에는 제목이 있다. 물론 이전 양층언어작가들도 시조에 제목을 두기는 하였지만, 대체로 연작성을 띤 작품이었고 단편의 시조에 제목을 붙이는 경향은 흔하지 않다.『역대시조전서』의 시조들에도 대부분 제목이 없는 것은 노래로서의 성향이 강하다는 것을 보여주는 것이다. 따라서 권섭이 시조에 제목을 두는 것 자체가 시조를 기록문학으로서의 시(詩)로 인식하고 있는 것으로 볼 수 있다.

이러한 인식으로 인해 제목이 없는 경우에는 <失題>, 곧 '제목을 잃었다'

---

[41] 이창식(2001), 앞의 글.
[42] 최규수(2005), 앞의 글.

는 것을 제목의 자리에 쓰기도 한다. 아래의 작품이 그것이다.

[시조14] 〈失題〉
千峯漠漠 雨霏ᄒ니 日月昏明 萬事非라
슬프다 祇今 恨이 一曲歌 뿐이로다
世上의 몃몃 사롬이 날과 갓쟈 ᄒᄂ니

위 작품은 제목이 없음에도 불구하고 '제목을 잃었다'고 표제를 붙이고 있다. 물론 이는 필사자의 후대적 산물일 수도 있지만, 그럼에도 불구하고 '잃었다'는 것은 원래는 제목이 있었다는 것을 의미한다. 한시에도 제목이 없는 경우에는 <무제(無題)>라는 제목을 가진 작품이 있다는 것은 상식이다. 이 역시 제목을 붙이는 경향으로 인해 제목이 없는 작품은 <무제>라는 것으로 제목을 대체하는 것이다. 또 <過善山砥桂碑>나 <丹丘途中> 등의 시조 제목은 '~를 지나며'나 '~를 가는 도중에' 등으로 한시에서 흔히 볼 수 있는 표제 방식이기도 하다. 이렇게 권섭은 시조에 제목을 붙이고, 단편시조에도 제목을 반드시 넣고자 한 의식이 보임을 통해 시조를 시로 인식한 흔적을 읽을 수 있다.

한편, 시조 제목은 모두 한문으로 기록되어 있다.≪玉所稿≫에서 시조 본문의 표기방식을 보면, 다음의 [그림2]와 같이 국주한종(國主漢從)의 방식을 취하고 있다. 국문(國文)을 살리되, 한자어일 경우에는 국문 옆에 작은 크기로 한자가 적혀있는 것이다.

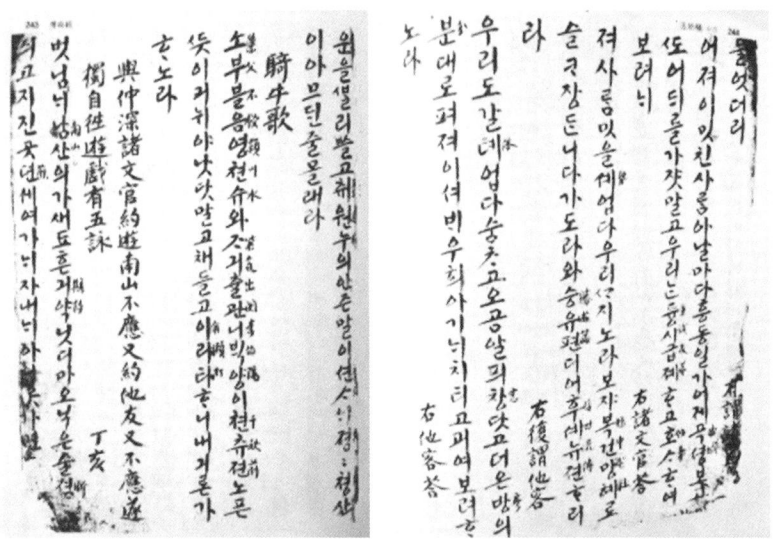

[그림2] ≪玉所稿≫의 시조 제목과 본문의 표기방식

 그런데 제목의 경우에는 한자어를 그대로 노출시키고 있고, 국문을 전혀 사용하지 않고 있다. 가사 <녕삼별곡>을 제외하면 나머지 가사와 시조 전부의 제목은 한문으로 되어있는 것이다. 시조 갈래가 아닌 또 다른 갈래이기시라서 국한문 혼용으로 제목을 표기했는가 생각할 수도 있지만 같은 가사인 <道統歌>는 다른 시조와 마찬가지로 한문(漢文) 매체로만 기록하고 있는 것을 다음의 [그림3]에서 볼 수 있다.

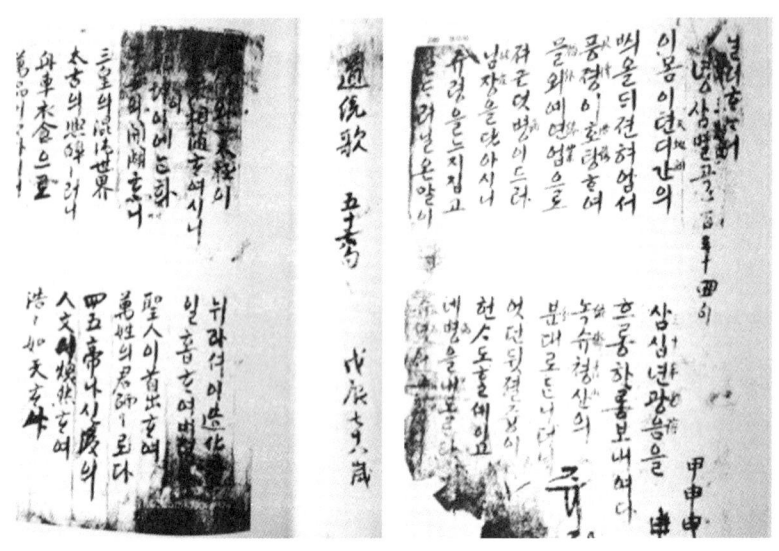

[그림3] ≪玉所稿≫의 가사 제목의 표기방식 비교

위 사진에서 보듯이 우측의 <녕삼별곡>이라는 제목만 국주한종이고, 다른 국어시가는 본문만 국주한종이고 제목은 모두 한문 매체로만 되어있는 것이다. 이 점은 혹시 '별곡'체와 관련한 것일 수도 있고, 아니면 필사의 실수일 수도 있을 것이다. 이렇게 본문은 국주한종으로 국한문을 병용하고 있으면서 제목은 한문만 사용하고 있다는 것, 이는 제목이 기록문학의 현상이라는 것을 역시 보여준다. 그래서 국문보다 더 문자(文字)라고 생각한 한문으로만 쓰고 있는 것이다.

그런데 제목 중에는 서술형의 문장으로 보이고, 제목 특유의 명사구형이 아닌 경우도 있어서 눈에 띈다. 앞의 [그림2]에서 보듯이, <興仲深諸文官約遊南山不應又約他友不應遂獨自往遊戲有五詠>이라는 제목의 작품은 이 작품이 지어진 배경을 설명하고 있는 문장이면서도 제목의 역할을 한다. 이역시 한시의 제목에서 익히 볼 수 있는 경향이다. 현대적 개념의 제목이라면 짧은 명사시어나 명사구가 아닌 긴 서술형 제목이 익숙하지 않지만 전통시대에 한시에서는 이렇게 긴 제목, 특히 시작(詩作)의 배경을 설명해주는 경우가 흔하다.

　게다가 이 작품은 한 편이 아니고 제목에서 볼 수 있듯이 5편으로 된 일련의 연작시조인데, 전술한 긴 제목 하위에 다시 소제목들이 각각 있어서 제목을 두려는 강한 의식을 보여준다. 위 그림에서 보듯이 소제목에는 '우(右)'라는 말이 붙어있다. 작품 전체 제목은 본문 이전에 나오므로 우측에 자리하지만, 연시조 하위의 소제목들은 작품의 뒤에 나오므로 작품의 좌측에 있고, 그래서 소제목마다 '우(右)'라는 말을 붙이고 있다. 이는 한시집에서도 곧잘 보이는 것으로, 종이의 공간에 대한 언급은 곧 이것이 기록문학이라는 뜻이다. 종이 위에 기록하면서 공간적 의식이 되고, 이를 소리로 듣는 것이 아니라 눈으로 읽는 것을 염두한다는 뜻이기 때문이다. 이렇게 제목을 통해서도 한시의 작시적 경향, 좀 더 엄밀히 말해, 기록 문학으로서의 시(詩)로 시조를 인식하고 있는 단면을 볼 수 있는 것이다.

3.3. 작가의 삶과 밀착된 시조 창작 경향과 화답시조

　앞에서 제목에 대해 논의하면서 창작 배경이 제목에 잘 나타나있다고 한 바 있다. 창작 배경을 이야기하는 것은 시적 화자가 아니라 작가의 목소리이다. 한시가 제목이면서도 현대적 개념의 제목이 아니라 작시 상황을 길게 설명하는 경향이 있듯이 권섭의 시조에서도 이러한 경향을 볼 수 있다. 제목이 작품만 관련되는 내용이 아니라, 실상은 작가와 화자의 경계를 무너뜨리는 역할을 하는 것이다. 이와 관련하여 아래의 작품을 보도록 하자.

[시조15] 右謂諸文官
벗님니 남산(南山)의 가새 됴흔 긔약(期約) 닛디마오
닉은 술 졈졈(漸漸)싀고 지진 곳뎐(煎) 세여가니
자내니 아니옷가면 내 혼잔들[43] 엇더리

[시조16] 右諸文官答
어져 이 밋친 사룸아 날마다 흥동일가
어제 곡셩(曲城)보고 쏘 어듸를 가쟛말고
우리는 듕시급제(重試及第)ᄒᆞ고 호ᄉᆞ(好事)ᄒᆞ여 보려니

[시조17] 右後謂他客
져 사룸 밋을 셰(勢)업다 우리ᄭᅵ지 노라보쟈
복건망해(幞巾芒鞋)로 슬ᄏᆞ장 돈니다가
도라와 승유편(勝遊篇) 디어 후셰뉴젼(後世流傳)ᄒᆞ리라

[시조18] 右他客答
우리도 갈 톄(体) 업다 숨츠고 오곰 알픽
창(窓) 닷고 더온 방(房)의 분(分)대로 펴져이셔
비 우히 아기니 치티고 괴여보려 ᄒᆞ노라

[시조19] 右自解
벗이야 잇고 업고 놈들이 우으나 ᄯᅳ나
냥신미경(良辰美景)을 눔 골와 아니 보랴
평싱(平生)의 이 됴흔 회포(悔抱)를 슬ᄏᆞᆺ 펴고 오리라

작품의 내용을 보면 [시조15]는 '화자가 여러 문관에게 한 말'이고 [시조16]은 '이에 대해 여러 문관들이 답한 말'이다. [시조17]은 '또 다른 사람에게 한 말'이고 [시조18]은 '이에 대해 그 객이 답한 말'이다. 그리고 [시조19]는 '화자가 하는 말'이다. 그런데 이러한 전체 상황이 작품 전체의 제목에 그대로 나타나있다. 곧 제목은 전체적 상황을 간략히 정리해 보여준다면, 5개의 각 작품들은 구체적으로 어떤 말들이 오가며 화자가 혼자 가게 되었

---

43 권섭, 이창희·장정수·최호석 편, ≪玉所稿≫16, 推命紙, 다운샘, 2007, 243면에는 '내 혼잔들'이 보이지 않는데 선행연구들을 참고해서 채운다.

는지를 자세하게 보여주는 것에 해당한다.

'문관(文官)'은 그 사람의 처지를 그대로 보여주는데, 화자와 같이 유람을 가지 않는 이유는 중시급제하여 호사를 누리려고 하기 때문이다. '객(客)'은 여기 저기 떠도는 사람으로 더운 방에서 기녀와 노느라고 유람을 갈 몸이 없다고 한다. 이에 비해 화자는 공부해서 출세하는 것보다, 기녀와 방 안에서 노는 것보다, 유람을 다니고 승유편(勝遊篇)을 짓는 것을 가장 가치롭게 여기는 사람이다.

지금까지 본서는 '자(自)'를 '화자'로 표현하였다. 그런데 사실 이 작품에서 자(自)는 작가인 권섭이라고 해도 이상하지 않다. 이 작품에서 화자가 가치있게 여기는 삶이 실제 권섭의 삶이기도 하였다. 곧 작가와 화자가 일치하고 있고, 자신이 일상 속에서 사람들과 나눈 대화, 유람을 가게 되는 과정, 자신의 생각 등 실제 삶 속에서 느끼고 체험한 것이 그대로 사실적으로 시조에 나타나고 있는 것이다.

앞에서 잠깐 언급한 것처럼, 위와 같은 제목에는 작가가 말하는 목소리가 나타난다. 작품과 관련되는 내용만 제목의 위치에 두는 것이 아니라, 작품에 관한, 곧 메타 작품적 내용을 제목의 자리에서 말하고 있기 때문이다. 이렇게 작품'의' 내용에서 그치지 않고 작품'에 대한' 메타적인 말을 한다는 것은 작가가 화자를 철저히 타자화시키지 않고 작가가 개입하고 있는 것을 보여준다. 소설로 비하자면, 전지적 작가 시점처럼 작가가 드러나고 있는 것이다. 따라서 이러한 방식의 제목들은 작가와 화자가 밀착되고 곧 작가가 화자인 것같이 느껴지게 한다.

이는 그동안 양층언어작가의 한시와 시조를 비교할 때에 시조에 비해 상대적으로 한시에서 많이 보였던 경향이다. 한시는 서정적 화자가 가면을 따로 쓰지 않고 실제 작가와 밀착되는 경우가 대부분이다. 작품의 제목에서도 작가나 주변 사람들의 실명이 그대로 나오고 실제 지명이나 고유 명사가 여과없이 그대로 노출되기도 한다.

반면에 시조에서는 노래를 부르는 이라면 누구나 자신의 이야기로 인식할 수 있도록 보편성을 획득하는 것에 주력하는 경향이 있었다. 지명이 나오더라도 중국의 지명이나 인명이 등장하지 한시에서와 같이 작가나 작가 주변의 지명이나 인명이 나오는 경우가 드물었던 것이다. 지명이 많이 등장하고 있는 이이의 <고산구곡가>도 1곡에서 8곡까지는 실제 지명이 아니고 이이가 새로 붙인 이름들이다. 정철의 경우 인명이 나오는 작품도 없지 않으나, 대체로 나, 너, 우리 등의 대명사 사용이 많고 보편성을 추구하는 경향이 컸던 것이다.[44]

이에 비해 권섭의 시조에서는 작가와 화자가 거의 일치하고 작가적 삶과 밀착한 일상적 모습이 시조에 거의 그대로 나타난 것을 볼 수 있다. 그래서 자신이 처한 공간적 지명이나 관련 인명도 그대로 등장한다. <過善山砥桂碑>에서는 오산(烏山)과 낙수(洛水)가 등장하고 <丹丘途中>에는 더 빈번하게 등장한다. 작품을 들면 다음과 같다.

[시조20] 〈過善山砥桂碑〉
오산고(烏山高) 낙슈영(洛水永)ᄒᆞ니 셕일편지쟝뉴(石一片之長留)ㅣ로다
덕뇨산가(寂寥山家)의 독보구시갑ᄌᆞ(獨保舊時甲子)ㅣ로다
디금(至今)의 쳥풍(淸風)이 취우듀(吹宇宙)ᄒᆞ니 여이졔이동귀(與夷齊而同歸)로다

[시조21] 〈丹丘途中〉
녕동녕남(嶺東嶺南) 슬콧돌고 필마(匹馬)를 채쳐모라
죽녕(竹嶺) 너므드라 우화교(羽化橋) 건너티니
디금(至今)의 쳥풍(淸風)이 취우듀(吹宇宙)ᄒᆞ니 여이졔이동귀(與夷齊而同歸)로다

---

[44] 이에 대한 자세한 논의는 정소연, 『조선 전·중기 시가의 양층언어문학사』, 새문사, 2014d 참고.

[시조22] 〈浮石寺〉
"청암정(靑岩亭)으로셔 북운동(白雲洞)으로셔 부셕ᄉ(浮石寺)의 올라드라
산운(山雲)을 쩔리 쓸고 취원누(聚遠褸)의 안즌말이"
션사(禪師)니 졈졈(點點) 쳥산(靑山)이 아므돈 줄 몰래라

또 시조 제목에서도 실제 창작 작가의 배경을 자세히 알려주고 있다. <梅花四章>이라고 알려진 연시조의 실제 제목은 이 작품이 어떻게 지어졌는지 배경을 길게 설명하고 있고,[45] <郭都正從祖重졸日壽詞五章>에는 실제 작가 주변의 교유인물이 그대로 드러난다. 앞에서 본 <過善山砥桂碑>나 <丹丘途中> 등 역시 실제 작품 바깥의 작가가 어느 공간을 지나면서, 가는 도중에 지은 것이라는 사실을 제목에서 환기시켜 주고 있어서 더욱 작가의 실제 존재가 부각되고 있다.

시조는 가창으로 인해 그 소리가 들리는 공간의 사람들에게 모두 공유되는 특성이 있다. 부르는 사람마다 자기 얘기로 인식할 수도 있다. 또 시조의 언어인 우리말은 일상의 구어로서 모두에게 공통적인 언어이기도 하다. 반면에 한시는 음영을 하기는 해도 눈으로 묵독하며 혼자만의 소비적 경향이 강하다. 한시를 쓰는 것도 혼자 쓴다. 혼자 쓰고 읽을 수 있는 한시는,

---

[45] '매화4장'으로 흔히 불리는 이 시조의 원제는 ≪옥소고≫16, <추명지>에 오른쪽 그림과 같이 되어 있다.

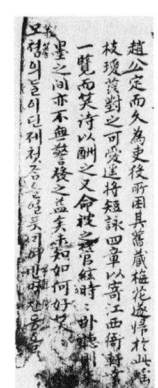

그래서 독백체를 취하는 경향이 있고 부르면서 여럿이 향유하는 시조는 대화체를 취하는 경향이 많은 것도 이와 연결된다. 따라서 여럿이 향유하는 시조는 작가 개인의 구체적이고 실제적인 모습만 추구하지 않고 여럿이 공감할 수 있는 보편성을 추구하는 경향을 띠게 되는 것이다.

그런데 권섭의 시조에서는 작가 개인이 처한 일상의 실제적인 상황이 많이 노출되어 있다. 최규수(2005)[46]에서도 시조의 제목에 영(詠)이 들어간 작품이 많다는 것을 통해 시조가 가창으로 특정한 상황에서 불리지 않고 일상적으로 향유하는 작품이 되고 있다는 점을 지적한 바 있다. 한시의 향유방식을 취하는 작품이 많다는 사실과 한시와 같이 작가의 삶과 밀착한 구체적인 정보를 많이 담고 있다는 사실이 무관하지 않은 것이다. 이렇게 권섭의 시조는 한시와 같은 작시적 경향을 보인다는 것을 확인할 수 있다.

한편, 앞에서 예로 든 시조 [시조15-19]는 연시조이긴 하지만 그간 사대부 일반의 연시조와는 다르다. 일종의 화답시조인 것이다. 정몽주와 이방원의 화답시조나 정철과 기녀의 화답시조 등의 사례가 없는 것은 아니나, 5편의 일련의 화답시조는 매우 생소하다. 일회적으로 주고받을 수는 있으나, 여러 사람이 주고받은 말을 시조화한 것은 없기 때문이다. 이는 마치 한시의 화답문화를 연상하게 한다. 물론 한시의 화답문화도 일회적인 경우도 있고, 또 여러 차례 이어지는 경우도 있다. 주고받은 것이 한 차례가 아니고 주고받은 뒤에 다시 주었더니 다시 한시를 받는 2, 3차 등에 걸친 화답한시도 일반적으로 볼 수 있다.

권섭은 위 5편의 화답시조 외에 아래의 화답시조도 지은 바 있다.

---

[46] 최규수(2005), 앞의 글.

[시조23] 〈謂客〉
이바 노래 호 곡됴(曲調) 쟝진쥬(將進酒)로 블러스라
압 집의 술이 닉고 일촌(一村)이 도화(桃花)ㅣ로다
진실노 츈풍(春風)이 디나곳 가면 노라볼 셰(勢) 업세라

[시조24] 〈客答〉
닉은 술 걸러내오 내 블으면 네 마츨다
풍광(風光)이 브진(不盡)ᄒ니 녹음방초(綠陰芳草) 잇니마논
아마도 일츈쇼화(一春韶華)를 못내 보와 ᄒ노라

위의 '객에게 말하다'와 이어서 나오는 '객이 답하다'라는 두 작품 역시 문집에 연속적으로 실려 있다. 객(客)과 화자가 주고받은 두 편의 시조인 것이다. 작품의 내용을 보면 이는 허구적 창작이기보다 실제로 두 사람이 '노래 좀 불러달라, 이 좋은 시절 지나면 언제 놀겠는가'라고 청하고, 청함을 받은 이가 '내 부르면 네가 장단을 맞추어라'고 하며 [시조24]의 중장과 종장이 실제 부른 노래인 것처럼 보인다. 곧 화답시조라는 사실 자체만이 아니라 작품의 내용도 일상의 현실을 반영하고 있는 것이다.

이렇게 작품의 내용이 작품 바깥의 상황, 곧 문학이라는 가상적 공간이 아니라 실재하는 현실적 사건을 떠올리게 하면 문학과 현실의 경계가 약해진다. 화자가 철저하게 타자화되지 않고 작가와 현실이 의식되어 나타나는 것이다. 따라서 이러한 화답시조 역시 작가의 삶이 그대로 작품에 나타나는 것과 무관하지 않다. 작품 속만 드러나는 것이 아니라 작품'에 관한' 상황을 보여주는 곧, 작품 안과 작품 밖을 모두 연결지어주는 역할을 하기 때문이다.

위 두 종류의 사례 외에도 권섭은 동갑의 기녀인 '가련'과 수창(酬唱)한 시조를 한역한 바 있다. 시조 그대로가 아니라 한역시화한 것이기는 하지만 오히려 이 점이 한시의 화답문화를 그대로 보여주기도 한다. 실제 현실에서

권섭과 가련이라는 작가가 지은 작품을 한시의 화답문화처럼 엮어두었기 때문이다. 이에 대해서는 한역시를 다루는 장에서 다시 자세히 고찰하도록 하겠다.

지금까지 권섭의 시조에 나타난 실제 삶과의 밀착성을 살펴보았다. 문학에서 작가는 가면을 내세우기 마련이다. 사대부 남성 작가가 여성 화자가 되어 임금을 향한 사랑을 나타내는 것이 대표적인 방식이다. 그러한 사대부 남성 작가의 본연의 문학인 한시에서는 오히려 가면을 쓰지 않았다고 할 정도로 작가의 실제 삶과 밀착해있는 것이 사실이다. 실제 작가의 삶이 여러 정보를 통해 그대로 드러나기 때문인데, 이러한 경향을 우리는 권섭의 시조에서도 볼 수 있는 것이다. 시조의 대화적 상황을 십분 활용하면서도 한시적 표제방식을 택하고, 또한 화답시가 활발한 한시 화답문화의 복합적 양상[47]을 통해서 시조의 한시적 창작 경향, 나아가 시조의 시화(詩化)의 한 면모를 볼 수 있었다.

3.4. 시조에서의 한문구 사용

권섭의 시조 중에는 거의 한시의 시조화로 보일 정도로 한시구, 한문구가 시조에 나타나 있는 경우가 꽤 보인다. 우리말 문장 구조가 아닌, 한문의 어순을 가진 한문구로 인해 형식의 변화를 가져온 경우까지 있다. 4절에서 다룰 시조 형식의 파괴를 가져온 이유 중의 하나가 한문구 사용 때문인 경우도 있다. 5절에서 보겠지만, 한시에서도 허자의 사용과 절구 형식의 파괴가 밀접한데, 시조에서도 그런 경우를 볼 수 있다.

이 장에서는 형식변화와 밀접한 경우과 그렇지 않은 경우 모두 묶어서

---

[47] 이에 대한 자세한 논의는 정소연, 「한시 화답문화의 국어교육적 가능성 탐구」, 『한국학연구』, 고려대학교 한국학연구소, 2013 참고.

한문구 사용 자체에 대해 검토하고자 한다. 우선 작품 전편에 걸쳐 여러 번 나오는 경우와 특정 대목에서 일부 나타나는 경우로 나누어서 살펴보고자 한다. 아래 작품들이 그 예이다.

[시조20][48] 〈過善山砥桂碑〉
오산고(烏山高) 낙슈영(洛水永)ᄒᆞ니 셕일편지쟝뉴(石一片之長留)ㅣ로다
뎍뇨산가(寂寥山家)의 독보구시갑ᄌᆞ(獨保舊時甲子)ㅣ로다
디금(至今)의 쳥풍(淸風)이 취우듀(吹宇宙)ᄒᆞ니 여이졔이동귀(與夷齊而同歸)로다

[시조25] 〈騎牛歌〉
소부불음(巢父不飮) 영쳔슈(潁川水)와 ᄌᆞ긔츌관(紫氣出關) 니ᄇᆡ양(李伯陽)이
쳔츄젼(千秋前) 노픈 ᄯᅳᆺ이 긔뉘야 낫닷말고
채들고 이라타(爾懶打)ᄒᆞ니 내 긔론가 ᄒᆞ노라

[시조26] 失題[49]
千峯漠漠 雨霏ᄒᆞ니 日月昏明 萬事非라
슬프다 祗今 恨이 一曲歌 ᄲᅮᆫ이로다
世上의 몃몃 사ᄅᆞᆷ이 날과 갓샤 ᄒᆞᄂᆞ니

우선 위 세 작품들은 한시구에 우리말 조사나 어미가 추가되어 현토식의 시조가 된 것처럼 보이는 예들이다. 얼마든지 우리말로 풀 수 있는데도

---

[48] 앞에서 [시조20]으로 언급된 적이 있어서 번호를 그대로 가져온다.
[49] 이 시조 앞까지의 63수의 시조는 연속적으로 놓여져있다가 중간에 가사 〈녕삼별곡〉과 〈도통가〉가 나오고, 다시 이 시조와 〈坐輝映閣有咏〉의 시조 2수가 나오고, 그 다음에 〈황강구곡가〉는 제목만 실려있다. 또 가사 뒤에 나오는 이 두 시조 〈失題〉와 〈坐輝映閣有咏〉은 한자어에 국문이 병기되지 않고 한자만 그대로 노출되고 있다는 점도 다르다. 그래서 본문에도 한자어에 국문음을 병기하지 않고 그대로 가져온다.

한문 문장 구조의 한문구를 그대로 삽입하고 있는 것이다. 일례로 [시조19]의 종장 '여이제이동귀(與夷齊而同歸)로다'의 경우, '이제와 함께 돌아가리로다'로 번역할 수 있고, 이렇게 해도 시조 구조의 파괴가 심각하게 나타나지 않는다. 그런데도 한문 어순의 구를 그대로 넣고 있는 것이다.

특히 적어도 음보마다 첨가어인 우리말의 특성상 조사나 어미의 허자가 나타나야 하는데, 실사인 한문구만 연속적으로 나오는 경우가 많다. [시조20]이 가장 심각한데, 초장 안짝, 바깥짝, 중장 안짝, 바깥짝, 종장의 바깥짝이 그러하다. 또한 [시조25]에서도 초장 안짝, 바깥짝이 그러한 예가 된다. [시조26] 초장의 안짝, 바깥짝도 마찬가지이다. 곧 초장의 "千峯漠漠/ 雨霏ᄒ니/ 日月昏明/ 萬事非라"와 같이 보통 우리말로 된 시조와 달리 국어가 전혀 사용되지 않은 음보가 한 행에 절반이나 나타나는 것이다.

게다가 [시조20] 종장의 "여이제이동귀(與夷齊而同歸)로다"와 같이 표기는 "여이제이동귀(與夷齊而同歸)"가 한자 병기를 볼 때에 나뉘지 않는데, 실제로 율격적인 음보 단위는 "여이제이(與夷齊而)/동귀(同歸)로다"로 한문구의 중간이 끊어지게 된다. 마찬가지의 예가 다음 작품들이다.

[시조27] 梅花四章(2)
아마도 이 벗님이 풍운(風韻)이 그디업다
옥골빙혼(玉骨氷魂)이 닝담도 ᄒ져이고
풍편(風便)의 ᄀ만ᄒ 향긔(香氣)ᄂ 셰한블기(歲寒不改)ᄒᄂ다

[시조8] 祭樂肅 (六詠 1)
싱쇼종경(笙簫鐘磬) ᄂ지들고 빅뇨쥰분(百僚駿奔)ᄒᄂ적의
문무가(文武歌) 기리블고 일무방쟝(佾舞方張)ᄒ여시니
아마도 지텬(在天)ᄒ신 명녕(明靈)이 척강양양(陟降洋洋)ᄒ실가

[시조9] 軍樂整 (六詠 2)
단(壇)우희셔 슈긔(手旂)를 들어 뉵화팔진(六花八陣) 뎡제(整齊)ᄒ고

징(錚)티며 븍울니고 亽오합(四五合)을 싸호더니
져근덧 호령포(號令砲) 혼방의 만마무셩(萬馬無聲)ᄒᆞ여라

위의 [시조27], [시조8], [시조9]에서는 4음절의 한문구에 '~ᄒᆞᄂᆞ다', '~ᄒᆞ눈적의', '~ᄒᆞ여시니', '~ᄒᆞ실가', '~ᄒᆞ여라' 등에 주목해보자. '~하다'는 우리말 구조상 앞에 붙는 어근과 띄어서 쓰지 않는 어미이다. 그런데 시조의 구조가 4음보라고 할 때에 4음절의 한문구 때문에 율격적 휴지가 '~ᄒᆞ다'의 다양한 활용어미 앞에 오게 된다. 즉 문법상 끊어지지 않고 붙여쓰는 어미가 율격상 띄어지는 내적 구조를 가지게 되는 것이다.

이번에는 한문구 사용과 시조 형식의 변화가 밀접한 예를 하나 더 보도록 하자.

[시조28] 梅花四章(1)
모쳠(茅簷)의 둘이 딘졔 첫줌을 얼픗 씨여
반벽(半壁) 잔등(殘燈)을 ○○아 누어시니
일야(一夜) 민화(梅花)ㅣ 발(發)ᄒᆞ니 님이신가 ᄒᆞ노라

위의 [시조28]에서 종장 첫 음보는 3음절로 '한밤에', 혹은 '밤사이' 등으로 우리말로 할 수도 있는데, 2음절인 한자어를 사용하고 있다. 종장 첫 음보가 3음절이 되는 고정 형식이 달라진 것과 한문구 사용이 밀접한 것을 볼 수 있다.

한문은 곧 기록매체로서, 눈으로 문자를 보면 이해와 독해가 더 쉽다. 반면에 귀로 듣는다면 우리말어순과 달라서 잠깐이라도 더 해석의 시간이 요구된다. 물론 한문에 밝은 사대부라서 많은 시간을 요구하는 것은 아니지만 일반적으로 한문은 읽기에 적합하고, 국어는 읽기도 좋지만 듣기도 쉽고 편한 차이가 있다는 뜻이다. 그런데 시조에 읽고 이해하는데 더 좋은 한문 문장 어순의 한문구를 삽입한다는 것은 읽는 시조의 특성이 강하게 나타난

것이라고 할 수 있을 것이다. 또한 이로 인해 시조 형식에 변화가 나타나는 것 역시 노래로 특정 악보에 얹어부르는 형태를 벗어난다는 점에서 특정 악곡에 얹어부르는 노래에서 읽는 시조로의 변화와도 연결된 현상으로 이해해볼 수 있을 것이다.

4. 시조의 반경 확대

앞에서 시조에 절구의 특성을 적용하는 몇 가지 현상을 살펴보았다. 이러한 의미에서도 시조의 반경이 확대된 것이겠지만, 여기서는 비단 절구의 특성을 접목하는 정도의 문제가 아니라 시조의 작시 방식을 새롭게 하여 시조 창작의 새로운 실험을 한다는 것에 주목하고자 한다. 즉, 16세기에 이이가 연작성의 절구에도 시조의 특성을 활용하거나, 17세기 박인로가 한시에는 시조의 방식을, 시조에는 한시의 방식을 활용하였다고 했고, 18세기 권섭은 이러한 두 갈래간의 상관성이 더 깊어진다는 점을 앞에서 보았다면 여기서는 시조 갈래 자체의 혁신도 꾀하고 있다는 점에서 이전 시기보다 더 새로운 길로 나아간다는 점을 보이고자 한다.

4.1. 시조 구조의 파격적 변화와 한문구의 사용

권섭의 다음 시조는 그간 시조 일반의 형식과는 여러 가지 측면에서 다르다. 구체적인 논의를 위해 다음 작품을 보도록 하자.

[시조29] 〈漫興〉
아마도 이리 됴흔 모음을 놈의 말 듯고 고칠손가
펴랑이 기우로 쓰고 오락가락 청산녹슈간(靑山綠水間)의
세샹(世上)의 호화(豪華)히 디내시는 분니눈 웃디 마오 이 광숑(狂生)

이 작품에서 주목되는 것은 초장이다. 아무리 시조가 절구에 비해 자유롭고, 선경후정이라는 순서가 없이 정감을 먼저 표출할 수 있는 것이 장점인 갈래라고 하더라도, 초장부터 '아마도'라는 부사어를 사용하는 것은 전에 없던 일이다. 적어도 초장에서 중장을 통해 종장이라는 결론에 다다르는 방식의 귀납적 구조가 더 일반적이기 때문이다. 그런데 이 작품에서는 초장의 첫 음보가 부사어인데다가 이러한 '아마도'는 종장의 첫 음보이기 쉬운 결론적인 기능을 가진 시어이기도 하다는 점에서 특이하다. 곧 결론적 의미를 띤 행이 종장이 아니라 초장에 와있다는 것, 즉 귀납법이 아니라 연역식으로 구조를 뒤집고 있다는 점이 새롭다. 실제로 아래와 같이 초장이 종장 자리에 간다고 해도 내용의 전개가 이상해지지 않는다.

> 펴랑이 기우로 쁘고 오락가락 쳥산녹슈간(靑山綠水間)의
> 셰샹(世上)의 호화(豪華)히 디내시논 분니논 웃디 마오 이 광ᄉᆡᆼ(狂生)
> 아마도 이리 됴흔 무ᅀᆞᆷ을 눔의 말 듯고 고칠손가

[시조29]의 원작으로 다시 돌아가서, 중장이 종결어미나 연결어미가 아니라 '~의'로 끝나고 있다는 점에 주목해보자. 중장과 종장이 연속적 구조를 취하거나 연결어미로 이어지는 경우는 있어도 중장과 종장이, 그것도 연결어미로의 연속 구조가 아니라 '~의'라는 수식어로서 중장이 종결되는 경우는 거의 없기 때문이다. 물론 중장과 종장의 내용을 이어보면, 중장의 '쳥산녹슈간(靑山綠水間)의'는 종장의 첫 음보인 '셰샹(世上)의'와 이어지는 내용이 아니다. 의미상으로는 중장은 내용이 그대로 종결이 되고 새로운 내용의 종장이 시작되는 것이다. 그러나 표면적으로는 마치 행걸침이 되는 것처럼 되어 있다. 하지만 '청산녹수'와 '세상'은 대조적인 두 공간이다. 내용상 정반대가 되는 두 시어를 '~의'라는 조사가 동일하게 사용하면서 연속적으로 '~의'가 두 번 이어져 나오도록 한 것이다.

나아가 종장의 종결은 또 어떠한가. 문장으로 끝나지 않고 명사시어로

작품이 끝나고 있다. 굳이 마지막에 '이 광생'을 넣지 않아도 될 것을, 그러면 문장으로 무난하게 시조 일반의 종결이 될 것을, 굳이 위치를 바꾸어 명사 시어를 문장 뒤에 넣고 있는 것이다. 이러한 점들이 우리말의 어순을 새롭게 시도하되, 특이한 위치에서 시도하고 있다는 점, 그래서 시조 일반의 구조를 새롭게 바라보게 하는 점들이라고 할 것이다.

일반적인 시조 종장의 모습과 다른 작품으로 아래의 예를 더 들 수 있다.

[시조30] 〈槃山獨步〉
산창의 맑은줌을 둘빗칙 놀나 끼야
쥭장을 빗기지고 송수(松樹)아래 훗것나니
어듸셔 일진경풍의 시흥(詩興)조차 블어내

[시조31] 竹 (十六詠 4)
곳거든 무듸업거나 속은 어이 통(通)톳던고
셜상풍우(雪霜風雨)의 수시(四時)의 흔빗칠쇠
돌밤의 영부소(影扶踈)도 됴커든 척척성(慽慽聲)은 엇디로

위 작품들에서 종장의 마지막 음보는 문장의 종결이라고 보기는 어렵다. 그렇다고 해서 시조창과 같이 종장 마지막 음보를 악보 기록상 적지않은 사례로 보기도 어렵다. 특히 [시조28]은 제목의 방식이나 내용이 모두 여느 절구와 같다는 점이 주목된다. 화자나 청자를 지칭하는 시어가 전혀 나타나지 않고, 자다가 잠깬 깨어 산속을 거닐다가 풍경에서 시흥이 일어난다는 것을 잔잔하게 표현하고 있다. 게다가 종장에서 이러한 화자의 심정이 '시흥(詩興)'이라고 한 점 또한 흥미롭다. '가흥(歌興)'이 아니라 시흥이라는 점이 작품의 분위기상에도 적합한 것이다.

한편, 시조의 첫 작품으로 문집에 싣고 있는 다음 작품 역시 이전 양층언어작가에게서 보기 드문 형식의 시조이다. 아래 작품은 앞에서 한문구의

사용이 많은 예로도 본 적이 있는데, 한문구의 사용으로 인해 정보량이 많아진 것과 형식의 파괴는 밀접하게 연관되어 있다.

[시조20] 〈過善山砥桂碑〉
오산고(烏山高) 낙슈영(洛水永)ᄒᆞ니 셕일편지쟝뉴(石一片之長留) ㅣ로다
뎍뇨산가(寂寥山家)의 독보구시갑ᄌᆞ(獨保舊時甲子) ㅣ로다
디금(至今)의 쳥풍(淸風)이 취우듀(吹宇宙)ᄒᆞ니 여이졔이동귀(與夷齊而同歸) 로다

위 작품에서 조사나 어말어미 등 우리말에서 허자에 속하는 말들을 모두 삭제해보자. 그러면 다음과 같이 된다.
↓
〈過善山砥桂碑〉

烏山高洛水永
石一片之長留
寂寥山家
獨保舊時甲子
至今淸風吹宇宙
與夷齊而同歸

위와 같이 6구 형식의 한시처럼 보인다. 안짝과 바깥짝이라는 시조의 구조가 그대로 드러나고 있다. 이는 마치 시조의 한역시 작업을 해둔 것처럼 보이기도 한다. 곧 원래 있는 작품에서 '~ᄒᆞ니', '~ㅣ로다' 등과 같은 부분은 마치 한시에 현토를 해둔 것처럼 보이는 것이다. 제목도 앞 장에서 논의한 바 있듯이 한시 일반의 '~를 지나는 도중에'의 방식을 취하고 있어서 더욱 그런 느낌을 준다.

사실 시조 75수를 수록하고 있는 문집에서 첫 작품이 이 작품이라는

점도 의미심장하다. 시조와 한시의 거리를 가깝게 하려는 시도의 하나로 보이기 때문이다. 권섭은 3절에서 본 것처럼 절구에도 허자를 구마다 넣어서 이를 삭제하고 읽어보라는 부제목을 달기도 하였다. 절구에는 시조의 작시 방식을, 시조에는 한시의 작시 방식을 적용하는 새로운 시도를 하고 있는 것이다.

시조의 반경 확대와 관련해 권섭이 시도한 새로운 개척은 이에서 그치지 않는다. 18세기 예술사와 관련해 주목된 작가인 만큼 권섭은 다양한 시도를 하고 있는데, 그 중에 또 한 가지가 바로 <고산구곡가>를 잇는 <황강구곡가>의 창작과 한역, 나아가 <고산구곡가>의 한역과 노기 가련과의 문답시조의 한역이다. 한역시의 문제도 하나의 절을 만들어 살펴볼 만한데, 여기서는 우선 <고산구곡가>와 <황강구곡가>를 다루고 6절에서 한역시에 대해서 살펴보도록 하겠다.

4.2. <황강구곡가>에 나타난 국어의 위상 변화

앞에서 권섭은 시조에서 한시의 작시 방식을 적용하고, 한시와 시조의 거리가 가까워지는 특징을 보인다고 하였다. 그런데 문학 갈래만이 아니라 그 언어매체의 위상 변화도 꾀하고 있어서 양층언어로 된 문학만이 아니라 그 근본인 양층언어의 경계도 허무는 시도를 하고 있다. 다시 말해 시조를 시화(詩化)하는 작업은 시조의 언어가 구어(口語)로서만이 아니라 기록매체의 기능을 하는 것과도 밀접하게 관련된다.

이제 이러한 현상이 어떻게 구체화되어서 나타나는지 볼 차례이다. 이를 보여주는 대표적인 작품이 바로 시조 <황강구곡가>이다. <황강구곡가>는 황강리로 이주한 54세(1725) 이후 지은 작품으로 무이도가-고산구곡가-화양구곡가의 뒤를 잇는다는 점에서 주목되는 작품이다. 선행연구에서는 <고산구곡가>가 관념적인데 비해 <황강구곡가>는 사실적이라고 하였다. 그러나 필자는 이이의 시조가 이황과 비교할 때에는 상대적으로 사실적이라는 점을 밝힌 바 있다.[50] 그렇다면 권섭과 비교할 때에는 또 어떤 위치를 점하게 되는지 살펴볼 필요가 있을 것이다.

다음 표는 두 작품을 대비적으로 정리한 것이다.

[표2] <고산구곡가>와 <황강구곡가> 전체 비교

		이이, <고산구곡가>	권섭, <황강구곡가>
1	소제목	매 수마다 제목이 없다	매 수마다 제목이 있다
2	실재감	'원산(遠山)' 등 구체적이지 않은 시어. 지명도 '화암', '취병' 등 어느 곳에든 있을 수 있는 관념적 지명. 수적인 표현이 아닌 두루뭉술한 거리감.	구체적, 실제적 표현이 많음. '십리', '천만세' 등 수(數)를 많이 쓰고, 경험적, 구체적임. 지명은 실제의 구체적인 특정 장소.
3	분위기	정적(靜的)인 분위기 (1곡, 3곡, 4곡의 정태적 모습) ⇒ 아래의 대목들이 정적인 분위기를 더해주고 있다. 1곡에서 관암을 '보노라' 3곡에서 '잎이 다 퍼진 모습' 4곡에서 '어두운 그림자 잠겨있고, 샘이 깊음' 등	동적(動的), 역동적인 분위기 (1곡, 3곡, 4곡의 역동적 모습) ⇒ 아래의 대목들이 역동적인 분위기를 더해주고 있다. 1곡에서 대암을 '마주보고', '바람이기'. 니 3곡에서 '거문고 타고 시 읊는 소리' 4곡에서 '여울 물소리', '산이 골짜기를 흔들고', '용이 배젓는 소리', '무이도가에 씌거다' 등
4	화자의 태도	감상으로 끝나지 않고 남에게 알리고자 함 (2곡, 8곡)	화자의 감상에 초점이 큼 (2곡, 8곡)

---

50 정소연(2014e), 앞의 책 참조.

5	핵심시어	종장에 등장하는 명사가 주제적 핵심을 드러내주는 역할을 하지는 못함. 서술적으로 주제가 드러남.	종장에 4음절의 명사 시어나 명사구로 전체 내용의 핵심이 잘 드러남.
		⇒ 시조의 언어인 국어가 첨가어적 특성을 가지고, 이를 잘 활용함. 1곡, 서술어를 통해 작가가 핵심적 내용을 전달하는 방식.	⇒ 시에서의 핵심적 역할은 어미 등의 허자를 활용한 서술어보다는 실사인 명사가 담당하는 방식
6	세계관	주자학적 이념 지향. 이상적 세계.	이념적이기도 하면서 신선, 학 등 도가적 시어도 등장함. 현실을 긍정하면서도 탈속적은 아님.

우선, '실재감'을 보자. 이이의 시조는 그의 한시에 비해, 또한 이황의 시조와 대비해도 더 구체적인 자연의 실상을 그리고 있다고 하였는데, 권섭과 대비해보니 권섭의 시조가 더 구체적이고 사실적인 것을 볼 수 있다. 이는 박이정(2002)에서도 지적했듯이 이이는 중국의 '그' 곳을 '상상' 하지만 권섭은 '여기'의 '실제' 장소를 그리고 있기 때문이기도 하다. 일례로 이이의 시조에서는 관암 등을 제외하면 실재하는 지명이라기보다 이이가 이름을 붙인 것이고, 실제의 공간을 보며 노래를 지었더라도 보편적인 지명이다. 이에 비해 권섭의 시조는 백부의 실제 공간이면서 5곡에서와 같이 '좌우촌락에 살아 볼가 ᄒ노라'처럼 거주의 공간이기도 하다.

또, '분위기'를 보면 이이의 시조는 권섭의 시조에 비해 상대적으로 정적이지만 '화자의 태도'는 반대로 이이는 고산구곡을 다른 이들에게 알리고자 하는 적극성이 있고, 외부를 의식하는 태도가 겉으로 나타나는 반면에 권섭의 시조는 화자의 감상에 더 주력하고 즐기는 것에 초점에 있고 타인을 의식하며 알리려고 하지는 않는다.

앞 장에서 이황이 이이에 비해 청자를 향한 태도가 더 강한 데 비해 이이의 시조는 상대적으로 화자의 감상에 더 주목하고 즐기고 있다고 보았는데, 권섭의 시조와 견주면 이이의 시조가 오히려 타자를 의식하고 있는 것이다. 16세기 이황 <16세기 이이 <18세기 권섭으로 오면서 청자 지향보다는 화자에의 초점이 더 강해진다고 하겠다. 이러한 점도 국어와 시조가 청자 지향의 구술성이 약화되고 화자 지향의 고백적인 기록성이 강해지는 것이라 할 수 있다.

　이와 관련하여 더 살펴볼 부분은 중요한 시상을 보여주는 주제어가 권섭의 시조에서는 우리말의 서술어보다는 명사로 이루어져있다는 점이다. 대개 결론적 의미나 주제적 의도가 종장에 집약되어 나타나는 것을 염두해 종장을 비교해보도록 하자. 아래 표는 두 시조의 종장을 모은 것이다.

[표3] <고산구곡가>와 <황강구곡가> 종장 비교

	<고산구곡가>의 종장	<황강구곡가>의 종장
1	어즈버 武夷를 想像ᄒ고 學朱子를 ᄒ리라	아마도 石潭巴谷을 다시 볼ᄃᆞᆺ ᄒ여라
2	松間애 綠樽을 노코 벋 오ᄂᆞᆫ양 보노라	엇더타 一陣帆風이 갈디 아라 가ᄂᆞ니
3	사룸이 勝地를 모로니 알에 혼들 엇더리	어디셔 太吠鷄鳴이 골골이 드니ᄂᆞ니
4	盤松 부름을 바드니 녀름 景이 업셰라	至今의 秋月亭江이 어제론ᄃᆞᆺᄒ여라
5	林泉이 깁도록 됴ᄒᆞ니 興을 계워 ᄒ노라	그 아래 깁히 자ᄂᆞᆫ 龍이 櫂歌聲의 씨거다
6	이 중에 講學도 ᄒᆞ려니와 詠月吟風ᄒ리라	이中의 左右村落의 살아 볼가 ᄒ노라
7	黃昏에 낙대를 메고 帶月歸를 ᄒ노라	뎌우희 太守神仙이 네 뉘신줄 몰내라
8	寒巖애 홀로 안자셔 집을 잇고 잇노라	夕陽에 泛泛孤舟로 오락가락 ᄒᆞ다
9	古調를 알리 업스니 홀로 즐려 ᄒ노라	아마도 一室雙亭의 못내 즐겨 ᄒ노라
10	遊人은 오디 아니ᄒ고 볼 것 업다 ᄒ더라	져그져 別有洞天이 千萬世ㄴ가 ᄒ노라

　위 [표3]에서 종장 내에서도 핵심적 내용을 전하고 있다고 여겨지는 명사적 표현에 밑줄을 그었는데, 두 시조의 차이가 확연하게 나타난다. <황강구

11. 권섭의 시조, 한시, 한역시의 비교　479

곡가>에서는 4음절의 명사구가 거의 매수마다 종장에 등장하면서, 해당 명사구가 핵심적 내용을 드러낸다. 이에 비해 <고산구곡가>에서는 한자어로 된 명사구가 핵심시어가 되기도 하지만 그렇지 않은 경우가 더 많아서 종장 전반적인 내용을 다시 요약해야 되는 경향이 보인다.

  이는 양층언어작가에게 있어서 시조의 언어인 국어가 구어이자 첨가어로서, 절구의 한문인 문어이자 실자(實字) 위주 사용에 비해 그 강점을 활용하고 있는데에서, 권섭에 이르면 시조에 쓰이는 국어를 실자를 통해 의미를 강조하고 더 활용하고 있는 변화로 읽을 수 있다. 곧 18세기 시조의 언어인 국어는 이제 더 이상 기록문자인 한문과 대비된 특성만이 아니라 한문과 같이 실자(實字) 위주, 명사 시어에 더 무게 중심을 두고 시조에서 활용되고 있는 것을 보여주는 것이다.

  이는 더 넓게 보아 시조의 언어인 국어의 위상이 조선전기에 비해 더 넓어지고 기록매체로서의 성격, 실자로서의 성격까지 활용되고 있는 것으로 이해할 수 있을 것이다. 이런 점에서 권섭 시조의 반경이 확대되고, 국어의 위상도 구어성에서 기록성이 더 가미된 변화도 나타난 것이라고 하겠다.

5. 절구의 가화(歌化): 절구에 국어시가의 접목

  권섭의 시조가 시의 기능을 하게 되었다면 상대적으로 그간 한시를 통해 시의 효용을 누리는 정도도 권섭의 경우에는 적어질 것이라고 예상해 볼 수 있다. 실제로 권섭은 절구에서 노래의 성향을 보인다. 이권희(2012)[51]에서는 권섭의 한시가 가진 자유로움을 지적한 바 있는데, 본서에서는 7언 절구가 가진 형식의 엄격함이 무너질 뿐만 아니라 그 방향

---

[51] 이권희(2012), 앞의 책.

성이 국어시가가 가진 구술성과 노래의 자유로움이 발견된 점을 주목하고자 한다. 이에 대해 자세히 살펴보면 다음과 같다.

5.1. 우리말 발음의 활용과 시어의 중첩

우선, 아래 한시를 보도록 하자.

[한시3] 〈先生非是愛吟詩(선생은 시 읊기를 사랑하지 않나요) 十三首〉[52] 중 제1, 2, 13수

先生朝日淨梳時　선생은 아침에 깨끗이 머리를 빗을 때
梳到千梳氣爽時　빗질을 천 번하여 기운이 상쾌할 때에
兩目澄明心似洗　두 눈이 맑고 마음을 씻은 것처럼
先生非是愛吟詩　선생은 시 읊기를 좋아하지 않습니까

先生午日讀書時　선생은 한낮에 책을 읽을 때
讀書群書志快時　여러 책을 읽고 뜻이 쾌활할 때에
一炷香爐端坐久　향로 곁에 단정히 오래 앉아 있으니
先生非是愛吟詩　선생은 시 읊기를 좋아하지 않습니까

先生非是愛吟詩　선생은 시 읊기를 좋아하지 않습니까
嘿坐推移四序時　조용히 앉아 계절의 추이를 생각할 때에
人亦不然同一理　사람 또한 같은 이치가 아닐까 하면서
先生非是愛吟詩　선생은 시 읊기를 좋아하지 않습니까

위의 시는 여러가지 측면에서 주목된다. 우선 우리말 발음과 관련해보면, 기, 전, 결구의 압운이 모두 우리말 발음이 같은 각운으로, 곧 '시'로 되어

---

[52] 《玉所稿》권2, 시9.

있다. 게다가 '時', 또는 '詩'가 매 절구마다 반복되어 13수 전체의 압운의 발음이 같다. 또한 '先生' 역시 매 절구마다 기구와 결구에 반복해서 등장하고 있다. 같은 글자의 쓰임을 꺼려하는 절구에서 지나치게 時, 詩, 先生이라는 시어가 반복되어 나타나는 것이다. 이는 시어의 중첩만이 아니라 반복의 문제이기까지 하다. 그만큼 내용적으로 핵심어의 역할을 한다고 할 수 있는데, 이에 대해서는 5.4.에서 자세히 보도록 하자. 여기서는 시어가 반복되어 우리말 구음이 같은 압운을 사용한 대표적 작품으로 든다.

다음 작품은 중첩된 시어를 반복적으로 사용하는 예이다.

[한시4] 〈觀物有吟(사물을 보며 읊다)〉[53]
窅窅冥冥仰太淸 아득하고 아득한 하늘을 우러러 보니
蒼蒼山色月明明 산빛은 푸르고 푸르며 달빛은 밝고 밝아라
中間物物生生意 그 중의 사물들은 살려고 하는 뜻이 있으니
一一乾坤滾滾情 하나하나의 천지마다 끊임없는 정이 흘러라

[한시4]는 한 편의 작품 안에 무려 7개의 중첩된 시어가 사용되고 있다. 절구는 한 음절 한 음절의 정보량을 귀하게 여기고 허투루나 잉여적으로 시어를 사용하지 않는 것이 일반적이다. 그런데 같은 음절을 반복하는 중첩된 시어를 7회 사용한 것은 4행의 절구에서 1행에 해당되는 정보량은 쓸모없게 된 것이나 다름없다. 말은 잉여적 표현이 많더라도 일회적인 음성성으로 인해 오히려 의미를 이해하는데 도움을 준다. 그러나 상대적으로 기록된 글에서 잉여적 문자는 그 구실을 못하게 되므로 부정적으로 인식된다. 그럼에도 불구하고 이렇게 한 것은 의미를 강조함과 동시에 우리말의 음성성의 반복을 활용하는 재미를 추구하고 있는 것이라고 볼 수 있다. 위 작품은

---

[53] ≪玉所稿≫권1, 시1.

이러한 특성이 가장 극명하게 드러난 경우이고, 이 외에도 음성언어의 특징을 살려서 의성어나 의태어 등의 첩어 활용이 권섭의 한시 전반에 나타나는 것을 특징으로 꼽을 수 있다.

아래 작품은 7언 절구는 아니지만 우리말 음성을 한자화한 대표적인 사례로서 시어 중첩을 함께 보여주고 있어서 예로 든다.

[한시5] 〈五禽問答〉[54]

有鳥有鳥鳴各各	새가 있네 새가 있네 까악까악 우네
各各何用分彼此	까악까악 어찌 저와 나를 구분하랴
飢飽與同與同樂	굶주림도 배부름도 더불어 함께 즐기리
我自有偶自有子	나는 배우자도 있고 자식도 있다네
各各各各	까악까악 까악까악
怪爾之鳴鳴何心	괴이한 너의 울음은 어떤 마음인가?
雙飛和鳴何各各	쌍으로 날며 화답해 울기를 어찌 까악까악하는가?
不是雌雄栖異林	암수가 다른 숲에 있는 것도 아닌데
各各之鳴鳴向人	까악까악의 울음은 사람을 향해 우는 것인가?
似訴之人不如禽	마치 사람이 새만 못하다고 하소연 하는 것같구나

제목을 보면 '새와의 문답'이다. 실제 사람과 교유하는 문답으로서의 한시가 아니라 동물인 새와 문답한다는 점도 이색적일 뿐만 아니라, 문답은 지필보다는 음성으로가 더 일반적인 점에서, 특히 동물은 문자를 모르고 음성만 가능한 대상이라는 점에서 구술적 대화의 상황이 분명한 작품이다. 이에 대해서는 5.4.에서 더 자세히 보겠지만, 여기서는 5.1.과 5.2.의 내용이 연결된 우리말의 발음과 시어 중첩과 관련해서 살펴보도록 하겠다.

이 시는 전체가 시어 중첩이라고 해도 과언이 아니다. 제1구에서는 '有鳥有鳥'와 '各各'이, 제2구에서도 '各各'이 반복된다. '各各'은 제목에서와 같

---

[54] 《玉所稿》권1, 시12.

이 제1, 2, 5, 7, 9구에서 총 5회 등장한다. 제목에서 말한 바, 새와의 문답이라는 음성성을 생각해보면, '各各'의 반복은 곧 새(까마귀)의 울음소리를 음차(音借)한 것으로 이해될 수 있다. 사람은 다양한 발음을 내지만, 새는 까악까악이라는 한 가지 소리밖에 사람에게는 들리지 않으므로 묻고 답해도 항상 발음은 까악까악이 되는 것이다. 제1구에서의 '有鳥'의 반복 역시 1회만 적어도 내용은 전달이 되지만 그것보다는 새의 존재가 있다는 것을 거듭 강조하는 '말'의 특성이라 할 수 있다.

제3구에서는 '與同與同'이 반복된다. '與'나 '同'은 거의 비슷한 말이다. 그런데 비슷한 말을 4회나 반복했다는 것 역시 거듭 강조하는 말의 특성이라 할 수 있다. 제4구에서는 '自有自有'가 반복되고 있다. 앞 구와 연결해서 보면 나는 '배우자도 있고 아들도 있는' 더불어 함께의 상황을 보여준다. 근체시라면 굳이 불필요한 말을 제4구에서는 '我', '自', '自', 3회나 반복하고 있고, '有' 역시 2회나 반복하고 있다. 일상구어에서 하는 말을 고스란히 한자로만 옮겨놓은 듯하다. 일상 구어에서는 '나는 내 배우자도 있고 내 아들도 있다'를 그대로 직역해서 한문으로 옮겨놓으면 제4구처럼 되는 것이다.

이 외에도 제4구에서는 '各'이 4회 반복되고 있고, 제5구에서는 '鳴'이 2회 반복되고 있다. 제7구에서는 '各'이 2회 반복되고, 제9구에서는 '各'과 '鳴'이 2회씩 중첩되어 나온다.

이렇게 시어의 중첩이 작품 전체에서 반복적으로 출현하고, 우리말 일상 구어를 그대로 옮겨놓은 듯 유사 시어가 중첩되며, 불필요한 허자들도 우리말의 특성상 많이 나타나고 있는 것들을 볼 수 있다. 현대시와 달리 시조는 시어의 조탁을 심하게 하지 않고 우리말의 일상 구어의 어순이 그대로 나타나는데, 이 한시는 시조와 같은 우리말 어순을 한역(漢譯)해둔 것처럼 한 것을 볼 수 있다. 이러한 경향을 선행연구에서와 같이 18세기 실학자의 한시에 나타난 조선시(朝鮮詩)로서의 경향으로도 볼 수 있겠지만 양층언어문학사라는 거시적인 흐름으로 본다면 국어시가의 위상이 높아지면서 한시와 국어시가의 거리가 좁혀지는 것으로서도 이해할 수 있을 것이다.

이러한 우리말 어순과 같은 허자 사용 등의 특징은 또 다른 방식으로서도 나타나는데 이에 대해서는 항을 달리해서 5.2.에서 이어서 보도록 하자.

5.2. 허자 사용과 7언 절구 형식의 파괴

전술한 것처럼 권섭의 한시에서는 어조사나 반복구를 통해 우리말의 첨가어적 특성을 표현하거나 음성성을 활용하고 있는 것을 적지 않게 볼 수 있다. 그런데 아래의 작품은 근체시와의 관계 속에서 이를 볼 수 있어서 살펴볼 필요가 있다.

[한시6] 〈醉日客中之題〉以下去之於字而見之[55]
(가)
同極心情之亂似雲矣
乾坤九耋二人之恩
元無 事浮游之外
依舊春風未死之冤
↓
(나)
同極心情亂似雲 지극히 같은 심정 어지럽기가 구름 같아라
乾坤九耋二人恩 이 세상의 구십 늙은이 두 사람의 은혜로다
元無一事浮游外 세상 밖을 떠돈 일 말고는 한 일이 없네
依舊春風未死冤 봄바람은 예전 같은데 죽지 못해 한 일세

위 (가)를 보면, 한 행에 9음절이 있어서 일반적인 절구가 아니라는 것을

---

[55] ≪玉所稿≫ 권3, 시15.

한 눈에도 알 수 있다. 그런데 제목을 자세히 보면, 이 작품을 어떻게 읽어야 하는지 설명이 되어있다. 제목 옆에는 '지(之)'자와 어조사를 빼고 읽으라고 되어있는 것이다. 그래서 남은 글자만 두면 바로 화살표 아래의 (나)가 된다.

일반적으로 (나)의 7언 절구 형태로 처음부터 한시를 짓는다. 그런데 권섭은 굳이 그 앞의 한 단계를 더 만들어서 제목에서 어조사를 뺀 뒤에 시를 읽으라고 하고 있다. 철저하게 독시(讀詩)를 겨냥해서 만든 작품인 것이다. 시각적으로 한 행이 9음절인 어조사를 넣어서 만들고 이를 읽을 때에는 어조사를 빼서 감상하라고 하니 이는 왜일까?

사실 어조사나 '之' 등은 허자(虛字)로서 근체시에서는 즐겨 사용하지 않는다. 그런데 권섭은 이를 반대로 적용하는 한시 작시법을 추구하고 있다. 절구에도 어조사를 활용하는 재미를 추구하고 있는 것이다. 근체시의 엄격한 형식은 실자 위주로 음절수를 고정해서 표현하지만, 위의 작품은 절구에 어조사, 곧 허자를 집어넣었다. 허자를 곳곳에 넣어서도 의미가 통하지 않는 것은 아니므로 의미 전달에는 무리가 없다. 그런데도 격식에 맞추지 않고 형식적 파격을 시도한 것은 허자가 가진 미묘한 의미들, 조금 더 역동적이면서 실자를 도와서 의미를 풍부하고 다양하게 할 수 있는 시도를 하고 있는 것이다.

무엇보다 허자의 존재는 엄격한 격식의 시보다는 자유로운 노래의 특성이다. 한시에서도 가행체나 악부체에서는 허자가 자주 등장한다. 그런데 위 작품은 이러한 경우가 아닌데도, 절구를 추구하면서도 허자를 활용하고 있는 경우라서 주목된다. 따라서 한시 내에서 허자가 허용된 갈래가 아닌 경우에도 허자를 활용하고자 하는 권섭의 적극적인 의도가 여기에 드러난다.

노래로서의 특징인 허자의 존재는 시조와도 연결지어 생각해볼 수 있다. 시조도 정형시로서의 격식이 없는 것은 아니나 시조의 언어는 우리말의 특성과 문법 구조를 그대로 가지고 있다. 우리말은 첨가어이자 교착어로서 다양하게 변하는 어미나, 다양한 조사나 형용사형의 변주 등 허자를 적극 활용하는 것이 특징이다. 이러한 국어의 문법적 특성이 시조에서 그대로 나타난다.[56] 실자인 명사 시어만 나열하고도 시를 이루는 절구와 달리 같은 정보량을 가진 평시조에서는 명사 시어만의 나열로 이루어지는 경우가 없는 것이다.[57] 따라서 권섭이 허자를 활용해 절구를 짓는 시도를 한 것은 이러한 노래가 가진 자유로움을 절구 내에서도 접목시켜보려는 것으로 볼 수 있다는 점에서 한시의 가화(歌化)라고 하겠다.

아래 작품 역시 다양한 시체를 통해 시적인 정제미와 형식미보다는 반복적이고 자유로운 노래적 경향을 보이고 있다.

[한시7] 〈喜見雲峯大師取罕(운봉대사의 취한을 보며 기뻐하다)〉[58]
解事奇禽響 기이한 새소리 알아들으니
春風取罕來 봄바람 취한처럼 오네
微微天雨色 은은히 하늘에 비 오려는 듯
高出滿花臺 만화대는 높이 솟아 있네

幽人獨臥山中室 은자 홀로 산속 집에 누웠는데
雨過千峰雲去來 온 봉우리에 비 지나가더니 구름이 오가네
雲來雲去與僧閒 오가는 구름은 스님과 함께 한가롭고
僧與言時風滿臺 스님과 말하는데 누대엔 바람이 가득

滿室花開花落 온 집안에 꽃이 피고 또 지고

---

56 이에 대한 자세한 논의는 정소연(2006), 앞의 글로 미룬다.
57 사실 평시조에서 명사 시어끼리 한 행을 이루는 경우는 없으나 18세기 황윤석은 일부 명사시어로 한 행이 종결되는 변화가 나타난다. 이에 대해서는 황윤석을 다루는 장에서 구체적으로 살펴보며 시가사적 전개를 다시 논의하도록 하겠다.
58 ≪옥소고≫권1, 시8. 번역은 이권희(2012)의 것을 참고함. 그러나 이권희(2012)에서는 마지막 제3연을 7행으로 풀고 있으나 운자를 고려할 때에 4행으로 행을 나눈다.

一笻僧去僧來 지팡이 하나로 스님은 오고 가네
僧且勿歸少留 스님 가지 마시고 잠시 계세요
庭前亦有松臺 뜰 앞엔 또 소나무 누대가 있네

僧心淨靜僧言雅疎 스님 마음은 깨끗하고 고요하며 스님 말씀은 곱고 소략한데
如其貌宜與斯翁時去來 모습은 내가 오갈 때와 같네
逢時有詩送時又有詩 만나서도 시를 짓고 헤어질 때도 시 지었네
僧亦題詩月照臺 스님이 시 지을 때 달이 누대를 비추었지

　우선, 이 작품은 4수의 형식이 모두 다르다. 순서대로 5언 4구, 7언 4구, 6언 4구, 장단구를 취하고 있다. 이들을 묶어주는 것은 '來'와 '臺'라는 반복되는 운자이다. 눈으로 읽는 시에서 굳이 운자를 반복해서 사용하지 않아도 여러 수가 모두 하나의 작품인 것을 알 수 있는데도, 같은 글자를 계속 반복해서 사용하고 있는 것이다. 또, 한 구에서 2개 이상의 같은 한자가 반복해서 사용되는 대목이 빈번하게 보인다. 게다가 제4수는 같은 글자와 비슷한 구절이 여러 번 반복되고 있어서 더욱 노래적인 느낌을 준다. 특히, 전구에서 時, 詩 등 '시'가 4회나 나와서 우리말 구음으로의 재미를 더해주고 있는 것이다.

5.3. 문답적 대화체와 교화성

　시조가 대화체를 특징으로 한다는 것은 일반적인 이야기이다. 그런데 시조가 아니라 한시에서 대화체가 자주 나타난다는 것은 새로운 모습이다. 권섭이 시조에서 묻고 답하는 형식의 문답체를 한 작품 내에서, 또 여러 연작인 작품들간에 활용하는 예를 앞에서 보았다. 이러한 특성이 시조만이 아니라 한시에서도 나타나고 있어서 주목된다.

　권섭은 <齋居六問答謝嘲> 등 문답이 표제로 나타난 작품이 적지 않게 눈에 띈다. 5.1.에서 본 [한시3]을 다시 보면 <先生非是愛吟詩>라는 제목을

"선생은 시 읊기를 사랑하지 않나요?"로 해석하였다. 곧 이중 부정을 통해 강한 긍정을 드러내면서 평서형이 아니라 설의법으로 묻고 있는 방식을 취하고 있는 것이다. 이중 부정을 통해 어미를 다양하게 활용해서 평서법만이 아니라 다양한 의향법을 나타내는 방식은 박인로에게서도 살펴본 바 있다. 박인로 다음 시기인 권섭도 한시와 시조의 거리를 좁히는 하나의 방편으로 바로 우리말의 어미를 활용해서 절구에서 허자를 연속적으로 사용하고 있는 것을 볼 수 있는 것이다.

　내용적으로 볼 때에도 이러한 형식과 표현은 유의미하다. 제목은 '시읽기'에 대한 것이다. '선생'이라는 존재는 학생에 비해 상대적으로 전문적이고 유능한 존재이다. 그런 '선생'에게 '시' '읽기'를 사랑하냐고 설의적으로 묻는 제목과 함께, 이 제목이 매 수마다 결구에서 반복되어 나타난다. 다른 위치가 아니라, 내용의 핵심인 제목과, 매 수마다 결론의 자리인 결구에서 이 내용을 말하고 있다는 것 역시 주목할 부분이다. 이러한 위치에서 제목까지 포함해 총 14회나 반복되어 등장하는 것이다.

　그럼으로써 얻는 효과는 무엇인가? 곧 자연스럽게 시 읽기란 무엇인지, 그것도 선생이 말하는 시 읽기를 좋아한다는 것은 무엇인지 생각해보게 되는 것이다. 곧 시란 특별한, 고매한 것이 아니라, 아침에 머리를 빗고 상쾌한 기운이듯이, 그 맑은 마음과 같은 것이고, 한낮에 책을 읽고 단정히 앉아 있는 것 같은 것이며, 하루만이 아니라 하루가 모인 계절이 변하는 것 같은 것이라는 것이다. 시란 일상이고, 매일의 아침과 오후같이, 그리하여 세월이 누적되어 계절이 바뀌고 흐르듯 일상적이고 지속적으로 사랑하는 대상인 것이지, 특별하고, 구별되고, 별난 것이 아님을 생각하게 만든다.

　이번에는 5.1.에서 든 [한시5] <五禽問答>을 다시 살펴보자. 앞에서는 시어 중첩과 우리말의 활용 면에서 살펴보았다면 이번에는 대화체와 관련해서 보고자 한다. 앞에서는 한시의 번역을 원작품의 행갈이에 맞추어 했지만, 문답이라는 점을 고려해서 대화적 상황을 살펴 재배열하면 아래와 같이 할 수 있다. 작품 내용은 전혀 손을 대지 않고 행갈이만 다시 한 것이다.

[한시5] 〈五禽問答〉의 번역 재배열
(문답1)
화자: (새 울음소리) "새가 있네. 새가 있네. 우네"
새: "까악까악"
(문답2)
새: "까악까악"
화자: "어찌 저와 나를 구분하랴.
　　　굶주림도 배부름도 더불어 함께 즐기리.
　　　나는 배우자도 있고 자식도 있다네"
(문답3)
새: "까악까악 까악까악"
화자: "괴이한 너의 울음은 어떤 마음인가?
　　　쌍으로 날며 화답해 울기를 어찌하는가?"
(문답4)
새: "까악까악"
화자: "암수가 다른 숲에 있는 것도 아닌데"
(문답5)
새: "까악까악"
화자: "울음은 사람을 향해 우는 것인가?
　　　마치 사람이 새만 못하다고 하소연 하는 것같구나"

　　제목인 〈五禽問答〉을 그대로 살려서 5번의 문답으로 나누어 배열해보았다. '各各'이라는 새(까마귀)의 울음소리가 5번이므로 이를 기준으로 문답을 나눌 수 있다. 5번의 문답에서 먼저 대화를 시작한 이는 새이다. 새가 먼저 울었기 때문에 '문답1'에서 새가 있다는 그 존재감을 반복해 말할 수 있기 때문이다. 이후에도 항상 새가 먼저 말하면 화자가 그 소리의 의미를 추론해가는 방식으로 작품이 전개된다.

내용을 보면, '문답1'은 화자가 새의 존재를 인식하고 대화를 시작하는 것이다. '문답2'는 새와 화자가 하나가 되어 그 마음을 읽어가는 것으로서 배고픔도 배부름도 함께 하자며 자신을 소개하고 있다. '문답3'에서는 새의 울음이 '까악까악'이 아니라 '까악까악 까악까악'이 되니 화자가 새의 뜻을 잘못 이해한 것임을 깨닫고, 새에게 무슨 뜻이냐며 너도 배우자와 함께 있는데 무슨 문제가 있느냐며 화자가 다시 묻는다. '문답4'에서도 새가 다시 울자 자신이 생각하는 가치인 배우자와 같은 공간에 있으면 되었지하고 화자가 이상하게 여긴다. '문답5'에서는 지금까지 새의 울음이 새의 문제를 고백한 것이 아니라 사람을 향해 메시지를 전하는 뜻이라는 것을 화자가 깨닫는다. 곧 그 메시지란 지금까지의 작품의 전개를 볼 때에 새는 굶주려도 배불러도 가족들과 함께 있는데, 사람은 그렇지 않다는 것이라 할 수 있다. 화자 자신도 굶주려도 배불러도 가족과 함께 있기 때문에 결국 이 작품은 새와의 문답을 통해 다른 사람들에게 하고 싶은 말을 우의적으로 나타낸 것이라 할 수 있다.

이러한 의도는 앞에서 본 <先生非是愛吟詩>와 다르지 않다. <先生非是愛吟詩>에서도 문답법을 통해 진정 시 읊기, 시 읽기란 무엇인지에 대해, 선생이라는 대상을 향해 묻고 있듯이, <五禽問答>에서도 동물을 통해 진정 가족애란 무엇인지 말하고 싶은 것이다. 직설법보다 문답법을 통해 작가의 의도가 나타날 뿐만 아니라, 시(詩)라는 고매한 갈래는 높다고 여겨지는 선생을 통해, 가족애란 낮다고 여겨지는 동물을 통해 돌이켜 생각해볼 수 있는 방식을 취하고 있다는 점도 유사하다.

이런 점에서 두 대화체의 한시는 모두 교화적인 내용이라고도 볼 수 있다. 누군가에게 깨달음을 주고 시읽기와 가족애에 대한 진정한 가르침을 주고자 하는 의도가 그러한 것이다. 여기서 주목되는 것은 교화적 방식과 문답법의 밀접함이다. 교화성은 그간 시조의 기능 중 하나로서 조선 전기에는 백성을 향해, 조선 중기 이후에는 같은 사대부 친족 내에서도 그 기능을 해왔다. '가르침'과 '말'은 밀접할 뿐만 아니라, 교화라는 것은 어떤 대상을 향하는 것이기 때문에 청자의 존재가 명확한 말, 그리고 구어성이 강해 문답법이나 청자 지향 어법이 일반적인 시조 갈래가 밀접한 관계를 맺고 시조사에서 전개되어 왔다. 글보다는 말이 대상의 존재가 더 명확한 방식이기 때문이다.

그런데 2.1.에서 권섭의 시조와 한시의 내용을 살펴본 것을 잠시 상기해 보면, 그 이전 시대 양층언어작가에게서 보였던 교화적 시조가 권섭에게는 나타나지 않았다는 점을 주목할 수 있다. 오히려 시조에서 자기 성찰적 측면이 나타나 타자를 향한 교화가 아니라 자신을 돌아보는 성찰이 특징임을 살펴본 바 있다. 그런데 지금까지의 한시에 대한 논의를 통해서 그 교화성이 권섭의 경우에는 시조가 아니라 한시에서 나타나고 있다는 점이 매우 흥미롭다.

오륜과 같은 교리화된 교화적 내용은 아니다. 그 교화성이 유교적 질서 속의 오륜이 아니라, 더 보편적인 측면으로 확장되고 있다고 할 수 있다. 곧 금수도 다 하는 인간 보편적인 가족애나, 사대부 내적으로 향유하는 구별된 시 갈래가 아니라 누구나 매일 언제든 즐기고 사랑하는 일상의 것임을 전하고자 하는 교화성을 가지고 있다는 점이 시조에서의 교화성과는 다르다. 한시라는 사대부가 즐기는 갈래를 통해 사대부에게 하는 말일 수도 있고, 또 18세기라면 이전 시대에 한시를 즐긴 좁은 특정 향유층이 아니라 한시를 즐기는 더 넓은 범위의 많은 사람들에게 확대될 수도 있다. 권섭의 경우 과거에 응시해 18번이나 낙방한 경험이 있는 사람으로서 시(詩)라는 것도 국가시험에서 요구하는 갈래로서가 아니라 자신의 소소한 일상 속에서 함께 즐기는 것으로서의 시로 인식하고 이러한 자신의 관점을 피력하고 싶은 것일 수 있는 것이다.

따라서 <先生非是愛吟詩>에서 시라는 것이 아침과 오후, 매일의 삶, 그리고 계절의 순환과도 같은 일상반복의 것이라는 점도 누구나 언제나 즐길 수 있는 것, 애써서 조탁하는 예술로서의 고상한 존재라기보다는 사랑하고 즐기는 것으로서의 일상화된 것이라는 내용도 이러한 시대적 변화의 의식을 보여주는 것이다. 아침에 머리를 빗었을 때 상쾌한 것과 같은 소소한 즐거움의 대상이 될 수도 있고, 오후에 책을 읽으며 누리는 즐거움과도 같을 수 있는 것이라는 의식이 한시를 통해 이러한 일상 구어의 말하기 방식인 문답으로 교화적인 내용의 메시지를 전달하는 방식을 취하는 것으로도 나타난 것이라 하겠다.

5.4. 연작성(連作性)의 표지가 강한 절구 창작

권섭은 시조와 절구에서 모두 연작성이 강한 작품들이 작품 전체에서 상당한 비중을 차지하고 있다고 하였다. 한시에서도 영물의 연작시만이 아니라 다양한 연작시가 보인다. 그런데 앞 시기의 다른 양층언어 작가들에게서 보았듯이, 시조에서는 연작성의 표지가 매수마다 긴밀하게 나타나는 반면에 한시에서는 병렬적으로 나열되며 매수가 독립성이 강하다고 하였는데, 권섭의 경우에는 절구 연작시도 매수가 독립성보다는 연작시 하위의 작품들임을 나타내는 표지를 직접적으로 사용하는 경우가 많아서 시조의 방식을 절구에 적용하고 있다고 할 수 있다.

우선, 앞에서 본 다양한 시체를 사용한 <喜見雲峯大師取竿>의 반복되는 운자를 들 수 있다. 4수의 시체는 다양하나 이들을 한 작품으로 묶어주는 역할을 반복되는 압운으로 하고 있는 것이다.

이와 관련해 또 다른 작품을 보자.

[한시3] 〈先生非是愛吟詩(선생은 시 읽기를 사랑하지 않나요) 十三首〉[59] 중

---

[59] ≪玉所稿≫2, 시9.

제1수
先生朝日淨梳時 선생이 아침에 깨끗이 머리 빗을 때
梳到千梳氣爽時 빗질 천 번하여 기운이 상쾌할 때
兩目澄明心似洗 두 눈은 맑아지고 마음은 씻은 듯하니
先生非是愛吟詩 선생은 시 읊기를 좋아하지 않습니까

제2수
先生午日讀書時 선생이 한낮에 책 읽을 때
讀書群書志快時 여러 책을 읽어 뜻이 쾌활할 때
一炷香爐端坐久 향로 곁에 단정히 오래 앉아 있으니
先生非是愛吟詩 선생은 시 읊기를 좋아하지 않습니까

제13수
先生非是愛吟詩 선생은 시 읊기를 좋아하지 않습니까
嘿坐推移四序時 잠잠히 계절의 변화를 생각할 때
人亦不然同一理 사람 또한 같은 이치가 아닐까 하면서
先生非是愛吟詩 선생은 시 읊기를 좋아하지 않습니까

위 작품도 앞에서 보았으나 이번에는 연작성에 주목해보자. 모두 13수로 된 연작시인데, 처음 두 수와 마지막 수를 들었다. 13수의 작품에서 13수 매 기구마다 '先生'으로 시작되고, 이어서 시간을 나타내는 시어가 나오면서 '~時'로 기구가 끝나고 있다. 이렇게 기구의 구조가 매 수마다 반복되어서 13수의 작품이 긴밀하게 연결된 연작시라는 점이 드러나게 하였다. 이 역시 시각적으로 드러날 뿐만 아니라 의미구조가 같은 위치에 반복된다는 점에서 연작성의 표지가 된다.

무엇보다 기구를 보면 시간의 흐름을 자세하게 따라가면서 작품이 진행되고 있다. 이는 윤선도가 <어부사시사>에서 사계절을 다루되, 각 계절별로 하루의 시간대의 흐름에 따라 작품을 구성한 것을 떠오르게 한다. 권섭은 시조가 아니라 한시로 '어부'가 아니라 '선생'의 하루와 계절의 시간의 흐름에 따라 '음시'의 즐거움을 세심하게 표현해 연작적 표지를 구성하고 있는 것이다.

여기서 더 주목되는 것은 제13수이다. 기구의 '先生非是愛吟詩'는 이 작품 전체의 제목이기도 하다. 곧 작품을 마무리하는 결론격인 제13수에서 기구와 결구를 모두 연작시 전체의 제목을 활용해서 작품을 짓고 있는 것이다. 강조의 의미가 있으면서도 작품 전체가 하나로 마무리되고 있다는 총론격의 한 수를 연작시조에서와 같이 넣고 있다는 점은 시조의 연작성의 작시 방식을 한시에 접목하고 있는 것이라 할 것이다. 이 점 역시 박인로에게서도 볼 수 있었는데, 권섭은 더 많은 작품에서 이러한 작시 경향을 보이고 있다고 하겠다.

본 절에서는 앞에서 '가화(歌化)'와 관련해서 본 작품을 중심으로 연작성의 표지를 살펴보았다. 이는 절구에서도 노래적 취향을 보이는 것으로서, 연작성의 시조와 대비하기 위함이다. 권섭 이전까지 양층언어작가에게는 시조가 대부분 연시조이거나 연작성이 강한 편이었다. 노래의 성향이 강한 시조에서 연작성을 띤 하나의 작품이라는 표지가 어떻게 드러났는지 보았다면, 이제 읽는 시로 여겨졌던 한시에서도 노래적 경향을 띠며 연작성까지 보이고 있어서 시조의 창작 경향이 한시에서 나타난 점을 주목한 것이다.

6. 기녀 가련(可憐)과의 화답 연작 한역시에 나타난 양층언어 시가성[60]

권섭이 87세인 1757년에 함흥에 유람을 가 70여 일간 머물면서 그곳의 기녀인 가련을 만나 인연을 맺게 되었다.[61] 일생 벼슬을 하지 않고 산수

---

[60] 이 부분은 정소연, 「옥소 권섭과 기녀 가련의 화답 연작 한역시의 시가사적 조명」, 『국어국문학』 167집, 국어국문학회, 2014a, 135-163면을 조금 수정한 것이다.

[61] 권섭, ≪玉所稿≫, <제함흥노파가련가곡십오장후>, "是翁八十七歲, 簿遊北路, 逢

유람을 즐긴 권섭의 생애에 함흥은 마지막 유람지였다.[62] <遠遊記>를 보면 노파 가련의 오만함에 지인들이 모두 멀리하는 신세가 자신과 유사해 유별하게 대했다고 한다.[63]

둘 간의 화답시조는 가련이 지은 <翻老婆歌曲十五章> 15수, 이에 대한 권섭의 답인 <答咸山老婆> 1수, 이별 후에 가련이 지은 <飜咸婆歌曲> 2수, 이에 대해 다시 권섭이 답을 한 <答寄咸婆> 2수까지 총 20수가 한역으로 남아 있다. 만남의 스토리와 관련한 한시가 1수 더 있고, 또 이와는 무관하지만 가련의 시조 1수를 한역한 것이 더 있어서 총 22수를 살펴보고자 한다. 이 일련의 한역시에 주목하는 이유는 다음과 같다.

첫째, 기녀와의 화답시를 시조로 20여 편이나 주고받았다. 한시 화답 문화가 일반적인 사대부 남성이 기녀와 국어시가로 수창을 하였다는 점도 눈여겨 볼만 하지만 그 작품군이 20여 편에 이른다는 점도 눈길을 끈다.

둘째, 기녀와의 화답시조를 한역시화했다. 시조 그대로 두지 않고 한시로 번역하고자 한 것이다. 문집에 원(原)시조는 싣지 않고 한역시만 남겼다.

셋째, 단순한 번역이 아니라 만남에서 이별까지, 이별 후의 정서까지 풀스토리를 연작 한역시화 했다. 이야기 구성을 갖춘 서사성을 염두한 의도적인 한역시화 작업이라는 점에서 주목된다.

넷째, 한역시의 문집 기록방식이 3장 형식인 점이 두드러지도록 장과 장 사이에 띄어쓰기를 했다. 18세기 문집에서 띄어쓰기가 나온다는 것은 아직은 이른, 드문 일인데, 한역시를 기록할 때 시조의 내적 구조를 구분해

見八十七歲之老婆".
62 권섭, ≪玉所稿≫, <遊行錄 4>의 <遠遊記>가 이 시기 관북지역을 유람하고 쓴 기록이다.
63 권섭, ≪玉所稿≫, <遊行錄 4>의 <遠遊記>, "老退之後 身世之孤單莫甚 … 無一人來往 其身名一何如我同也, 我故待之有別".

기록한 점이 특이하다.

위에서 제시한 여러 이유들은 근대로의 이행기에 국어시가와 한시가 교섭하는 현상으로서도 독특한 점들이다. 이에 비해 선행연구는 매우 적다. 장정수(2006)[64]에서 선편을 잡아 한역시의 양상을 소개하며 시조의 축자적 번역이라는 점, 주제에 따라 권섭이 재구성한 점을 지적하고 있고, 장정수(2009)[65]에서는 기녀 가련의 내면의식을 집중적으로 검토한 바 있다. 그러나 시가사적 의의에 주목한 논의는 아직 전혀 이루어지지 않고 있다. 권섭은 한시와 국어시가를 모두 지은 데에서 더 나아가 자신과 타인의 국어시가를 한역했다는 점에서 시가사, 특히 두 언어매체로 이루어진 시조와 한시의 상관관계를 살펴보는 데에 18세기적 상황을 보여주는 중요한 사례로서, 가련과의 화답 연작 한역시는 여러 가지 측면에서 양층언어작가로서의 개척적이며 선구자적인 모습을 보여준다고 할 수 있다. 이러한 점을 염두하면서 다음 순서로 논의를 진행하고자 한다.

첫째, 왜 권섭은 87세에 만난 기녀 가련과 주고받은 '화답' 작품을 '연작적 한역시'로 '남기고자' 했는가? 둘째, 어떻게 한시와 한시의 화답, 혹은 시조와 시조의 화답이 아니라 '한시와 시조의 화답'을 연작적 한역시로 바꾸었는가? 셋째, 이로 인해 국어시가와 한시의 양층언어문학사에 권섭이 기여한 시가사적 의의와 국어시가의 지속적 측면은 무엇인가? 이에 대해

---

[64] 장정수, 「옥소 권섭의 시조 한역시 <飜老婆歌曲十五章> 및 관련 작품에 대하여」, 『어문논총』44호, 한국문학언어학회, 2006, 신경숙·윤진영·이민주·이창희·장정수·최원석·최호석·홍성욱(2007), 『18세기 예술·사회사와 옥소 권섭』, 도서출판 다운샘, 101-128면에 재수록

[65] 장정수, 「옥소 권섭의 한역 시조 <飜老婆歌曲十五章>을 통해 본 기녀 可憐의 내면의식」, 『우리어문연구』 30집, 우리어문학회, 2008, 신경숙·윤진영·이민주·이창희·장정수·조성산·최호석(2009), 『옥소 권섭과 18세기 조선 문화』, 도서출판 다운샘, 77-102면에 재수록.

이제 구체적으로 살펴보도록 하자.

6.1. 기녀와 사대부 남성 간 화답의 한역시화(漢譯詩化) 배경

시조의 한역시화 작업은 조선시대 내내 있었고, 권섭이 살았던 18세기에 더 활발해졌다.[66] 본서에서 주목하는 것은 기녀의 시조를 한역했다는 사실 그 자체는 아니다. 물론 기녀의 시조를 이렇게 많이, 그것도 한 기녀의 일련의 시조를 많이 한역한 경우는 없다는 점에서는 주목을 요한다. 그러나 이보다 더, 자신과 타인의 '화답' 작품을 이야기 구성을 가지고 한역한 경우는 없다는 점에서 더욱 주목된다. 특히 그 화답의 상황이 '기녀와 사대부 남성' 간의 '노년의 만남과 이별의 과정'을 '이야기식으로 연작적 구성'을 가지고 한역한 경우는 없기 때문에 매우 주목된다. 개별 작품의 한역이나 연시조의 한역이 아니라 의도적으로 연작적 구성을 취한 일련의 한역시라는 점에서 말이다.

이와 관련해 여기서는 왜 이런 작업을 하게 되었는지 그 배경적 측면을 탐색하고자 한다. 우선, 연작적 구성 속에 들어가지 않는 한역시 1수를 살펴보면서 그 실마리를 풀어가도록 하자. 가련이 지었다는 시조가 <題憐娘歌曲後>라는 산문에 나온다. 다음 작품이 그것이다.

(가) <題憐娘歌曲後> 中[67]
南岳火燒而西園月出
北方賤人則得失知不知
幼兒乎今得旣失之慈母

---

[66] 조선시대의 시조 한역사에 대한 논의는 조해숙, 『조선후기 시조한역과 시조사』, 보고사, 2005 ; 김문기·김명순, 『조선조 시가 한역의 양성과 기법』, 태학사. 2005에 자세하다.

[67] ≪玉所稿≫15, 雜著, <題憐娘歌曲後> 중, 163면.

(가) 작품은 노래만 보아서는 무슨 내용인가 의문이 들 수 있는데, 유촌은이라는 사람이 '소인에게도 어머니가 있다'는 말로 적의 고개를 숙이게 한 고사에 기반해 가련이라는 기녀가 이런 가곡을 하였으니 놀랍다고 한다.[68] 권섭이 이 시조를 특기(特記)한 것은 바로 가련이 기녀이면서도 고금 역사에 밝고 이를 활용해 시조를 짓고 그 하는 말들이 놀랍기 때문이다. 곧 가련이라는 인물에 대해 주목하고, 가련이 지은 작품에 대해 감탄하고 있으니 여기서 한역의 배경을 일부 찾을 수 있다.

또한 <題咸興老婆可憐歌曲十五章後>에도 시조 한역의 배경을 찾을 수 있다. 바로 "노파가 지은 가곡을 돌아오며 재삼 읊어보니 모두 애모하는 말이라서 젊은 때에 만나지 못함이 심히 애석하다"[69] 는 것이다. 곧 권섭은 자신을 향한 가련의 사랑을 '기록'하고자 하였는데, 앞의 <題憐娘歌曲後>와 연결지어 생각해볼 때에, 가련이라는 한 인물, 그 인물의 사랑, 그에 대한 자신의 화답 등 마치 한 편의 소설과도 같이 이야기식으로 인물과 인물의 대화를 남기고자 한 것으로 이해된다. 한 편의 노인의 사랑과 이별의 이야기로 엮고자 한 것이다.

그래서 권섭은 <飜老婆歌曲十五章>이라는 제목으로 가련이 지은 15수의 시조를 한역하였다. 처음에는 우정으로 만났으나 사랑의 마음으로 바뀌고, 헤어지면서 슬퍼하는 '만남, 사랑, 이별'의 과정을 자세하게 그리고 있는 내용이다. 또 이에 대한 권섭의 답인 <答咸山老婆> 1수와, 이별 후에 가련이 지은 <飜咸婆歌曲>에서 2수의 시조, 이에 대해 다시 권섭이 답을 한 <答寄咸婆> 2수까지 총 20수의 한역시가 이야기식으로 펼쳐져 있다.[70]

---

68 위의 책, 같은 곳.
69 ≪玉所稿≫15, 雜著, <題咸興老婆可憐歌曲十五章後>, 181면. "歸來再三詠嘆 無非聘迎愛慕之辭 而深恨其不反逢於少年時".
70 20수의 만남, 사랑, 이별, 이별후의 심정 등 자세한 작품 내용은 장정수(2006)

사실 사대부 남성과 기녀간의 사랑과 이별의 이야기는 특기할 만한 소재는 아니다. 그런데 권섭은 기녀인 가련의 문학적 성취를 높이 사고 있었다. 뿐만 아니라 노년에 만난 가련의 마음이 연모하는 정이 가득해서 마음으로도 쉽게 지워지지 않았다. 작품 자체의 성취도와, 작품의 내용적 측면에서 자신(권섭)을 향한 가련의 마음이 애틋해서 일차적인 한역의 배경이 될 수 있다. 게다가 둘은 80대 노년에 만난 사이가 아니던가. 젊은 시절에 만나지 못한 것이 후회되지만 노년의 사랑과 이별은 또 어떤 마음인지는 사대부 남성과 기녀의 이야기치고도 독특하므로 기록의 대상이 될 수 있는 것이다.

마치 소설과도 같지만 소설화하지는 않았다. 권섭은 소설도 한역해 <번설경전>을 남긴 바 있다. 그런데 이 연작 화답 한역시는 소설도 아니고, 그렇다고 작품만 나열해둔 같은 시대 황윤석이 했던 한역시 방식도 아니다. 배경이야기와 작품의 연작성을 동시에 가지고 있어서 새로운 시도라고 할 수 있다. 가련의 모든 작품, 권섭의 모든 작품을 한역한 것이 아니라 이야기의 구성에 따른 수순으로 작품을 선택적으로 한역을 해두고 있다고 보이기 때문이다. 곧 단순한 22수의 한역시가 아니라 마치 뮤지컬처럼 시가를 이야기로 재구성한 창작물이 된 것이다.

6.2. 한시와 시조 수창(酬唱)의 '연작적 한역시'로의 재구성

여기에서는 앞 절에서 논의한 바의 구체적인 근거와, 어떻게 이 작업이 이루어진 것인지 살펴보려고 한다. 곧 어찌하여 22수가 한시와 시조의 수창을 한역시화한 것이며, 어떻게 이야기식 구성으로 재창작된 것인지에 대한 구체적인 논의를 진행하고자 한다.

에서 자세히 고찰하고 있어서 이에 미룬다.

87세의 나이에 만난 동갑의 기녀 가련과 권섭은 서로 수창(酬唱)을 즐겨 하였다. 그런데 대개 수창이라고 하면 한시로 주고받는 것이 예사인데, 권섭의 한시에 대해 가련은 가곡, 곧 시조로 수창을 하였다고 한다.[71] 한시에 시조로 수창하는 화답문화를 여기에서 볼 수 있다. 그런데 실제 화답은 한시와 시조 간에 이루어졌다 하더라도, 권섭은 가련의 시조를 국문(國文) 그대로 문집에 싣지 않았다는 점이 주목된다. 자신의 다른 시조 75수는 문집에 그대로 수록했던 권섭이 왜 가련과 자신이 주고받은 시조들은 한역시로 바꾸어서 남기고 있는 것일까?[72] 또 왜 한시와 시조의 수창이라면 여기서 한시란 무엇을 말하고, 어떻게 두 갈래가 모두 연작적 한역시로 남게 되었는가? 이러한 기록에 대한 의문을 풀기 위해서 작품의 제목과 문집의 표기, 구체적인 시어와 내용, 구조 등에 유의해서 검토해보도록 하자.

권섭은 선행연구를 통해 볼 때 작품의 제목도 여러 가지 의도를 두고 있는데, 문집에도 표기방식에 주의를 기울인 것을 볼 수 있다.[73] 2절에서 본 것처럼, <題咸興老婆可憐歌曲十五章後>에서는 가련이 수창한 가곡을 돌아오면서 재삼 읊었다고 하였는데, 어딘가 기록해둔 것을 읽어본 것이 아니

---

[71] "有許多詩律詞翰 婆必以歌曲酬之", ≪玉所稿≫15, 雜著.

[72] 권섭은 작은 일도 일일이 기록하는 습관을 가지고 있는 사람이고, 그래서 많은 유람기록에서 작은 사실이라도 자세히 적고 있다. 일례로, 관북지역, 곧 함흥 유람기인 <遠遊記>에도 유람에 도움을 준 이들을 일일이 기록하고 빠트리지 않은 흔적을 볼 수 있다. 그렇기 때문에 가련에 대한 기록이 많은 중에 가련의 시조를 기록하지 않은 것, 특히 시조를 문집에 싣는 권섭이 가련의 시조를 남기고 있지 않은 점은 단순하게 빠트린 것이라고 보기는 어려울 것이다.

[73] 최호석(2006), 앞의 글에서도 본서에서 대상으로 삼은 영인본의 필사자나 필사시기를 알 수 없다고 하였다. 그러나 필사자가 임의로 표기방식이나 띄어쓰기를 바꾸었다고 볼 수도 없는 상황이므로 현재로서의 논의는 영인본에 나타난 표기나 편집방식을 기준으로 진행함을 밝힌다.

라 들은 것을 곱씹어 떠올린 것으로 보인다. 따라서 축자적 한역은 어려울 것이고, 기억을 더듬으며 권섭의 재창작의 손길이 추가되었을 가능성이 높다.

우선, 가련과 관련한 한역시 22수를 문집에 실린 순으로 전모를 소개하면 다음과 같다.

(가) 〈題憐娘歌曲後〉 중 1수
(나) 〈飜老婆歌曲戲成一詞〉 1수
(다) 〈飜老婆歌曲十五章〉 15수
(라) 〈答咸山老婆〉 1수
(마) 〈飜咸婆歌曲〉 2수
(바) 〈答寄咸婆〉 2수

(가)는 앞에서도 자세히 살펴본 것처럼 고사에 기반한 내용으로 (나)~(바)와의 연작성을 띤 작품군과는 전혀 다른 내용의 시조이다. 연작성을 띤 작품군은 (나)~(바)의 21수인데, 세부적인 갈래상으로는 (나)는 4행 형식의 사(詞)이고 (다)~(바)의 20수는 3행[74] 형식의 한역시이다. 여기서 4행과 3행의 형식으로 한역을 했다는 점은 연구자의 소견이 아니고 [그림4]와 같이 문집에서 띄어쓰기로 나타나 있어서 흥미롭다.

---

[74] 한시는 구(句)가 기본 행 단위이고, 시조는 장(章)이 기본 행 단위이나, 비교를 위해서 모두 '행'으로 지칭한다.

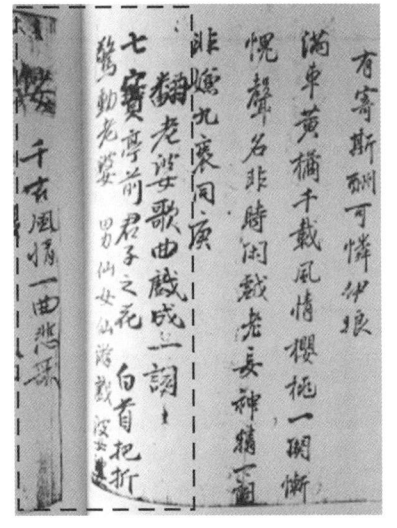 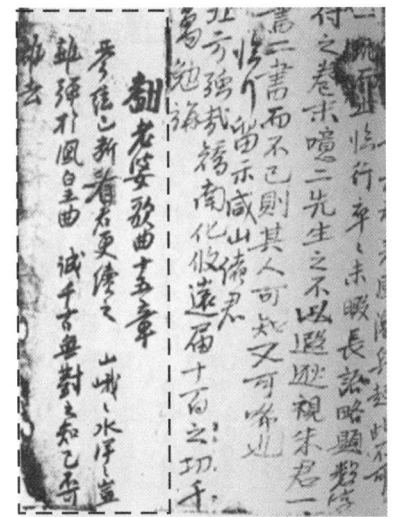

(나) <飜老婆歌曲戲成一詞>[75]　　　(다) <飜老婆歌曲十五章>[76]

[그림4] ≪玉所稿≫ 한역시의 표기 양상

[그림4]의 좌측은 문집에 실린 (나) <飜老婆歌曲戲成一詞>의 사진이다. 네모 안을 보면 8언마다 띄어쓰기가 3회 있어서 총 4행이라는 것을 볼 수 있다. 우측은 문집에 실린 (다) <飜老婆歌曲十五章>의 첫 작품의 사진이다. 중간에 띄어쓰기가 2회 있어서 총 3행이라는 것을 알 수 있다. (가)에서 산문 기록에 제시한 시조 한역시만 띄어쓰기가 되어있지 않고, 나머지 가련과 주고받은 시조의 한역시는 모두 띄어쓰기를 하고 있다. (나)만 시의 형식이 사(詞)라서 4행이고, 나머지 시조는 모두 3행임을 띄어쓰기를 통해 보이고 있다.

---

[75] ≪玉所稿≫15, 雜著, 164-5면.
[76] ≪玉所稿≫15, 雜著, 177면.

시조의 한역시 역시 한시에 속하므로 한시의 독법과 같이 읽게 되면 운자가 맞지 않는다. 그래서 권섭은 띄어쓰기를 통해 일반 한시가 아니라는 것을 보여주려고 한 것으로 보인다. 그렇다면 이는 문집을 눈으로 읽을 때를 염두한 것이라는 점에서 주목을 요한다. 물론 시조는 노래임에 비해 한시는 시(詩)이기 때문에 당연히 시각적인 방식을 염두해서 기록했다고 볼 수 있을 것이다. 곧 기록된 작품을 시각적인 방식으로 향유하는 것을 의식했기 때문이다. 띄어쓰기는 종이에 쓰여진 것을 읽을 때 필요한 방식이다. 종이 위의 공간을 의식하고 띄어쓰기라는 편집방식을 활용한 것은 시가 기록에서의 중요한 변화이다. 한시와 구분하려는 의도에서 나타난 현상이기는 하지만 그로 인해 띄어쓰기라는 편집 방식, 작품의 표기방식, 작품의 구조 등의 변화를 가져왔기 때문이다.

작품에서 띄어쓰기를 통해 내적 구조를 보여주는 방식은 19세기에 이르면 더 두드러진다. 정현석의 ≪교방가요≫가 대표적이다. 그런데 우리는 권섭의 문집에서 이를 볼 수 있다는 점에서, 그것도 권섭의 문집 어디에도 이러한 방식의 띄어쓰기가 없다는 점에서 시조의 한역시를 표기하는 독특한 방식을 살필 수 있는 소중한 자료라고 할 것이다. 물론 아직까지는 행갈이를 통한 시행의 표기라고 할 단계의 것은 아니다. 현대시와 같은 행갈이를 의도한 것으로 보기에는 무리이고, 한시가 아닌 작품임을 드러내는 목적이 더 강할 수 있다. 그러나 적어도 띄어쓰기를 시도해 시행의 구분, 곧 작품의 내적 구조를 보여주는 이러한 현상은 시의 표기 방식에 있어서 중요한 변화라고 할 것이다.

또한 한시와 또 다른 한역시이기 때문에 오히려 가능했다고 할 수 있을 것이다. 일반 한시와 구분하려던 것일 수도 있고, 혹은 시조의 내적 구조를 인식해서 드러내고자 했을 수도 있다. 작가, 혹은 필사자의 구체적인 언급이 없는 상태에서는 추정일 뿐이겠지만, 시조사적으로 볼 때에 시조와 한시가 서로 만나면서 이루어진 결과로서 눈에 띄는 현상인 것만은 사실이다.

작가나 필사자의 의도가 명확하지는 않지만 고전을 연구하는 한계를 감수하고서 우리는 남아있는 기록물에 의존할 수밖에 없다. 이런 고전문학 연구의 어려운 점을 고려할 때에 남은 자료가 말해주는 최대치를 읽어내고자 하는 노력이 무의미하거나 지나치다고 하기는 어렵지 않을까 한다.

이와 관련해 17세기 송시열은 16세기 이이의 <고산구곡가>를 한역하면서 5언 6구로 한 것을 떠올려볼 수 있다.[77] 이는 시조가 6구, 곧 3행이 다시 2음보씩 안짝과 바깥짝으로 내적 구조를 가지고 있는 것을 한역시의 결과물이 잘 보여주는 사례이다. 띄어쓰기를 하지는 않았지만, 이이의 원시조가 가진 "~곡은 어디메오. ~에 ~하다"라는 구조는 안짝과 바깥짝으로 한 행이 확연히 2개의 문장으로 나뉜 것이 한역시로 잘 나타나고 있다. 이에 비해 권섭의 문집에서 볼 수 있는 현상은 6구까지는 아니고 3행의 방식으로 시조의 내적 구조를 인식하고 있는 것을 보여주고 있다고 하겠다.

한편, 여기서 권섭이 화답한 작품의 제목을 살펴보면 더욱 흥미롭다. 권섭 자신이 지은 시조의 한역인 (라)와 (바)는 '번(飜)'이라는 표현을 쓰지 않은 반면에 가련이 쓴 시조 중 (마)<飜咸婆歌曲> 2수에는 '번(飜)'이라고 제목에 표시를 하고 있다. (마)<飜咸婆歌曲>은 두 사람이 이별 후에 서신으로 주고 받은 것이기 때문에 가련은 국문 매체로 적어서 시조를 보냈을 것이다. 수창도 한시에 가곡으로 답한 이였으니 국문으로 시조를 보냈을

---

[77] 송시열, <高山九曲歌飜文> 제2수, ≪宋子大全≫, 拾遺, 권7, 雜著.
"一曲何處是/ 冠巖日色照/ 平蕪煙斂後/ 遠山眞如畫/ 松閒置綠樽/ 佇友人來".
이이, <고산구곡가> 제2수는 다음과 같다.
"一曲은 어드메오 冠巖애 히 비취느다/ 平蕪에 닉 거드니 遠山이 그림이로다/ 松間애 綠樽을 노코 벋 오눈양 보노라"
김병국, 「<高山九曲歌>의 일 연구 : 定本을 위한 試論」, 『반교어문연구』2집, 반교어문학회, 1990 ; 김병국, 「고산구곡가 연구 - 정언묘선과 관련하여」, 성균관대학교 박사학위논문, 1991에서 <고산구곡가> 정본을 확정하였는데, 이를 자료로 삼는다.

것이고, 권섭이 '번(飜)'이라고 표기할 수밖에 없는 것이다. 그래서 이 작품은 원작의 명확한 기록으로 있다는 점에서 번역임을 분명히 밝히고 있는 것으로 보인다.

반면에 이별 후에 권섭이 가련에게 보낸 시조는 모두 (라)<答咸山老婆>나 (바)<答寄咸婆> 등에서는 번역이라고 하지 않았다. 앞에서 가련이 한시에 시조로 수창한 것을 떠올려보면, 가련의 작품은 처음에 국문(國文)이 아닌, 구어(口語)인 국어(國語)로 지어진 시조라면, 이에 답을 한 권섭의 작품은 처음부터 국문(國文)이나 우리말 구어(口語)가 아닌 한문 매체로 지은 작품이 아닌가 하고 추정해볼 수 있는 것이다. 곧 표면적으로 권섭의 (라)<答咸山老婆>[78]나 (바)<答寄咸婆>[79]는 한역시의 형태로 보이지만 처음부터 이 모습 그대로일 가능성이 있는 것이다.

따라서 이별 후에 가련이 권섭에게 준 시조는 국문으로 서신에 적어서 기록된 작품으로 전달이 되었겠지만 이에 비해 만남 가운데 가련이 지은 시조인 (다)<飜老婆歌曲十五章>은 권섭의 재창작의 손길이 많이 탄 것으로 볼 수 있다. 특히 15수 끝 부분에 헤어지면서 가련이 한 고백들은 정황상 더욱 이러한 추정이 가능하다.[80] 이별하는 순간에 가련이 시조를 적어서 주었을 리가 없고, 구두로 불렀을 가능성이 높다. 권섭 역시 이별의 순간에

---

[78] <答咸山老婆>, ≪玉所稿≫15, 雜著, 183면.
成川江陰離別九十年光豈獨汝/ 松茸醬此何味夢魂之千里/ 除是一闋詞章寄之彼鴈聲

[79] <答寄咸婆>, ≪玉所稿≫15, 雜著, 183-184면.
一聲帶霜鴈昨昨日過去/ 其足所繫書等閑之故紙/ 春風北歸時亦不知我意否
除非玉所翁玉顏紅椒知不知/ 奇哉此名節九十歲同花甲/ 一夢兮 北關千里來去哉

[80] (다)<飜老婆歌曲十五章> 中 (14)
其舡勿離岸我亦從之去　　배야 떠나지 마라 나 또한 그를 따라가리라
三神山女仙豈可忘而獨去　삼신산 선녀를 어찌 잊고 홀로 떠나가는가
若未得同行魂亦從其後　　함께 갈 수 없다면 혼이라도 따라가리

이를 기록하거나 한역할 정신적 여유가 있었겠는가. 따라서 이별의 순간을 나중에 기억에 의지해서 번역을 했다고 보인다. 그래서 권섭의 재창작적 손길이 많이 들어갈 수밖에 없다고 보는 것이다. 엄밀히 말해 기녀 가련과 권섭의 합작인 작품으로서, 권섭은 기녀의 시조들을 한 편의 만남과 이별의 이야기의 구성을 가지도록 재구성 및 재창작하여 각색한 역할을 한 것은 아닌지 추정해보게 되는 것이다.

이는 작품의 순서나 구성이 만남, 사랑의 구체적 과정, 이별, 이별 후의 계속된 화답인 점에서도 그렇지만 가련의 작품일까 싶은 군데군데의 구절이 보여서 더욱 뒷받침된다. 또한 이야기를 진행하는 듯한 목소리도 보인다. 아래가 바로 그 예들이다.

(다) 〈飜老婆歌曲十五章〉中
(3)[81]
筆落如驚風雨詩成鬼神如泣   붓놀림은 풍우에 놀란 듯, 시는 귀신이 우는 듯
白首風骨卽飄然之神仙   흰머리의 풍골은 표연한 신선이라
同老乾坤欲相與而同不老   동갑의 노인 서로 의지해 함께 늙지 않기를 바라네

(11)[82]
我心非石此心懷何以抑   내 마음 돌 아니니 이 마음을 어찌 누르리
老妄羞文翰字字多情   노망이 들었는지 글자마다 다정함이 부끄럽네
送後悵然時腸欲斷   보낸 후 슬플 때는 애끊는 것 같구나

우선, (다)(11)을 보자. (11)은 이미 이별을 한 뒤의 이야기이다. 바로 앞의 작품인 (10)[83]에서 이별하며 상대(권섭)이 글을 지어준 바 있다고 하였

---

81 ≪玉所稿≫15, 雜著, 178면. 숫자는 원문에 없고 필자가 15수의 번호를 매겨서 적은 것이다. 이하 동일하다.
82 ≪玉所稿≫15, 雜著, 180면.

다. 이별의 글은 서로 주고 받은 (라)나 (바)작품일 가능성이 크다. 그런데 이렇게 이별한 후에 가련의 시조를 권섭이 언제 들었겠는가. 이미 헤어진 뒤의 상황을 여기서 말하고 있다는 것은 정황상 맞지는 않는다. 그러나 앞서 논의하였듯이, 기억을 의지해 작품을 떠올리면서 재창작할 의도로 만남과 사랑, 이별의 이야기를 작품화하려고 재구성한 것이라면 이러한 작품이 이 자리에 있는 것도 가능할 것이다.

(다)(11)에서 시적 화자는 자신을 1인칭으로서 '我'로 지칭하고 있다. 그런데 (다)(3)에서 가련과 옥섭을 지칭하는 표현이 '두 늙은이'로 나오고 있다. 이 역시 이야기를 진행하는 서술자의 목소리이지 가련이 자신들을 객관화하고 조망하며 이런 표현을 했다고 보기에는 석연치 않다. 이러한 흔적들이 권섭의 손길을 다시 거친 결과일 가능성이 높아보인다. 두 늙은이라는 표현은 서술자의 목소리이지 화자의 목소리라고 보기는 어렵다. 서술사의 목소리가 등장하는 것도 이야기 서사로서의 구성을 갖춘 하나의 작품군으로 재창작한 결과라고 할 것이다.

한편, 전반적으로 종장 첫 음보에 올 만한 감탄구가 15수 전체에는 보이지 않는다. 원 시조의 그대로의 번역이라면 그럴 리가 없을 터인데 말이다. 이에 비해 번역이 확실해보이는 <飜咸婆歌曲>에는 종장 첫 음보의 감탄구가 '欣然哉'로 나타나 있어서 눈길을 끈다. 재창작으로서의 번역이 아니라면 15수 중에 이러한 방식을 취한 경우가 적어도 몇 수가 있어야겠지만, 한 수도 보이지 않는 것이다.

또 다른 작품을 보도록 하자.

---

[83] (다)(10)
是何老丈夫肝腸堅而矯而强乎也 이 얼마나 노장부의 간장이 단단하고 강한가
不惜離恨飾文翰而出之 이별의 한 애석해 하지 않고 글을 지어 내어 주네
文翰則貴而悅奈離別之悵然 글은 귀하고 기쁘나 이별의 슬픔 어이 하리오

(나) 〈飜老婆歌曲戱成一詞〉[84]
　　七寶亭前君子之花　　칠보정 앞 군자의 꽃
　　首把折驚動老婆　　흰 머리의 노인이 꽃을 꺾어 노파를 놀라게 하네
　　男仙女仙遊戱婆娑　　남녀 신선이 유희하니
　　千古風情一曲悲歌　　천고의 풍정이 한 곡조 슬픈 노래라

제목을 보면 '노파의 가곡을 번역하여 재미로 한 사(詞)를 이루다' 정도로 이해할 수 있다. 곧 가련이 지은 가곡을 '번역'했다고 하였는데, 이 작업을 굳이 작(作)이라고 하지 않고 '성(成)'이라고 한 것에 유의해보자. 여기서 '一詞'란 우선 (나)를 일컫는 말로 볼 수 있다. 그런데 혹시 (다)(라)(마)의 일련의 작품군을 일컫는 표현으로 볼 수도 있지 않을까. 혹은 적어도 (다)15수를 가리키는 것은 아닐까. '成'이라 표현한 것을 고려한다면, 한 두 수가 아닌 많은 작품이라는 뜻에서 일련의 연작성을 띤 작품을 '완성'했다는 사실을 부각시켰을 수도 있고, '한 편'으로 엮는 작업을 완성했다는 의미로 이해할 수도 있지 않을까. 곧 가련의 어떤 시조 1수를 그래도 (나)의 한 작품으로 번역했다고 보기에는 석연치 않은 것이다. 따라서 일련의 연작성을 가진 작업으로서의 사(詞)를 '완성'했다는 것으로 볼 수 있지 않을까 싶은 것이다. 즉, 여기서 사(詞)란 바로 가련의 시조 15수, 혹은 이를 포함한 연작 20수를 말하는 것이 아닐까 하는 추정을 해볼 수 있는 것이다.

그렇게 볼 수 있는 흔적은 여러 측면에서 발견된다. 우선, 이 작품의 군데 군데 표현이 앞의 가련의 한역시와 연결이 된다는 점에서 그러하다. 권섭을 지칭하는 '白首'는 같은 의미로 <飜老婆歌曲十五章> 중 3번째 작품

---

[84] ≪玉所稿≫15, 雜著, 164-5면. 문집의 표기에 따라 8언 4구의 형식으로 행갈이를 하였다. 장정수(2006)에서는 4언 2구를 나란히 1행에 배열하면서 가운데 띄어쓰기를 하여 총 4행으로 배열하였으나, 원문의 방식에 따르면 8언씩 4행 배열로 하는 것이 맞다.

에 동일하게 나온다. 또 위에서 '男仙女仙'이라 한 것처럼 <飜老婆歌曲十五章>에도 가련과 권섭을 각각 신선으로 보는 대목이 빈번하다. 권섭에 대해서는 7번째에 '詩仙', 9번째 작품에는 '下降之仙翁', 15번째 작품에도 '謫降神仙'이라고 표현하고 있다. 가련에 대해서는 14번째 작품에 '三神山仙女'라고 지칭한 것을 볼 수 있다.

또 두 사람이 유희한다고 '遊戱婆娑'라고 했다가 마지막에는 구에서는 슬픈 노래라고 '悲歌'라 하니 이 역시 만남과 그 과정에서의 기쁨, 그리고 마지막에는 헤어진 슬픔을 모두 아울러서 표현한 것이라고 볼 수 있다. 위 시에서 마지막 구의 '一曲悲歌'란 바로 가련과 권섭, 두 노인의 만나고 헤어짐을 보여주는 일련의 한역시군을 통칭해 일컫는 것이고, 결국은 헤어져 슬프기 때문에 비가(悲歌)라고 할 수 있을 것이다.

따라서 연작성을 가진 가련과 권섭이 주고 받은 일련의 작품들을 다시 정리해보자. 앞에서도 보였지만 작품군을 아래에 다시 보인다.

   (가) 〈題憐娘歌曲後〉 중 1수
   (나) 〈飜老婆歌曲戲成一詞〉 1수
   (다) 〈飜老婆歌曲十五章〉 15수
   (라) 〈答咸山老婆〉 1수
   (마) 〈飜咸婆歌曲〉 2수
   (바) 〈答寄咸婆〉 2수

(가)는 전혀 다른 작품이라고 앞에서도 말하였다. (나)는 전술한 바와 같이 전체 연작 한역시의 메타적 역할을 하는 작품으로 볼 수 있다. 그렇다면 (나)에서 말한 '一詞', 혹은 '一曲悲歌'란 (다)(라)(마)(바)의 20수를 가리킨다고 할 수 있다. <16영>, <6영>, <10영> 등 짝수로 연작 구성의 시조를 짓는 경향이 강한 권섭임을 생각해본다면, 이 역시 20수로 맞출 가능성이 없지 않아 보인다. 또 제목을 통해서도 飜, 答, 飜, 答이 번갈아 나오고 있어

서 서로 화답한 관계 속에 있는 연작성을 보여준다. 가련의 (다)에 대한 권섭의 화답이 (라)이고, 이에 다시 가련이 (마)로 화답하고, 그에 대한 권섭의 화답이 (바)인 구조를 띠고 있는 것이다. 이렇게 표면적으로도 화답적 구성을 취하고 있다. 제목도 그렇지만 구성 역시 한시의 화답 문화를 그대로 보여주는 듯하다.

그런데 앞에서 우리는 권섭과 가련이 수창을 할 때에 권섭은 한시로, 가련은 가곡으로 했다는 것을 본 바 있다. 또 (다)(마)와 같이 가련은 시조로 수창을 했기에 '번(飜)'을 제목에 두고 있고, (라)와 (바)는 시조에서 한역시로 바꾼 것이 아니라 처음부터 권섭이 한역시 형태로 화답했을 가능성을 앞에서 살펴보았다. 한역시 역시 시조를 한시화한 것이기에 한시에 속한다고 할 수 있다. 사실 (다)는 원작이 남지 않았을 것이라고 앞에서 추정하였듯이, 국문 매체로 기록할 방도가 없기 때문에 권섭은 한역시로의 재창작을 꾀한 것일 수 있다.

시조를 그대로 국문 매체로 기록한 권섭이 왜 하필 이 작품군만 한역을 했겠는가? 일련의 수창한 작품군을 남기고 싶은데, (다)는 처음부터 음성으로 창작된 것이고 기록된 것이 없으니 한역으로라도 남기는 수밖에 없는 것이다. 가련의 원시조의 모습 그대로도 아닌데 국문 매체로 권섭이 대신 지어서 남길 수도 없고, 결국 남길 수 있으면서도 자신의 머릿속의 기억을 의지해 재창작이 되어도 문제가 되지 않는 것은 한역시로의 방법밖에 없는 것이다. 따라서 시조와 한시, 두 갈래 간의 수창(酬唱)이라는 매우 이색적인 모습을 한역시로 남기고 있다는 것 역시 양층언어작가로서의 권섭의 면모를 잘 보여준다고 하겠다.

결국 한 편으로 엮었다고 할 수 있는 두 노인의 사랑과 이별 이야기의 연작 한역시에서 한시와 시조에 대한 권섭의 갈래 인식을 엿볼 수 있다. (다)~(바)는 가곡(歌曲), 곧 노래이다. (나)에서 슬픈 노래라고 하였듯이, 사랑 이야기는 노래이고, 이를 완성하고 이에 대해 마무리하는 메타적 성격의

(나)는 사(詞)이다. 그런데 (나)의 갈래가 사(詞)라는 것은 이중적 의미를 갖는다. (나)도 사(詞)이지만 더 확장적으로 (다)~(바)의 20수도 우리말노래로 만든 사(詞)가 될 수 있지 않을까? 다시 말해, 권섭이 우리말노래로 한시의 사(詞)에 필적할 만한 갈래를 개척하려고 한 의도가 있지는 않았을까 싶은 것이다.

그러므로 권섭은 18세기 악부체나 애정시의 경향에서 한 걸음 더 나아가 한시를 새롭게 하면서도 우리말노래와 접목하는 시도를 하려고 했던 것이 아닐까 한다. 그저 시조를 한역했다고 해서 우리말노래와 한시를 접목했다는 말이 아니라 '시조와 한시'간의 '화답' 작품들을 '재구성'하여 '연작성'을 이루면서 두 갈래를 한역시라는 하나의 방식으로 바꾼 것이다. 우리말노래를 한역시화한다는 것 자체가 이미 우리말노래와 한시의 상관관계를 깊이 인식한 성과이지만, 권섭의 한역시 작업은 여기서 끝나지 않고 우리말노래를 접목한 한시의 실험적 창작, 나아가 연작성을 띤 이야기식의 새로운 구성을 추구한 점 역시 간과할 수 없을 것이다.

6.3. 고전시가 수용 흔적과 시가사적 의미

앞절까지에서의 논의를 통해 우리는 시조와 한시의 화답이 어떻게 한역시화되었고, 이렇게 연작성을 띤 이야기 구성의 한역시화 작업은 국어시가와 한시의 상관관계를 깊이 인식한 결과라는 점을 살펴보았다. 그런데 본 장에서 다룰 내용은 이에서 더 나아가, 가련과의 화답 연작 한역시에는 그저 가련과 자신의 시조를 한역시화한 것이 아니라 과거의 우리말 노래의 전통과 지속이 나타난다는 점이다.

한역시 가운데 몇몇 고전시가의 정서나 장면이 연상되는 경우가 있어서 권섭 이전의 고전시가가 한시와 만나 어떻게 시가사적으로 지속되고 있는지를 보고자 한다. 앞절 말미에서 말한 바, 권섭이 시가사적으로 한시와 국어시가를 접목하되, 이 가운데 국어시가의 시가사적 전통이 어떻게 녹아 있는지 살펴보고자 하는 것이다. 이는 특정 작품과의 단편적인 연관성을 지적한다기보다 국어시가의 전통이 어떻게 한문매체로 된 한역시 가운데 나타나고 있는지 그 시가사적인 의미를 찾는 것이다.

우선 (나)의 경우 향가 <헌화가>가 연상이 된다. 앞에서 들었지만, 구체적인 논의를 위해 아래에 다시 든다.

(나) <颿老婆歌曲戲成一詞>[85]
七寶亭前君子之花   칠보정 앞 군자의 꽃
白首把折驚動老婆   흰 머리의 노인이 꽃을 꺾어 노파를 놀라게 하네
男仙女仙遊戲婆娑   남녀 신선이 유희하니
千古風情一曲悲歌   천고의 풍정이 한 곡조 슬픈 노래라

87세의 노인이니 백수(白首)로 표현하는 것은 당연한 일이다. 그런데 그 백수가 꽃을 꺾어서 노파를 놀라게 한다는 것은 왜일까. 실제로 권섭이 꽃을 꺾어서 가련에게 주었을 수도 있겠지만, 왜 백수의 노인이 꽃을 꺾는다는 발상을 하고 있는지가 의문이 든다. 게다가 이 대목만 본다면 권섭이 가련의 마음을 놀라게 하고 움직이게 한 것으로 볼 수 있다. 마찬가지로 <헌화가>는 노인이 수로부인에게 꽃을 꺾어주면서 부른 노래이다. 권섭 역시 20수의 한역시를 지어서 이렇게 남고 있는 상황과, 꽃을 꺾어바친다는 내용이 <헌화가>를 연상시킬 수 있는 것이다.

그러나 앞에서도 보았듯이 일련의 한역시는 가련이 권섭을 너무 연모하는 내용 일색으로 되어있다. 너무 지나치리만큼 권섭을 뛰어나고 훌륭한 존재로 그리고 있는 것이다. 특히 앞에서 본 (다) <颿老婆歌曲十五章> 중

---

[85] ≪玉所稿≫ 雜著, 164-5면.

(3)이나 아래의 (7)은 낯이 뜨거울 정도로 권섭을 칭찬하고 있다. 또 아래의 (10)을 보면 권섭은 이별의 상황에서 상대적으로 평정심을 유지하고 있는 것처럼 보이고 가련이 더 슬퍼하고 있는 것으로 보인다.

(다)(7)
千秋前杜牧之少年之橘滿車   천 년 전 두목이 젊을 때 수레에 귤이 가득 하듯이
九十詩仙坐而亦橘   구십된 시선 앉아서 또한 귤이
古今與議論此爲高也   고금을 논의하면 지금이 더 낫구나

(다)(10)
是何老丈夫肝腸堅而矯而强乎也 이 얼마나 노장부의 간장이 단단하고 강한가
不惜離恨饒文翰而出之   이별의 한 애석해 않고 글 지어 주네
文翰則貴而悅奈離別之悵然   글은 귀하고 기쁘나 이별의 슬픔 어이 하리오

반면에 기획적 창작의 가능성이 높은 단서들을 보였던 (다)의 (11)에서는 권섭도 가련을 향해 연모하는 마음이 많다는 것이 글에서 드러난 것으로 되어있다. 게다가 그러한 사실은 가련의 노망인 것처럼 자기 자신을 표현하는 수사적 방식을 취하고 있어서 그것이 사실인가에 대한 의구심의 여지도 남겨두고 있다. 곧 실상은 가련이 권섭을 더 좋아하고 있는 듯한데, 그럼에도 (나)에서는 노인이 꽃을 꺾어줌으로써 마음을 표현하고 있는 상황을 그리고 있다. 즉 (나)의 전반적인 분위기는 가련이 권섭을 더 좋아하는 것같은데, (다)는 그 반대의 처지를 보인다는 것도 <헌화가>와의 연상 가능성을 더 높이고 있는 단서가 되는 것이다.

또 (다)에서 헤어진 뒤의 가련의 마음을 읊고 있는 대목인 (11)은 정황상 논리적으로는 맞지 않은데 이로 인해 권섭의 의도적 창작성을 높이고 있다고 한 바 있다. 마찬가지로 다음의 작품도 이별 뒤의 화자의 목소리를 담고 있어서 그러한 연장선상에서 볼 수 있는 작품인데, 이 역시 고려속요

<서경별곡>을 떠올리게 한다.

(다)(13)
豊沛館秋七月旣望成川江舟已艤　　풍패관 추칠월 십육일에 성천강에 배를대고
問之哉沙工乎阿誰阿誰去　　　　　묻노라 사공아, 누구누구 떠났느냐
權神仙李太白蘇子瞻載風月而歸　　권신선, 이태백, 소자첨이 풍월 싣고 갔노라

(다)(14)
其舡勿離岸我亦從之去　　배야 떠나지 마라 나 또한 그를 따라가리라
三神山女仙豈可忘而獨去　　삼신산 선녀를 어찌 잊고 홀로 떠나가는가
若未得同行魂亦從其後　　함께 갈 수 없다면 혼이라도 따라가리

배를 사이에 두고 헤어지는 대목이다. 실제로 배를 타고 떠났을 수 있겠으나 여기서 주목되는 것은 (13)에서 '묻노라 사공아'와 같은 대목이나 (14)에서 혼이라도 따라가려는 여성 화자인 가련의 강한 의지 표현 부분이다. <서경별곡>에서 님을 말려도 안되니 사공을 향해 대화를 하고 있는 여성 화자와 유사한 것이다. 게다가 가련 역시 함경도 기녀로서, 대동강을 사이에 두고 떠나는 <서경별곡>의 상황과도 유사하다. 시적 화자가 여성인 점, 혼이라도, 즉 목숨을 걸고라도 따라가려고 하는 것은 <서경별곡>의 여성 화자가 목숨과도 같은 길쌈베를 버리고라도 가려는 발상과 유사한 것이다.

또한 (다)를 보면 여성 화자가 너무 대상을 높이고 자신을 낮추고 있는 작품 전반적인 분위기가 눈에 띈다. 곧 위에서 본 (다)의 (7)이나 아래의 (8)과 같이 아무리 사대부 남성과 천민인 기녀의 관계라고 하더라도 말이다. 그런데 고려속요에서 <동동>같은 작품 역시 자신을 버리고 떠나고 해가 바뀌어도 돌아오지 않는 님을 향해서 그 님을 너무 높이고 있는 3연과 4연 같은 대목은 (다)의 (7), (8)과도 상황적으로 유사하다.

(다)(8)
虛名何誤聽以文翰下之　　허명을 어찌 잘못 듣고 글을 내려주시니
絕句乎譚子乎盲人何解見　절구인지 농담인지 장님이 어찌 알겠는가
差病後卽之入拜此意可聽之 병이 나아 들어가 뵈면 이 뜻을 들을 수 있으리

　따라서 권섭이 이러한 전통적인 우리말 노래를 의식하고 짓지 않았다고 하더라도 독자에게 이렇게 연상이 된다는 점이 중요하다. <헌화가>, <서경별곡>, <동동> 등 연상되는 작품은 모두 민요에 기반한 우리말노래라는 점이 공통적이다. 특정 작품을 의도적으로 연상시키려고 한 것이 아니라도 적어도 우리말노래의 흔적이 독자에게 연상이 된다는 것은 사실이기 때문이다. 그런 점에서 노래를 한시화하겠다는, 특히 우리말노래를 한시와 만나도록 하겠다는 갈래적 의식을 읽어낼 수 있다는 것은 지나치다고 할 수는 없을 것이다.

　그간 고전시가의 정서가 근현대로 지속되고 있다는 전통성을 찾을 때 주로 거론되는 작품들은 고려속요와 김소월의 작품들이다. 김소월이 표면적으로 <가시리>나 <서경별곡>과 같은 작품을 참고했다는 기록은 없지만 우리는 국어시가사의 전통과 정서를 이 둘 사이에서 찾는다. 이에 더 나아가 우리는 권섭과 가련과의 화답 연작 한역시에서 향가나 고려속요의 정서나 장면이 이어지고 있는 것을 볼 수 있다. 이러한 현상이 다름 아닌 한시와 국어시가를 모두 지을 뿐만 아니라 한역시의 다양한 방식을 시도하고 있는 권섭에게서 발견된다는 점에서 더욱 일면 수긍이 가기도 한다. 양층언어작가로서 국어시가의 적극적 수용태도를 지닌 여러 면모를 가지고 있기 때문이다.

　이렇게 국어시가의 수용적 특징은 비단 이 한역시에서만 나타나는 것이 아니다. 권섭의 한시와 시조, 그리고 다른 한역시 등의 작시적 면모는 국어시가사의 적극적 수용현상을 보이기 때문이다. 그 예를 들면 다음과 같다.

<고산구곡가>의 발상과 일치하며 소제목들도 <고산구곡가>와 동일한 제재와 순서로 구성된 <石潭窮尋九曲用武夷櫂歌韻> 등을 들 수 있다. <16영>이나 <6영>은 모두 권섭 자신의 작품들 간에 가지는 유사성이라면, <석담궁심구곡용무이도가운>과 <고산구곡가>의 관련성은 자신의 한시와 앞시대 타인의 시조가 가지는 연관성을 보여준다는 점에서 흥미롭다. 게다가 권섭은 <고산구곡가>를 <무이도가>의 운을 이용해 한역시화하기도 했고, <황강구곡가>라는 계승의식을 가진 시조도 지었다. 이렇게 이이의 시조, 이이 시조를 이른 자신의 시조, 이이의 시조에 대한 자신의 한역시, 이이 시조에 대한 자신의 한시 등 상관성이 높은 작품군을 가지고 있다는 점도 주목된다.

다음 장에서 볼 황윤석의 경우에도 우리말노래를 한역하였는데, 황윤석의 경우에는 우리 옛 노래를 한역한다는 점을 분명하게 밝히고 있다. 곧 한역시의 제목도 <古歌新飜>으로 지칭하고 있고, 실제로 고려시대의 노래부터 자기 당대의 노래에 이르기까지 한역의 대상으로 삼고 있다. 곧 이 시기에 우리말노래의 한역시화, 시조의 한시화의 문제는 비단 시조라는 갈래 자체에만의 주목이 아니라 우리말노래에 대한 한시아이 작업, 곧 두 갈래의 접목이 시도되는 시기인 것만은 분명하다. 이에 더 나아가 권섭은 단편시조의 한역이나 기왕의 연시조의 한역이 아니라, 창작이라는 작가적 의도를 가지고 80대 기녀와 사대부 남성의 시조와 한시의 수창을 이야기식으로, 곧 서사성을 가진 한역시로 구성한 실험성을 보인다는 점을 강조하고 싶다.

문집의 표기는 후대인의 기록이지만, 권섭이 기록하지 않은 것을 임의로 띄어쓰기를 했다고 보기는 어렵다고 본다. 또 향가나 고려속요의 특정 대목이나 시상이 읽혀진다는 것 역시 권섭의 의도와 무관할 가능성도 배제할 수는 없다. 그러나 본서에서는 권섭의 시조나 한시에 대한 선행연구 검토를 통해 충분히 그 작가적 역량과 예술적 성취를 읽어낼 수 있었고, 무엇보다

작가의 창작 작품 결과인 국어시가와 한시, 한역시 등의 다작을 통해 우리 말노래와 한시의 깊은 상관성을 인식하고 있을 가능성 역시 높다고 보았다.

지금까지 살펴본 한역시 22수는 사대부 남성과 기녀의 사랑이야기가 한역시로 남았다는 그 자체로서도 주목되는 작품이다. 또한 노인의 사랑이야기라는 점도 연구자의 눈길을 끌기에 충분히 매력적인 점이다. 이러한 제재적 특성 자체가 여러모로 주목되는 작품군이라서 논의의 방향은 더욱 다양화될 수 있을 것이다.

이제 다음 절에서는 권섭의 다른 한역시에 대해 살펴보도록 하자.

7. <고산구곡가>의 국어시가와 한역시로의 수용

권섭의 <황강구곡가> 한역에 대해서는 선행연구에서 아직 논의가 이루어지지 않았거니와, 16세기의 <고산구곡가>에서 18세기 권섭에 이르는 수용사적 전개에 대해서도 본격적인 논의가 되지 않았기 때문에 본절에서의 논의는 양층언어시가사적 의미만이 아니라 해당 대상에 대한 본격적인 한 논의라는 점에서도 유의미할 것이라고 본다.

권섭 이전의 이중언어시인들은 자신의 작품을 일부나 전체 한역을 하였다. 이와 달리 권섭은 자신의 시조만이 아니라 타인의 시조도 한역을 하고 있다는 점이 특징이다. 앞에서 본 가련과의 수창 시가들도 그러한 예가 될 것이다. 또한 이번에 살펴볼 20수의 한역시 역시 자신의 시조 <황강구곡가>의 한역 및 이이의 시조를 주자의 운(韻)을 사용해 한역한 경우로서 자타(自他)의 국어시가가 모두 대상이 되고 있다.

한편, 한역 대상이 되는 국어시가의 내용과 한역시의 형식도 밀접하게 관련이 된 것을 볼 수 있다. 기녀 가련과의 수창 시가를 한역할 때에는 근체시형이 아니라 장단구의 자유로운 시형을 선택했다면 이이와 자신의 시조는 7언절구의 근체시형에 담았다. 작품의 내용이 애정일 경우에는 자유로운 형태로, 유가적인 이념을 담을 때에는 엄격한 형태로 한역해 내용과 형식이 밀접하게 하였다.

또한 한역의 대상이 일군의 관련성이 깊은 작품군을 대상으로 하고 있다는 점도 눈에 띈다. 기녀 가련과의 수창 시가들인 22수도 유사한 상황에서 관련된 작품들을 묶어서 연작형으로 한역한 것이라면, 여기서 볼 <고산구곡가>와 <황강구곡가> 20수의 한역시들 역시 밀접하게 연관된 작품들이라는 공통점이 있다. 곧 <고산구곡가>와 <황강구곡가>의 관계도 밀접할 뿐만 아니라, 둘의 한역시의 운자는 모두 주자의 <무이도가>의 것으로 차운한 점도 그렇다. 긴밀한 맥락 속에 일련의 연결고리를 가지고 있는 작품군을 한역하고 있는 것이다.

무엇보다, 시조 <황강구곡가>는 이이의 시조 <고산구곡가>를 국어시가로 이은 것이라면, 또 다른 한편으로는 한문으로 된 한역시로 <고산구곡가>를 이을 뿐만 아니라 <황강구곡가>도 한역한 점도 주목할 필요가 있다. 권섭 이전 사대부들은 이이의 시조를 한역시로만 이었다면 권섭은 국어시가와 한역시, 두 언어매체로 모두 수용하고 있다는 점 역시 앞에서 가련과의 연작 화답 한역시에 나타난 고전시가의 수용에서 볼 수 있었던 양층언어 작가로서의 남다른 면모라고 할 것이다.

이러한 수용사적 관련성은 사실 국어시가보다는 한시에서 더 보편화된 현상이다. 국내 시인이 중국의 과거 시인만이 아니라 당대 시인, 그리고 국내 사대부 작가 간에 차운시나 화운시를 지으면서 서로 수용적 관계 속에 작품군을 이루는 것은 한시에서는 일반적으로 나타나는 작시 경향이다. <무이도가>와 관련한 한시도 우리나라에 지속적으로 나타났다.

반면에 국어시가에서는 이러한 경향이 많지는 않다. 일회적인 화답, 화응형의 시조이거나, 범위를 넓혀 국어시가로 보아도 1회적인 한역, 혹은 여러 번에 걸친 한역이라도 한문매체로만의 수용이다. 한시에서와 같이 국어시가로서의 수용적 전개를 가지면서 시간을 초월해서 지속적으로 수용되어 작품군을 이루는 경우는 흔하지 않은 것이다.

또 한 가지의 예를 들자면 16세기 이현보가 한시를 활용해 <어부단가>와 <어부장가>를 지은 것, 17세기 윤선도가 이를 환골탈태해 <어부사시사> 40수를 지은 것이나, 17세기 초 이덕일이 지은 <憂國歌> 30수에 대해 1636년에 이정환이 화답으로 지었다는 <國恥悲歌>10수 등의 예가 없지는 않다. 그러나 이러한 경우는 손에 꼽을 정도이고 한시와 국어시가, 양쪽에서 꾸준히 지속되지는 않아서 <고산구곡가>만큼 풍성한 수용사를 이루지는 못하였다.

그런데 권섭은 이이의 <고산구곡가>를 계승해 국어시가로 수용적 관계에 있는 <황강구곡가>를 지었다. 이뿐 아니라 한문 매체를 활용하여서 4장 권섭의 시조와 한시, 한역시 비교도 수용해 <구곡시>만이 아니라 <고산구곡가>의 한역시까지 지음으로써 두 언어매체로 국어시가, 한시, 한역시까지 모두 시도했다는 점에서 적극적인 모습을 볼 수 있다. 이황의 <도산십이곡>도 후대에 일부 한역이 되었으나 국어시가로 계승된 경우는 없었기 때문에 권섭의 <황강구곡가> 및 <고산구곡가>와 <황강구곡가>의 한역은 국어시가와 한시 양면에서 모두 풍성한 수용적 작품군을 이루는데 기여한 것이 된다.

16세기의 <고산구곡가>는 권섭 이전에 한역시의 형태로 시가사에서 지속적으로 수용의 대상이 되어 풍성한 '<고산구곡가>군'을 이룬다.[86] 17세기에 송시열은 6구로 된 <고산구곡시> 10수로 한역할 뿐만 아니라 자신을 비롯한 제자들이 1수씩 맡아 한역해 <고산구곡용무이도가운> 10수를 다시 지었다. 또 같은 시대 삼수헌(三秀軒) 이하조는 10수의 한역을 2가지 버전으로 한역하기도 하였다. 그 뒤를 이어 18세기에 권섭이 국어시가와 한역시로

---

[86] 더 엄밀히 말하자면 '<무이도가>군', 혹은 '<무이구곡가>군'이라고 해야겠지만 한국시가사를 중심에 두고 논의를 하므로 <고산구곡가>군이라고 지칭한다.

이를 수용하였으니, 한시와 같이 국어시가인 <고산구곡가>도 풍성한 수용사를 지닌 전통이 마련되게 된 것이다.

이렇게 권섭에 이르러 <고산구곡가>군이 국어시가와 한역시, 두 언어 매체로의 풍성한 수용사를 이룬 것은 ≪玉所藏귬≫를 굳이 따로 편찬하여 <무이도가시>에서 시작해 이이의 <고산구곡가>, 송시열의 <고산구곡시>, 송시열과 9인 제자들의 <고산구곡용무이도가운>, 권섭 자신의 <石潭窮深九曲用武夷棹歌韻>이라는 한역시, <구곡시>, <황강구곡가>, <黃江九曲用武夷棹歌韻飜所詠歌曲>이라는 한역시 등 시가는 물론 관련 산문까지 총 21개의 작품을 묶었다는 점도 그 증거가 된다.

이러한 성취를 이룰 수 있었던 배경은 시조의 위상과 기능, 특성의 변화와도 맞물려있다. 앞의 2, 3, 4절에서 본 바, 권섭의 시조는 읽는 시로서 기록문학성이 많이 나타나는 경향을 보였다. 국어시가가 시간과 공간을 초월해 여러 세기에 걸친 지속사를 활발하고 풍성하게 작품군을 가질 수 있으려면 음성으로 사라지는 노래로서보다 읽는 시로서 기록문학이 되어야 하는 전제가 필요하다. 문자로 종이에 기록되어 보존될 수 있는 특성이 시공간을 뛰어넘어 수용사적 전개를 이루는 배경이 될 수 있는 것이다.

이렇게 <고산구곡가>군을 이루는 작품들이 가진 공통점을 들면 다음과 같다. 주자의 <무이도가>의 운자(韻字)를 가져옴으로써 2세기에 걸친 일련의 한역 작품들이 모두 수용사적 맥락에 있는 긴밀성을 가지게 되었다. 또한 7언절구의 형태로, 총 10수를 이루면서, 제2수에서 제10수까지 반복되는 '一曲~', '二曲~', '三曲~'이 <고산구곡가>군에 거의 나타난다.[87] 특히, 송시열과 제자들, 그리고 이하조의 한역시에는 제2수부터 같은 시어가 등장하지만, 권섭의 <고산구곡가> 한역은 제1수에서도 '高山~'으로 시작되어

---

87 권섭의 <황강구곡가>에도 나타나지만 <황강구곡가> 한역시는 그렇지 않아서 이에 대해서는 후술한다.

10수 전체에서 동일한 시어가 나오도록 하고 있다는 점도 두드러진다.[88]

축자적 번역이라면 같은 시어가 등장하는 것이 무의미하다. 그렇지만 이렇게 같은 시어가 같은 위치에 있다는 공통점들을 지적하는 것은 일군의 한역시들이 축자적 번역을 하지 않았기 때문이다. 송시열은 6구 형식으로 시조의 원 형태와 내용을 거의 그대로 최대한 살리는 방식으로도 한역하였지만, 이후 7언 절구로의 한역시들은 이와 다르다. 한역의 형태가 시조 원가(原歌)의 구조를 살리기보다 한시의 근체 형식으로 바꿀 뿐 아니라 내용에서도 적지 않은 변화가 나타난다. 엄밀히 말하면 한역, 곧 한문으로의 번역에서 더 나아가 재창작에 가까운 변화들이 보이는 것이다.

이러한 변화 중에서 가장 다른 경우가 바로 권섭의 한역시이다. 물론 <황강구곡가>가 정치적인 의도로 이이에서 송시열, 권상하로 이어지는 도통의 계승 문제에서 지어졌다고는 하나[89] 그 가운데서도 여전히 권섭의 작가적 창작력은 나타나고[90] 또한 <황강구곡가> 창작에서 그친 것이 아니라 <고산구곡가>와 <황강구곡가>를 한역했다는 사실, 나아가 그 한역의

---

[88] 권섭의 <고산구곡가> 한역시인 <翻栗翁高山九曲歌>는 다음과 같다.
高山九曲效神靈　來卜新居地益淸　千載武夷同九曲　夢中伊軋櫂歌聲
一曲泓深可泛艇　冠巖出日野連川　松間置酒印須友　欲捲春山萬壑烟
二曲花巖簪數峰　千紅齊發與誰容　無人解道春風面　泛出千重又萬重
三曲巖平坐似艇　小屛濃翠幾何年　盤松陰拂冷風籟　下上鳴禽聽可憐
四曲蒼巖幾尺巖　松蘿斜日與毿毿　林泉步入深猶好　衆色相函樣碧潭
五曲先生坐處深　水邊精舍有斯林　風淸月白良宵咏　不盡先生講學心
六曲垂綸坐廣灣　魚游我樂與相關　終然取適非猜爾　帶月歸來意亦閒
七曲山回激處灘　終朝獨坐有何看　淸霜薄打酣千樹　錦繡秋光分外寒
八曲琴灘皓月開　金徽玉軫響沿洄　悠然獨坐冷冷奏　誰識先生雅調來
九曲文山太古然　源泉混混下成川　深林歲暮無人到　怪石奇巖盡雪天

[89] 이상원, 「<도통가>와 <황강구곡가> 창작의 정치적 배경」, 『한민족어문학』43집, 한민족어문학회, 2003, 147-167면.

[90] 장정수, 「<황강구곡가>의 창작 배경 및 구성 방식」, 『시조학논총』21, 한국시조학회, 2004, 241-269면.

변화 양상에서 정치적 의도에서 끝나지 않는 문학적 의미, 나아가 양층언어 시가사적 의미를 발견할 수 있다. 따라서 계승과 지속에서만이 아니라 변화와 차이로서 접근한다면 다음의 특징을 볼 수 있다.

우선 <황강구곡가>의 한역시가 7언 절구이면서 <무이도가>의 운자를 사용하고 총 10수라는 점은 다른 <고산구곡가>군 작품들과 공유하는 점이지만 '一曲~', '二曲~', '三曲~'이라는 말은 전혀 들어가지 않는다. 시조 <황강구곡가>와의 축자적 한역이 아님을 여기에서도 알 수 있다. 관련하여 아래 작품들을 보자.

<황강구곡가> 제2, 6, 7수와 그 한역시[91]
제2수 對岩
一曲은 어드메오 花岩이 奇異훌샤   終歲欹危遡峽船
仙源의 깁흔 믈이 十里의 長湖로다   東南蒼翠好山川
엇더타 一陣帆風이 갈딕 아라 가누니   平岩伏在澄澄畔
                              十里長湖淡淡烟

제6수 權湖
五曲은 어드메요 이 어인 權소ㅣ런고   一江流到是湖深
일홈이 偶然혼가 化翁이 기드린가   南北村籬處處林
이중의 左右 村落의 살아 볼가 ᄒ노라   地說斯區天似待
                              是翁長有小廬心

제7수 錦屏
六曲은 어드메요 屛山이 錦繡로다   短短屏山幾曲彎
白雲 明月이 玉京이 여긔로다   玉京遙指白雲關
뎌우희 太守神仙이 네 뉘신줄 몰내라   三分太守神仙汝
                              塞壁樓台朝暮間

---

91 ≪옥소고≫11, <옥소장계>, 458-461면.

위 시조와 그 한역시의 내용을 보면, 축자역이 아니라 새로운 내용이 많이 추가되었다. 특히 시조 제6수에서 진한 글씨로 밑줄친 부분을 보면 권상하를 쉽게 떠올릴 수 있다. '權소'라는 시어나 중장의 내용을 통해 확연하게 드러나는 반면에 한역시에서는 권상하의 존재 자체가 전혀 드러나지 않고 화자의 얘기만 하고 있다. 선행연구에서와 같이 시조만 보면 도학적 계승의 정치와 사상적 측면이 강하지만 한역시는 또 그렇지 않은 것이다.

형식과 문체를 보면, 시조에서는 연시조의 하위 작품들에서도 모두 소제목을 둔 반면에 한역시에서는 오히려 소제목을 두지 않았다. 또 한시의 특징에서도 전술하였듯이 한역시의 제2, 6, 7수 모두 진한 글씨로 밑줄 친 것처럼 첩어 사용이 여기에서도 나타난다.[92] 또한 한역시 제6수에서 시적 화자 자신을 '이 늙은이'로 지시사를 사용한다거나, 한역시 제7수에서 상대인 2인칭 '너'를 언급하는 등 화자와 청자의 존재가 모두 분명히 드러나고 있다. 한역'시'이기보다 노래가 가지는 여러 특성들이 한역시에 많이 나타나고 있는 것이다.

따라서 자신의 시조 그 자체를 한시화하는 데에 초점이 있기보다 한문이라는 언어를 사용해서 작품을 새롭게 하되, 권섭의 다른 한시에서와 같이 노래로서의 특성이 나타나는 방향으로 새로워지게 한 것을 볼 수 있다. 이는 가련과의 화답 연작 한역시에서와 같이 축자적 번역이 아니라 새로운 한시의 한 갈래로서의 시도를 하고 있다는 점에서 비슷한 경향이라고 할 것이다.

---

[92] 이외에도 제4수 1구의 시작도 "泛泛烟波上下船", 제10수 1구의 시작도 "亭亭一閣望依然"으로 첩어를 사용하고 있다.

8. 권섭의 양층언어시가사적 위치

지금까지 권섭의 시조와 7언 절구, 그리고 한역시의 전체를 모두 살펴보았다. 연구사에서 권섭의 시조에 대해서는 많은 연구가 있었지만 한시에 대해서는 논의가 빈약한 편이었다. 게다가 한역시에 대해서는 거의 다루어지지 않은 실정에서 권섭의 한시와 국어시가 전모를 살펴보았다는 점에서도 의의가 있다. 이를 통해 그간의 시조사적 연구를 통해서 권섭이 보였던 선구자적 면모가 한시에서는, 그리고 한역시에서는 어떻게 보이고 있는지, 이를 통해 양층언어작가로서 18세기의 권섭이 어떤 위상을 가지고 있는지 볼 수 있었다.

여기서 알 수 있는 것은, 16세기 이후 시조는 한시처럼 시(詩)로 격상시키려고 하고, 한시는 시조처럼 역동성과 구술성을 보완하여 가(歌)가 되려는 경향이 조금씩 보여 두 갈래의 상관성이 깊어지고 거리가 조금씩 가까워지던 것이 17세기 윤선도, 나아가 박인로에 이르면 더 강화되고 있고, 18세기 권섭에 이르면 그보다 더 강해지고 있다는 점이다. 이에 더 나아가 권섭을 통해서는 당대 시조만이 아니라 고려시대의 국어시가의 수용적 측면까지 엿볼 수 있었다는 점, 그리고 한역시를 하나의 이야기식으로 엮었다는 점이 주목된다. 이러한 권섭에 대한 논의성과는 다음 장에서 다룰 18세기 황윤석과 함께 살펴볼 때에 더욱 그 위상이 잘 드러나리라고 본다.

한시에서 나타난 변화보다 시조에서 나타난 변화를 더 적극적으로 논의한 감이 없지 않다. 이러한 실상이 나타난 것은 고급문학을 가진 한시의 움직임보다 고급문학의 지위를 획득하려는 시조의 움직임이 더 강렬할 수밖에 없기 때문이다. 시조문학이 최고의 문예미를 획득한 것은 17세기의 윤선도를 통해 이루어졌다 하더라도 아직은 한시와 시조의 양층문학성이 없어진 것은 아니다. 시조의 문예미적 성취와 별개로 여전히 한문과 국어는 양층언어로 존재하는 사회이고, 시조는 고급문학으로서의 시의 지위를 획득하지 않은 것이다. 따라서 윤선도 이후 시조는 부단히 한시와 대등한 시로서의 지위를 획득하고자 하는 현상들이 한시의 변화보다 상대적으로 더 많이 포착되는 것이다. 이는 황윤석의 경우에 더욱 그러하다. 이에 대해서는 황윤석을 다루는 다음 장에서 구체적으로 논의하기로 한다.

> 18세기

12. 황윤석의 시조, 한시, 한역시 비교

1. 작품의 현황 개관

황윤석(1729~1791)이 창작한 시조는 31수인데 비해 시조를 한역한 것은 시조보다 많은 46수라는 점에서 이전 작가와 다른 면모를 보인다. 대개의 경우 한역시의 작품수가 시조의 수를 넘지 않기 때문이다. 한시는 같은 시대 권섭과 같이 많은 수의 작품을 지었다. 본서에서는 황윤석의 시조와 한시를 비교하되, 권섭에게서 보인 한역시의 양상이 황윤석에게는 또 어떻게 달라지는지도 함께 살펴보고자 한다.

시조, 한시, 한역시의 양상을 작품수에 따라 다음과 같이 표현할 수 있다.

(가) 시조 30여수(51세) 〈 한역시 46수(43수가 19,20세) 〈 한시 1171제 1786수(평생)[1]

(나) 한시(평생, 1171제 1786수) 〉 한역시 46수(43수가 19, 20세) 〉 시조 (51세, 30여수)[2]

---

[1] 최삼룡, 「이재 황윤석의 문학연구」, 『이재 황윤석』, 민음사, 1994에서는 ≪이재유고≫와 ≪이재속고≫를 대상으로 센 것으로 ≪頤齋亂藁≫를 대상으로 하면 1600여 제 정도 된다.

(가)는 작품수가 적은 것부터 배열하되 창작 시기를 고려한 것이고, (나)는 시기적으로 배열한 순이다. 흥미롭게도 (나)는 (가)의 역순이다. 한역시는 46수로 자신이 지은 시조보다 타인의 시가를 한역한 작품수가 더 많다. 시조는 늦은 나이인 51세에 짓고, 타인의 시가를 한시화한 한역시는 대부분이 19, 20세라는 생애의 비교적 이른 시기에 이루어졌다.

황윤석이 지은 시조 <목주잡가> 28수는 ≪이재난고≫ 소재로 51세에 목천 현감으로 가면서 쓴 작품들이다. 자서전적 이야기를 쓴 것으로 교술적 성향이 강하다는 평을 받고 있다.[3] 교술적 성향이 강할 수 있는 가사는 짓지 않았다.[4]

<목주잡가28수>는 ≪頤齋遺藁≫에는 없고, ≪頤齋續藁≫에는 21수만 있다. 28수 중에서 영조에 대한 3수, 가족과 형제, 자녀, 소실(小室)에 대한 3수, 인물성동론(人物性同論)과 관련한 1수 등 7수가 없다. 취사선택의 이유는 사상적 측면이나 소소한 이야기들을 제외하고자 하는 후손들의 의도가 있었던 듯하나, 또 그 점이 가능했던 것은 28수 간의 유기성이 약한 편이라는 점도 작용했을 것이다. 이에 대해서는 뒤에서 자세히 논의하고자 한다.

황윤석의 시조와 관련해 가장 이른 연구로 유재영(1970)[5]에서는 <목주잡

---

[2] <목주잡가>28수 외에도 <공명가(功名歌)>, <태산가(泰山歌)>, <독유가(獨游歌)> 등이 더 있다.
[3] 남정희(1994,「18세기 사대부 시조 연구」, 이화여자대학교 석사학위논문)에서는 교화의 대상을 개인과 가문으로 축소했다고 보고 있다. 이러한 경향은 황윤석만의 특성이라기보다 17세기 박인로 <오륜가> 등 이후 재지사족에게서 보이는 경향의 지속으로서 그 구체적인 양상은 별도로 논의가 필요해 2.4.에서 다룬다.
[4] 전재강(2003, 「황윤석 시조의 교술적 성격과 작가의식」,『시조학논총』19집, 207-234면)에서도 이를 주목하였는데, 매일매일 일기를 남김으로써 교술적 표현 통로를 가졌기에 가사 갈래를 따로 필요로 하지 않았다고 봄.
[5] 유재영,「이재 황윤석의 목주잡가에 대한 고찰」,『한국언어문학』7집, 1970, 59-74면.

가>를 처음으로 학계에 소개하고, 개별 작품의 내용과 형식을 개괄함으로써 후대 연구의 초석을 마련하였다. 최삼룡(1994)[6]에서는 유가적 이상을 표현한 노래로, 정흥모(2001)[7]에서는 실생활에 바탕을 둔 실학적 취향을 보이지만 성리학적 입장과 지나치게 윤리 의식을 강조한 점을 통해 사고의 기본 틀은 보수적인 근본주의자로, 전재강(2003)[8]에서는 하급 관리로서의 사회적 지위를 극복하고 재지사족으로서의 지위를 더욱 공고히 하기 위해 교술적 성격의 시조를 창작한 것으로 보았다. 그러나 가장 최근 성과인 임화신(2013)[9]에서는 그간 교훈성과 이념성만이 지속적으로 강조된 것에서 벗어나 개개의 작품의 시적 심미성을 살피고, 발화 대상이 자기 자신이라는 점 등 시조를 시적으로 인식하고 있다는 것을 발견했다는 점에서 매우 주목된다. 이러한 선행연구에 힘입어 본서에서는 양층언어작가로서의 황윤석에 주목해, 또 그간 16세기 이후 18세기까지의 시가사적 전개를 고려해 주제, 문체와 구조, 연작성 여부 등을 재검토하고자 한다.

한시를 볼 수 있는 문집은 ≪이재난고(頤齋亂藁)≫, ≪이재유고(頤齋遺稿)≫, ≪이재속고(頤齋續稿)≫이다. 전모를 볼 수 있는 것은 황윤석이 10세부터 63세까지 쓴 일기라 할 수 있는 ≪이재난고≫이고, ≪이재유고≫는 1829년(순조29)에 황윤석의 후손 황수경이, ≪이재속고≫는 1942년 후손 황서구가 각각 ≪頤齋亂藁≫에서 시문을 뽑아서 낸 것이다. ≪이재유고≫와 ≪이재속고≫에 수록된 7언 절구만 하더라도 1,070수에 이르는데, 두 문집에 실린 전체 한시의 절반이 넘는 분량이라서 7언 절구를 즐겨 쓴

---

[6] 최삼룡, 「이재 황윤석의 문학 연구」, 최삼룡 외, 『이재 황윤석: 영·정시대의 호남실학』, 민음사, 1994.
[7] 정흥모(2001), 앞의 책.
[8] 전재강(2003), 앞의 글.
[9] 임화신, 「목주잡가의 창작배경과 시적 인식」, 고려대학교 석사학위논문, 2013.

것을 알 수 있다. 다만 여기에 빠진 작품이 많기 때문에 ≪이재난고≫를 함께 다루고자 한다.

선행연구에서는 황윤석의 산문에 나타난 시론과 문학론, 한시에 나타난 시의식에 대한 연구도 있지만[10], 대체로 장편고시나 사부(辭賦), 가행체(歌行體), 고악부체 등에 나타난 특성에 주목하고, 이에 나타난 민요 취향의 한시, 현실비판적 한시, 관물시(觀物詩) 등의 경향에 대해 논의되었다.[11] ≪頤齋亂藁≫의 한시에 나타난 민요 취향이나 현실비판성, 백성들의 고통이나 풍속 등은 당시 실학파 문인들의 성향이기도 하다.[12]

뿐만 아니라 이는 노래에 대한 관심의 발로와도 밀접하다고 할 수 있다. 황윤석은 김원행의 문하에서 시를 배우며 훌륭하다는 칭찬을 받을 뿐만 아니라 당대 명사들의 품평을 통해서도 시명(詩名)을 얻었다.[13] 이런 황윤석이기에 근체시형이 아닌 노래적 특성을 가진 한시류의 창작은 더욱 주목되지 않을 수 없다. 시조 창작이나 우리말노래의 한역시화에 노력을 기울인 황윤석의 성향을 볼 때에 이 점이 한시에서 영향을 미치지 않았나 싶다.

---

[10] 이상봉(2008), 「황윤석의 시론 연구」, 『동양한문학연구』26집 ; 이상봉, 「황윤석 한시에 나타난 孤意識 연구」, 부산대학교 석사학위논문, 2008 ; 김도형(2010), 「이재 황윤석의 문학론」, 『국어문학』49집, 국어문학회, 2010, 229-251면.

[11] 최삼룡 외, 『이재 황윤석』, 민음사, 1994 ; 이종묵, 「황윤석 문학과 이재≪頤齋亂藁≫의 문학적 가치」, 강신항 외, 『≪頤齋亂藁≫로 보는 조선지식인의 생활사』, 한국학중앙연구원, 2007 ; 백원철, 「이재 황윤석 한시 실학문학적 조명」, 漢文學報 18집, 2008 ; 김대하, 「이재 황윤석의 시 연구」, 공주대학교 석사학위논문, 2012.

[12] 이러한 구체적 사례를 다음 논의를 통해 볼 수 있다. 이동환, 「조선후기 한시에 있어서 민요취향의 대두」, 『한국한문학연구』3·4집, 한국한문학연구회, 1979 ; 진재교, 『이조 후기한시의 사회사』, 소명출판, 2001 ; 백원철, 「民謠詩의 문학세계」, 『낙하생 이학규 문학연구』, 보고사, 2005, 185-211면 ; 백원철, 「이재 황윤석 한시의 실학문학적 조명」, 『漢文學報』 18집, 2008, 693-729면.

[13] 이에 대한 자세한 내용은 이종묵(2007), 앞의 글 참고.

곧 시(詩)인 한시의 노래 지향적 창작 경향이라고 볼 수 있을 것이다.

여기서 특히 주목되는 것은 노래를 지향하는 한시의 작시 경향과 관련하여 우리말노래를 한역시화한 작업이다. 앞에서 언급하였듯이, 황윤석은 이른 10~20대에 43수의 우리말노래를 한역한 바 있고, 또 <打魚賦>(17세)[14], <苦哉行>(18세)[15], <가탄행>(20세)[16], <노령행>(20세)[17] 등 노래적 성향의 한시를 창작하기도 했다. 이러한 양상은 모두 노래에 대한 관심의 발로라고 생각된다. 황윤석의 국어시가 한역에 대해서는 18세기적 경향으로서 연구된 바가 있는데[18], 본서에서는 한역이 아닌 한시에서도 노래를 지향하는 경향을 보게 될 것이다. 이로써 황윤석이 양층언어작가로서 18세기의 경향 가운데에서도 어떤 두드러진 특징과 의미를 가지는지 자세히 고찰하고자 한다.

우선, 황윤석의 한시와 시조의 내용적 측면을 비교해본다면 작품수의 큰 차이로 인해 시조를 먼저 검토한 뒤 한시와 대비하는 것이 용이하다. 시조에서는 군은(君恩)에 대한 감사와 가족애, 선친과 가문의식, 수신과 오륜, 나아가 동서고금의 인물관 정도로 정리할 수 있는데, 이러한 시조의 내용적 경향이 한시에도 나타난다. 곧 한시에서는 다루지 않았는데 시조에만 있는 내용은 없다는 점이 특징이다. 이에 더 나아가 시조에서는 다루지 않았지만 한시에서 보이는 내용은 만시(輓詩), 소소한 일상적 감회 등이라고 크게 묶을 수 있다. 곧 두 갈래의 작품수의 차이는 매우 두드러지지만

---

[14] ≪頤齋亂藁≫ 권1, 14-15면.
[15] 위의 책, 21면.
[16] 위의 책, 74면.
[17] 위의 책, 76-77면.
[18] 김명순, 「황윤석의 시조한역의 성격과 의미」, 『東方漢文學』13집, 1997 ; 손찬식, 「이재 황윤석의 시조한역의 성격과 의미」, 『語文研究』30집, 1998, 213-240면 ; 조해숙, 「시조의 한역화 양상과 그 의미」, 『국어교육』108집, 2002.

실제로 주제 영역의 비교는 앞의 어떤 양층언어작가보다 시조와 한시가 유사하다는 점이 특징이다. 이를 그림으로 나타내면 다음과 같다.

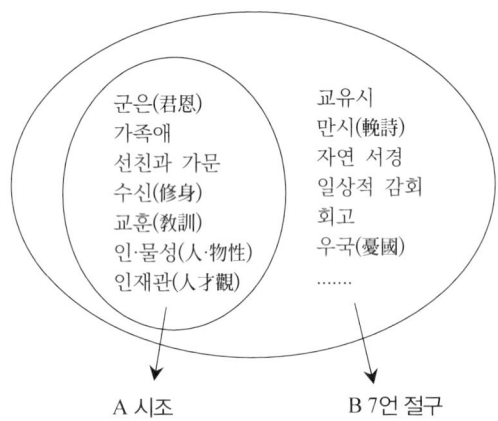

[그림1] 황윤석의 7언 절구와 시조 제재 비교

[그림1]에서 작은 원 A는 시조에서 다루는 내용을 나타낸 것이고, 큰 원 B는 7언 절구에서 다루고 있는 내용을 나타낸 것이다. B, 곧 7언 절구에서 다루는 내용은 A를 포함해서 원의 우측에 있는 내용까지 포함되는 것이고 B-A=7언 절구에서만 다루는 내용이 된다. 한시의 작품수가 월등히 많으므로 B의 크기가 훨씬 더 커져야 하고 내용도 더 추가되어야 하지만, 지면상의 한계로 한시 내용의 일부와 상대적인 크고 작음만 나타내게 되었다.

여기서 가장 주목되는 것은 A가 B 안에 포함된다는 점이다. 황윤석 이전의 어떤 양층언어작가도 A가 B 안에 다 들어간 적은 없다. 그나마 두 원이 거의 겹친 경우가 권섭인데, 만수무강을 비는 축수(祝壽)의 연시조 5수가 한시에는 없고 시조사적으로는 잔치자리에서의 흥과 연결되는 측면을 지속적으로 계승하고 있다는 점에서 차이가 있다.

이에 비해 황윤석은 시조의 모든 내용 영역이 한시에서도 다루어진다는 점이 특이하다. 이는 비단 황윤석의 시조수가 28수밖에 되지 않고, 이에 비해 7언 절구는 매우 많은 1070수나 되기 때문만은 아니다. 신흠도 시조는 30수였지만 차이가 오히려 뚜렷했고, 정훈 역시 시조와 한시의 수가 거의 20여 수로 같았지만 이렇게 A가 곧 교집합의 전부가 되지는 않았다. 이는 시조와 한시의 기능이나 역할, 위상의 차이 때문이지 작품수의 절대적 차이 때문만이라고 하기는 어려운 것이다.

 황윤석의 경우에 시조의 모든 내용이 한시에도 나타날 수 있었던 것은 시조의 위상이 한시와 거의 같아졌기 때문이다. 한시와 시조가 조선 전기에는 상하의 양층문학적 관계에 있었기 때문에 한시가 시조와 같아졌다고 하기보다는 시조가 한시와 같아졌다고 하는 것이 더 실상에 근접한 표현일 것이다. 한시의 위상이 낮아진 것은 아니지만 시조의 위상이 한시처럼 높아진 것에 더 가깝기 때문이다. 물론 한시도 시조의 특성을 취하는 것이 18세기의 특징이자 황윤석의 특징이지만 그렇다고 한시의 위상이 낮아졌다고 하기는 어렵다. 또한 한문은 문어로서 계속 기능하고, 한시가 적극적인 노래가 되지는 않는 반면에 국어의 기록매체의 기능이 강화되고 커지면서 시조는 노래만이 아니라 시로서의 기능을 겸해 그 위상이 높이졌기 때문이다.

 물론 엄밀히 말하자면 두 갈래 상호간에 모두 변화가 있기 때문에 가능한 현상이다. 그간 두 갈래의 내용 영역이 겹치기 어려운 요소 중의 하나는 잔치의 오락적 기능 및 교화적 내용, 특히 하층을 대상으로 하는 측면 때문이었다. 그런데 황윤석의 시조에서는 유흥성과 훈민(訓民), 곧 하층을 향한 교화적 내용이 없다.

 조선 전기에는 하층을 향한 교화적 내용이 상당해서 한시와의 거리를 더 멀게 한 측면이 있었는데, 황윤석에게 시조는 하층과 무관한 갈래이다. 정철이 관찰사로서 훈민시조를 지은 반면에 목주 지방의 현감으로서 <목주잡가> 28수를 지은 황윤석은 훈민성을 띠지 않은 점이 다르다. 곧 황윤석의 시조가 교훈성은 없지는 않으나 그 교화의 대상은 사대부라는 점이다. 동시에 한시에서도 권학(勸學)을 비롯한 교훈적 내용을 다루고 있어서 내용 영역이 겹칠 수 있었다. 또한 앞에서도 잠시 언급했듯이 한시에서 노래 취향의 여러 내용들을 다루면서 유사해진 측면도 있다고 할 수 있다.

이렇게 작품수의 큰 차이와 위상의 변화로 인해 'A(시조의 내용)∩B(7언절구의 내용)=A'가 될 수 있다는 점이 양층언어시가사적으로 황윤석이 보여주는 큰 특징 중의 하나이다. 곧 황윤석에게 시조의 위상은 작품수의 큰 차이가 있기는 하지만 한시에 가까운 위상을 가진 사대부의 갈래로 인식되고 있다고 하겠다.

한편, 창작 상황을 통해서도 이러한 특징이 나타난다. 황윤석의 한시의 방대한 양에 비한다면 시조의 수가 적기 때문에 한시가 더 사대부로서의 일상적 갈래에 속하는 것은 부인할 수 없다. 적어도 17세기 박인로나 18세기 권섭의 시조가 70여 수 안팎에 이르고, 19세기 조황이나 정현석의 시조가 100여 수, 그리고 이세보의 시조는 460여 수에 이른다는 것을 감안한다면 더욱 적게 느껴진다. 그러나 적은 편수라고 하더라도 이 28수가 보여주는 특징은 시조사적으로 볼 때에는 매우 큰 변화들이 숨어 있다.

이와 관련해, 우선 시조 창작의 배경을 주목해보자. 이황이나 이이, 정철, 신흠, 윤선도 등 16세기나 17세기 양층언어작가들의 시조 창작은 서울 중앙 관직시절이 아니라는 공통점을 가지고 있다. 유배시절에 짓거나, 유배는 아니더라도 지방에 은거하는 시기에 지어진 것들이 대부분이다. 중앙 관직에 머물 때는 한시가 주된 창작 갈래이다가, 중앙이 아닌 지방에서, 관리가 아닌 은거지사일 경우에는 한시와 더불어 시조를 함께 지은 것이다. 물론 정철의 경우 지방 관찰사의 시절에 훈민가를 비롯한 시조를 지었지만, 대민적(對民的) 갈래로서이지 황윤석과 같이 자신을 향한, 자신의 이야기를 다루고 있는 것은 아니다.

이에 비해 황윤석은 자기 인생의 최고의 관직으로서 목주의 현감직을 맡게 되었을 때인 51세에 대부분의 시조를 지었다. 지방에서 지은 것이기는 하지만 자신으로서는 최고의 관직을 맡은 것에 대한 감격과 은혜, 현감으로서의 임무와 책임에 대한 다짐을 시조로 지은 것이다. 이런 점에서 시조 창작의 계기나 상황 역시 이전 시조 작가들과 다르다.

특히 이 점이 의미하는 바로서 시조의 위상의 변화를 포착할 수 있다. 중앙 무대가 아니기는 하지만, 관직 시절에, 그것도 작가 개인에게 있어서 가장 최고의 관직시절에 시조 대다수를 지었다는 것은 시조가 지방 은거나 유배기에 주로 지어지는 것과는 반대되는 현상이기 때문이다. 곧 한시 못지않게 시조로도 작가의 최고 관직 시절의 구체적 상황을 표현하는 통로로 삼을 수 있다는 점을 보여주는 것이다.

이는 시조에서 다루고 있는 내용이나 전체 구조를 볼 때에 더욱 선명해진다. 관직을 떠난 자연 은거기가 아니라 생애의 최고의 관직을 맡은 계기로 지어졌기 때문에 그 전까지 사대부 시조에서 주류를 이루던 자연시조보다는 사람을 대상으로 삼는 등의 특징이 나타나게 되는데 이는 시조를 살펴보는 2절에서 자세히 살펴보게 될 것이다.

본 장의 진행 방식은 시조, 한시, 한역시 순으로 갈래별로 자세히 고찰하고자 한다. 앞에서 다룬 양층언어작가들의 경우에는 갈래별 대비를 동시적으로 진행하며 비교하였으나, 이는 차이점이 많은 편이라서 가능하였다. 이와 달리 황윤석은 갈래간의 차이가 지속되는 가운데 유사성이 이전 어느 작가보다 더 두드러지게 나타나고 있다. 따라서 하위 절들의 소제목을 갈래별로 나누지만, 구체적 논의 진행에 있어서는 갈래간의 대비적 고찰을 통해 갈래간의 상관성이 어떻게 높으며 한시와 시조의 거리가 어떤 식으로 가까워지고 있는지 그 논거들을 보이고자 한다.

2. 시조에 나타난 변화들

여기서는 황윤석의 시조에 나타난 특징, 특히 이전 시대나 동시대 다른 양층언어작가와 비교했을 때에도 두드러진 차이점을 몇 가지 경우로 나누어 다루고자 한다. 시조사적 접근이지만 동시에 황윤석의 한시와 대비하며, 또 앞 시대 양층언어작가들의 한시와 시조의 대비적 결과를 함께 살펴보며 논의를 진행할 것이다.

2.1. 연작적 구조가 약한 시조 창작

황윤석의 시조는 권섭과는 달리, 시조에 제목을 두지 않고 28수를 통칭하고 있다. 이황이나 이이와 유사하다고 할 수는 있지만 '잡가'라는 명칭을 넣은 점이 다르다. 또 연시조라고 보기 어려운 점도 다르다.

우선 한시의 경우를 보며 시조와 비교해 보도록 하자. 대개 한시에서는 개별 작품마다 제목이 있어서 작품 전체의 뜻을 구체화하거나 한정하는 역할을 한다. 제목을 모르고 읽으면 내용의 무한한 상상이 가능하나 제목으로 인해 그 뜻이 제한되는 것이다. 예를 들어 황윤석이 길 가다가 본 것을 기록했다는 한시 <途中記見> 2수 중 한 수를 보자.

[한시1] 〈途中記見〉 四絶 중 제1수[19]
(樵童)
斫得松林碧 깎은 듯한 산은 푸른 송림에 싸여 있는데
山花揷滿頭 산꽃을 머리 가득히 꽂았구나
世間榮辱外 세상의 영욕에서 벗어나 있으니
知爾最風流 아는가 그대는 이것이 최고의 풍류라는 것을

---

[19] ≪頤齋亂藁≫ 권3.

부제로 있는 '초동(樵童)'이라는 말이 없다면 머리에 산꽃을 가득 꽂은 것은 나무하는 아이가 아니라 산에 꽃이 가득 핀 모습을 묘사한 것이라고 이해해도 될 것이다. 그래서 나무하는 아이를 향한 말이 아니라, 산을 의인화해서 세상의 영욕에 벗어나 말없이 푸른 소나무숲에 둘러싸인 산을 그리고 있다고 작품을 이해할 수 있다. 그러나 부제로서 '초동'이 있으므로 나무하는 아이가 세상 영욕에서 벗어나 있으니 이것이 최고의 풍류라고 말하는 작품이 된다.

이에 비해 시조에서는 특별한 개별 작품의 제목이 없이 <목주잡가>라는 제목으로 28수가 있다. '목주잡가'라는 말은 작품의 내용을 묶어 핵심을 표현하는 제목이라고 하기는 어렵다. 말 그대로 목주 지역에서 지은 여러 노래라는 정도의 뜻이다. 또 '잡가'로서 여러 노래를 묶은 것이라고 할 수 있다. 곧 28수가 구조적으로 유기적인 짜임을 가지고 있는 연작시조라기보다 목주에서 지내면서 지은 28편의 섞인 작품들을 통칭하는 것이라고 보는 것이 맞다. 따라서 시조에 제목이 존재하지도 않을뿐더러 <목주잡가>라는 제목의 연시조라고 보기는 어렵다. 그런데 그간 몇 안되는 선행연구이지만 <목주잡가>를 연작성을 가진 것으로 보고 게재 순서를 주목해서 보기도 하는 등 연작시조로 보는 경향이 있었다.[20] 하지만 다음 표와 같이 내용적 짜임으로 볼 때에 연시조로 보기 어려움이 더 잘 드러난다.

---

[20] 유재영(1970), 앞의 글, 59면, 61면 등 ; 임화신(2013), 앞의 글, 29면 등에서 <목주잡가>를 연시조, 혹은 연작시조로 보고 있다.

[표1] 황윤석의 <木州雜歌二十八首>[21]의 내용적 구조

	작품번호	내용	작품수
1	其一 ~ 其七	군은(君恩)에 대한 감사	7수
2	其八 ~ 其十	가족애	3수
3	其十一 ~ 其十六	선친과 가문의식	6수
4	其十七 ~ 其二十	마음 수양	4수
5	其二十一 ~ 其二十六	오륜(五倫), 수신(修身) (금수(禽獸)와 대비)	6수
6	其二十七 ~ 其二十八	고금중외(古今中外) 인물의 동등함	2수

　　작품번호는 필자가 붙인 것이 아니라 문집에 위와 같이 개별 작품마다 '其一' 등으로 표기되어 있다. 제목의 란에도 '木州雜歌二十八首'라고 표기되어 있다.[22] 그렇다면 28수의 연관성을 어느 정도 인식을 하고 있는 것으로는 볼 수 있다. 그러나 문제는 그 내용과 구조의 유기적 짜임새가 얼마나 있는가 하는 것이다.

　　<목주잡가>는 내용상 여섯 부분으로 구분할 수 있다. 임금에 대한 은혜가 7수이고, 가족애가 3수, 선친과 가문의식에 대한 내용이 6수, 마음이라는 것 대한 내용이 4수, 오륜이 2수, 금수와 인생의 비교를 통한 수신(修身) 강조가 4수, 고금중외(古今中外) 인물의 동등함이 2수, 이렇게 총 28수이다. 위로는 임금에 대한 은혜가 7수, 아래로는 가족애와 가문의식이 각각 3수와 6수로 16수가 현재 작가가 맺고 있는 인간관계에 대한 마음의 표현이 차지하고 있다. 마음 수양, 수신(修身), 오륜 등의 교훈성이 강한 내용이 10수가 이어 나오고, 마지막으로 고금중외(古今中外) 인물이 동등하다는 내용이 2수라고 재정리할 수 있다.

21　《頤齋亂藁》 권32
22　그래서 이하 시조는 별도의 번호를 붙이지 않고 황윤석이 붙여둔 번호 그대로를 사용한다.

어떤 측면에서는 이러한 내용의 구성이나 순서가 의미를 가질 것도 같은데, 문제는 해당 작품수가 동일하거나 규칙성을 보이는 것이 아니라는 데 있다. 일례로 16세기 이황의 <도산십이곡>같이 육가계열이면 6수씩 12수, 이이의 <고산구곡가>같이 구곡가 계열이면 5수씩 10수, 17세기 윤선도의 <어부사시사>같이 사시가 계열이면 10수씩 40수 등 동일한 작품 수의 반복적 구성이 연작성의 기본적 방식이다. 조금 더 복잡한 경우로는 신흠 시조의 30수를 들 수 있다. 서사(2수)-본사1(6수+7수)-본사2(7수+6수)-결사(2수)로 2수-13수-13수-2수라는 작품수의 규칙성을 보여준다는 점에서 단순하지 않지만 내용적 구성이나 작품수 등에서 구조적인 유기성이 높은 연작성을 띤다.[23] 18세기 권섭의 <황강구곡가>도 구곡가계열로 연작적 구조가 강하다.[24]

여기서 주목되는 것은 그간 시조와 한시를 모두 창작한 작가들인 이황, 이이, 신흠 등의 양층언어작가들이 세계관적 표출을 연시조나 연작 시조를 통해 했다는 점이다. 이에 비해 황윤석은 세계관을 직접 표출하면서도 더 이상 연시조나 연작시조의 구조를 취하지 않고 있다는 변화가 보인다. 사시가, 오륜가, 육가, 구곡가 계열 등의 연시조는 대개 사대부의 유가적 세계관을 담고 있다. 그래서 세계관적 변화가 극심한 18세기 이후로는 이러한 계열의 연시조가 현격하게 줄어들거나, 있더라도 그 구조적 유기성이 약화되는 현상이 나타난다.[25] 이 계열을 벗어나지만 연작적 구성이 치밀한 신흠

---

[23] 이에 대한 더 자세한 논의는 정소연, 「신흠 시조의 연작성 고구」, 『한국시가연구』 17집, 한국시가학회, 2005, 279-314면 참고.
[24] 이 작가들은 모두 한시와 시조를 다 지었다는 공통점이 있어서 예를 든 것이기도 하다.
[25] 이에 대한 더 자세한 논의는 김상진, 「연시조 성격의 대비적 고찰 - 16세기 작품을 대상으로 - 」, 『시조학논총』 22집, 한국시조학회, 2005, 195-223면 ; 김상진, 「조선조 연시조의 발전과 수용 양상」, 『시조학논총』 40집, 2014,

의 시조는 유가적 세계관과 탈속적 세계관의 교차로 이루어져 있다. 이 역시 두 개의 세계관에 바탕을 두고 있어서 더 복잡한 구조가 된 것이다. 이렇게 성리학적 세계관을 나타내는 통로로서, 혹은 갈등하는 두 세계관을 대비적으로 나타내는 통로로서 연시조나 연작시조를 지었던 양층언어작가의 시조 창작 경향에 비해 <목주잡가>는 어느 정도 벗어나 있다.

이러한 다른 작가들의 연작 구조의 경향을 볼 때에 황윤석의 시조는 연시조라고 하기는 어려울 뿐만 아니라 연작적 구조를 유기적으로 갖추었다고 하기도 어렵다. 처음부터 연작시조를 지으려고 하기보다 목주에 거했던 2년 여간 지은 시조를 묶어서 한 곳에 기록해둔 것이라고 볼 수 있는 것이다. 오히려 28수의 하위에 7수, 3수 등의 소그룹으로 묶어서 작은 묶음으로 나뉘는 정도이다.

시조의 구조, 곧 외형은 내용과 무관하지 않다. 그래서 성리학적 질서와 연시조의 구조가 밀접하게 연관되어 있는 것을 이전 작가들에게서 볼 수 있다. 그렇다면 <목주잡가>가 연작성 유기성이 약한 것은 황윤석의 사상적 지향과도 무관하지 않을 것이다. 황윤석의 사상에 대해 실학사상이나 서학의 영향을 많이 받은 것으로 보고 있는데,[26] 그 연원을 따지지 않더라도 황윤석의 시조에는 이전과 다른 새로운 세계관을 읽어낼 수 있다. 일례를 들어보자.

83-114면 등 참조.

[26] 최삼룡 외(1994), 앞의 책 ; 천기철, 「이재 황윤석의 서학 인식과 특징」, 『동양한문학연구』27집, 동양한문학회, 2008, 101-129면 ; 최영성, 「황석 실학의 특성과 상수학적 기반」, 『유교사상문화 연구』 32집, 한국유교학회, 2008, 91-127면 ; 허남진, 「이재 황윤석의 서양과학수용과 전통학문의 변용」, 『철학사상』 16집, 서울대학교 철학사상연구소, 2003, 76-103면

其二十七
末世人物이라 흔들 上古人物 다룰넌가
偏邦人物이라 흔들 中國人物 다룰넌가
으즙어 天生人物이라 古今中外 分揀말게

其二十八
人才야 前도 後도 彼此同異 언마 ᄒ리
아는 이 잇ᄉ오면 쓰이는 이 절노 잇네
아마도 一代人才는 自了一代事ㅣ가 ᄒ노라

　　위 두 시조는 <목주잡가 28수>의 27번째와 마지막 작품이다. 기이십칠 (其二十七)에서는 말세의 인물도 상고의 인물과 다르지 않고, 변방의 인물도 중국의 인물과 다르지 않다고 직접적으로 밝히고 있다. 결국 하늘이 낸 인물이기 때문에 고금중외가 다르지 않다는 평등의식을 표명하고 있다. 이는 이황이 고인(古人)을 못보았지만 그 뒤를 따르고자 하는 관점[27]이나 이이가 중국의 성인인 주자를 배우겠다고 한 점[28], 그리고 신흠이 태고(太古)를 못보아서 안타까워한 점[29]과는 전혀 다르다.

---

[27] '陶山六曲之二' 其三, 이황, <陶山十二曲>, 국립도서관본
"古人도 날 몯보고 나도 古人 몯뵈
古人를 몯봐도 녀던길 알ᄑᆡ 잇니
녀던길 알ᄑᆡ 잇거든 아니 녀고 엇뎔고"

[28] <高山九曲歌>1, 정주동·유창균 교주, 『진본 청구영언』, 명문당, 1977
"高山九曲潭을 사ᄅᆞᆷ이 모ᄅᆞ더니
誅茅卜居ᄒᆞ니 벋님네 다 오시ᄂᆞ다
어즈버 武夷를 想像ᄒᆞ고 學朱子를 ᄒᆞ리라"

[29] <放翁詩餘>27, 정주동·유창균 교주(1977), 위의 책.
"ᄂᆞ저 날셔이고 大古ㅅ적을 못보완쟈
結繩을 罷ᄒᆞᆫ 後에 世故도 하도할샤
출하로 酒鄕에 드러 이 世界를 니즈리라"

16세기 이황이나 이이의 시조에서는 고인(古人)이 가던 길을 따르고 금인(今人)보다는 고인을 이상적 인물로 인식하고 있다면, 황윤석의 시조에서는 말세에 사는 사람도 상고인물 못지 않다는 동등의식을 보여주고 있다. 또 조선은 중국에 비해 변방이지만 중국인보다 못하지 않고, 또 조선보다 더 변방의 인물도 중앙의 나라에 속한 인물보다 못하지 않다는 동등의식을 보여주고 있는 것이다.

이뿐만이 아니다. 기이십팔(其二十八)에서는 앞선 인재이든 부족한 인재이든 그 차이가 얼마나 되느냐며 사람의 능력을 지나치게 줄세우기를 하지 않는 태도도 보인다. 이렇게 중앙과 변방, 고인과 금인, 능력의 전후 등의 차이를 적게 여기고 동등하고 대등하게 인식하는 등 과거의 세계관과 다른 변화가 크게 눈에 띈다.

이번에는 심성(心性), 본성(本性)에 관한 인식을 다룬 작품을 보도록 하자.

其十七
虛靈ᄒ온 이내 本心 純善ᄒ온 이내 本性
本心은 聖凡이 ᄒ가지오 本性은 人物이 ᄒ가지니
엇디타 本心性汨失ᄒ여 至愚極賤 되올소냐

其十八
天地도 廣大ᄒ다 내ᄆ옴ᄀᆺ치 廣大
日月도 光明ᄒ다 내ᄆ옴ᄀᆺ치 光明
眞實노 내ᄆ음 天地日月 갓게 ᄒ면 堯舜同歸ᄒ오리라

기십칠(其十七)과 기십팔(其十八)에서 공통적인 것은 자신의 본심과 본성을 부족한 상태로 보지 않고 긍정하고 있다는 점이다. 기십칠(其十七)의 초장에서는 자신의 본심과 본성은 이미 욕심이 없고 선한 상태라고 하였다.

중장에서는 심지어 성인이나 범인이나 본심이 같고, 사람이나 물(物)이나 본성이 같다고 하여 인물성동론적(人物性同論的) 태도를 보이고 있다. 물론 타고난 본성을 잘 지키라는 정도로 볼 수도 있겠지만, 호남 낙론계 문인으로서의 황윤석의 행적과 세계관을 염두할 때에는 이러한 자신의 세계관을 직접적으로 표출하고 있는 것으로 볼 수 있는 것이다.[30]

게다가 성인의 마음을 좇아가야 하는 것이 아니고, 성인이나 범인이나 마음이 같다고 함으로써 이황 시조와 대조적이기까지 하다. 이 점은 앞에서 고금인(古今人)이 같다는 것과 같은 입장이다. 성범(聖凡)의 마음이 대등하고, 인물(人物)의 본성이 대등하다고 보는 것이다. 기십팔(其十八)은 이에 대한 더 구체적 표현으로서 자신의 마음이 천지일월(天地日月)같이 광대하고 광명하다고 긍정하고 있다. 곧 古·今, 中·外, 聖·凡, 人·物, 前·後인재 등 그간 긍정과 부정, 高·下로 구분하고 구별하였던 가치들에 대해 대등하고 평등하다는 인식의 전환을 시조로 나타내고 있는 것이다.

이런 점을 볼 때에 그간의 사대부의 유가적 질서관과 <목주잡가>의 세계관은 다르다. 따라서 특정 세계관적 지향을 위한 연작 구조를 취하지 않는 것 역시 <목주잡가>가 유기적 구조를 갖춘 연작 시조가 아닌 것과 밀접한 연관이 있어 보인다. 곧 과거의 유기적 형태가 깨지고 있으면서도 28수를 묶어두고 있는 것 역시 과거의 연시조나 연작적 구성의 시조들과 다른 차이점이라 하겠고, 그 연유는 세계관적 지향의 변화에 있지 않나 하고 추정해 보게 된다.

또한 여기서 주목해야 할 것은, 세계관적 지향의 직접적 표현을 시조를

---

[30] 황윤석의 낙론적(洛論的) 경향에 대해서는 이형성, 「이재 황윤석의 낙학 계승적 성리설 일고」, 『한국사상과 문화』, 2011, 353-377면 ; 이천승, 「이재 황윤석의 낙학 계승과 호남에 대한 자의식」, 『동양철학연구』63집, 동양철학연구회, 2010, 189-214면 ; 배우성, 「18세기 지방 지식인 황윤석과 지방 의식」, 『한국사연구』135집, 한국사연구회, 2006, 31-60면 참고.

통해 하고 있다는 점이다. 시조에서 주자학적 세계관이든 도가적 세계관이든 그간의 양층언어작가에게서도 나타나지 않은 것은 아니다. 그러나 이는 특정 시어나 전반적 지향을 통해 추출할 수 있었고, 사상시로서 직접 작가의 세계관을 표명하며 다룬 것은 아니었다. 오히려 이러한 역할은 일반적으로 한시가 그 통로로 여겨지는 편이었다. 이는 노래로서의 시조가 가진 위상이 한시가 가진 위상과 다르다는 점 역시 작용했다고 볼 수 있다. 그런데 황윤석은 자신의 사상, 세계관을 직접적으로 시조를 통해 표현하고 있다는 점 역시 중요한 변화이다. 시조가 사상 표현의 직접적 통로로서 활용되고 있는 점 역시 기록문학으로서의 시의 위상을 갖고 있다고 볼 수 있기 때문이다.

끝으로 다시 제목에 주목해보자. 28수가 유기적인 연작 시조도 아닌데다 소제목이 개별 작품마다 있지도 않아서 각 시조를 이해하는 데에 의미가 한정되는 일이 없다는 점도 특징이다. 17세기 윤선도나 박인로, 18세기 권섭 등 단편시조라도 제목이 없는 경우는 거의 없다. 제목은 시의 특징이다. 노래는 제목이 없더라도 첫 소절을 제목처럼 지칭하는 경우가 많은데 비해, 시는 제목이 없는 경우에도 '무제(無題)'라는 제목을 굳이 붙이기까지 한다.

황윤석의 시조 28수는 연작 시조로 작가 스스로가 '목주잡가 이십팔수'라는 제목으로 묶어두고는 있지만 연시조라고 하기는 어렵고, 연작시조라고 보더라도 그 구성이 유기적 구조를 갖추었다고 보기도 어렵다는 점을 지금까지 살펴보았다. 그렇다면 이러한 연장선상에서 볼 때 표제방식이 의미하는 바는 무엇일까? 17, 18세기 이후에는 시조가 노래이기만 하지 않고 '시가(詩歌)'로서 시적인 특성이 강해지면서 제목을 가지는 경우가 많아졌다. 그렇다면 황윤석의 시조의 제목은 시대에 역행하거나, 혹은 오히려 노래적 특징이 강화된 것일까?

이에 대해 임화신(2013)에서는 비록 연시조라고 칭한 점은 재고의 여지가 있지만 '雜歌'라는 표제가 한시의 잡영(雜詠)과의 관련성이 높음을 시사하고 있어서 주목된다.[31] 실제로 황윤석의 한시에는 절구만 해도 <雪山雜詠 九絶>(≪이재난고≫권2), <夏日齋居雜詠> 7수(≪이재난고≫권10), <思親雜詠> 4수(≪이재난고≫권27), <交河雜詠八絶>(≪이재난고≫권27) 등 연작시이면서도 '雜詠'이라는 표제가 많이 보인다. 이는 이후에 살펴볼 내용들과 연결이 되는 부분으로서, 한시와의 거리가 가까운, 다시 말해 시조의 표제 방식에 있어서 그 위상이 한시의 표제 방식과 같은 지향성을 추구하는 것으로 볼 수 있는 것이다.

2.2. 자연 대상에서 사람 대상으로의 시조 창작

자연은 시조에서 가장 많이 다루어지는 제재로서 조선시대의 시조 하면 떠오르는 것이 자연시조이다. 그래서 16세기에는 강호시조로, 17세기에는 전원시조나 전가시조로 세분화해서 지칭하기까지 한다. 그렇다면 황윤석의 시조에서 자연은 어떠한가?

황윤석의 시조에서는 자연을 다루지 않고 사람만을 대상으로 삼고 있다는 점이 눈에 띈다. 앞의 [표1]에서 보듯이 임금, 가족, 조상 등 모두 사람을 제재로 삼고 있다. 굳이 자연이라고 한다면 수신(修身)을 다루면서 짐승과 비교한데서 찾겠지만, 이는 조선시대 자연시조에서 말하는 그 자연은 아닌 것이다.

16세기의 이황이나 이이는 물론이고, 특히 17세기의 윤선도는 시조에서 자연에 가장 초점을 두고 있었다. 시조에서 그리고 있는 대상은 사람도 있지만, 이 '사람'은 동시대 주변인물은 아니다. 일례로 이황의 경우에는 '고인(古人)'이 지향하는 인물이고, 이이도 '학주자(學朱子)'를 하지 당대의

---

[31] 임화신(2013), 앞의 글, 29면.

다른 누구를 닮고자 하는 것은 아닌 것은 앞에서도 살펴본 바 있다. 곧 이들은 자기 당대의 주변인물은 고인을 따라야 하는 불완전한 존재이고, 더 나아가 이상적 대상은 사람보다는 자연이었다.

그렇다면 황윤석의 시조에 등장하는 사람은 어떤 사람인가? 군은(君恩), 가족애(家族愛) 등을 다루고 있는 작품을 통해 이를 살펴볼 수 있다. 우선, 군은에 대한 시조는 이전의 다른 작가들의 시조에서도 연군시조로 볼 수 있었던 반면에, 가문이나 구체적인 가족에 대해 다루는 경우는 드문 편이다. 또 임금을 다루더라도 이전 시조들과 표현적 측면에서 차이점이 있다. 이 장에서는 우선 가족을 다룬 작품을 먼저 살펴보고, 이어서 임금을 다룬 작품을 보도록 하겠다.

가족을 다룬 기팔(其八)부터 기십일(其十一)까지를 보면 가족 구성원과 일가 친척까지 일일이 거론하고 있다. 또 각 구성원들이 처한 구체적 상황이 실제 작가의 상황을 고스란히 반영하고 있고, 이에 대한 작가의 마음이 곧 화자의 마음으로 드러나고 있다는 점이 주목된다. 구체적인 논의를 위해 아래 작품들을 보도록 하자.

其八[32]
못누의님 쉬인여ᄉᆞᆺ 아이손 마운아홉
져근 누의 마은녀ᄉᆞᆺ 아니늙다 ᄒᆞ올소냐
내 나도 쉬인ᄒᆞ아히니 百年慈親 함끠 榮奉하리

其九
맛아들 딸 ᄒᆞ애오못딸 婚姻 늣게 되나
十八歲 小子와 十一歲 小女는 阿嬰업시 어이려뇨
슬푸다 先人餘慶 계읍시니 너희 壽福 바라노라

---

[32] 이하 시조는 ≪頤齋亂藁≫ 권32.

其十
白髮의 小室보니 琴瑟舊情 더욱 셟다
時時로 싱각하면 二十九년 어제런듯
아마도 새오녜오 天數 l 오니 셜움즐김 무엇ᄒ리

위 세 작품에 등장하는 가족들은 51세인 작가 황윤석의 실제 가족과 친척들의 정보가 그대로 반영되어있다. 등장인물을 보면 황윤석의 맏누님, 맏누님의 아이들과 손자까지 49명, 작은 누이, 맏아들, 맏아들의 딸인 자신의 손녀, 아직 혼인하지 못한 맏딸, 18세 어린 아들과 11세 어린 딸, 백발의 소실(小室) 등 3대에 걸쳐있다. 자신의 소실이나 아이들만이 아니라 손주, 나아가 누님의 자녀들과 손주들까지 다루고 있는 것이다.

사실 그간 양층언어작가들의 시조에서는 개인사적인 구구한 상황이나 가족 구성원들을 세세하게 드러낸 적이 없다. 드물게 17세기의 정훈이 아내의 죽음을 애도하는 내용을 시조로 나타내거나 박인로가 형제를 언급한 정도이다. 오히려 이렇게 작가의 정보가 작품에서 거의 그대로 나타나는 작시(作詩) 경향은 한시에서 발견되는 현상이었다. 한시와 시조를 모두 지은 작가들에게서 자가의 실제 가족 상황이 구체적으로 나타나는 것은 한시를 통해서였고, 시조에서는 가족과 친척들이 일일이 거론되는 경우는 거의 없었던 것이다.

그런데 황윤석은 개인적인 가족들의 상황을 시조 3수에 걸쳐 자세하고도 구구절절하게 나타내고 있다. 기팔(其八)에서는 자신의 손위 가족들과의 자친(慈親)하고자, 기구(其九)에서는 자신의 아래인 자녀와 손주들의 수복(壽福)을 빌며, 기십(其十)에서는 29년간 함께 살아온 소실이 천수(天數)임을 말한다. 위로, 아래로, 옆으로 가족들을 두루 살피며 언급하고 있는 것이다. 따라서 황윤석은 한시에서 주로 다루었던 구체적인 가족 상황과 가족애를 시조에서도 자세하게 나타내고 있다는 점이 특징이라고 하겠다.

이렇게 황윤석의 시조에서 그의 시선은 자기 당대 인물에 가 있다. 가까운 가족만이 아니라 조금 멀다 할 수도 있는 친척들, 조카에게까지 가 있다. 그간 사대부 시조가 자연에 집중하고 사람에 대해서는 구체적으로 다루지 않고, 다루더라도 당대의 사람보다는 과거의 성인이나 중국의 고사에 나오는 인물을 다루었던 것과 대비된다.

그리고 작가인 황윤석의 가족 관계나 정보가 구체적으로 시조에 나타나고 있어서 작가와 화자가 서로 다르다고 하기 어렵고 두 관계가 매우 가깝다. 여기서 언급되고 있는 가족과 친척 관계는 추상적인 것이 아니고 실제 황윤석의 가족, 친지 관계와 같다.[33] 이는 곧 시조가 작가 황윤석이라는 삶과 매우 밀착된 갈래로서 생활시처럼 활용되고 있는 것으로 볼 수 있다. 또한 작가 정보의 구체적 기록과 표현의 통로로서 시조를 여기고 있다고도 볼 수 있다.

이렇게 작가와 시적 화자가 다르지 않고 현실 모습 그대로와 일치하는 경우는 주로 그간의 양층언어작가들의 한시에서 보였던 특징이었다. 한문이라는 상층의 문자로, 사대부의 필수적 문학인 한시를 지을 때에는 현실에서의 삶과 밀착한 내용이나 사건을 그대로 다룬다. 이에 비해 시조에서는 자신의 실제 모습과 달리 여성 화자가 되기도 하고, 백성이 되기도 하고, 신선이 되기도 하였던 것이다. 또 작가와 밀착된 화자의 모습과 상상적, 가면적 화자의 차이는 문자로 고정된 기록성과 유동적인 구술성의 특성과도 연결된다. 시조가 노래로서의 성향이 강했던 전대의 경우 가면적 화자의 모습이 더 강했던 것이다.[34]

그런데 황윤석은 이렇게 목주에서 처음 인생의 큰 벼슬을 얻어 신하로서

---

[33] 이와 관련해서는 한국고전종합DB 인물 소개 참조(http://db.itkc.or.kr).
[34] 화자와 작가의 거리와 기록성과 구술성이 밀접한 상관성은 정소연(2006), 앞의 글에 자세하다.

의 자신을 시조에서 그대로 드러내며 임금 역시 그대로 등장시켜서 작가와 화자간의 거리를 좁히고 작가 자신의 삶과 밀착된 시조를 지었다는 점이 특징이다. 가족관계나 친척들의 상황 등도 작가의 삶의 모습 그대로가 등장하고 있어서 작가와 화자 사이의 거리가 멀지 않고 거의 일치하고 있는 것이다. 곧 황윤석에게는 시조가 한시처럼 작가 자신의 신분이나 구체적 정보가 그대로 나타날 만큼 일상적 갈래로서, 생활시로서 인식되고 있다고 볼 수 있는 것이다.[35] 또 그만큼 유동적인 구술성의 노래적 경향보다 고정된 문자로의 기록성이 강하게 나타난 것이라고 할 수 있을 것이다.

이와 관련해 앞에서 본 [한시1]을 다시 떠올려보자. 이 한시에서 황윤석이 본 것은 '산'이라는 자연이 아니라 '초동(樵童)'이다. 이전 시기 작가들, 16세기의 이황이나 이이는 물론이고, 특히 17세기의 윤선도는 자연이 차지하는 비중이 한시보다 시조에서 더 컸다. 시조에서 그리고 있는 대상은 주로 사람도 있지만, 사람과의 관계는 한시에서 주로 다루고 시조에서는 사람보다는 자연에 대해 집중적으로 노래하였다. 그런데 황윤석의 시조는 한시에서와 같이 사람에 주목하고 있는 대상의 변화를 볼 수 있는 것이다.

이렇게 <목주잡가28수>는 임금, 가족, 가문, 수신(修身) 등 자연에 대한 작품은 하나도 보이지 않고 모두 사람에 대해서만 다루고 있다. 16세기 이황이나 이이, 17세기 윤선도나 신흠, 박인로, 18세기 권섭 등은 자연을 이상적 대상으로 그리고 있거나 자연의 아름다움을 시조에서 다룬 반면, 18세기 황윤석은 자연을 도(道)의 실현태나 이상적 공간이라고 보지도 않았고, 아예 시조의 대상으로 삼지도 않고 있는 것이다. 이 점 역시 황윤석의

---

[35] 작가의 구체적 정보가 사실적으로 드러나는 경향은 매일매일 일기를 기록했던 경향이 강한 황윤석의 작가적 특성의 작용으로 보거나 더 큰 관점으로 보면 조선후기 시가의 경향으로서도 의미를 가진다고 하겠다. 여기서는 사대부 작가가 자신의 신분과 구체적인 작가 정보를 그대로 노출시킨다는 점에서 이전 사대부 작가의 시조 창작 경향에서 달라진 점으로 주목하였다.

시조가 가진 두드러진 차이점으로서 한시와 거리가 매우 가까워진 현상 중 하나라고 하겠다.

끝으로 황윤석의 시조가 가진 기록성의 시적 특징이 강하다는 다른 근거로 다음을 더 들 수 있다. 곧 숫자 사용이 빈번하다는 특징 및 이때 국·한문적 표현이 일관성있게 사용되지 않는 특징도 나타난다. 숫자 그 자체를 주목하기보다 이 숫자들이 모두 등장 인물과 관련이 있다는 점에서 별도의 장을 마련해 논의하지는 않고 시조의 기록성과 관련해 여기에서 이어 다룬다.

첫째, 가족들의 나이, 지나온 세월의 연수, 영조의 탄일과 승하일 등 숫자 사용이 빈번하다. 이는 기록으로서의 구체적 정보의 역할을 한다. 곧 문학 작품과 작가의 관계가 밀착되고 화자와 작가가 거의 일치하고 있다는 것을 의미한다. 이로 인해 문학의 허구성이 줄어드는 반면에 사실성과 기록성이 커지게 된다. 이런 점에서 유동적이고 구술성보다는 고정적인 기록으로서 기록문학적 성격이 강화되는 것으로 볼 수 있다.

둘째, 숫자는 대부분 우리말보다는 한자로 대부분 표현하였다. 그런데 其八에서는 순우리말을 사용하고 있어서 일관성이 없다.

其八
맛누의님 쉰인여섯 아이손 마운아홉
져근 누의 마은녀섯 아니늙다 하올소냐
내 나도 쉰인한아 히니 백년자친(百年慈親) 함끠 영봉(榮奉)하리

其九
맛아들 딸 한애오 맛딸 혼인(婚姻) 늣게 되나
십팔세(十八歲) 소자(小子)와 십일세(十一歲) 소녀(小女)는 아미(阿㜷)업시 어이려뇨
슬푸다 선인여경(先人餘慶) 계옵시니 너희 수복(壽福) 바라노라

한자식의 숫자는 기록문학적이라면 순우리말로 표현하는 숫자는 구술적이다. 문서에 나이를 적을 때 其九와 같이 '十八歲'라고 적지 '열 여덟살'이라고 적지 않는다. 당시 아라비아 숫자를 사용하지 않아서 '十八歲'라고 적었지 아라비아 숫자를 사용했다면 '18세'라고 요즘의 현대시인처럼 적었을지도 모른다. 반대로 구두로 표현할 때에는 '십팔세'라고 하지 않는다. '열 여덟 살'이라고 말한다. 이 역시 기록성과 구술성이 혼용되어 있으면서 한자식 수 표기가 많다는 점에서 기록성이 강하다고 할 수 있을 것이다.

2.3. 연군시조에서의 표현적 변화

앞에서는 자연보다는 사람을 주로 다루고 있는 것을 보았다. 여기서는 그 사람 중에도 임금을 다룬 일련의 작품들에 주목하고자 한다. 황윤석의 시조에서 다루고 있는 사람 중 <목주잡가>에서 가장 먼저 등장하는 존재가 임금이다. 其一부터 其七까지에서 다루고 있는 임금은 그간 사대부인 양층언어작가들의 시조에서도 자주 다루어온 대상이다.

그간 조선 전기 양층언어작가들은 시조에서 임금을 다루더라도 임금에 대한 간접적이고 은미한 표현을 통해 작가가 화자의 기면 속에 숨는 성향이 있었다. 특히 시적 화자가 여성으로 가면을 쓰거나, 그렇지 않더라도 대개는 임금을 '彼美一人'이나 '님' 등으로 표현하고, 윤선도는 '님'이라는 표현이 더 많지만 일부 '님군'이라고 해서 조금 더 직접적 표현을 쓰는 정도의 차이를 보였다. 정도가 '님군'으로 표기하고 있다.

그런데 황윤석의 경우 위에서 본 것처럼 작가의 구체적 사실들이 여과없이 나타나는 경향은 임금이 대상일 경우에는 예외가 아니다. 조선 전기에 그나마 자연 못지 않게 사람에 시선을 두고 더 집중해서 다루었던 작가가 정철인데, 정철 역시 임금에 대해서는 은미한 표현으로 여성 화자의 가면 아래 작가가 숨었다는 점에서는 황윤석과 다른 것이다.

이에 비해 황윤석은 임금을 직접적으로 거론하고 있어서 차이가 보인다. 이와 관련해 아래 작품들을 보자. 좀 길지만 논의를 위해 임금과 관련한 작품 7개를 모두 제시한다.

其一
天地 굿치 크옵시고 日月굿치 붉으시니
우리 <u>先王</u> 恩澤은 萬萬世예 傳ᄒ시리
아마도 ᄒ낫 <u>賤臣</u>이 혼자 닛기 어려웨라

其二
年年 九月 열사흔날 年年 三月 初닷샌날
우리 <u>先王 聖德</u>을 어느덧 닛ᄌ올가
으즙어 百年限ᄒ여 죽도록 갑ᄉ오려

其三
닛ᄌ오려 못 닛ᄌ올 쉬인두히 <u>先王功德</u>
時時와 夜夜로 念念의 눈물이옵
두어라 <u>우리 님</u> 聖明이옵시니 太平萬歲 비옵노라

其四
<u>君恩</u>이 罔極ᄒ와 白髮의 木川오니
그리던 家屬을어 大綱 만나리다
아마도 四百里 風雪의 慈親思念 어려웨라

其五
阿爸님 날브리오 阿嬤님 내뫼오려
三年後 六年만의 薄邑을 엇단말가
두어라 薄邑일만졍 天地<u>君</u>父 恩惠로다

其六
고을도 젹다말고 物力도 窘타말고
내 마음 다ᄒᆞ오면 國恩을 가푸려니
슬푸다 勢업슨 微臣이라 뜻과 달나 어이하랴

其七
밥술도 님 恩惠오 뵈올도 님 恩惠니
家屬親戚들이 님 恩惠 하라시렴
眞實노 아옵기옷아오면 衣食日用 無愧ᄒᆞ리

임금과 관련한 대목에 밑줄을 그었다. 이를 들어보면 기일(其一) 중장에서 '우리 先王', 기이(其二) 중장에서 '先王 聖德', 기삼(其三) 초장에서 '先王 功德', 기사(其四) 초장에서 '君恩', 기오(其五) 종장에서 '君父'이라고 표현하고 있다. 곧 총5회에 걸쳐 대상이 임금이라는 사실을 그대로 밝히고 있는 것이다. 물론 '님'이라고 표현한 대목이 없는 것은 아니다. 기삼(其三) 종장에서 '우리 님 聖明', 기칠(其七) 초장과 중장에서 '님 恩惠'라는 말이 3회 등장한다.

황윤석 이전의 시조에서 임금에 대해 직집직인 표현을 꺼리고 '님'이나 '美人'이라고 간접적으로 지칭하거나 이를 위해 시적 화자가 여성의 가면을 쓰기도 하는 관습이 있었다면 황윤석의 시조에서는 '님'이라는 간접적 표현이 없지 않으나 7수 중에서 중반이나 후반의 작품들에서 일부 등장한다. 곧 기일(其一)과 기이(其二), 그리고 기삼(其三) 초장에서 이미 3회나 왕(王)이라고 직접 표명을 했기 때문에 기삼(其三) 종장에 나오는 '님'과 기칠(其七)에 나오는 '님'은 임금 아닌 다른 대상이 될 수 없이 분명해지게 된다.

임금이라는 대상이 분명하게 나타낼 뿐만 아니라 화자 역시 은미하거나 간접적이거나 가면적 화자를 끌어들이지 않고 신분이 그대로 노출되는 표현을 직접 사용하고 있다. 곧 시적 화자를 지칭하는 말 역시 기일(其一)

종장에서 '賤臣', 기육(其六) 종장에서 '微臣'으로 자신이 군신관계에 있는 신하되는 자임이 그대로 드러내고 있는 것이다. 임금을 님이라고 간접적으로 표현한다는 것은 작가 역시 화자 이면에 감추어지고 자신이 신하나 관리라는 사실을 함께 감춘다는 것을 의미한다. 그런데 황윤석의 시조에서는 작가가 화자 이면에 감추어지기보다 신분이 그대로 노출되고 있다. 심지어 그래서 기사(其四)에서 '木川'이라는 고유명사도 그대로 등장하고 있다. 곧 작가와 관련한 구체적 정보가 그대로 여과없이 드러나고 있는 것이다.

일례로 신흠은 일련의 연군시조에서 시적 화자를 여성으로 설정해 임금에 대한 마음을 표현하였다. 그리고 이 점이 한시와 대비되는 점으로, 한시는 사대부 일반의 갈래로서 작가의 구체적 정보가 시에 그대로 드러나고 화자와 작가가 거의 일치하는 점이 시조와 대비적이라는 점이 논의되기도 하였다.[36] 즉, 이전 양층언어작가들이 연군(戀君)과 군은(君恩)을 표현할 때 가급적 자신의 실제 신분이나 대상인 임금을 감추고 가면을 쓰고 시적 화자를 내세우는 반면에 황윤석은 현실에서의 작가의 모습과 시적 화자가 일치되어 신분이 그대로 노출되고 있는 것이다.

이렇게 작가와 시적 화자가 다르지 않고 현실 모습 그대로와 일치하는 경우는 주로 그간의 양층언어작가들의 한시에서 보였던 특징이었다. 한문이라는 상층의 문자로, 사대부의 필수적 문학인 한시를 지을 때에는 현실에서의 삶과 밀착한 내용이나 사건을 그대로 다룬다. 이에 비해 시조에서는 자신의 실제 모습과 달리 여성 화자가 되기도 하고, 백성이 되기도 하고, 신선이 되기도 하였던 것이다. 그런데 황윤석은 이렇게 목주에서 처음 인생의 큰 벼슬을 얻어 신하로서의 자신을 시조에서 그대로 드러내며 임금 역시 그대로 등장시켜서 작가와 화자간의 거리를 좁히고 삶과 밀착된 시조를

---

[36] 정소연, 「신흠의 절구와 시조 비교연구」, 서울대학교 박사학위논문, 2006.

지었다는 점이 특징이다.

　이러한 현상은 시조가 그만큼 한시와 같이 화자와 작가가 밀착된 갈래로 인식되고 있다는 것을 보여준다. 특히 조선 전기 시조에서는 부르는 노래로서 향유되면서 그 노래를 부르는 가창자가 누구나 될 수 있다는 점에서 가면적 화자가 가능했다. 그러나 한시는 사대부와 밀착된 갈래라는 점에서 작가적 정보가 직접 드러나는 경향이 강했다. 특히 소리는 가창자의 존재 없이 존재할 수 없으나 글은 작가 없이도 종이 위에 존재할 수 있다는 점에서 작가적 정보가 추가되는 측면도 있었다. 그렇다면 시조에서 그간의 한시의 특징이 나타난다는 것은 시조가 소리로서 부르는 노래만이 아니라 기록하는 시로서의 특성을 가진 존재로 인식되고 있다는 것을 의미한다고 볼 수 있지 않을까.

　이와 동시에, 그렇다면 황윤석의 연군(戀君)을 다룬 7언 절구는 어떠할지 살펴볼 필요가 있다. 3절에서 자세히 다루겠지만, 기존의 한시와 같이 임금과 신하라는 대상과 화자의 사실적 정보가 나타날 뿐만 아니라 가면적 화자도 함께 나타난다는 점이 흥미롭다. 이에 대해서는 3.2.에서 자세히 보도록 하겠다.

2.4. 교화성의 변화와 화자 지향성

　시조의 교화적 기능은 시조사에서 지속되어온 하나의 특징으로서 황윤석의 시조도 이러한 전통에서 무관하지 않다. 황윤석의 시조는 전반적으로 교술적 특성이 강하다. 전재강(2003b)에서는 이에 대해 다음과 같이 기술하고 있다.

> "임금을 향한 충성이나 오륜이라는 유교 덕목, 나아가 자기가 추종하는 성리학적 이념을 형상화의 과정을 거치지 않고 직설적으로 표출함으로써 (중략) 사실을 정확하게 설명하고 교훈을 분명하게 드러내 교시적 효과를 얻고자 하였다."[37]

이러한 교술성은 훈민시조나 오륜시조 등 교훈을 주된 내용으로 삼는 시조사적 전통을 잇고 있다고 할 수 있다. 특히 28수 중에서 직접적인 교화시조라 할 만한 작품은 其十七~其二十六 10수로서 적지 않은 비중을 차지하고 있다. 10수가 떨어져있지 않고 일련의 연속적 배열로 있다는 점에서 교화 시조로 다룰 대상으로 구체적으로 살펴보고자 한다.

사실 교화적 시조는 사대부 시조에서 지속적으로 나타났는데, 황윤석의 시조가 교화적 내용이 상당한 비중을 차지하고 있다는 것은 교화시조의 시조사적 전통을 잇고 있다고 할 수 있다. 이황이 노래를 통해서 집에서 기르는 아이들에게 유익됨이 있게 하려 한 것은 도학적 시조의 교훈적 기능을 염두한 측면을 간과할 수 없다. 관찰사로서 훈민시조를 지은 정철의 경우는 더욱 그러하다. 노래를 통해 자연스럽게 교화적 효용성을 얻을 수 있기 때문이다.

그런데 교훈시조가 시대적 추이에 따라 변화를 보이는데, 18세기에 대해서는, 특히 황윤석의 교훈시조는 어느 위치를 점하는지 아직 논의가 명확하게 이루어지지 않았다는 점이다. 이와 관련해 주목되는 논의는 임화신(2013)이다. 연군, 효친, 가문, 심성 수양 등의 교훈성과 이념성이 강하지만 그 발화는 자기에게로 다짐하는 특성이 강하고, 지극히 개인적인 일상의 소소한 감정을 술회하는 '시적 인식'을 보인다고 하였다. 이러한 선행연구를 염두하여 조선 전기 훈민시조와 오륜시조와의 관계를 살펴보고자 한다.[38]

---

[37] 전재강(2003b), 앞의 글, 218면.
[38] 정철의 훈민가나 박인로의 오륜가 등의 계열을 훈민시조나 오륜시조로 부르기도 하지만 훈민시조는 백성을 대상으로 한정하거나 오륜시조는 오륜적 내용이 아니면 포괄하지 못한다는 이유로 최현재(2003)에서는 '교훈시조'라는 용어를 제안한 바 있다. (최현재, 「교훈시조의 전통과 박인로의 <오륜가>」, 『한국시가연구』14집, 한국시가학회, 2003, 63-100면)

16세기에는 훈민시조라 일컬을 만큼 백성을 대상으로 하는 측면이 두드러졌다. 이는 당시 국문(國文)의 명칭이 훈민정음(訓民正音)이라는 표현에서도 알 수 있듯이 사대부의 언어인 한문과 대비되는 국어의 사용적 기능이 시조에도 나타난 것으로 이해될 수 있다. 또한 정철, 주세붕 등 그 처지면에서 목민관적 입장에서 지은 바가 크기 때문에 백성을 직접적인 대상으로 삼은 것이기도 하다. 이에 비해 17세기 사족층이 분화되면서 시조 작가층으로 두드러지게 된 재지사족인 김선장, 김상용, 박인로 등의 경우에는 사족의 결속을 위한 것으로서 가문과 친척 등 상층으로 교화의 대상이 달라지고, 개인적 경험이나 의식이 반영된 점이 다르다.[39]

　교화적 시조는 사람과 사람의 관계에 대해 다루는 것이기 때문에 화자 자신보다도 청자 지향성이 두드러지는 점이 특징이다. 이러한 교화적 기능은 오랫동안 시조의 한 전통이기도 하다. 그래서 서정적 문예미의 높은 성취를 보여준 윤선도조차 '아이야, ~해라, ~하지 마라'의 청자 지향적 어미

　　본서에서도 이러한 제안이 황윤석의 경우까지 포함하여 조선후기 사대부 시조이 지속적 측면을 실냉하기에 적절하다고 생각되어 교훈시조, 혹은 조금 더 넓은 범위를 지칭할 때에는 교화 시조라는 말을 사용한다.
　　이와는 조금 다르게, 전재강(2003a)에서는 조선전기 연시조 형태에서부터 조선후기까지 단편작으로 나타나는 교화 시조도 훈민시조로 지칭해서 추이를 살펴본 바 있다. (전재강, 「훈민시조 작가와 작품의 역사적 성격」, 『어문학』79집, 한국어문학회, 2003a, 491-516면 참조)

[39]　이에 대한 자세한 논의는 최재남, 「주세붕의 목민관 생활과 <오륜가>」, 『사림의 향촌생활과 시가문학』, 국학자료원, 1997 ; 신연우, 「주세붕에서 정철로 훈민시조의 변이와 그 의의」, 『온지논총』4집, 온지학회, 1998, 33-61면 ; 최현재(2003), 앞의 글 ; 권정은, 「훈민시조의 창작 기반과 다원적 진술 양상」, 『국문학연구』9호, 국문학회, 2003, 209-233면 ; 최재남, 「체험시의 전통과 시조의 서정미학」, 『한국시가연구』15집, 한국시가학회, 2004, 69-96면 ; 하윤섭, 「조선조 '五倫'담론의 계보학적 탐색과 오륜시가의 역사적 전개」, 고려대학교 박사학위논문, 2012 ; 최홍원, 「<오륜가>와 출처(出處)의 두 얼굴: 주세붕의 <오륜가>와 박인로의 <오륜가>의 거리」, 『국어국문학』163집, 국어국문학회, 2013b, 315-346면 등 참조

를 활용한 교화적 시조를 여러 수 짓기도 했던 것이다.[40]

문제는 그 교화의 대상이 누구냐이다. 이는 그 대상이 누구인지 정체를 밝히는 문제가 아니라 그 방향성의 문제로서 황윤석의 교화적 시조가 가진 두드러진 특성을 보여주는 것이기도 하다. 지금까지 예를 든 몇몇 16, 17세기 작가의 경우에 그 교화의 대상은 분명 백성이나 하인, 제자 등 타인인 경우가 대부분이다. 그 지위에 있어서는 낮게는 백성에서 그보다 높게는 기르는 제자들, 혹은 박인로, 김선장, 김상용 등의 경우 친척과 가문으로 점점 높아지는 일정한 경향성을 보인다.[41] 곧 화자 자신을 포함시키기는 하지만 그 대상은 전반적으로 분명한 타자가 설정되어 있는 것이다.

그렇다면 황윤석의 경우는 어떠한지 보자. 우선 직접적으로 오륜을 다룬 작품을 들어본다.

其二十一
君臣은 大義 잇고 父子는 至親이며
長幼有序의 兄弟 들고 朋友有信의 師生 드네
아마도 夫婦一倫은 五倫之本이라 엇디 無別하을소냐

其二十二
七歲孫男을 祖母도 안을소냐 七歲孫女를 祖父도 안을소냐

---

[40] 윤선도는 '오륜'을 직접 다루지는 않았지만 시조가 가진 교화적 기능의 전통은 지속하고 있다. <夏雨謠> 2수, <日暮謠>, <夜深謠> 등의 4수가 이에 해당된다. '쇼 머겨라', '연장 다스려라', '긴 밧 가라라', '동 트거든 닐거라', '나드니디 마라라', '셰와스라' 등의 직접적 명령형과 '아히야'의 반복적 호명 등이 표면적으로도 강하게 나타나고 있다. (윤선도, ≪孤山遺稿≫, 이형대 역, 『국역 고산유고』, 소명출판, 2004에 있는 영인본).

[41] 박인로와 관련해서는 실제 작가 자신의 가족 관계와 친척 관계가 구체적으로 등장하고 있는데 이에 대해서는 정소연, 「박인로의 시조와 한시 비교 연구」, 『우리어문연구』50집, 우리어문학회, 2014, 73-120면 참조.

七歲男女不同席은 兄弟姉妹예도 닛지 말게
　　아모리 夫婦間 至親至密이나 爲先有別하여세라

　오륜을 직접 다룬 작품은 위의 두 수가 전부이다. 군신, 부자, 붕우, 장유, 부부의 관계에 대한 윤리가 오륜인데, 이 다섯 가지가 其二十一 한 수에 모두 나온다. 이를 이전 시조들과 비교해보자. 백성을 대상으로 한 16세기의 주세붕의 시조에는 군신과 함께 주노(主奴)를 추가하고, 붕우는 삭제하고 그 대신 형제간의 우애를 추가했다.[42] 가문과 자제를 대상으로 한 17세기 김상용의 시조에는 다시 원래의 오륜을 다루고,[43] 박인로의 시조에는 오륜

---

[42] 주세붕, 《武陵續稿》 <五倫歌> 6수 중
　　제3수
　　"동과 항것과를 뉘라셔 삼기신고
　　벌와 가여미아 이 쁘들 몬져 아이
　　ᄒᆞ매 두 쁜 업시 소기지나 마옵생이다"
　　제5수
　　"兄님 자신 져줄 내조쳐 머궁이다
　　여와 뎌 아ᄉᆞ야 어마님 너 ᄉᆞ랑이아
　　兄弟옷 不和ᄒᆞ면 개 도티라 ᄒᆞ리라"

[43] 김상용, <五오倫륜歌가 五오章쟝>, 《仙源遺稿續稿》 歌辭 (『한국문집총간』)
　　"어버이 子ᄌᆞ息식이 하놀 삼긴 至지親친이라
　　父부母모 곳 아니면 이 몸이 이실소냐
　　鳥오鳥됴도 反반哺포돌ᄒᆞ니 父부母모孝효道도ᄒᆞ여라" (父부子ᄌᆞ之지倫륜)
　　"님군을 셤기오ᄃᆡ 正졍혼 길노 引인導도ᄒᆞ야
　　鞠국躬궁盡진瘁췌ᄒᆞ야 죽은 後후의 마라스라
　　가다가 不불合합곳ᄒᆞ면 믈너간들 엇더리" (君군臣신之지倫륜)
　　"夫부婦부라 히온거시 늄\으로 되어 이셔
　　如여鼓고瑟슬琴금ᄒᆞ면 긔 아니 즐거오냐
　　그러코 恭공敬경곳아니면 卽즉同동禽금獸슈ᄒᆞ리라" (夫부婦부之지倫륜)
　　"兄형弟뎨 두 몸이나 一일氣긔로 ᄂᆞ화시니
　　人인間간의 貴귀혼 거시 이 外외예 쏘 잇ᄂᆞ가
　　갑주고 못어들거슨 이 ᄲᅮᆫ닌가 ᄒᆞ노라" (長댱幼유之지倫륜)

에 형제간의 우애를 추가했다. 특히 주세붕이나 김상용이 각 윤리를 한 수씩 다루었다면 박인로는 군신, 부자, 형제, 부부는 5수씩, 붕우는 2수로 더 구체화되어 25수로 다루어진다는 특징이 보인다.

이에 비해 황윤석은 其二十一 1수 안에 오륜을 다 다루고 있고, 이 한 작품 안에 오히려 형제 관계와 사생, 곧 스승과 제자의 관계까지 추가해서 7가지 인간 관계를 다루고 있다. 18세기 교훈 시조, 특히 오륜의 반경이 작품수로는 확연히 줄었지만 인간 관계에 있어서는 더 다양한 관계를 포함하고 있는 것이다.

이와 관련해 其二十二를 보면 조부모와 손자손녀와의 관계, 형제만이 아니라 자매의 관계를 추가하면서 부부 관계를 한 번 더 다루고 있다. 곧 이전 시조에서 다루지 않던 더 다양한 관계를 다루고 있는 것이다. 부모에 대해서는 조부모과 조손을 추가해 확장하고, 형제에 대해서는 형제와 자매로 더 구체화하고 있으며 이전에 다루어지지 않던 스승과 제자의 관계까지 더 다양한 관계를 다루면서도 작품수는 2수 안에 이 모든 것을 다 말하고 있다.

특히 其二十一과 其二十二는 상하와 남녀의 두 가지 관계를 나누고 있다는 점이 더욱 주목된다. 기존의 오륜에 해당하는 부자, 군신, 부부, 장유, 붕우는 붕우를 제외하면 거의 상하의 인간관계에서 요구되는 덕목들이다. 이에 더해 其二十一에서는 스승과 제자의 관계가 붕우 관계에 들고 있다고 함으로써 역시 상하의 인간 관계를 다루고 있다는 점이 공통적이다.

이에 비해 其二十二에서 다루고 있는 내용은 남녀의 관계라는 점으로 묶을 수 있다. 조부모와 조손 관계라도, 7세 이상이 되면 남녀가 유별하다는

"벗을 사괴오딕 처음의 삼가ᄒ야
날도곤 나으니로 굴희여 사괴여라
終종始시허 信신義의롤 딕희여 久구而이敬경之지ᄒ여라" (朋붕友우之지倫륜)

점을 초장과 중장에서 다루고 있다. 종장에서는 其二十一에서 이미 다룬 부부 관계를 다시 언급하고 있는 것도 역시 남녀의 문제를 다루고 있기 때문이다. 따라서 其二十一이 위와 아래의 인간 관계를 다루고 있다면 其二十二를 통해 상하만이 아니라 남녀의 인간 관계를 다루되, 상하로서의 남녀 관계라는 점이 두드러지지 않는다는 점에서 좌우간의 인간 관계에 대한 관심이 추가되었다고 할 수 있다.

또한 청자를 대하는 화자의 어투를 보면 상하의 관계에서 하는 명령형은 전혀 아니다. 17세기 김상용의 <오륜가>를 보면 '孝효道도 ᄒ여라'나 '사괴여라' 등의 직접적인 해라체의 명령형이 나타난다. <훈계자손가>[44]까지

---

[44] 김상용, <訓훈戒계子ᄌ孫손歌가 九구章쟝>, ≪仙源遺稿續稿≫ 歌辭(『한국문집총간』)

"이바 아희들아 내 말 드러 비화ᄉ라
어버이 孝효道도ᄒ고 어룬을 恭공敬경ᄒ야
一일生싱의 孝효悌뎨를 닷가 어딘 일홈 어더라"

"ᄂᆞᆷ의 말 니르디 말고 내 몸을 술펴보아
허믈을 ᄭ티고 어딘디 올마ᄉ라
내 몸이 오갓 흉 이시면 ᄂᆞᆷ의 말을 니ᄅᆞ랴"

"사ᄅᆞᆷ이 되어 이셔 용ᄒᆞᆫ 길로 ᄃᆞᆺ녀ᄉ라
言언忠튱信신行ᄒᆡᆼ 篤독敬경을 念념慮녀의 닛디마라
내 몸이 용티곳아니면 洞동內ᄂᆡ옌들 ᄃᆞᆺ니랴"

"말을 삼가ᄒ여 怒노호온 제 더 ᄎᆞᆷ아라
ᄒᆞᆫ 번을 失실言언ᄒᆞ면 一일生싱의 뉘옷브뇨
이 中듕의 조심홀 거시 말ᄉᆞᆷ인가 ᄒᆞ노라"

"ᄂᆞᆷ과 싸홈마라 싸홈이 害해 만흐뇨
크면 官관訟숑이오 젹으면 羞슈辱욕이라
무ᄉᆞ 일 내 몸을 그릇ᄃᆞᆺ녀 父부母모羞슈辱욕 먹이리"

"그른 일 몰나ᄒᆞ고 뉘우처 다시 마라
알고도 ᄯᅩ ᄒᆞ면 내 죵 내 그리리라
眞진實실로 허믈곳 ᄭ티면 어딘 사ᄅᆞᆷ 되리라"

"貧빈賤쳔을 슬허말고 富부貴귀를 불워마라

보면 해라체의 명령형이 더 빈번하다. 박인로의 <오륜가>에는 '마라스라'나 '힘서 ᄒᆞ라'의 해라체 명령형이 나오지만[45] 25수라는 작품수에 비하면 직접적 명령형은 이 두 표현밖에 없으니 그나마 적은 편이다. 이에 비해 황윤석의 경우, 특히 직접적 오륜을 다루고 있는 其二十一에서 초장과 중장은 상명하달식과는 전혀 거리가 멀고, 설명투의 평서문 형태를 보인다. 종장에도 '아마도'를 통해 주장을 강하게 드러내지 않고, '엇디 無別하을소냐'는 청자의 동의를 구하는 듯한 의문형을 취하고 있다. 其二十二에서는 '닛지 말게'라는 명령형이 나오더라도 해라체가 아니라 하게체라는 점에서 역시 일방적인 명령은 아닌 것이다. 이런 점에서 교훈시조의 상명하달식이라는 표현이 매우 약화되고 있다는 점 역시 특성이다.

이렇게 볼 때, 18세기 이후 교훈 시조가 줄어들었다고 하지만, 단지 작품

人인爵작곳닷그면 天쳔爵작이 오ᄂᆞ니라
萬만事ᄉᆞ를 하ᄂᆞᆯ만 밋고 어딘 일만 ᄒᆞ여라"

"慾욕心심난다 ᄒᆞ고 못쁠 일 ᄒᆞ디 마라
나ᄂᆞᆫ 니저셔도 ᄂᆞᆷ이 樣양子ᄌᆞ 보ᄂᆞ니라
ᄒᆞᆫ 번을 惡악名명을 어드면 어ᄂᆞ 믈노 시시리"

"일니러 洗셰手슈ᄒᆞ고 父부母모긔 問문安안ᄒᆞ고
左좌右우의 뫼와이셔 恭공敬경ᄒᆞ야 셤기오디
餘여暇가의 글 비화 닑어 못밋츨 듯ᄒᆞ여라"

[45] 박인로, ≪蘆溪先生文集≫ 권3 (김문기 역주, 『국역노계집』, 역락, 1999)
<五倫歌>
'兄弟有愛' 5수 중 제2수
"爭財예 失性ᄒᆞ야 同氣不睦 마라스라
田地와 奴婢ᄂᆞᆫ 갑슬 주면 살련이와
아모려 萬金인들 兄弟 살디 잇ᄂᆞ냐"

'總論' 3수 중 제2수
"幸茲秉彝心이 古今업시 다 이실ᄉᆡ
爰輯舊聞ᄒᆞ야 二三篇 지어시니
嗟哉 後生들아 살펴보고 힘서ᄒᆞ라"

수라는 양적 감소를 가지고 교훈 시조의 축소라 하고 말 문제는 아님을 알 수 있다. 교훈성은 약화되고, 오륜보다 더 폭넓은 교화로서의 변화를 보인다고 할 것이다. 오히려 더 다양한 인간 관계의 문제를 다루고 있고, 또 상하의 인간 관계에서 남녀의 관계까지 염두한 인식의 변화가 반영되었다는 점에서 의미를 부여할 수 있다. 또한 문체를 볼 때에도 해라체의 직접적인 명령보다도 하게체를 통해 상대방을 어느 정도 높여주고 있는 방식도 두드러진 변화이다.

이렇게 엄격한 오륜이나 교훈의 성격은 약화되고, 문체도 명령, 청유 등의 타인을 향한 의향성이 줄어든 만큼 10수 중 나머지 8수 역시 화자의 태도가 변한 것을 예상해 볼 수 있다. 곧, 청자 지향적인 태도도 보이지만 화자 지향적 태도 역시 적지 않게 발견되어서 주목된다.

이와 관련해 아래 작품들을 살펴보자.

其十七
虛靈ᄒᆞ온 이내 本心 純善ᄒᆞ온 이내 本性
本心은 聖凡이 ᄒᆞ가지오 本性은 人物이 ᄒᆞ가지니
엇디타 本心性汩失ᄒᆞ여 至愚極賤 되올소냐

其十八
天地도 廣大ᄒᆞ다 내ᄆᆞ옴ᄀᆞ치 廣大
日月도 光明ᄒᆞ다 내ᄆᆞ옴ᄀᆞ치 光明
眞實노 내ᄆᆞ음 天地日月 갓게 ᄒᆞ면 堯舜同歸ᄒᆞ오리라

其十九
靈明不測 이내ᄆᆞ옴 出入無時 이내ᄆᆞ옴
毫釐間 千里萬里오 須臾間 千古萬古ㅣ러라
아마도 輕輕히 照管ᄒᆞ고 略略히 存在ᄒᆞ여 敬字닛지 마오려니

其二十
믜이 쥐면 보아지리 아니 쥐면 두라나리
勿忘勿助 地境의 이내무음 存省ᄒ여
죽도록 蹈虎履冰이오 臨淵隕谷이오려라

其二十三
人生이 有慾하야 寒暖飢飽 밧긔 無限
淫聲도 저푸오나 亂色도 더욱 저퓌
죠금곳 本心 일사오면 사람아녀 禽獸이러라

其二十四
禽獸도 寒暖알고 禽獸도 飢飽알고
禽獸도 死生利害 낫낫치 모르ᄂ 일 잇듯던가
슬푸다 禽獸만 賤타말고 내 몸 貴키 도라보게

其二十五
이내 몸이 天地間의 禽獸와 다라기난
倫紀禮節을 졔모로고 이 能히 아롬이니
엇지타 天地에 參爲三才하여 禽獸同歸하올소냐

其二十六
禽獸웃 아니 되면 夷狄도 되지 말고
下愚로 上智 틔워 堯舜周孔濂洛關되어보소
두어라 層層階梯에 머다한들 언마 머올손가

　교화적 성격의 10수 중 나머지 작품들이다. 其十七에서 '本心'에 대해 언급하기 시작하여 其二十三까지 본심(本心)에 대해 말하고 있다. 그 사이 其二十一과 其二十二가 앞에서 본 오륜 관련 내용들이고, 이 두 수도 본심(本心)에 속하고 있는 것을 연속적 배열에서도 알 수 있다. 그래서 의향법의 경우에도 앞에서와 같이 직접적 해라체의 명령형은 보이지 않는다. 그나마 나타나는 명령형은 其二十四 종장에서 '도라보게'의 하게체, 其二十六 중장에서 '되어보소'의 합쇼체, 두 군데가 전부이다.

여기서 또 주목되는 부분은 1인칭 '나'를 지칭하는 표현이 반복해서 등장하고 있다는 점이다. 곧 '이내 本性', '이내 本心', '(이)내 무 음', '내몸', '이내 몸' 등이 지속적으로 반복되고 있는 1인칭 지향의 표현들이다. 교화의 대상이 타자도 있겠지만 화자 자신을 직접적으로 가리키고 있는 표현이 너무 빈번하고 나타나고 있는 것이다. 물론 이전 교화적 시조에서도 1인칭적 표현인 '나'가 전혀 사용되지 않은 것은 아니다. 그러나 교화적 시조에서 '나'가 차지하는 정도의 문제와 적극적 표현이 적지 않다는 점에 주목할 필요가 있다.

우선 1인칭 표현 중에서도 더 주목되는 것은 '이내'라는 표현이다. '이내'는 '나의'를 강조하는 관형사이다. 한두 번 정도라면 그냥 지나칠 수 있지만, 교화적 내용을 이루는 일군의 연속된 작품들에서 너무 빈번하게 '이내'라는 시어를 사용하고 있다. 게다가 '나의'나 '내'보다 더 강한 어감을 가진 강조의 표현인 '이내'라는 단어를 사용하고 있어서 교훈의 강조 대상에 화자가 포함되고 있기 때문이다.

이번에는 종결어미에 주목해보자. 타인 지향의 교화적 시조에서는 명령형이나 청유형, 의문형이 많은 편이다.[46] 교화적 시조가 아니라도 시조는 청자 지향적 표현인 명령형이나 청유형, 의문형이 많다.[47] 그런

---

[46] 이에 대해서는 권정은(2003), 앞의 글 ; 박연호,「교훈시조의 창작기반과 진술 방식」,『교훈가사 연구』, 다운샘, 2003, 27-45면 ; 최재남(2004), 앞의 글 ; 최홍원,「주세붕의 표현 전략」,『한국언어문학』 84집, 한국언어문학회, 2013a, 271-300면 등 참조. 정철의 시조가 표현적 차이가 좀 있긴 하지만 역시 청유형이 많은 것이 사실이다. 이에 대해서는 권두환,「송강의 <훈민가>에 대하여」,『고전시가론』, 새문사, 1984 참조.

[47] 교훈시조가 아니더라도 시와 대비되는 노래로서 시조가 가지는 특성 중 하

데 위 여덟 수의 시조에서 명령형은 단 2회, 그것도 해라체가 아니라 하게체와 합쇼체인 것은 앞에서도 보았다. 특히 其二十四 종장의 명령형은 '내 몸'을 넣어서 '내 몸 貴키 도라보게'라고 표현하고 있다. 곧 8수에서 1인칭 '나'를 지칭하는 표현이 10회나 등장하는 만큼 청자 지향적 의향법도 거의 나타나지 않고 있는 것이다. 이를 볼 때에 1인칭 표현이 단지 수사적 방식으로서 넣은 것이 아님을 더욱 알 수 있다.

노래로 부르는 교화적 시조가 훈민이나 오륜 등의 내용을 다룰 때에는 자기를 포함하기는 하지만 대체로 그것을 타인에게 발화하려는 의도가 강하기 때문에 청자 지향적 표현이나 의향법이 많다. 그래서 교화의 대상도 백성이나 자제, 후학 등 하층에서 상층까지 누구라도 자기가 아닌, 자기보다 낮은 지위나 어린 사람들 등 타인을 지향하고 있는 것이 일반적이다. 그런데 황윤석의 경우에는 목주의 현감으로 부임해 지은 작품들임에도 타자 지향적이기보다 화자 지향적인 교화적 내용을 담고 있다는 점에서 독특하다. 이제는 타인이 아닌 화자 자신으로, 곧 사대부의 교화의 대상이 외부나 하층이나 어린 사람이 아니라 사대부 자기 자신으로 옮겨진 변화를 보이고 있는 것이다.

화자 지향적 교화 시조라는 것은 곧 자기 성찰적 시조라는 것을 의미한다. 교화의 대상이 외부의 타자가 아니라 자기 자신이기 때문이다. 소리, 곧 음성은 자기를 포함하기도 하지만 더 본질적 기능은 외부를 향한 것이다. 그런데 타인이 아니라 자기 자신의 마음을 천지일월(天地日月)과 같이 밝게(其十八) 존성(存省)하려는 것(其二十)은 곧 교화의 대상이 외부에서 내부로, 타인에서 자기 성찰로 옮겨진 것을 보여준다.

우선, 교화성의 성격을 띤 일련의 작품에서 해라체의 일방적인 직접 명령

나가 바로 종결어미의 청자 지향적 태도이기도 하다. 이에 대해서는 정운채(1993), 앞의 글 ; 조하연(2000), 앞의 글 참조.

대신에 상대방을 배려하는 문체로의 변화, 그리고 이어서 다룰 '교화 대상으로서 타인이 아닌 화자 자신의 강조'는 남을 가르치려 드는 고압적이고 거만한 자세가 아니라 타인을 배려하는 낮은 자세라고 할 수 있다. 이는 조세형(2008)[48]에서 근대성으로 주목하고 있는 바, 타인을 배려하는 낮고 온유한 목소리로도 이해할 수도 있을 것이다. 황윤석의 시조가 왜 근대시로서의 시적 지향을 보이는가를 문체와 화자의 태도면에서도 찾을 수 있는 것이다. 물론 앞에서 본 당대 인물에 대한 대등한 의식 역시 시조 내용면에서 보여지는 세계관적 변화로서의 근대시적 지향이라고 할 수 있을 것이다.

다음으로, 이렇게 시선이 타자가 아닌 화자 자신이라는 점은 시조가 노래로 부르는 성격에서 자기 자신을 향하는 기록적 성격이 어느 정도 나타난 것은 아닐까. 곧 외부의 청자가 아니라 내부의 화자를 지향한다는 점이 청자를 의식한 구술적 성격이 아니라 화자 자신을 의식한 고백적, 기록문학적 성격을 보이고 있는 것이 아닌가 하는 것이다.[49]

이와 관련해 여기서 다음의 특성을 포착할 수 있다.

첫째, 훈민이라는 백성 대상의 전통적인 시조의 교화적 기능이 후학이나 친지, 가문으로 그 대상의 지위가 하층만이 아니라 상층까지 포함하는 방향으로 점점 넓어지고 높아진다는 점이다. 이는 국문(國文) 매체가 처음 만들어질 때는 백성을 대상으로 한 '훈민정음(訓民正音)'으로서의 기능이 컸지만 국문의 지위와 기능이 점점 높아지고 사대부에게까지 확대되는 변화와

---

[48] 조세형, 「조선후기 시가문학에 나타난 근대와 그 의미」, 『한국시가연구』 24집, 한국시가학회, 2008, 113-139면.
[49] 황윤석 이전의 교화 시조 중에서 박인로는 그나마 명령형이 작품수에 비해 매우 적은데, 이러한 특징 외에도 여러 다른 특징들이 시조의 기록성과 밀접하다는 점은 앞 장에서 본 바 있다. 곧 17세기 후반 작가 중에서 본서에서 다루고 있는 황윤석과 유사한 특성이 나타나는 경우로 박인로가 가깝다고 할 수 있다.

도 밀접하다. 시조의 교훈 대상의 변화가 국문 매체의 사회적 지위의 변화와 방향성이 유사하다는 점이다. 곧 국문의 지위가 처음 창제된 시기에는 한문보다 낮아서 상하의 관계에 있다가 점점 높아져 근대 국문전용시대에 이르러 한문과 대등하게 변화하는 과정과도 같은 길을 걷고 있는 것이다.

둘째, 교화시조의 대상이 하층→상층자제 및 친족→사대부 자신으로, 곧 타인에서 자기 자신으로 옮겨가는 것은 교화적 시조가 타자 지향성에서 자기 고백성으로 변화한 것이다. 타인을 향해 발화하는 기능의 교훈 시조가 이제 사대부인 자기 자신을 향해 발화하는 기능, 곧 화자 지향적 성찰 시조로서의 기능으로 변화하고 있는 것이다. 그간 사대부에게 자기 성찰의 통로는 시조보다는 문자로 기록하는 한시가 더 본연의 기능을 해왔다.

혼자 조용히 쓰면서 눈으로 읽고 자기를 돌아보려는 경향이 더 크기 때문이다. 타자를 향한 교화는 노래인 시조로, 자기를 향한 교화, 곧 성찰은 시인 한시로 그 기능과 역할을 취해왔던 것이다.

이는 문자와 음성, 고급문어인 한문과 일상 구어인 국어의 양층적 성격에도 밀접하다. 외부를 향하는 소리의 속성을 가진 노래보다 내부를 향하는 문자의 속성을 가진 시가 자기 성찰로서는 더 알맞기 때문이다. 또한 식자층의 문자인 한문이 훈민의 기능이 강한 국어보다는 자기 성찰을 토로하는 데에 더 적합하다고 여겼던 것이기도 하다. 그런데 시조에서 보이는 이러한 변화는 곧 한문과 대비적인 국문의 사회적 지위의 변화와 더불어, 읽는 시로서 시조를 인식하는 점으로까지 연결될 수 있는 것이다.[50]

남정희(1994)[51]에서는 18세기 사대부 시조에 대해 교화의 대상이 가

---

50 17세기 정훈의 경우 오륜이나 훈민보다 넓은 의미로서의 교화적 내용의 시조가 몇 편 보이는데, 역시 그 교화의 대상이 자가 자신인 경우가 2편 보여서 황윤석의 경우가 사대부 시조사에서 처음이자 급작스러운 것만은 아님을 알 수 있다. 이에 대한 더 자세한 내용은 본서의 정훈 부분 참조.

문과 개인으로 축소되었다고 보고 있다. 이 역시 시조의 기능 변화를 인식한 시각으로 보인다. 그 대상이 백성에서 가문과 자신이 된 것이 수적(數的)으로는 줄어들었을지 모르지만 교화 대상의 변화로서 하층에서 상층으로의 이동, 외부의 타인에서 자기 성찰로, 또 문체에 있어서도 청자지향성보다는 화자 지향성으로의 변화를 의미하기 때문이다. 황윤석의 시조가 화자 지향성을 보인다고 해서 교화의 대상이 타자는 전혀 포함되지 않는 것은 아니다. 결국, 교화적 시조의 18세기적 변화로서 그 이면에 국어시가의 기능적 측면의 변화가 자리하고 있다는 점을 주목할 필요가 있다는 것이다.

2.5. 형식적 변화와 읽는 시로서의 특징

여기에서는 앞에서 본 작품들을 포함해서 <목주잡가> 28수 전체를 대상으로 형식적 변화를 구체적으로 살펴보고자 한다. 기존의 평시조가 가진 정형성과 문체적 특징이 황윤석의 시조에는 어떻게 변화되고 있는지 보도록 하자.

2.5.1. 행말(行末)의 명사적 종결과 허사(虛辭)의 탈락

일반적으로 시조의 한 행은 연결어미나 종결어미로 끝나는 것이 대부분이고 그렇지 않더라도 최소한 조사 등이 붙은 상태로 행이 전환된다. 이는 일상적인 우리말의 첨가어적인 특성으로서 자연스러운 현상이다. 그런데 황윤석의 시조에서는 우리말의 활용어미로 행이 끝나지 않는 것은 물론이고, 조사같은 첨가어도 없이 명사형으로 종결되는 경우가 자주 나타난다. 다음 작품들이 그 예이다.

---

51 남정희(1994), 앞의 글.

其二
年年 九月 열사흔날 年年 三月 初닷샛날
우리 先王 聖德을 어느덧 닛자올가
으즙어 百年限하여 죽도록 갑사오려

其三
닛자오려 못 닛자올 쉬인두해 先王功德
時時와 夜夜로 念念의 눈물이
두어라 우리님 聖明이시니 太平萬歲 비옵노라

其八
맛누의님 쉬인여섯 아이손 마운아홉
져근 누의 마은녀섯 아니늙다 하올소냐
내 나도 쉬인한아히니 百年慈親 함끠 榮奉하리

其十六
言語도 不可不愼 飮食도 不可不節
言語로 文字의 미뤄보고 飮食으로 財祿의 미뤄보라
녯 聖人 頤卦大象이니 우리 先訓 더옥 죠타

其十七
虛靈하온 이내 本心 純善하온 이내 本性
本心은 聖凡이 한가지오 本性은 人物이 한가지니
엇디타 本心性汨失하여 至愚極賤 되올소냐

其十八
天地도 廣大하다 내 마음갓치 廣大
日月도 光明하다 내 마음갓치 光明
眞實노 내 마음 天地日月갓게 하면 堯舜同歸하오리라

其二十三
人生이 有慾하야 寒暖飢飽 밧긔 <u>無限</u>
淫聲도 저푸오나 亂色도 더욱 저퓌
죠금곳 本心 일사오면 사람아녀 禽獸이러라

　위의 예들을 보면 작품 전체가 끝나는 종장에서는 그렇지 않지만, 초장에서, 드물게는 중장에서도 행말 종결이 명사형인 경우가 많다. 곧 명사구도 아니고 명사 단어로 행이 종결되는 특이한 시형을 보이고 있는 것이다. 무엇보다 其二의 초장과 其八의 초장은 더 주목을 요한다. 한 행 전부에 걸쳐서 조사나 어미 사용을 전혀 배제하고, 모두 명사의 나열로만 행을 구성하고 있기 때문이다. 이러한 형태는 첨가어인 국어의 자연스러운 일상어가 아니라 조사나 어미 등을 일부러 사용하지 않고 있다고까지 할 수 있다. 우리말의 조어 방식이 명사에 어미나 조사를 붙여 사용되는 경우가 많은데 어미나 조사를 일부러 삭제하지 않으면 이렇게 되지 않기 때문이다.
　만약 종장에서 이런 현상이 나타난다면 시조창의 가창 관습상 종장 마지막 음보를 생략하는 것이 일반화되었기 때문에 명사형 종결이 가능하다고 할 것이다.[52] 그러나 그런 경우에도 조사나 어미는 살아있지 명사로만 끝나지는 않는다. 게다가 현대시와 같이 행갈이나 띄어쓰기를 통해 일상어에 제재를 가하는 시대도 아니기 때문에 첨가어로서의 특징을 제외할 또 다른 이유가 있어 보이지도 않는다. 따라서 이러한 현상이 의미하는 바가 무엇인지 생각해볼 필요가 있다.
　조사나 활용어미를 통해 허사를 첨가하는 것이 국어의 특징인데, 이러한 허사를 삭제함으로써 초장, 혹은 중장이 명사형 종결을 이룬다는 것은 무엇을 의미하는가? 일반적으로 시조의 표현은 일상언어와 크게 다르지 않다.

---

[52] 그렇다고 황윤석의 시조가 시조창으로 불렸다는 뜻은 아니다.

조탁을 많이 가하지 않아서 일상 구어의 자연스러운 표현을 그대로 가지고 있는 편이다. 따라서 4음보의 한 행에서 명사 단어로의 종결은 일상어로서는 어색한 표현이다. 곧 말을 이렇게 하면 이상하지만 글은 이렇게 해도 눈으로 그 의미를 생각해 새기면 되므로 그 어색함이 상대적으로 덜 느껴지는 것이다. 따라서 이 역시 구술성이 약화되고 읽는 시로서의 특성에 가깝다고 할 수 있다.

이러한 현상을 현대시조에서는 곧잘 볼 수 있다. 전통시조와 달리 현대시조는 가(歌)의 성격이 매우 약화되고 현대시의 일종으로서 존재한다. 그래서 다음과 같은 형태를 빈번하게 볼 수 있다.

이민화, 〈문을 열고〉[53]
어수선한 사건들이 지나간 자리마다
골 깊은 등줄기에 멍으로 남은 자국
세월의 회초리 앞에 허물을 벗는 시간

위 작품은 2005년 신춘문예에서 당선된 현대시조이다. 중장과 종장에 해당하는 행이 명사형으로 종결되고 있다. 특정 사례가 아니라 자주 볼 수 있는 현상이다. 또 20세기 현대시조와도 유사한 측면을 찾을 수 있다. 일례로 명사적 행 종결의 특징은 최남선의 시조에서도 볼 수 있다.[54]

---

[53] 2005 부산일보 신춘문예당선작 4연 중 제1연
(http://www.busan.com/view/busan/view.php?code=20050101000138).

[54] "어머니 내 어머니/ 아올스록 큰어머니/ 다숙한 품에 들어/ 더욱 늣길 깁흔 사랑/ 써 돌아 몸얼린일이/ 새로뉘처집네다" 최남선, 〈천왕봉에서 其三〉, 《백팔번뇌》, 태학사, 2006. 이외에도 앞에서 살펴본 황윤석 시조의 화자 지향성과 관련해 1인칭 위주의 문체 역시 최남선의 시조에서도 보여 주목된다. 이에 대해서는 강명혜, 「시조의 변이 양상」, 『시조학논총』24집, 한국시조학회, 2006, 28-31면 참조.

현대 시조는 노래로 불리지 않고 눈으로 읽는 경우가 대부분이다. 근대 이후 국문(國文) 전용시대가 되면서 국어로 된 시가(詩歌)는 가(歌)와 분리가 되면서 시(詩)가 되는데, 바로 그러한 과정에서 나타나는 특징 중 하나가 바로 허사 사용이 배제되는 것이다.

허사 사용의 배제는 한시에서도 보이는 특징으로서 국어시가가 한시와 상호 경쟁하며 시와 가의 상관관계 속에서 점점 기록문학으로서의 특성이 강화되면서 취하게 되는 하나의 현상이라고도 할 수 있을 것이다. 드문 예이지만 16세기 이현보의 <어부단가> 5장에도 제2수 초장에 "구버논 千尋綠水 도라보니 萬疊靑山"이 보이는데,[55] 이 역시 한시와의 밀접한 관련이 있는 작품이라는 점을 상기하게 된다. 이런 점에서 18세기 후기 황윤석의 시조는 국어시가가 읽는 시의 특성이 나타나는 점을 보여주는 중요한 위치에 있다고 보인다.

현대시는 행말이 명사로 종결되는, 곧 활용어미 등의 허사로 종결되지 않는 경우가 적지 않다. 행갈이라는 시각적 공간 활용도 중요한 역할을 하기 때문에 더욱 그러하다. 일례로 박목월의 <청노루>를 보자.

박목월, 〈청靑노루〉[56]
머언 산 淸雲寺
낡은 기와집

山은 紫霞山

---

[55] 이현보, ≪聾巖先生文集≫ 雜著 卷3 歌詞 <漁父短歌 五章>중 제2수 초장. 이현보의 <어부장가 9장>과 <어부단가 5장> 전체를 통틀어도 이러한 명사적 행 종결은 이 부분이 유일하다.
[56] 박목월, ≪청록집≫, 이남호 편, 『박목월시전집』, 민음사, 2003, 36면의 표기를 그대로 가져온다.

봄눈 녹으면

느릅나무
속ㅅ잎 피어 가는 열두 구비를

靑노루
맑은 눈에

도는
<u>구름</u>

위 시를 보면 행갈이가 빈번하고, 행말의 형태가 명사로 끝나는 경우가 많다. 이러한 특성이 현대시조보다 현대시에서 더 빈번한 것이다. 행갈이는 시각적인 편집 배열의 결과이다. 1~3행은 모두 명사로 끝나고, 일상 구어와의 거리도 멀다. 반면에 조선 전기나 중기의 시조는 거의 일상 구어와 다르지 않고, 그 기록도 띄어쓰기와 행갈이도 없이 배열되어 있다. 일상에서 하는 말과 어순이 유사하고 조탁이 거의 가해지지 않은 전통적인 시조와, 일상 구어에 조탁이 심하게 가해져 명사 시어만 배열되고 행갈이가 된 현대시의 사이에 황윤석의 시조가 있다고 할 수 있다.

그렇다고 해서 황윤석의 시조가 노래의 성격이 없다는 뜻은 아니다. 황윤석의 시조에 읽는 시로서의 특징이 나타난다고 해서 노래가 아닌 시인 것은 아니기 때문이다. 국어시가사의 전개로서, '고전시가'가 '현대시'로 전개되는 과정에서의 변모 양상이 양층언어문학적 관점을 통해 발견될 수 있는데, 그 특징이 이렇게 나타난 것을 포착한 점에 무게를 두고자 하는 것이다. 이후의 논의도 이러한 관점에서 계속 진행한다.

2.5.2. 한문 어순의 한자구 사용

황윤석의 시조에 나타나는 시로서의 또 다른 특징은 한문 어순의 한자구의 사용이다. 우리말 어순으로 풀어낼 수도 있는데 한문으로 된 '구(句)'로 표현하는 경우가 자주 나타난다. 이와 관련해 다음 예를 보도록 하자.

其十七
虛靈하온 이내 本心 純善하온 이내 本性
本心은 聖凡이 한가지오 本性은 人物이 한가지니
엇디타 本心性汨失하여 至愚極賤 되올소냐

其十九
靈明不測 이내 ᄆᆞ음 出入無時 이내 ᄆᆞ음
毫釐間 千里萬里오 須臾間 千古萬古이러라
아마도 輕輕히 照管하고 略略히 存在하여 敬字 닛지 마오려니

其二十六
禽獸옷 아니 되면 夷狄도 되지 말고
下愚로 上智 틔워 堯舜周孔濂洛關되어보소
두어라 層層階梯예 머다한들 언마 머올손가

위 세 작품에서는 적게는 4음절에서 많게는 8음절에 이르는 한문어순의 한자구가 사용되고 있다. 특히 其十九의 중장은 '오', '이러라'만 제외하면 한문(漢文)만 남는다. 이러한 대목들은 한자어 사용을 피할 수는 없겠지만 적어도 국어의 어순에 맞게 풀어서 쓸 수 있는 표현들이다. 그럼에도 한문(漢文) 문장의 일부인 듯한 한자어구로 표현하고 있다.

이렇게 한문투의 표현들이 종종 나타나는 것도 노래로서의 시조보다는 기록문학인 시로서 시조가 인식되고 있는 현상으로 볼 수 있다. 귀로 듣는 노래보다 눈으로 '읽는' 시는 조금 더 복잡한 한문투도 쉽게 이해될 수

있기 때문이다. 물론 지식인층으로서 황윤석같은 사대부에게 이 정도의 한자구는 귀로 들어도 전혀 어렵지 않은 표현이지만, 이는 쉽고 어렵고의 문제가 아니다. 그만큼 기록문학으로서의 문체가 두드러진 현상으로 볼 수 있을 것이다.

이러한 현상은 19세기에 이르면 더 강화되는 경향을 보인다. 6장에서 자세히 다루겠지만 그 대표적 예가 이세보의 시조들이다. 한 예를 보면 아래와 같다.

> 이세보, ≪風雅(大)≫24[57]
> 밝은 의리(義理) 샴노동공(三老董公) 병츌무명(兵出無名) 한 쇼리의
> 한틔도(漢太祖) 씌다르니 만민(萬民)이 열복(悅服)이라
> 아마도 텬시불여인화(天時不如人和)인가

이세보는 절구의 4구를 그대로 시조화한 작품이 많은데, 여기서는 그런 경향을 말하는 것이 아니다. 한시에 허사를 더한 시조화의 문제가 아니라 역시 한문 문장투의 한자구의 사용을 보고자 하여 위 작품을 가지고 온 것이다.

위 작품에서도 한자구가 여럿 있지만, 특히 초장의 '병츌무명(兵出無名)' 과 종장의 '텬시불여인화(天時不如人和)'에 주목해보자. '병츌무명(兵出無名)'은 명분없이 병사를 일으킨다는 것이지 국어의 어순이 아니라 한문 문장의 어순이다. '텬시불여인화(天時不如人和)'도 마찬가지이다. 물론 이런 표현들이 관용구로서 사용될 수는 있겠으나 역시 조선전기나 중기의 시조의 표현과는 다른 특징인 것이다. 이렇게 18세기 이후 시조에 한문투의

---

[57] 이세보, ≪風雅(大)≫의 24번째에 나오는 시조이다. 이세보, ≪李世輔 時調集≫, 단국대학교 동양학연구소, 1985.

구절이 들어가는 것 역시 듣기보다 읽기의 시각성이 강화된 것으로 볼 수 있다. 물론 이세보의 시조 역시 노래로 불린 측면이 있는데 이에 대해서는 해당 장에서 상론하기로 하고, 여기서는 시가사적 전개를 살피기 위해 잠깐 예를 들었다.

이렇게 4음절이 넘어가는 긴 한문투의 구절이 들어가게 되면 노래로서의 운율감은 줄어들게 된다. 게다가 시조 정형의 음보나 구조도 틀어지게 되는데 이러한 현상에 대해서는 항을 달리 해서 살펴보도록 하자.

2.5.3. 평시조 정형성의 균열

평시조의 한 행은 3음절 혹은 4음절로 된 음보가 4개가 모여 이루어진다. 그런데 앞절에서도 보았듯이 황윤석의 시조에는 긴 한문투의 한자구로 인해 1개의 음보 길이도 길어지거나 음보를 나누기가 애매한 현상이 나타나 이러한 기본형이 깨지는 경우가 적지 않다.

다음의 예를 보자.

[초장이 5음보 이상인 경우]
其二十二
七歲孫男을 祖母도 안을소냐 七歲孫女를 祖父도 안을소냐
七歲男女不同席은 兄弟姉妹예도 닛지 말게
아모리 夫婦間 至親至密이나 爲先有別하여세라

[중장이 5음보 이상인 경우]
其九
맛아들 딸 한애오 맛딸 婚姻 늦게 되나
十八歲 小子와 十一歲 小女는 阿孃업시 어이려뇨
슬푸다 先人餘慶 계옵시니 너희 壽福 바라노라

其十六
言語도 不可不慎 飮食도 不可不節
<u>言語로 文字의 미뤄보고 飮食으로 財祿의 미뤄보라</u>
넷 聖人 頤卦大象이니 우리 先訓 더옥 죠타

其十七
虛靈하온 이내 本心 純善하온 이내 本性
<u>本心은 聖凡이 한가지오 本性은 人物이 한가지니</u>
엇디타 本心性汩失하여 至愚極賤 되올소냐

[종장이 5음보 이상인 경우]
其八
맛누의님 쉬인여섯 아이손 마운아홉
져근 누의 마은녀섯 아니늙다 하올소냐
<u>내 나도 쉬인한아히니 百年慈親 함끠 榮奉하리</u>

其十八
天地도 廣大하다 내 마음갓치 廣大
日月도 光明하다 내 마음갓치 光明
<u>眞實노 내마음 天地日月 갓게 하면 堯舜同歸하오리라</u>

 좀 길지만 여러 작품을 든 이유는 초장, 중장, 종장 어느 위치에서든 이러한 현상이 보인다는 점을 들기 위해서이다. 물론 종장의 경우는 其八과 其十八, 其二十二의 3회 정도 나타나는데, 종장은 때때로 제2음보의 위치가 길어질 수 있다는 점을 감안해서 어느 정도의 허용치 안에 있다고 한다면 초장과 중장에서 5음보 이상으로 길어지는 현상으로 정리할 수 있을 것이다.
 위 작품들에서 보듯이 황윤석의 시조에는 초장에서, 특히 중장에서 더욱 4음보를 넘어 5음보, 6음보로 길어지는 경우가 적지 않게 나타난다. 특히 마지막 其二十二의 초장을 보도록 하자. 최소 6음보로 볼 수도 있겠지만

'칠세손남(七歲孫男)을'을 '칠세/ 손남(七歲孫男)을'로 2음보로 읽는 것이 더 자연스럽다. 이렇게 되면 8음보가 되어 보통 평시조의 2행이 1행에 있게 된 것이나 다름없게 된다.

이에 대해 6음보가 되는 엇시조라고 하거나 시조 형태의 변화를 단순하게 여겨 사설시조화되는 과정 가운데 있다고 볼지도 모르겠다. 그러나 사설시조에서 한 행의 길이가 길어지는 현상과 황윤석의 시조에서 보이는 이러한 현상은 같다고 할 수는 없을 것이다. 왜냐하면 단순한 음보 수의 확장이 아니기 때문이다.

예로 든 작품을 보면, 단순히 음보수가 많아지는 것이 아니라 하나의 원리같은 경향성을 포착할 수 있다. 특히 중장이나 초장의 경우에서 그러한데, 곧 대구를 이루며 같은 표현이 한 행 내에서 반복되기 때문에 음보가 길어지고 있는 것이다. 일례로 其二十二에서는 '칠세손(七歲孫) ~을 조(祖)~도 안을소냐 칠세손(七歲孫)~를 조(祖)~도 안을소냐'가, 其十六에서는 '~로 ~의 미뤄보고, ~로 ~의 미뤄보라'가 대를 이루며 같은 구조가 반복되면서 음보수가 늘어나고 있다.

이렇게 대구를 이루며 같은 구조가 반복되는 현상에 다시 수반되는 특징이 하나 더 있다. 곧 한 행의 내적 휴지가 크게 2분된다는 점이다. 특히 의미상의 휴지만이 아니라 문장이 종결되어 한 행에 2개 이상의 문장이 등장하는 현상으로까지 이어지고 있다. 곧 '천지(天地)도 광대(廣大)하다 내 마음갓치 광대(廣大)'나 '언어(言語)도 불가불신(不可不愼) 음식(飮食)도 불가부절(不可不節)' 등이 그 예이다. 앞절에서 명사로 행이 종결되는 특징과도 연결되어 온전한 문장은 아니지만 명사형 종결의 문장으로서 2문장이 한 행 내에서 나타난다고 할 수 있는 것이다.

이렇게 반복적 구조의 대구가 행과 행 사이에 나타나는 것은 새로운 현상이 아니지만 여기서 주목하고자 하는 것은 이러한 현상이 6음보 이상의 과음보와 연결된다는 점이다. 또 한 행의 4음보라는 정형율이 조금씩 흔들리고 있는 이유가 대구로 인한 것이고, 나아가 한 행에 2개의 문장이 존재하는 것과도 연결되기 때문이다.

이는 단순히 한 행이 2음보로 된 문장이 2개가 있다는 점과 다르다. 시조는 때로는 1행이 곧 1문장인 경우 못지 않게 2행이 연결어미로 이어져 한 문장인 경우, 심지어 3행이 1문장인 경우까지 있다. 그런데 한 행 내에 2문장이 존재하는 구조로 이루어져있다는 점은 '문장'이 의미하는 통사적 단위를 생각할 때에 시조의 구조가 이어지기보다 나뉘어지고 분화되는, 그래서 초장, 중장, 종장의 단위가 그보다 더 작은 단위로 해체될 가능성을 내포한다는 점에서 주목된다.

황윤석 이전의 시조 작가 중에서 한 행이 2장을 이루는 구성을 즐겨 사용한 경우는 이이이다. <고산구곡가>에는 매 작품의 초장마다 "一曲은 어드메오 冠巖애 힉 비취ᄂᆞ다"가 반복되어 나온다. 그런데 이는 대구는 아니다. 1행을 구성하는 문장이 2개임에도 불구하고, 묻고 답하는 대화적 구조를 취하고 있어서 고립되거나 나뉘어지지는 않는다. 반면에 황윤석의 시조에 나타나는 2문장 1행의 구조와 5음보 이상의 한 행을 이루면서 취하는 등가구조는 비연속적이고 독립된 구조를 갖고 있으면서 한 행이 다시 그보다 작은 단위로 나뉘어질 가능성을 높이고 있는 것이다.

언뜻 보기에는 평시조 28수를 지은 것으로 볼 수 있지만 그 문체를 구체적으로 살펴본 결과 평시조의 일반적인 정형성에 비해서 한 음보를 이루는 음절수나 한 행을 이루는 음보수가 더 길어지고 자유로워졌다. 이는 정형성 안에서 노래불리던 시조가 아니라 눈으로 읽는 자유시를 지향하는 것으로 시조의 존재방식의 변화를 보여주는 것이라고 볼 수 있지않을까. 특히 지금까지 살펴본 특징들과 연결해서 본다면 정형성의 균열과 자유로움의 추구는 곧 노래로서 향유되던 시조의 위상과 존재방식이 이전과 다른 방향, 곧 다음 시대와 가까워지는 읽는 시로서의 시조의 변화로 볼 수 있지 않을까 한다.

2.6. 시조의 기록방식

17세기까지 양층언어작가의 경우, 시조의 기록방식은 띄어쓰기와 행구분이 없는 것을 보았다. 18세기 권섭의 경우에는 시조는 이전 양층언어작가와 마찬가지의 경향을 보였지만, 한역시의 경우에 시조는 3장 구분을 하거나 사(詞)는 4장 구분을 하고 있는 것을 보았다. 이에 비해 황윤석은 띄어쓰기와 행갈이를 하고 있다는 점에서 이전에 볼 수 없었던 모습을 보인다. 곧 지금까지 살펴보았던 양층언어작가 중에 가장 시각적 편집 방식을 고려한 표기를 보이고 있다. 시조 28수가 동일한 방식을 취하고 있는데, 예를 들면 다음 [그림2]와 같다.

[그림2] 황윤석, ≪頤齋亂藁≫의 시조 <목주잡가> 기록 방식[58]

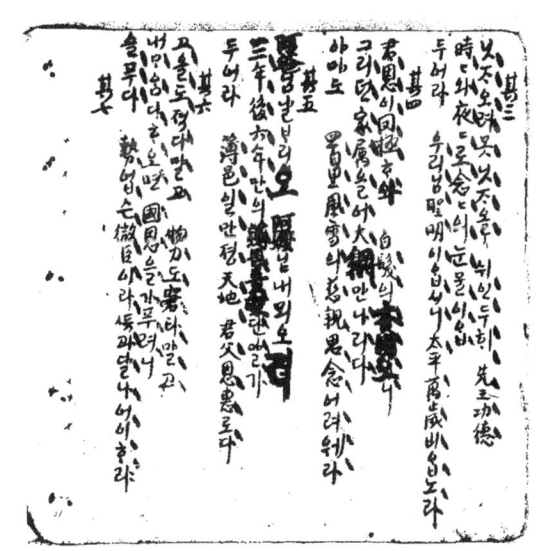

---

58 ≪頤齋亂藁≫ 권32.

황윤석은, 이후에 더 자세히 보겠지만, 자기 당대 시조는 물론이고, 그 이전의 시조들도 한역시로 남긴 바 있다. 곧 자신이 직접 시조를 지을 뿐만 아니라 다른 이들의 시조를 한역(漢譯)하여서 시조에 대한 지대한 관심을 가지고 있다는 것을 알 수 있다. 이러한 그의 행적 못지않게 시조의 띄어쓰기나 행갈이 역시 황윤석이 시조에 대한 지대한 관심을 가지고 있다는 것을 보여준다.

시조 매 수마다 3장 구분이 되면서 행갈이를 하고 있는 점이 우선 눈에 띈다. 그런데 각 행 내에도 띄어쓰기가 되어 있다. 곧 초장이 안짝과 바깥짝으로 띄어쓰기가 되어 있고, 중장은 띄어쓰기가 없고, 종장은 제1음보와 나머지 세 음보 사이에 띄어쓰기가 되어 있다. 곧 시조 전체가 5장 구분이 되어 있는 것이다. 이렇게 초, 중, 종장의 3장 구분과 가곡창으로의 구분인 5장 구분이 동시에 있어서 매우 흥미롭다.

어찌보면 이러한 편집방식은 지금의 시조 표기와도 닮아있다. 지금 교과서와 같은 곳에 실리는 고시조는 3장 구분으로 행갈이를 한다. 그렇다고 시조창의 방식을 염두한 행갈이는 아니다. 우선은 교과서와 같은 곳에 실리는 평시조들이 대개 가곡창으로 불린 사대부나 조선 전중기의 시조이기 때문이기도 하다. 그런데 현대시조가 실릴 때도 3장으로 행갈이를 하는 것을 떠올릴 필요가 있다. 곧 시조창이 대개 종장 종구를 생략한다는 점을 염두할 때에, 종장 종구를 그대로 살린 방식의 표기는 조선 전·중기의 사대부 시조이든 현대시조이든 동일하다. 이런 점에서 황윤석의 시조 기록방식은 시조창을 염두한 것이라고 보기 어렵다. 곧 시조창이든 가곡창이든 창법(唱法)을 염두한 노래로서의 기록 방식이라고 보기는 어렵다.

시조의 행갈이와 띄어쓰기가 3장 구분이든, 5장 구분이든, 이는 모두 시조의 내적 구조를 인식하고 이를 시각적으로 나타낸 점에서 살펴볼 필요가 있다. 이보다 더 뒤인 19세기 문헌이라고 해도 내적 구조가 모두 띄어쓰기로 나타나는 것은 아니다.≪남훈태평가≫의 경우에는 띄어쓰기 없이 이어쓰고, 초장과 중장 사이, 중장과 종장 사이에 'O'표시가 있다. 가집(歌集), 곧 노래 부를 것을 염두한 시조집으로서 띄어쓰기 등의 시각적 편집방식은 나타나지 않는 것이다. 다음 장에서 보겠지만, 읽는 시조의 특성이 강한 이세보나 조황 등의 시조 기록방식에는 띄어쓰기가 나타난다는 점도 황윤석의 이러한 기록방식이 읽는 방식을 염두한 것이라는 점을 추정하는 근거가 될 것이다.

황윤석의 시조가 어떤 방식으로 노래 불렸는지는 알 수 없다. 곧 가곡창으로든 시조창으로든 노래불릴 수 있도록 위와 같은 3장이나 5장 구분을 했다고 할 수도 있다. 그러나 현대에 시조를 표기할 때에 4음보의 구분까지 넣어서 3장 구분을 하는 것은 시조창을 염두한 기록방식은 아니다. 곧 시조의 형식구조를 표현한 것이다. 이와 같이 황윤석의 시조 기록방식도 시조의 형식구조를 고려한 띄어쓰기와 행갈이로 이해할 수 있는 가능성이 크다고 본다.

3. 한시에 나타난 노래 지향적 특성

선행연구에서는 한시의 18세기적 경향으로서 민요 취향이나 일상시적 경향, 현실비판적 경향 등에 주목하였다.[59] 이러한 한시사 전반의 변화들도 중요하지만 본장에서는 양층언어작가로서의 면모에 초점을 두고 황윤석의 한시에 접근하고자 한다. 비슷한 현상도 그 연유에 대해

---

[59] 안대회(1999), 앞의 책 ; 김동준, 「18세기 한국 한시의 실험적 성격에 대한 연구: 이광사, 이용휴, 유경종을 중심으로」, 『민족문학사연구』27집, 민족문학사학회, 2005, 10-39면 ; 강혜선, 「조선후기 한시 속의 일상의 양태와 의미: 김려의 한시를 대상으로」, 『한국한시연구』15집, 한국한시학회, 2007, 169-198면 ; 이종묵, 「18세기 한국 한시의 다양성: 김창업의 채소류 연작시와 조선후기 한시사의 한 국면」, 『한국한시연구』18집, 한국한시학회, 2010, 29-54면

서는 조금 다르게 접근해서 해당 현상을 볼 수도 있기 때문이다.

구어로 주로 사용되었던 국어가 국문(國文)으로 지위가 향상되면서 시조도 기록문학으로서의 특징을 가지며 시조사적으로도 변화가 두드러진다는 점을 앞에서 보았다. 그렇다면 그간 한시가 기록문학으로서, 시(詩)의 기능을 주로 했지만 이를 시조에서도 일정 정도 그 효능을 가지게 된다면 반대로 한시에서는 상대적으로 기록문학성이 약화되는 방향으로의 변화를 예상해볼 수 있다. 시의 효용성을 한시로만 가능한 시대가 아니라 국문 매체로 시조를 통해서도 가능하다면 그만큼 한시에서는 시로서의 효용성이 약화될 수 있는 것이다.

실제로 황윤석은 동요나 민요, 가행체, 악부체 등 노래적 성향을 가진 작품을 한시에서 많이 다루고 있다. 일례로 <打魚賦>(17세)[60], <苦哉行>(18세)[61], <可歎行>(20세)[62], <蘆嶺行>(20세)[63] 등 10대에서 20대 초에 노래의 성격이 강한 한시를 짓기도 했다. 노래가 시보다는 감정 표현이 더 적극적인 경향이 있다는 점은 선행연구를 통해서도 밝혀진 바 있다.[64] 이는 황윤석의 시론에서 '풍신(風神), 곧 감정이입이 자연스럽게 이루어지는 것을 중요하게 생각한 것과도 닿아있다고 할 수 있다.[65] 그래서인지 한시에서 노래적 성향을 지닌 작품은 대개 긴 작품들이 많다. 본서에서는 황윤석의 한시

---

60   ≪頤齋亂藁≫ 권1, 14-15면.
61   위의 책, 21면.
62   위의 책, 74면.
63   위의 책, 76-77면.
64   정소연(2006), 앞의 글 ; 정소연, 「시조의 구술성으로 인한 정서 표출 방식과 시조교육의 방향」, 『고전문학교육』24집, 한국고전문학교육학회, 2012, 97-124면.
65   이에 대한 더 구체적인 논의는 이상봉, 「황윤석의 시론 연구」, 『동양한문학연구』 26집, 동양한문학회, 2008, 265-290면 참고.

전모의 경향을 면밀히 검토하기보다, 이러한 양층언어시가 사적으로 유의미한 한시의 '변화'를 중심으로 살펴보고자 한다.

3.1. 교훈적(敎訓的) 한시의 노래적 특성

노래적 성향을 지닌 한시 중에는 가족애나 교훈적인 내용이 적지 않다는 점이 특징이다. 앞에서 한시와 시조 두 갈래가 다루는 내용 영역이 비슷해질 수 있었던 중요한 이유 중의 하나가 교훈적 내용의 작품이라고 하였는데, 이러한 내용을 황윤석은 노래적 성격의 한시로 흡수해서 다루고 있는 것이다. 여기서 '교훈적'이라고 하는 것은 말 그대로 가르침과 관련이 있거나 권고적 성향의 한시를 의미한다. 이러한 성향의 작품들을 다시 하위에 여러 특징으로 나누어볼 수 있는데, 여기서는 편의상 교훈적 한시라고 지칭한 것이다. 특히 교훈적 한시와 노래적 성향이 밀접한 특성을 보이고 있어서 이에 대해 자세히 살펴보고자 한다. 7언 절구도 그렇지만 긴 내용의 한시도 이러한 경우가 많다.

일례로 몇 작품을 살펴보자.

[한시2] 〈陳家孝烈歌〉[66]
三相之鄉一吳城 南有方等西逍遙 (중략)
惟有孝烈今稱賢 陳孝子陳孝子 邑中故吏年十四 父病苦淋醫技窮 涕泣口吮無少離 旁人感動天亦監 (중략)
林烈婦林烈婦 來配其孫天質美 崩城一慟二十餘 三年歠粥情無已 頭戴躬奠墓前哭 (중략)
嗟孝子嗟烈婦 一家二倫無與京 山如增重水增深 其死萬年眞如生 安得一官聯太史 爲作合傳吾斯榮

---

[66] 《이재유고》 권5.

위 작품은 39구(句)에 이른다. 진가(陳家)의 아들의 효(孝)와 며느리 임씨의 열(烈)에 대해 하늘이 감동할 정도라는 것을 소개하고 있다. 청자를 향해서 드러내놓고 효열을 강요하거나 명령하지는 않고 있지만, 이러한 효자와 열부에 대한 이야기를 노래화하는 것도 지향되는 가치를 적극 드러내는 것이라 할 수 있다. '가(歌)'를 제목에 표명하여 효, 열의 가치를 자세히 다루고 있는 예라고 할 수 있다.

또 가족애를 다룬 <越州歌九章十句>도 들 수 있다. 7언 10구로 된 작품이 9장의 연작으로 이루어져 총 90구를 이루고 있다.

[한시3] <越州歌九章 十句>[67]
제1수
有客東游字永叟 半生潦倒甘人蹂 讀書千卷果安用 不向朱門肯炙手
尙喜伊來賴天靈 將身可以資師友 誰遣烏紗便到頭 禹穴迢遼旅顔醜
嗚呼一歌兮歌初放 南望鄕山悄虛牖

제2수
有父今年六十三 白首家食光因含 名聲偶入君王聞 公議豈忍成空談
趍庭自知非幹蠱 古人一養誠多慚 若敎晨昏侍不離 義方亦足從心洒
嗚呼再歌兮歌漸長 夢歸昨夜如脫銜

제3수
有母于父齒加四 九載眼障風爲祟 持門久令心力損 兒大不能收醫治
德備慈嚴竟誰識 餘慶分明世世庇 尋常菽水已云歎 況乃千里當王事
嗚呼三歌兮歌更浩 寸寸手線空內記

제4수
有弟生來差二歲 連業與我敦恭悌 靑陽發解還蹭蹬 惜哉一疾今非細

---

67 ≪頤齋亂藁≫ 권7.

膝下何緣聽喚爺 出戶强笑回身涕 光陰不住愁易老 美質猶須加鏃礪
嗚呼四歌兮歌孔哀 安得奮飛聯棠棣
(중략)

제8수
有子留依祖翁側 別後森然想顔色 大者十五能觚翰 小者五齡逢客匿
詩書舊種或不絶 成敎終當服謹飭 愼莫悠悠學乃爺 入未供膳出癏職
嗚呼八歌兮歌復起 天曉踟躕至日稷

제9수
有女閨中秀而癡 早學王母無非儀 阿月咿唔訓民音 阿甲居然知誦詩
不辭拈針試補綻 牽衣問我歸來期 秖今山長水亦遠 秋氣憭慄嚬人眉
嗚呼九歌兮歌已闋 終古莫如離家悲

이 시는 38세 장릉 참봉으로 천거되어 강원도 영월의 단종묘 관리자가 되었을 때 가족을 그리워하며 지은 것이다. 자신에 대해서는 물론이고 아버지, 어머니, 아우와 손 위와 손 아래의 누이들, 아내와 아들, 딸의 순으로 매수마다 한 사람씩 읊고 있다. 이런 점에서 시조 <목주잡가>의 내용과도 유사하다. 차이가 있다면 이후 측실을 들인 뒤인 시조에서는 당시 가족으로서 측실(側室)을 포함하게 되었다는 점이다. <목주잡가>는 51세(정조3년, 1779)의 작품으로 시기적으로는 더 뒤이지만 이렇게 가족애를 다룬다는 점이 두 갈래의 거리를 좁히고 유사성을 높이는데 기여하게 되었다. 51세에는 국어시가인 시조로 '木州'에서의 가족들을 다루었다면, 그보다 이른 38세에는 '寧越'에서 가족들을 다룬 것이다.

한편, 황윤석은 동요에 대한 관심으로 동요를 한시에 나타내기도 하였다. 그렇다고 해서 아동용 한시를 직접 지었다는 것은 아니다. 이 역시 직접적인 교훈은 아니지만 올바름을 지향하는 관점에서 그렇지 못한 현실을 지적하는 참요적 성격의 쉬운 노래들을 한시로 담기도 했다는 뜻이다. 일례로≪頤

≪頤齋亂藁≫ 권14에는 "미나리는 좋을까? 장다리는 좋구나!(芹好耶 蘿薑好矣)", "미나리는 사철이고 장다리는 한철이다(芹則四節 蘿薑則一節)"의 시구가 있다.[68] 이는 숙종 기사년 1689년의 일을 기록한 것으로 문집에는 1770(영조 46년)의 기록으로 남아있다. 자기 당대의 현실이 아니라 과거의 일이라는 점에서 비단 현실 비판 한시라고 보기는 어려울 것이다.

또 같은 날 기록한 다른 호남동요로 "목탁탁(木啄啄) 고이양아(高伊陽啊) 전라감사 조가아(趙哥啊) 어디 양반이 죽었나. 나주양반이 죽었지."라는 동요도 기록하고 있다.[69] 당시 거리에 5, 6세 되는 아이들도 외운다며 '木'자는 李夏徵의 성, '高伊陽'은 고양이로 이하징이 겉으로만 순복하고 실제는 고양이처럼 음한(陰狠)함을 잘 보여준다고 했다. 곧 동요나 참요에 대한 관심으로 이를 한시에 담은 것이라는 점에서 한시의 노래적 성향 중에서 한 특징을 보여줄 뿐만 아니라, 현실의 잘못된 모습을 지적하고 바르게 하려는 성격의 노래를 한시구로 기록했다는 점을 간과할 수 없다. 시조는 산문 속에 언급할 때에도 국문매체로 기록하는데, 동요는 한시로 바꾸어 기록했기 때문이다.[70]

다음으로 살펴볼 내용은 수학적 내용의 절구화이다. 황윤석은 ≪산학입

---

[68] "世傳 肅廟己巳以後 童謠曰 芹好耶 蘿薑好矣 無幾 仁顯王后閔氏遜位 而張禧嬪陞中宮 則童謠又曰 芹則四節 蘿薑則一節 居六年 仁顯王后復位 而禧嬪還廢 蓋芹方言 呼民阿里 與閔字聲近 蘿薑根 經冬在地 而春又發穗開花者 方言呼長多里 與張字聲近 其曰 好耶者 疑其不 好之辭 好矣者 決其必好之辭 四節者 言其四時皆可供食 以爲終當耐久居尊也 一節者 言其 一時而己 以爲非久還廢也" (≪頤齋亂藁≫ 권14)

[69] "近三十年前 湖南童謠曰 木啄啄 高伊陽啊 全羅監司趙哥啊 何處兩班死耶 羅州兩班死矣 此語盛傳 街巷 雖五六歲幼稚 無不誦之 …… 木者夏徵之姓也 高伊陽者 方言猫也 言夏徵 外雖順服 內實陰狠好猫也 羅州兩班 指志也 節節無不驗 謠亦異哉 啄啄者 二木相擊聲 童子輩將爲此謠 先以二木相擊 爲手勢 若音節云" (≪頤齋亂藁≫ 권14)

[70] ≪頤齋亂藁≫ 권37

문≫과 이보다 더 심화된 내용의 ≪산학본원≫이라는 산술서를 집필하기도 하였다. 서론에서도 언급하였듯이 워낙 방대한 저작을 남긴 데에는 다방면으로의 관심과 기록으로 인한 것이었다. 저자의 방대함뿐만 아니라 한시의 방대한 작품의 양에는 역시 이러한 다방면의 관심도 한 몫을 한다. 그 중의 하나가 바로 수학적 내용을 7언 절구로 표현한 것이다.

특히 황윤석은 ≪산학입문≫의 포산결, 행산위 등 산대표기법을 한시화하였다. 넓은 의미로 산학서에서의 한시는 바로 수학 교육을 노래를 통해 배우는 것을 의미한다. 일례로 ≪산학입문≫에는 요즘의 구구단에 해당되는 '구구합수(九九合數)'나 나눗셈에 해당되는 '구귀제법(九歸除法)'의 쉬운 내용뿐만 아니라 다양한 도량형의 단위 환산법이나 연립식 등을 한시화한 '천산송(天算頌)' 등을 볼 수 있다. 구체적인 예를 보면 다음과 같다.

若見隔斜幷回曲　만약 비뚤어지고 모난 것을 보면
直須裨補取其方　바로 더하고 보태어 그 바른 것을 취하라
却將乘實爲田積　곱한 실은 밭의 넓이이고
二四除之畝法强[71]　2, 4로 나누면 틀림없는 무법이다.

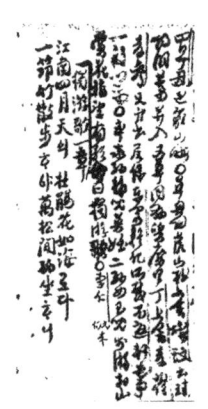

71　황윤석, ≪理數新編≫ 권22, <算學入門>, '方田求積法' 중, 강신원·장혜원 역, 『산

위와 같은 7언 절구 형태의 한시가 황윤석이 쓴 수학서에는 종종 눈에 띈다. 7언 절구형만이 아니라 4언 12구나 7언 율시형 등 형식은 다양하다. 교육적 내용을 외우기 좋게 하기 위해서 운자에 해당하는 자리를 맞추는 등 시가 가진 압운을 활용해 한시화하고 있는 것을 볼 수 있다. 강신원·장혜원(2006)의 역서에서는 옛사람들이 학문을 통해 풍류를 즐기고 있다고 하였는데,[72] 한시의 교육적 기능을 다르게 표현한 것이라고 본다.

이러한 수학적 내용의 7언 절구화가 심화서인 ≪산학본원≫이 아니라 기본서인 ≪산학입문≫에 해당된다는 점도 흥미롭다. 곧 수학의 입문자들이 쉽게 기억하고 외우며 이해할 수 있도록 교육용으로 한시를 활용하고 있는 것이다. 같다고는 보기 어렵겠지만, 이황이 심성수양의 가치관을 교육적 목적으로 부르는 자나 듣는 자가 다 유익되게 하려고 <도산십이곡>을 지은 것과 유사하다고 볼 수 있다. 곧 가르치는 교육과 한시의 활용이 밀접한 상관성을 가지고 한시의 효용이 다양화된 것을 볼 수 있는 것이다.

이는 비단 황윤석만이 아니라 이 시기 산학(算學)에 관심을 가진 이들에게서 나타나는 일종의 교육방법으로서 시대적 경향이라고도 할 수 있다.[73] 일례로 ≪묵사집산법≫의 저자 경선징도 아래와 같은 7언 절구를 지은 바 있다.

三人同行七十稀　3사람이 70세까지 동행하기는 드물고
五鳳樓前二十一　5마리의 봉황은 21일 전에 망루에 트네
七月秋風三五夜　7월 가을 바람은 15일 밤에 불고
冬至寒食百五除[74]　동지에서 한식까지 105일을 빼야 한다네

학입문』, 교우사, 2006의 원문과 번역을 참고한다.
72　강신원·장혜원 역(2006), 앞의 책.
73　최은아, 「17-18세기 조선 산학의 교육과정적 특징 고찰」, 『수학교육학연구』24권 3호, 대한수학교육학회지 2014, 409-428면.

내용인 즉, 연립식을 푸는 수학 문제에 대한 해법을 산문으로 설명하지 않고 7언 절구화 해서 행마다 알려주는 문제풀이노래라고 할 수 있다. 시가 내에서는 한시가 시인가 노래인가가 중요한 부분이겠지만, 이렇게 수학 풀이라는 산문을 고려할 때에 외형은 7언 절구라고 하지만 노래적 성향을 띤 것으로 볼 수 있을 것이다.

지금까지 다양한 교훈, 혹은 교육적인 내용을 노래적 성향의 한시로 나타낸 경향을 살펴보았다. 문제는 이러한 현상이 의미하는 바가 무엇인가이다. 앞에서 시조가 노래로서만이 아니라 한시의 시적 기능을 일부 대체한다면, 한시도 시적 기능만이 아니라 노래로서의 측면도 가지게 될 가능성을 제기하였다. 그리고 황윤석의 한시에서 노래를 지향하는 여러 작품들을 볼 수 있었다. 7언절구로 된 작품도 있지만 더 자유로운 시형도 있었다.

그런데 이러한 노래적 경향의 한시가 교훈적이거나 교육적 내용이라는 일정한 방향성을 가진다는 점이 주목된다. 이는 전통적으로 한시의 시교적 효용과는 다른 의미로서, 직접적인 교훈, 교육으로서의 교(敎)의 기능이 한시를 통해 나타나고 있는 것이다. 물론 시조에서의 훈민이나 교화적 성격이 강한 정도는 아니지만, 적어도 이러한 경향은 시조의 교화적 기능의 약화와도 관련이 되는 현상으로 보인다. 앞에서 우리는 권섭이 시조에서는 교화적 내용이 거의 없었는데, 한시를 통해 이를 드러내고 있는 점을 보았다. 황윤석의 경우에는 권섭만큼 교화시조가 없지는 않지만, 시조를 다루면서 교화시조의 기능이 매우 약화된 것을 확인한 바 있다. 물론 두 작가 모두 한시의 작품수가 월등히 많으면서 다양한 작품세계를 나타낼 가능성도 높다. 그러나 이러한 이유보다 더, 교화의 기능이 시조와 한시의 기능의 변화와도 맞물려있다는 점을 고려하지 않을 수 없다.

---

74 경선징(慶善徵) 저, 유인영·허민 역, ≪默思集算法≫, 교우사, 2006에서도 7언절구, 7언율시, 4언 12구 등이 나오나 황윤석의 경우만큼 많지는 않다.

교화성과 노래는 밀접하다. 세계적으로 볼 때에 고대에는 지식을 노래로 만들어 전수하기도 했고, 우리나라도 근대로의 이행기에 가사 갈래가 교육용으로 많이 활용된 것을 예로 들 수 있다. 백성을 향한 가르침의 훈민시조가 많은 것도, 사대부용 오륜시조가 많은 것도 이러한 사례에 해당된다. 이황의 <도산십이곡>은 교화시조라고는 절대 부를 수 없지만, 부르는 이나 듣는 이가 유익되게 하려는 교육적 의도가 있다는 점도 넓은 의미에서 노래와 교육의 관계를 인식한 것이라고 할 수 있다.

그런데 시조가 노래의 성격이 약화되면서 교화적 기능 역시 약화되고 있는 것을 권섭이나 황윤석의 경우에 볼 수 있었다. 이와 동시에 두 양층언어작가는 한시로 교화성을 나타내되, 노래적 성격의 한시로 이를 시도하고 있다는 점도 확인할 수 있었다. 곧 시조가 시의 기능이 강화됨과 동시에 한시 역시 이 시기에는 시로서의 기능이나, 과거 사대부만의 여러 기능을 가진 한시의 위상을 견지하고 있지도 않다. 중인들도 한시를 짓는 시기이고, 한시의 향유층도 넓어져서 교육이나 교화의 기능을 할 가능성도 높아진 것이다. 이렇게 양층언어작가에게 이 당시 시조와 한시가 어떤 상관관계를 가지고 있었는지의 위상을 볼 수 있다.

이 외에 교훈적 한시 중에는 충(忠)에 대한 것도 있지만, 특히 이보다 더 포괄적인 연군(戀君)의 한시는 그간 시조사에서 연군시조의 전통과 비교해 살펴볼 필요가 있다. 따라서 이에 대해서는 항을 달리해서 보도록 하겠다.

3.2. 연군(戀君) 한시와 여성적 화자(話者)

앞의 항에서 연결되는 충(忠)의 한시 중에서도 연군적 경향이 강한 7언절구 몇 편을 들면 다음과 같다.

[한시4]⁷⁵
半世江南一布衣 반세기를 강남에서 布衣로 지냈는데
那知名姓徹彤闈 어찌 이름과 성이 대궐을 뚫고 알려졌을까
孤忠自有酬恩日 외로운 忠臣, 스스로 은혜갚을 날이 있으리니
慚愧狂言與願違 미친듯한 말이 원하는 것을 어길까 부끄럽구나

[한시5]〈崇政殿入侍時記事 二節〉⁷⁶
一簇紅雲捧日開 한 무리 紅雲이 해를 받들어 열리니
都宮禮樂大庭來 모든 궁의 예악이 큰 뜰로 나오네
即知聖孝無窮慕 임금의 효심, 무궁한 사랑을 곧 알겠으니
親肄從今又幾回 몸소 익히심이 이제 또 몇 번일까

名達天聰幸有年 이름이 天聰에 달한 것이 다행히 여러 해니
姓黃珍重玉音傳 黃昏 姓은 珍重하다고 임금의 소리 전했도다
多才豈是微臣事 재주가 많다고 하심이 어찌 이 微臣의 일일 줄이야
聞道朝端不乏賢 조정 어른이 어진 이가 적지 않다 함을 듣네

[한시6]〈健元陵祭訖復路回望 先王元陵志感〉⁷⁷

---

75 ≪頤齋亂藁≫ 권15. 관련 기록을 함께 들면 다음과 같다.
    伏聞 九月七日 聖上臨筵下敎有曰 申景濬 幸而遇予 得展其才 黃胤錫 獨未遇予 則他日其誰 用者 是時 一莅舊僚 以兼史入侍 實獲仰聆天語 退語宋友仲建 以爲聖意 盖惜其不第耳 賤臣 胤錫 因竊自念世祿遙胄 不食已久 徒以先世文獻之傳 偶被諸公剪拂白衣 七品官已幸矣 昨年七夕製 居魁 旋坐字誤 退置第二 雖未列於直赴 而登筵之日 聖敎至及臣父 今年五月 以輪對官 不意遽承編輯備考下詢之命 而大臣名宰過加推薦 卒又致臣父承褒 以至勤政舊基特召 而益復榮矣 乃今閱五朔 尙蒙淵衷記有眷眷於遇不遇 噫顧何狀 一第之遲 亦其才宜爾 以聖上聰明睿智 又何取於賤臣 而謂他日莫展之可惜乎臣誠科目中人 豈不希冀早進 獨以才疎志迂 老白首無成 而聖上之記有也彌隆臣誠不勝感泣 謹以一絶識之 庶幾自補昨日大對之未盡 重爲萬子孫忠孝之勸云 "半世江南一布衣 那知名姓徹彤闈 孤忠自有酬恩日 慚愧狂言與願違"
76 ≪頤齋亂藁≫ 권18.
77 ≪頤齋亂藁≫ 권24.

龍髥淸淚忽三年 임금의 구레나룻에 맑은 눈물 흐른 지 어느덧 3년
未死遺臣鬢已宣 아직 죽지 못한 遺臣은 귀밑머리가 이미 흐트러졌네
隱隱歸時松栢路 소리 없이 松栢 우거진 길로 돌아올 때
猶懷勤政特登筵 勤政殿에서 經筵하시던 모습 가슴이 미어지는구나

위의 작품들은 시적 화자가 다루는 대상이 임금이라는 사실이 구체적인 정보를 통해서 잘 나타난다. 특히 [한시5]의 제목인 숭정전(崇政殿)이라는 시어나 결구에서의 '都宮禮樂大庭' 등의 표현을 통해, [한시6]의 제목에 보이는 '先王'이나 기구의 '용(龍)' 등이 직접적으로 이 사실을 알려준다. 또한 시적 화자가 어떤 사람인지도 작품에 잘 드러난다. [한시4]를 보면 기구에서는 포의(布衣)로 지냈다는 것과 전구에서는 충의(孤忠), 곧 외로운 충신(忠臣)이라는 표현을 통해 시적 화자가 어떤 사람인지도 알 수 있다.

이렇게 한시는 작가적 정보나 구체적인 인명과 지명 등의 사실적 내용이 나타나서 실제 작가와 시적 화자가 거의 같다는 점은 조선 전기부터 지금까지 지속되는 점이라고 할 수 있다. 그런데 특이한 것은 사대부 작가가 시조에서 취하는 연군의 방식이 황윤석의 한시에서도 나타난다는 점이다. 이와 관련해 아래 작품을 보도록 하자.

〈九月十三日夜雨 偶夢記古閨怨詩 西風摵摵動梧枝 碧落冥冥雁去遲 斜倚綠窓仍不寐 一眉新月下西池 諷誦數回 感歎于懷 及起思之 今日卽先英宗大王誕辰也 白首未死 永念華褒 乃知夢裏思夫之作 有係戀主之際 因步其韻 以寓沒世之悲〉[78]

湘竹斑斑已幾枝 상수의 대나무 얼룩이 몇 가지인가
九疑魂斷白雲遲 구의(九疑)의 혼이 백운의 혼에 끊겨 더디네

---

[78] ≪頤齋亂藁≫ 권46.

多情徹曉神靈雨 다정히 새벽 신령비를 거두고
將淚蕭騷柳北池 눈물이 북쪽 버드나무있는 연못에 떨어지네

　이 한시는 황윤석의 만년에 지은 작품이다. 그런데 꿈에서 읊은 시로 지아비를 생각하며 쓴 시인데, 돌아가신 임금의 탄신일을 기억하며 여성의 지아비를 생각하는 마음, 그리고 신하가 임금을 생각하는 마음이 같아서 연주(戀主)의 마음으로 쓴 것이라는 설명을 제목에서 직접 하고 있다. 그리고 옛 규원시와 같은 운자로 차운해 한 수를 이어 지었다.
　여기서 주목되는 것은 바로 국어시가에서 충신연주지사의 전통이 한시를 통해 나타났다는 점이다. 위의 시는 직접 소개한 것처럼 허균의 <국조시산>에 있는 옥봉의 시이지만 이러한 전통을 이어 또 차운시를 지었던 것이다. 이러한 설명이 없다면 오히려 시적 화자가 여성이라는 점을 알기가 어렵다. 그런데 제목을 통해 규원시(閨怨詩)를 표방하고 있다고 소개하고 있고, 시 아래에도 이러한 의도를 더하고 있어서 이러한 작가의 목소리가 한시의 시적 화자가 가면적 여성 화자라는 것을 오히려 잘 보여준다.
　이렇게 한시에서 시적 화자와 실제 작가가 전혀 다르게 가면을 쓰는 경우는 이전 시대에는 흔하지 않았다. 국어시가에서는 사대부 작가가 여성적 화자의 모습으로 연군(戀君)의 마음을 표현하는 전통이 일반적인 반면에 한시는 작가의 사실적 정보가 거의 그대로 작품에 나타나기 때문에 이러한 전통이 있지 않았던 것이다. 그런데 이러한 사실적 정보로 오히려 가면적 자아라는 점을 알려주고 있다는 점에서 새로운 경향을 볼 수 있다.
　비단 황윤석만이 아니라 18세기 사대부 남성의 한시에 여성 화자의 시가 두드러지는 것은 시대적 특징이기도 하다.[79] 이는 곧 특정 양층언어 작가

---

[79] 안대회, 「18세기 여성화자시 창작의 활성화와 그 문학사적 의미」, 『한국고전여성문학연구』4집, 한국고전여성문학회, 2002, 127-156면

만의 특성이 아니라 본서의 논의가 시가사적 흐름이기도 하다는 것을 보여주는 점이기도 하다. 18세기 한시의 표현의 다양화와 낭만주의로 볼 수도 있지만 양층언어문학이라는 시각으로 볼 때에는 시조와 한시의 거리가 좁혀지고 한시에서도 가면적 자아를 취하는 적극적으로 이해할 수 있는 것이다.

그리고 국어시가의 여성 화자의 모습을 7언 절구를 통해 구현하고 있다는 점 역시 주목된다고 하겠다. 곧 시조를 살펴본 2절에서 보았듯이 시조에서는 화자와 작가가 일치한다는 점이 시어로서 나타나 한시의 작시적 관습이 나타난다면, 반대로 한시에서는 화자와 작가가 일치하지 않는, 여성 화자의 가면적 모습으로 국어시가의 연군(戀君)의 전통이 나타나 서로의 거리가 가까워지고 있다는 점에서 흥미롭다.

3.3. 희작적(戱作的) 경향의 한시와 구술성(口述性)

희작적 한시가 18세기에 나타나는 경향은 비단 황윤석만이 아니라 앞에서 본 권섭의 경우에도 보았고, 또 양층언어작가가 아니라도 이 시기 한시사에 나타나는 하나의 흐름이기도 하다. 이러한 일반적 흐름도 있지만 양층언어작가의 경우에도 이르면 17세기의 박인로의 경우부터 나타나기 시작해 지속되고 있다는 점에서 살펴볼 필요가 있다. 박인로는 운자(韻字)를 동일 한자를 반복함으로써 근체시의 형식을 깨트리되, 해당 반복되는 한자가 시의 주제와 밀접한 경우였다. 권섭 역시 희작적 한시를 지어 여러 시체로 쓴 것을 본 바 있다.

이와 관련해 가장 대표적인 황윤석의 한시를 하나 들어본다.

[한시6] 〈雜成七體詩〉[80]
其一
追忠無路一宜休 東部長官爭奈愁
詞訟閱來猶俗吏 不如歸去竟優游
其二
慈齡入耆二宜休 榮養如今許我疇
隨分供甘靈一邑 不如歸去免□憂
其三
未成移窆三宜休 爲子爲夫竝謬悠
何處空山無善地 不如歸去素願酬
其四
兄衰弟老四宜休 千里分攜竟孰尤
終有微官空獨飯 不如歸去好無猶
其五
課兒方急五宜休 韁鎖如今詎自由
天下至要終在是 不如歸去敎條修
其六
知行相背六宜休 於己於人件件羞
珍重眞修與眞悟 不如歸去勉前頭
其七
世資垂罄七宜休 逃債高臺我亦周
浮費浪銷元罪過 不如歸去究源流

위 7수의 절구는 '잡성(雜成)'이라고는 하였지만 연작적 경향을 보인다. 우선 박인로의 경우와 달리 운자가 아니라 기구의 마지막 글자인 '休'를 매 수마다 반복해서 사용하고 있다. 대개 압운이 짝수구마다 있지만 절구의 경우 기구에서도 하는 바와, 절구의 첫 구라는 두 가지 측면에서 해당 위치

---

80 ≪頤齋亂藁≫ 권27.

에 같은 글자를 동일하게 지속적으로 반복해 사용하는 점이 기존의 희작적 경향과는 또 다른 것이다.

이뿐 아니다. 역시 기구의 제5자를 보면 '一'에서 '七'까지 숫자를 작품의 순서에 따라 순차적으로 하나씩 바뀌며 들어가도록 했다. 희작적 시도는 이에서 그치지 않는다. 기구만큼 중요한 부분이 결구인데, 결구에는 매번 '不如歸去'라는 4음절을 매 수마다 반복하고 있는 것이다.

동일한 시어의 반복은 소리의 음성성의 효과를 가져온다. 특히 기구의 마지막 글자에 같은 글자를 쓰거나, 결구에 같은 시어를 쓰는 것은 앞의 양층언어작가의 경우에는 연작성과의 관계 속에서 살펴본 바 있다. 곧 이렇게 연작성을 가진 한 편의 작품에서 그 하위를 구성하는 매 수마다 같은 상위의 작품임을 알게 하는 표지를 두는 것은 국어시가에서 추구하는 특성이기도 한데, 한시에서도 이러한 경향을 수용한 것으로 볼 수 있는 것이다. 제목에서는 '雜'이라고 하였지만, 아무렇게나 잡스럽게 지은 것이 아니라 오히려 연작성을 띠면서 한 편의 작품 전체가 7수를 통해서 이루어가는 작품이 되도록 의도한 것이다.

이 외에도 여러 희작적 한시가 보이나, 여기서는 가장 대표성을 가진 7수의 이 연작적 작품을 보는 것으로 해당 특징을 보았다.

4. 국어시가의 한역(漢譯)에 나타난 '한국고전시가'의 인식

4.1. 한역 양상 개관

황윤석은 총 47편의 국어시가(國語詩歌)를 한역(漢譯)하였다. <古歌新飜二十九章>(19세), <古歌新飜二十九章續十四章>(20세), <改飜金龍溪止男美人詞一絶>(39세)[81], <飜淸泠浦歌>(39세)[82], <飜白鷗歌>[83], <感君恩辭>(48

---

[81] ≪頤齋亂藁≫ 권7. 千里遐程別美人 此心無着俯川濱 波聲入夜還如我 流去嗚嗚更

세)[84]가 그것이다. 앞에서 시조와 한시의 상관성을 살펴보았는데, 이 둘 간의 직접적 관련성을 보여주는 것이 바로 국어시가의 한역[85] 작업이다.

그래서 선행연구는 황윤석의 한역시 자체에 대한 최근의 연구도 있지만[86] 이와 관련해 18세기 시조와 한시의 상관성에 주목해 논의가 이루어지기도 하였다. 특히 김명순(1997)[87]은 황윤석의 한역시에 대한 첫 번째의 본격적인 논의로서 한역의 대상이 된 원(原) 작품을 일일이 찾아 나란히 소개하고 원작(原作)의 성격과 한역 양상을 살폈다. 사대부의 유교적 이념과 미의식을 담지하고 있는 것이 절반 이상이 되며, 나머지는 사랑과 그리움, 늙음의 한탄 등 인생의 다양한 경험과 인간의 보편적 정서를 노래한 것이라 하였다. 이는 양반가 젊은 선비의 풍류적

愴神.

82 ≪頤齋亂藁≫ 권8. 淸冷浦上月明時 徹夜哀鳴有子規 能解六臣冤恨否 冥冥天地已難知.

83 ≪이재유고≫ 권16. <曾祖考醉隱公行狀> 嘗靜坐江干見白鷗 翛然獨立 乃用方言作歌 "江邊兮石上 獨立兮白鷗 爾輩兮何去 石上兮獨立 凹間兮無我友 偕我兮如何"의 기록을 볼 수 있다.

84 ≪頤齋亂藁≫ 권21. 而一念愛君 雖退彌篤 乃作感君恩辭 方言五篇 篇各五章 其一曰 泰山兮君恩 河海兮君恩 歷事三朝兮 莫非我君恩 君恩兮至重 盟山誓海兮 願報之恩 其二曰 呼嗟兮君恩 罔極兮君恩 十載食祿兮 莫非我君恩 君恩兮至重 籲天質神兮 願報之恩 其三曰 一則君恩兮 二則君恩兮 位至三品兮 莫非我君恩 君恩兮至重 剖心輸肝兮 願報之恩 其四曰 此亦君恩兮 彼亦君恩兮 歸養老母兮 亦莫非君恩 君恩兮至重 糜身粉骨兮 願報之恩 其五曰 進亦君恩兮 退亦君恩兮 田園耕鑿兮 亦莫非君恩 君恩兮至重 白骨塵土兮 願報之恩 每一謳吟音節悲懇 識者 蓋有取焉

85 악장, 사설시조가 포함되어있어서 엄밀히 말하면 국어시가의 한역이지만, 대다수가 시조 갈래여서 선행연구에서는 대부분 시조 한역으로 보고 있다.

86 박명희,「이재 황윤석의 시조 한역시에 나타난 지향의식과 의의」,『한국고시가문화연구』 34집, 한국고시가문화학회, 2014, 119-158면.

87 김명순,「황윤석(黃胤錫)의 시조한역(時調漢譯)의 성격과 의미」,『동방한문학』 13집, 동방한문학회, 1997, 15-42면.

생활과 의식이 일정하게 반영된 결과라고 보고 있다.

이에 이어 손찬식(1998)[88]에서는 한역(漢譯)의 동기와 목적에 조금 더 주목하고, 국문시가에 대한 황윤석의 관심으로 범위를 넓혀 <고가신번 28수>와 <고가신번 14수>만이 아니라 그 외 한역 작품도 찾아서 살폈다는데 의의가 있다. 조해숙(2002)[89]에서는 18세기, 나아가 시조사의 거시적 관점에서 황윤석의 시조 한역 작업을 조명했다는 점에 의의가 있다. 특히 한역의 동기와 목적에 주목하였는데, 황윤석의 경우에는 국어시가의 기록을 영원히 남기는 보존에 그 목적이 있다고 하였다.

이렇게 선행연구를 통해서 한역 대상이 된 원가(原歌)가 해명이 되고, 원가의 내용이나 한역 양상, 한역 작업의 의미 등은 충분히 논의가 되었다. 본서는 이러한 선행연구에 기반하되, 시조와 한시의 상관성에 더 나아가 국어시가와 한시의 상관성에 주목해 황윤석의 한역 작업을 살펴보고자 한다. 시조가 절대 다수를 차지하고 있는 것이 사실이지만 시조 외에도 악장이나 사설시조 등의 다양한 우리말노래가 한역의 대상이 되고 있다는 점에 주목하고자 한다. 선행연구에서는 '시조 한역'에 주목해서 악장이나 사설시조는 제외하는 경향이 있었다. 그러나 황윤석이라는 작가가 시조와 한시, 두 갈래를 모두 지은 바 있고, 한시에 있어서도 18세기 한시사의 변화를 보여주는 중요한 작가라는 점에서 특정 갈래의 문제만이 아니라 한시와 국어시가, 곧 시와 노래의 상관사를 통한 우리 시가사의 전개에 있어 중요한 지점에 있다고 판단된다. 따라서 황윤석의 시가창작 전반의 경향을 고려

---

[88] 손찬식, 「이재 황윤석의 시조한역의 성격과 의미」, 『어문연구』 30집, 충남대학교 문리과대학 어문연구회, 1998, 213-240면.

[89] 조해숙, 「시조의 한역화 양상과 그 의미: 18세기의 한역 경향을 중심으로」, 『국어교육』 108집, 한국어교육학회, 2002, 459-492면 ; 『조선후기 시조한역과 시조사』, 보고사, 2005.

하면서 그의 한역시에 대해 접근함으로써 통시적인 시가사적 의미를 조명하고자 한다.

국어시가를 한역한 10~20대의 시기에 황윤석이 지은 한시 역시 이와 유사한 경향이 보인다는 점이 눈에 띈다. 3절 시작 부분에서도 언급했듯이, <打魚賦>(17세)[90], <苦哉行>(18세)[91], <可歎行>(20세)[92], <蘆嶺行>(20세)[93] 등의 노래 취향의 한시를 지은 것이다. 한시와 한역시는 서로 다르지만, 공통점은 한문 매체를 사용한 시가라는 점이다. 생애의 10대에서 20대초 비슷한 시기에 한시와 한역시를 통해 한문매체로 노래적 지향을 보인다는 점은 시와 노래, 나아가 한시와 국어시가의 상관성에 있어서 시사하는 바가 크다.

더 흥미로운 점은, 시조 <목주잡가(木州雜歌)>와의 상관성이다. 시조의 성격은 교술적인 반면에 노래 지향의 한시나 한역시는 사랑과 이별, 고독과 그리움, 풍류와 탄로 등의 더 다양한 내용으로 서정적 경향이 강하다. 말과 글이 달라서 노래할 수 없는 한시로는 노래 취향의 가(歌), 행(行), 부(賦) 등의 창작 경향을 보이면서 정작 노래할 수 있는 시조는 이별, 탄로 등의 정서나 풍류적 내용의 작품을 전혀 짓지 않았다. 이런 정서적 경향의 국어시가가 많지만, 이를 한역의 대상으로 삼았지 스스로는 이런 경향의 시조를 짓지 않은 것이다. 이런 점에서 황윤석이 노래할 수 있는 국어시가를 노래가 아닌 한역의 방식으로 바꾼 작업은 주목된다.

황윤석은 100% 타인(他人)의 국어시가만을 한역하고 자신의 시조는 한역하지 않았다. 17세기 윤선도는 자기 시조 중 일부인 <몽텬요> 3수를 한역

---

[90] ≪頤齋亂藁≫ 권1, 14-15면.
[91] 위의 책, 21면.
[92] 위의 책, 74면.
[93] 위의 책, 76-77면.

해 문집에 남겼다. 신흠의 경우에는≪진본 청구영언≫에 시조 30수 전부에 대한 한역이 남아있다. 18세기에 권섭은 자기 시조 전부와 타인의 시조까지 함께 한역하였다. 그런데 황윤석은 타인의 국어시가만 한역한 것이다. 시조를 짓지 않아도 송시열과 그 제자들과 같이 타인[이이]의 시조를 한역하는 경우는 있지만, 시조를 창작하여 자기 시조가 있는데도 이는 한역하지 않고 타인의 시조만 한역한 경우는 황윤석이 거의 유일한 것이다.

이런 여러 가지 측면에서 황윤석의 국어시가의 한역은 그 자체가 매우 주목되는 작업이다. 작가 개인의 창작 활동적 측면에서만이 아니라 18세기의 시가사적 전개에 있어서도 그 의미를 찾는 작업이 필요하다. 이를 통해 근대로의 이행기에 황윤석이 보여준 이러한 행적이 어떤 의미가 있는지 우리 시가의 한시와 국어시가의 상관관계에 따른 통시적 전개를 염두하며 구체적으로 논의를 진행하고자 한다.

이를 위해 한역 작품의 제목, 언어 매체의 차이에 따른 내용의 차이와 기록방식에 대해서 살펴보고자 한다. 특히 제목과 관련해서는 <古歌新飜二十九章>과 <古歌新飜二十九章續十四章>에서 공통적으로 등장하는 '古歌'와 '新飜'에 대해 항을 나누어 각각 면밀하게 검토하고 그 의미를 탐색하게 될 것이다. 그리고 언어 매체의 차이가 한역 작품의 내용이나 표현에 어떤 차이를 가지고 오게 되었는지 비교검토하고자 한다. 이를 통해 황윤석의 시조 한역의 양층언어시가사적 의미를 정리하고자 한다.

4.2. '古歌'에 대해서

한역시 47편 중에서 대다수를 차지하는 43편은 두 군데로 나누어져 묶여 있다. 문집에는 각각<古歌新飜二十九章>과<古歌新飜二十九章續十四章>으로 묶여 기록되어 있다. 곧 29개의 작품과 14개의 작품을 나누어서 배치하고 있는 것이다. 그런데 그 하위에 개별 작품에는 제목이 없다. 이를 같은 시대 한역 작업을 한 홍양호와 잠시 비교해서 생각해보자.

18세기 홍양호는 한역시에 한시와 같이 매 작품마다 제목을 붙여두었다. 이는 시조의 한역에서 더 나아가 한시화의 작업이라고 할 수 있다. 한시에는 제목이 필수적으로 존재하는데, 비록 제목이 없더라도 '無題'라는 말이라도 붙여둔다. 이에 비해 노래는 제목이 없기가 일쑤인데, 대개 첫 소절을 제목처럼 부르는데 사용한다. 홍양호가 한역시에 모두 제목을 붙여둔 것은 시로서의 위상을 가진 것으로 만들려고 한 것이라 할 수 있다.

이에 비해 황윤석은 한역시 각각에 개별적 제목은 붙여두지 않고 위와 같이 29수와 14수를 각각 묶어서 <古歌新飜二十九章>, <古歌新飜二十九章續十四章>이라고만 해두었다. 두 분류에서 각 작품을 지칭하는 방식은 조금 다르다. 전자에서는 '第二十九章' 등으로 표현하고, 후자에서는 '右十四' 등으로 표현하고 있다. 이렇게 개별 작품마다 제목이 없는 것은 한역의 대상인 된 원가(原歌)의 특징이다. 홍양호가 한역한 원래의 노래도 대부분 제목이 없겠지만, 홍양호는 이를 시화(詩化)하려고 하였다면 황윤석은 노래 그대로 두려고 한 것이라 할 수 있다.

곧 제목으로서 29수와 14수를 묶어주는 말에도 모두 '古歌'라는 말을 사용하고 있는데, 옛노래, 곧 '노래'라는 점을 강조하고 있다는 것에 유의하게 된다. 그렇다면 이와 관련해 '古歌'라는 표현을 자세히 살펴보도록 하자. '옛날'이라는 시대와 '노래'라는 갈래적 특성으로 다시 나누어 살펴볼 수 있다. 옛 노래라는 제목을 사용한 것을 보면 적어도 황윤석이 살던 시대에 새로 나타난 노래는 아닐 것이다. 선행연구에서는 모두 황윤석이 살던 당대에 유행하며 불리던 노래들이라고 하였는데, 황윤석은 자기 시대에 유행했다는 것에 주목하지는 않았다. 오히려 이 노래들이 옛날의 노래라는 점을 표제로 사용하고 있어서 주목된다.

실제로 한역한 노래의 연대를 보면 14세기에서 18세기 초 사이에 지어진 노래들이다. 작가 미상인 작품을 제외하고 원작의 작가 생몰연대를 중심으로 살펴보면 다음과 같다. 14세기의 원천석(29-9)[94], 이존오(29-20), 정몽주(29-24)의 시조, 15세기의 월산대군(29-17), 왕방연(改飜美人詞[95]), 15-16세기의 이현보(29-4), 김상헌(14-13)[96], 16세기의 이황(29-1), 양사언(29-2), 서희언(29-18), 한호(29-19), 송순(29-29, 14-7), 16-17세기의 장만(29-3), 이명한(29-10, 14-5), 이후백(29-27), 문수빈(飜淸泠浦歌), 17세기의 주의식(29-21), 증조부인 황세기(飜白鷗歌), 17-18세기 초의 송현도(14-11)의 시조를 볼 수 있다.

황윤석과 가장 가까운 시기의 작품이 같은 고향 사람인 송현도(宋顯道: 1662~1714)의 작품이지만 이 역시 황윤석이 태어나기 전의 사람이 지은 것이다. 이런 점에서 거의가 14세기에서 17세기의 작품들이라서 '古歌'라고 한 것임을 알 수 있다. 그런데 한편으로는 '시조'라는 명칭을 생각해보면 古歌라는 말은 색다르게 느껴진다. 현재 시조라고 부르는 갈래의 명칭이 당시에는 무척 다양했던 것은 사실이지만, 대표성을 띤 명칭으로서 시조는 '時節歌調'라는 말의 줄임말인 것을 생각해볼 때에 고가와는 대비적인 말이다. 시절가조는 당시의 유행가라는 의미인데, 황윤석은 이런 의미가 아니라 '옛 노래'라는 점에 더 주목하고 있기 때문이다.

우리가 현재 '고전시가'라고 부르는 작품들에 황윤석이 한역한 14-17세기의 시가들이 속한다. 그런데 우리가 고전시가라고 부를 때에는 그 17세기 이후 근대시 이전까지도 포함된다. 그래서 더욱 '가'라고만 하지 않고 '시가'라고 한다. 그런데 17세기까지의 국어시가를 보자면 시의 성격보다는 노래의 성격이 더 강했던 것이 사실이다. 엄밀히 말해 황윤석이 한역한

---

[94] 29-9는 <古歌新飜二十九章>에 나오는 9번째 작품이라는 뜻이다.
[95] 원래의 제목은 <改飜金龍溪止男美人詞一絶>인데 편의상 '미인사'로 지칭한다.
[96] <古歌新飜二十九章續十四章>의 13번째 작품이라는 뜻이다.

대상은 '고전시가'이기보다 '고가'가 맞는 것이다. 즉 황윤석은 자기 당대에 읽는 시(詩)의 성격이 적지 않은 국어시가는 한역 대상으로 삼지 않았다. 자기 이전 시대에 전반적으로 가(歌)의 성격이 강했던 국어시가를 한역하며 이 점을 염두하지는 않았을까 하는 생각이 드는 것이다.

이와 관련하여 고대가요인 <구지가>나 <공무도하가>를 떠올려보자. 이들은 분명 '가요'라고 부른다. 한역되었다고 해서 한시라고 하지 않고 가요로서 명명이 되는 것이다. 고대가요, 중세시가, 근대시의 세 명칭에서 시·가·요의 세 층위를 볼 수 있듯이, 황윤석은 자기 당대의 시적 성격이 강한 국어시가를 고려해 자기 이전 시대의 노래의 성격이 강한 고가(古歌)를 주목하고 있다는 점을 주목하지 않을 수 없는 것이다.

황윤석을 비롯한 시조의 한역, 나아가 국어시가의 한역 작업을 대체로 '한역시'라고 부르는 경향이 있다. 이때 한역시는 한문으로 번역한 시라는 말인데, 우리는 한시는 시로, 국어시가는 시가로 구분해서 부르는 관습 속에 한문 매체로 변환된 이 작품들을 한역'시'라고 부르는 것이다. 한문으로 노래할 수 없기 때문에 한문으로 된 것은 자연스럽게 시가 되는 경향이 있고, 또 한문은 기록매체로서의 무자성이 강하기 때문이기도 하다. 그러나 황윤석이 한 이 작업은 엄밀히 말하면 한역가(漢譯'歌')가 더 맞을 것이다. 곧 '한문으로 번역한 옛 노래'에 해당된다.

그렇다고 해서 황윤석이 시화(詩化)로서의 의도는 전혀 하지 않았는가는 생각해볼 문제이다. 적어도 원가에 없던 제목을 붙이는 한역 작업과 원가의 제목이 없는 노래의 성격 그대로 살려서 제목을 두지 않는 한역 작업은 그 성격이 같다고 할 수 없다는 점을 여기서 유의하며 다음 절에서 이 점을 이어서 생각해보기로 하자.

4.3. '新飜'에 대해서

'新飜'이라는 말 역시 두 제목에서 공통적으로 등장한다. 이는 원가(原歌)가 새롭다는 의미보다는 번역이 새롭다는 의미로 보인다.[97] 우리말노래를 한역시화했을 때에는 작품의 단위를 '章'을 사용하고 있는 반면에 <목주잡가28首>와 같이 우리말노래 그대로를 셀 때에는 '首'를 사용하고 있는 점도 흥미롭다.

여기에는 다시 두 가지의 뜻이 있다. 첫째, 남들도 번역을 한 바 있는 원가이지만 황윤석이 다시 새로 한다는 의미가 있다. 그래서 남들과 다른 새로운 것이다. 둘째, 옛노래는 익숙하고 잘 아는 작품이라서 새롭지 않지만 이것을 지금 다시 번역하므로 새롭다고 한 것이라는 의미도 있다. 두 가지 의미가 다 있을 수 있겠으나 본서에서는 후자에 조금 더 주목해 논의를 하고자 한다.

과거에는 '국어'로 '노래'했는데, 지금 황윤석은 '한문'으로 '기록'하니 두 가지 측면에서 새로운 일이다. 飜은 '국어'에서 '한문'으로의 서로 다른 두 언어 사이에도 존재하지만 '노래'에서 '기록'으로의 변환도 포함된다. 그런 점에서 '고가'의 '신번'은 곧 옛 노래를 지금의 한문기록으로 새롭게 한다는 의미로 연결지어 생각해볼 수 있다.

그런데 이러한 설명은 간단하지만, 인식의 변화가 있기까지는 쉬운 일이 아니다. 우리말노래를 한문으로 기록한다는 점은 인식의 변화가 있지 않고서는 불가능하기 때문이다. 국어를 기록매체로 여기는 문제와 달리 국어시가의 위상을 높이 사지 않으면 시도하지 않을 일인 것이다. 특히 황윤석은 앞에서 보았듯이 작품마다 제목을 만들려고 하지도 않았을 뿐만 아니라

---

97 우리말노래를 한역시화했을 때에는 작품의 단위를 '章'을 사용하고 있는 반면에 <목주잡가28首>와 같이 우리말노래 그대로를 셀 때에는 '首'를 사용하고 있는 점도 흥미롭다.

제언체로의 한시화를 적극적으로 꾀하지도 않았다. 국어시가가 가진 그대로를 매체만 한문으로 바꾸려고 한 것이라는 점에서 국어시가의 위상에 대한 인식이 굉장하다고 할 수 있는 것이다.

이와 관련해 항을 나누어 구체적으로 보도록 하자.

4.3.1. 한시화(漢詩化)가 아닌 한역가(漢譯歌)로서의 장단구(長短句)로의 한역

'古歌新飜二十九章 幷序'를 보도록 하자.

①우편의 가사(歌詞)는 현인(賢人), 소객(騷客), 탕자(蕩子), 사부(思婦)들의 속에서 섞여 나온 것인데, 그 중에는 가끔 풍속을 교화하는 뜻과 사람을 놀라게 할 만한 운치를 지닌 것도 있다. ②모두 후세에까지 전할 만하며 중국의 여러 악부와 더불어 나란히 견줄 만하다. 그런데 돌이켜 보면 ③-1우리의 말이 중국의 말소리와 다르기 때문에 노래를 함에 모두 상말로써 하고 문자(한문자)로써 함은 참으로 드물다. 비록 후세에 전코자 하나 얼마 못가서 바로 그 참모습을 잃게 되니, 하물며 고악부와 더불어 나란히 나갈 수 있겠는가. ③-2또 백제의 '산유화' 한 곡은 다만 그 소리는 있지만 그 가사(노랫말)는 없어졌다. 이는 당시에는 있었을지라도 문자에 의탁하지 않았기 때문이다. 창계 임공이 일찍이 이를 안타깝게 여겨 이태백의 억진아조(憶秦娥調)로 그 없어진 가사를 추가해서 보완했는데 지금 사람들이 전하여 부르는 것(가락)에 맞지 않는다. 이같은 것은 한 둘이 아니다. 지난번 한가한 틈에 약간을 찾아 얻어서 문자(한시)로 번역했는데, ③-3본래의 말을 따르는데 힘쓰고 조금 윤색하였다. ④또 구구하게 고악부를 흉내내지도 않았다. 도리어 그 본뜻을 잃을까 해서이다.[98]

---

[98] ≪頤齋亂藁≫권1, 56면, <古歌新飜二十九章並序>, 손찬식(1998)의 번역을 참고

황윤석은 채시관풍으로서 국어시가에 관심을 두지 않았다. ②에서 보듯이 우리말 노래의 가사 그 자체에 대한 관심이다. 그리고 "不必拘拘於古樂府之效顰"이라고 한 ④에 주목해보자. 한시중 절구나 율시 등의 근체시로 바꾸려고 한 것이 아닐 뿐만 아니라 한시체 중에서 악부까지도 본받으려고 하지 않았다. 우리말노래를 한문으로 바꿀 때 근체시형에 넣지 않는다면 고악부와 같이 되려는 방향을 생각해볼 수 있다. 전자이든 후자이든 모두 한시의 하나가 되게 하는 것으로 한시화(漢詩化)라 할 수 있는데, 황윤석은 그렇게 하려고 하지 않았다. 한문 매체로 기록하였지만 한시화는 아니라는 말이다. 이런 점에서 ④는 매우 중요하다. 근체시는 물론이고 악부체를 본받는 것까지 '구구하게' 여겼기 때문이다. 곧 우리의 옛 노래, 곧 고전시가 그 자체를 긍정하고 살리고자 한 것이다.

황윤석은 47편의 한역시 가운데 <飜淸泠浦歌>와 <改飜美人詞>를 제외하고 45편을 모두 장단구체(長短句體)로 한역하였다. 이와 관련해 전체 양상을 정리하면 다음 표와 같다.

[표2] 황윤석의 국어시가 한역 47편의 전체적 양상

한역시		한역시 형식	원가 형식
고가신번 29장	1	6·7·7·6·7·7[99] 장단6구	평시조
	2	5·6·5·7·6·7 장단6구	평시조
	3	7·5·8·5·9·7 장단6구	평시조

함. 右歌詞雜 山於賢人騷客蕩子思婦之屬 而其間往往有礪俗之意 驚人之韻 皆可傳諸後世 以與中原諸樂 府馳騁而上下 而顧我方言異於華音 故其爲歌也 悉以俚諺 而以文字者實尠 雖欲傳諸後世而曾未幾傳 何便失其眞 矧能與古樂府齊駈哉 又如百濟山有花一曲 只有其聲而其詞則亡 此必只行當世 而未托於文字故耳 滄溪林公 蓋嘗是惜 以李太白憶秦娥調 追補其亡 而又不 合於今人之傳唱 若此者 蓋不一二 頃於閑隙 搜得若干 譯以文字 要隨本語 而少加閏色 而已 又不必拘拘於古樂府之效顰 而反失其其本意云爾

	4	4·5·6·9 장단4구	평시조
	5	5·5·6·6·7·8 장단6구	평시조
	6	9·9·8·8·7 장단5구	사설시조
	7	10·9·7·7·7 장단5구	평시조
	8	5·5·7·7·5·7 장단6구	평시조
	9	4·6·5·6·5·6 장단6구	평시조
	10	6·7·7·5·5 장단5구	평시조
	11	9·7·7·5·4 장단5구	평시조
	12	5·5·5·5·2·8 장단6구	평시조
	13	5·5·7·7·6·5 장단6구[100]	평시조
	14	7·7·8·6·7 장단5구	평시조
	15	9·5·5·5·7 장단5구	평시조
	16	5·5·7·9 장단4구	평시조
	17	6·5·7·7 장단4구	평시조
	18	5·6·5·5·8 장단5구	평시조
	19	5·8·7·5·5·8 장단6구	평시조
	20	5·6·6·7 장단4구	평시조
	21	5·5·9·3·5·7 장단6구	평시조
	22	5언7구	평시조
	23	5·5·5·6·7·5 장단6구	평시조
	24	5·6·5·5·10 장단5구	평시조
	25	11·6·6·5·5 장단5구	평시조
	26	5·6·5·6·8·8·7 장단7구	악장(4연)
		5·5·5·5 5언4구	
		4·5·5·5 장단4구	
		5·5·5·5 5언4구	
	27	5·5·5·5·7·7 장단6구	평시조
	28	5·5·9·8·5 장단5구	평시조
	29	5·5·7·5·7·5 장단6구	평시조
고가신번속 14장	1	9·9·10·7·8·7 장단6구	사설시조
	2	5·5·5·5·3·5·6 장단7구	평시조
	3	7·7·7·7·8 장단5구	사설시조

4	3·3·4·3·6·7 장단6구	평시조
5	5언6구	평시조
6	5·5·5·5·7·4 장단6구	평시조
7	6·5·4·5·5·6 장단6구	평시조
8	7·7·6·7 장단4구	평시조
9	6·6·7·7 장단4구	평시조
10	7·7·5·8·7 장단5구	평시조
11	5·5·3·5·7·5 장단6구	평시조
12	7·7·5·5·5 장단5구	평시조
13	5·5·7·7·6 장단5구	평시조
14	5·7·7·5·7·6 장단6구	평시조
번청령포가	7언4구	평시조
개번김용계지남미인사일절	7언4구	평시조
번백구가	5·5·5·5·6·6 장단6구	평시조
감군은사	5·5·5·5·5·5·4 장단7구	악장(5연)
	5·5·5·5·5·5·4 장단7구	
	5·5·5·5·5·5·4 장단7구	
	5·5·5·5·5·5·4 장단7구	
	5·5·5·5·5·5·4 장단7구	

    한역 결과를 보면 4구에서 7구까지 다양하고, 절대 다수가 장단구(長短句)이다. 장단구이지만 총6구 형식이 18개 작품으로 가장 많고, 장단구 총 5구가 16개 작품이 보인다. 장단구이면서 6구나 5구가 가장 많은 것을 보면, 시조가 3장 6구인 형식인 점과 유사한 형태로 한역이 된 것을 알 수 있다. 구마다 글자수가 같은 경우는 5언 6구 2작품, 5언 7구 1작품이 보인다. 이는 원가(原歌)의 형태나 구조, 노랫말 등을 그대로 살리고자 한 것이다.

---

[99] 한 행에서 한자(漢字)의 글자수(음절수).
[100] 조해숙(2002), 앞의 글에서도 정신문화연구원의 ≪頤齋亂藁≫ 띄어쓰기의 수정을 지적하고 있다.

서문에서도 밝힌 바, '本語'에 충실하고자 하였고, 형식미를 추구하려고 하지 않았기 때문이다. 幷序에서도 율격에 대해서는 언급한 바가 없고, '노래'라는 점을 인식했기 때문에 한시 근체시처럼 형식미를 추구할 필요가 없었던 것이다. 따라서 악보를 남기고자 한 것이 아닌 이상 이러한 장단구를 통해 최대한 노래로서의 가사의 기록에 충실하고자 함을 알 수 있다.

따라서 황윤석은 시조 그 자체, 더 나아가 우리말노래 그 자체를 긍정해서 한역하고자 한 것이라고 할 수 있다. 한시의 근체율에 넣고자 하지 않은 것으로 보아 한역의 결과를 漢譯'詩'라고도 하기 어렵다. 장단구도 한시의 여러 시체 중에 없는 것은 아니지만, 그래서 악부체와 같이 한시라고 하는 것이 무리는 아니지만 시(詩)가 되게 하고자 율격미를 정제하고 조탁을 가한 것이라고는 보기 어렵기 때문이다.

국어시가의 한역이 절구 형태가 된다면 이는 적극적인 한시화라고 할 수 있다. 일례로 고려후기의 소악부는 7언절구화로의 작업이다. 조선시대의 한역은 16세기말에서 17세기부터 보이는데, 17세기 송시열 등의 <고산구곡가>의 한역은 5언 6구에 무조건 맞추는 방식으로서 이는 정형시로서의 형태를 갖추고자 하는 한시화 작업이라고 할 수 있다. 그런데 황윤석은 45수나 되는 작품을 모두 장단구로 한역하였다.

조해숙(2002)에서도 지적하였듯이, 18세기가 되면 제언체가 아닌 장단구로의 한역이 자주 등장하는데, 이 시기의 일선에 황윤석이 있다는 점에 주목할 필요가 있다. 곧 <번청령포가>와 <개번미인사>가 39세에 이루어졌고, 나머지 대다수의 한역이 황윤석이 19세, 20세에 이루어진 것을 생각할 때에 1747년이라는 비교적 18세기 초기의 작업결과라 할 수 있다.

지금은 한역에 대한 연구가 많이 이루어져서 장단구가 새롭지 않을 수 있지만, 황윤석이 한역을 시도할 당시로 가서 바라본다면 그렇지가 않다. 황윤석 이전의 한역은 근체시 형태로의 한시화로서의 한역이 대부분이었다. 그리고 이렇게 많은 50여 수에 이르는 작품을 한역 대상으로 삼지도 않았다. 곧 제언체가 아니라 장단구로서, 본격적으로 수십 수의 고가(古歌)를 한역한다는 것은 분명 당시로서는 신번(新飜)인 것이다.

4.3.2. 다양한 국어시가 갈래로의 한역 대상 확장

한역 대상이 된 작품의 갈래가 다양하다는 점에서도 새롭다. 황윤석 이전까지의 한역은 대개가 평시조이다. 17세기 윤선도나 신흠, 18세기 권섭, 19세기 이세보, 정현석 등 시조와 한시, 한역시의 세 작업을 한 경우를 살펴보아도 모두 자기 시조의 일부나 전부를 한역한 것이다. 타인의 것을 한역했다고 해도 우리가 아는 대개의 작업은 시조의 한역이다. 이에 비해 황윤석은 47편에서 악장이 2편(29-26, 感君恩辭),[101] 사설시조가 3편(29-6, 14-1, 14-3)을 차지한다. 특히 악장 2편은 각각 4연, 5연으로 이루어진 전모를 다 한역해서 총 9수에 이른다. 따라서 시조의 한역이

---

[101] 29-26작품은 다음과 같다. 四海水之深 用矴纜猶可量 主恩澤之深 更可用底纜量 請亨福無疆万歲延 請亨福無疆萬歲延 一竿明月亦君恩/ 泰山雖云高 猶未及乎天 主之恩與德 猶歎高如天/ 四海之廣 舟楫卽可渡 主之洪恩澤 此生可能報/ 只一片丹心 天乎願洞知 白骨雖糜粉 丹心豈消澌

'感君恩辭'는 ≪頤齋亂藁≫권21, 初五日丁丑 <朝鮮國故嘉善大夫同知中樞府事樂窩張公行狀>에 있는 낙와(樂窩) 장석(張-)(1687~1764)이 지었다는 것을 한역한 것으로 작품은 다음과 같다.

其一曰 泰山兮君恩 河海兮君恩 歷事三朝兮 莫非我君恩 君恩兮至重 盟山誓海兮 願報之恩

其二曰 吁嗟兮君恩 罔極兮君恩 十載食祿兮 莫非我君恩 君恩兮至重 籲天質神兮 願報之恩

其三曰 一則君恩兮 二則君恩兮 位至三品兮 莫非我君恩 君恩兮至重 剖心輸肝兮 願報之恩

其四曰 此亦君恩兮 彼亦君恩兮 歸養老母兮 亦莫非君恩 君恩兮至重 糜身粉骨兮 願報之恩

其五曰 進亦君恩兮 退亦君恩兮 田園耕鑿兮 亦莫非君恩 君恩兮至重 白骨塵土兮 願報之恩

문집 원문에 띄어쓰기가 되어있어서 흥미롭다.

아니라 황윤석 이전시대까지 있었던 다양한 고가의 갈래를 한역 대상으로 삼았다는 점에서도 신번(新飜)인 것이다.

황윤석이 한역의 대상으로 삼은 국어시가의 갈래는 악장, 평시조, 사설시조이다. 악장의 경우, 단편악장과 장편악장이 있고, 한문악장과 국문악장이 있는데, 황윤석은 국문단편악장을 한역의 대상으로 삼았다. 그렇다면 황윤석은 국어시가 중에서 짧은 노래들, 곧 단가를 한역 대상으로 삼았다고 할 수 있다. 이는 조선시대 존재했던 다양한 국어시가 중에서 가사나 장편 국문악장을 제외한 나머지 갈래들이다.

특히 조선시대에 공존했던 짧은 시형의 국어시가의 비중을 생각해볼 때에 평시조가 압도적으로 많고, 사설시조와 악장이 그 다음을 차지한다. 경기체가는 일시적으로 존재했다고 할 수 있고 18세기까지 지속적으로 존재했던 단가는 평시조, 사설시조, 악장인 것이다. 그러므로 황윤석이 한역한 평시조와 사설시조, 악장의 작품수를 고려하면 특정 갈래에 치우쳐졌다고 하기보다 조선시대 공존한 시가 갈래의 비중을 고려한 것이라고 할 수 있는 것이다. 이런 점에서도 황윤석은 시조의 한역에서 더 나아가 조선시대 국어시가의 전모에 대한 한역을 시도했다고 볼 수 있을 것이다.

조해숙(2002)에서는 진재교(1999)[102]에서 보인 홍양호의 사설시조의 한역시화에 대한 평가가 과장된 면이 있다고 하였는데 황윤석을 통해서 보건대 이는 분명 간과되어서는 안될 것이다. 황윤석은 사설시조에서 더 나아가 악장까지, 또 그 작품수까지 더 많다는 점에서 홍양호보다 더 우리말노래에 대한 긍정적 태도와 적극적 관심을 보인다고 할 수 있는 것이다.

---

[102] 진재교, 『이계 홍양호 문학 연구』, 성균관대학교출판부, 1999.

4.3.3. 고가(古歌)의 작가에 대한 새로운 평가로서의 한역

한역 대상 작품들의 작가관과 그 작가들의 작품에 대한 평가에 있어서도 새로운 인식의 변화가 두드러진다. 이와 관련해 앞의 병서(幷序)에서 ①을 보도록 하자. ①은 현인만이 아니라 탕자나 부녀자들의 것도 있음을 말하고 있다. 작가의 신분이 어떠하든지, 곧 남자이든지 여자이든지, 상층이든지 하층이든지 작품을 대하는 기준이 사람이 아니라 작품 그 자체이다. 그래서 ②에서와 같이 모두 후세에 전할 만하다고 하였다. 실제로 황윤석이 한역한 작품들을 보면, 위로는 왕에서 아래로는 방랑자까지 다양하다. 선조의 "오면 가려 ᄒ고~", 박팽년의 "金生麗水ㅣ라~" 등 왕이나 사대부남성의 작품뿐만 아니라 대부인이 잔치자리에서 불렀다는 "萬壽山 第一峯~"을 비롯한 상하층의 여성이 지은 작품, 유종의 "오려ᄒ고개숙고~"와 "늙고 병든 몸이~"와 같이 방랑자의 작품, 그리고 누가 지었는지 모른다는 "淸泠浦 돌 볼근 제~" 등에까지 관심을 두었다.

이런 점에서 황윤석이 작품을 대할 때 남녀상하 모두의 작품들을 고루 관심의 대상으로 삼고 있다는 점은 매우 중요한 부분이다. 18세기에 인물을 평가하는 시각의 변화를 반영하고 있고, 작가와 작품을 분리해서 고려하는 가치관도 나타나기 때문이다. 황윤석은 이러한 내용을 시조로도 나타낸 바 있다. 이와 관련해 아래 작품을 보자.

其二十七[103]
末世人物이라 ᄒ돌 上古人物 다룰넌가
偏邦人物이라 ᄒ돌 中國人物 다룰넌가
으즙어 天生人物이라 古今中外 分揀말게

---

[103] 이하 시조는 ≪頤齋亂藁≫ 권32.

其二十八
人才야 前도 後도 彼此同異 언마 ᄒᆞ리
아ᄂᆞᆫ 이 잇ᄉᆞ오면 쓰이ᄂᆞᆫ 이 절노 잇네
아마도 一代人才ᄂᆞᆫ 自了一代事가 ᄒᆞ노라

황윤석의 <목주잡가> 중에서 인물과 관련한 두 편의 시조를 가져와 예로 들었다. 중국 중심에서 변방으로, 과거에서 현재로 가치의 중심이 옮겨졌을 뿐만 아니라 인재 역시 능력의 빼어나고 그렇지 않고의 차이를 절대시하지 않은 평등한 인식을 볼 수 있다. 이런 가치관이 한역의 대상 작품을 선정하는 데에 고스란히 나타나고 있는 것이다. 이와 관련해 한역 작품마다 그 작가에 대한 소개를 하고 있는데, 김명순(1997)[104]에서도 작가에 대해 자세한 관심을 가지고 기록했다는 점에 주목하고 있다. 그런데 작가에 대한 관심이 많아서 기록한다는 사실만이 아니라 한역 대상으로 선정한 작품을 지은 그 작가가 어떤 사람인가도 주목할 필요가 있다. 일례로 이황이 자기 시대에 '설만희압, 긍호방탕'의 노래는 배격한데 비해 황윤석은 탕자의 것도 긍정하고 있다. 이는 작가가 어떤 사람이든지를 떠나서 작품 자체를 긍정한 것이다.

따라서 여성 작품의 것도, 근거가 불분명한 방랑자의 것도, 작가의 신분이 아니라 그 작품의 내용으로 평가하고 바라보는 시각의 전환도 여기서 중요하게 여길 필요가 있다. 이렇게 본다면 작품들의 주제적 성향이 양반가 선비의 풍류생활과 의식이라고 보기보다는[105] 그보다 더 근본적 차원에서 작가와 작품 내용의 관계를 이해하는 것이 마땅하다. 특히 원작의 작가들의 생몰년을 고려할 때에 모두 과거의 노래들이기 때문에 '우리의 고전시가'에

---

[104] 김명순(1997), 앞의 글, 33-34면.
[105] 김명순(1997), 앞의 글, 30면. 이 논문의 다른 부분에서 민족문학에 대한 관심으로서 한역 동기도 함께 다루고 있다.

대한 인식적 측면에서 볼 필요가 있는 것이다.

물론 과거의 국어시가에 대해 남녀상하노소를 막론하고 그 작품을 높이 평가하는 시각은 황윤석 이전에도 있었다. 일례로 김만중이 정철의 가사에 대한 평가를 하는 대목에서도 이를 찾을 수 있다. 그러나 실질적으로는 정철의 가사를 높이 평가하는 것이고, 이의 논리적 근거로 나무하는 아이의 소리까지도 진실되기 때문에 가치가 있다는 한 것이다. 곧 실질적으로 남녀노소상하의 국어시가에 대한 가치평가 및 이의 한역 작업을 구체적이면서 본격적으로 수십수에 이르기까지 한 작업은 나타나지 않았다는 점이 중요하다. 곧 인물을 평가하는 새로운 가치관으로 우리 고전시가를 다시 새롭게 접근하니 과거에 평가되지 못한 방랑자, 여성 등의 작품까지도 수용해 한역 작업을 하게 된 것이다.

또한 18세기에 중인들 역시 가집의 서문을 통해서 천기론적(天機論的) 관점에서 남녀상하노소의 작가층에 대한 재평가를 하기도 하였다. 그러나 이는 중인층이 자신을 포함한 작가층에 대한 인정의 근거로서의 의도가 강하다면 황윤석은 사대부 남성 작가로서 작가관의 변화를 보인다는 점에서 다르다. 같은 시각이라도 시조와 사설시조에 한정하여 특정 갈래를 부르는 전문직업인인 가객으로서의 입장에서가 아니라 자기 직업이 아닌데도 불구하고 악장까지 포함해 당대 다양한 갈래에 대해 폭넓은 시각으로 작가를 재평가할 수 있다는 점이 사대부의 입장에서는 새로운 가치관의 변화인 것이다. 이렇게 작가를 바라보는 새로운 시각으로 과거의 노래를 재평가한다는 점에서도 '新'飜이라고 할 것이다.

4.3.4. 원가(原歌)에 대한 기록들: 가화(歌話)의 존재 및 내용

권섭처럼 황윤석도 원가(原歌) 그 자체는 나란히 소개하고 있지 않지만, 이에 더 나아가 원가가 어떤 작품인지에 대한 소개나 관련 이야기를 문집에 함께 기록해두고 있다. 한역 작업을 하면서 일일이 해당 작품을 소개하는 기록 방식 역시 새로운 한역 방식이다. 이를 소개하면 다음 [표3]과 같다.

[표3] 한역시와 관련한 황윤석의 기록

한역시		관련 기록
고가신번 29장	1	世傳退陶先生歌
	2	世傳一齋先生歌. 此卽勸人進學無日道遠之意.
	3	寄托無窮. 豈非傷於世路. 有心歸歟者乎?
	4	·
	5	五柳之流也
	6	·
	7	此與金剛僧問話關東八景而听僧答語之作也.
	8	此簡兮末章之意.
	9	松京歌 未知誰作
	10	淸婉悽絶. 豈非思婦之作乎?
	11	·
	12	氣槪矯爽傑豪
	13	國初航海朝明南京. 起行干靈光法聖浦. 郡倅張樂餞之. 此其行船曲也. 至今傳唱. 使人聞之. 便有黍離之感云. 至菊葱卽古所稱欸乃聲也.
	14	此章本語如此. 不須移動.
	15	·
	16	·
	17	·
	18	昔我叔祖龜岩先生. 每玉臺徹醺. 命客歌之. 未知初出何人也.
	19	·
	20	·
	21	·
	22	故都正李衡鎭宰楚山作
	23	此未知誰作而其論進學次序亦明
	24	世傳麗末我太祖威德日盛. 鄭道專等方議推戴. 而圃隱先生獨不肯. 太祖於宴席唱萬壽山老葛歌示微意. 先生卽以此歌應之. 贅所謂百死之歌 可裂金石者此也.
	25	世傳豊呈宴時. 一朝士所作.

	26	出梁德壽玄琴譜感君恩曲. 蓋祝君壽樂太平之詞也.(1연) 此下與享福無 彊之詞語意相同(2연)上同(3연)上同(4연)
	27	.
	28	.
	29	世傳成三問在玉堂. 世宗送菊花. 公作歌示意.
고가신번속 14장	1	.
	2	嗟老之辭
	3	遠客之詞
	4	.
	5	.
	6	.
	7	.
	8	效宋高宗漁父詞一疊
	9	.
	10	是無亦思士思婦之作乎
	11	此吾鄕芹村宋進士顯道作
	12	.
	13	世傳仁廟丁丑之亂,昭顯世子人質瀋陽,去國時所作,至今傳唱,令人氣短.
	14	.
飜淸泠浦歌		昨日逢歌者聞唱冷 淸泠浦歌는 方言也 有曰 淸泠浦 돌볼근제 슬피우는 뎌杜鵑아 六臣冤恨을 아는다모로는다 天地-아득ᄒ니 아모된졸 모로노라 此不知誰作
改飜金龍溪止男美人詞一絕 飜白鷗歌		.
感君恩辭		而一念愛君 雖退彌篤 乃作<感君恩辭> 方言五篇 篇各五章 (중략) 每一謳吟 音節 悲懇 識者 蓋有取焉

[표3]을 보면, 46개의 작품 중에서 관련 이야기가 없는 작품은 절반이 조금 안된다. 곧 반 이상의 한역에서 원가와 관련이 있는 여러 배경을 기록하고 있는 것이다. 이는 마치 한시 작시의 전통 속에 오랫동안 있어왔던 시화(詩話)의 존재처럼 우리말로 된 노래를 가지고 가화(歌話)같은 개념으

로 볼 수 있다. 물론 그 해설부분이 전통적인 한시 시화와 같이 본격적으로 쓰여진 것은 아니지만, 적어도 이러한 관점에서 시조를 기록의 대상으로 삼은 것은 볼 수 있을 것이다. 여기서 황윤석의 '한역시화'로서의 의미를 찾을 수 있다. 엄밀히 말하자면 '歌話'이겠지만, 다름 아니라 우리말노래에 대한 관련 기록으로서 유의미하다는 것이다.

18세기는 중인층에 의한 가집(歌集)이 대거 등장하는 시기이기도 하다. 이 시기 등장한 시조집에는 많은 작품들이 모여있기는 하여도, 시조와 관련한 배경이 일일이 소개되어있지는 않다. 중인가객의 관심사는 많은 수의 시조를 모은 가집이 필요한 것이지 그와 관련한 기록까지 포함한 가화집(歌話集)이 필요하지는 않았던 것이다. 그런데 사대부작가인 황윤석은 가객이 아니므로 오히려 국어시가 그 자체와 관련 배경이야기에 관심을 두고 기록의 대상으로 삼을 수 있었다. 《靑丘永言》 등과 같은 본격적이고도 독립된 가집은 아니지만 적어도 이 대목만큼은 '歌話의 모음'이라고 할 수 있는 것이다.

이와 관련해 더 살펴볼 것이 있다. 원문에는 <고가신번>이라는 말 다음에 작은 글씨로 "二十九章續十四章"이라고 되어있다. 29장과의 연속성을 강조하고 있는 것이다. 歌話'集'을 따로 낸 것은 아니더라도 전체 43수가 한 편의 가화집처럼 연속성을 가지고 '한 編'으로 여기게 한 것으로 볼 수 있다. 앞의 29수와 뒤의 속(續)14수로 나눈 것도 내용상의 분류로 계획된 것이라 할 수 있다. 먼저 이루어진 29수의 작업은 사대부 시조 특유의 강호시가나 안빈낙도, 연군과 송축, 영사(詠史) 등의 내용이 주를 이루는 반면, 후반에 이루어진 14수의 내용은 취흥, 애정, 탄로, 경관 등 사대부가 아니더라도 향유층이 더 넓게 확장될 수 있는 것들로 나눌 수 있다. 이러한 분류에 대한 의식이 이면에 자리한 점도 기록의 의도를 읽을 수 있는 부분이라 하겠다.

게다가 작품마다 제목은 없지만 一, 二 등의 숫자가 매 작품마다 부여되고 있다는 점도 특이하다. 한시에서 其一, 其二 등이 있듯이 한역시에도 숫자를 부여해 기록물로서의 작품으로서 그 순서를 매기고 있는 것이다. 황윤석이 수(數)에 대한 관심이 많은 것은 <理數新編>과 같은 작업에서도 알 수 있지만, 비단 수(數)에 대한 것만이 아니라 '한 편'의 '기록물'로서 순번을 매기려는 의식으로서 우리말노래를 한역한 것이라 할 것이다.

4.4. 한문과 국어의 언어 매체 차이, 기록방식 및 주제

앞의 幷序에서 ③-1, 2, 3은 모두 한문과 국어의 언어 매체의 차이에 대해 언급한 부분들이다. 우선, ③-2에서 "只有其聲而其詞則亡 此必只行當世 而未托於文字故耳"이라고 한 곳에서는 '聲'이 우리말소리를 의미한다는 점이 분명한 반면에 '文字'는 아직 어떤 언어라고 하기는 성급하다. 그런데 ③-3에서 "譯以文字 要隨本語 而少加閏色"이라고 한 대목을 보면 '文字'는 한문(漢文)을, '本語'는 국어(國語)를 의미함을 알 수 있다. ③-1에는 "而顧我方言 異於華音 故其爲歌也"라고 하였다. 우리의 방언과 중국의 음이 서로 다른 것을 인해 '노래[歌]'가 된다고 하였다. 바로 위에서 '文字'와 '本語'라는 표현을 보았거니와, 여기서는 구어(口語), 곧 소리로서 '方言'과 '華音'의 차이를 지적한 것을 볼 수 있다.

이렇게 길지 않은 서문에서 두 언어의 차이에 대해서, 그리고 소리와 기록의 차이에 대해서 3회에 걸쳐 언급하고 있다는 것은 한역 작업에서 직접적인 고려사항이 되는 중요한 지점이라는 것을 의미한다. 앞에서 우리는 古歌, 곧 노래로서 황윤석 이전의 국어시가를 바라보는 황윤석의 인식을 살펴본 바 있다. 노래는 구술성의 것이라면, 이를 기록매체로 종이 위에 옮기는 작업은 시각성으로 변환되는 작업이다. 그렇다면 ③-3에서 말한 바, 이 과정에서 本語인 국어를 따르고, 그러다보니 약간의 윤색을 가했다고 하였는데, 구체적인 그 윤색지점이 바로 두 언어의 차이로 인해 나타나는 특징, 곧 구술성과 기록성의 문제라는 점을 짐작해볼 수 있다.

이 윤색된 부분을 추출하기 위해서는 거의 그대로의 번역이 아닌 부분들, 곧 원가와 한역 결과의 차이가 큰 부분에 대해 비교하는 것이 필요하다. 이를 모두 찾으면 아래의 [표4]와 같다.

[표4] 원(原) 시조와 다른 황윤석의 한역 부분

작품 번호	원작의 해당 대목	원작과 다른 부분	차이점
29-6	遠鐘聲만 들리ᄂ니 (종장)	暮鐘聲傳白雲悠	소리였던 대목을 소리와 시각적 장면의 대조적 상황으로 바꿈.
29-7	(대응되는 구절 없음)	禪翁答了飄飄去 吾亦身疑上摩訶	상황의 구체적 진술화, 설명 추가.
29-14	翫月長醉 ᄒ리라 (종장)	一盃一盃復一盃	시각화, 구체적 장면화.
29-23	(대응되는 구절 없음)	閑興自不耐	중장 바깥짝의 "가는 되로 븨시겨라"를 없애고 새로운 내용을 추가함. 한흥(閑興)을 구체적으로 언급함.
29-27	빈 비에 돌 시러 가지고 江亭으로 오노라 (종장)	正底處一聲長笛驚 起逢惢蝶一場	흥취가 들도록 구체적으로 장면화함.
14-10	밤듕만 굴근 비소리애굿논 듯 ᄒ여라(종장)	底夜半驟雨一葉二 葉一聲二聲偏攪愁 人枕夢驚	화자를 타자화해서 객관화함. 시각화, 구체적 장면화.

가능한 본어(本語)의 어의(語意)를 살린다고 한 병서(幷序)의 말처럼 대부분은 거의 유사하게 한역이 되었다. 그런데 위의 표에서 보이는 부분들은 적지 않은 차이가 있어서 살펴볼 필요가 있다. [표4]에서 정리한 것처럼 변화의 양상을 보면 시조를 더 구체화하거나 시각화, 장면화하고 있는 경향을 추출할 수 있다. 우리말노래는 대개 해당 상황에서 그 노래가 어울려 연행되는 경우가 많다. 구술문화의 특징으로서 상황적인 경우가 많은 것이

다. 노래와 달리 시(詩)는 수용자가 어디서나 언제나 향유할 수 있고 상황맥락을 떠나 더 자유로울 수 있다. 그래서 황윤석은 노래가 향유되는 상황을 시화(詩化)하는 작업을 통해 전달이 될 수 있도록 그 상황맥락을 구체적으로 나타나게 한 것이라 할 수 있다.

특히 이 과정에서 음성으로 듣는 노래를 눈으로 읽는 시로 바꿀 때에 시각화, 장면화하는 경향이 위와 같이 나타난다는 점은 매우 주목할 만하다. 황윤석이 이러한 시각성과 구술청각성을 직접 언표화하지는 않았지만 언어매체의 차이, 시와 노래의 차이가 이렇게 한역을 통해 일정한 경향성으로 나타나게 된 점은 바로 병서(幷序)에서 말한 윤색을 가한 지점을 말하는 것이라 할 수 있다.

이렇게 황윤석은 노래와 시 각각의 특징을 인식하고 노래를 시가 될 수 있도록 했다고 하겠다. 앞에서 언급했던 '新'飜의 의미를 여기에서도 확인할 수 있다. 곧 황윤석의 한역 작업은 구술적인 향유방식의 노래를 기록문학인 시로서 새롭게 하는 창작성과 시화(詩化)로서의 작업의 의미를 띤다고 할 수 있는 것이다.

덧붙여 "우리말로 된 노래는 전할 것이 많지만 한어(漢語)로 번역해도 뜻이 통하지 않아서 애석하다"[106]고 한 것을 보자. 이전의 양층언어작가들은 우리말로 된 노래를 전하기 위해 한시로 번역한다고 하였는데, 황윤석은 이에 더 나아가서 번역을 해도 그 뜻이 통하지 않아서 애석해하고 있다. 이는 최대한 우리말노래의 맛을 살리고자 애썼던 그의 태도를 볼 수 있는 대목이다.

한편, 이번에는 표기와 기록방식에 대해서 생각해보자. 우선 황윤석 당시의 기록매체는 국문(國文)이 아니라 한문(漢文)이었다. 그렇다고 하더라도

---

[106] ≪頤齋亂藁≫ 권5, 617면.

③-3의 "譯以文字"만을 가지고 황윤석이 국문 매체를 기록어로 전혀 여기지 않았다고 할 수는 없다. 특히 이를 뒷받침해주는 대목이 있어서 주목되는데, 바로 <飜淸冷浦歌>와 '朴彭年歌'는 다음과 같이 국문 매체로 기록하고 있기 때문이다. 해당 대목의 원문과 이를 옮겨오면 다음과 같다.

○ 朴鶴齡來餽江魚五尾 偶閱 尹童土舜擧所編魯陵志 載朴公彭年歌 盖方言也 有曰 金生麗水-라 물마다 금이나며 玉出崑岡이라 ᄒᆞᆫ돌마다 玉이나며 아모리 女必從夫-라ᄒᆞᆫ돌 님마다 조출소냐 此或禍變時所作也 昨日逢歌者聞唱冷 淸冷浦歌ᄂᆞᆫ 方言也 有曰 淸冷浦 ᄃᆞᆯ볼근제 슬피우ᄂᆞᆫ 뎌杜鵑아 六臣冤恨을 아ᄂᆞᆫ다모로ᄂᆞᆫ다 天地- 아득ᄒᆞ니 아모된줄 모로노라 此不 知誰作 淸冷浦上月明時 徹夜哀鳴有子規 能解六臣冤恨否 冥冥天地已難知.

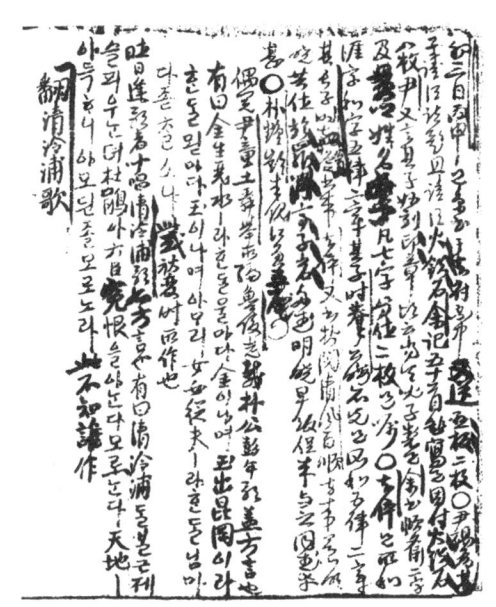

[그림3] ≪頤齋亂藁≫의 <飜淸冷浦歌>와 '朴彭年歌' 원문[107]

43수의 한역은 원가(原歌)를 기록하고 있지 않지만, 위의 두 작품은 원가를 우리글로 기록하고 있고, <번청령포가>는 한역도 나란히 기록해두고 있다. 게다가 직접 지은 시조 28수인 <목주잡가>도 국문 매체로 문집에 기록해두고 있다.[108] 그 외에도 순우리말을 기록하며 한자어의 뜻을 풀이한 대목들을 통해서도 볼 수 있다.[109] 따라서 한역 행위의 동기가 기록을 남기고자 한다고 해서 국문매체를 기록 매체로 전혀 인식하지 않는다고 할 수는 없는 것이다.

또 장석의 <感君恩辭>의 한역 표기 방식을 보면 다음과 같이 띄어쓰기가 되어있기까지 하다.

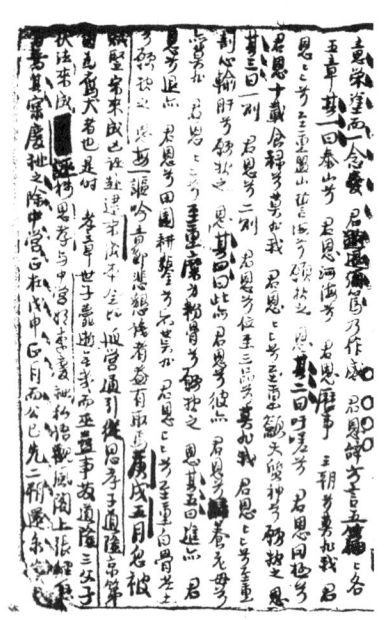

[그림4] ≪頤齋亂藁≫의 <感君恩辭> 한역 부분 원문[110]

---

107 ≪頤齋亂藁≫ 권8, 706면.
108 ≪頤齋亂藁≫ 권32.
109 ≪頤齋亂藁≫ 권9, 15면.

17세기까지는 국문 매체로 시가를 기록한 부분이 문집에 나타나지 않을 뿐만 아니라 한역된 부분의 띄어쓰기가 된 경우도 나타나지 않았다. 그런데 18세기 황윤석은 국문 매체로 시가를 기록할 뿐만 아니라 한역을 하면서 띄어쓰기도 하고 있어서 주목된다. 국문매체의 띄어쓰기는 아닌 한문 기록의 띄어쓰기라 할지라도 띄어쓰기는 근대 이후에 본격적으로 나타나는 쓰기 방식이다. 그런데 국어시가의 한역을 통해 띄어쓰기가 시도되고 있다는 점에서 근대로의 쓰기 방식으로 한 걸음 더 가까이 가게된 것이다.

물론 황윤석에게서만 나타나는 것은 아니다. 18세기 권섭에게서도 나타나지만 이보다는 황윤석이 조금 더 이르고, 19세기에 이르면 정현석이나 조황에게서도 보인다. 이에 대해서는 새로운 자리에서 별도의 논의를 진행해야 되는 부분이므로 여기서 상론하기는 어렵지만 최소한 한역의 띄어쓰기가 나타나는 가장 이른 사례라는 점에서 주목되는 것이다.

한편, 한역 작품의 주제적 경향을 보면 강호한정가류, 애정가류, 취락탄로가류, 충군우국가류로서, 이는 조선시대 시조 한역의 주제적 경향과 거의 일치하고 도덕가류만 없는 것이다.[111] 그런데 서론에서 잠시 언급한 것처럼 황윤석이 직접 지은 국어시가인 <목주잡가>는 교술적인 경향이 강하다는 점에서 대비적이다. 여기서 흥미로운 점들이 몇 가지 발견된다.

첫째, 황윤석이 도덕가류는 한역의 대상으로 삼지 않은 반면에 도덕가류에 해당하는 교화적 시조는 <목주잡가>로 직접 창작했다. 둘째, 황윤석의 시조 <목주잡가>와 시조 한역 43수의 전체 주제적 경향은 곧 조선시대

---

[110] ≪頤齋亂藁≫ 권21.
[111] 윤승준, 「조선조 시조한역의 일연구」, 『시조학논총』7집, 한국시조학회, 1991, 101-114면에서 서원섭, 『시조문학연구』, 형설출판사, 1997에서 분류한 시조 주제를 다시 도덕가류, 강호가류, 애정가류, 취락탄로가류, 충군우국가류로 크게 5분하여 조선시대 시조 한역의 주제적 경향을 살피고 있다.

시조의 전체 주제적 경향을 모두 포함하고 있다. 셋째, 도덕가류의 교화적 시조는 교화의 대상이나 문체적 이유로 한시보다는 시조가 더 적합하다. 명령이나 청유형이 빈번하게 사용되는 교화적 내용을 자기 고백적 문체가 강한 한시에서 다루기보다 청자 지향적 경향이 강한 시조에서 다루는 것이 더 효율적이다.[112] 게다가 백성 대상의 훈민성은 한문의 사용이 적합하지 않고 백성이 아니라도 도덕가류의 전통은 시조의 지속적인 경향이고 한시에서는 그러한 경향이 있지 않았기 때문에도 그렇다.

곧 황윤석의 시조 한역은 조선시대 시조 전체의 주제적 경향 중에서 도덕가류를 제외하고는 거의 다 볼 수 있고, 도덕가류는 자신이 직접 창작한 시조에서 볼 수 있다. 곧 시조 한역과 시조 창작을 통해 황윤석은 특정 주제적 경향을 고수하기보다 조선시대 시조의 보편성을 추구하려고 한 것이라고 할 수 있다. 다만 언어 매체의 특성상, 또 갈래적 관습상, 도덕가류의 전통이 강한 시조를 그러한 전통이 없는 한시로의 한역은 시도하지 않았다는 점이 매우 흥미롭다.

4.5. 한국고전시가의 '시'로서의 인식과 기록으로서의 한역

지금까지 황윤석의 한역 작업에 나타난 국어시가에 대한 인식, 특히 한국고전시가에 대한 황윤석의 인식에 대해 주목해 논의를 진행하였다. 이와 관련하여 지금까지 살펴본 내용을 핵심적으로 정리하면 다음과 같다.

첫째, 우리말노래에 대해 적극적으로 인식하되 특히 고가(古歌), 곧 우리의 고전시가에 대해 주목하였다. 幷序에서 산유화라는 아주 오래된 민요를 예로 들은 것처럼, 한역 대상이 모두 과거의 노래이다. 남녀상하노소 등

---

[112] 조선시대 사대부 시조의 청자지향성에 대해서는 조하연, 「시조에 나타난 청자지향적 표현의 문화적 의미 연구 : 조선 전기 사대부 시조를 중심으로」, 서울대학교 석사학위논문, 2000 참조.

모든 이들이 보편적으로 느끼는 정서를 우리 고전시가의 특징으로 인식한 것이라 할 수 있다. 고려후기 소악부는 당시의 노래를 한시화한 것이고, 17세기 윤선도, 신흠도 자신의 시조에 대해 한역을 하였다. 또 19세기 정현석이나 이세보도 자신이 지은 시를 한역하였다. 이는 곧 자신의 작품이면서 당대의 작품이라면 황윤석은 이와 달리 '과거'의 우리말노래에 대해 적극적으로 살피고 한국고전시가를 주목한 것이라 할 수 있다.

둘째, 우리말노래 그 자체를 인정하고 주목하였다. 구구하게 악부체를 흉내내지 않고 국어시가의 원뜻이 잘 살 수 있도록 하고, 한역 형태도 장단구로서 원가 그대로를 최대한 남기고자 하였다. 그래서 제목을 새로 만드는 다른 한역 작가들과 달리 제목 없는 노래의 모습 그대로를 한역하였다. 근체 한시의 율격이나 한시 고시 형태를 취하지 않은 것도 우리말의 뜻을 살리는데 주안을 두었기 때문이다. 따라서 한문으로 번역을 하였으나 한시에 대한 시조의 열등의식이 아니라 정반대로 한시에 대응할 만한 국어시가의 가치과 대등함에 대한 인식 때문이라 할 수 있다. 문집에 한역되지 않은 국문 매체로 기록된 시조도 곳곳에 있어서 더욱 이를 뒷받침한다.

셋째, 한역 대상이 된 작품의 작가들이 사대부 남성같은 특정 계층이 아니라 남녀상하노소를 막론하고 작품을 대등하게 인식하고 있었다. 특히 고려후기나 조선 전기 작품이 많은데, 이 시대 시조에 대한 평가는 여성이나 방랑자, 탕자 등의 작품을 인정하는 시기가 아니었다. 그럼에도 황윤석은 이런 사람들의 작품 역시 편견없이 어떤 작가의 작품이든 인정하고 한역 대상으로 삼았다.

넷째, 다양한 작가층의 작품에서 살펴볼 수 있는 작품의 주제나 제재는 사랑과 이별, 그리움과 충절, 태평성대와 자연속의 흥취, 취락과 풍류 등이다. 이는 황윤석 이전 시대까지 오랫동안 향유해온 시조의 보편적인 정서를 다룬 것들이다. 곧 시조 갈래에 대한 황윤석의 인식과 이해는 남녀노소상하 누구나 각자의 상황에서 즐기는 보편성으로서 갈래이지 특정인의 특정 정서를 대변하는 갈래로서가 아니다.

다섯째, 기록으로서의 고전시가, 곧 구술문학인 노래가 아니라 기록문학인 시로서 고전시가를 바라보았다. 그래서 과거의 노래가 현재에는 시가 되어 영원할 수 있도록 하였다. 이는 비단 음성으로 향유되는 노래를 문자로 종이에 고정했다고 하는 단순한 매체 변환의 현상을 두고 하는 말이 아니다. 노래가 가진 특성과 시가 가진 특성이 다르다고 할 수 있는데, 황윤석의 한역 작업은 국어시가가 노래적 성향이 강한 시대를 지나 근대시로 가는 과정에 놓여있을 때 취할 수 있는 하나의 방법으로서 이해할 수 있다. 곧 국문 매체로 시가를 지으면서 시적 지향을 보이거나, 과거의 시가를 현재 다시 쓰기를 하면서 시적 지향을 보이는 방법으로 나눌 수 있다. 전자는 자기 스스로 창작을 하면 되므로 황윤석은 <목주잡가>를 통해 이를 시도하였다. 후자는 노래인 원가를 이미 시로 인식되고 있던 한시로의 변환을 통해 추구할 수 있으므로 앞 장에서 본 것처럼 시적지향을 추구한 것이라 하겠다. 곧 제목, 한역 형식, 띄어쓰기 등이 문집전체에 나타나는 점을 주목해볼 수 있다.

사실 우리말노래를 한문으로 기록하고자 하는 시도 자체가 우리말노래에 대한 자부심이나 긍정적 태도가 없다면 어려운 일이다. 시조 갈래에 대한 평가가 좋지 않다면 오랫동안 남기고자 문자화(文字化)하려는 시도는 하지 않을 것이기 때문이다. 특히 시조의 한역은 이민성[113]을 비롯해서 윤선도나 신흠 등 17세기 이후 본격적으로 나타난다. 이는 그만큼 우리말노래의 대표적 갈래인 시조에 대한 긍정적 인식이 있기 때문에 가능하다. 17세기는 양란 후 역사적으로만이 아니라 시가사에서도 여러 변화가 나타나는 분수령의 시기이기도 하다. 이러한 시조 한역 현상이 조선후기에 대대적으로

---

[113] 이에 대한 자세한 논의는 조해숙(2005), 앞의 책 참조.

나타나는 것 역시 우리말노래에 대한 적극적 인식이 커진 것과 무관하지 않은 것이다.[114]

이는 비단 황윤석에게서만 나타나는 특징은 아니다. 황윤석을 비롯해 이 시기 시조를 한역한 여러 작가들과 많은 작품들이 있다는 것, 그리고 제언체에 넣지 않고 장단구의 시도를 하고 있는 것 등은 조해숙(2002)에서도 지적하고 있듯이 18세기가 이전 시기보다는 시조와 한시의 상관성이 더 강해지며 시조사와 한시사에서 두드러진 차이점을 보이는 시대라는 것을 의미한다. 18세기에 권섭은 기녀 가련과 주고받은 시조를 한역하면서 향가와 고려속요의 수용 흔적을 보이기도 하였다. 그러나 황윤석은 또 다른 방식으로서, 곧 한국고전시가에 대한 새로운 태도로서의 한역을 자기 나름의 방식으로 보여준 것이다.

그간 한역과 관련해서는 시조 한역만 주목하거나, 혹은 한역 작가만을 비교해온 경향이 강했다. 그러나 본서는 황윤석이 한문으로만 시작(詩作) 활동을 하지 않고 국어시가를 직접 창작하면서도 왜 한역 작업을 했는지에 주목하였다. 그래서 국어시가와 한시, 국어시가의 한역, 이 셋을 모두 한 작가를 비교함으로써 시가사적 위치를 점검하고자 하였다.

황윤석이 우리말로 된 옛노래, 곧 한국고전시가에 대해 관심이 있었던 점은 그의 행적을 통해서도 드러난다. 문집에는 15세기 정극인, 16세기 송순, 16세기말에서 17세기초의 장경세의 시조와 가사, 경기체가 등 이들의 국어시가에 대해 언급하기도 했다.[115] 이런 점들은 황윤석 당대까지 지어진

---

[114] 참고로 중세후기로의 분수령이 되는 시기인 고려 후기에 민사평, 이제현 등의 소악부가 나타난 것 역시 시가사적인 변화의 시점과 민족어 시가에 대한 인식의 문제가 맞물려있다는 것을 잘 보여준다.

[115] ≪頤齋亂藁≫권36, <有明朝鮮國故通政大夫行司諫院正言不憂軒丁公行狀>, ≪頤齋遺藁≫권9, <資憲大夫議政府參贊兼知春秋館事企村先生宋公行狀>, ≪頤齋遺藁≫권9, <金溝縣令沙村張公行狀>.

조선시대 국어시가 전반에 대한 그의 관심과 인식을 보여주는 것이다.

5. 한시의 노래화, 시조의 시(詩)로서의 인식과 기록

지금까지 황윤석의 시조와 한시, 한역시를 살펴보며 18세기 양층언어문학현상과 황윤석의 특성에 대해 살펴보았다. 특히 18세기 국어시가에 대한 선행연구는 중인이나 대중에 더 주목한 감이 있으나 본서는 앞 장의 권섭과 본 장의 황윤석을 통해 18세기 사대부 시조가 시가사적으로 이룬 성취와 역할은 무엇인지 밝혀낼 수 있었다. 그 중에서도 권섭과 다른 황윤석의 특성으로는 먼저, 자연 대상이 아닌 사람 대상의 시조가 주를 이룬다는 점, 교화적 시조의 전통을 이으면서도 인간 관계의 다양한 양상으로 확장될 뿐만 아니라 화자의 의향법에 있어서도 직접적인 해라체의 명령형은 없고 합쇼체나 하게체의 명령형이 일부 나오는 정도라는 점, 그리고 화자의 태도 면에서는 타자보다는 화자 자신을 지향하며 자기 성찰적 통로로서 기능하고 있음을 보았다. 이는 오륜을 직접 다룬 작품수는 적어졌지만 교화 시조가 위축되었다고 볼 수 없고 오히려 18세기 시조의 변화와 맞물려 이 시대에 맞는 시적인 시조로서의 새로운 변화의 측면을 읽어낼 수 있었다.

곧 전대(前代)에 노래를 통한 시조의 교화로서의 기능이 백성이나 사대부 사족층에서 더 나아가 사대부 자기 자신으로 변화의 방향성을 보인다. 16세기에는 국문 매체가 훈민정음으로서의 기능이 강했던 것처럼 교화 시조도 훈민성에 집중되어 있었으나 17세기에는 사대부로 상층을 더 대상으로 하고 황윤석에 이르면 사대부 중에서도 화자 자기 자신에게 더 집중되면서 하층에서 상층으로, 또 타자에게 화자 자신에게로의 변화를 보이는 것이다. 곧 노래로서 남을 가르치는 기능만이 아니라 시로서 자기 성찰적 기능이 나타나고 있었다. 내용적으로도 부자, 군신, 부부, 장유, 붕우나 형제 관계에서 더 다양한 인간 관계인 스승과 제자, 조부모와 조손 관계, 형제만이 아니라 자매 관계 등으로 확장되고, 또 수직의 인간 관계에서 수평의 인간에도 주목하고 있다는 변화도 볼 수 있었다.

　다음으로, 시조 형식적 변화에 있어서는 평시조의 정형성에 균열이 생기면서도 다른 갈래로 바뀌지 않는 한에서 내부적으로 자유로워지는 특성들을 살펴보았다. 행말의 형태가 문장 종결이 되지 않더라도 연결어미 등의 활용형 어미가 나오거나, 이것도 아니면 적어도 첨가어로서 조사 등은 나타나야 함에도 불구하고 황윤석의 시조에서는 행말에 명사시어나 한자로 된 명사구로 끝나는 경우가 적지 않았다. 곧 어미나 조사 등의 허사를 배제하고 명사 단어로 명사구로 행이 끝나고 있는 것이다. 또 문장의 구조도 국어가 아니라 한문 어순의 한자구가 그대로 사용되고, 나아가 5음보 이상의 형식으로 인해 노래로서 일정한 리듬감을 가진 정형성에서 탈피하고 있는 현상도 나타났다.

　이는 곧 일정한 악곡에 얹어 부르는 노래로서 짜여진 기존의 평시조 틀에서 자유로울 뿐만 아니라 읽는 시로서 나타나는 특징이기도 하다. 엇시조나 사설시조가 아니면서도 평시조 내에서 어떻게 새로움을 모색하고자 하는지, 또 가창성에 기반한 노래로서의 기능이 강했던 시조가 이제 국문이 기록매체의 지위와 기능을 더해가는 시기에 읽는 시(詩)로서의 특성이 어떻게 18세기에 나타나고 있는가를 볼 수 있는 일면이라고 할 것이다.

　이 외에도 시조의 작가와 화자가 거의 일치하며 한시에서와 같이 작가적 정보가 노출되는 등 읽는 시로서의 특성이 강화된다면 그동안 사대부에게 시의 기능을 했던 한시의 역할도 줄어들 수 있다는 예상을 서론에서 하였는데, 실제로 그러한 현상을 볼 수 있었다. 특히 노래적 취향의 한시가 많았고, 희작적 경향의 한시, 그리고 교훈적 한시 등을 통해 이러한 현상을 볼 수 있었다. 또한 수학의 문제 풀이와 같은 내용도 7언 절구로 짓는 경향도 보았다. 무엇보다 주목되는 것은 연군 한시에서 여성 화자의 가면을 쓰는 절구의 창작이었다. 황윤석 이전의 시조에서 나타나는 특징이 황윤석의 한시에서 나타나는 현상을 통해 시조와 한시의 특성이 서로 흡수되면서 이전 다른 어떤 양층언어작가보다 두 갈래 간의 거리가 매우 가까워진 것이 특징이다.

끝으로, 한역시와 관련해 황윤석이 보여준 특징은 다음과 같이 정리할 수 있다. 첫째, 장단구체나 악장, 사설시조, 평시조 등의 다양한 한역 대상들, 둘째, 제목을 만들거나 제언체로 한시화하지 않고 시조 그대로를 긍정하고 한역한 점, 셋째, 문집 곳곳의 우리말노래에 대한 기록과 관심들, 넷째, 시조 시화(詩話)로서의 시도, 다섯 째, 자기 시조가 아닌 타인이 지은 시조들, 특히 고가(古歌)에 대한 관심 등을 볼 수 있었다.

이는 18세기의 변화 양상이기도 하지만 이에 더 나아가 황윤석이 양층언어작가로서 적극적으로 우리말로 된 옛 노래에 관심을 가지고 있고, 무엇보다 이를 시(詩)로서 인식하고 기록하고자 한 점에서 주목된다. 선행 연구에서 많이 지적한 바대로 기록으로 남기고자 한 것 그 자체에서 끝날 것이 아니라 '우리말노래의 시(詩)로서의 인식'에 더 방점이 찍혀야 된다.

이러한 연구성과는 그간 황윤석의 시조에 대한 연구가 많지 않은 가운데 연구 결과를 더했다는 점에서, 또 선행연구의 성과에 기반하되 그에 미진한 측면을 보완한다는 점에서도 의의도 있지만, 이러한 특징들은 18세기 사대부 시조에 나타난 변화라는 점에서 가지는 의미가 더 크다고 본다. 그간 18세기 시조는 중인이나 서민층의 사설시조에 더 주목해왔고, 사대부의 경우에도 이러한 경향과 연결되는 경화사족의 논의가 더 많은 편이었다. 그러나 고려 말부터 조선 중, 후기까지 오랫동안 지속되었던 사대부 시조가 중인과 서민에게 사설시조로의 변화로 그 중심을 넘겨주고 자취를 감추기만 한 것은 아니다. 긴 시간을 풍미했던 사대부 평시조의 지속적 힘이 근대시로 가는 과정에 어떤 변화와 역할을 했는지가 함께 고려되어야 한다. 그런 점에서 오랫동안 시조의 중심을 이루던 사대부층의 문학적 역량이 평시조 내에서 새로운 근대시로서의 변화를 어떻게 이루어내고 있었는지 중앙무대가 아닌 지방의 황윤석에게서 이를 찾을 수 있었다.

19세기

13. 이세보, 조황, 정현석을 통해 본 19세기의 한시와 국문시가의 상관성

1. 19세기 이중언어시인의 시조와 한시의 창작 양상 개관

　19세기는 문학사적으로 근대로 가는 분수령이 되는 시기이다. 오랜 시간에 걸친 중세가 막을 내리고 근대라는 시점을 잡는 시기로 주목해왔다. 양층언어문학사적으로도 이 시기는 중요하다. 17세기 후반 이후 근대로의 이행기적 징후가 100여 년 이상 나타났지만, 공시저으로 1894년 갑오개혁 이후로 국문(國文) 전용(專用)이 선포되었다는 점에서 본격적인 의미에서의 양층언어문학시대는 막을 내리기 때문이다.

　이 시기는 이세보(1832~1895)를 중심으로 살펴보겠지만, 19세기 다른 양층언어작가로 조황(1803~?), 정현석(1817~1899)도 부분적으로 함께 다루고자 한다. 그간 사대부의 양층언어문학을 살펴본 본서에서 19세기 사대부문학에 나타난 양층언어현상을 살펴보고자 할 때에 이 세 사람이 가장 대표적인 작가라고 할 수 있다. 이세보는 시조 다작 현상을 중심으로, 조황과 정현석은 시조와 더불어 한역시의 다작 현상을 중심으로 각각 더 주력해서 다루고자 한다.

이세보는 시조사를 통틀어 한 작가로서 가장 많은 작품을 지었고, 연구사에서도 세 작가 중에서 가장 관심의 대상이 되어왔다. 시조의 수는 460여 수로 월등히 많으나, 한시는 2편 정도가 ≪薪島日錄≫에 보인다.[1]

그 중에서 절구는 1편이다. ≪風雅(大)≫에 422수의 시조와 가사체 <상사별곡>이 있고, ≪風雅(小)≫의 72수는 모두 ≪風雅(大)≫와 중복된다. ≪風雅(單)≫에는 157수가 있는데, ≪風雅(大)≫와 중복되지 않는 것이 15수이고, ≪風雅(別集)≫에는 중복되지 않는 8수가 더 있다. 그리고 ≪薪島日錄≫에는 95수 시조가 있는데 중복되지 않는 12수가 더 있어서 총 457수이다.[2]

이세보는 시조 수가 시조 작가 중에서 가장 많은 데 비해, 한시는 전술하였듯이 ≪신도일록≫에 2편만 남았다. 지은 것이 유실된 가능성도 없지 않겠으나, 그만큼 이전에 한시 위주로 짓고 시조를 짓지 않는 시대[3]와 반대로 이제는 시조 위주로 짓고 한시를 짓지 않는 시대에 이르렀다고 할 수 있다. 참고로 이 시기 조황의 ≪三竹詞流≫(가람본, 1871)[4]에는 한역시가

---

[1] 이하 이세보 시조 원문은 ≪風雅(小)≫, ≪風雅(大)≫, ≪風雅(單)≫, ≪風雅(別集)≫, ≪薪島日錄≫이 모두 있는 영인본인 동양학총서 제11집 ≪李世輔時調集≫, 단국대학교 동양학연구소, 1985를 참고한다. 한시 두 편은 4절에서 구체적으로 살펴본다. 본문에서 제시되는 [시조1] 등은 모두 이세보의 작품이고, 그 외의 작가는 작품번호에 작가명을 밝힌다.

[2] 진동혁, 『이세보 시조 연구』, 하우, 2000, 4면에는 458수라고 하였으나 하나씩 세어 합산을 해보면 457수로 誤記로 보인다. 작품수와 관련해 오종각, 「이세보 시조집의 편찬특징에 관한 재고」, 『단국어문논집』2, 단국어문연구회, 1998에서는 459수로, 성무경, 「19세기 축적적 문학담론과 이세보 시조의 작시법」, 『한국시가연구』27집, 한국시가학회, 2009에서는 463수로 보고 있다. 최근 신경숙 선생님에 의해 139수가 수록된 ≪(을축)풍아≫(단국대소장본)가 소개되었는데, ≪풍아(대)≫와 다른 것은 1수이다. 이에 대해서는 신경숙, 「이세보가 명기 경옥에게 준 시조집, ≪(을축)풍아≫」, 『고전과 해석』창간호, 고전문학한문학연구학회, 2006 참고.

[3] 양층언어작가라 하더라도 한시의 작품수가 많고 상대적으로 시조가 적었고, 대부분의 작가는 한시 위주의 시작활동을 했기 때문이다.

같이 있는데, 수록된 시조 111 수 중에서 5언 6구 10수, 7언 절구 40수, 7언 율시 30수, 5언 율시 20수, 총100수의 한역시가 실려 있다. 정현석의 ≪교방가요≫(1872)에는 국어시가는 시조만이 아니라 사설시조, 잡가 등이 있고 한역시로 7언 절구 87수, 나머지 고시체, 장단구 등 100여 수 이상의 한역시가 있다.

　이렇게 19세기에는 한 작가의 창작 시조가 수백 여 편에 이른다는 점에서 시조사에게 가장 다작(多作)인 시대인 반면에 이들의 한시집, 혹은 문집은 발견되지 않는 경우가 많은 것도 이 시대의 특징 중 하나이다. 양층언어문학사의 마지막 시기인 만큼 국어로 된 국문학이 더 많고 강한 시대가 된 것이다. 이황, 이이, 윤선도, 박인로 등 이전 시대의 양층언어작가는 그 반대였다. 한시의 작품수가 수백 편에서 수천 편에 이르고 시조는 많아도 1백여 수가 되지 않았다.

　그래서 선행연구에서도 19세기의 시조와 한시를 함께 다룬 논의는 거의 찾아보기가 힘들다. 이 시기의 한시만 보거나 시조만 보는 연구가 대부분이다. 시조의 경우에는 특정 가집에 대한 관심으로 인해 중인 가객과 가창에 대한 연구가 많다. 본서를 통해 사대부작가의 시조에 대해 그 시가사적 의미를 탐색하게 될 것이다. 우선, 이세보, 조황, 정현석의 선행연구를 살펴보면 다음과 같다.

　고미숙(1993)[5]은 비교적 초창기에 19세기 시조에 대한 구체적인 논의를 했다는 점에서 의의가 있다. 이동연(1995)[6]은 이세보, 조황, 안민영을 중심

4　이하 조황, ≪三竹詞流≫, 조규익, 『숭실어문』5집, 숭실어문학회, 1988, 231-274면에 수록된 영인본을 참고한다.
5　고미숙, 「19세기 시조의 전개 양상과 그 작품세계 연구: 예술사적 흐름과 관련하여」, 고려대학교 박사학위논문, 1993 (『19세기 시조의 예술사적 의미』, 태학사, 1998).
6　이동연, 「19세기 시조의 변모 양상-조황, 안민영, 이세보를 중심으로」, 이화여자

으로 이들의 시조가 근대적 문학장르로서 개인시로서의 특징이 보인다는 점을 주목했다는 점에서 연구사적으로 매우 중요하다. 이 외에도 오종석(1988), 진동혁(1981)[7] 등에서도 이세보의 시조집을 노래보다는 시집으로서의 성격으로 보는 관점이 제기된 바 있다. 성무경 또한 19세기 시가사의 연구와 관련해 많은 논의를 진행하였는데,[8] 이세보의 시조가 연작적 질서를 이루고 있다는 점과 당대 시조 관습의 축적된 담론 위에서 창작되었으며, 이 두 가지가 다작(多作)을 이루는 연유임을 밝혔다. 이세보, 조황은 시조 연구에서 주목한 반면에 상대적으로 정현석은 ≪교방가요≫의 성격상 궁중무용, 악장 등과 관련한 논의에 더 집중되어 있는 편이다. 본서에서는 이러한 선행연구를 기반으로 구체적인 작품을 분석하며 19세기 양층언어시가적 특징을 살펴보고자 한다.

19세기에 이세보, 조황 등의 개인시조집의 등장은 20세기에 이르면 더 가속화된다.[9] 곧 이전에 문집, 혹은 시집이라고 하면 한시와 한문산문을 묶은 한문 매체 위주의 것이었지만, 이제는 국문 매체로만 된 시집이 등장하는 시대가 된 것이다. 국문 매체로만 된 시집의 더 이른 등장은 18세기이다. 정철의 ≪송강가사≫(성주본)을 가장 이른 것으로 보는데[10] ≪청구영

대학교 박사학위논문, 1995『(19세기 시조 예술론』, 월인, 2000).

[7] 오종석(1988), 앞의 글 ; 진동혁, 「이세보의 시조 연구」, 단국대학교 박사학위논문, 1981.

[8] 성무경, 「≪교방가요≫를 통해 본 19세기 중·후반 지방의 관변 풍류」, 『시조학논총』 17집, 한국시조학회, 2001, 315-345면 ; 성무경, 「19세기 국문시가의 구도와 해석의 지평」, 인권환 외, 『고전문학 연구의 쟁점적 과제와 전망』, 월인, 2003 ; 성무경, 「19세기 축적적 문학담론과 이세보 시조의 작시법」, 『한국시가연구』 27집, 한국시가학회, 2009, 149-183면.

[9] 구체적인 현황은 임선묵, 『근대시조집의 양상』, 단국대출판부, 1983 참조. 이 책에서도 근대시조의 특징으로 제목, 필명 등을 들고, 시조의 연작성을 기록성과 구술성의 문제로 언급하고 있어 주목된다. 4-5면 참조.

언≫ 등 가집의 등장 역시 국문매체로만 된 책이 나오는 현상의 하나로 볼 수 있다. 이렇게 18세기의 사례, 그리고 19세기 이세보, 조황 등의 사례는 점점 국문매체로 된 작품집의 존재가 사회적으로 요구되고 인정되고 있다는 것을 보여줄 뿐만 아니라 개인시집이라는 점에서 양층언어시가사에서 국문 매체의 높아진 위상을 읽을 수 있다.

19세기의 이중언어시인에게 한시는 거의 남아있지 않고 시조를 한역한 한역시의 형태가 한시의 자리를 대신하고 있다고 할 수 있다. 순수한 창작의 한시 작품보다는 국어문학이 강한 시대가 된 만큼 시조를 한시화하는 것으로 한시 창작 경향을 보이는 것이다. 그래서 이세보, 조황, 정현석 등 시조를 많이 지은 작가들이 우리말노래를 다시 한시화한 경우가 대부분이다. 16, 17세기에는 시조를 한역한 경우도 있지만 그렇지 않은 경우가 대부분이었다. 18세기 권섭과 황윤석도 시조 등 국어시가를 한역하였지만 수십여 편에 머물고 스스로 창작한 일반적인 한시가 더 많았다. 이에 비해 19세기 이중언어시인들은 창작 한시보다는 우리말노래의 한시화로 한시 창작을 대신하는 양층언어문학적 현상을 보인다고 하겠다.

국문 전용이 선포되고 근대 국문 문학이 시작되는 시점에서 한시의 변화는 여러 측면에서 살펴볼 수 있겠지만 양층언어작가의 경우에는 우리말노래의 한시화라는 작업으로 한시의 변화를 추구했다. 뒤에서 자세히 보겠지만, 이세보는 한역시화를 적극적으로 꾀하지는 않았지만, 우리말어순에 따른 시조에 한시구가 매우 많이 나타난다는 점이 특징이다. 한역시화를 적극적으로 한 조황은 180여 수의 한역시가 모두 근체시 형태라는 점이 특징이다. 정현석은 7언 절구 형태만이 아니라 고시체나 장단구 등 다양한 방식으로 한역시 작업을 했을 뿐만 아니라 사설시조,

---

10 이동연(2000), 앞의 책.

잡가 등 다양한 우리말노래를 한시화했다는 점이 특징이다. 따라서 이 시기 한시의 양상은 이세보의 경우에는 시조에 나타난 방식으로, 다른 작가들을 통해서는 한역시의 양상으로 검토하고자 한다.

19세기 양층언어작가의 한시 검토를 한역시나 시조에 나타난 한시구를 통해 보는 것은 이 시기의 경향이기도 하지만 한시가 거의 남아있지 않다는 점도 이유가 된다. 이 두 가지는 사실 밀접한 관계에 있기도 하다. 조선전기에 한시가 전적으로 많은 작품집에 남아있는 반면에 시조는 적은 수가 남아있는 것의 반대적 현상이 19세기의 특징이라 할 수 있다. 두 갈래의 작품수나 존재 양상이 바로 시대의 양층언어문학성을 보여주는 것이라 하겠다.

선행연구에서는 그간 이세보 시조의 내용[11]과 형식적 특성[12]이 고루 논의 되었다. 시조 내용적으로는 애정시조류 및 현실비판시조류에 특히 많이 주목하고 있다. 형식적 특징과 관련해서는 연시조가 매우 많고, 연시조로 짓거나, 지은 후에 배열을 연작성을 가지도록 했다고 보고 있다. 또 종장

---

[11] 김난숙, 「이세보 시조의 다양성과 대상 인식」, 제주대학교 석사학위논문, 1995 ; 강혜숙, 「이세보의 현실비판시조 연구」, 세종대학교 석사학위논문, 1996 ; 신충범, 「이세보 시조 연구」, 한국교원대학교 석사학위논문, 1997 ; 고은지, 「이세보 시조의 창작 기반과 작품 세계」, 『한국시가연구』5, 한국시가학회, 1999 ; 김인순, 「경평군 이세보 시조 연구」, 충남대학교 석사학위논문, 2001 ; 변은숙, 「이세보 시조 연구」, 부산대학교 석사학위논문, 2007 ; 박지선, 「이세보(李世輔) 애정관련 작품 진정성 문제와 표현기법」, 『반교어문연구』25, 반교어문학회, 2008 ; 손정인, 「이세보 애정시조의 성격과 작품 이해의 시각」, 『한민족어문학』59, 한민족어문학회, 2011 ; 오종각(1998), 앞의 글.

[12] 오종각(1998), 앞의 글 ; 오종각, 「이세보의 연시조(連時調) 연구」, 『한국시가연구』5, 한국시가학회, 1999 ; 윤문영, 「이세보 시조집의 편찬세계와 작품세계」, 고려대학교 석사학위논문, 2001 ; 양덕점, 「이세보 시조 종장말의 표현 연구」, 청주대학교 박사학위논문, 2007 ; 변은숙, 「이세보 시조의 형식적 특성 연구」, 『문창어문논집』44, 문창어문학회, 2007 ; 성무경, 「19세기 축적적 문학담론과 이세보 시조의 작시법」, 『한국시가연구』27집, 한국시가학회, 2009.

마지막 음보가 탈락된 현상에 특히 주목하고 있기도 하다. 그리고 작법에 있어서 새로운 것도 있지만 관습적 창작 수법 역시 농후하다고 보고 있다.

이제 다음 절에서는 이세보를 중심으로 다른 작가와 비교하며 19세기의 양층언어문학현상을 살펴보고자 한다. 앞 시대와 조금 달리 이 시기에는 국문의 위상이 많이 높아진 시기여서 시각적 기록물로서의 시조에 나타난 표기상의 변화에 주목하는 것이 필요하다. 따라서 표기와 관련한 특징을 주력해서 먼저 다루고 내용과 형식 등을 살펴보려고 한다.

2. 표기상의 특징

2.1. 기록매체로서의 국문(國文)

이세보는 국문일기인 ≪신도일록≫을 쓴 바 있듯이, 시조집의 산문 기록에서도 국어의 어순에 따른 문장으로, 곧 국문을 기록 매체로 사용하고 있어서 주목된다. 그간 18세기까지 보았던 양층언어작가들의 산문기록은 한문(漢文)이기만 한 것에 비하면 기록 매체도 국문(國文)이고 국어 문장으로 기록된 변화를 볼 수 있다. 다음은 ≪風雅(大)≫의 가장 마지막 장의 기록이다.

셰지임슐즁츄(歲在壬戌仲秋)에 신지도복스즁슈회(薪智島鵩舍中愁懷)를 잇고져 긔록(記錄)ᄒ나 이인이목(詒人耳目)될가 염여(念慮)ᄒ노라[13]

띄어쓰기는 원문에 되어있지 않아 임의로 하였다. 한자어구가 작게는 2음절에서 길게는 8음절까지 한문투가 많기는 하지만 문장의 어법은 국어이다. 시조집의 말미에 있다는 위 기록만이 아니라 곳곳에 국어문장이 보인

---

[13] 이세보, ≪風雅(大)≫, 단국대학교 동양학연구소, 1985, 140면. 띄어쓰기는 필자가 한 것이다.

다. 일기인 ≪薪島日錄≫도 국문으로 되어있기는 하지만 이세보의 모든 산문기록이 국문인 것은 아니다. 한문의 문장으로 기록한 곳도 있어서 완전한 국문의 기록매체화를 보이는 것은 아니다. 그러나 국문이 본격적으로 기록매체로 여겨지고 있고, 암글이 아니라 남성이 국문을 기록 매체로서 사용하고 있다는 점에서 이 시기의 양층언어적 특징을 읽을 수 있다.

이동연(2000)에서는 개인시조집의 출현이 시조가 음악과 무관하게 문학으로서 인정을 받고 있다는 점을 지적하였다.[14] 앞에서 본 국문 매체 위주의 기록 방식 역시 시조의 언어가 구어로서만이 아니라 기록 매체로 인식되고 있는 현상인데, 둘 간의 현상은 무관하지 않다. 국문(國文)이 기록 문자로서 인식되기 때문에 시조 역시 노래만이 아니라 시(詩)로서 인식되고, 시집의 출간이라는 현상이 나타나는 것이기 때문이다. 물론 이 시기 시조가 전적으로 음악과 결별한 것은 아니지만 이전보다 시의 특성이 강화되었다.

여기서 잠시 19세기 한시사와 관련해서 사(詞)문학이 유행했던 점을 상기해보자. 사(詞)는 국어시가와 대비해본다면 한시에 속하지만, 한시 내에서는 정격의 시와 대비되는 노래의 성격이 강한 류이다. 곧 국문 매체를 사용하지 않고 한문 매체로 이루어진 문학 가운데 시가라고 한다면 근체시와 사, 악부 등으로 나누어볼 수 있을 것이다. 그런데 19세기 한시가 노래적 성격이 강한 사문학, 악부문학이 유행했다는 것은 한시사 내적으로 시가 노래와 만나는 추구를 한 결과라고 할 수 있다. 사를 즐겨 지은 시인들은 사실 국어시가보다는 한시를 새롭게 시도한 이들이다. 이들이 사(詞)를 부르던 또 다른 명칭이 바로 '시여(詩餘)'로서 이 시기에 유독 문집에 '시여(詩餘)'라는 편제로 사를 묶는 경향이 강했던 것이다.[15]

---

14   이동연(2000), 앞의 책, 50면.
15   이에 대한 더 구체적인 논의는 유영혜, 「19세기 사(詞)문학 유행의 배경에 대하여」, 『한국고전연구』23집, 한국고전연구학회, 2011 참고.

사실 시여(詩餘)라는 말은 이전 시기에서도 있었던 말이다. 대표적인 사례로 신흠은 한시를 짓고도 남는 것이 있으면 시조를 지었다고 하면서 시여(詩餘)라는 말을 사용하였다. 곧 시여라는 말은 꼭 한시에서의 사(詞)만을 지칭하는 것은 아니었던 것이다. 그런데 19세기에 노래적 경향의 사를 시여라고 대부분 인식하였다는 것은, 역으로 시조가 한시와의 관계에서 시가 아닌 노래인 갈래로 더 이상 인식되지 않았다는 것을 의미한다.

더 이상 시조는 노래로서 시를 짓고 남은 갈래가 아니라 시(詩)로서, 국어로 된 시로서 인식되었다는 점을 추정해볼 수 있을 것이다.

조황의 경우에도 문집명은 ≪三竹詞流≫, 곧 '사(詞)'로 표기하고 있다. 한시로서의 사(詞)는 아니지만, 과거에 시조를 지칭하던 표현인 '시여'는 이제 한시의 '사'를 표현하는 용어가 된 반면에, 과거에 한시의 노래를 지칭하던 '사'가 이제는 시조를 지칭하는 표현이 된 것을 볼 수 있다.

일례로 아래의 내용은 황윤석의 기록 중 일부분인데 잠깐 보도록 하자.

> "가객 최성우(崔成宇)는 삼청동에 살았는데 글씨에 능하여 시권을 베끼는 일도 겸하였다. 비록 방언으로 된 5장을 주로 노래했지만 간혹 당송(唐宋)의 사(詞)도 노래하였고, 신라이래의 가사 체재에 대해서도 두루 논하였다."[16]

황윤석은 시조를 방언으로 된 5장의 노래라고 하였다. 가객이 "비록 방언으로 된" 시조, 곧 가곡창을 노래하기는 하였지만, 그뿐만이 아니라 당송의 사(詞)도 노래했다고 해서 국어시가인 시조와 한시의 사(詞)를 대비하고 있는 것을 볼 수 있다. 그런데 다음 시대인 조황은 시조도 사(詞)라는 명칭을

---

16 偶逢歌者崔成宇, 自言家在三淸洞, 能工寫, 庭謁科試卷, 其歌雖用方言五章, 而亦往往唱唐宋詞人短詞, 又能評論新羅以後歌詞體裁 (황윤석, ≪이재난고≫)

부여하고 있어서 그 위상의 변화를 보이는 것이다.

그렇다면 이제 한문으로 된 시와 국문으로 된 시로 나누어, 한시 안에 시와 노래의 체계가 있듯이, 국어시 안에 시와 노래의 체계가 있는 것으로 이해해볼 수 있을 것이다. 곧 오랫동안 한시는 '시'로서만 일컬어졌다면 이제는 한시가 노래를 지향하는 경향이 강해지고, 노래로만 인식되었던 우리말 시가는 시로서의 기능도 강화되어, 그 안에서 노래와 시가 공존하고 있다고 볼 수 있는 것이다.

한편, 위 문장을 보면 국주한종(國主漢從)의 방식으로 표기된 것을 볼 수 있다. 이와 같이 ≪風雅(大)≫와 ≪風雅(小)≫의 시조는 모두 아래의 좌측 사진과 같이 국주한종으로 기록되어 있다. 그러나 ≪風雅(單)≫과 ≪薪島日錄≫에 수록된 시조는 아래의 우측 사진과 같이 모두 국문으로만 기록하고 있고, 한자는 병기(倂記)하지 않은 차이가 보인다. 이 둘을 보이면 다음과 같다.

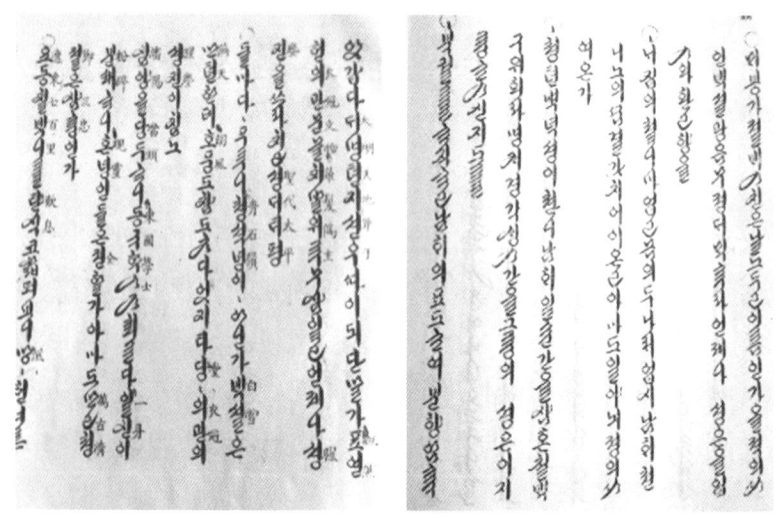

[그림1] 이세보의 ≪風雅(大)≫[17](좌)와 ≪薪島日錄≫[18](우)의 표기 방식

여기서 한 가지 더 살펴볼 것은 이세보가 ≪신도일록≫에서 한시를 지었다는 기록에서도 한시를 우리말 어순에 따라 다시 풀어서 순국문으로만 기록했다는 점이다. ≪신도일록≫ 자체가 순국문만을 사용하고 한자는 전혀 찾아볼 수 없는 표기방식을 택했기 때문이기도 하겠지만, 단순히 율시의 독음을 국문으로 적은 것이 아니라 해석을 해서 기록했다는 점이 주목된다. 해당 대목을 보이면 아래와 같다. 띄어쓰기와 밑줄은 필자가 임의로 한 것이다.

[신도일록]
"(전략) 일즉이 쩌나 강진현으로 향할시 올슈록 길리 머러 십니라ᄒ는 것이 거의 슈십니나 되는 듯ᄒ더라 (중략) 나도 일즉이 머단 말를 드럿쩌니 머나면 험한 길의 오늘날 무샴 연고로 여긔 왓는고 낙일를 의지ᄒ여 북두셩을 ᄇ라보고 디궐를 싱각ᄒ니 외로온 졍셩이 참아 잇기 어렵쏘다 <u>드듸여 한 율시를 지어 가로되</u>

'흰가마의 병든 몸을 싯고 강진의 이르니
문득 인간의 니 몸 두믈 한ᄒ노라
늣기는 거슨 싱셩ᄒ신데 ᄂᆨᄒ나 나라 갑기가 어렵고
은혜는 고복ᄒ신데 깁헛쓰니 참아 어버이를 이즐소냐
슬피 ᄇ라보니 뎐지가 혼년이 즈음이 업고
괴로이 읇푸니 챵명이 널너 가으시 업쏘다
챵낭 한 곡됴를 어부로 화답ᄒ니
외로온 비는 츌몰ᄒ여 고신을 시럿쏘다.'" (후략)

이렇게 순국문으로 기록하고자 하는 의도가 한시의 기록마저도 번역을

---

17 이세보, ≪風雅(大)≫, 단국대학교 동양학연구소, 1985, 11면.
18 이세보, ≪薪島日錄≫, 단국대학교 동양학연구소, 1985, 406면

해서 기록하는 결과를 보이고 있다. 여기서 한 가지 떠올릴 수 있는 것은 앞에서 보았던 양층언어작가들의 시조 한역과 관련한 부분이다. 시조의 한역은 시조에 대한 관심과 기록때문이겠지만, 해당 문집 전체의 기록 매체가 한문인 점도 시조를 국문매체 그대로가 아니라 한문으로 번역한 이유가 될 것이라는 점이다. 이세보의 일기에서 전체 기록매체가 국문이라서 한시마저도 국문으로 번역한 것처럼 말이다.

그간 양층언어시인의 기록물에서 한시의 국역(國譯)을 본 적은 없었다. 기록매체가 한문인 시대에 한시는 그대로 기록하면 되기 때문이다. 그런데 19세기에 이르면 국문이 기록매체인 기록물이 나오고, 이렇게 한시의 국역이 일어나기도 한 점은 양층언어사적으로 큰 변화가 아닐 수 없는 것이다.

한편, 《삼죽사류》와 《교방가요》에서는 한자어는 국문을 병기하지 않고, 한자 그대로를 노출하고 있다. 이를 보이면 [그림2]와 같다.

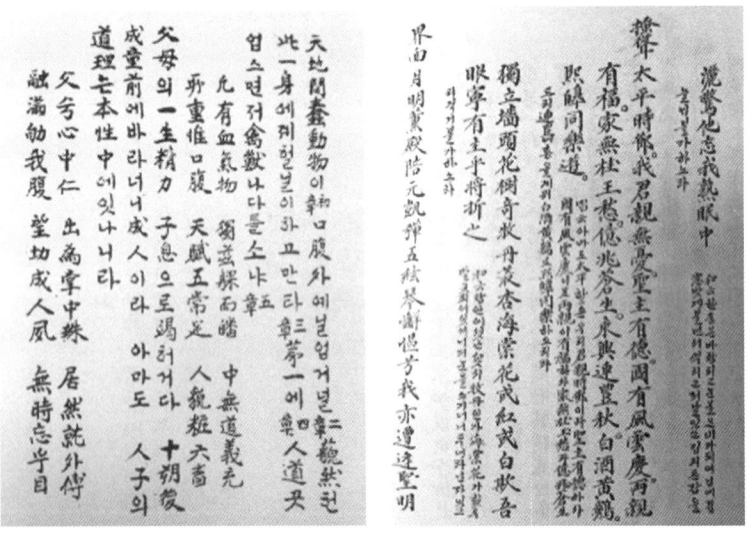

[그림2] 조황의 《삼죽사류》[19] (좌)와 정현석의 《교방가요》[20] (우)의 표기 방식

그동안의 표기방식을 보면 ①한자어인 경우에 한자를 노출시키고 국문음을 달지 않거나, ②한자어에 국문음을 작게 달거나, ③국문에 한자를 작게 쓰거나 등의 3가지 방식이 있었고, ④한자어인데도 국문음만을 표기하고 한자를 병기하지 않는 경우는 없었다. 그런데 이세보의 경우에는 전부는 아니지만 4개 문헌 중에서 2개 문헌이 ④순국문만으로 한자어도 표기하고 있다는 점에서 표기방식의 변화를 볼 수 있다.

조황의 ≪삼죽사류≫와 정현석의 ≪교방가요≫의 경우에는 모두 ①한자어에 국문음을 병기하지 않는 표기방식을 취하고 있다는 점에서 표기방식에 있어서는 이세보가 가장 앞서 있다. 특히 조황의 경우, ≪삼죽사류≫에 실린 111수의 시조에서 한역시가 없는 것은 <훈민가> 10수이다. 작품의 실질적인 해당자가 백성이라고 여겨 굳이 한문매체로의 변환을 시도하지 않은 것이라 할 수 있다. 나머지 100수의 한역시의 형태는 다양하다. 6구, 7언절구만이 아니라 매우 긴, 띄어쓰기가 없는 문장과도 같은 한역도 있다. 또한 중간에 실린 서문류는 한문으로만 기록되어 있다. 시가에서는 국문기록이 먼저이고, 이를 한역하였지만, 산문에서는 국문보다는 한문을 사용하고 있다.

따라서 이세보가 국어 어순의 문장으로 산문을 기록할 뿐만 아니라 순국문만으로도 작품을 표기하고 있다는 점에서 상대적으로 정현석과 조황에 비해 국문만으로도 기록매체의 역할을 충분히 한다고 여기고 있고, 한자의 보조를 필요로 하지 않고 있는 것으로 이해할 수 있다.

앞에서 이세보의 4개 문헌 중에서 시조를 400수 넘게 가장 많이 싣고 있는 ≪풍아(대)≫는 국문에 한자가 작은 글씨로 병기되어 있다고 한 바 있

---

19 조황, ≪三竹詞流≫, 조규익, 『숭실어문』 5집, 숭실어문학회, 1988, 237면.
20 정현석, ≪교방가요≫, 12면, 성무경 역주, 보고사, 2002.

다. 참고로 이 시기 시조의 경향을 사대부 작가의 특징을 더 잘 보기 위해 ≪남훈태평가≫와 잠시 대비해보자. 19세기 가집으로서 대중성이 짙다고 알려진 ≪남훈태평가≫는[21] 순국문으로만 되어있다. 순국문은 소리로서의 향유를 더 고려한 것으로 한시구를 활용한 현토시조에서도 한자가 전혀 나타나지 않은 것이다. 정현석의 경우에는 궁중이라는 향유층을 고려했기 때문에 한자 위주라고 할 수 있다.

이는 시가집의 대상 독자가 사대부와 같은 상층인 경우와 가객인 경우의 차이라고 할 수도 있고, 또 노래부르기 위해 순국문인 독음만 필요한 경우와 시집으로서 읽기 위해 한자가 필요한 경우의 차이라고 볼 수도 있다. 그러나 한자 표기의 방식이 병용이든, 글씨 크기가 작든 크든, 한자 자체가 기록된 것은 눈으로 읽는 시각성이 더 강하다고 할 수 있다. 따라서 대중적 취향의 '가집'으로서 ≪남훈태평가≫는 노래로서 향유되는 것을 더 염두하였다면 나머지 세 시조집은 기록으로서 읽는 것을 '상대적으로' 더 고려했다고 할 수 있을 것이다.

2.2. 띄어쓰기와 구두점

우선 이세보의 시조 기록방식을 살펴보도록 하자. 이세보의 시조집에서는 띄어쓰기는 없지만 구두점에 해당하는 '표점'을 볼 수 있다. 실제로 이세보는 자신의 시조에 대해 표점이 몇 개인지 등의 사실적 정보를 시조로 나타내기도 하였다.[22] [그림1]에서 일부 보이기는 하지만 전모가 잘 드러나지 않으므로 표시가 잘 된 작품을 아래에서 다시 보도록 하자.

다음 [그림3]을 보면 초장과 중장에서는 안짝과 바깥짝마다 표점이 찍혀

---

[21] 이에 대한 더 자세한 논의는 최규수, 「<남훈태평가>를 통해 본 19세기 시조의 변모양상」, 이화여자대학교 석사학위논문, 1989 참조.
[22] 이에 대한 더 자세한 내용은 '3.4. 메타적 시조의 창작'이라는 대목에서 다룬다.

있고, 종장에서는 첫 음보에서 한 번 찍혀있다. 표점은 총 5개이고, 이에 따른 내용 구분은 6토막이 된다. 점이 있는 대목마다 '/' 표시를 해서 아래에 보이면 다음과 같다.

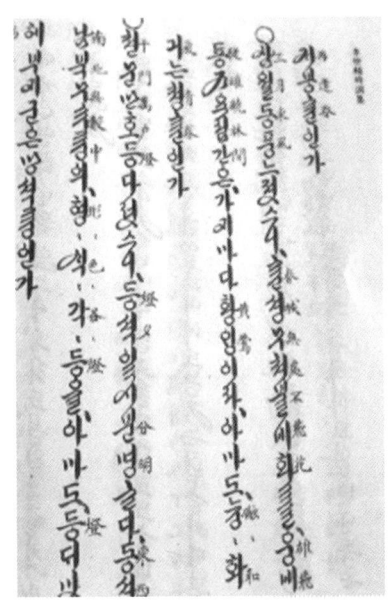

[그림3] 이세보, ≪풍아(대)≫82면[23]

[시조1] ≪풍아(대)≫238[24]
삼월동풍(三月東風) 느졋스니/ 츈셩무쳐불비화(春城無處不飛花)를/
웅비요림간(雄飛繞林間)은/ 가지마다 황잉(黃鶯)이라/
아마도/ 늉늉화긔(融融和氣)는 쳥츈(靑春)인가

---

[23] 이세보, ≪風雅(大)≫, 단국대학교 동양학연구소, 1985, 82면.
[24] ≪풍아(대)≫의 238번째 작품이다. 이하 같은 방식으로 표시한다.

총 5군데의 점을 염두하면 시조의 내적 구조는 6토막, 곧 6구로 인식하고 있는 것을 알 수 있다. ≪풍아(대)≫ 전체를 보면 점이 희미한 곳도 있지만 그 자리만은 이와 같다. ≪풍아(소)≫ 등 다른 시조집은 그렇지 않은데 이러한 구두점 표시는 ≪풍아(대)≫에만 보인다.

　사실, 시조를 6구 형식이라고 하는 것은 안짝과 바깥짝의 구분으로, 곧 2음보씩의 구분으로 이루어진다. 그런데 위 문헌에는 종장의 경우 내적 구조가 초장과 이하의 3음보로 나뉘고 있다. 종장이 4음보가 다 나오지 않지만 종장의 내적 구조는 이렇게 첫 음보와 나머지 부분들로 나뉜다고 인식한 것을 볼 수 있다. 종장의 마지막 음보가 생략된 것으로 보아 가곡창의 창법이 아니라 시조창의 창법을 표시한 것이라고 보이지만, 막상 시조창법을 염두한 기록물을 보면 또 다른 것을 알 수 있다. 이 시기 대표적인 가집인 ≪남훈태평가≫의 경우와 비교해볼 때 다르기 때문이다.

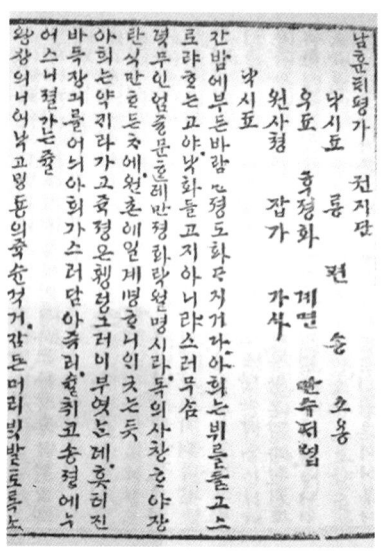

[그림4] ≪남훈태평가≫의 표점 양상[25]

위에서 보듯이 ≪남훈태평가≫와 ≪풍아(대)≫는 모두 띄어쓰기는 되어 있지 않다. 그러나 두 문헌 모두 표점이 있다는 점에서 주목된다. 시조창의 창법으로 불렸다는 ≪남훈태평가≫에는 초, 중, 종장을 구분하는 표점이 총 2개 찍힌데 비해 ≪풍아(대)≫는 표점이 총 5개 찍힌 것이다. 표점 2개는 시조의 내적 구조를 3부분으로 본 것이다. 곧 초, 중, 종장의 구분이라고 할 수 있다.

이에 비해 이세보의 ≪풍아(대)≫는 표점이 5개 찍혀서 시조의 내적 구조를 6부분으로 본 것으로서 시조창을 위한 기록이라고만 볼 수는 없다. 오히려 시조의 내적 구조를 염두하며 시조를 읽는 시로서 기록한 것으로 보는 것이 더 실제에 가까울 가능성이 높다. 곧 이세보는 시조를 3장 구조로 이해하되, 그 하위에 6구로 더 자세하게 구분하여 안짝과 바깥짝의 내적 구조까지 염두에 둔 것이라 할 것이다. 게다가 ≪남훈태평가≫는 위 그림에서도 보듯이 곡조를 구분하여 작품을 배열하고 있는데 이세보의 경우에는 그렇지 않다. 게다가 이세보의 시조 내용 중에도 곡조를 고려하지 않았다는 점을 우려하는 작품도 있다.[26] 또 개인 시조집이라고 해도 중인 가객인 안민영의 ≪금옥총부(金玉叢部)≫같은 경우에도 곡조의 구분을 두고 시조를 배열해두고 있다. 그러므로 앞의 항에서 본 기록매체의 특징까지 포함한다면 ≪남훈태평가≫는 가집으로서 노래부르는 것을 더 중시한 기록물이고, 상대적으로≪풍아(대)≫는 시집으로서 읽는 것을 더 고려한 특징이 나타난다고 하겠다.

조황의 경우에는 띄어쓰기를 통해 시조 가곡창의 5장 구분이 있다는 점에서 주목된다. 현대적 개념의 띄어쓰기가 되어있는 것까지는 아니지만

---

25 ≪南薰太平歌≫, 최규수, 『19세기 시조 대중화론』, 보고사, 2005에 실린 영인본.
26 이에 대해서는 '3.4. 메타적 시조의 창작'에서 자세히 다루고자 한다.

아래와 같이 장이 바뀌는 대목마다 띄어쓰기를 하고 있는 것이다.

앞의 [그림5]에서 우측은 ≪삼죽사류≫의 1면이고, 좌측은 이 책의 2면이다. 산문 기록의 방식과 대비해서 볼 수 있도록 두 면을 제시하였다. 2면에서 보듯이, 시조, 시조 한역시 순으로 배열이 된 ≪삼죽사류≫는 국한문혼용이지만 한자어에 국문음이 전혀 병기되어 있지 않다. 그러나 시조와 한역시 모두 행이나 장의 구분이 되어있어서 눈길을 끈다. ≪삼죽사류≫의 첫 작품인 우측의 작품에는 장 구분이 되면서 친절하게도 매 장 마지막에 '初章', '二章', '三章', '四章', '五章'이라고 기록하고 있다. 첫 작품이라서 이러한 안내를 해주고 있고 이어서 나오는 좌측의 두 번째 시조 이후부터는 이런 용어를 쓰지 않고 장마다 한 칸씩 띄어쓰기가 되어있다. 5장 구분의 띄어쓰기를 통해 가곡창을 염두한 기록방식인 것을 알 수 있다. 여기서 주목되는 것은 바로 이러한 띄어쓰기가 '기록'하고 '읽는' 용도를 염두한 방식이라는 점이다. 띄어쓰기 없이 이세보의 경우처럼 표점을 사용하는 방법이 있는데도 시각적으로 의미 구분도 가능한 띄어쓰기를 한 것이다.

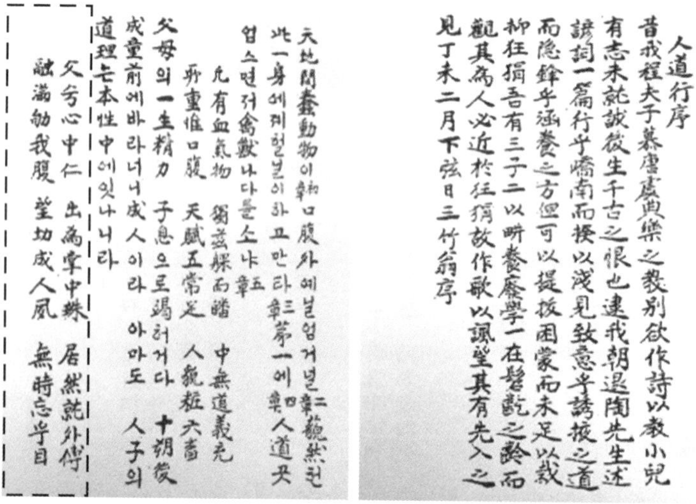
人道行序
昔我程夫子慕唐虞與樂之教別欲作詩以教小兒
有志未就誠後生千古之恨也逮我朝退陶先生述
謗詞一篇行乎嶠南而援以淺見致意乎誘掖之道
而隱鋒乎涵養之方俚可以提掖困蒙而未足以裁
抑狂猖吾有三子二以晰養廢學一在髫齔之齡而
觀其爲人必近於狂猖故作歌以諷望其有先入之
見丁未二月下弦日三竹翁序

天地間蠢動物이初章 口腹外에 날업거널二章 巍然헌
此一身에 재헐볼이하고 만타三章 第一에四章 人道곳
업스면 저禽獸나 다를소냐五章
凡有血氣物 獨蒸髹而諧 中無道義充
所重惟口腹 天賦五常足 人猶拉六畜
父母의 一生精力 子息으로 竭허거다 十朔後
成童前에 바라너니 成人이라 아마도 人子의
道理는 本性中에 잇나니라
父兮心中仁 出爲掌中珠 居然就外傅
誠滿劬我腹 望切成人夙 無時忘乎目

[그림5] 조황의 ≪삼죽사류≫, 1·2면[27]

한역시의 경우에는 띄어쓰기의 개수가 다양하다. [그림5]의 좌측 사진에서는 5언으로 된 한역시로서 6구 형태로서 매 구마다 띄어쓰기를 하고 있다. 이에 비해 다음의 [그림6]은 7언 절구로 4구 형태로서 매 구마다 띄어쓰고 있다.

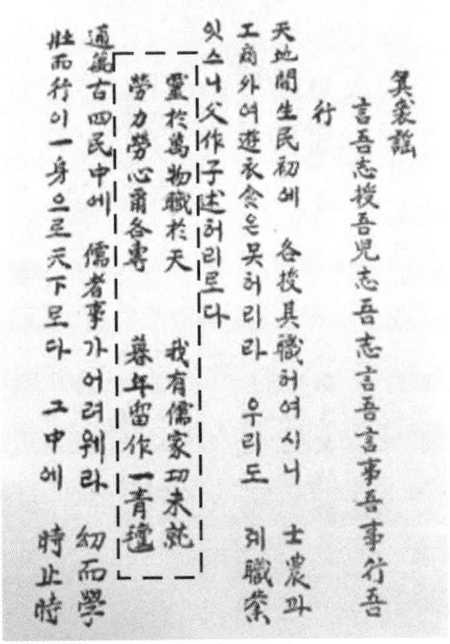

箕裘謠

言吾志授吾兒志吾志言吾言事吾事行吾
行

天地間生民初에 各授其職허여시니 士農과
工商外여遊衣食은못허리라 우리도 졔職業
잇스니父作子述허리로다

靈於萬物職於天 我有儒家功未就
勞力勞心爾各專 暮年留作一青氈

通觀古四民中에 儒者事가어려웨라 幼而學
壯而行이一身으로天下로다 그中에 時止時

[그림6] 조황의 ≪삼죽사류≫ 8면[28]

[그림6]과 같이 작품을 기록하면서 작품 내적 구조를 의식해서 공간적으로 한 칸을 띄우는 경우는 이전 시대에서는 찾아보기 어려운 대목이다. 우측의 서문 산문기록은 여전히 띄어쓰기가 되어있지 않은 반면에, 작품은 내부적인 구조에 따라 띄어쓰기가 되어있는 것이다. 한문으로 된 산문기록이기는 하지만, 어쨌든 산문보다는 운문에서 띄어쓰기, 곧 시각적 읽기의

27 조황, ≪三竹詞流≫, 조규익, 『숭실어문』5집, 숭실어문학회, 1988, 237면.

28 조황, ≪三竹詞流≫, 조규익(1988), 앞의 글, 240면.

단위 구분이 먼저 시도되고 있는 것을 볼 수 있다.

조황의 경우, 시조에서도 한자어에 국문음을 달지 않은 것은 이를 읽는 이가 한자를 모르는 사람이 아니기 때문이다. 또한 소리로 향유하는 것이 주된 목적이 아니라서이기도 할 것이다. 한역시에서도 띄어쓰기를 하고 있는 것 역시 눈으로 읽는 방식을 고려한 것이다. 이전에 한시나 한역시에 구마다 띄어쓰기를 하는 것은 권섭의 경우에서 일부 볼 수 있었다. 조황의 경우에는 시조마저 띄어쓰기를 하고 있어서 부르고 듣는 방식 못지 않게 시조집을 눈으로 읽는, 곧 노래로서의 시조만이 아니라 기록된 시로서 시조와 한역시를 향유하는 방식을 포착할 수 있다는 점에서 주목된다.

다만 이세보의 문헌에서는 6등분의 내적 구조를 보았다면, 조황의 경우에는 5등분으로 나눈 것은 대비적이다. 조황은 부르는 노래로서, 그리고 읽는 시로서 두 가지를 다 고려한 표기방식을 보였다면, 이세보는 읽는 시조로 시조를 기록한 것으로 볼 수 있다. 이를 뒷받침할 수 있는 또 다른 근거가 이세보의 작품에서 보인다. 아래 작품을 보도록 하자.

> [시조2]≪풍아(대)≫416
> 격(格)모르고 지은 가ᄉ(歌辭) 삼빅여편(三百餘篇) 되단말가
> 놉힐 데 못놉히고 낫출 데 못 낫쳣스니
> 아마도 훗(後)ᄉ룸의 시비(是非)는 못면(免)헐가

초장을 보면 이세보는 자신이 지은 시조를 '가ᄉ(歌辭)'로 지칭하고 있다. 여기서 가사(歌辭)는 노랫말로서 곡이 아닌 시구를 의미한다고 볼 수 있다. 중장에서도 높이고 낮추는 것은 곡조의 의미로 보이기 때문에 자신이 지은 300편이 넘는 시조가 가사로서는 양이 많으나 곡을 맞추지는 못했다는 뜻으로 이해할 수 있다. 이 역시 이세보가 곡으로서의 시조보다 '시구(詩句)', 곧 노래보다 노래에 얹어 부르는 가사(歌辭)로서의 시조에 더 치우쳐

져있는 것으로 볼 수 있다.

두 작가의 시조 기록 방식이 다르다는 점은 주목할 만하다. 시조의 장(章)이나 한역시의 구(句)는 모두 현대적인 의미에서 행(行)이라고 할 수 있다. 곧 5행으로 된 시조와 6행으로 된 한역시로 기본단위를 통일해서 지칭할 수 있다. 이렇게 시가에서 행을 구분해 띄어쓰기, 곧 공간 구분을 하는 것은 시각적으로 작품을 읽는다는 것과 무관하지 않다. 다시 말해 ≪삼죽사류≫의 시조와 한역시는 모두 노래로서가 아니라 시(詩)로서 인식되어 기록되고 있다고 할 수 있는 것이다. 눈으로 읽고 음미하는 향유방식이 아니라면 작품의 내부 구조를 시각적 공간을 통해 구분할 필요가 없기 때문이다. 따라서 조황의 문헌을 통해서 우리는 시조가 노래의 단순한 기록이 아니라, 시로서도 음미되고 향유되고 있다는 사실을 이렇게 표기방식을 통해 읽어낼 수 있다.

물론 시조의 5장의 구분은 가곡창의 방식이다. 노래로서의 단위를 기록하고 있다고 할 수 있을 것이다. 그러나 과거에도 시조는 노래로서 기록되었다. 그럼에도 불구하고 행 구분을 시각적으로 하고 있지는 않다. 다시 말해 띄어쓰기는 가독성을 높이는 행위이지, 구술성을 높이는 것은 아니다. 적어도 ≪삼죽사류≫의 경우에는 악보로서 기록된 것이 아니기 때문에 이 자체로 작품을 읽고 향유했다고 할 수 있을 것이다. 따라서 시각적 단위를 의식해서 행 단위로 공간 구분을 하고 있는 것은 시조가 노래가 아니라 시(詩)로서 인식되고 있는 현상으로 볼 수 있는 것이다.

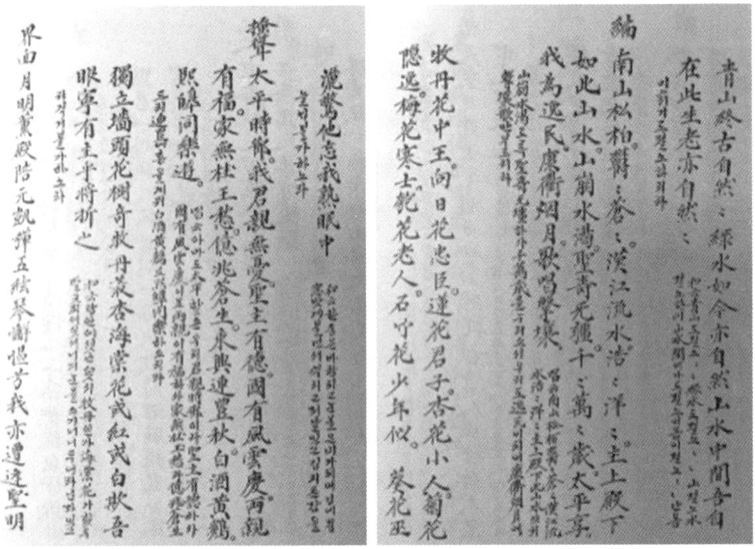

[그림7] 정현석의 ≪교방가요≫, 12면과 18면[29]

그렇다면 정현석의 ≪교방가요≫의 표기방식은 어떠한지 살펴보도록 하자. [그림7]에서 좌측은 ≪교방가요≫12면이고, 우측은 18면이다. 여기서 주목되는 부분은 여러가지이다. 우선, 기록의 순서가 한역시가 먼저이고, 그에 대한 원시조가 작은 글씨로 뒤에 나온다는 점이다. ≪삼죽사류≫와는 시조와 한역시의 위치가 반대이다.

그런데 ≪교방가요≫와 ≪삼죽사류≫모두 이렇게 매 작품마다 시조와 한역시를 병치하고 있다는 사실이 주목된다. 18세기까지는 한역시는 한역시만 나열되어 있지, 원(原)시조를 일일이 보이지 않아서 후대 연구자들이 원래의 시조를 찾는 작업을 직접 하는 것이 하나의 연구성과가 될 정도이다. 그에 비해 앞에서 본 조황의 ≪삼죽사류≫도 그렇지만, 정현석의 ≪교

---

[29] 정현석, ≪교방가요≫, 12면, 성무경 역주, 보고사, 2002.

방가요≫에서도 시조와 한역시가 개별 작품마다 나란히 있다는 점이 19세기에 나타나는 새로운 변화이다.

시조를 한역하되, 원(原) 시조를 병기하지 않고 한역만 두는 것은 결과적으로 내용은 시조이지만 한역된 결과물을 더 중시하는 것이다. 이와 달리 가집처럼, 국문 매체로 시조만 기록하되 한역은 없는 것은 국어로 된 시조를 중시하는 것이다. 그런데 시조와 한역시를 나란히 두는 것은 둘 다를 대등하게 중시하는 태도라 할 수 있다. 한문 매체 우선도 아니고, 국문 매체만 중시하는 것도 아니다. 한역은 한역대로 유의미한 작품 그 자체이고, 시조는 시조대로 작품 그 자체로 인식한 것이라 할 수 있다. 그래서 둘 중에 어느 하나를 빼지 않고 나란히 두고 있는 것이다.

앞에서 권섭이나 황윤석이 기록시로서 시조를 한역한 점에 대해 살펴본 바 있다. 특히 권섭의 경우, 국어시가의 한역 결과물이 또 하나의 갈래로서도 인식되고 있는 가능성이 없지 않다는 점도 조심스레 추정하였다.

사실 원 시조는 기록하지 않고 한역시만 남기는 것은 한역시 자체를 작품으로 인식한 것이고, 19세기에 둘 다를 병치하는 것은 시조도 한역시와 대등한 존재로, 곧 이전보다 시조에 대한 위상이 더 높아진 것으로 볼 수 있다. 이중언어시인에게 한시는 없고 한역시가 있는 시대이면서, 한역시와 시조가 대등하게 여겨지는 것이 19세기라 할 것이다. 곧 한시는 시조 안에 많이 녹아있으면서,[30] 시조와 한역시의 양층문학적 관계가 두드러지는 시대라고 할 수 있다.

뿐만 아니라 조황이나 정현석의 시조와 그 한역의 관계는 축자적 번역이나 유사한 번역 정도에 그치지 않는다. 이전 시대처럼 한역만 남았을 때에, 과연 그 원(原) 시조가 무엇인지 찾을 수 있을지 의문이 들 정도로 다른

---

[30] 이에 대해서는 4.1.에서 상론할 것이다.

작품이다. 그래서 시조와 한역시를 병치해둔 것일 수 있다. 번역 관계에 놓여있다면 18세기 이전처럼 원 시조는 기록하지 않겠지만, 번역이 아니라 각각이 작품 그 자체로 인정될 수 있는 다른 것이라면 대등하게 기록해둘 필요가 있는 것이다.

특히 정현석의 경우에는 중간의 몇 작품은 시조가 없고, 한역시만 기록해두고 있다. 조황이 시조를 먼저, 그 다음에 한역시를 둔 것과 달리, 정현석은 그 반대인 점까지 고려해보면, 시조가 병기되지 않은 한역시의 경우에는 과연 시조를 먼저 짓고 한역을 했을까하는 의문이 든다. 특히 다른 가집에도 실려있는 타인의 시조가 아니라 정현석 자신이 지은 시조의 경우에는 오히려 한시를 짓고, 그것의 시조역일 가능성도 없지 않다. 이는 기록물인 ≪교방가요≫라는 문헌의 성격을 고려할 때 더욱 그러하다.

≪교방가요≫는 궁중에서 불린 노래의 가사를 기록한 것이다. 시조가 궁중에까지 유입되어 불린 것이 이 시기이기도 하다. 그런데 궁중에서는 오랫동안 국어시가와 한문가요가 공존했다. 16, 7세기의 ≪악장가사≫가 그 예이다. ≪악장가사≫에서 한문가요, 현토가요, 국문가요가 공존한 것처럼, ≪교방가요≫의 노랫말도 국문가요인 시조도 있겠지만, 한문가요에 해당하는 한(역)시도 공존했으리라고 본다. 실제로 ≪교방가요≫의 시조와 한역시의 병기가 그것을 보여주는 것이기도 하다. 그랬을 때, 우리말로 된 시조를 들을 때도 있지만 그것을 한역한 한문가요로도 향유하고 싶었을 것임을 추정할 수 있다.

시조와 한역시가 공존하는 작품은 때로는 시조로, 때로는 한역시로 향유했을 것이지만,[31] 한역시만 기록되고 원 시조가 없는 작품들은 한역시 그 자체로만 향유했을 것이다. 그렇다면 ≪교방가요≫가 원시조를 알려주려

---

[31] 무형문화재 30호 가곡예능보유자 김영기선생님의 자문에 의거한다.

는 목적으로 기록한 책이 아니기 때문에, 굳이 한문가요로만 불리는 작품의 원시조를 병기할 필요가 없었을 수도 있고, 더 나아가 시조와 관련되는 작품이 아니라 원래부터 한문으로 된 작품일 수도 있는 것이다.[32]

다음으로 눈길을 끄는 것은 구두점의 존재이다. 좌측 그림을 보면, 구두점 ∵, 더 정확히 말해 고리점이 찍힌 곳이 보인다. 이전 시대에 한시의 표기는 띄어쓰기가 안된 것은 물론이고, 이러한 구두점 역시 보이지 않았다. 18세기의 권섭의 경우에는 한역시에 띄어쓰기를 하였다. 그런데 위와 같이 19세기의 정현석은 고리점으로 한역시의 구(句) 단위를 구분하고 있다. ≪삼죽사류≫에서는 띄어쓰기로 시조와 한역시 모두 구와 장, 곧 행 구분을 하였다면, ≪교방가요≫에서는 시조는 띄어쓰기가 없이 기록하고 있지만 한역시는 고리점으로 행 구분을 하고 있는 것이다. 이러한 고리점은 15세기에 <용비어천가> 외에, 18세기 언해류에 빈번하게 등장해서 띄어쓰기의 역할을 하고 있는 것을 볼 수 있다.[33]

그런데 다시 자세히 보면, 모든 한역시에 구두점이 있는 것은 아니다. 그렇다면 구두점이 있는 경우와 아닌 경우의 기준은 무엇일까. 두 그림에서 모두 구두점이 없는 한역시는 7언 절구라는 공통점이 있다. 곧≪교방가요≫전체를 보면 7언 절구인 경우에는 구두점이 없이 연속적으로 28개의 한자가 기록되고 있는 반면에, 한역시가 7언 절구가 아닌 그 외의 형식일 경우에는 행마다 글자수가 다르므로 구두점을 통해 이를 구분해 주고 있다는 것을 발견할 수 있다. 18세기의 권섭 역시 7언 절구에서는 띄어쓰기를 하지 않았는데, 한역시에서만 띄어쓰기를 한 것과 같다. 이렇게 기록된 상

---

[32] 이에 대해서는 어떤 작품들이 한시로만 남고 원 시조가 남아있지 않는지를 살펴보는 것이 한 방법일 수 있겠으나 이에 대해서는 본서에서 본격적으로 다루지 못하고 후속연구로 남긴다.
[33] 이응백, 김원경, 김선풍, 『국어국문학자료사전』, 한국사전연구사, 1998.

태에서 눈으로 향유하는 방식의 흔적들이 18세기에 비해 19세기에 더 두드러지게 나타나고 있는 것을 볼 수 있다.

띄어쓰기와 함께, 더 앞에서 본 국한문의 표기 방식을 고려하면 기록으로서의 시조에 대해 더 짐작할 수 있는 길이 생긴다. 이세보의 ≪풍아(대)≫는 국문이 위주이지만 한자가 작은 글씨로 병기되어 있고, 정현석은 반대로 한자 위주로서 국문은 작은 글씨로 기록이 되어있다. 조황은 중간의 경우로서 한자어가 나오면 한자의 독음인 국문은 쓰지 않고 한자를 노출시켰다. 그러나 조황의 경우에는 띄어쓰기까지 생각한 것으로 고려하면 가장 기록으로서의 읽는 시조의 모습을 염두에 둔 것이라고 할 수 있다.

3. 시조의 내용에 나타난 변화와 시(詩)로서의 시조의 위상

여기서는 한시와 시조의 내용 비교를 할 수는 없으므로 이전 시대 이중언어시인들의 시조의 내용과 대비하고자 한다. 3.1에서는 비중이나 주제 영역의 변화를 중심으로 개관하고, 3.2 이후에서는 지금까지 본서가 지속적으로 살펴본 지점인 창작의 상황, 화자와 작가의 거리, 시와 노래, 구술성과 기록성의 문제들을 다루면서 이전 이중언어시인들과 비교하고자 한다. 이를 통해 이세보와 그 시대의 시조가 이전 시대와 달라진 시조의 기능, 본질적 성격의 변화를 다루게 될 것이다.

3.1. 시조 내용의 개괄적 검토

이세보 시조의 전체적인 내용의 경향은 여러 논자들에 의해 분류된 바 있다. 진동혁(2010)[34]에서는 이세보의 시조를 애정시조 104수, 유배시조 78수, 현실비판시조 61수, 유람·유흥시조 41수, 계고(稽古)시조 35수, 도덕

---

[34] 진동혁(2000), 앞의 글 참고.

시조 24수, 월령체시조 19수, 기행시조 16수, 농사시조 10수 등으로 분류하였다. 성무경(2009)[35]에서는 풍류시조 138수, 현실비판시조 60수, 유배체험시조 52수, 경계·교훈시조 49수, 초한연의 독후(讀後) 시조(계고(稽古)시조) 30수, 유람 및 팔경 시조 30수, 달거리 시조 22수, 사행시조 13수, 기명(妓名) 시조 7수, 관직생활시조 4수 등으로 나누었다. 애정시조를 풍류 시조로 연결지은 차이점이 보이고, 구체적 작품수는 다르지만 대체적인 주제 종류와 비중은 유사하다.

선행연구에서 이세보는 시조 다작(多作)의 작가이자, 그만큼 일상의 내용을 시조로 많이 담았다고 논의되었다.[36] 작품수가 많다보니 다양한 내용을 다루고, 해당 내용을 다룬 작품수도 많은 편이다. 이전 시기 양층언어작가의 경우 시조에 비해 한시의 작품수가 매우 많고 한시가 일상적 갈래였으나 이세보에게는 시조가 그 역할을 하고 있는 것을 볼 수 있다.

교화적 시조나 연군시조를 포함한 유배시조 등 다수 작품들은 조선시대 내내 시조의 주된 내용으로 지속되는 주제들이라면, 기행시조나 유람시조, 농사시조나 월령체 시조, 적극적인 현실비판 등의 주제는 18세기 이후 더 적극적으로 등장한 내용이 지속되고 있다고 할 수 있다. 이전 양층언어작가에 비해 19세기 이세보의 시조 내용에 있어 눈에 띄는 새로운 변화는 바로 애정시조의 다작, 관직생활 중이나 중국 사신길에서의 내용을 담은 시조, 또한 계고(稽古)시조라고도 분류되는 초한(楚漢) 고사(古事) 관련 독후(讀後) 시조, 기명(妓名) 시조 등이다. 이런 점에서 이전에 한시가 다방면의 삶과 밀착된 생활 속의 시조인 것처럼 이세보에게 시조가 그런 역할을 하고 있는 것을 볼 수 있다. 곧 시조가 한시의 기능을 많이 대체하고 있다고

---

[35] 성무경(2009), 앞의 글 참고.
[36] 박규홍, 「이세보의 애정시조와 가집편찬 문제」, 『한민족어문학』55, 한민족어문학회, 2009, 183-208면.

할 것이다.

이렇게 생활 속의 삶에서 일어나고 생각하는 다방면의 다양한 주제를 많은 작품을 통해 다루게 되면서 자연스럽게 그 내용이 구체화되는 특징이 나타난다. 우선 현실비판시조를 보면 대상이나 내용에 있어서 특정 지위의 관료의 특정 문제를 매우 구체적으로 다루고 있다. 특히≪풍아(대)≫ 291번에서 342수가 그러하다. 감사, 수령, 아전이 비판의 대상이 많이 되고, 수령의 처신이나 형정(刑政), 전정(田政) 비리, 환정(還政), 군정(軍政) 등의 상층 사대부의 부정과 부패, 비리를 50여 수 이상에서 다루고 있다. 그 중 일부를 들어본다.

  [시조3]≪풍아(대)≫291
  훈검어영(訓禁御營) 군정식(軍丁色)아 샴졍(三政)이 읏듬이라
  빅골(白骨)도 보련이와 고가(故家) 후예(後裔) 명심(銘心)ᄒᆞ라
  아마도 치민지졍(治民之政)은 불츌칠ᄉᆞ(不出七事)

초장의 '훈검어영(訓禁御營)'은 훈련도감(訓鍊都監), 금위영(禁衛營), 어영청(御營廳)이니 이 곳에 종사하는 사람들에게 하는 말이다. '삼정(三政)', 곧 전정(田政), 군정(軍政), 환정(還政)의 백성을 돌보는 일이 중요함에도 잘 하지 못하고 있음을 지적하고 있다. 이러한 내용을 중하층의 사람들이 아닌, 사대부, 그것도 왕실사대부 작가가 상당한 비중으로 다루고 있다는 점이 두드러진 변화라고 할 수 있다.

농사를 다룬 시조 10여 수도 주목되는 작품들이다. 이 내용 역시 18세기적 경향이 지속된 것으로서 일례로 18세기에 정약용은 한시로 농민의 생활상을 읊었고, 위백규는 시조 <농가구장>으로 이를 보였다. 두 경우 18세기의 경향으로는 한시와 국어시가 양면에서 이룬 진보적인 변화로 논의가 되었지만,[37] 또 한편으로는 전자는 관찰자로서의 입장이고, 후자는 권농의 교훈

성이 강하다는 등[38] 모두 상층 사대부의 입장이라는 점은 한계이다. 물론 위백규의 <농가구장>이 이룬 다양한 시가사적 선구성(先驅性)은 크지만 청 유형의 화자를 통해 농촌공동체의 권농적인 지향은 18세기에 이룩한 사대부 시조의 진보성과 아울러 여전히 남아있는 상층 의식이라 할 수 있다.

이세보의 경우에도 권농적 측면이 없지 않으나 농민의 삶의 무게감이나 가난에 대한 힘든 심정을 위로하는 입장에서 농민의 입장을 대변하기도 하는 자리로 내려온 측면이 더 강하다. 특히 청유형은 매우 드물고 평서형 문체가 전반적인 비중을 차지하여 이를 더욱 두드러지게 한다.

이와 관련해 작품을 보도록 하자.

[시조4]《풍아(대)》56
경월(正月)의 농긔(農器) 닥고 이월(二月)의 밧츨 간다
쟝졍(壯丁)은 들의 놀고 노약(老弱)은 집의 잇셔
지금의 게으른 조부(子婦) 신측(申飭)한다

[시조5]《풍아(대)》63
그디 츄슈(秋收) 얼마 헌고 니 농소(農事) 지은거슨
토셰신역(土稅身役) 밧친 후(後)의 몃셤이나 남을는지

---

37 이종출,「위백규의 시조 <農歌>攷」,『사대논문집』1, 조선대학교 사범대학, 1970 ; 임주탁,「위백규 <農歌>에 관한 연구」,『관악어문연구』15집, 서울대학교 국어국문학과, 1990 ; 김석회,『存齋 위백규 문학 연구-18세기 鄕村士族층의 삶과 문화』, 이회문화사, 1995 ; 조동일,『(제4판)한국문학통사』3권, 지식산업사, 2005, 298-299면.

38 권순회,「전가시조의 미적 특질과 사적 전개양상」, 고려대학교 박사학위논문, 2000 ; 김성기,「위백규의 농가 연구」,『어문연구』36집, 어문연구학회, 2001 ; 김용찬,「위백규 <農歌>의 구조와 작품세계」,『어문논집』48집, 민족어문학회, 2003 ; 안혜진,「위백규 <농가구장>의 권농가적 특성과 그 의미」,『한국시가연구』21집, 한국시가학회, 2006 ; 신성환,「存齋 위백규의 향촌공동체 운영과 <農歌>」,『어문연구』42집, 한국어문교육연구회, 2014.

아마도 다 ᄒᆞ고 나면 과동(過冬)이 어려

[시조6]≪풍아(대)≫64
그딕 농ᄉᆞ(農事) 젹을 젹의 늬 츄슈(秋收)들 변변헐가
져 건너 박부ᄌᆞ(朴富者)집의 빗이나 다 갑흘는지
아마도 가난헌 ᄉᆞ룸은 가을도 봄인가

[시조7]≪풍아(대)≫65
쳘업는 빅셩(百姓)드라 가난(艱難)을 셜다마라
졀용졀검(節用節儉) 슈신(修身)ᄒᆞ면 셩셰쳥복(聖歲淸福) 되리로다
아마도 지됵(知足)을 못ᄒᆞ면 가튁(家宅)이 불안(不安)

[시조4]에서는 농한기의 풍경을 그리고 있다. 초장이나 종장의 어미가 모두 '~다'로 끝나고 있어서 상황을 있는 그대로 묘사한 것에 가까워보이지만 사실은 평서형을 통해 권농의 의미를 전한다고 볼 수도 있다. 곧, 초장의 경우, '정월에는 농기구를 닦아라, 그래야 이월에 밭을 갈 수 있다'거나 혹은 '정월에는 농기구를 닦아라, 이월에는 밭을 갈아라'의 권농을 의미할 수도 있다. 중장과 종장은 연결어미로 이어지고 있어서 한 문장을 이루고 있는데, 모두 '들에서 놀고', '집에 있고', '게으르니' 이를 신칙하는 화자의 목소리로 읽을 수도 있다. 이렇게 이면적으로는 교화적인 내용이더라도 표면적인 문체는 평서형을 취하고 있어서 청자를 향해 위에서 아래로, 명령적 어투를 취하고 있지 않다.

이러한 입장은 그 아래 세 시조에서 더 잘 드러난다. [시조5]~[시조7]은 10수의 일련의 농민과 관련한 시조 중 끝의 세 수이다. 이 세 수는 마치 일상적 대화를 그대로 옮겨놓은 듯한 표현과 함께 화답시조의 모습을 띠고 있다. 특히 [시조7]은 이 일련의 농민시조[39]의 마지막 수로서 결론적인 농민을 제재로 했다는 점에서 농민시조로 지칭한다. 작가의 메시지라고도 할 수 있는데, 세 작품의 흐름을 함께 살펴보면 그 묘미가 더 잘 드러난다.

[시조5]에서 화자는 실제 농민으로서 과동이 어려워 걱정하며 또 다른 농민에게 묻고 있다. 이후에도 보겠지만, 이세보의 시조에서 화자는 실제 작가인 이세보와는 전혀 다른 인물이다. 이전 시대 연군시조에서 여성 화자로 가면을 썼다고 해도 그 가면 뒤에는 실제 작가가 있어서 작가의 충심을 더 효과적으로 나타내기 위해 쓴 가면일 뿐이다. 위백규의 <농가구장>에서도 청유형을 통해 작가 자신을 포함하는 경향을 보인다. 그러나 위 시조에서는 작가와는 전혀 다른, 실제 농민의 목소리이고, 따라서 작가 자신이 아닌 타자의 목소리를 전하는 대변인 작가로서의 모습을 띤다고 할 수 있다.

[시조6]은 [시조5]의 화자에 대한 답이다. 역시 박부자 집의 빚 갚기도 어려워 역시 가난한 상황이 비슷하다고 답을 한다. [시조7]은 이 두 사람의 대화에 대한 제3자의 새로운 화자가 등장해 이들에게 말을 하는 내용으로 되어있다. 실제 사대부 작가인 이세보가 화자로 분했다고 할 수 있는 모습이 바로 [시조7]의 화자이다.

[시조5]의 화자1과 [시조6]의 화자2의 대화에 참여한 [시조7]의 화자3은 실질적인 경제생활을 뛰어넘는 정신적인 복에 대한 시각을 열어준다. 게을러서 가난한 것이 아니라 검소하고 절약하는데도 가난한 것은 맑은 복이 되어 집안을 편안하게 하는 것이라는 가치관을 일러주는 것이다. 이런 점에서 [시조7]의 초장에 '가난을 셜다마라'는 명령형이지만 기분이 나쁘지 않다. 그저 참으라는 것이 아니기 때문이다. 농민들의 노력에도 불구한 가난한 삶이라는 것, 곧 농민들의 절용절검을 인정해준다. 그리고 가난해도 탐욕을 부리지 않는 것이 수신에도, 또 집안에도 청복이 된다는, 인생의 복에 대한 또 하나의 시야를 열어준다.

이러한 [시조7]은 10수로 이어져온 농민시조의 결론적인 위치에 있으면

---

39 농민을 제재로 했다는 점에서 농민시조로 지칭한다.

서 삶의 복이 무엇인지에 대한 가치관을 표명한다는 점에서도 유의미하다. 풍족한 삶이 복의 기준이 될 수도 있지만 정신적 평안이 복의 기준이 될 수도 있다. 물질성을 뛰어넘는 복의 기준은 철이 든, 곧 성숙한 사람의 모습임을 알려줌으로써 단순히 지배층의 하층 달래기라고 볼 수는 없는 것이다.[40]

따라서 농민시조에 있어서도 이세보의 시조는 화자의 모습도 작가와 밀착된 모습에서 작가와 전혀 다른 타자적인 화자까지 다양성을 보인다는 점에서, 또 농가의 흥겹기만 한 이상적인 모습이 아니라 실제 현실에서 농민이 느끼는 가난한 삶의 무게를 직접 토로함으로써 이들의 이해하고 더 성숙한 삶의 가치관을 제시한다는 점에서 이전 시대와 달라졌다고 할 수 있을 것이다.

지금까지 몇몇 내용적 측면에 대해서 자세히 고찰함으로써 이세보가 이전 시조에서 어떤 내용적 변화가 나타나는지 살펴보았다. 이 외에도 앞에서 지적한 관직과 사신으로서의 모습, 애정시조 등은 따로 절을 달리해서 살펴보되 특히 시조의 기능과 위상 변화에 더 집중해 논의를 진행하도록 하겠다.

3.2. 중앙 관직시절의 시조 창작과 시조의 위상 변화

여기서는 시조 창작의 상황을 통해 시조 위상의 변화를 보고자 한다. 조선 전기나 중기 양층언어작가의 경우 대체로 한시는 일생 어느 상황에서나 창작하지만 시조는 유배시절이나 지방 은거기에 많이 지어진 것이 사실이다. 그리고 이세보의 경우에도 유배시절을 겪었고 시조 창작이 이 시기에

---

[40] 고미숙(1993), 앞의 글에서도 농민시조를 비롯한 현실비판시조 전반을 대상으로 이세보의 시조가 가진 추상성과 한계를 지적하고 있는데 이를 부인하는 것은 아니지만 그렇다고 현실을 공고히 하기 위한 것이라고까지 하기는 어려워 보인다.

다수 이루어진 것이 사실이다. 그러나 이뿐 아니라 관직 중에도, 사신이라는 공무로 중국에 갔을 때에도 시조 창작이 계속되었다는 점은 큰 변화이다. 한시집이 거의 남아있지 않고 삶의 대부분의 시간을 시조 창작을 했다는 점은 이전 이중언어시인의 한시에 해당하는 기능과 위상이 이세보에게는 시조를 통해 이루어졌다는 것을 의미한다.

구체적으로 시조 창작의 계기나 상황을 살펴보자. 이세보가 지은 ≪풍아(대)≫(1862)는 29~32세 때에 유배중에 이루어진 작업이라고 ≪풍아(대)≫ 말미에 기록되어 있다. 그러나 짧은 수년간 수백 여 편에 이르는 시조를 지었다는 것은 사실 믿기 어려운 일이다. 실제로 이 기록시기가 실제 모든 작품의 창작시기가 아니라고 보는 입장도 있고,[41] 본서에서도 새로운 이유로 4년간 400여 수 이상이 지어진 것으로 보지는 않는다. 다만 유배 시절에 시간적 여유가 많으니 이전의 시조를 정리하고 또 새로운 시조를 기록할 기회는 많았을 것으로 보인다.

특히 20대에 중국 사은사로 갔을 때 지은 시조로 보이는 작품을 포함해 사행 시조가 10수가 넘게 있고, 해배후 관직생활을 하며 지은 시조로 보이는 작품들도 4수 있어서 이세보의 시조 창작의 상황은 이전 이중언어시인의 경우와는 많이 달라 보인다. 이전의 양층언어시인들의 경우 지방에 있거나 유배시절에 시조를 지은 경우가 많으나 이세보는 중국 사은사 시절에까지 지었으니 관직시절, 또 중앙 무대에서까지 시조를 지었다는 점에서 이전이라면 한시 창작의 상황에 시조를 지었다고 볼 수 있는 것이다.

18세기 황윤석의 경우에도 현감의 재직 시절에 지은 것을 보았는데, 이세보에 이르면 시조의 위상이 더 높아진 것을 알 수 있다.

정현석의 ≪교방가요≫는 진주 목사로 지낸 시절의 의궤를 기록한 것으

---

41 이에 대해서는 오종각, 「이세보 시조집의 편찬 특징에 관한 재고」, 『단국어문논집』2, 단국어문연구회, 1998이 대표적이다.

로[42] 공적 업무의 일부라고도 볼 수 있다. 공간적으로는 중앙 무대가 아니지만 개인적 정서 표출의 통로가 아니라 관리로서 의궤 기록물을 남긴 것이라는 점에서 이전 양층언어시인의 경우와 역시 다르다. 특히 정현석의 ≪교방가요≫를 보면 시조가 악장에 얹혀 불리워짐을 알 수 있다. 악장의 한문가요 자리를 시조가 대체하고 있는 것이다. 국어시가가 악장에 얹혀 불리던 것은 새로운 일이 아니나, 한문가요의 역할을 국어시가 중에도 시조가 대체하고 있다는 점은 주목할 만하다. 한문가요의 자리에 국어시가인 시조가 자리하고 있는 점도 시조의 위상이 높아진 것을 보여준다고 할 수 있다.

조황이나 이세보의 시조집과는 성격이 다르지만 시조와 그 한역이 상당 부분을 차지하고 있다. 이러한 시조집의 성격은 사대부가 시조에 적극적인 관심을 가져 작품만이 아니라 시조 연행을 둘러싼 관련 내용들까지 묶어 자료집을 만들기도 했던 사정과, 시조가 공식적인 연행의 자리에서도 향유되고 궁중으로도 유입되고 있는 19세기의 시조 위상을 잘 보여준다. 시조에만 관심을 가지면 한역이 상당 부분을 차지하고 있다는 점에서, 또 신출작도 많지 않다는 점에서 관심의 대상에서 멀어지겠지만,[43] 시야를 넓혀 시조사 및 시가사의 시각으로 접근하면 19세기 국어시가와 한시의 상관성을 살펴볼 수 있는 중요한 대상이 된다.

조황은 생몰연대를 정확히 알기 어려울 만큼 중앙에 진출하지 않고 충북 제천을 근거지로 일생 지냈다. 조황의 경우에는 중앙이 아닌 지방에서 이루어진 시조 작업이라고 하겠다. 조황과 같이 중앙 진출을 하지 않고 향리에만 지내는 경우도 있고 재직시절에 지을 뿐만 아니라, 이세보와 같이 중국

---

[42] 정병욱, 『(증보)한국고전시가론』, 신구문화사, 1999 ; 정병헌, 「정현석의 삶과 판소리의 미래」, 『판소리연구』11집, 판소리학회, 2000.
[43] 신경숙, 『19세기 가집의 전개』, 계명문화사, 1994, 92면에서도 이러한 관심도를 지적하며 가곡창 가집으로서 접근하고 있다.

에 사은사의 임무를 띠고 갈 때에도 시조 창작이 계속된 것 등은 이제는 시조가 특정 상황에서 특정 기능만 담당하는 갈래가 아님을 의미한다. 이렇게 세 작가의 경우를 보면 19세기 시조의 창작은 더 이상 유배시절이나 지방이라는 공간에서만 이루어지는 것이 아니라 작가의 생애 속에 어디서든 언제든 이루어질 수 있는 갈래가 된 것을 볼 수 있다. 이제 시조가 한시와의 양층언어문학적 관계에 있다고만 하기 어렵고 두 갈래 간의 양층언어문학성이 거의 사라질 정도에 이르렀다고 하여도 과언이 아니다.

여기서는 이세보가 관직생활을 읊거나 중국 사행시에 보고 들은 바를 제재로 삼은 작품들에 주목해보고자 한다. 이는 곧 시조 창작의 계기나 상황이 지방 은거시절이나 유배시절만이 아니라 중앙 관직시절에도 지속되었다는 것을 말해준다. 물론 16세기 정철도 관직 시절을 읊은 것이 있으나 회고로서 지난 시절을 떠올려 지은 것이고, 18세기 황윤석의 경우에는 현감시절에 <목주잡가> 28수를 지었다는 점에서 주목되는데, 이러한 경향성이 이세보에게 더 적극적으로 나타난다고 할 수 있다. 특히 중앙 관직시절만이 아니라 중국에 사은사로 가서도 시조 창작을 지속하였다.

이와 관련해 아래 작품을 보자.

[정철시조1][44]
辛신君군望망 校교理리 적의 내 마춤 修수撰찬으로
上샹下하番번 ㄱ초와 勤근政졍門문 밧기러니
고은 님 玉옥 ㄱ툰 양지 눈의 黯암黯암ᄒᆞ여라

---

[44] 정철, ≪송강가사≫. 19세기 이세보의 시조 기록은 국문이 먼저, 더 큰 글씨이고 한문이 작은 글씨로 병용되었다면, 16세기 정철의 시조 기록은 이와 반대로 한문이 먼저이다. 이하 별도로 출처를 표시하지 않는다.

[시조8]≪풍아(대)≫419
져달아 네아느냐 황녀틱슈(黃驪太守) 심즁소(心中事)를
샴오야(三五夜) 됴흔 밤의 술 잇고 임은 업다
두어라 그리다 보면 챰졍(情)인가

[시조9]≪풍아(대)≫420
텬하(天下)를 다 비쵸니 임의 곳도 밝으리라
노쵸츙셩야(露草忠誠夜)의 뎐젼(轉輾)이 싱각(生覺) 만타
엇지타 강샹명월(江上明月)리 스롬을 늣겨

[시조10]≪풍아(대)≫2
돌마다 다 푸루니 쳥셕녕(靑石嶺)이 이 아닌가
빅셜(白雪)은 만텬(滿天)한데 호풍(胡風)도 참도 츠다
엇지타 당당의관(堂堂衣冠)의 셩진(腥塵)이 침노

[시조11]≪풍아(대)≫5
망히졍(望海亭) 올나보니 만니쟝셩(萬里長城) 여긔로다
당쵸(當初)의 쓰흔 뜻즌 북호(北胡)를 막엇건만
엇지타 무례쳥만(無禮淸蠻)이 이다지 편만(遍滿)

위의 [정철시조1]을 보면 초장에서 과거를 회상하는 투를 읽을 수 있다. '校敎理리 적의'라는 말은 과거의 기억을 떠올릴 때 쓰는 말이기 때문이다. 그 당시 보았던 '고은 님 玉옥 ᄀᆞᆮ튼 양ᄌᆞ'가 오래 전의 일이라 눈에 가물가물 한다는 것이다. 물론 지금도 희미하나마 보인다고 할 수도 있다. 긍정적이든 부정적이든 과거의 오래 전 이야기를 회상하므로 '黯암黯암'한 것임은 분명하다. 따라서 작시 상황이 중앙 관직시절이 아니고 당시를 회상하며 더 주된 내용은 고은 님에 대한 회고에 있다.

이에 비해 이세보의 시조들은 작시의 시기가 재직시절이라는 것만이 아니라 작품의 내용과 제재가 사은사로서의 경험, 관직생활 등도 읊고 있다.

[시조8]의 경우, '황려태수'는 곧 경기도 여주의 태수인 화자를 말한다. 초장에서 서울 근교의 태수로서의 신분을 밝혔다는 것은 중장의 '임'이 임금을 의미할 가능성을 말해주는 것이기도 하다. 옛 정읍의 노래인 <정읍사>와 같이 황려 태수가 달을 향해 임을 그리는 정(情)이란 연군지정을 의미하는 것으로 이해할 수 있다. 이어서 나오는 [시조9] 역시 배열 순서로 보아, 또 중장의 '노쵸츙셩야(露草忠誠夜)'라는 시어로 보나 임금을 향한 충신(忠臣)의 마음을 드러내고 있는 것으로 보인다.

　이러한 연군(戀君)의 시조는 이전 시대에는 유배시절이나 지방의 은거기에 공간적 거리상으로나 신분적으로 매우 멀리 있을 때에 자주 나타나는 경향이 있었다. 그런데 [시조8]이나 [시조9]와 같이 서울 근교의 태수라는 직위의 신하가 임을 그리는 정을 나타내고 있다는 점에서 시가사적 변화를 볼 수 있다.

　[시조10]과 [시조11]은 중국으로의 사행 업무 가운데 지은 작품들이다. [시조10]의 종장에 '당당의관(堂堂衣冠)'이 이를 말해준다. 또한 초장의 '청석령'은 연행길에서 지나가는 길 중에서도 모두 말에서 내려 걸어야 될 만큼 가장 위험한 고개길이다. 사행길의 위험과 어려운 행로를 나타내고 있다. [시조11]은 '만리장성'을 중국 북경에서의 작품임을 알 수 있다. 특히 두 작품 모두 호풍(胡風), 곧 오랑캐의 차가움과 무례함이라는 부정적 인식을 볼 수 있다.

　이러한 중국 사행시의 시조 창작 역시 시조사적 변화의 한 부분이다. 공간적으로 조선도 아닌, 한문을 주로 사용하는 중국이라는 곳에서 시조를 지었다는 점, 그리고 개인적 상황이 아니라 사신으로 가는 공식 업무 중에 국어시가인 시조를 지었다는 점에서 그러하다. 곧 조선 전중기 대부분의 양층언어작가들의 시조 창작 시기가 유배나 지방 은거기인 것에 비해, 이세보는 서울 근교로서 중앙에 가까운 곳에서 관직생활을 하는 중, 그리고 중국에 사신으로 가서까지 한시가 아닌, 시조를 짓고 있는 것을 볼 수 있다.

3.3. 애정시조의 작가와 화자의 분리 현상과 교화시조의 고백적 문제

이세보의 시조에서 하나의 제재로서 가장 많은 작품수를 차지하는 것이 애정시조이다. 특히 남녀의 애정이 한 작가에게서 가장 비중이 크다는 점에서 선행연구에서도 여러 논자들에 의해 주목되었다. 그런데 시가사적으로 보아도 이는 큰 변화이다. 특히 양층언어작가의 시조에서 순수한 애정시조는 한편도 다루어지지 않았다는 점에서는 매우 큰 변화인 것이다.

물론 표면적 애정시조가 없는 것은 아니다. 그런데 여성 화자의 가면을 쓴 작가가 임금을 향한 마음을 드러낸 것이므로 연군시조이다. 표면적인 애정시조가 간혹 보인다고 해도 사대부 작가의 임금을 향한 연정을 드러낸 것이다. 애정의 대상이 임금이 아닌 일반적인 남녀 간의 애정 시조는 지금까지의 양층언어작가의 경우 한 편도 다루어진 적이 없다. 조선 초기에 고려의 노래가 '남녀상열지사'라고 비난한 것을 떠올려보면 이해가 되는 상황이다.

18세기 권섭의 경우에는 기녀 가련과 주고받은 시조가 한역시로 남은 것은 있지만 시조로는 남아있지 않다. 18세기라면 19세기의 징후가 어느 정도 나타날 법한데, 그 반영이 권섭에게는 시조 그대로는 아니라 할지라도 시조의 한역으로 나타난 것이라 할 수 있다. 이에 더 나아가 이세보는 시조로 남녀 간의 애정을 제재나 주제로 하는 작품수가 월등하게 많은 것이 특징이다. 특히 남성 사대부의 입장에서만이 아니라 특히 여성, 그 중에서도 기녀를 화자로 내세운 작품들이 적지 않아서 눈에 띈다. 이와 관련해 가장 대표적인 작품 하나만 들어본다.

[시조12]≪풍아(대)≫137
이 몸이 무삼 죄(罪)로 챵가녀즈(娼家女子) 되어 나셔
경(情) 드려 못 잇는 낭군(郎君) 이별(離別)이 어이 즈져
두어라 젼싱시(前生事)니 후싱(後生)의나

초장에서 시적 화자는 '이 몸이'로 자신을 지칭하며 창가(娼家) 여자라고 하고 있다. 남성 작가의 시조에서 화자 자신을 여성으로 지칭할 뿐만 아니라 사대부 작가의 시조에서 화자의 신분이 기녀라는 점이 눈길을 끈다. 곧 '챵가 녀ᄌ'라는 구체적인 신분이 나타나고 있어서 기녀를 화자로 내세우고 있다는 점이 분명하게 드러나고, 관찰자나 남의 이야기가 아니라 화자 자신이 기녀로서 기녀의 목소리를 그대로 담고 있다.

이렇게 남성 작가의 시조에서 화자가 여성일 뿐만 아니라 실제 작가와의 거리가 매우 먼 창가의 여자를 내세웠다는 점, 그리고 남녀 간의 순수한 연정을 주제로 하고 있다는 점에서 조선 전기 남녀 간의 애정을 다룬 시조와 비교할 필요가 있다. 그 예로 정철을 들어보자.

[정철시조2]
내 양ᄌ 눔만 못ᄒ 줄 나도 잠간 알건마는
연지도 ᄇ려 잇고 분쯰도 아니 미니
이러코 괴실가 ᄯ은 젼혀 아니 먹노라.

[정철시조3]
내 ᄒ낫 산집 격삼 ᄲ고 다시 ᄶ라
되나 된 벼티 몰뢰고 다료이 다려
ᄂ 눈 ᄃ 놀란 엇게예 거러 두고 보쇼셔.

위에서 든 정철의 시조 두 편은 남녀 간의 애정을 다루고 있다. 작품 속의 시어인 '연지', '분쯰', '쏠고', '다려' 등의 표현을 통해 화자가 여성임을 짐작할 수 있다. 애정의 양상은 여성 화자가 상대를 향해 남보다 못한 자신의 모습이나, 혹은 적극적인 애정을 표현하고 있다. 하지만 이러한 조선전기 양층언어작가의 애정 소재 시조는 일반적인 남녀 간의 애정으로 보이지만 실상은 연군시조로서 여성 화자로 가면을 쓴 것으로 해석되는 측면도 적지 않다. 임금과 신하가 상하의 관계를 가지듯, 애정의 대상인 남성과 화자인 여성 역시 순서대로 상하의 관계를 맺고 있다는 점, 또한 작가의 신분이나 당시 관습적인 창작 경향 등을 통해서도 이러한 해석이 가능하다. 특히 표면적으로 누구든 남녀라면 대입이 가능한 보편적 상황이므로 군신간의 관계를 다룬 연군시조로 해석할 수 있는 여지가 있다. 결국 이는 임금을 향한 작가의 목소리를 여성 화자라는 가면을 통해 나타낸 것으로 이해할 수 있는 길을 만든다.

이에 비해 이세보는 애정시조에서 창가(娼家)의 여성이 화자인 작품을 지었다. 누구나 작품에 대입이 가능한 남녀라는 보편적인 존재가 아니라 매우 구체적인 신분을 드러내고 있다. 특히 일반 대다수의 사람들이 속하는 화자가 아니라 매우 특수한 직업군의 소수의 사람들의 목소리를 표현하고 있다.

이세보의 시조에서 기녀가 말하고자 하는 내용은 정든 낭군을 잊을 수가 없는데 이별이 잦아서 생기는 괴로움이다. 이 작품을 아무리 읽어도 작가의 처지나 목소리보다는 기녀라는 화자가 작가 이세보에게 있어서 철저하게 타자화되어 나타나고 있는 것으로 보인다. 작가가 사대부 남성임을 고려할 때에 이는 작가 자신의 목소리를 위해 가면을 쓴 것이 아니다. 오히려 매우 특수한 특정 화자의 목소리를 '대변'하는 것으로서 작가와 화자는 전혀 일치되지 않고 부분적으로 해당되지도 않으며 전문작가로서의 작품이 되었다. 이렇게 정철과 이세보 모두 사대부 남성의 실제작가와는 다른 화자를 내세웠지만 정철은 가면적 자아를 내세웠다면 이세보는 타자적 화자를 내세웠다는 점에서 다르다.

이와 관련해 정철의 또 다른 여성 화자 시조를 살펴보도록 하자. 정철이 지은 시조 중에는 다음과 같이 여성의 처지를 핍진하게 다루어 여성의 목소리를 작품을 통해 표출하고 있는 것도 보인다.

[정철시조4]
남진 죽고 우는 눈물 두 져지 누리흘너
졋마시 짜다ᄒ고 ᄌ식은 보채거든
뎌 놈아 어늬 안흐로 게집되라 ᄒ는다

위 정철의 시조에서 초장과 중장을 보면 이 역시 화자가 제재로 다루어지는 주체와 일치하지 않고 화자는 관찰자이다. 그리고 종장을 통해 관찰자인 화자의 작가적 목소리를 나타난다. 결국 정철이 여성을 제재로 여성의 목소리를 낸다고 해도 연군의 가면적 자아이거나 관찰자적 작가이지 타자화된 화자로 완전하게 작가의 목소리를 거세하지는 않았다. 이에 비해 이세보는 작가의 목소리와 존재를 완전히 소거해 화자를 철저히 타자화하였다고 할 수 있다. 후자가 전자보다 낫다는 말은 아니다. 작가와 화자 사이의 공간을 문학적 허구성이라고 할 때에 이세보의 시조는 시조사에 있어서 허구성이 강화된 변화가 보인다는 점에서 주목된다는 말이다.

가면적 화자보다 타자적 화자는 작가와의 거리가 더 멀어졌다. 이전 양층언어작가의 가면적 화자는 가면을 통하기는 하지만 작가 자신의 처지와 상황에서 하고 싶은 내용을 표현했는데, 타자적 화자는 작가의 처지와는 전혀 상관이 없는 타자의 처지를 '대변'하고 있기 때문이다. 정소연(2004)에서 밝힌 바, 한시는 상대적으로 작가와 화자가 일치하거나 밀착되어 있고, 시조는 상대적으로 그 거리가 멀다고 하였는데, 19세기 이세보의 경우에는 16, 17세기 시조보다 작가와 화자의 거리가 더욱 멀어져 타자가 된 경향 역시 주목된다. 적어도 조선 전중기 시조에서 보였던 작가의 처지의 표현은 이세보에 이르면 작가의 이야기와는 무관한 타자의 이야기를 대신하는 변화를 보이는 것이다.

곧 작가 자신의 목소리를 표출하는 데서 출발하는 서정시로서의 시조의 성격이 작가와 분리되어 문학 작품의 독립성이 강화되는 현상이 나타난다고 할 수 있다. 문학은, 특히 구술성이 강한 이전 시대의 시조는 작가와의 관계를 뗄레야 뗄 수 없는 것이 사실이었다. 구술성의 소리가 자기 자신의 몸에서 나는 목소리라는 점, 따라서 말하기로서의 정서 토로인 이전 시대의 시조는 아무리 작가와 화자 간에 거리가 한시의 경우보다 멀다고 해도 여전히 작가성의 자장에서 벗어나지 않는다. 이전 시대의 시조에 대해 우리는 한시보다는 화자의 원심력이 느껴지더라도 여전히 구심력이 강하게 작용하고 있다는 것을 발견할 수 있었다.

그런데 이세보의 경우에는 작가와 시조가 완전히 분리되는 현상을 발견할 수 있다. 화자가 작가와 전혀 무관한 존재가 되어 작가로부터 이탈해 독립적으로 존재하려는 경향을 보이는 것이다. 따라서 이 경우에는 화자가 작가로부터의 원심력이 구심력보다 월등히 많아서 이탈되는 것이라 할 수 있다. 이는 작가와 종이의 거리가 말하는 이와 그의 소리가 나오는 몸의 관계보다 먼 거리인 것과 관련이 깊다. 문자가 저자의 손을 떠나 독립해 종이 위에 존재하며 돌아다니는 '문'학의 문자성과, 말하는 이의 몸을 통해 화자와 항상 공존하며 분리되지 않는 노랫소리의 구술성의 차이로 이해될 수 있는 것이다.

따라서 이세보의 시조에 나타나는 작가와 화자의 분리는 더 이상 존재의 본질적 성격이 소리가 아니라 문자로서 종이 위에 기록된 문학이기에 나타나는 현상으로 설명할 수 있다. 곧 구술성에 기반해 노래로서 지어진 뒤에 국문(國文)으로 기록되는 것이 아니라, 이미 이세보에게 있어서 시조는 처음부터 종이 위에 글자로 창작되는 기록성의 문학인 시(詩)라는 점을 보여주는 것이다. 이 점은 실제로 윤선도나 신흠, 이황이 노래로 시조를 인식하고 지은 뒤에 국문으로 기록한 것과 반대적인 모습이다.

이세보에게 시조는 이제 근대시인들의 머릿 속에 노래, 곧 구술성과 분리된 시, 곧 문자성의 존재인 것이다. 그러므로 시조가 꼭 작가 자신의 목소리를 토로하는 통로로서만이 아니라 근대적 의미의 '문학'으로서 작가와 분리되어 누구의 이야기, 누구의 목소리이든 담아낼 수 있는 기능의 변화를 보이게 된 것이다.

이는 이세보의 시조가 노래로 향유되지 않았다는 말이 아니다. 시조 창으로 이세보의 시조가 향유된 것은 시조의 본질적 성격의 문제가 아니라 그것을 향유하는 하나의 방식이다. 이는 현대시에서도 현대시인의 시를 가요로 악보에 얹어 부르는 것과 같은 것이다. 현대시는 노래가 아니라 본질적 성격이 시(詩)이다. 그러나 때로 그 시를 노래로 향유하기도 한다. 마찬가지로 시조의 생래적 특성이 구술적인 노래였으나 19세기 이세보의 경우에는 그 본질적 성격이 이제 시(詩)로 바뀐 것이고 시조를 즐기는 하나의 방식인 가창, 곧 노래로서의 향유는 이전 시대와 같이 계속되고 있는 것이다.

지금까지 논의한 바는 비단 이세보에게서만 나타나는 것이 아니다. 이와 관련해 조황의 시조를 들 수 있다. 앞의 2장에서 설명한 것처럼 조황은《삼죽사류》의 111수 중에서 100여 수의 시조에 한역시를 나란히 기록해두었지만 유일하게 한역이 없는 시조가 <훈민가> 10수이다. 제목에서도 여전히 '가(歌)'인 <훈민가>는 작품의 내용상 백성이 대상이므로 한역이 없다고 앞에서 논의하였다. 아직 완전히 국문전용시대가 아닌 양층언어시대로서 한문과 국문의 양층언어적 성격이 지속되고 있는 것이다.

이 가운데 더 주목되는 것은 바로 제목 아래에 달아둔 부기(付記)이다. "爲居宮者代作", 곧 궁에 있는 자를 대신해 짓는다고 하였다. 앞에서 이세보가 기녀를 대신해 짓는다고 할 수 있는 대변자로서의 작품처럼, 조황 역시 이 점을 표명하고 있다. 시조가 작가 자신의 정서를 표출하는 서정시로서의 통로로서의 거리가 많이 멀어진, 전문작가가 되어 대작하는 현상을 볼 수 있다. 이러한 점은 작품을 통해서도 나타난다. 아래 작품을 보자.

[조황시조1] 〈훈민가〉 10수 중 제5수
二姓이配合허야

>   內外族이되야가니
>   當初에血屬親이同姓이나다를쇼냐
>   아마도
>   姻親間愛情을니가몬져허리로다

　원문의 띄어쓰기대로 5토막으로 나누어 배열해보았다. 이러한 띄어쓰기도 기록문학으로서의 편집방식이라고 할 수 있다. 무엇보다 내용에서 주목되는 것은 그 전까지 교화시조에서 강조되는 덕목 중 부부간의 도리인 '부부유별'이 아니라 '부부애정'을 강조하고 있다는 점이다. 어차피 결혼해서 한 가계가 되어가니 원래부터 혈족친인 것과 무엇이 다르냐는 것이다. 부부유별의 강조가 아니라 부부사랑의 강조인 점이 시대적 변화를 반영하고 있다. <훈민가>의 일부이지만 애정을 주된 제재로 다루는 이 시기 시조의 내용적 경향과도 흐름을 같이 한다고 할 수 있다.

　이러한 비슷한 경향은 사실 17세기 박인로에게서 유사하게 나타난 적이 있었다. <오륜가>에서 부부간의 사랑이 자식사랑보다 더 소중하게 여겨야 한다는 관점이 조황의 시조와 어느 정도 맞닿아 있다. 또한 박인로가 노래를 잘 부르는 사람으로서 거유(巨儒)들과 함께 자리를 하며 이들의 부탁으로 시조를 짓는 경우도 있어서 본서의 앞에서도 논의한 바 있다. 박인로의 경우가 이른 시기의 사례라면 조황이나 이세보는 본격적인 현상으로서 시조의 위상과 성격이 변해가며 전문작가의 역할을 갖춘 모습이라고 할 것이다.

　또한 조황이 <훈민가>는 문체적 측면에서도 매우 주목된다. 16세기 정철의 <훈민가>에서 17세기 박인로의 <오륜가> 등 아무리 작가가 백성의 편에 서서 자기의 이야기인 것처럼 쓴다고 해도 문체는 항상 명령형이나 청유형이 많았다. 정철이 상층이 하층에서 명령하는 투가 아니라 자신의 이야기인 것처럼 말하고 있다는 점이 특징이라고 지적되기는 하였지만[45] 19세기의 조황에 비한다면 의향법은 여전히 명령이나 청유이다. 이에 비해 조황은

<훈민가> 10수의 전체 시조에서 '한 번도' 청유나 명령형을 사용하지 않았다. 교화시조가 아닌, 일반적인 시조와 같은 문체와 동일하게 표현하고 있는 것이다. 위의 [조황시조1]에서도 명령형과 청유형이 보이지 않는다. 또한 그럴 수 있었던 것은 "니가 몬져 허리로다"에서 보듯이, 남에게 시키는 것이 아니라 자기가 먼저 솔선수범하겠다고 다짐하는 형태로 시조를 쓰고 있기 때문이다. 이 시조와 같이 "니가 몬져 허리로다"는 방식의 수사는 제3수에서도 보인다.[46] 그리고 두 작품에서 모두 화자 자신이 먼저 하겠다는 다짐을 종장에서 하고 있다. 종장이 결론적인 최종 위치라는 성격을 고려한다면 훈민시조에서 자기 자신을 향해 다짐하는 것이 중요한 마무리가 되고 있는 것이다.

이 외에 또 다른 작품을 하나 더 보자.

[조황시조2] <훈민가> 10수 중 제10수
니箕聖八條教가
三千載에流傳허니
虞舜氏五典이며漢太祖에三章이라
지금에
我東方百姓다시講誦허리로다

성인의 '八條', 우순씨의 '五典', 한태조의 '三章' 등의 글을 '講誦허리로

45　이에 대한 대표적인 논의는 권두환, 「송강의 「훈민가」에 대하여」, 『진단학보』 42집, 진단학회, 1976, 151-166면을 들 수 있다.
46　조황, <훈민가> 10수 중 제3수는 아래와 같다.
　　한氣血노나〃셔
　　兄弟男妹되얏시니
　　져몸의 疾痛飢寒니當허나다를쇼냐
　　아마도
　　同生의져헐닐을니가몬져힐리로다

다'로 끝맺고 있다. 이러한 글들을 다시 강송하라는 명령형이나 강송하자는 청유가 아니라 역시 평서형의 종결을 하고 있는 것이다. '훈민'의 성격상 타자를 향한 발화이지만, 그 훈민적 성격의 시조마저도 화자 자기 자신의 다짐형이 되는 문체를 취하고 있는 것이다. 이렇게 교화적 성격의 시조마저도 타인을 향한 의향법을 사용하지 않고 자기 자신을 대상으로 하는 평서형의 문체를 사용하고 있는 점은 이전 시대에 자기 성찰적 성격의 한시에서 볼 수 있었던 방식이다. 따라서 시조가 1인칭 화자 자신을 향한 고백적 문체의 시로서의 성격이 교화시조에서도 나타나게 된 것을 통해 기록문학으로서의 시조의 성격을 읽어낼 수 있다.

3.4. 메타적 시조의 창작

앞에서 이세보나 조황 등 이 시기 사대부 작가의 시조가 근대적 의미의 문학으로서, 또한 가창성을 본질로 하는 노래가 아니라 기록성을 본질로 하는 시로서의 변화가 나타난다는 점을 여러 근거를 들어 논의하였다. 이의 연장선상에서 또 다른 근거가 바로 메타시조의 창작이다. 한시를 주력한 시대에는 한시에 대한 메타한시가 많았다. 대표적으로 이규보는 시마에 들린 것같은 자신의 시작에 대해, 또 시에 대해 많은 한시를 남겼다. 이규보가 중세후기에 한시에 대해 한시로 그 정체성과 시인으로서의 고민을 토로했듯이, 조선후기에 이세보 역시 시조로 시조의 정체성에 대해 고민했던 것이다.

따라서 시조가 개인 서정의 표현 통로로서만이 아니라 해당 갈래에 대한 고민과 정체성을 토로하는 통로로서도 기능하고 있었던 점도 주목되는 현상이다. 그렇다면 앞에서 본 바, 시조의 기능과 본질적 성격의 변화가 시조에 대한 정보를 담고 있는 메타시조를 통해서도 드러나게 될 것이다. 그러므로 메타시조, 곧 시조에 대한 시조의 내용을 통해 이 시기 시조가 어떻게 인식되고 있었는지 살펴보자.

시조에 대한 시조는 많은 작품이 있는 것은 아니다. 특히 이중언어시인에게 있어서 이전 시대에까지 시조에 대한 메타적 작품은 한 작가에게 한 작품이 겨우 있을까 할 정도이다. 이에 비해 이세보의 작품 중에는 시조에 대한 메타적 내용의 작품들이 많지는 않지만 그래도 여럿 보인다. 17세기에 신흠도 왜 시조를 짓는지에 대해 노래로서의 시조를 읊은 작품이 있는데, 이세보에게서는 여럿 보이면서 특히 시조 자체에 대한 정보를 포함하고 있어서 주목된다. 이와 관련해 아래 작품을 보자.

[신흠시조1]
노래삼긴 사롬 시름도 하도할샤
닐러 다 못닐러 불러나 푸돗든가
眞實로 풀릴 거시면은 나도 불러 보리라

[시조13]≪풍아(대)≫414
노리가 빅편(百篇)이면 쟝단(長短)은 몃 졈(點) 되고
쵸즁동쟝(初中終章) 분별(分別)ᄒ면 ᄉ설(辭說)은 몃 곡됴(曲調)니
지금이 다시 보니 삼빅편(三百篇)이 넘엇구나

[시조14]≪풍아(대)≫415
격(格)모르고 지은 가ᄉ(歌辭) 삼빅여편(三百餘篇) 되단 말가
놉힐 데 못 놉히고 낫출 데 못 낫쳣스니
아마도 훗(後)ᄉ롬의 시비(是非)는 못 면(免)힐가

[시조15]≪풍아(대)≫416
독좌(獨坐) 우려(憂慮)ᄒ니 우려(憂慮)곳히 병(病)이로다
쇼견(消遣)ᄎ 글 지으니 글 안 되고 가ᄉ(歌辭)로다
뉘라셔 시비쟝단(是非長短)을 아러 곳쳐 줄가

우선, 위의 [신흠시조1]을 보면 시조와 관련한 용어는 '노래'를 찾을 수 있다. 시조를 '노래'로 인식하고, 노래를 짓는 작가는 시름을 풀고자 하는 것이니 화자도 노래를 부르겠다고 한다. 이는 왜 시조를 짓는가에 대한 시조 작시의 동기와 효용을 표현한 것이다. 그 아래 이세보의 시조 세 수를 보면 시조 갈래를 이해하는 여러 용어들이 등장한다. '노래', '장단(長短)', '초중종장(初中終章)', '점(點)', '사설(辭說)', '가사(歌辭)' 등이 그것이다. 점(點)은 가곡장단에서 '박'을 의미하는 것으로 1점은 1박이다.[47] 이러한 용어를 염두하며 작품을 보도록 하자.

우선, [시조13]의 초장에서는 노래와 장단에 대해, 중장에서는 초, 중, 종장과 사설, 곧 노랫말에 대해 말한다. 다시 정리하면 초장은 노래로서의 시조를, 중장은 문학으로서의 시조를 말하는 것이다. 물론 노래가 시조'만' 지칭하는 것이라고 할 수는 없다. 그러나 3백편이라는 단서로 여기서의 노래는 시조를 가리키는 것으로 보인다. 이런 점에서 시조는 부르면 노래가 되고, 그 사설(辭說)은 노랫말, 곧 가사(歌辭)로서 구분해서 인식하고 있는 것을 볼 수 있다.

[시조14]를 보면 시조 300여 편의 높낮이를 말하고 있다. 후대인이 옳고 그름을 따질 것을 못 면할 것이라고 하여 고저(高低)는 엄격하지 않다는 것을 말하고 있다. 신흠은 한시의 악부를 지으면서 음률을 엄격하게 맞추지 못한다고 하였지만 시조에 대해서 이런 우려를 표명하지는 않았다.

그런데 이세보는 시조의 고저를 맞추지 못한다고 하고 있어서 시대적 변화를 볼 수 있다. 곧 신흠의 시대까지만 해도 시조가 고조가 엄격한 갈래가 아니었을 것이나 이세보의 경우에는 시조의 격(格)이 중요한 갈래라는 인식을 볼 수 있다. 그만큼 시조가 고급갈래로서 격조가 높아진 것이라고

---

[47] 이에 대해서는 중요무형문화재 제 30호 가곡예능보유자인 김영기 선생님의 자문을 구하였다. 이 자리를 빌어 감사드린다.

추정해볼 수 있는 것이다.

또한 이러한 고저에 대한 우려는 노래로서보다 쓰는 시로서, 혹은 읽는 시로서 창작한 경향을 보여주는 것이라고 생각된다. 시조가 노래인 측면이 있으나 고저장단을 맞추지 못했다는 우려를 보여주는 것은 자신의 시조가 노래적 성격이 약화된 것을 우려한 것일 수 있기 때문이다. 이와 같은 마음을 ≪풍아(대)≫의 마지막 면에서도 다음과 같이 밝히고 있다.

> "(전략) 셰월(歲月)를 잇고져 혹 글도 읽으며 시긔(詩句)도 지으며 쇼셜(小說)도 보다가 또 노리를 지어 긔록(記錄)ᄒ나 장단고져(長短高低)를 분명(分明)이 ᄎ로지 못ᄒ엿스니 보난 ᄉ룸이 짐쟉ᄒ여 볼가ᄒ노라" (띄어쓰기는 필자)[48]

위 글에서도 노래를 지어 기록했으나 장단고저를 분명하게 갖추지 못했다고 하였다. [시조14]와 [시조15]에서 한 말을 산문으로도 기록한 것이다. 이렇게 메타시조로도, 그리고 산문 기록으로도 같은 내용을 말하고 있다는 것에서 시조의 성격에 대해서 엿볼 수 있다. 가면적 자아나 서정적 자아로서의 화자가 아니라 산문 기록을 하는 실제 작가나 시조의 화자가 온전히 일치하는 점에서 조선 전기부터 살펴본 양층언어작가의 시조와는 차이가 있다.

물론 모든 문학작품은 작가가 있고, 그 작가의 마음이 작품에도 나타나는 것이 상식이겠지만, 문학과 문학 아닌 것의 구분 역시 존재하는 것이 사실이다. 굳이 산문이 아니라 운문으로, 시가라는 갈래를 통해서 말한다는 것은 그 갈래 자체의 또 다른 효용이 있기 때문이다. 그런데 메타 시조의 창작이 이전 양층언어작가보다 다수 존재하고, 또 이를 통해 산문과 내용이

---

[48] 이세보, ≪풍아(대)≫, 『이세보시조집』, 단국대학교 동양학연구소, 1985, 140면.

일치된다는 점, 작가적 정보와 작품 속의 구체적 내용이 같다는 점 역시 시조의 성격과 효용의 변화를 보여주는 것이라 할 수 있는 것이다.

산문과 시조의 관계와 관련한 시조의 효용에 대해서는 [시조15]도 단서가 된다. '소견(消遣)차' 글을 지으려고 했는데 글이 잘 안되고 '가ᄉ(歌辭)'가 되었다고 한다. 이 '가ᄉ(歌辭)'가 혹시 4음보 연속체의 긴 갈래인 가사 갈래를 말할 수도 있겠지만, 바로 위의 시조인 [시조14]를 보면, 3백편이나 되는 '가사(歌辭)'를 지었다고 하여서 이 '가ᄉ'는 시조라는 것을 알 수 있다. 따라서 글을 지으려다가 안되어 시조가 되었다는 것, 이는 시조의 효용이 글, 곧 산문과의 관련성 속에서 고려해야 되는 관계에 있다는 것을 말해준다. 곧 글을 쓰려다가 시조를 '쓰게' 된 것으로 이해가 가능하다. 특히 이세보는 어떤 내용에 대해 단시조 1수가 아니라 연속된 내용들을 다수 짓는 경향이 있어서 정보량으로 치면 긴 내용을 담을 수 있어 글, 곧 산문을 대체할 만하다.

지금까지 살펴본 바, 신흠의 작품에는 노래로서의 시조가 주된 내용이라면 이세보의 시조에서는 노래와 시로서의 시조의 두 가지 성격을 모두 얘기하고 있음을 보았다. 특히 화자와 작가의 거리에 대해서도 어느 정도 볼 수 있었다. 많은 작품이 아니지만 양층언어작가가 쓴 메타시조적 작품이 많지 않으므로 이 두 사람의 경우를 가지고서도 어느 정도의 논의는 진행할 수 있었다. 곧 17세기 신흠의 시대에 시조는 노래로서의 기능이 강하고, 한시와 대비되는 시조의 효용이 노래를 통한 시름(정서) 표출에 중심이 있었다면 19세기 이세보의 시대에 시조는 세월을 잊고자 하는 여러 방편 중의 하나로 노래를 짓되, 노래로서만이 아니라 쓰는 시, 읽는 시로서도 그 기능과 효용이 있는 격조있는 갈래로서, 그리고 화자와 작가가 밀착된 갈래로 인식되고 있다는 점을 볼 수 있었다.

4. 시조 형식의 해체에 나타난 시화(詩化)의 양상

이 절에서는 19세기 시조가 한시의 시적 기능을 어떻게 대체하고 있는지 주력해서 다룬다. 이 시기 시조가 노래는 아니면서 시라는 뜻은 아니다. 노래로도 불리지만 노랫말의 기록을 통해 시적 위상을 획득하기도 했던 점이 국어시가가 노래로서만이 아니라 시로서의 성격이 이전보다 더 강화되어가고 있다는 점이 양층언어시가사적으로 주목되는 부분이라 여겨 자세히 검토하고자 하는 것이다.

4.1. 시조와 한시의 교섭: 한시구, 긴 한문구의 빈번한 등장

이세보는 한시가 거의 없지만 흥미롭게도 다작의 시조 속에 한시구나 한문구가 빈번하다. 특히 이세보의 경우가 이러한 경향이 두드러진다. 한시를 적극적으로 짓지 않으면서, 한시구를 시조로 들여와 둘 간의 관계를 보여주고 있는 것이다. 한시를 거의 짓지 않고 오히려 한시구를 시조에 차용하는 방식이 이 시기 양층언어작가의 경향일 수도 있을 것이다.

이와 관련하여 예를 보면 다음과 같다.

> [시조1]《풍아(대)》238[49]
> 삼월동풍(三月東風) 느젓스니 츈셩무쳐불비화(春城無處不飛花)를
> 웅비요림간(雄飛繞林間)은 가지마다 황이ㅇ(黃鶯)이라
> 아마도 늉늉화긔(融融和氣)는 쳥츈(靑春)인가

앞에서 본 [시조1]을 다시 가져와서 보인다. 위 시조에서는 한문 문장 어순의 한문구가 여럿 보인다. 초장에서 '츈셩무쳐불비화(春城無處不飛花)'는 7음절이나 되는 한문구라 할 수 있지만 사실 절구의 한 구로 보인다.

---

[49] 《풍아(대)》의 238번째 작품이다. 이하 같은 방식으로 표시한다.

한시구를 그대로 시조에 가져와 쓸 뿐만 아니라 긴 한자어구도 많다. 위 [시조1]의 중장에서 '웅비요림간(雄飛繞林間)'도 우리말 어순이 아니다. 그저 한자어구가 사용되었다는 뜻이 아니라 적게는 4음절에서 길게는 6음절에 이르기까지 우리말로 풀어서 쓸 수 있는데도 한문어순의 한자구를 사용하는 경우가 이 작품 외에도 자주 보인다. 이렇게 이세보는 별도의 한시가 거의 없는 대신에 시조에 한문 어순의 한자어구나 한시의 일부 구절을 빈번하게 사용하고 있다. 구체적으로 그 예를 보면 다음과 같다.

[시조16] 이세보≪풍아(대)≫24
밝은 의리(義理) 샴노동공(三老董公) 병츌무명(兵出無名) 한 쇼리의
한틱도(漢太祖) 씌다르니 만민(萬民)이 열복(悅服)이라
아마도 텬시불여인화(天時不如人和)인가

[시조17]≪풍아(대)≫9
셔샨(西山)을 쥬람(周覽)ᄒᆞ니 동졍호(洞庭湖)는 허ᄉᆞ(虛事)로다
십칠교샹난간월(十七橋上欄干月)이 영입평강강슈류(影入平羌江水流)를
아마도 명국(明國)이 긔진ᄎᆞ강샨(氣盡此江山)을

[시조16]에서도 초장에서 최소 4음절의 한자어구에서 종장에서 6음절의 한자어구까지 한자어구가 그대로 쓰였다. 초장에서 '병츌무명(兵出無名)'이라는 표현 이 자체는 우리말어순에 따른게 아니라 한문어순에 따른 것이다. '병사를 명분없이 내다'는 의미를 가지고 있고, 고사의 한 구절이기도 하다. 음절이나 음보 때문이라면 '병츌무명(兵出無名) 한 쇼리의'를 '명분없는 병사 호출'이라고 해도 될 것이므로 비단 음절수나 음보수 때문만은 아니라고 할 수 있다.

[시조17]에서 중장의 '影入平羌江水流'는 이백의 7언 절구인 <娥眉山月歌>의 승구에 나오는 한 대목이다. 시조 전체가 다 한시의 시조화는 아니지

만 시조의 일부에 한시 구절이 일부 들어가 있는 것을 볼 수 있다. 이 대목 외에도 중장의 '십칠교샹난간월(十七橋上欄干月)'이나 종장의 '긔진츠강샨(氣盡此江山)' 역시 우리말이 아닌 한문식 표현이다. 이렇게 [시조15]의 경우보다 더 적극적으로 시조에 한문어투를 가져다 쓸 뿐만 아니라 한시의 일부까지 가져오고 있는 것을 볼 수 있다.

그런데 여기에서 한 가지 의문인 것은 [시조17]의 내용이 이 ≪풍아(대)≫를 쓴 유배시기와 맞지 않는다는 점이다. 26세(1857)에 동지사은정사(冬至謝恩正使)로 중국에 다녀왔을 때 [시조16]과 같은 경험이 있을 법하다. 특히 종장에서 '此江山'이라는 말은 현장의 느낌을 주고 있어서 중국에 있을 당시의 창작시조라고 볼 가능성도 높아진다. 오종각(1998)[50]에서는 다른 이유로 ≪풍아(대)≫의 창작 시기가 ≪풍아(대)≫말미에 적힌 임술년(1960)이 아니라고 보았지만, 본서에서는 이와 같이 내용과 창작 시기가 맞지 않아서 유배시절의 창작품으로 보기는 무리가 있다고 본다. 곧 이전에 지었던 것을 모으는 작업이 유배시절의 시간적 여유로 가능했을 것이다.

위에서 든 [시조16]과 [시조17]은 중국과 관련한 작품들이다. 그런데 이들 예보다 더 많은 한시어구가 사용되는 사례가 아래의 네 작품이다.

[시조18]≪풍아(대)≫200
츈요봉뉘(春繞蓬萊) 셩졀회(聖節回)ᄒ니 시신기ᄒ만년비(侍臣皆賀萬年盃)를
은심탕망지응ᄒᆡ(恩深湯網知應解)니 요망북신회쟘기(遙望北辰懷暫開)를
아마도 금셰불츙(今世不忠)은 나쑌인가

[시조19]≪풍아(대)≫201
슉위텬이유츠ᄒᆡᆼ(孰謂天涯有此行)고 북당허부의문졍(北堂虛負倚門情)을

---

50 오종각(1998), 앞의 글 참조.

포오지독도싱감(哺烏舐犢徒傷感)은 ᄒ일귀령보티평(何日歸寧報太平)고
아마도 금셰불효(今世不孝)는 나뿐인가

[시조20]≪풍아(대)≫202
잔혼영낙쳬화분(殘魂零落棣花分)ᄒ니 빅일간운쟝억군(白日看雲長憶君)을
츠지둉늬샹안근(此地從來湘岸近)의 등한귀안불감문(等閑歸鴈不堪聞)을
언제나 동무반의(同舞斑衣)ᄒ여 위열친심(慰悅親心)

[시조21]≪풍아(대)≫203
ᄌ둉별후젼쳠슈(自從別後轉添愁)ᄒ니 챵숑삼춘우믹츄(悵送三春又麥秋)를
여ᄒ신쟉쟝ᄉ직(如何身作長沙客)고 일망경화샹슈류(日望京華上戍樓)를
아마도 붕우무졍(朋友無情)은 나뿐인가

  [시조18·19·20·21]은 연이어 놓여진 네 작품이다. 공통점은 모두 7음절로 된 한자어구를 사용하고 있다는 것인데 현토의 방식으로 7언 절구를 시조화한 것으로 볼 수 있다. 앞에서 본 시조가 절구의 일부를 가져 왔다면, 여기 네 작품은 절구의 전체를 시조화하고 있다. 모두 7언 절구의 기구와 승구가 초장으로, 전구와 결구가 중장으로 시조화된 것이다. 절구의 시조화는 중장에서 끝나고 종장은 우리말 어순에 따른 새로운 시구를 만들어 시조 고유의 종장 방식이 되게 하였다.
  이 중에서 [시조19·20]은 ≪풍아(소)≫표지의 뒷면에 7언 절구의 형태로 기록되어 있어서 흥미롭다. 먼저 ≪풍아(소)≫ 표지의 뒷면 사진을 보이고, 이어 해당 면에 기록된 절구를 나란히 든다.

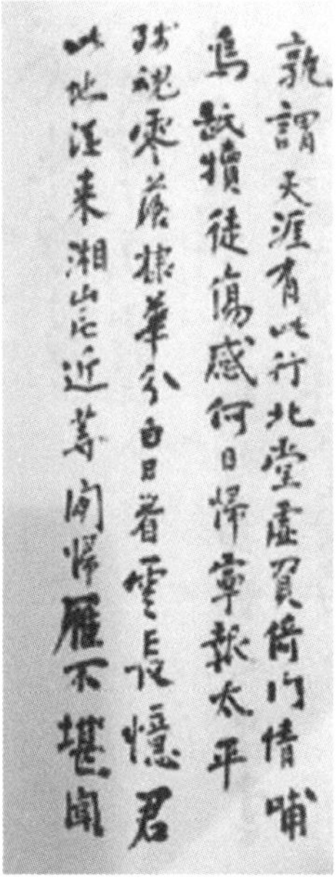

[그림8] ≪풍아(소)≫ 표지의 뒷면의 7언 절구 2수[51]

[한시1] ≪풍아(소)≫
孰謂天涯有此行 누가 이 하늘 끝 유배행을 말하겠는가
北堂虛負倚門情 어머님이 헛되이 문에 기대는 정을
哺烏舐犢徒傷感 까마귀와 어미소의 사랑을 생각하니 그저 마음만 상하는구나
何日歸寧報太平 어느 날에나 편안히 돌아가 태평함을 알릴까

[한시2] ≪풍아(소)≫
殘魂零落棣花分 쇠하고 보잘것없이 되어 형제가 떨어지게 되니
白日看雲長憶君 하늘의 해와 구름을 보며 오래 너를 생각하노라
此地從來湘岸近 이 땅은 강 언덕에 가까워
等閑歸雁不堪聞 돌아가는 기러기 소리를 한가히 듣고 있지 못하겠구나

---

51 이세보, ≪風雅(小)≫, 단국대학교 동양학연구소, 1985, 146면.

《풍아(소)》의 표지 다음 면에 있는 두 절구는 이세보의 필체인지는 알 수 없으나 이 두 작품이 위 [그림8]과 같이 기록되어 있고, 이어서 다음 면에서부터 시조가 연속적으로 기록되어 있다. 7언절구를 시조화한 작품이 여럿인데도 해당 작품이 모두 현토나 종장이 빠진 한시 형태로 기록되어 있는 것은 아니다. 절구 형태로도 기록된 [한시1·2], 곧 [시조19·20]은 부모님을 생각하는 작품이나 형제를 그리워하는 작품, 이 두 편만 보인다.
　이러한 방식은 이전의 양층언어작가에게는 잘 나타나지 않았다. 내용이 유사하고 각 갈래가 가진 한문, 국문 각각의 어법에 맞게 녹여서 쓰는 방식이 대부분이었다. 이세보처럼 한시구 그대로를 국어 문장어순안에 넣는 경우로 그나마 유사한 방식은 조선 전기에 이현보가 보여주었던 <어부가>를 들 수 있다. 조선전기에나 나타났던, 절구에 현토를 하는 시조화의 방식은 소극적인 갈래 교섭이거나 정제미가 떨어지는 방식이다. 이현보가 어부가의 조선적 전통을 만들고자 하는 수용사로서의 의지를 보인 것이라면 이세보에게는 어떤 의도가 있는 것일까?
　위 [시조18·19·20·21] 네 작품의 내용적 공통점은 충(忠), 효(孝), 형제와 벗 간의 우애(友愛)라는 교훈적 내용을 읊고 있다는 것이다. 이렇게 교훈적 내용의 시조는 절구에 현토를 하는 방식이나 한자어구가 많이 사용되는 예는 이세보나 조황 모두 자주 보인다. 아래 작품들이 그 예이다.

[조황시조3]《삼죽사류》4
忠信에 터늘닥가
智水仁山面背허고
誠敬이 主幹ᄒ여 天下廣居經營허니
아마도
作之不已ᄒ야 드러볼가 ᄒ로라

[조황시조4]≪삼죽사류≫5
洛陽에 十字通衢
天下道里均敵헌데
졔발로 가는 수름 못가리가 업건마는
수름이
졔 아니가고 길만 머다 허더라

[조황시조5]≪삼죽사류≫82〈秉彝吟〉20수 중 제2수
開闢來寅會初에
乾父坤母交?헐제
五行아네 理氣로 各正性命허라시니
수름의
져마다 바든 것이 <u>是曰秉彝</u>로고나

위의 세 시조는 조황의 작품으로 연속적으로 나오면서도 교훈적인 내용의 작품들이다. [조황시조3]에서 충신(忠信), 지(智), 인(仁), 성경(誠敬) 등의 가치를 지향하는 화자의 모습이나, [조황시조4]에서 가지 않으면서 길이 멀다고 핑계되는 모습을 지적하는 교화적 내용, 그리고 [조황시조5]에서 공자와 관련한 '병이(秉彝)' 등의 가치의 강조가 모두 그러하다. 한문식 표현과 관련하여 진한 글씨에 밑줄을 그어두었다. [조황시조3]의 초장에 '智水仁山面背허고'나 중장의 '天下廣居經營허니', 그리고 [조황시조4]의 초장에 '天下道里均敵헌데'는 모두 우리말 조사나 어미를 넣어 풀어서 쓸 수 있는데도 6음절의 한문구를 그대로 사용하고 있다. [조황시조5]의 경우에는 종장이 특히 그러한데, '是曰'은 이미 바로 앞에 '~것이'라는 용어가 있기 때문에 중복되는 쓰임이라서 삭제해도 무방하다. 그런데도 한문식의 표현으로 사용하고 있는 것을 볼 수 있다.

[시조22]≪풍아(대)≫175
고아복아(顧我復我)ᄒ신 은혜 불쵝(不肖) 엇지 모르릿가
신운(身運)이 비싁(否塞)ᄒ여 쟝ᄉ(長沙)따의 왓나이다
언졔나 명텬(明天)이 감동(感動)ᄒᄉ 빈현부모(拜見父母)

[시조23]≪풍아(대)≫177
쳥텬벽녁셩(靑天霹靂聲)이 쳔니남히일슌간(千里南海一瞬間)을
샴혼칠ᄇᆡㄱ구위회(三魂七魄俱爲灰)라 명지경각싱ᄉ간(命在頃刻生死間)을
그즁의 셩은(聖恩)이 지즁(至重)ᄒᄉ 신지도(薪智島)를

　이세보의 [시조22]와 [시조23] 역시 ≪풍아(대)≫171부터 사친(思親)과 연군(戀君)의 작품들이 20여 수 가까이 연속적으로 놓여진 데에서 가져온 것이다. [시조22]의 초장에서 사용된 '고아복아(顧我復我)'는 나를 돌아보고, 또 나를 거듭 돌아본다는 뜻이다. 또 종장의 마지막에 '빈현부모(拜見父母)'도 부모님을 절하며 뵈옵는다는 뜻이다. 모두 우리말로 풀어도 음절수나 음보를 맞출 수 있지만 4음절의 한자어구를 사용하고 있다. [시조23]은 이보다 더 적극적으로, 절구의 한시구처럼 7음절이 초장에 1회, 중장에 2회 등장한다. 초장의 '쳔니남히일슌간(千里南海一瞬間)'과 중장의 '명지경각싱ᄉ간(命在頃刻生死間)'은 '간(間)'으로 압운을 한 것같아서 더욱 한시구를 가져온 것으로 볼 수 있다. 또 5음절의 한자어구가 초장에 1회 등장한다.
　이렇게 모든 충효우애 등의 작품들이 그런 것은 아니라도 대체로 충효우애 등의 교훈적 내용의 시조에는 한자어구나 한시구가 그대로 쓰인 경우를 많이 볼 수 있다. 물론 타인을 향한 발화가 아니라 부모님을 그리워하고 충의 마음으로 연군을 표현하는 서정적 경향이 강하다. 일반적으로 교훈적 내용의 시조는 타인을 향한 발화인 경우가 많다. 그러나 위 작품들은 유배지에 와있어 부모님께 불효를 하고 있는 작가 이세보의 개인적인 상황 가운데에 지어진 것이다. 또한 신지도(薪智島)에 유배온 것이 그나마 임금의

은혜가 크기 때문이라는 작가의 실제 상황이 시적 화자를 통해 표현되고 있다.

여기까지 살펴보면 조황이나 이세보가 한문구를 많이 쓴다는 점은 유사하지만, 조황은 한시구에 현토를 한 듯한 것은 보이지 않는다. 사실 조황 시조는 교화적인 내용이 많기도 할 뿐만 아니라 6음절의 연속된 한문구 역시 빈번한 편이다. 심지어 11음절의 한문구가 연속된 경우도 있다. 아래 작품이 그것이다.

[조황시조6]≪삼죽사류≫29
洛陽에 一書生이
少年功名不幸허다
升平時告君文字痛哭流淚 어인일고
古人이
不動心허는나에 出而筮仕터더니라

위와 같이 중장에 11음절로 된 한문구를 볼 수 있는데, 물론 이는 각각 3음절, 4음절, 4음절의 세 음보로 나눌 수 있다. 한문구로만 쓰되 띄어쓰기까지 없기 때문에 11음절로 극단화해서 보이는 것이긴 하지만 이 작품에서도 전반적인 한문구의 사용과 교화적 내용의 긴밀함을 볼 수 있다. 그러나 아래의 이세보의 [시조23]과 같은 7언절구의 현토로 시조화를 하는 경우는 보이지 않는다는 점이 특징이다.

그런데 이세보의 경우에는 이런 내용만이 아니라 애정시조에서도 단순한 한문구가 아니라 한시의 각 행을 그대로 옮겨놓은 듯한 현토형 작품이 적지 않게 보여서 주목된다. 아래 작품들이 그 예이다.

[시조24]≪풍아(대)≫285
황노고쥭요강니(黃蘆孤竹繞江籬)호니 초지여호원별니(此地如何遠別離)요

슈슈샨샨고졀쳐(水水山山高絶處)의 이이불견니샹스(愛而不見奈相思)오
엇지타 이별(離別)리 샹스(相思)되여 슈심(愁心)졀노

[시조25]≪풍아(대)≫286
쳥츈됴결시진연(靑春早結是眞緣)가 아유심졍이역연(我有深情爾亦然)을
의亽챵무한한(獨倚紗窓無限恨)은 지응야야경무면(知應夜夜耿無眠)을
두어라 무궁건곤(無窮乾坤)이니 후일(後日)만어

[시조26]≪풍아(대)≫287
녹문관외옥쳔심(綠文管外玉泉深)이 불급졍인亽아심(不及情人思我心)을
시간챵젼총쥭지(試看窓前叢竹在)면 쳥쳥불기亽시음(靑靑不改四時陰)을
아마도 졀기(節槪)높흔 노쥭(綠竹)인가

위 시조들도 일련의 애정시조들이 연속적으로 문집에 실려 있는 가운데의 몇 작품이다. 세 작품 모두 압운을 맞추고 있는 7언 절구가 기구와 승구는 초장에, 전구와 결구는 중장에 현토의 방식으로 시조화가 되고 있다.

이렇게 보면 이세보는 애정시조에서 교훈적 내용에 이르기까지 다양한 내용의 절구를 시조화하고 있는 것을 볼 수 있다. 그에 비해 조황은 애정시조도 거의 없을 뿐만 아니라 절구에 현토한 시조화의 형태도 보이지 않는다. 이러한 둘 간의 관계는 그냥 간과할 것은 아니라고 본다. 왜냐하면 20세기 초에 수많은 여성 화자의 정서가 강한 이별과 사랑의 한시들이 김억을 비롯한 여러 시인들에 의해 국어시가화가 되기 때문이다.[52]

물론 한시의 번역이라고 할 수도 있겠지만 특히 김억은 시조 형태로의

---

[52] 이에 대한 자세한 논의는 정소연(2019), 『20세기 시인의 한시 번역과 수용』, 한국문화사 참조. 여성 화자의 서정시 유행 및 한시 번역과 관련하여 첫째, 식민지라는 시대적 정서, 둘째, 기록문학으로서의 한시의 근대 국문시화, 셋째, '시(詩)' 문학의 대중 독자, 곧 남성은 물론이고 여성 독자까지 향유층으로 포함시키면서 확장된 독자층의 확보를 고려한 점 등에 대해 논의하였다.

번역을 많이 시도하였다. 곧 여성 정조의 애정과 관련한 한시를 시조 형태로 번역하되 김억이 주장한 바와 같이 창작으로서의 국어시가화의 가능성이 농후하기 때문이다.[53] 이러한 연결고리를 염두할 때에 조황에게 애정시조와 그것의 한시현토형 시조가 없는데 비해, 이세보에게는 이 둘이 함께 있다는 점은 한시의 정서를 국어시가화하려는 의도가 특히 강한 것으로 보인다.

그렇다면 이는 단순한 절구의 시조화라고 보기는 어려울 것이다. 한자어 구를 즐겨 사용하고 있기는 하지만 이에 더 나아가 위와 같은 7언 절구 모두가 시조화된 사례들은 절구를 짓고 이를 시조화했거나, 혹은 절구의 창작을 아예 시조처럼, 곧 위의 방식처럼 짓지는 않았나하는 추측을 하게 된다. 한시가 거의 남아있지 않는 것도 그렇고, 절구 전체를 시조화한 경우는 타인의 작품을 가져온 것도 아니기 때문이다.

이번에는 시가의 문체와 관련해서 이러한 현상을 살펴보고자 한다. 이세보의 경우에 애정시조이든 교화적 내용의 시조이든 7언 절구가 시조화된 경우 해당 절구를 살펴보면 대체로 현장적이고 대화 지향적 문체를 가지고 있다는 점이 공통적이다. 그 예가 바로 앞에서 본 [시조24]이다.

초장에서 "ᄎ지여ᄒ원별니(此地如何遠別離)"와 중장에서 "이이불견늬샹

---

[53] 김억이 번역한 한국 한시 중에서 여성의 작품이 70%가 넘는다. 또한 내용적으로는 애정과 관련한 내용이 50%가 넘는다. 이에 대해서는 본서에서 자세히 다룰 수 없으므로 또 다른 자리에서 상론한다.
또 "飜譯은 創作이다"는 제목의 동아일보 투고글도 이러한 관점을 잘 보여준다. 그 한 대목을 들면 다음과 같다. "漢詩을 읽고서 그만한 程度의 感動을 밧을 수가 잇는가 하는 것이 疑問거리라 하면 번역이란 할 수 업는 일이기 쌔문에 엇지 할 수 업서서 그것의 意味만을 싸다가 自己의 心情에 如實한 感動을 주도록 다시 새롭게 創作하여야 할 것이다. 다시 말하면 原文에서 뽑아온 思想의 本質에다가 譯者되는 사람의 言語며 習俗이며 人情이며 모든 것에 마초아서 表現하지 아니하면 아니될 것이니 번역을 創作이라 한 意味는 이에 지내지 아니한다." (띄어쓰기는 필자) 東亞日報(1927.6.28-29).

수(愛而不見奈相思)"를 보면 '此地'에서 지시어를 통해 현장성이 드러나고 '如何'와 '奈'에서도 의문형을 사용하고 있어서 화자와 청자가 현장에서 대화를 주고 받는 문체를 보여주고 있다.

[시조25]도 그렇다. 초장에서 "아유심졍이역연(我有深情爾亦然)"에서 '나'와 '너'라는 화자와 청자의 등장이 그러한 예이다. 또 [시조19]의 초장에서 "숙위텬이유츠힝(孰謂天涯有此行)"과 중장의 "ᄒᆞ일귀령보틱평(何日歸寧報太平)"에서도 의문형을 통해 청자지향적인 대화적 문체가 사용되고 있다. 그리고 [시조20]의 초장에서 "빅일간운쟝억군(白日看雲長憶君)"에는 청자의 언표화가 나타나있고, 중장의 "ᄎᆞ지죵닉샹안근(此地從來湘岸近)"에서는 지시사를 통해 현장성을 보여주고 있다.

지시 대명사의 사용은 구체적 사물을 드러내지 않지만 문맥이 통하는 것은 화자와 청자가 현장을 공유하며 존재하기에 가능하다. 특히 절구에서 지시사같은 허사(虛辭)를 잘 사용하지 않는데 비해 시조화된 절구에는 이렇게 지시사가 자주 등장하고 있다. 또 의문형도 평서형에 비하면 청자를 의식하고 청자의 존재가 인식되는 문체로서 대화적 문체의 한 요소가 된다. 곧 독백형의 평서형이나 실사(實辭) 중심의 문체가 아니라 청자 지향의 의문형과 허사의 빈번한 사용은 대화적 특징을 강화하는 데에 기여하게 된다. 이렇게 시조에 등장하는 한시구도 시조와 같은 대화체를 가지고 있다는 점이 특징이다.

그렇다면 이세보는 절구를 짓되 기존 절구의 독백적 평서형과 실사 위주의 형식이 아니라 시조와 같이 대화적인 구술성과 현장성을 드러내고자 한 것으로 볼 수 있다. 절구에 현토와 종장의 덧붙임으로 시조화를 한 것은 바로 기존의 일반 절구의 형식을 탈피하면서도 시조가 가진 특징을 더하고, 반대로 시조는 한시구를 통해 시적(詩的) 특징을 더하면서 상보적 시학을 추구하려고 한 것은 아닐까 한다. 이렇게 본다면 이현보 역시 <어부단가>를 통하여 절구를 시조화하면서 조흥구까지 넣고 있어서 이세보와 같은 의도가 있다고 볼 수 있을 것이다. 시(詩)로서의 절구와 노래로서의 시조가 만나 격식을 갖춘 노래가 되고자 한 것이다.

곧 선행연구에서는 18세기나 19세기에 많이 나타난 한시현토형 시조에 대한 부정적인 평가가 많은 편이지만[54] 필자는 오히려 서로의 장점을 취하려는 시도로 보인다. 한시를 시조 형태에 넣음으로써 한시의 엄격한 근체시형을 우리말의 특성을 활용한 모습으로 볼 수 있다. 특히 그 방향성이 시조의 한시화가 아니라 한시의 시조화로서, 이는 20세기 한시의 번역이 대거 나타나는 바로 전 시기로서 시가사에서 한시가 아닌, 국어시가 중심으로 변하는 시대적 모습을 보인다고 할 것이다.

또한 남은 한시는 거의 없고, 한시집도 별도로 남지 않은 이 시기 사대부 양층언어작가가 한시를 즐기는 또 하나의 모습이라고 볼 수 있을 것이다. 곧 일반적인 한시로서의 절구를 짓기보다 시조화된 형태로 절구 창작을 즐겼을 가능성도 있다. 결과론적으로 위와 같은 절구의 시조화는 시조, 곧 국문매체로 귀결되는 것이라서 한시보다는 시조가, 한문 매체보다는 국문매체가 그 위상과 기능이 강화된 시대라는 것을 의미하기도 한다. 한자를 병기하기는 하였어도 주된 매체로 절구도 국문음으로 표현하고 시조화된 형태로만 거의 남아있기 때문이다.

이와 관련해 여기서 18세기 권섭의 한역시 사례를 떠올리게 된다. 권섭은 기녀 가련과 주고받았던 시조를 한역시로만 남기고 원(原)시조는 문집에 남아있지 않다. 이는 이세보의 경우와 반대인 상황이다. 차이라면 이세보의 원(原)절구는 현토의 방식으로 시조화가 되었기 때문에 원형을 알 수 있다는 것이고, 권섭의 원(原)시조는 번역의 방식으로 한시화가 되었기 때문에 원형을 알 수는 없는 것이다.

---

54 대표적으로 김석회(2001), 앞의 글에서는 새로운 재충전이 없이 장르 간의 상승 효과가 반감되었다고 보고 있다.

권섭은 기녀 가련과의 화답에서 자신은 한시로 하는데, 가련은 시조로 했다고 하였다. 그래서 본서의 앞 장에서는 둘 간의 화답에서 권섭은 시조로 화답한 것이 아니라 처음부터 한역시의 형태로 화답했을 가능성을 제기하였다. 이와 같은 방식을 이세보의 경우에도 적용해볼 수 있을 것으로 보인다. 애정시조로 보이는 이세보의 일련의 절구의 시조화 작품들은 권섭과 같이 기녀와의 관계에서 나온 것들도 적지 않다. 따라서 기녀의 시조에 대해 이세보 역시 처음부터 위의 시조화 형태의 시조를 지었을 가능성이 있는 것이다.

대화체가 유독 많은 것도 이 점과 밀접하다. 위에서 본 일련의 애정시조인 [시조24·25·26]의 경우 기녀와 이세보가 화답을 하면서 주고 받았을 가능성이 높아보인다. 이때 이세보는 위 작품의 형태로 지어서 화답을 했을 것이다. 화답이라는 현장 가운데 지은 절구에 우리말 조사로 현토를 하며 여기에 종장을 더해서 지은 것이다. 따로 절구와 시조를 명확하게 구분짓지 않으면서 창작의 과정에서 절구의 시조화를 하며 최종적인 작품으로는 위 작품들의 형태로 마친 것이다. 그래서 따로 한시집이나 한시로 남아있지 않고, 한시를 지으면서 동시에 시조가 되게 하는 방식으로 창작 행위를 하면서 이 안에서 한시 창작도 즐겼을 것으로 보인다.

이러한 현토방식의 절구의 시조화는 조선 전기에 비해 조선 후기에 이세보에게서 전면적으로 나타난다고 볼 수 있다. 이현보도 <어부단가> 9수의 작품이면 적은 수는 아니지만, 특정 주제 영역에 한해 이루어진 것이다. 이에 비해 이세보는 한자어구나 한시구가 그대로 들어간 현토 방식의 시조가 다양한 주제 영역으로 적지 않은 작품수가 있기 때문이다.

한편으로는 이러한 현토방식의 절구의 시조화가 조선전기 시조가 안정기로 접어든 시기의 이현보에게서 보이는 현상이 시조가 안정기를 지나 다시 해체기로 접어든 시기의 이세보에게서 보이는 점도 생각해볼 일이다. 신연우(1993)[55]에서도 이러한 시각을 볼 수 있다. 이세보의 시조에 많이 나타나는 광의의 시조는 협의의 시조가 해체된 시기의 현상으로 시조 형식의 해체 과정이 조선 초기 시조의 형식의 정립 과정과 역순이라고 한 바 있다.

절구의 시구나 긴 한자어구가 거의 그 모습 그대로 시조에 들어갈 수 있다는 것은 시조가 노래로서만이 아니라 기록시로서 눈으로 읽는 작품으로도 상당한 역할을 하고 있을 때 가능한 것으로 보인다. 음성성이 너무 강한 노래로만 존재할 때에 기록시의 성격이 강한 어구가 그대로 들어가면 들을 때 의미 전달에 어려움이 있다. 그런데 시조가 눈으로 읽는 시로서도 존재하는 환경이라면 이렇게 한시구가 들어가더라도, 이세보와 같이 한자를 병기해준다면 의미 전달이 귀로 들을 때보다는 상대적으로 어렵지 않기 때문이다.

따라서 조선 전기가 아니라 19세기에 이세보를 통해 현토 방식의 절구의 시조화나 긴 한자어구가 등장하는 시조가 다양한 주제 영역에 걸쳐 향유된다는 것은 그만큼 기록시로서의 시조의 존재방식이 일반화된 환경을 의미한다고 할 수 있을 것이다. 이 점은 또한 앞에서 이세보의 작품 속에도 노래로서의 시조만이 아니라 시로서의 시조도 함께 인식하고 있는 흔적을 통해서도 뒷받침된다.

이에 더해 정보량이 많아진 점도 기록시로서의 경향성과 밀접하게 관계가 있다. 절구에 현토를 더하고 종장까지 덧붙인 절구의 시조화 작품들은 일반적인 평시조에 비해 정보량이 두 배 가까이 많아지게 된다. 시조를 노래로서 향유할 때에는 이러한 많은 정보량이, 그것도 가창을 통해 더

---

55 신연우, 「이세보 시조의 특징과 문학사적 의의」, 『한국문학연구』3집, 경기대학교 한국문학연구소, 1993, 123-138면. 이 연구에서는 종장의 감탄사, 대립구, 공통어구의 증대는 평시조의 형식이 완결, 고정된 후 시조 창작이 관습화되고 타성화되는 모습으로 보고 있다.

대중적으로 향유될 때에는 부담스러운 부분일 것이다. 이런 점에서 이세보의 시조는 내용 전달에 더 무게감이 있는 읽는 시로서의 특징이 많다고 할 것이다.

지금까지 시조와 한시의 교섭은 두 갈래의 장점을 모두 취하는 것, 한시를 향유하는 당시의 한 방식으로서 국어시가 중심으로 한시를 향유하는 방식이라는 점, 우리말의 구술성을 활용한 한시의 변화라는 것, 정보량이 많아지고 내용 중심의 전달이라는 읽는 시의 특징이라는 것 등의 의미를 찾아보았다. 그런데 결과적으로 이러한 절구의 시조화, 혹은 한시 현토형 시조가 19세기에 대거 나타나는 이러한 현상이 가지는 시가사적 의미가 무엇인지 생각해볼 필요가 있다. 특히 과거에 비해 어떤 차이가 있는가에서 이후 도래할 시대와의 관련선상으로 눈을 돌려 그 의미를 찾을 필요가 있다.

곧 갈래 간의 교섭을 통해 읽는 시로서 내용 중심의 변화를 보이는 것, 그리고 국어시가 내로 한시를 흡수하여 시조 종래의 형태를 파괴하는 것에 주목할 경우, 이러한 현상이 가지는 의미는 곧 근대 자유시로 가는 과정이라고 감히 말할 수 있을 것이다. 7언 절구가 시조의 형태에 들어오면서 정보량이 많아질 뿐만 아니라 기존 시조의 형태가 달라지게 되었다. 이렇게 고정된 시형이 흔들리면 새로운 국어시가의 시형을 모색할 수 있는 발판이 된다.

다만 이 정도의 증거가 전부이면 이러한 시각은 지나친 비약이 될 수 있을 것이다. 따라서 다음 절에서는 또 다른 형태로 시조의 표현 및 구조가 어떻게 흔들리고 변화되고 있는지 행과 행이 이어지는 종구, 곧 초장, 중장, 종장의 마지막 음보의 형태를 통해 시조 양식 변화에 대해 살펴보도록 하겠다.

4.2. 행말(行末)의 형태와 기록문학성

여기서 볼 내용은 시조의 형태적 측면이다. 크게 행말의 모습, 곧 초장, 중장, 종장이 구분되는 각 행의 마지막 음보의 모습에서 변화가 나타나 이에 대해 보고자 한다. 특히 가장 두드러지는 특징은 종장의 마지막 음보의 경우이다. 시조창의 창법으로 인해 생략되거나, 생략되지 않더라도 주목되는 변화가 보인다. 종장 마지막 음보의 생략은 시조창의 특징으로서, 가곡창과 달리 시조창에서는 종장 종구를 생략하는 관습으로 볼 수도 있지만 시각을 달리 해서 이를 접근한다면 새로운 발견을 할 수 있다. 시조창이라는 노래라는 특성 외에 시적(詩的) 의미로서 종장 종구의 생략을 이해할 수 있기 때문이다.

게다가 2.2.에서도 보았듯이 이세보는 시조창의 창법을 염두해 표점을 찍었다고만은 할 수 없다. 시조창의 창법을 염두한 다른 가집과 비교할 때 표점의 차이가 있었듯이 이세보의 시조 기록은 부르기 위한 것을 염두하기만을 한 것은 아님을 앞에서도 보았다.[56] 따라서 여기서는 행말의 형태와 관련해서 이를 접근해보고자 한다.

시조 종장의 모습, 특히 마지막 음보가 생략되어 기록되는 것은 비록 시조창의 창법과 관련한 것이기는 하지만 선행연구에서도 음악에 얹어 부르는 노래로서만이 아니라 문학으로서의 시조에 주목해 그 의미를 찾고자 하는 노력을 꾸준히 보여왔다.[57] 19세기 이세보 등의 사대부 작가의 경우

---

[56] 이와 관련해 오종각, 「가곡원류의 새로운 이본인 ≪知音≫ 연구」, 『국문학논집』 15집, 단국대 국어국문학과, 1997 ; 오종각(1998), 앞의 글에서는 이 당시 다른 가집들의 경우에도 곡조 분류를 하고 있다는 점에서 대중 창(唱)과 무관함을 밝히고 있다.

[57] 임종찬, 『개화기시가론』, 국학자료원, 1993 ; 이동연(1995), 앞의 글 ; 조남현, 「개화기 시조의 형식과 의식」, 박노준 외, 『현대시의 전통과 창조』, 열화당, 1998 ; 최규수, 「남훈태평가」소재 시조의 종장 구성상의 특징과 그 의미」, 『고전문학

종장 마지막 음보를 생략함으로써 유희적이고 가벼운 분위기를 보여준다고 보거나[58] ≪남훈태평가≫에서는 오히려 종장 마지막 음보를 생략하지 않는 경우 대중 취향의 적극적인 말하기 방식의 표현으로서 대화적이고 일상적 분위기를 드러내고자 한다고 보았다.[59] 또 조금 뒷 시기로서 개화기 시조에서는 종장 마지막 음보의 생략을 통해 주제 전달 및 결의를 더 강하게 나타내는 효과가 있다고 보았다.[60]

본서에서도 지금까지 이 시기 사대부 작가의 시조가 시와 노래가 분리되면서 시로서의 인식이 강하다는 점을 지속적으로 논의해왔다. 그리고 가곡창은 시조창보다 먼저 나오고 시가사적으로 아직 시조가 시(詩)보다는 노래로서의 성격이 강한 시기에 유행하였다. 시조창이 유행한 시기는 조선후기로, 시조가 노래로서만이 아니라 시로서의 기능을 함께 가지고 있는 때이기도 하다. 이렇게 시조창이 유행한 시기의 시조의 위상과 존재 방식이 종장 종구의 생략과 무관하지 않다고 본다. 이는 메타시조의 창작에서도 보았듯이, 시조를 노래로서만이 아니라 그 노랫말, 곧 쓰는 시로서의 갈래로도 인식한 것도 뒷받침을 한다. 다시 말해 시조가 노래로서만이 아니라 시(詩)와 가(歌)의 성격이 분리되고 구분되는 것을 알 수 있다.

이러한 점을 염두하면서 행말 형태의 특징을 살펴보면 다음과 같다.

첫째, 이세보의 경우에 종장이 아니라도 행말의 형태가 특이한 경우가 보인다. 종장이 시조창으로 향유하는 것과 관련해 생략되는 경향이 있으니 종장의 행말 형태가 온전한 문장으로 끝나지 않는 경우가 많다. 그러나 종장이 아니더라도, 중장이나 초장에서도 특이한 행말 형태가 나타나서

연구』20집, 한국고전문학회, 2001, 115-140면.
[58] 이동연(1995), 앞의 글.
[59] 최규수(2001), 앞의 글.
[60] 임종찬(1993), 앞의 글 ; 조남현(1998), 앞의 글.

주목된다. 이와 관련해 예를 일부 들어보면 다음과 같다.

[시조27]≪풍아(대)≫112
풍뉴쟉시(風流綽約旹)의 짠 말 ᄒᆞ는 그 ᄉᆞ롬과
샴경쵹ᄒ셰우즁(三更燭下細雨中)의 슐취(醉)ᄎ 가는 임은
아마도 다시 보면 졍(情) 어려워

[시조27]은 행과 행이 구분되는 초장과 중장의 마지막 음보의 형태가 특이하다. 이전 양층언어작가의 시조에서 초장이나 중장, 종장이 구분되는 자리의 행말(行末) 음보는 우리말 문장 구조에서 종결어미나 연결어미로 끝나는 경우가 대부분이었다. 곧 [시조28]의 초장과 같이 종결어미로 끝나거나, ~하니, ~고 등의 연결어미가 일반적인 것이다. 그런데 [시조27]의 초장 종구(終句)의 '그 ᄉᆞ롬과'는 주어부에 해당된다. '풍류쟉시의짠 말 ᄒᆞ는'이라는 긴 수식어를 가지고 있는 주어로 행말이 끝나고 있는 특이한 형태이다. 게다가 '~과'로 이어져 있어서 아직도 주어가 다 나오지 않고 있다는 것을 보여준다. 중장의 종구 역시 마찬가지이다. '~가는임은' 역시 종장에 나오는 서술부의 주어의 부분이다. 곧 초장이 주어부의 절반에서 잘리고, 중장 역시 주격조사 '은'으로 끝나서 잘리는 특이한 모습을 띠고 있는 것이다.

[시조27]의 각 행의 종구가 구분되는 형태가 특이한 것은 비슷한 구조의 다른 시조와 비교하면 금방 드러난다. [시조27]은 작품 전체가 1개의 문장으로 되어있는데 이러한 정철과 윤선도의 시조를 들어 비교해보도록 하자.

[정철시조5]
재 너머 成勸農(성권롱) 집의 술 닉닷 말 어제 듯고,
누은 쇼 발로 박차 언치 노하 지즐토고,
아ᄒᆡ야, 네 권롱 겨시냐, 鄭座首(뎡좌슈) 왓다 ᄒᆞ여라.

[윤선도 시조1] 〈遣懷謠 五篇〉중 제4, 5수[61]
뫼흔 길고 길고 믈은 멀고 멀고
어버이 그린 뜯은 만코 만코 하고 하고
어듸셔 외기러기는 울고 울고 가ᄂ느니

어버이 그릴 줄을 처엄붓터 아란마는
님군 向향호 뜯도 하놀히 삼겨시니
眞實진실로 님군을 니즈면 긔 不孝블효ㅣ가 녀기롸

위 정철의 시조 역시 작품 전체가 1개의 문장으로 되어있다. 그러나 초장이 끝나는 형태는 '~듯고', 곧 연결어미로 되어 있다. 또 중장이 끝나는 형태 역시 '지즐트고'의 연결어미로 되어있다. 다시 말해 외형이 1개의 문장이라고 하더라도 각 행은 주어와 술어를 모두 갖춘 문장 구조는 갖추고 있고, 각 문장들이 행마다 이어져있을 뿐인 것이다.

그 아래의 윤선도의 시조 역시 두 수 모두 작품 전체가 1개의 문장으로 되어있는 경우이다. <견회요> 제4수에서는 초장에서 '~멀고', 중에서는 '~하고'의 술어의 연결어미로 끝나고 있어서 초장과 중장의 행말 형태가 역시 정철의 경우와 같이 행말의 형태가 연결어미로 끝나는 이어진 문장으로 된 하나의 작품이다. <견회요> 제5수도 마찬가지이다. 초장의 행말 음보인 '아란마는'은 곧 '알았지마는'으로 연결어미로 끝나는 형태이다. 중장의 '삼겨지니'도 연결어미로 끝나서 결국 이 작품 또한 연결어미로 이어진 문장의 형태로 된 작품임을 알 수 있다.

이렇게 작품 전체에서 종결어미가 1회 나오는 1개의 문장으로 된 다른 시조들과 비교해보아도 이세보의 [시조27]의 초장의 행말이나 중장의 행말은 문장의 구조 내에서 특이한 위치에서 잘리는 형태라는 것을 알 수 있다.

---

[61] 윤선도, <歌辭>, ≪孤山遺稿≫ 권6,

둘째, 행말 형태에 문장 성분의 생략이 나타난다. 이와 관련한 작품을 보도록 하자.

[시조28]≪풍아(대)≫215
진관ᄉᆞ(津寬寺) 구경가니 디웅뎐(大雄殿) 웅위(雄威)ᄒᆞ다
비나이다 아미타불(阿彌陀佛) 그린 임을 불현드시
아마도 공든 탑은 쟝구(長久)턴가

[시조29]≪풍아(대)≫269
만샨(萬山)의 봄이 드니 가지마다 꼿치로다
슬프다 두견셩(杜鵑聲)은 이별가인(離別佳人) 누구누구
아마도 변화무궁(繁華無窮)은 츈풍(春風)인가

[시조28·29] 모두 [시조27]처럼 행말 형태가 종결어미나 연결어미가 아닌 점은 같다. 그렇다고 해서 [시조27]처럼 종장으로 마무리되는 큰 하나의 문장의 일부인 것도 아니다. 종장은 종장대로 새로운 문장을 이루고 있어서 두 시조에서 문장의 개수는 3개라고 할 수 있다.

그런데 초장과 종장의 행말 형태는 모두 종결어미로 문장이 끝나는 것이 드러나는데 비해 중장은 '불현드시'라는 부사, '누구누구'라는 대명사로 행말 형태를 가지고 있어서 특이하다. [시조28]의 중장 '불현드시'의 뒤에서 '만나게 해달라'는 내용이 생략되어 있다. [시조29]의 중장 '누구누구'는 이별한 누군가의 실제 이름을 쓰는 대신에 사용한 대명사로 어미가 생략된 것으로 보인다. 곧 문장의 연결어미 형태고 아니고, 그렇다고 해서 앞뒤의 다른 행과의 연결 관계 속에서도 문장의 구성 요소를 갖추고 있지도 않은, 문장의 구성 요소의 일부가 생략된 품사만 덩그러니 놓여있으면서 행이 구분되고 있는 것이다.

이는 그동안 일상어와 거의 흡사한 시조의 표현 형태의 변화를 가져오는

현상이라는 점에서 주목할 만하다. 눈으로 읽는 시가 일반적인 현대시에서는 문장 성분이 잘 생략된다. 꼭 문장의 구조를 갖추지 않더라도 종이 위에 고정된 문자의 앞뒤 연결관계를 눈으로 지속해서 보면서 의미를 추론하고 음미할 수 있기 때문이다. 이는 마치 한시의 근체시형에서 명사구로만 한 행이 구성되기도 하는 것과 같은 방식이다. 꼭 '문장'으로서의 구성요소를 다 갖추지 않아도 '말'이 아니라 '글'이므로 허용되는 것이다.

그러나 말은 일상어에 가깝다. 때로 특정한 상황에서 화자와 청자가 이해하는 범위 내에서는 문장 형태가 아니라 생략이 될 수도 있다. 그러나 이 역시 해당 맥락 속에서 가능하다. 일례로 화자1이 '너 오늘 밥 먹었니 빵 먹었지?'라는 물음에 화자2가 '밥'이라고 답하는 대화는 주고 받는 맥락 속에서 이미 '밥' 이외의 다른 문장 구성 요소들이 화자1을 통해 나왔기 때문에 가능하다. 또한 화자1이 '너'라고 하여 주격조사를 생략하는 것 역시 구어체에서 있을 수 있는 일이다. 특히 두 사람의 주고 받는 대화라는 상황이므로 가능하다.

그러나 위의 [시조28]과 [시조29]는 대화적 관계라서 문장의 구성 성분이 생략된 것이 아니다. 게다가 그간 시조의 표현 양식에서 이러한 생략이 나타난 적도 거의 없었다. 따라서 이 경우는 시조가 한시나 현대시와 같이 기록문학으로서 읽는 시로 인식되고 있는 결과를 보여주는 현상이라고 할 것이다. 나아가 현대시가 갖고 있는 특징인 바, 고정된 시조 형태를 탈피한 자유시형으로 가는 변화의 조짐으로서도 의미가 있다. 시조의 표현 양식인 문장형이라는 내적 구조가 깨어지면서 문장을 이루는 다양한 구성 요소가 파괴되면 시조 양식도 흔들리게 되기 때문이다. 이에 대해서는 다음의 또 다른 특징을 살펴보면서 생각해보도록 하자.

셋째, 행말의 명사적 종결이 나타난다. 일반적인 시조에서 행말 형태가 아무리 연결어미로 끝난다고 해도 종장의 행말은 종결어미로 마칠 때가 많다. 따라서 종장 종구가 시조창으로 인해 생략이 되면 자연스럽게 문장의 구성요인 술어 부분이 사라지게 된다. 그런데 이세보나 조황의 경우, 종장이 아닌 행에서도 명사로 종결되는 형태가 보이거나, 혹은 이세보의 경우에는 종장이 종결되더라도 명사로 마치는 경우가 보여서 주목된다.

[조황시조7] ≪삼죽사류≫19
夕陽時 다 된 후에
夫子신들 어이허리
단구코 筆削ᄒᆞ여 垂之萬世 허신 功德
아마도
天地日月과 갓치 恒久허리로다

[조황시조8] ≪삼죽사류≫20
陋巷에 少年高弟
終日如愚 허신ᄆᆞ음
三月 仁허거니와 未達一間 어이허리
아모리
東周時 衰運이나 中道而廢 허단말가

[조황시조7]은 중장이 '공녁'이라는 명사로 끝나고, [조황시조8]은 초장이 'ᄆᆞ음'이라는 명사로 끝난다. 초장이나 중장의 행말 종구는 창법과 무관하므로 생략되는 경향이 있지는 않다. 이렇게 시조창과 무관한 초장이나 중장의 종구가 명사시어로 끝나는 경우는 18세기의 황윤석의 경우에서도 본 바 있다. 이러한 형태가 지속되는 현상을 조황에게도 볼 수 있는 것이다. 이 역시 황윤석의 경우에서도 지적한 바 있듯이 시조 일반적인 표현과 달리 한시처럼, 그리고 현대시처럼 일상어의 자연스러움과 멀어지면서 시적 조탁을 가하는 방향으로의 변화라고 할 수 있다.

종장의 명사적 종결은 이세보의 시조에서 자주 보인다. 이세보의 모든 시조가 시조창으로 불린 것도 아니고, 또 실제로 모든 종장의 종구가 생략된 것도 아니지만 종장의 종구가 생략되는 많은 경우에 명사적 종결의 형태와 그 외의 다양한 형태로 크게 나눌 수 있다.

[시조30]≪풍아(대)≫1
앗갑다 디명텬지(大明天地) 션우(單于) 짜이 되단말가
표연(飄然)헌 의관문물(衣冠文物) 치발위쥬(薙髮僞主) 무샴일고
언졔나 셩진(腥塵)을 쓰라치고 셩디틱평(盛大太平)

[시조31]≪풍아(대)≫4
요동칠빅니(遼東七百里)를 탄식(歎息)코 살펴보니
망망(茫茫)헌 너른 쓸의 치발좌임(薙髮左衽)뿐이로다
언졔나 디명의관(大明衣冠)이 다시 번셩(繁盛)

[시조32]≪풍아(대)≫16
쵸현관(招賢館) 걸닌 방목(榜目) 몃 영웅이 지니엿누
흐후영(夏候嬰)을 먼져 보고 쇼샹국(蕭相國)을 추지리라
두어라 댱냥각셔(張良角書)난 츄후ᄉ(追後事)인가

[시조33]≪풍아(대)≫37
씨어진 눈 부릅쓰고 와당퉁탕 달녀들며
진(秦)나라를 슈되(數罪)ᄒ고 션입관즁(先入關中) 쏘 말ᄒ니
지금(至今)의 의리단츙(義理丹忠)을 뉘라 막어

[시조30·31]에서 종장이 명사로 끝나는 것은 시조창의 창법으로의 기록임을 감안하면 '~할까' 정도가 생략된 것으로 추정할 수 있다. 그런데 대개 종장 종구를 생략할 때에는 3음절인 경우가 대부분인데 이는 시조의 한 음보의 평균음절수가 3~4음절이기도 하고, 특히 우리말의 어미 부분이 3음절이 되는 경우가 많기도 하기 때문이다. 대개 종장 종구의 생략된 부분이 '~ᄒ노라'가 많은 것도 그 때문이다. 그런데 이 두 경우에는 3음절로 된

어미와 어울리지 않고 가장 적합한 경우로 '할까'가 떠오른다. 이는 두 작품 모두 종장의 첫 음보에 '언제나'가 나와서 이 단어와 호응이 되는 종결어미를 써야 되기 때문이기도 하다. 하지만 결과적으로 공교롭게도 명사로 행말음이 끝나게 되어 앞에서 본 조황의 초장이나 중장과 같은 효과나 나타나고 있다.

그 아래 [시조32·33]은 역시 종장 종구가 생략된 것이라고 추정될 수 있다. 특히 [시조32]의 '~인가'는 종장의 종구가 생략된 후 남게 되는 가장 흔한 모습이기도 하다. 그렇지만 두 경우 모두 밑줄친 진한 글씨 부분은 이 모습 그대로도 종결어미의 역할을 하고 있다. 굳이 그 뒤의 또 종결어미가 더 있어서 생략되었다고 할 수 없이 우리말 문장의 구성요소를 다 갖춘 꼴이 남게 된 것이다. 이는 대개 시조 종장이 간접 인용문장의 형태가 많기 때문이다. '~인가', '~라고' 등의 누군가 타인의 말이든 화자의 말이든 간접 인용을 한 형태로 종장 종구가 끝나는 것이다. 따라서 이와 같이 종장 종구가 생략된 뒤에 남은 형태 역시 하나의 온전한 문장의 종결어미가 되는 경우가 많게 된다.

'~인가 ᄒ노라'의 간접인용 방식의 시조 종장 형태는 청자를 고려한 어법과 화자의 강한 어조가 동시에 나타난다. 청자를 고려했다는 말은 주고받는 말하기의 표현 방식이라는 뜻이기도 하다. 또 '~인가'를 통해 화자 자신의 견해를 직설적으로 단정하지 않고 간접 인용 형태를 통해 판단을 유보하고 여지를 남기는 의문형을 취함과 동시에 '하노라'라는 화자의 어조와 판단이 서술되는 어조가 함께 나타나기 때문이다.

그런데 종장 종구가 생략되면 '~인가'라는 의문형으로 판단을 청자에게 넘기고 판단을 유보하며 여운을 남기게 된다. '~하노라'는 화자의 존재를 강하게 나타내는데 '하노라'라고 말하는 주체인 화자의 존재가 전제되어야 이러한 어미를 사용할 수 있기 때문이다. 그런데 [시조32]의 '~인가'나 [시조33]의 '~막어'처럼 종장 종구가 생략되면 화자 모두 의문형의 형태로서 화자 자신이 판단을 내리지 않고 열린 결말의 형태를 띠게 되는 것이다.

이와 관련해 정소연(2006)에서는 신흠의 경우 한시의 결구는 판단을 유보하고 열린 결말을 취하는 반면, 상대적으로 시조의 종장은 화자의 판단 언술이 분명한 닫힌 결말을 취한다고 한 바 있다. 한시의 결구는 완전한 문장이 아니라 명사구인 경우도 있고, 또 외부의 경을 끌어들여 그 경을 보여주는 방식으로 채워질 때가 많기 때문이다. 대개 화자의 견해는 서술어미를 통해 가장 정확하고 분명하게 드러난다. 그래서 우리말 문장종결법을 '의향법'이라고 하기도 한다. 그래서 서술어가 없거나 줄어들면 그만큼 화자의 존재가 약해지고 의견의 표명이 줄어들게 되는 것이다. 앞에서 본 [시조30], [시조31]의 종장 종구의 명사적 종결 형태나, 그 앞의 조황 시조에서 본 초장이나 중장의 명사적 종결 형태 역시 화자의 존재가 약해지고 숨으며 수용자에게 열어두는 방식이라고 할 수 있다.

문장이 아닌 명사적 종결은 대화체의 구어로서의 성격이 약해진 것이다. 이는 말과 글의 차이이기도 한다. 말은 화자의 목소리와 화자의 몸, 곧 존재가 공존하고 화자가 주도적으로 끌어갈 수 있다. 말을 중간에 일부러 끼어들지 않으면 화자가 계속 말할 수 있다. 화자의 말하기 속도에 따라 말해지는 것을 그 순서대로 다 들어야 한다. 그러나 글은 저자가 모든 쓸 말을 다 쓴 뒤에 독자가 알아서 임의로 건너뛰거나 순서를 바꾸어 읽는 등 그 주도권이 저자에게서 독자로 옮겨진다. 저자는 독자와 공존하지 않고 종이 위의 문자만 독자를 만나기 때문이기도 하다.

또 신흠의 경우에서와 같이 화자의 권위 문제와 명사와 술어의 사용 양상은 시와 노래의 차이이기도 하다. 서술어가 생략되거나 명사로 행말 형태를 띠는 것은 구술로 부르는 노래와 다른, 눈으로 읽는 시의 특징이기도 하다. 문자로 기록된 시어는 명사나 명사구로 끝나도 뜻의 전달이 가능하다. 종이 위에 고정된 문자를 통해 생각하며 추론할 수 있기 때문이다. 눈으로 읽는 기록물인 현대시에서도 종결어미가 없거나 혹은 일상어의 자연스러운 언어에 조탁을 가하는 경우가 매우 많은 것과 비슷한 이치인 것이다.

시조 종장 종구를 생략하는 시조창의 창법이 공교롭게도 화자의 권위나 존재를 더 약화시키고 오히려 구술성의 말보다는 기록성의 문자의 특성이 강화되는 쪽으로 긴밀하게 연관된다는 것은 매우 흥미롭다. 또한 이러한 시조창이 유행하는 시기 역시도 중요한 의미를 가진다. 곧 사대부가 즐기는 가곡창과 달리 다수 대중이 즐기는 시조창에서는 1인 화자의 권위보다는 다수 청자의 힘이 더 강해질 수 있다. 사대부의 상층의식과 대비되는 대중의 힘이 화자의 존재나 권위의 약화로 나타난 것으로 이해할 수 있는 것이다. 또한 근대로의 이행기라는 18, 19세기에 시조창이 유행한 것 역시 이러한 권력의 이동이 현저한 시대인 것과 밀접한 것이다.

끝으로, 일반적인 시조 종장의 종구에서 '~인가 ᄒᆞ노라'는 돌려 말하기의 수사학이 필요했던 이유는 무엇일까 생각해보자. 공동체 내에 함께 소리로 향유하는 노래는 자신의 이야기를 직접 주장하기보다 겸양의 표현을 쓰는 것이 화법일 수 있다. 이에 비해 종이를 대하고 쓰는 시는 청자가 눈앞에 직접 있지 않기 때문에 그만큼 돌려 말하기의 화법이 필수적이지 않다. 게다가 현장에서 마주하는 경우에는 언어 이외의 눈빛이나 어조등 비언어의 도움도 많이 받아 소통성, 곧 매체풍부성이 높다. 그래서 돌려 말하기의 화법으로 인해 의미가 불분명해질 가능성도 낮아진다. 반면에 종이를 대하는 글에서는 비언어의 영역이 대폭 줄어들어서 매체풍부성이 낮아지기 때문에 굳이 이러한 간접 인용방식의 표현이 긴요하지 않다고 할 것이다.

4.3. 작품 배열의 연속적 경향: 가집 편집물의 기록문학적 성격

19세기는 18세기보다 더욱 시조집의 집성이 왕성하게 나타났다. 본서에서는 사대부 작가로서의 개인시조집에 주목하며 논의를 하고 있는 바, 가장 시조집의 종류가 많은 이세보를 중심으로 이러한 현상을 살펴보고자 한다. 서론에서도 잠시 언급하였지만, 이세보의 시조집은 '風雅(大)', '風雅(小)', '詩歌(單)', '風雅(別集)', '풍아', 그리고 미제본 형태의 문헌이 하나 더 있다. 물론 시조집은 아니지만 시조를 볼 수 있는 '신도일녹'까지 포함하면 총 7책이 있는 셈이다.[62] 이는 마치 과거의 양층언어작가들이 한시를 묶은 문집이 여러 방식으로 남아있는 것과도 같다. 그만큼 이세보에게 시조는 과거의 한시와 같은 위상을 차지하고 있는 것이라 하겠다.

선행연구[63]에 의하면 이세보의 여러 시조집 중에서 다른 시조집들은 과정이라고 할 수 있고, 최종적으로 1, 2차에 걸쳐 완성하게 된 것은 ≪風雅(大)≫이다. 그 증거로 지금까지 살펴본 작품들의 연속적 배열을 통해서도 이를 짐작할 수 있다. 애정시조이든, 중국 사행시의 시조이든, 농사시조이든, 그동안 본서에서 보았던 이세보의 시조들은 연시조도 아니면서 비슷한 내용이 연속적으로 배열되어 있는 것이다. 이는 의도적인 편집의 결과라고 볼 수 있다. 이와 관련해 아래의 표를 보자.

[표1] 이세보 시조집 4개의 공통 작품들의 배열 양상 비교[64]

≪風雅(大)≫	348[65]	349	350	351	352	353	354	355	356	357
≪詩歌(單)≫	39	42	43	45	44	17	-	-	-	46
≪風雅(別集)≫	56	63	64	66	65	21	-	-	-	67
≪풍아≫	135	-	95	96	137	97	-	98	99	-

---

[62] 이에 대한 자세한 사항은 오종각(1998), 앞의 글에 매우 잘 정리되어 있다.
[63] 진동혁(1985), 앞의 책 ; 오종각(1998), 앞의 글
[64] 이 표는 오종각(1998), 앞의 글에서 가져온다. 다만 오종각(1998)에서는 가집들 간의 작품 배열이 동일하다는 점, 그리고 가집들간의 상관성을 증명하기 위해 이 표를 언급했다면 본서에서는 의도적인 연속적 배열의 편집이라는 것에 초점을 두고 사용한다.

오종각(1998)에서는 동일한 시조들이 거의 유사한 배열로 되어있다고 하였으나, 엄밀히 말하면 ≪풍아(대)≫의 배열이 빠지는 작품이 없이 가장 배열이 연속적으로 되어있다. 물론 작품수가 가장 많은 ≪풍아(대)≫를 기준으로 해서 그렇게 보일 수 있겠지만, 필자는 이러한 배열이 작가이자 편집자인 이세보의 의도성의 결과물이라고 본다. 이렇게 이세보의 시조집은 비슷한 주제를 가진 시조를 연속적으로 배열하고 있어서 그 의미를 살펴볼 필요가 있다.

이세보 시조집의 작품 배열 순서에 대해서는 오래 전부터 관심의 대상이 되어왔다. 진동혁(1983)[66]과 고은지(1999)[67]에서는 생애의 창작 순서와 배열 순서가 일치한다고 하였고, 이후 진동혁(1991)[68]과 정흥모(1994)[69]에서는 꼭 그렇지만은 않고 주제적 변화가 적절하도록 재배열을 하기도 하였음을 밝혔다. 그리고 성무경(2009)[70]에서는 구체적으로 작품의 연시조군을 나누어었는데, 애초에 연시조나 연작적 시조로 짓거나, 연작적으로 배열하거나, 연작적 배열을 위해 이후에 다시 새 작품을 지어 넣거나 등의 세 가지 양상이라고 하였다. 그리고 이로 인해 다작도 가능했다고 보고 있다.

본서에서도 이러한 연구사적 성과에 힘입어 논의를 진행하고자 한다. 곧 기본적으로는 생애의 흐름을 따라 배열하되, 그 가운데 주제군을 고려하

---

[65] 이하 숫자는 모두 각 시조집에서 해당 시조가 나오는 순번, 곧 위치이다. 일례로 '348'은 ≪풍아(대)≫에서 348번째 위치한 시조이다.
[66] 진동혁, 『이세보 시조 연구』, 집문당, 1983.
[67] 고은지(1999), 앞의 글.
[68] 진동혁, 「새로 발굴된 이세보의 시조집≪별풍아≫에 대하여」, 간행위원회 편, 『김영배선생회갑기념논총』, 1991.
[69] 정흥모, 「19세기 사대부 시조의 연구」, 고려대학교 박사학위논문, 1994.
[70] 성무경, 「19세기 축적적 문학 담론과 이세보 시조의 작시법」, 『한국시가연구』 27집, 한국시가학회, 2009, 149-183면.

며, 이를 위해 시기적으로 뒤가 되더라도 해당 주제로 지어서 추가해 넣었을 가능성 역시 인정한다. 다만 성무경(2009) 등에서 연작적 경향에서 더 나아가 연시조라고 보는 관점이 있으나 연시조와는 또 다르다고 본다.

연작성과 연시조는 엄밀히 말해 다르다. 일례로 황윤석의 <목주잡가>는 연작적이기는 하나 연시조는 아니다. 오히려 18세기에 연시조의 내용과 형식이 느슨해진 것이 이 시기 사대부 시조의 특징이라고도 앞에서 보았다. 19세기 이세보 역시 연작적으로 짓고, 연작적으로 '배열'을 하기는 해도 연시조는 아니다. 동일한 제명 하에 유기적으로 긴밀하게 묶인 구조를 취한 연시조가 아니기 때문이다. 특히 세계관적 지향과 연시조의 구성이 밀접한 조전 전·중기의 경향을 볼 때에, 또 18세기 황윤석의 경우를 통해 이러한 경향이 느슨해진다면 이세보는 더욱 느슨해져 연시조라고 하기 어려운 것이 또 이 시기의 경향인 것이다.

본서에서는 선행연구에 기반하되, 이에 더 나아가 이야기식의 흐름, 특히 하나의 주제군에서 다른 주제군으로 넘어갈 때의 순서상의 의미, 그리고 하나의 주제군 내에서 시작과 끝의 역할을 하는 작품들, 나아가 더 큰 단위로서 ≪풍아(대)≫ 전체의 시작과 마지막에 특정 주제군이 오는 이유와 그 역할 등을 살펴보고자 한다. 곧 ≪풍아(대)≫라는 하나의 편집물의 완결성을 고려한 편집의식의 측면에서 접근하고자 한다. 이로써 편집인으로서의 이세보와 편집의식, 이를 통해 기록문학에 대한 인식을 살펴보는 데에 더 주목해 논의를 진행하고자 한다. 이러한 편집의식과 동일주제군의 이야기식 배열은 18세기 권섭에게서도 본 바 있다.

일반적으로 사대부 문인의 문집에서 한시를 묶는 방식을 보면 형식에 따른 분류를 취한다. 절구끼리, 율시끼리 등으로 배열하는 것이다. 이에 비해 이세보의 시조집은 작품의 내용, 주제에 따른 분류가 특징이라고 할 수 있다. 또한 같은 시조라도 하더라도 창(唱)으로 노래하기 위해 묶은 가집(歌集)의 경우에는 곡조에 따라 분류한다면, 읽는 시의 특성이 강한 이세보의 시집에서는 내용에 따른 분류를 취한다는 점이 다르다고 하겠다.

구체적으로 주제군의 흐름을 보자. ≪풍아(대)≫1~43까지는 중국과 관련한 작품들이 배열되어 있다. 1~12는 이세보가 중국에 사신으로 가서 머물러 지은 시조들이다. 이러한 시조 창작의 상황이 이전 양층언어작가와 다르다는 것을 앞에서도 논의한 바 있다. 14~43까지는 한신(韓信), 장량(張良), 항우(項羽) 등의 삼국지의 이야기와 그에 대한 작가의 견해가 주류를 이루고 있다. 따라서 중국과 관련한 작품들이 시조집의 첫 부분에 연속적으로 배열된 것이라 할 수 있는데, 문제는 제13수이다. 아래 작품을 보면서 논의를 계속해보자.

[시조32]≪풍아(대)≫13
넘어도 튀샨(泰山)이요 가도 길이로다
히ㅇ노란(行路難) 히ㅇ노란(行路難) ᄒ니 뜻업는 광음(光陰)이라
지금의 득즁의(得中意)ᄒ니 환고향(還故鄕)을

위 시조를 때로 고향을 그리워하는 마음이라고 하며 유배 중의 상황과 연결짓는 연구도 있지만 사실, 이세보의 시조집이 일련의 유사 주제군으로 배열되었다는 사실을 염두한다면 중국 사행길에서 목적한 바인 '득중의(得中意)'를 한 후에 이제 다시 조선으로 돌아가겠다는 의미로 보는 것이 더 맞을 것이다. 특히 중장의 '행로난(行路難)'의 반복된 표현은 이 앞의 시조들에서도 볼 수 있듯이 사행길의 어려움을 말하고, 초장은 중국의 넓은 영토를 말하는 것으로 보인다.

이 시조가 중국에서의 사신의 임무를 마치고 돌아오는 상황에서 지어진 것이면서 중국 사행의 마지막 시조라는 점을 고려한다면 중국을 향해 떠나는 작품이 당연히 시조집의 제일 앞에 오는 것이 맞다. 실제로도 이러한 예상과 같이 ≪풍아(대)≫의 제1~2수는 조선에서 중국으로 가는 험한 고개

길에 대한 내용이고 제3수는 심양에 당도한 이야기를 담는 등 실제로 시간의 순차성에 따른 배열을 그대로 따르고 있는 것이다. 따라서 이 단편의 [시조32]만을 떼어서 본다면 임의로 다양한 해석을 할 수 있겠지만, 일련의 연속된 배열 속의 맥락을 본다면 사행길에서 돌아오는 상황을 말하는 것이라 봐야 하는 것이다.

이세보의 시조는 제목이 없다. 제목은 기록문학의 중요한 특성으로서 본서에서 일관되게 다루어왔는데, 오히려 19세기 이세보의 경우에는 제목이 없는 점이 특이하다. 그런데 그간 본서의 논의에서 제목은 그 자체의 존재로서도 의미를 부여했지만 제목의 역할에 더 주목하여 살펴본 이유가 크다. 곧 작품의 해석과 관련한 작가적 정보나 창작 동기 등을 알려주고, 작가의 손을 떠나 작품만이 덩그러니 놓였을 때 이를 해석할 수 있는 부연 정보가 된다는 점에서 기록문학의 특성으로 본 것이었다. 이와 관련해 다시 이세보의 경우를 보면, 이러한 역할의 제목은 없지만 작품들의 의도적인 배열 순서와 해당 주제군이 하나의 정보를 제공하는 기능을 함을 알 수 있다. 시조를 배열한 순서와 위치로 인해 '맥락'이 형성되고, 앞뒤의 시조들과의 관련성 속에서 의미를 해석할 수 있는 것이다.

이렇게 시각적인 배열 순서, '편집'이라는 점은 기록물로서, 나아가 개별 작품만이 아니라 '한 책'을 묶는 편집의식이라는 것을 읽어낼 수 있다. 한시를 문집에서 묶을 때는 형식, 갈래 순이라는 일반적인 경향이 있는 것처럼, 국어시가인 시조를 묶을 때는 어떠한 체계를 두는가? 이러한 고민은 예전에 있었던 적이 거의 없다. 가집은 '노래부름'이라는 목적에 맞게 곡조에 따라 배열하면 되지만 가집이 목적이 아닌 국어시가집은 어떻게 배열하는가? 이에 대해 이세보는 기본적으로 자신의 생애의 순서에 따라, 그리고 그 생애의 순서에 지은 작품들을 다시 주제군에 따라 배열한다는 의식을 보여주고 있는 것이다.

이세보의 생애를 보면 26세(1857)에 동지사은정사(冬至謝恩正使)로 청

(淸)나라에 다녀와 해를 보내고 이듬해에 왔다.[71] 이 때에 의관문물의 변화 등에 대해 보고 느낀 점을 ≪풍아(대)≫1~13수로, 그리고 중국과 관련한 작품으로서 14~43의 삼국지의 이야기까지 시조로 지어 배열해둔 것이라 할 것이다. 생애의 이른 시기에 가장 눈에 띄는 경험을 시조화하며 시조집의 첫 머리를 장식하게 한 것이라 하겠다. 이렇게 중국 관련 작품으로 1~43수까지 묶어볼 수 있다.

이어서 나오는 작품부터는 우리나라의 이야기이다. 44~55의 12수는 1월에서 12월까지 시간성에 따른 순차적 구성을 취한 월령체 시조로 매월 우리나라의 절기와 그에 따른 아름다운 풍경이나 특징을 담고 있다. 그 뒤에 이어서 나오는 56~62의 7수는 정월부터 시작해서 계절이나 월에 따른 현실적인 삶을 다루고 있다. 곧 농사과정을 시간적 순서에 따라 배열하고 결론적으로 수확과 풍년에 대한 기쁨과 태평한 시절을 노래하고 있다. 그런데 이어 나오는 63~64의 2수는 농사 후 세금을 바치고 빚을 져 가난하다는 농부들 간의 대화를 담은 작품이고, 그 뒤의 65~67의 3수는 이러한 농민들에게 물질적 풍요로 인한 복보다 가난하지만 수신하는 복으로 인해 집안이 평화롭다는 새로운 시각을 제시하고 있다.

곧 44~67의 24수는 우리나라의 아름다운 절기, 그 절기 가운데 자연에 따라 순응하며 짓는 농경의 삶, 그러나 자연은 풍성하지만 경제적 현실은 가난한 농민의 삶으로 연속적으로 이어지면서 결론적으로는 물질성이 아닌 정신성으로 이를 극복하는 구조로 되어 있다. 시간 속에 살아가는 인간, 인간의 현실, 현실을 극복하는 정신의 흐름이라는 구조를 읽어낼 수 있는 것이다. 농경의 삶이라는 것으로 묶을 수 있으면서 그 하위의 작은 주제군은 꼬리에 꼬리를 물듯이 이어져 이야기를 이어가듯이 24수를 이루고 있다.

---

71 진동혁(1985), 앞의 책, 8면.

이와 관련하여 이 주제군의 마지막 작품을 보자.

[시조33]≪풍아(대)≫67
홍진비리(興盡悲來)도 잇고 고진감니(苦盡甘來)도 잇다
도모지 혜아리면 텬지간(天地間) 영허지니(盈虛之理)라
아마도 슈신뎡긔(修身正己)ᄒᆞ여 이디퇴왕(以待泰旺)

홍진비래나 고진감래는 인생의 요철같은 변화를 바라보는 가치관이다. 농부들에게 권한 바, 가난해도 그것이 수신을 통한 복이라는 가치관 역시 인생을 바라보는 지혜가 된다. 24수로 묶이는 이 주제군에 대한 결론과도 같은 역할을 하고 있다. 곧 농경의 삶으로 묶이는 제44~67수의 흐름 속에서 절기마다의 아름다운 모습이 있는 동시에 농사의 고된 노동이 있고, 그 결과 풍성한 수확의 기쁨이 있지만 다시 빚진 가난이 있는 요철의 흐름은 곧 1월에서 12월의 반복으로 이어지는 인생의 흐름이다. 이렇게 반복되는 절기와 달의 시간과 같이 좋음과 나쁨도 반복되니 흥과 비, 고와 감의 흐름을 '혜아리면', 곧 가득차면 비어지고, 비면 가득차는 것이 이치라는 것이다.

때로 이 일련의 작품들을 농민 봉기가 빈번한 시기에 농부의 소임을 지키라는 훈계적 시조라고 보기도 하지만, 부분 몇 개의 작품은 그렇게 볼 수 있을지라도 이렇게 주제군에 따른 편집된 배열의 맥락으로 본다면 상층의 하층에 대한 훈계로만은 보기가 어려울 것이다. 결국 그 대상이 농민이든, 어떤 누구이든 인생의 요철을 바라보는 시각을 제안하는 것이라고 보이기 때문이다. 이는 이세보 자신이 29세(1860)에서 33세(1864)까지 유배와 방축의 고된 시간을 보내기도 한 바 있음을 고려할 때에 더욱 이해되는 점이 있다고 할 것이다.

이런 점에서 19세기 이세보의 시조를 사대부로서 접근하거나 상층으로서 접근하기보다는, 그런 의식이 전혀 없는 것은 아니겠지만 지식인으로서의 의식으로 보는 것이 더 온당한 평가일지도 모른다. 특히 다음 시기인 개화기 시조가 갑자기 지식인의 시조가 되기보다는 그 과정적인 다리가 바로 이세보가 아닌가 싶은 것이다. 바로 앞 항인 4.2.에서도 보았듯이, 문체적으로 전혀 상명하달식의 권고형을 취하고 있지도 않고 오히려 고백적 문체로 권고를 하고 있는 것 역시 이를 뒷받침한다. 또한 내용적으로도 오륜적이거나 윤리적인 내용을 전하는 것이 아니라 인생을 바라보는 태도라는 점에서도 그렇다. 그리고 위에서 본 농민 대상의 시조만이 아니라 그 앞에서도 보았던 지방 수령이나 아전 등의 상층에 대한 비판적 시조 역시 이러한 관점에서 이해된다. 같은 상층이지만 부정직한 다른 관리들을 비난한 것은 상층의식이라기보다 식견있는 사람으로서, 곧 지식인으로서의 현실에 대한 시각이라고 보여지기 때문이다.

5. 근대 자유시로 가는 길목의 19세기 한시와 국문시가의 상관성

지금까지의 논의는 19세기 시조는 노래로 불렸지만 읽는 시로서의 성격도 강했다는 점에 주력했다. 그간 연구사에서 조선 후기 시조는 수많은 가집의 존재로 인해 노래로서이 연구에 치우쳐진 감이 크다. 그런데 한시도 시로서의 위상만이 아니라 노래로서의 취향이 접목되는데, 시조는 시(詩)로의 지향이 없는가 하는 의문을 풀어가고자 했다. 시조가 노래가 아니라는 점이 아니라, 국어의 위상이 점점 한문 같은 기록매체의 기능을 가지면서, 국어시가도 시로서의 기능을 가진다는 점을 포착한 것이다. 20세기만 국어로 된 근대시의 모색이 활발했던 것이 아니라, 그 전 시기도 이러한 과정이 일어났던 점을 주목한 것이다.

이세보나 조황 등 이 시기 시조작가가 근대적 문학장르로의 변화를 보인다는 것은 이동연(2000)[72]에서도 논의한 바 있다. 그러나 본서에서는 그 구체적인 근거로 시조 형태의 변화 및 기록방식 등에 주목해 다양한 사례들을 살펴보았다. 특히 이동연(2000)에서는 중인가객의 경우까지 포함하고 있지만 본서에서는 사대부 작가의 평시조만을 대상으로 지금까지 논의를 진행해왔다. 특히 국어시가 내에서만이 아니라 한시와 시조 양층언어시가 간의 비교를 통해 이를 살펴보았다. 곧 조선전기부터 일관된 기준과 대상을 중심으로 사대부 양층언어작가의 평시조 내의 지속된 사적 전개가 이후 근대 국어시가로 어떻게 이어지고 있는 그 지속과 변화의 측면에서 논의를 진행해온 것이다.

 18세기 이후 19세기까지 가집의 활발한 양산과 시조의 형식 해체 등은 시조가 근대 직전에 어떤 노선을 걸었는지 보여준다. 특히 시조의 형식 해체와 관련해 시조의 한역시화는 시조가 시를 지향하고 읽는 시를 추구하는 것과 무관하지 않다. 한시가 새로운 변화 추구를 위해 시조를 끌어다가 한시화했다고 볼 수도 있겠지만, 이를 통해 시조는 시로서 발돋움하고 그 자리매김을 하는 기회를 가진 것이다. 물론 국문으로 기록된 시조 그 상태에서도 시로서의 발돋움을 하는 것은 동시 진행적이다. 다시 말해, 한역시의 의미가 한시사에서만 한시의 새로운 변화 모색이 아니라, 시조사에서도 시조의 새로운 변화 모색의 과정일 수 있다는 것이다.

 가집이 18세기 이후 등장하고 19세기에 활발하게 나타나는 것은 이제는 과거에 한시집이 시집으로 활발하게 양산되던 것의 반대인 시대가 되었음을 보여준다. 그리고 그 정점이 동시에 시조는 새로운 모색을 한다. 곧 시조가 긍정되고 가집으로서 활발하게 양산된 것은 한역시에서 시조가 시로서의 자리매김을 하는 것과 대조적으로, 가집을 통해 노래로서의 특성이 두드러지게 되는 현상이다. 즉 시조는 처음부터 노래였으나 시로서의 격상화 과정을 거쳐서 시로서의 방향을 추구하다가 노래적 성향이 고개를 들고

---

[72] 이동연(2000), 앞의 책.

강화되었다는 것을 의미한다.

그렇다면 시조사에서 19세기적 현상을 어떻게 이해할 수 있겠는가. 시조가 시로서의 면모를 획득하면서 노래로서 다시 그 성격이 강화되는 것은 언어매체로서 해명될 수 있다. 다시 말해, 한문과 국어의 양층언어시대에서 이제 국어가 중심언어로서, 나랏글로서 자리하게 되어 시가는 국어시가가 주류를 이루는 것이 20세기 이후이다. 한문과 국어의 양층언어가 아니라, 즉 한시와 시조의 양층언어문학이 아니라 한문과 한시는 이제 근대가 되면서 저편으로 자리하고, 국어국문학 시대에 같은 국어시가 내에서 시와 노래로서의 분화과정을 거친다는 것이다. 한역시를 통해 시조는 시로서의 탐색을 하는데, 이미 3장 구조의 시조가 4장 구조 혹은 다양한 시형의 한역시로 변형되는 것은 시조 형식의 해체의 가능성을 강력하게 시사하는 것이다. 과거 형태의 시조가 지속되는 가운데, 국어시로서 시조의 형태가 아닌, 새로운 시형으로서의 국어시의 모색이 이루어질 토대가 된다는 점에서 한역시화의 현상을 바라볼 수 있다는 것이다.

현대시조는 과거 시조의 정형성을 버리지 않고, 시각적인 변화, 곧 행갈이나 음보 배열의 다양성으로 현대시로서의 면모를 추구하고 있다. 물론 세계관적 지향이나 언어적 특징도 달라지고 있겠지만, 운문 갈래의 핵심적 정체성이 대개 시형에 있다는 점을 고려할 때에 시각적 배열의 재배치의 변화로 현대시조는 그 길을 택했다고 할 수 있다. 이에 비해 시조에서 다양한 형태의 한역시로, 또 평시조에서 사설시조로 형식적 다변화를 꾀하고 모색한 시조는 이로 인해 자유시의 세계로 넘어간다. 형식적 다변화의 경험은 이미 형식의 해체 가능성을 배태하고 있는 것이고, 그 과정은 곧 자유시로 가는 연습이고 과정이 된다. 따라서 외형적 정형률을 아예 벗어버리고 내재율로서의 자유시의 길을 걸을 수 있게 되는 것이다.

자유시의 근원을 사설시조에서 찾지만, 비단 사설시조만이 아니라 한역시나 시조 내부적인 다양한 모색을 통해 종합적으로 이루어진 것이라고 보아야 옳다. 어느 한 가지 요인만이 자유시로의 변화를 가져온 것은 아니기 때문이다. 특히 경쟁하며 공존했던 한시가 문학사에서 어느덧 저편으로 사라질 때에, 이를 가능하게 했던 양층언어시대가 더 이상 지속되지 않고 국문전용시대가 될 때에 국어시가는 시와 노래를 국어로 어떻게 그 자리가 분화되며 새로운 의미의 양층문학시대로 접어들게 된다.

이는 양층언어문학의 확장적 이해이다. 언어매체가 다르고, 그래서 나타나는 양층언어문학이 아니라, 언어매체는 국어이지만, 구술성과 기록성, 노래와 시 등의 양층적 성격으로서의 양층언어문학이 되는 것이다. 국어 내에 구두어와 서사어가 있듯이, 문학의 언어도 말과 글이라는 방식의 양층언어문학이 될 수 있다는 말이다.

이러한 양층언어문학의 개념적 확장은 바로 18, 19세기에 서서히 이루어지고 있는 과정을 이해할 수 있는 길을 열어준다. 한문과 국어의 지위와 위상의 차이가 좁혀지고, 국문전용시대가 가까워지면서 시조는 노래와 시로서의 성격이 양층화되고 있었던 것이다. 이제 20세기 이후 지금은 시와 노래, 곧 현대시와 대중가요의 양층문학시대라고 할 수 있을 것이다.

14. 고전시가에서 근대시로 : 요약 및 남은 과제들

　본서의 논의가 시작된 이유 중 하나는 "밖에서 들여온 한시와 우리말로 된 시조는 한 지붕 아래에서 어떻게 동거하였나?"이다. 물론 한시가 들어온 지는 훨씬 더 오래전이어서 한시와 우리말 노래의 상관관계사를 긴 시간동안 추적해야겠지만 본서는 조선시대, 특히 중·후기를 집중적으로 고찰하였다. 그리하여 '우리말'로 지어진 '노래'로서 대표적인 갈래인 시조와 '문자'로서만 기능한 '한문'으로 지어진 '시'인 한시를 대비함으로써 시조와 한시의 상관성을 시가사적으로 추적하고자 하였다.

　엄밀히 말하면, 동아시아 문명권의 중심부에서 들여온 한문과 한시[1]는 중세동안 내내 문자와 문학의 중심이었다. 그러나 훈민정음이 생긴 이후인 조선시대에는 국어와 한문이 대등한 두 언어가 아니라 상하의 사회적 지위 관계를 가진 양층언어(diglossia)로 존재했다. 일상 구어와 고급문어로서 그 기능과 지위가 달랐던 것이다. 이러한 양층언어적 관계는 문학에 이어져 시조와 한시도 양층문학의 관계에 있었다. 구어와 문어, 일상어와 고급어, 노래와 시 등의 측면에서 양층문학으로서 존재했던 것이다.

1　조동일(1999), 앞의 책.

그런데 근대가 되면서 한시는 문학사의 저변으로 사라지고 국어로 된 시가가 주된 갈래로 자리하게 되었다. 상층과 하층이라는 지위가 사라지고 대중과 국민이 문학을 향유하는 시대가 되었다. 국어는 언문(諺文)이나 암글이 아니라 국문(國文)으로서의 어엿한 지위도 획득하게 되었다. 그러나 이러한 과정이 어느날 갑자기 이루어진 것은 아니다.

따라서 "국문(國文)인 훈민정음이 생긴 이후로 우리말로 된 노래인 시조와 한문으로 된 시인 한시는 어떤 관계를 유지하게 되었나?", "시조는 어떻게 살아남아 현대시조, 혹은 현대시에 이르게 되고, 한시는 어떻게 격조있는 품격의 고급시의 지위를 버리고 지금은 수면 아래로 자리하게 되었나?" 등에 대해 본서는 그 과정을 찾고자 하였다. 시(詩)로서의 높은 품격을 가진 한시가 노래[가(歌)]인 시조와 공존하면서 경쟁하다가 어느덧 그 높은 지위를 상실하고 시조와 같이 노래적 성향을 추구하다가 현대의 국문시(國文詩)에 그 고급문학의 자리를 내어주고 사라지게 되는 과정을 조선시대를 중심으로 살펴본 것이다.

이러한 과정을 추적하기 위해 시조와 한시를 모두 지은 작가를 대상으로 조선시대 16세기부터 17세기 중반까지 살펴본 전서에 이어 19세기까지 살펴보았다. 16세기로는 이황, 이이, 정철을, 17세기에는 신흠, 윤선도, 정훈, 박인로를, 18세기에는 권섭, 황윤석을, 19세기에는 이세보, 조황, 정현석을 연구대상으로 삼아 두 권에 걸쳐 논의를 진행하였다. 특히 본서는 선행 저서를 잇는 후속작업으로서, 조선 전기에서 후기까지 지속적으로 한시와 상호경쟁과 보완의 관계를 맺어온 국어시가의 지속적 과정을 탐색하면서 20세기 근대시로서의 국어시의 위상의 전(前)단계를 볼 수 있는 중요한 시기에 해당되기도 한다. 따라서 본 장에서는 15세기에서 19세기, 곧 20세기 직전까지의 한시와 국어시가의 상관관계를 총괄 정리하면서 근대시에 이르는 한국시가사의 조선시대의 전개를 조명하며 마무리하고자 한다.

조선 전기에 이황과 이이는 시조를 한시와 같이 시로 격상시키려 하였다. 노래로 부를 수 있으면서도 사대부 취향의 우아한 갈래가 되도록 하고자 하였다. 노래[歌]로서 시에 비하면 고급문학이 아닌, 일상의 구어로 된 우리말노래인 시조는 조선후기로 갈수록 점점 시처럼 제목이 필수적인 현상으로 나타나거나, 한자어의 사용이 많아지고 한문식 표현도 사용한다.

권섭과 황윤석은 경물시와 같은 작품들, 일상의 소소한 소재들을 다루는 관물시와 같은 경향이 한시뿐 아니라 시조에서도 영물시(詠物詩)로 나타난다. 정철이나 신흠의 시조를 통해서는 유학적 사대부의 모습을 벗어나는 상상적인 시적 자아의 모습, 도가적 취향의 모습을 드러내는 경향이 보이다가 18세기 이후로 가면 황윤석이나 권섭, 이세보 등 현실적 작가의 모습과 작품 속 시적 화자의 모습이 크게 다르지 않은, 현실 밀착적 화자의 모습을 보이는 경향이 나타난다. 특히 권섭과 황윤석은 시조 구조를 파격적으로 변화시키는가 하면, 국어의 위상이 더 이상 구어로서, 하위어로서가 아니라 문어로서, 기록매체로서 기능하는 존재임을 시조를 통해 보여준다. 나아가 이세보는 시집(詩集)으로서의 시조집을 편집물로서 엮고, 명사적 종결로의 행말형태 등 읽는 시의 면모를 보인다. 이렇게 시조는 노래로서 구술적 경향이 강한 갈래에서 조선후기로 가면서 시로서 기록문학적 성격이 강해지는 경향을 보인다.

반대로 시(詩)로서 격조높은 고급문학의 자리를 차지했던 한시는 조선중기를 기점으로 이후에는 점점 노래적인 특성을 차용하려는 움직임을 포착할 수 있었다. 첩운이나 쌍성 등 구술적 특성이 17세기 박인로에게서 일부 포착되다가 18세기 권섭이나 황윤석에게서는 빈도가 높게 나타났다.[2] 박인로는 문답과 허사를 한시에서도 활용하고 있고, 권섭과 황윤석은 동일한 글자를 절구 내에 여러 번 사용하기도 한다.

---

[2] 이러한 현상은 사실 16세기에도 이이에게서 약간은 보인다고 할 수 있다.

한시를 통해서도 작가의 사대부적 신분과 다른 가면적 자아의 모습이 강해지거나 현실비판적 내용, 교훈 등도 서슴지 않는다. 또 희작적 경향의 절구를 짓기도 하고 연작성의 표지가 강한 절구를 짓거나 우리말의 소리를 염두한 구술적 한시를 짓기도 한다. 이렇게 시조가 가진 구술적인 여러 특성들이 한시에서 후대로 갈수록 더 나타나는 것을 볼 수 있었다.

시조와 7언 절구의 주제나 내용에 있어서도 조선 전기에는 교집합보다 차이점이 크다가 중기 이후, 특히 후기의 황윤석에 이르면 시조의 내용이 거의 7언 절구로도 다뤄지고 있는 것을 볼 수 있었다. 한시와 시조의 내용이나 기능의 구분이 점점 약화되는 것이다. 둘의 차이를 가장 많이 내는 것은 시조에서의 유흥과 오락적 기능, 그리고 하층을 향한 훈민의 기능 때문이었다. 특히 후자의 경우, 훈민시조에서 점점 사대부 자제나 가문이 교화의 대상이 되어 17세기까지는 오륜시가가 시조를 통해 양산되나, 19세기 이후에는 가사가 이러한 기능을 더 적극적으로 하게 된다.[3] 또 18세기 이후 황윤석과 권섭의 한시도 교화적 기능을 하며 시조의 문답식의 대화체나 구술성을 적극 활용하는 것을 볼 수 있었다.

조선 전기에 나타났던 시조의 훈민적 기능은 조선 후기에는 대민적(對民的) 기능만이 아니라 사대부 내부의 교화적 기능도 담당하게 되었다. 이와 같은 변화는 작가와 화자의 관계와도 밀접한 것을 보았다. 조선 전기의 한시에서 화자와 작가가 거의 일치하듯이 조선 후기의 시조도 가면적 화자만이 아니라 타자적 화자의 모습을 취하면서 한시와 같이 작가와 화자가 일치하는 경향이 함께 나타나게 되었다. 한시처럼 시조도 사대부의 상층 갈래로 인식되게 된 것이다.

시조의 교화적 기능이 민중 대상에서 사대부에까지 넓어지는 것이 조선

---

3   박연호, 「19세기 오륜가사연구」, 고려대학교 고전문학·한문학연구회 편, 『19세기 시가 문학의 탐구』, 집문당, 1995, 382면.

전·중기의 경향이라면, 조선 중·후기에는 교화의 대상, 곧 교육의 대상이 여성으로까지 확장되면서[4] 그 역할도 시조에서 가사 갈래로 옮겨지게 된다. 그렇다고 시조가 교화적 기능을 전혀 하지 않는다는 것은 아니다. 일례로 19세기말의 <독립신문>에서 20세기 초의 <매일신보>에 이르기까지 11종의 신문에 실린 시가에서 가사 갈래가 압도적으로 많고, 그 내용도 교화성이 짙다.[5] 곧 교화성이 짙은 내용은 가사 갈래가 주로 맡고 있는 것이다. 이와 관련해 권순회(2012)에서는 20세기 초 시조의 교훈성과 가사체의 밀접함에 대해 주목하고 있기도 하다.[6]

이중언어시인의 경우에는 시조와 한시, 특히 7언 절구와 한역시를 중심으로 보았다면 한문과 국문 현토 등의 문헌에 나타난 문자 표기 역시 함께 살펴보았다. 권섭의 경우에는 시조의 한역에서 띄어쓰기가 나타났고, 황윤석은 시조의 기록에서는 물론 한역에서도 행갈이, 띄어쓰기가 나타났다. 이세보, 조황, 정현석도 시조의 기록에서 표점, 띄어쓰기가 나타나고, 한역시도 띄어쓰기를 해 작품의 내적 구조를 인식하고, 이를 시각적으로도 읽는 것을 염두해 기록한 것을 볼 수 있었다. 사실, 노래로 불린 가집인 ≪남훈태평가≫도 국문으로 기록되어 있고, 3장 형식을 구분하는 구두점을 볼 수 있는데, 곧, 아무리 노래로 불린 시조를 모은 책도, 눈으로 읽는 것을 염두하고 기록매체로서 국문을 인식하고 있는 것은 양층언어문학사적으로 국문의 위상이 높아진 결과를 보여주는 것이다.

---

[4] 교화 대상의 확장이 여성에게로 확장되는 점은 20세기 전반기 한시의 국역(國譯), 특히 여성 한시의 번역이나 여성적 어조로의 한시 번역 등과도 밀접하다. 이에 대해서는 정소연(2019), 앞의 책 참조.
[5] 이에 대한 자료는 김영철, 『한국개화기시가연구』, 새문사, 2004, 62-65면 및 418-432면 참조.
[6] 권순회, 「근대계몽기 시조의 율격적 변주 양상」, 『청람어문교육』 46권, 청람어문교육학회, 2012, 562-3면 참조.

흔히 근대의 자유시형의 연원을 고전시가에서 찾을 때 사설시조를 거론하는데 이는 상층 사대부가 아닌 중인과 서민문학에서 찾고자 하는 시각이 작용한 탓도 크다. 평시조→사설시조, 상층→하층이라는 방향성만으로 시조사, 나아가 문학사를 보는 관점은 틀리다고는 할 수 없지만 우리 시가사의 변화를 한편으로만 도식적으로 보는 부분적 시각일 수 있다.

사대부의 평시조 내에서도 근대 자유시로 가는 과정을 잘 보여준다는 점을 본서의 논의를 통해 볼 수 있었다. 일례로 황윤석이 보여주는 시조의 변화는 사설시조화의 과정과는 다른 모습으로서, 국어시가가 한시에 비해 노래의 성격이 강하다가 어떻게 시로서의 위상을 획득해가는지를 볼 수 있는 한 사례이다. 근대 자유시로의 과정이 중앙이 아니라 지방에서, 사설시조에서만이 아니라 평시조 안에서, 중인과 서민이 아니라 사대부 내에서 어떻게 일어나는지를 볼 수 있는 중요한 자료가 되는 것이다.

따라서 본서는 그간 연구사에서 약간은 소략했다고 할 수 있는 18세기 이후에 사대부의 평시조가 근대시로 가는 여정에서 어떤 역할과 성과를 이루었는지 발견했다는 점에서 의의가 있다. 곧 부르는 노래[歌]인 시조가 어떻게 읽는 시(詩)인 시조로, 그리고 정형시에서 어떻게 자유시로, 더 상위의 관점에서는 고전'시가'에서 어떻게 근대'시'로 시가사가 전개되었는지의 아주 극히 부분이기는 하지만 그러한 한 단면을 볼 수 있는 측면을 주목하고자 했다.

그간 시조문학 연구사에서 시조는 너무 노래로서의 측면에 경도되어 논의가 되었다고 본다. 조선 전기 양층언어작가에 대한 연구에서는 한시와 대비해 가창성이 특징인 갈래로 인식되어 왔고, 또 조선 후기에는 가집의 대거 출현으로 여전히 가창적 측면에 대한 논의가 많았다. 그간 선행연구가 가집을 대상으로 연창에 주목해 많은 논의가 있었던 이면에는 19세기 시조가 문예적 참신성이 떨어진다고 보았던 측면도 있는 듯하다. 문학적으로는 부족해도 음악적으로는 고급화되고 다양한 시도가 이루어진 점으로 이 시기 시조의 의의와 위상을 찾으려고 한 것으로 보인다.7 이렇게 노래로서의 시조에 주목하다가 갑자기 근대'시'의 징후를 개화기 시조에서 찾으려고 하고, 그 과정적 고찰은 거의 이루어지지 않았다.

그러나 시조는 노래이기만 하지 않고 시(詩)이기도 하다. 단지 노랫말이 종이 위에 기록되었다고 시라고 할 수는 없을 것이다. 고려후기부터 지금까지 가장 오래 지속되어온 대표적인 국어시가로서의 시조는 조선중기 이후로 노래로서의 가곡창이나 시조창으로서만이 아니라 동시에 독서물로서의 시조, 곧 시조시로도 존재하며 그 특성이 강화되는 양상을 본서를 통해 밝힐 수 있었다. 곧 시조는 노래로서 대중화되는 동시에 사대부 시조를 통해서는 한시와의 상관성 속에서 시로서도 그 특성이 강화되는 또 다른 경향을 볼 수 있었다. 여기서 한시와의 상관성이라 함은 한시에서 시조가 왔다거나, 한시의 영향 때문에 시조가 시가 되었다는 의미가 아니다. 한시와 시조를 모두 향유하면서 시와 노래로의 양층문학성을 누린 사대부 작가에게 있어 시란 한시이다. 따라서 한시가 가진 시적특성은 '한'시이기 때문에 가진 요소도 있겠지만, 한'시'이기 때문에 가진 요소에 더 방점이 놓여 시조를 기록문학인 읽는 시로서의 위상을 갖게 되는 데에 상관관계를 가졌다는 의미이다.

한편, 근현대시와의 연계성을 근대계몽기 시가에서 찾으려는 움직임이 많지만, 근대계몽기 더 이전에도, 흔히 근대로의 이행기라고 부르는 시기에도 서서히 변화의 조짐과 과정이 있었던 것은 당연한 일이다. 본서의 출발점도 기실 이러한 의문에서 출발한 점이 컸다. 어느 날 국문전용시대가 되었다고 해서 그때까지 향유했던 국어시가가 갑자기 '가(歌)'와 결별해 기록문학으로서의 시가 되는 것은 아니기 때문이다. 근현대시의 국문시(國

---

7   신경숙(2011), 앞의 책 등을 비롯한 선행연구의 입장이다.

文詩)로서의 위상과 중세시가의 국어시가의 위상의 급격한 차이와 변화의 과정을 해명하고, 같은 '국어'시가로서의 연속성을 가지게 되는 지점을 추적하고자 하였다. 그리고 시조를 오랫동안 향유했던 사대부가 함께 향유했던 한시와의 관계 속에서 어떻게 국어시가가 성장하며 그 위상이 변화되는지를 살펴보고자 했다. 그래서 백성을 위한 문자였던 '훈민정음'이 나라의 문자가 되기까지의 변화와 시조의 위상의 변화가 같은 궤를 가지는 과정을 추적한 것이다. 그 결과 개화기 시조의 다양한 특징이[8] 이미 조선 중·후기에 서서히 나타나는 면모를 볼 수 있었다.

이제 앞으로의 과제는 크게 두 가지이다. 첫째, 국문전용시대라고 해서 이제 양층언어문학성이 사라졌는가에 대한 것이다. 양층언어는 한문과 국어와 같이 전혀 다른 언어 사이에도 존재하지만 한시와 시조가 보여주었던 것처럼 문어와 구어, 시와 노래 사이에도 존재한다. 곧 같은 국어시가 내에서도 구술성과 기록성에 기반해, 나아가 구술성과 문자성, 디지털성 등으로 확장해서 논의할 수 있다. 또 향후 양층문학적 관점에서 현대시와 대중가요의 상관성을 시(詩)·가(歌)·요(謠)의 층위에서 접근해 양층문학 개념의 확장적 적용을 할 수 있다.

둘째, 20세기에도 한동안 계속된 한시와 국어시가의 이중언어문학의 지속적 측면을 살펴보아야 한다. 그 대표적 사례로 20세기에 한시와 시조, 한시 국역, 현대시 등을 함께 지은 작가들을 떠올릴 수 있다. 한용운, 김억, 최남선, 박용철, 조지훈, 양주동 등 20세기 시사(詩史)에 중요한 시인으로 꼽히고 있는 이들을 중점으로 연구할 필요가 있다. 특히 김억은 이러한 문학사적 전개를 염두해 고민의 흔적을 많이 남기고 있고, 여러 창의적인

---

[8] 이와 관련한 대표적 논의로, 시가에서 시조의 변화를 포착한 류수열, 「개화기 시조의 전통성과 근대성 연구」, 『국어교육연구』 4집, 서울대학교 국어교육연구소, 1997, 123-139면 참조.

시도를 하고 있어서 문학사적으로 매우 중요한 인물이다. 민요인 요(謠)를 시(詩)로 끌여들여, 이러한 성과가 이후 김소월 등을 통해 지속되어 현대시사에 중요한 위치를 점하는 작가이다.

따라서 본 연구 이후로 20세기에 한시와 시조, 혹은 한시와 국문시를 함께 지은 작가를 대상으로 후속논의가 필요하다.9 이로써 근대시의 형성에 이르는 더 촘촘한 과정을 면밀하게 검토하게 되리라고 예상한다. 또 고전시가와 현대시 간의 중간다리에 해당하는 시기가 더 구체적으로 해명되어 한국시가사 전개의 본질과 지속성이 더 자세히 밝혀지리라고 본다.

이 외에도 음악으로서의 시조는 잡가와 대중가요로 가는 계승을 보인다면, 문학으로서의 시조는 어떤 계승을 갖느냐도 과제 중의 하나이다. 이에 대해 19세기 시조 한역이나 시조시로서의 경향을 본서에서 포착하였고, 이는 20세기 현대시인들의 고전시가 수용 문제로 지속적으로 탐색되어야 할 것이다. 현대시조로 남는 경향만이 아니라 김억이나 양주동 등이 보여주는 20세기 한시의 시조역 등과 연계해 살펴보아야 할 문제이다.

일례로 개화기 우리 시형을 모색한 움직임 속에 최남선의 시조에서 보이는 정확한 음수율 고수와 행말 종결이 명사로 끝나는 두 가지 특징은 고시조를 현대시조로 바꾸려는 의지가 강력하게 나타난 것이라 할 수 있다. 이를 개화기 시가의 지향성으로서 일본시가의 특성을 본받으려고 한다거나, 서구문학의 자유시형을 도입한 것으로도 볼 수 있을 것이다.10 그런데 이러한 사실 여부는 논외로 하더라도, 왜 근대 지향이 음수율과 행말 명사적 종결의 두 가지 현상으로 나타나느냐를 더 근본적으로 생각해 볼 필요가 있다. 이러한 형태는 1920년의 <백팔번뇌> 이후 나타나고, 최남선이 지은

9　정소연(2019), 앞의 책 참조.
10　이러한 견해가 이종찬, 『개화기시가론』, 국학자료원, 1993, 53-67면 등에서도 보인다.

최초의 시조인 1909년의 '국풍(國風) 사수(四首)'나 1910년의 '봄마지'에서는 보이지 않는다. 시간에 따른 순차적인 변화를 보이기 때문에 그 지향성을 더 읽어낼 수 있다.

이와 관련해 한시와 국어시가를 비교한 아주 오래된 논의 중 하나인 최행귀의 <역가서(譯歌序)>에 나타난 '삼구육명' 관련 언급을 떠올려보자. 한시의 5언 7자와 우리 시가의 3구 6명을 대비한 말은 시가 율격에서 음절 수를 기본 단위로 하느냐, 아니면 음보 이상의 단위를 기본으로 하느냐의 비교라고 할 수 있다.[11] 한시의 율격은 5언 7자, 곧 음수율임에 비해 우리 시가는 3구 6명이라는, 여러 음절의 모임이라는 더 큰 단위가 율격 구조를 이루고 있다는 점을 대비한 것이라 할 수 있다.

첨가어가 특징인 국어의 일상어와 국어시가가 큰 거리를 가지고 있지 않는 것이 중세후기까지의 특징이라면, 근대로의 이행기, 그리고 근대 이후에는 근대시로서 첨가어가 살아있는 자연스러운 일상어의 시형에 제재를 가해 음수율로 외형을 엄격하게 규정하려는 시도로서 고전시가를 극복하려고 한 움직임을 보였다고 할 수 있다. 한국 근대시의 모색이 시형의 엄격함을 추구하려고 한 점은 한시에서도 자유로운 고시를 절구나 율시로 엄격화함으로써 근체시를 꾀했던 방향성과 같은 것이다.

이와 더불어 시조에 대한 명칭도 눈여겨볼 필요가 있다. 우리가 지칭하는 고전시가의 시조는 '時調'라고 표기하지만, 1914년 <매일신보>의 문예모집란에는 '시조(詩調)', 곧 '시(詩)'라는 표현을 사용하고 있고, 1917년 <청춘>에서도 현상문예 광고에서 '시조(詩調)'라고 쓰고 있다.[12] 반대로 한시의

---

[11] 이에 대한 해석은 분분하지만 자수율과 더 큰 단위와의 비교의 범위를 벗어나지는 않는다. 일례로 조동일, 『한국문학통사』1, 153-154면, 2005를 비롯해 대체로 한시의 자수율과 국어시가의 일정 단위의 율격으로 대비하는 견해가 대부분이다.

경우 개화기에는 문인과 의병을 중심으로 사회 참여적 기능이 강화된다.[13] 이 시기에 전통 한시는 시조화, 혹은 국역화가 적극적으로 이루어지기도 한다. 또 한시의 5언이나 7언의 자수에 맞추어 국문으로 쓴 언문풍월이나, <황성신문>에서는 한시와 같이 여러 사람이 함께 하나의 작품을 짓는 연구(聯句)의 방식으로 순국문으로만 된 언문풍월을 쓰기도 한다.[14]

이렇게 내용적 측면은 차치하고서라도, 형식적 측면에서 개화기 시가의 여러 특징들이 더 이른 시기인 조선 중·후기에는 어떻게 나타나 점진적인 근대를 이루는지 볼 수 있었다. 이런 점에서 본서의 작업은 고전시가가 과거의 것이 아니라 현재에도 지속되고 이어지고 있는 끈으로서, 그 정체가 무엇인지를 추적했다는 점에서 의의가 있다. 고전시가와 근현대시를 구분하고 다른 것으로 단절되어 인식되는 것에 대한 안타까움에서 출발해 외형이 달라질 뿐, 한국시가로서 지속되는 흐름이 있으리라는 기대감으로서, 시가사의 변화도 보지만 그 변화가 어떻게 오늘을 이루는 지속이 되었는지를 해명하고자 하였다. 사대부의 갈래로 시작된 시조가 조선후기에 일반인들도 두루 향유하는 시대가 되기까지[15] 한시도 함께 지었던 사대부는 한시와 시조를 어떻게 향유했는지, 같은 담당층을 고정해서 그 시가사적 전개를 탐구한 것이다. 시조 연구이면서 한시 연구이지만 한국시가사 연구로서 현재도 어떻게 이어지는지 보려고 했다. 20세기 시인들의 한시 번역 등의 수용 양상과 국문시의 관계를 살펴보는 작업 간의 다리를 놓은 의미를 가진다.

---

12 이에 대한 자료는 김영철(2004), 앞의 책, 110면 참조.
13 김영철(2004), 앞의 책 ; 민병수, 「개화기의 우국한시」, 민병수·조동일·이재선, 『개화기의 우국문학』, 신구문화사, 1974.
14 자료는 김학동, 『개화기시가연구』, 새문사, 2009, 308면 참조.
15 신경숙, 「조선후기 가곡 향유 범위와 그 의미」, 『시조학논총』 34집, 한국시조학회, 2011.

출처

2장 본장은 정소연, 「<용비어천가>와 <월인천강지곡> 비교연구 -양층언어현상 (Diglossia)을 중심으로-」, 『우리어문연구』 33, 우리어문학회, 2009a, 187-222면을 일부 수정한 것이다.

4장 본장은 정소연, 「한문과 국어의 양층언어성(diglossia)을 중심으로 본 송강 정철의 한시와 시조비교연구」, 『한국학연구』 38, 고려대학교 한국학연구소, 2011, 385-422면을 일부 수정한 것이다.

5장 본장은 정소연, 「중세 양층언어문학과 문식성 교육-16세기 허난설헌과 황진이의 사례를 중심으로-」, 『국어교육연구』 42, 서울대학교 국어교육연구소, 2018, 323-368면을 일부 수정한 것이다.

6장 본장은 정소연, 「≪악장가사≫소재 작품의 표기방식원리 연구(1)-한문가요를 중심으로-」, 『어문학』 103, 한국어문학회, 2009b, 253-280면 ; 정소연, 「한문과 국문의 표기방식 선택과 시적 화자·발화대상의 상관성 연구-≪악학궤범≫ 및 ≪악장가사≫所在 현토가요와 국문가요를 중심으로-」, 『어문학』 106, 한국어문학회, 2009c, 211-240면을 일부 수정한 것이다.

9장 본장은 정소연, 「정훈의 한시와 시조 비교연구」, 『문학교육학』 43, 한국문학교육학회, 2014b, 321-351면을 일부 수정한 것이다.

10장 본장은 정소연, 「박인로의 시조와 한시 비교연구」, 『우리어문연구』 50, 우리어문학회, 2014d, 73-120면을 일부 수정한 것이다.

11장 본장의 일부는 정소연, 「옥소 권섭과 기녀 가련의 화답 연작 한역시의 시가사적 조명」, 『국어국문학』 167, 국어국문학회, 2014a, 135-163면을 일부 수정한 것이다.

12장 본장의 일부는 정소연, 「황윤석의 <목주잡가>에 나타난 시(詩) 지향성의 시조사적 조명-18세기 시조의 시(詩) 지향성 발견을 중심으로」, 『고전문학과 교육』 28, 한국고전문학교육학회, 2014c, 127-158면을 일부 수정한 것이다.

참고문헌

<자료편>

성균관대학교 대동문화연구원 편, ≪松江全集≫, 1964.
아세아문화사 편, ≪龍飛御天歌≫, 아세아문화사, 1972.
운림당편집부 편, ≪龍飛御天歌≫, 한국승공, 1992.
原本 국어국문학 총림 11, ≪月印千江之曲≫, 대제각, 1985.
原本 국어국문학 총림 11, ≪月印釋譜≫, 대제각, 1985.
原本 국어국문학 총림 3, ≪釋譜詳節≫, 대제각, 1988.
이윤석 역, 『용비어천가』 상·중·하, 효성여자대학교 한국전통문화연구소, 1993.
≪約本龍飛御天歌≫『민족문화연구』10호, 고려대학교 민족문화연구소, 1976.
≪(影印本)南薰太平歌≫, 최규수, 『19세기 시조 대중화론』, 보고사, 2005.
(影印本)≪樂章歌詞≫(장서각본), 김명준, 『악장가사 주해』, 다운샘, 2004.
(影印本)≪俗樂歌詞≫(봉좌문고본), 김명준, 『악장가사 주해』, 다운샘, 2004.
(影印本)≪雅俗歌詞≫(윤씨본), 김명준, 『악장가사 주해』, 다운샘, 2004.
성현 편, (영인본), ≪악학궤범≫, 이혜구 역주, 국립국악원, 2001.
≪악장가사·악학궤범·시용향악보≫, 대제각, 1985
경선징 저, 유인영·허민 역,≪默思集算法≫, 교우사, 2006.
교육부, 2015 국어과 교육과정.
구인환 엮음, 『삼설기·화사』, 신원문화사, 2003.
권섭, (影印本)≪玉所稿≫, 다운샘, 2007.
기각 저, 임치균·부유섭·강문종 공역, 『기각한필: 조선 사대부 여성 기각의 한시집』, 한국학중앙연구원, 2015.
김교헌 편, 『대동풍아 권1』, 신연활자본(1908년). 국립중앙도서관 디지털 자료.

김달진 역해, 『한국한시』 3, 민음사, 1989.
김상용, ≪仙源遺稿續稿≫, 『(影印標點) 韓國文集叢刊』.
김수장 편, 『해동가요 박씨본』.
김지용 역, 『역대여류한시문선』, 대양서적, 1973.
김천택, 권순회·이상원·신경숙 편, 『청구영언』, 국립한글박물관, 2017.
박목월,≪청록집≫, 이남호 편, 『박목월시전집』, 민음사, 2003.
박인로,≪蘆溪集≫, 김문기 역, 『국역 노계집』, 역락, 1999.
송시열, ≪宋子大全≫.
신흠, ≪國譯象村集≫, 민족문화추진회, 1994.
신흠, ≪象村先生文集≫, 민족문화추진회 역, 『국역상촌집』, 1994.
신흠, ≪象村稿≫, 한국문집총간
심재완 편, 『역대시조전서』, 세종문화사, 1972.
유성룡, <발난설헌집>, ≪서애전서≫, 서애선생기념사업회, 2001.
윤선도, ≪孤山遺稿≫, 이형대 역, 『국역 고산유고』, 소명출판, 2004.
윤선도, ≪孤山遺稿≫, 민족문화추진회.
이세보,≪李世輔 時調集≫, 단국대학교부설동양학연구소, 1985.
이세보 저, 진동혁 주석,≪註釋 李世輔 時調集≫, 정음사, 1985.
이이, ≪栗谷全書≫, 민족문화추진회.
이이 저, 권오돈 외 12인 역, ≪栗谷先生全書≫, 한국고전번역원, 1968.
이현보, ≪聾巖先生文集≫, 민족문화추진회.
이황 저, 퇴계학총서간행위원회 편, ≪退溪全書≫, 퇴계학연구원, 1989.
이황, <陶山十二曲>, 국립도서관본.
이황, 『退溪先生全書遺集』, 한국정신문화연구원 영인본, 『도산전서』 4.
이황, ≪退溪先生文集≫, 민족문화추진회.
이황 저, 민족문화추진회 편역, ≪국역 퇴계집≫, 민족문화추진회, 1968.
이황 저, 이장우·장세후 역, ≪도산잡영≫, 연암서가, 2013.
누리미디어임기중 편저, 『한국역대가사문학집성』, 누리미디어, 2005.
정주동·유창균 교주, 『진본 청구영언』, 명문당, 1977.
정철, ≪송강가사(성주본)≫, 방종현 해제, 통문관, 1954.
정철, ≪송강가사(이선본·관서본)≫, 대제각, 1985.
정철, ≪송강별집 추록≫, 김사엽 해제, 경북대학교 국어국문학자료집.

정철, ≪松江集≫,『(影印標點) 韓國文集叢刊』46집, 民族文化推進會, 1989.
정훈, ≪水南放翁遺稿≫,『숭전어문학』2집, 숭전대학교 국어국문학회, 1973, 247-260면.
정훈, ≪慶州鄭氏世稿≫, 회상사, 2002.
정현석,『(筆寫本) 敎坊歌謠』.
정현석 편저, 성무경 역주, ≪敎坊歌謠≫, 보고사, 2002.
조황, ≪三竹詞流(가람본)≫, 조규익,『숭실어문』5집, 숭실어문학회, 1988.
주세붕, ≪武陵續稿≫『, (影印標點) 韓國文集叢刊』.
최남선, ≪백팔번뇌≫, 태학사, 2006.
황윤석, ≪頤齋亂藁≫, 한국정신문화연구원, 1999.
황윤석, ≪頤齋全書≫, 경인문화사, 1976.
황윤석 저, 강신원·장혜원 역, ≪算學入門≫, 교우사, 2006.
부산일보 신춘문예당선작
(http://www.busan.com/view/busan/view.php?code=20050101000138).
한국고전종합DB(http://db.itkc.or.kr)
한국구비문학대계(http://yoksa.aks.ac.kr/jsp/uu/Directory.jsp?gb=1)
한국교육심리학회,『교육심리학용어사전』, 학지사, 2000.
한국향토문화전자대전(http://www.grandculture.net/)
허난설헌, 오해인 역주,『난설헌시집』, 해인문화사, 1980.
허난설헌, 나태주 편역,『허난설헌 시선집』, 알에이치코리아, 2018.
https://www.lausanne.org/networks/issues/orality(2018/10/15)

<연구편>

강경호,「정훈 시가에 반영된 현실 인식과 문학적 형상 재고」,『한민족어문학』 49집, 한민족어문학회, 2006, 193-230면.
강명혜,「시조의 변이 양상」,『시조학논총』24집, 한국시조학회, 2006, 28-31면.
강명혜,「허난설헌 작품의 미학적 특성」,『온지논총』43, 온지학회, 2015,

33-61면.

강신항,「용비어천가의 편찬 경위에 대하여」,『서울대 문리대학보』, 6권 1호, 1958, 147-151면.

강신항,『훈민정음연구』, 성균관대학교 출판부, 1987.

강신항,「세종시대의 언어정책과 훈민정음 창제」,『훈민정음연구』, 성균관대학교 출판부, 2003.

강신항 외,『≪이재난고≫로 보는 조선지식인의 생활사』, 한국학중앙연구원, 2007.

강재헌,「송강 정철의 평시조 형식 연구」, 충남대학교 석사학위논문, 2000.

강전섭,「판본 악장가사에 관한 관견」,『한국언어문학』14집, 한국언어문학회, 1976, 119-127면.

강전섭,「황진이의 문학유산 정리」,『어문학』46집, 한국어문학회, 1985, 1-13면.

강혜경,「송강 한시의 주제 연구」, 강릉대학교 석사학위논문, 2000.

강혜선,「조선후기 한시 속의 일상의 양태와 의미 : 김려의 한시를 대상으로」,『한국한시연구』15집, 한국한시학회, 2007, 169-198면.

강혜선,「옥소 권섭의 기행시문 연구」,『한국한시연구』18집, 한국한시학회, 2010, 259-287면.

강혜숙,「이세보 시조의 효용론적 성격 : 관료비판 시조를 중심으로 연구」,『시조학논총』11집, 한국시조학회, 1995, 131-147면.

강혜숙,「이세보 시조의 효용론적 성격 : 현실비판 시조를 중심으로」,『시조학논총』12집, 한국시조학회, 1996, 5-15면.

강혜숙,「이세보의 현실비판시조 연구」, 세종대학교 석사학위논문, 1996.

고려대학교 고전문학·한문학연구회 편,『19세기 시가문학의 탐구』, 집문당, 1995.

고미숙,「19세기 시조의 전개 양상과 그 작품세계 연구: 예술사적 흐름과 관련하여」, 고려대학교 박사학위논문, 1993.

고미숙,『19세기 시조의 예술사적 의미』, 태학사, 1998.

고미숙,『윤선도평전』, 한겨레출판, 2012.

고선미,「옥소 권섭의 시문학 연구」, 성신여자대학교 석사학위논문, 2006.

고영근 외,『한국텍스트과학의 제과제』, 역락, 2001.

고영근, 『(보정판)단어 문장 텍스트』, 한국문화사, 2004.
고은지, 「이세보 시조의 창작 기반과 작품 세계」, 『한국시가연구』 5집, 한국시가학회, 1999, 373-400면.
고정희, 「신흠 시조의 사상적 기반에 관한 연구」, 『고전문학과 교육』 1집, 청관고전문학회, 1999, 213-250면.
고정희, 「윤선도와 정철 시가의 문체시학적 연구」, 서울대학교 박사학위논문, 2001.
고정희, 「알레고리 시학으로 본 <어부사시사>」, 『고전문학연구』 22집, 한국고전문학회, 2002, 67-92면.
고정희, 『고전시가와 문체의 시학』, 월인, 2004.
고정희, 「<도산십이곡>과 <고산구곡가>의 언어적 차이와 시가사적 의의」, 『국어국문학』 141집, 2005, 197-228면.
고정희, 『한국 고전시가의 서정시적 탐구』, 월인, 2009.
구수영, 「노계 박인로의 시가 연구」, 동국대학교 박사학위논문, 1986.
권두환, 「송강의 <훈민가>에 대하여」, 『진단학보』 42집, 진단학회, 1976, 151-166면.
권두환, 「윤고산의 한시부 연구 서」, 『관악어문연구』 3집, 서울대학교, 1978. (『고산연구』 4, 고산연구회, 1990.)
권두환, 「조선후기 시조가단 연구」, 서울대학교 박사학위논문, 1985.
권두환, 「목소리 낮추어 노래하기」, 『백영정병욱선생 10주기 추모논문집 한국고전시가작품론 2』, 집문당, 1992.
권두환, 「송강 정철 문학의 특질」, 『인문논총』 30집, 서울대학교 인문과학연구소, 1993, 1-16면.
권두환·정학성 편, 『고전시가론』, 새문사, 1984.
권성민, 「옥소 권섭의 국문시가 연구」, 서울대학교 석사학위논문, 1992.
권순회, 「17세기 남원지방 재지사족의 동향과 정훈의 시가」, 『어문논집』 39집, 민족어문학회, 1999, 194~221면.
권순회, 「근대계몽기 시조의 율격적 변주 양상 - <대한매일신보>·<대한민보> 소재시조의 종장을 중심으로」, 『청람어문교육』 46권, 청람어문교육학회, 2012, 547-570면.
권정은, 「훈민시조의 창작 기반과 다원적 진술 양상」, 『국문학연구』 9호, 국문학회, 2003, 209-233면.
권정은, 「도산과 고산의 예술적 계보와 향유 -시가와 회화 작품을 중심으로」, 『비교문학』 43집, 한국비교문학회, 2007, 91-115면.
권혁대, 「옥소 권섭의 한시 연구」, 경북대학교 박사학위논문, 2011.
길진숙, 「이이의 속악 인식과 <고산구곡가>」, 『한국문학연구』 1집, 고려대학교 민족문화연구원 한국문학연구소, 2000, 325-348면.
길진숙, 『조선 전기 시가예술론의 형성과 전개』, 소명출판, 2003.
김갑기, 『송강 정철 문학 연구』, 이우출판사, 1985.
김갑기, 『송강정철연구 : 국·한문 시가의 원류론적 고찰』, 이우출판사, 1985.
김관식, 「조선조 강원 여성 한시문 소고」, 『강원문화연구』 25집, 강원대학교 강원문화연구소, 2006, 147-166면.
김광순, 「악장가사 연구 (기일)-수찬연대 고증을 중심으로-」, 『국어교육연구』 2집, 국어교육학회, 1971, 95-117면.
김기종, 「월인천강지곡의 저경과 사상적 기반」, 『어문연구』 53집, 2007.
김난숙, 「이세보 시조의 다양성과 대상 인식」, 제주대학교 석사학위논문, 1995.
김대하, 「이재 황윤석의 시 연구」, 공주대학교 석사학위논문, 2012.
김대행, 『한국시가구조연구』, 삼영사, 1976.
김대행 편, 『운율』, 문학과 지성사, 1984.
김대행, 「조선후기 악부의 시가관」, 『한국문화』 12집, 서울대학교 규장각 한국학연구원, 1991.
김대행, 『시가시학연구』, 이화여자대학교출판부, 1991.
김대행, 『노래와 시의 세계』, 역락, 1999.
김대현, 「『고산유고』권6 소재 동시 모설방고산 고찰」, 『한문학보』 18집, 우리한문학회, 2008, 367-390면.
김대현, 「17세기 동시 문학과 고산 윤선도의 전당춘망」, 『한문학보』 19집, 우리한문학회, 2008, 301-320면.
김대현, 「고산 윤선도 한시의 자료학적 고찰」, 『고시가연구』 32집, 한국고시가문학회, 2013, 5-31면.
김도형, 「이재 황윤석의 문학론」, 『국어문학』 49집, 국어문학회, 229-251면, 2010.

김동준, 「18세기 한국한시의 실험적 성격에 대한 연구 : 이광사, 이용휴, 유경종을 중심으로」, 『민족문학사연구』 27집, 민족문학사학회, 2005, 10-39면.
김명순, 「정현석의 시가 한역 양상 연구」, 『동방한문학』 19집, 동방한문학회, 2000, 257-289면.
김명순, 「황윤석의 시조한역의 성격과 의미」, 『동방한문학』 13집, 동방한문학회, 1997, 15-42면.
김명준, 「악장가사의 성립과 제재작품의 전승양상 연구」, 고려대학교 박사학위논문, 2003.
김명준, 『악장가사 연구』, 다운샘, 2004.
김명준, 『악장가사 주해』, 다운샘, 2004.
김문기·김명순, 『조선조 시가 한역의 양성과 기법』, 태학사. 2005.
김미형, 「구조등가적 번역의 틀과 의고체」, 『문학 한글』 17집, 한글학회, 2003, 77-103면.
김방한, 『(신장판)언어학의 이해』, 민음사, 2001.
김방한·문양수·신익성·이현복 공저, 『일반언어학』, 형설출판사, 1982.
김병국 외, 『장르교섭과 고전시가』, 월인, 1999.
김병국, 「가면 혹은 진실-송강가사 관동별곡 평설」, 『국어교육』 18집, 한국국어교육연구회, 1972, 43-63면.
김병국, 「<고산구곡가>의 일 연구 : 정본을 위한 시론」, 『반교어문연구』 2집, 반교어문학회, 1990, 220-230면.
김병국, 「고산구곡가 연구-정언묘선과 관련하여」, 성균관대학교 박사학위논문, 1991.
김병국, 『한국 고전문학의 비평적 이해』, 서울대학교 출판부, 1995.
김부춘, 「삼죽 조황 시조 연구」, 한국교원대학교 석사학위논문, 1999.
김상일, 「이안눌의 출한입두 시학과 그 시사적 의의」, 『동악어문논집』, 32집, 동악어문학회, 1997, 333-360면.
김상진, 「연시조 성격의 대비적 고찰 : 16세기 작품을 대상으로」, 『시조학논총』 22, 한국시조학회, 2005, 195-223면.
김상태·박덕은 공저, 『문체론』, 법문사, 1994.
김상호, 「한대(漢代) 악부민가(樂府民家)의 형식적 특징」, 중국문학이론연구회편, 『중국시와 시론』, 현암사, 1993.
김석회, 「存齋 위백규 문학 연구-18세기 鄕村士族층의 삶과 문화」, 이회문화사, 1995.
김석회, 「한시 현토형 시조와 시조의 7언절구형 한시화」, 김병국 외, 월인, 『장르교섭과 고전시가』, 1999.(『국문학연구』4집, 국문학회, 2003, 63-114면)
김석회, 「상촌 시조 30수의 짜임에 관한 고찰」, 『고전문학연구』19집, 한국고전문학회, 2001, 67-102면.
김선자, 「송강 정철의 시가연구」, 원광대학교 박사학위논문, 1993.
김성기, 「위백규의 농가 연구」, 『어문연구』36집, 어문연구학회, 2001.
김수경, 「고전시가와 현대시에 나타난 병렬의 방식」, 박노준 편, 『고전시가 엮어 읽기』下, 태학사, 2003.
김수업, 「<악장가사>와 <가사 상>」, 『배달말』13호, 배달말학회, 1988, 197-220면.
김승룡, 「이재 황윤석 연구의 추이와 과제 : '실학'에서 '일상'으로」, 『동양한문학연구』25집, 동양한문학회, 2007, 31-55면.
김승숙, 『들뢰즈와 문학』, 동문선, 2006.
김승우, 「<월인천강지곡>의 주제와 형상화 방식」, 고려대학교 석사학위논문, 2005.
김승우, 「<용비어천가> 향유·수용양상의 특징과 그 의미」, 『한국시가연구』23집, 한국시가학회, 2007, 81-113면.
김승우, 『조선시대 시가의 현상과 변모』, 보고사, 2017.
김승희, 「구조주의적 읽기」, 『현대시 텍스트 읽기』, 태학사, 2001.
김열규, 「시조의 서정과 종장」, 조규설·박철희 공편, 『시조론』, 일조각, 1978.
김영구, 「허사의 개념적 성격과 그 범위」, 『중어중문학』8집, 한국중어중문학회, 1986, 143-173면.
김영근, 「산중신곡과 어부사시사의 자연관」, 충남대학교 석사학위논문, 2010.
김영수, 「여류문학 연구의 몇 가지 검토 : 허난설헌을 중심으로」, 『국문학논집』12, 단국대학교 국어국문학과, 1985, 75-113면.
김영철, 『한국개화기시가연구』, 새문사, 2004.
김온경, 「정현석의 교방가요 연구」, 『한국무용연구』13, 한국무용연구회,

1995, 359-397면.
김완진, 「세종대의 어문정책에 대한 연구」, 『성곡논총』 3집, 성곡학술문화재단, 1972, 185-215면.
김완진, 『음운과 문자』, 신구문화사, 1996.
김용찬, 「위백규 <農歌>의 구조와 작품세계」, 『어문논집』 48집, 민족어문학회, 2003.
김용찬, 「시조에 나타난 음악의 양상과 그 의미의 변주」, 『한국시가연구』 15집, 한국시가학회, 2004, 127-156면.
김윤상, 『존재의 모험-독일관념론과 후기구조주의에서의 방법적 사유』, 인간사랑, 2004.
김윤환, 「구조주의 언어학과 인문학」, 권재일 외, 『언어학과 인문학』, 서울대학교 출판부, 1999.
김은정, 「안축 한시에 나타난 사대부 의식의 제층위」, 『한국한시작가연구』 2, 한국한시학회, 1996, 5-29면.
김은희, 「이세보 시조 연구 : 현실비판시조를 중심으로」, 『덕성여대논문집』 30집, 덕성여자대학교, 1999, 91-125면.
김은희, 「이세보 시조의 담론 양상」, 『어문연구』 33집, 어문연구학회, 2005, 161-188면.
김인순, 「경평군 이세보 시조 연구」, 충남대학교 석사학위논문, 2001.
김일렬, 「시조에 나타난 시간의식-황진이, 이황, 이현보의 작품을 대상으로」, 『백영정병욱 선생 환갑기념논총』, 신구문화사, 1982.
김정화, 『고시 율격의 비교학적 연구』, 보고사, 2004.
김제현, 「시조와 한시의 비교 연구-시조의 형식과 한시의 절구 및 율시의 형식을 중심으로-」, 『어문연구』 29집, 한국어문교육연구회, 2001, 111-133면.
김주백, 「신상촌 시조의 세계-한시와의 관계를 중심으로」, 『한문학논집』 14집, 근역한문학회, 1996, 155-179면.
김주수, 「황진이 한시와 시조의 비교 연구-수사적 특성을 중심으로」, 『한문학보』 25, 우리한문학회, 2011, 239-263면.
김준옥, 「이세보 시조의 두 경향과 문학사적 위치」, 『시조학논총』 13집, 한국시조학회, 1997, 69-86면.
김준옥, 「이세보 시조의 표현 양상에 관한 연구」, 『논문집』 11집, 여수대학교,

1997, 17-35면.
김지은,「옥소 권섭 연시조의 표현양상」, 세명대학교 석사학위 논문, 2006.
김진호,『언어학의 이해』, 역락, 2004.
김창식,「정송강의 가사와 그의 한시와의 대비적 고찰」, 한양대학교 석사학위 논문, 1983.
김창원,「신흠 시조의 특질과 그 의미」,『고전문학연구』16집, 한국고전문학회, 1999, 83-108면.
김태봉,「황진이 한시와 중국시의 비교 연구」,『중국학보』75, 한국중국학회, 2016, 221-247면.
김풍기,「언어의 위계화와 새로운 언어 권력의 탄생」,『용봉인문논총』46, 전남대 인문학연구소, 2015, 65-91면.
김학동,『개화기시가연구』, 새문사, 2009.
김현미,「조선시대, '여성작가' 형상 만들기」,『이화어문논집』43, 이화어문학회, 2017, 203-219면.
김혜숙,「율곡 이이의 삶과 시」,『한국한시작가연구』6집, 한국한시학회, 2001, 309-377면.
김흥규,「평시조 종장의 율격·통사적 정형과 그 기능」,『월암 박성의박사 환력 기념논총』, 고려대학교 국어국문학회, 1977, 359-368면.
김흥규,『욕망과 형식의 시학』, 태학사, 1999.
나병호,「정훈 박인로 시가 대비연구」, 한남대학교 석사학위논문, 1989.
나정순,「17세기 초의 사상적 전개와 정훈의 시조」,『시조학논총』27집, 한국시조학회, 2007.
나정순,『고전시가의 전통과 현재성』, 보고사, 2008.
나정순,「조선전기 강호시조의 전개 국면 : '조월경운'과 '치군택민'의 개념을 중심으로」, 시조학논총 29, 2008, 67-104면.
남정희,「18세기 사대부 시조 연구」, 이화여자대학교 석사학위논문, 1994.
남정희,「<진본 청구영언>내 평시조에 나타나는 여성적 목소리와 그 의미」,『한국고전연구』16집, 한국고전연구학회, 2007, 97-125면.
남재철,「허난설헌 시문학 텍스트의 몇 국면」,『민족문학사연구』26, 민족문학사학회·민족문학사연구소, 2004, 140-170면
노인숙,「황진이 한시 연구」,『청람어문교육』23권, 청람어문교육학회, 2001,

225-242면.
노혜경, 「황윤석의 문헌자료 검토」, 『장서각』 9집, 2003, 79-108면.
류속영, 「정훈 문학의 현실적 토대와 작가의식」, 『국어국문학』 35집, 국어국문학회, 1998, 129-154면.
류수열, 「개화기 시조의 전통성과 근대성 연구」, 『국어교육연구』 4집, 서울대학교 국어교육연구소, 1997, 123-139면.
류수열, 「18세기 시가문학과 대안적 근대의 탐색」, 『한국시가연구』 28집, 한국시가학회, 2010, 155-181면.
문영오, 「고산 윤선도의 한시 연구」, 『한국문학연구』 5집, 1982, 65-96면.
문영오, 「고산의 시조와 한시의 상관고」, 『동대어문』 4집, 동국여자대학교, 1984.
문주석, 「『교방가요』소재 '교방정재' 연구 : 항장무·승무를 중심으로」, 『민족문화논총』 27, 영남대학교, 2003, 321-340면.
문흥구, 「황진이의 시문학 세계 연구」, 『돈암어문학』 12, 돈암어문학회, 1999, 269-289면.
민광준, 『한·일 양 언어 운율의 음향음성학적 대조 연구』, J&C, 2004.
민병수·조동일·이재선, 『개화기의 우국문학』, 신구문화사, 1974.
민병수, 『한국한문학개론』, 태학사, 1997.
민병수, 『한국한시대표작평설』, 태학사, 2000.
박경수, 『한눈가요연구』, 태학사, 1998.
박규홍, 「이세보의 애정시조와 가집편찬 문제」, 『한민족어문학』 55집, 한민족어문학회, 2009, 183-208면.
박길남, 「권섭시조의 주제의식고」, 『한남어문학』 21집, 한남대학교 국어국문학회, 1996, 29-48면.
박길남, 「옥소 권섭의 시조 <16영>에 나타난 현실인식태도」, 『한국언어문학』 79집, 한국언어문학회, 2011, 137-153면.
박남주, 「노계 박인로의 한시 연구」, 조선대학교 교육대학원 석사학위논문, 1996.
박노준, 「이세보 시조의 관료비판과 위민의식」, 『시조학논총』 13집, 한국시조학회, 1997, 31-55면.
박노준 편, 『고전시가 엮어 읽기』, 2003.

박명희, 「이재 황윤석의 시에 나타난 유기체적 자연관」, 『동방한문학』 33집, 2007, 459-488면.
박명희, 「이재 황윤석의 천문 관찰과 시적 함유」, 『고시가연구』 20집, 2007.
박명희, 「이재 황윤석의 시조 한역시에 나타난 지향의식과 의의」, 『한국고시 가문화연구』 34집, 한국고시가문화학회, 2014, 119-158면.
박미영, 「시행과 문장의 관계를 통해 본 시조의 형식」, 한국정신문화연구원 석사학위논문, 1983.
박미영, 「<도산십이곡>에 나타난 메타교육적 함의」, 『시조학논총』 23집, 한국 시조학회, 2005, 71-105면.
박병채, 「용비어천가 약본에 대하여」, 『동양학』 5집, 단국대학교 동양학연구 소, 1975, 57-70면.
박상영, 「정훈 시조의 구조적 특질과 그 미학적 의미 : 신흠 시조와의 구조적 대비를 통해」, 『시조학논총』 28집, 한국시조학회, 2008, 29-61면.
박수천, 『한국한시비평의 연구』, 태학사, 2003.
박신의, 「교방가요 소재 선악(仙樂) 연구」, 『한국무용교육학회지』 21집, 한국 무용교육학회, 2010, 91-115면.
박애경, 「詩와 歌의 위계화와 歌의 위상을 둘러싼 제 논의」, 『열상고전연구』 33집, 2011, 193-229면.
박연호, 『교훈가사 연구』, 다운샘, 2003.
박영주, 「송강 시가의정서적특질」, 『한국시가연구』 5집, 한국시가학회, 1999, 217-245면.
박영주, 「송강(松江)의 교유시(交遊詩) 연구」, 『고시가연구』 18집, 한국고시가 문학회, 2006, 153-205면.
박요순, 「허난설헌과 규원가고-이조시대 규중가사 주제의 계보모색을 위한-」, 『호남문화연구』 2권, 전남대학교 호남학연구원, 1964, 85-105면.
박요순, 「정훈과 그의 시가 고」, 『숭전어문학』 2집, 숭전대 국어국문학연구회, 1973, 79-106면.
박요순, 「정훈과 그의 시가」, 『한국시가의 신조명』, 탐구당, 1984, 79-108면.
박요순, 「옥소 권섭의 시가 연구」, 탐구당, 1990.
박우수, 「말과 사물의 사이(Between Res et Verba)」, 『수사학』 1집, 한국수사 학회, 2004, 104-124면.

박을수, 『시조의 서발류취』, 아세아문화사, 2000.
박이정, 「18세기 예술사 및 사상사의 흐름과 권섭의 <황강구곡가>」, 『관악어문연구』 27집, 2002, 283-304면.
박정민, 「도산십이곡과 고산구곡가의 비교 연구」, 부산대학교 교육대학원 석사학위논문, 2010.
박종우, 「율곡 이이의 시세계에 대한 일고찰-주로 시세계의 특징적 국면과 미적 특질을 중심으로-」, 『율곡사상연구』 6집, 율곡학회, 2003, 93-109면.
박준규, 「아속가사와 악장가사의 비교」, 『한국언어문학』 12집, 한국언어문학회, 1974, 199-211면.
박준규, 「아속가사 연구-악장가사 및 속악가사와의 비교를 중심으로-」, 『호남문화연구』 7집, 전남대학교 호남문화연구소, 1975, 109-140면.
박지선, 「이세보(李世輔) 애정관련 작품 진정성 문제와 표현기법」, 『반교어문연구』 25집, 반교어문학회, 2008, 149-171면.
박찬국, 『들길의 사상가, 하이데거』, 동녘, 2004.
박태진, 「권섭의 '기몽시' 창작에 나타난 자아 탐색의 가치 고찰『: 몽기』의 '기몽시'를 중심으로」, 『고전문학과 교육』 22집, 한국고전문학교육학회, 2011, 147-182면.
박해남, 「시조에 나타난 정서의 표출방식」, 박노준 편, 『고전시가 엮어 읽기』 하, 태학사, 2003, 213-234면.
박현규, 「1597년 허균 선복본 허난설헌 ≪蘭雪詩翰≫ 고찰」, 『한문학논집』 43, 근역한문학회, 2016, 223-248면.
박희병, 「신흠의 학문과 그 사상사적 위치」, 『민족문화』 20집, 민족문화추진위원회, 1997, 3-50면.
박희병, 「시는 형이상이고, 문(文)은 형이하다-상촌(象村) 신흠(申欽)의 시학」, 『시와 시학』 33호, 시와 시학사, 1999.
박희병, 『한국의 생태사상』, 돌베개, 1999.
배공주, 「국어 보조 서술 형식 연구」, 아주대학교 박사학위논문, 2003.
배우성, 「18세기 지방 지식인 황윤석과 지방 의식」, 『한국사연구』 135집, 한국사연구회, 2006, 31-60면.
백원철, 「민요시의 문학세계」, 『낙하생 이학규 문학연구』, 보고사, 2005, 185-211면.

백원철, 「이재 황윤석 한시의 실학문학적 조명」, 한문학보 18집, 2008, 693-729면.
변은숙, 「이세보 시조 연구」, 부산대학교 석사학위논문, 2007.
변은숙, 「이세보 시조의 형식적 특성 연구」, 『문창어문논집』 44, 문창어문학회, 2007, 55-80면.
부유섭, 강문종, 「기각한필 연구」, 『고전문학연구』 32, 한국고전문학회, 2007, 435-464면.
서대석, 「시조에 나타난 시간의식」, 『백영 정병욱선생 환갑기념논총2 한국시가문학연구』, 신구문화사, 1983.
서명희, 「시교(詩敎) 전통의 문학교육적 의의 연구: <도산십이곡>과 <고산구곡가>의 창작과 영향을 중심으로」, 서울대학교 박사학위논문, 2013.
서수생·김문기, 「율곡의 사상과 문학 연구」, 『경북대학교 교육대학원 논문집』 14집, 1982, 5-23면.
서원섭, 「<도산십이곡>과 <고산구곡가>의 비교연구」, 청계김사엽박사송수기념논총, 학문사, 1973, 289-311면.
서정, 「허난설헌의 악부시 연구」, 전남대학교 대학원 석사학위논문, 2015.
성기옥, 『한국시가율격의 이론』, 새문사, 1986.
성기옥, 「<용비어천가>의 문학적 성격-훈민정음 창제와 관련된 국문시가로서의 역사적 의미를 중심으로-」, 『진단학보』 68집, 진단학회, 1989, 143-170면.
성기옥, 「<용가> 권점의 언어적 기능과 미적 기능」, 『문학과 언어의 만남』, 신구문화사. 1996.
성기옥, 「신흠 시조의 해석 기반 -<방옹시여>의 연작 가능성-」, 『진단학보』 81, 진단학회, 1996, 215-241면.
성낙희, 「황진이 시조와 한시: 물의 이미지와 관련하여」, 『청파문학』 14, 숙명여자대학교 국어국문학과, 1984, 5-17면.
성무경, 「≪교방가요≫를 통해 본 19세기 중·후반 지방의 관변 풍류」, 『시조학논총』 17집, 한국시조학회, 2001, 315-345면.
성무경, 「19세기 국문시가의 구도와 해석의 지평」, 인권환 외, 『고전문학 연구의 쟁점적 과제와 전망』, 월인, 2003.
성무경, 「19세기 축적적 문학담론과 이세보 시조의 작시법」, 『한국시가연구』

27집, 한국시가학회, 2009, 149-183면.
성범중, 「시조의 한역과 그 형상화의 문제: 이계 홍랑호의 <청구단곡>을 중심으로」, 『울산논문집』 6집, 울산대학교 국어국문학화, 1990, 31-75면.
성범중, 「16, 17세기 호남지학 원림문학의 지향과 그 변이」, 『한국한시연구』 14집, 한국한시학회, 2006, 5-53면.
성주연, 「현토 악장의 성격과 위상에 관한 연구」, 이화여자대학교 석사학위논문, 1999.
성호경, 「한국어의 특징에 따른 한국시가의 운·율 양상」, 김완진 외, 『문학과 언어의만남』, 신구문화사, 1996.
성호경, 「한국 고전시가의 존재방식과 노래-한국 고전시가와 음악의 관계에 대한 고찰(1)-」, 『고전문학연구』 12집, 한국고전문학회, 1997, 59-89면.
성호경, 『한국시가의 형식』, 새문사, 1999.
성호주, 「현토체 악가의 시가사적 의의」, 『수련어문논집』 11집, 부산여대 국어국문학과 수련어문학회, 1984, 71-92면.
소두영, 『구조주의』, 민음사, 1990.
손석숙, 「조선후기 진주 교방의 정재 공연양상 -『교방가요』를 중심으로-」, 『한국음악사학보』 46, 한국음악사학회, 2011, 171-205면.
손정인, 「이세보 애정시조의 성격과 작품 이해의 시각」, 『한민족어문학』 59, 한민족어문학회, 2011, 227-261면.
손정인, 「이세보<상사별곡>의 성격과 문학적 형상화 양상」, 『한민족어문학』 65, 한민족어문학회, 2013, 385-419면.
손찬식, 「송강 정철 시세계-연군적(戀君的) 정서의 형상-」, 『어문논집』 34집, 안암어문학회, 1995, 309-340면.
손찬식, 「이재 황윤석의 시조한역의 성격과 의미」, 『어문연구』 30집, 충남대학교 문리과대학 어문연구회, 1998, 213-240면.
송기중, 「우리나라 현대시의 국어학적 관찰」, 인문대교수발표회, 2005년 12월 13일 발표문.
송방송, 『(증보)한국음악통사』, 민속원, 2007.
송방송, 『한국전통음악의 전승양상』, 보고사, 2008.
심경호, 「송강 정철의 삶과 한시」, 『한국한시작가연구』 6집, 한국한시학회, 2001, 379-411면.

신경숙, 『19세기 가집의 전개』, 계명문화사, 1994.
신경숙·윤진영·이민주·전보옥, 「중국 서사시의 두 가지 유형」, 연세중국문학모임, 『중국문학의 주제탐구』, 한국문화사, 2004.
신경숙, 「이세보가 명기 경옥에게 준 시조집, ≪(을축)풍아≫」, 『고전과 해석』 창간호, 고전문학한문학연구학회, 2006, 209-219면.
신경숙·윤진영·이민주·이창희·장정수·최원석·최호석·홍성욱, 『18세기 예술·사회사와 옥소 권섭』, 도서출판 다운샘, 2007.
신경숙·윤진영·이민주·이창희·장정수·조성산·최호석, 『옥소 권섭과 18세기 조선 문화』, 도서출판 다운샘, 2009.
신경숙, 「조선후기 가곡 향유 범위와 그 의미」, 『시조학논총』 34집, 한국시조학회, 2011, 141-164면.
신경숙, 『조선후기 시가사와 가곡 연행』, 고려대학교 민족문화연구원, 2011.
신성환, 「存齋 위백규의 향촌공동체 운영과 <農歌>」, 『어문연구』 42집, 한국어문교육연구회, 2014.
신연우, 「이세보 시조의 특징과 문학사적 의의」, 『한국문학연구』 3집, 경기대학교 한국문학연구소, 1993, 123-138면.
신연우, 「주세붕에서 정철로 훈민시조의 변이와 그 의의」, 『온지논총』 4집, 온지학회, 1998, 33-61면.
신웅순, 「가곡의 시조시 주제 연구」, 『시조학논총』 22집, 한국시조학회, 2005, 85-113면.
신충범, 「이세보 시조 연구」, 한국교원대학교 석사학위논문, 1997.
안대회, 『18세기 한국한시 연구』, 소명출판, 1999.
안대회, 「18세기 여성화자시 창작의 활성화와 그 문학사적 의미」, 『한국고전여성문학연구』 4집, 한국고전여성문학회, 2002, 127-156면.
안병희, 『국어사 자료연구』, 문학과 지성사, 1992.
양염규, 「허난설헌과 그의 가사」, 『국어국문학 논문집』 3, 동국대학교 국어국문학부, 1962, 43-51면.
안혜진, 「위백규 <농가구장>의 권농가적 특성과 그 의의」, 『한국시가연구』 21집, 한국시가학회, 2006.
양덕점, 「이세보 시조 종장말의 표현 연구」, 청주대학교 박사학위논문, 2007.
양진국, 「기녀시조연구」, 경산대학교 석사학위논문, 1998.

양태순,「상촌 신흠 시조의 표현 미학」,『인문과학연구』12집, 서원대학교 인문과학연구소, 2003, 29-64면.
양태순,『한국고전시가의 종합적 고찰』, 민속원, 2003.
양태순,「신흠의 시조와 한시의 관련 양상 연구」,『고전문학연구』33집, 한국고전문학회, 2008.
양희철,「황진이의 시조 <어져 내일이야…>의 연구」,『배달말』50, 배달말학회, 2012, 223-254면.
예창해,「한국 시가운율의 구조연구」,『성대문학』19집, 성균관대 국문학회, 1976, 72-115면.
오선주,「정훈의 '우활 의식'에 대한 재고」,『고시가연구』22집, 2008, 185-209면.
오세영,『한국근대문학론과 근대시』, 민음사, 1996.
오종각,「가곡원류의 새로운 이본인《知音》연구」,『국문학논집』15집, 단국대 국어국문학과, 1997.
오종각,「이세보 시조문학 연구」, 단국대학교 박사학위논문, 1998.
오종각,「이세보 시조집의 편찬특징에 관한 재고」,『단국어문논집』2집, 단국어문연구회, 1998, 129-159면.
오종각,「이세보의 연시조(連時調) 연구」,『한국시가연구』5집, 한국시가학회, 1999, 347-372면.
오현아,「띄어쓰기 개념의 재정립에 대한 고찰 -음독에서 묵독으로의 개인적·사회적이행 과정을 중심으로」, 국제한국언어문화학회 국제학술대회 발표집, 2008년 11월 7일.
왕결청,「허난설헌과 주숙진의 시문학에 드러난 삶의 잔영과 그 동이」,『열상고전연구』49, 열상고전연구회, 2016, 457-483면.
우응순,「권호문의 시세계」, 고려대학교 석사학위논문, 1982.
우응순,「조선중기 사대가의 문학론 연구」, 고려대 박사학위논문, 1990.
원용문,「윤선도 한시에 나타난 자연의식 탐구」,『우리어문연구』2집, 우리어문학회, 1988, 197-216면.
원용문,「윤선도 한시와 시조의 상관성 고찰」,『고산연구』3집, 고산연구회, 1989, 155-178면.
원용문,「고전시가의 율격 문제」,『청람어문학』27집, 청람어문교육학회,

2003, 1-45면.
유영혜, 「19세기 사(詞)문학 유행의 배경에 대하여」, 『한국고전연구』 23집, 한국고전연구학회, 2011, 231-262면.
윤여탁, 「다중언어문화 한국어 학습자의 문식성 교육」, 『다중언어문화 학습자의 정체성과 문식성 교육』 국제학술회의 자료집, 서울대학교 국어교육연구소, 2018, 211-229면
유예근, 「송강 정철 문학 연구 : 한시문을 중심으로」, 경희대학교 박사학위논문, 1985.
유재영, 「이재 황윤석의 목주잡가에 대한 고찰」, 『한국언어문학』 7집, 1970, 59-74면.
윤문영, 「이세보 시조집의 편찬세계와 작품세계」, 고려대학교 석사학위논문, 2001.
윤세순, 「유만주의 윤선도 시조 한역의 배경과 양상-<어부사시사>와 <만흥>을 중심으로」, 『한국시가연구』 31집, 한국시가학회, 2011, 45-72면.
윤영옥, 『송강 고산 노계가 찾아든 산과 물 그리고 삶』, 새문사, 2005.
윤장현, 「윤선도의 한시와 시조의 고찰」, 조선대학교 석사학위논문, 1983.
윤재근, 『가론-본래의 시가 정신』, 나들목, 2011.
윤정화, 「옥소 권섭 연시조의 성격과 그 시조사적 의미」, 『국어국문학지』 35집, 문창어문학회, 1998, 155-178면.
윤정화, 「이세보 애정시조의 성격과 의미」, 『한국문학논총』 21, 한국문학회, 1997, 165-185면.
윤호진, 『한시의 의미구조』, 법인문화사, 1996.
이가원, 『한국명인소전』, 일지사, 1975.
이강룡, 「송강시조의 의미구조 연구-훈민가를 중심으로-」, 『청람어문교육』 9집, 청람어문학회, 1993, 218-240면.
이경하, 「여성문학사 서술의 문제점과 해결방향」, 서울대학교 박사학위논문, 2004.
이경하, 「한국고전여성문학연구의 정체성과 지구화 시대의 과제」, 『한국고전여성문학연구』 29, 한국고전여성문학회, 2014, 355-388면.
이광정, 『국어문법연구Ⅰ-품사』, 역락, 2003.
이권희, 「옥소 권섭 한시의 여항문학적 성격」, 『어문연구』 58집, 어문연구학

회, 2008.
이권희, 「옥소 권섭의 한시문학 연구」, 충남대학교 박사학위논문, 2012.
이기성, 「이세보 시조의 문체론적 연구」, 단국대학교 교육대학원 석사학위논문, 1983.
이남원·이윤복 공저, 『언어와 논리』, 정림사, 2004.
이남희, 「여류고시조연구」, 영남대학교 석사학위논문, 1983.
이동규, 「이세보 시조의 동물 상징성 연구」, 경희대학교 교육대학원 석사학위논문, 2003.
이동연, 「19세기 시조의 변모양상 : 조황·안민영·이세보의 개인시조집을 중심으로」, 이화여자대학교 박사학위논문, 1995.
이동연, 『19세기 시조 예술론』, 월인, 2000.
이동연, 「이세보의 기녀등장 시조를 통해 본 19세기 사대부의 풍류양상」, 『한국고전연구』 9집, 한국고전연구학회, 2003, 7-38면.
이동환, 「조선후기 한시에 있어서 민요취향의 대두」, 『한국한문학연구』 3·4집, 한국한문학연구회, 1979, 29-71면.
이명희, 「이세보 시조 연구」, 계명대학교 석사학위논문, 2002.
이문규, 「속미인곡 소고」, 『한국고전시가작품론』 2, 집문당, 1992.
이병기, 「송강한시고」, 『국어문학』 18집, 국어문학회, 1976, 117-151면.
이병호, 「왕국유(王國維) 경계설(境界說)의 연원과 함의(含意) 소고」, 중국문학이론연구회 편, 『중국시와 시론』, 현암사, 1993.
이병한 편저, 『중국 고전 시학의 이해』, 문학과 지성사, 1992.
이보형, 「한국민속음악 장단의 리듬형에 관한 연구」, 『민족음악학』 16집, 서울대학교 동양음악연구소, 1994, 39-70면.
이보형, 「리듬형의 구조와 그 구성에 의한 장단분류 研究-사설의 율격이 음악의 박자와 결합되는 음악적 통사구조에 기하여-」, 『한국음악연구』 23집, 한국음악학회, 1995, 26-131면.
이상보, 『한국가사문학의 연구』, 형설출판사, 1974.
이상봉, 「황윤석 한시에 나타난 고의식 연구」, 부산대학교 석사학위논문, 2008.
이상봉, 「황윤석의 시론 연구」, 『동양한문학연구』 26집, 동양한문학회, 2008, 265-290면.

이상원, 「정훈 시조 연구」, 『우리어문연구』 11집, 우리어문학회, 1997, 237-256면.
이상원, 『17세기 시조사의 구도』, 월인, 2000.
이상원, 「<도통가>와 <황강구곡가> 창작의 정치적 배경」, 『한민족어문학』 43집, 한민족어문학회, 2003, 147-167면.
이상원, 『조선시대 시가사의 구도와 시각』, 보고사, 2004.
이석우, 「신흠의 시평 연구」, 대전대학교 박사학위논문, 2004.
이성근, 「신흠의 절구와 시조 연구」, 부산외국어대학교 석사학위논문, 1992.
이승남, 「정훈가사의 이념과 현실의 정서적 형상화 -<성주중흥가>·<탄궁가>·<우활가>를 중심으로」, 『한국사상과 문화』 44집, 한국사상문화학회, 2008, 69-96면.
이용숙, 「고산 윤선도의 시가 연구」, 원광대학교 박사학위논문, 1986.
이우정, 「당시의 특수한 가치에 관한 시탐」, 『중국인문과학』 25집, 중국인문학회, 2002, 189-205면.
이은옥, 「좌보 이세보 시조연구 : 의미 구조를 중심으로」, 한국교원대학교 교육대학원 석사학위논문, 2002.
이은희, 『텍스트언어학과 국어교육』, 서울대학교출판부, 2000.
이익섭, 『사회언어학』, 민음사, 1994.
이재승, 「중국어 품사 연구」, 『중국어문논총』 2집, 중국어문연구회, 1989, 5-36면.
이재연구소, 『이재 황윤석의 학문과 사상』, 경인문화사, 2009.
이정선, 『조선후기 조선풍 한시 연구』, 한양대학교 출판부, 2002.
이정윤, 「정훈의 시가 연구」, 전남대학교 교육대학원 석사학위논문, 1992.
이정찬, 「근대적 구두법(句讀法)이 읽기와 쓰기에 미친 영향-근대 전환기를 중심으로-」, 국제한국언어문화학회 국제학술대회 발표집, 2008년 11월 7일.
이정화, 「허난설헌 시의 의식 성향과 미적 특질 연구」, 『한국사상과 문화』 70, 한국사상문화학회, 2013, 143-163면.
이종묵, 「한국 한시와 철학-조선 중기 이학파의 관물론과 수양시를 중심으로」, 『한국한시연구』 1집, 한국한시학회, 1993, 59-81면.
이종묵, 『해동강서시파 연구』, 태학사, 1995.

이종묵, 「고전시가에서 용사와 점화의 미적 특질」, 『한국시가연구』 3집, 한국시가학회, 1996, 323-345면.
이종묵, 『한국 한시의 전통과 문예미』, 태학사, 2002.
이종묵, 「조선시대 한시 번역의 전통과 양상」, 『장서각』 8집, 한국정신문화연구원, 2002, 59-89면.
이종목, 「신흠과 가현산」, 『문헌과 해석』 25호, 문헌과 해석사, 2003 겨울, 89-103면.
이종묵, 「조선시대 한시의 번역과 이중문자체계」, Cosmopolitan and Vernacular 학술대회 발표문, 2004.
이종묵, 「송강(松江)의 오언절구(五言絶句)에 대하여」, 『한국시가연구』 22집, 한국시가학회, 2007, 75-99면.
이종묵, 「조선시대 여성과 아동의 한시 향유와 이중언어체계(Diaglosia)」, 『진단학보』 104집, 진단학회, 2007, 179-208면.
이종묵, 「18세기 한국한시의 다양성 : 김창업의 채소류 연작시와 조선후기 한시사의 한 국면」, 『한국한시연구』 18집, 한국한시학회, 2010, 29-54면.
이종묵, 「퇴계와 성호의 시학」, 『국학연구』 23집, 한국국학진흥원, 2013, 71-106면.
이종문, 「이옥봉의 작품으로 알려진 한시의 작자에 대한 재검토」, 『한국한문학연구』 47, 한국한문학회, 2011, 465-493면.
이송석, 「≪월인천강지곡≫과 선행 불교서사시 비교연구」, 서울대학교 석사학위논문, 2001.
이종찬, 「한국 악장과 중국 악부와의 대비」, 『국어국문학 논문집』 7-8집, 동국대학교 어국문학부, 1969, 241-254면.
이종출, 「위백규의 시조 <農歌>攷」, 『사대논문집』 1집, 조선대학교 사범대학, 1970.
이지현, 「이세보 시조의 문학세계와 교육적 의의」, 제주대학교 교육대학원 석사학위논문, 2008.
이창식, 「권섭의 <황강구곡가> 연구」, 『시조학논총』 17집, 한국시조학회, 2001, 119-147면.
이창희, 「옥소 권섭의 기속시 연구」, 『우리어문연구』 30집, 우리어문학회, 2008, 177-206면.

이천승, 「이재 황윤석의 낙학 계승과 호남에 대한 자의식」, 『동양철학연구』 63집, 동양철학연구회, 2010, 189-214면.
이철수·문무영·박덕유, 『언어와 언어학』, 역락, 2004.
이현자, 「조선조 연시조의 유형별 변이양상 연구」, 경희대학교 박사학위논문, 2002.
이형대, 『한국 고전시가와 인물 형상의 동아시아적 변천』, 소명출판, 2002.
이형성, 「이재 황윤석의 낙학 계승적 성리설 일고」, 『한국사상과 문화』 60집, 한국사상문화학회, 2011, 353-377면.
이혜순, 『고려 전기 한문학사』, 이화여자대학교출판부, 2004.
이화영, 「황진이 시조에 나타나는 의지의 문제-인간의 신뢰성 회복의 지향-」, 『어문연구』 25(1), 한국어문교육연구회, 1997, 78-92면.
이화형, 「<규원가>에 나타난 여성의 존재의식」, 『국어국문학』 116호, 국어국문학회, 1996, 305-318면.
인권환 외, 『고전문학연구의 쟁점적 과제와 전망』 下, 월인, 2003.
임동승, 「신재효의 판소리관 형성 배경과 특징」, 교원대학교 교육대학원 석사학위논문, 2007.
임주탁, 「위백규 <農歌>에 관한 연구」, 『관악어문연구』 15집, 서울대학교 국어국문학과, 1990.
임주탁, 「이야기 문맥을 고려한 황진이 시조의 새로운 해석」, 『우리말글』 38, 우리말글학회, 2006, 199-228면.
임주탁, 「우리말 노래 창작의 사상적 기반 -주체와 타자에 대한 담론을 중심으로-」, 『국문학연구』 16, 국문학회, 2007, 59-101면.
임재욱, 『가사문학과 음악』, 보고사, 2014.
임화신, 「목주잡가의 창작배경과 시적 인식」, 고려대학교 석사학위논문, 2013.
장만식, 「허난설헌 '悒' 관련 이미지 표현 작품의 창작 순서 고찰」, 『열상고전연구』 58, 열상고전연구회, 2017, 243-281면.
장사훈, 『국악논고』, 서울대학교 출판부, 1966.
장사훈, 『시조음악론』, 서울대학교출판부, 1986.
장시광, 「황진이 관련 자료」, 『동방학』 3, 한서대학교 동양고전연구소, 1997, 387-417면.
장유승, 「17세기 고시 연구」, 한국학대학원 석사학위논문, 2002.

장유승,「17세기 고절구 창작양상에 대하여」,『한국한시연구』10집, 한국한시학회, 2002, 347-372면.
장정수,「<황강구곡가>의 창작 배경 및 구성 방식」,『시조학논총』21집, 한국시조학회, 2004, 241-269면.
장정수,「옥소 권섭의 시조 한역시 <번로파가곡십오장> 및 관련 작품에 대하여」,『어문논총』44호, 한국문학언어학회, 2006, 223-250면.
장정수,「옥소 권섭의 한역 시조 <번로파가곡십오장>을 통해 본 기녀 可憐의 내면의식」,『우리어문연구』30집, 우리어문학회, 2008, 207-233면.
전재강,「신흠 시조의 대립성과 현실 대응 방식 연구」,『문학과 언어』15집, 문학과 언어연구회, 1994, 249-279면.
전재강,『상촌 신흠 문학 연구』, 형설출판사, 1997.
전재강,「훈민시조 작가와 작품의 역사적 성격」,『어문학』79집, 한국어문학회, 2003a, 491-516면.
전재강,「황윤석 시조의 교술적 성격과 작가 의식」,『시조학논총』19집, 한국시조학회, 2003b, 207-234면.
전재강,「시조 문학에 나타난 유교 학문과 시적 자아의 성격」,『어문학』93, 한국어문학회, 2006.
전재강,「권섭 시조에 나타난 산수의 다층적 성격」,『시조학논총』31집, 한국시조학회, 2009, 77-98면.
전재진,「삼죽(三竹) 조황(趙榥)의 유가사업(儒家事業)과 가곡집(歌曲集)≪삼죽사류(三竹詞流)≫」,『동방학지』148집, 연세대학교 국학연구원, 2009, 341-389면.
전재진,『19~20세기 초반 시조의 지역 문화적 연구』, 세종, 2013.
정경미,「16세기 자연 시가의 문학적 특성과 교육 방안 : <도산십이곡>과 <고산구곡가>를 중심으로」, 아주대학교 교육대학원 석사학위논문, 2007.
정대림,「고전시학으로 본 송강시가」,『장덕순선생화갑기념 한국고전산문연구』, 동화문화사, 1981.
정만섭,「한국 고전문학에 나타난 우도와 우도론 연구」, 서강대학교 박사학위논문, 2001.
정만호,「허사와 구결의 기능연구」, 충남대학교 석사학위논문, 1999.

정병욱,「한시의 시조화 방법에 대한 고찰」,『국어국문학』49·50합집, 국어국문학회, 1970, 269-276면.
정병욱 편,『시조문학사전』, 신구문화사, 1982.
정병욱,『(증보판)한국고전시가론』, 신구문화사, 1999.
정병헌,「정현석의 삶과 판소리의 미래」,『판소리연구』11집, 판소리학회, 2000, 47-57면.
정소연,「절구의 시학과 시조의 시학」,『관악어문연구』29집, 서울대학교 국어국문학과, 2004, 467-486면.
정소연,「신흠 시조의 연작성 고구」,『한국시가연구』17집, 한국시가학회, 2005a, 279-314면.
정소연,「상촌 신흠의 절구와 시조 구조 비교」,『고전문학연구』28집, 한국고전문학연구회, 2005b, 119-156면.
정소연,「신흠의 절구와 시조 비교연구」, 서울대학교 박사학위논문, 2006.
정소연, 「<용비어천가>와 <월인천강지곡> 비교연구 -양층언어현상(Diglossia)을 중심으로-」,『우리어문연구』33집, 우리어문학회, 2009a, 187-222면.
정소연,「≪악장가사≫소재 작품의 표기방식원리 연구(1)-한문가요를 중심으로-」,『어문학』103집, 한국어문학회, 2009b, 253-280면.
정소연,「한문과 국문의 표기방식 선택과 시적 화자·발화대상의 상관성 연구-≪악학궤범≫및≪악장가사≫所在 현토가요와 국문가요를 중심으로-」,『어문학』106집, 한국어문학회, 2009c, 211-240면.
정소연,「<보현십원가>의 한역 양상 연구」,『어문학』108집, 한국어문학회, 2010a, 87-132면.
정소연,「학술적 글쓰기와 대중적 글쓰기에 나타난 수사의문문의 양상과 설득효과 비교연구(1)」,『수사학』13집, 한국수사학회, 2010b, 245-283면.
정소연,「한문과 국어의 양층언어성(diglossia)을 중심으로 본 송강 정철의 한시와 시조비교연구」,『한국학연구』38집, 고려대학교 한국학연구소, 2011, 385-422면.
정소연,「시조의 구술성으로 인한 정서 표출 방식과 시조교육의 방향」,『고전문학교육』24집, 한국고전문학교육학회, 2012, 97-124면.
정소연,「한시 화답문화의 국어교육적 가능성 탐구」,『한국학연구』45집, 고려대학교한국학연구소, 2013, 273-308면.
정소연, 「옥소 권섭과 기녀 가련의 화답 연작 한역시의 시가사적 조명」, 『국어국문학』 167집, 국어국문학회, 2014a, 135-163면.
정소연, 「정훈의 한시와 시조 비교연구」, 『문학교육학』 43집, 한국문학교육학회, 2014b, 321-351면.
정소연, 「황윤석의 <목주잡가>에 나타난 시(詩) 지향성의 시조사적 조명-18세기 시조의 시(詩) 지향성 발견을 중심으로」, 『고전문학과 교육』 28집, 한국고전문학교육학회, 2014c, 127-158면.
정소연, 「박인로의 시조와 한시 비교연구」, 『우리어문연구』 50집, 우리어문학회, 2014d, 73-120면.
정소연, 『조선 전·중기 시가의 양층언어문학사』, 새문사, 2014e.
정소연, 『조선 중·후기 시가의 양층언어문학사』, 새문사, 2015a.
정소연, 「서사 향유 현상으로서의 고전소설과 온라인게임의 문학사적 의미」, 『문학교육학』 46, 한국문학교육학회, 2015b, 27-52면.
정소연, 「규원가, 조선시대 여성 화자의 고백」, 『한국고전문학작품론』 3, 휴머니스트, 2018, 490-499면.
정소연, 『20세기 시인의 한시 번역과 수용』, 한국문화사, 2019.
정소연, 「중세 양층언어문학과 문식성 교육-16세기 허난설헌과 황진이의 사례를 중심으로-」, 『국어교육연구』 42, 서울대학교 국어교육연구소, 2018, 323-368면.
정순영, 「≪삼국유사≫의 허사 연구」, 성신여대 박사학위논문, 2003.
정영문, 「황진이의 시세계」, 『동방학』 5, 한서대학교 동양고전연구소, 1999, 181-209면.
정우봉, 「이세보(李世輔)의 국문 유배일기『신도일록(薪島日錄)』연구」, 『고전문학연구』 41집, 한국고전문학회, 2012, 411-446면.
정운채, 「퇴계 한시 연구」, 서울대학교 석사학위논문, 1987.
정운채, 「소상팔경을 노래한 시조와 한시에서의 경의 성격」, 『국어교육』 79집, 한국국어교육연구회, 1992, 255-276면.
정운채, 「윤선도의 시조와 한시의 대비적 연구」, 서울대학교 박사학위논문, 1993.
정운채, 「≪악장가사≫제재 <어부가>의 한시 수용 양상」, 김병국 외, 『장르교정인숙, 「<원부사>군 가사의 전승과 향유에 관한 통시적 고찰」, 『국어국문학』 136, 국어국문학회, 2004, 263-291면.
정재호, 『한국 가사 문학론』, 집문당, 1990.
정재훈, 「송강 정철·노계 박인로 시조의 비교 연구」, 연세대학교 교육대학원 석사학위논문, 2002.
정제한, 「구비·기록 시가 상호간의 미의식의 차이와 교류」, 김완진 외, 『문학과 언어의 만남』, 신구문화사, 1996.
정종대, 「신흠의 시와 자연지향」, 『선청어문』 29집, 서울대학교 국어교육과, 2001, 91-123면.
정흥모, 「삼죽 조황의 시조와 의식지향」, 『대진논총』 1집, 대진대학교, 1993, 99-108면.
정흥모, 「이세보 애정시조의 특징과 유통양상」, 『어문연구』 23집, 한국어문교육연구회, 1995, 145-161면.
정흥모, 『조선후기 사대부 시조의 세계인식』, 월인, 2001.
정희자, 『담화와 비유어』, 한국문화사, 2004.
조규익, 「삼죽 조황의 시조 연구: 「삼죽사류」를 중심으로」, 『숭실어문』 5집, 숭실대학교, 1988, 41-62면.
조규익, 『조선조 시문집 서발의 연구』, 숭실대학교출판부, 1988.
조규익, 「단시조·장시조·가사의 일원적 질서 모색」, 『한국학보』 17집, 일지사, 1991, 81-118면.
조규익, 「송강 정철의 장르 의식」, 『새국어교육』 50집, 한국국어교육학회, 1993, 167-178면.
조규익, 『가곡창사의 국문학적 본질』, 집문당, 1994.
조규익, 「조선초기 악장을 통해 본 전환기의 실상」, 『온지논총』 15집, 온지학회, 2006, 7-29면.
조동일, 「시조의 이론, 그 가능성과 방향 설정」, 『한국학보』 1집, 일지사, 1975. (우리 문학과의 만남』, 홍성사, 1978.)
조동일, 『한국소설의 이론』, 지식산업사, 1977.
조동일, 『한국시가의 전통과 율격』, 한길사, 1982.
조동일, 『한국문학과 세계문학』, 지식산업사, 1991.

조동일, 『한국문학의 갈래 이론』, 집문당, 1992.
조동일, 『한국시가의 역사의식』, 문예출판사, 1993.
조동일, 『한국 민요의 전통과 시가율격』, 지식산업사, 1996.
조동일, 『공동문어문학과 민족어문학』, 지식산업사, 1999.
조동일, 『하나이면서 여럿인 동아시아문학』, 지식산업사, 1999.
조동일, 『지방문학사-연구의 방향과 과제』, 서울대학교출판부, 2003.
조동일, 『(제4판)한국문학통사』 1-5, 지식산업사, 2005.
조성래, 『연시조의 문체론적 연구』, 보고사, 1993.
조성진, 「신흠의 악부인식과 민족시가의 재인식」, 『한국시가연구』, 25집, 한국시가학회, 2008.
조성진, 「신흠 시조의 성격과 그 일신의 면모」, 『국문학연구』 20호, 국문학회, 2009.
조세형, 「<동짓달 기나긴 밤…>의 시공 인식」, 『한국고전시가작품론』 2, 집문당, 1992, 493-504면.
조세형, 「조선후기 시가문학에 나타난 근대와 그 의미」, 『한국시가연구』 24집, 한국시가학회, 2008, 113-139면.
조창환, 『한국 현대시의 운율론적 연구』, 일지사, 1986.
조창환, 「황진이·이매창의 시조와 한시」, 『인문논총』 6, 1995, 91-107면.
조태흠, 「훈민시조 종장의 특이성과 향유방식」, 『한국문학논총』 10집, 한국문학회, 1989, 131-155면.
조태흠, 「18,9세기 훈민시조의 변모와 그 의미」, 『한국문학논총』 15집, 한국문학회, 1994, 147-167면.
조태흠, 「18세기 시조의 존재양상과 그 이해의 시각」, 『한국문학논총』 25집, 한국문학회, 1999, 223-249면.
조하연, 「시조에 나타난 청자지향적 표현의 문화적 의미 연구 : 조선 전기 사대부 시조를 중심으로」, 서울대학교 석사학위논문, 2000.
조해숙, 「시조의 한역화 양상과 그 의미」, 『국어교육』 108집, 한국어교육학회, 2002, 459-492면.
조해숙, 「17세기 시조 한역의 성격과 의미」, 『배달말』 33호, 배달말학회, 2003, 59-92면.
조해숙, 「시조 한역의 사적 전개양상과 그 시조사적 의미」, 『한국시가연구』

15집, 한국시가학회, 2004, 189-227면.
조해숙, 『조선후기 시조한역과 시조사』, 보고사, 2005.
조현설, 「동아시아 창세신화의 세계인식과 철학적 우주론의 과제」, 『구비문학연구』 13집, 한국구비문학회, 2001, 99-135면.
조현설, 「한국창세신화에 나타난 인간과 자연의 문제」, 『한국어문학연구』 41집, 한국어문학연구학회, 2003, 219-228면.
조흥욱, 「용비어천가의 창작 경위에 대한 연구」, 『어문학논총』 20집, 국민대학교 어문학연구소, 2001, 143-162면.
조흥욱, 『월인천강지곡의 문학적 연구』, 국민대학교 출판부, 2008.
진동혁, 「시조집 풍아의 시조사적 의의」, 『국어국문학』 86집, 국어국문학회, 1981, 214-226면.
진동혁, 「이세보의 시조 연구」, 단국대학교 박사학위논문, 1981.
진동혁, 「이세보의 월령체시조고」, 『국문학논집』 10집, 단국대학교 인문대학 국어국문학과, 1981, 63-79면.
진동혁, 「이세보의 유배시조 연구」, 『논문집』 15집, 단국대학교, 1981, 9-44면.
진동혁, 「이세보의 철종조 현실비판시조고」, 『동방학지』 30집, 연세대학교 국학연구원, 1982, 195-264면.
진동혁, 「이세보 기행시조 연구」, 『어문논집』 23집, 안암어문학회, 1982, 39-50면.
진동혁, 「이세보의 애정시조 고찰」, 『동양학』 12집, 단국대학교 동양학연구소, 1982, 53-84면.
진동혁, 『이세보 시조연구』, 집문당, 1983.
진동혁, 「이세보 시조의 어휘적 고찰」, 『시조학논총』 1집, 한국시조학회, 1985. 113-139면.
진동혁, 『이세보 시조 연구』, 하우, 2000.
진재교, 『이계 홍양호 문학 연구』, 성균관대학교출판부, 1999.
진재교, 『이조 후기 한시의 사회사』, 소명출판, 2001.
진재식, 「이세보 시조 연구: 주제분석 및 자연소재 <꽃>, <나무>, <새>의 분석」, 단국대학교 교육대학원 석사학위논문, 1990.
천기철, 「이재 황윤석의 서학 인식과 특징」, 『동양한문학연구』 27집, 동양한문학회, 2008, 101-129면.

초립평, 「윤선도의 시조와 한시의 특성 연구」, 서울대학교 석사학위논문, 2002.
최규수, 「<남훈태평가>를 통해 본 19세기 시조의 변모양상」, 이화여자대학교 석사학위논문, 1989.
최규수, 「남훈태평가 소재 시조의 종장 구성상의 특징과 그 의미」, 『고전문학연구』 20집, 한국고전문학회, 2001, 115-140면.
최규수, 『송강 정철 시가의 수용사적 탐색』, 월인, 2002.
최규수, 「권섭 시조에 나타난 웃음의 문학적 형상화와 그 의미: <소의호 사장>을 중심으로」, 『한국시가연구』 15집, 한국시가학회, 2004, 229-254면.
최규수, 「표제의식의 측면에서 본 권섭 연시조의 특징적 양상과 18세기적 의미」, 『고전문학연구』 28집, 한국고전문학회, 2005, 157-184면.
최규수, 『19세기 시조 대중화론』, 보고사, 2005.
최금옥, 「한대 악부시의 구법연구-오언악부의 경우를 중심으로-」, 『중국문학』 15집, 한국중국어문학회, 1987, 17-92면.
최금옥, 「의경론(意境論)에 관한 검토와 재고찰」, 중국문학이론연구회편, 『중국시와 시론』, 현암사, 1993.
최미정, 「별곡에 나타난 병행체에 대하여」, 『백영 정병욱선생 환갑기념 한국시가문학연구』, 신구문화사, 1983.
최삼룡 외, 『이재 황윤석: 영·정시대의 호남실학』, 민음사, 1994.
최상은, 「노계가사의 창작기반과 문학적 지향」, 『한국시가연구』 11집, 한국시가학회, 2002, 255-278면.
최상은, 「정훈 가사에 나타난 가문의식과 문학적 형상」, 『한민족어문학』 45집, 한민족어문학회, 2004, 361-382면.
최영성, 「황윤석실학의특성과 상수학적기반」, 『유교사상문화연구』 32집, 한국유교학회, 2008, 91-127면.
최영희, 「노계 박인로의 시문학 연구」, 세종대학교 박사학위논문, 2003.
최은아, 「17-18세기 조선 산학의 교육과정적 특징 고찰」, 『수학교육학연구』 24권 3호, 대한수학교육학회지 2014, 409-428면.
최인숙, 「이세보의 애정시조에 관한 일고찰」, 한양대학교 교육대학원 석사학위논문, 1994.
최재남, 「시조 종결의 발화상황과 화자의 태도」, 『고전문학연구』 4집, 한국고전문학연구회, 1988, 247-267면.
최재남, 「체험시의 전통과 시조의 서정미학」, 『한국시가연구』 15집, 한국시가학회, 2004, 69-96면.
최태호, 「정송강문학연구」, 인하대학교 박사학위논문, 1987.
최태호, 『송강문학논고』, 역락, 2000.
최헌기, 「이세보 시조연구」, 한국교원대학교 석사학위논문, 1993.
최현재, 「교훈시조의 전통과 박인로의 <오륜가>」, 『한국시가연구』 14집, 한국시가학회, 2003, 63-100면.
최현재, 『조선 중기 재지사족의 현실인식과 시가문학』, 선인, 2006.
최호석, 「옥소 문집의 서지적 고찰」, 『국제어문』 36집, 국제어문학회, 2006, 5-37면.
최홍원, 「정훈 시가 다기성에 대한 시학적 이해」, 『국어국문학』 159집, 국어국문학회, 2011, 147-178면.
최홍원, 「자기 조정과 위안으로서 <탄궁가>의 정서 읽기」, 『고전문학과 교육』 23집, 한국고전문학교육학회, 2012, 5-36면.
텍스트언어학회, 『텍스트언어학의 이해』, 박이정, 2004.
하윤섭, 「16세기 오륜시조 출현의 시기적 조건과 그 정치적 의미」, 『민족문학사연구』 46집, 민족문학사학회·민족문학사연구소, 2011, 21-54면.
하윤섭, 「조선조 '五倫'담론의 계보학적 탐색과 오륜시가의 역사적 전개」, 고려대학교 박사학위논문, 2012.
한국사회언어학회 엮음, 『문화와 의사소통의 사회언어학』, 한국문화사, 2002.
한상일, 「판소리의 예술적 전형화 과정 연구 : 문화접변 양상을 중심으로」, 성균관대학교 박사학위논문, 2011.
한우영, 「≪악학궤범≫제재 한글가사의 표기사적 고찰」, 『국어학』 22집, 국어학회, 1992, 271-297면.
한창훈, 「박인로의 <오륜가>에 드러난 작가의식과 그 사회적 성격」, 『한국시가연구』 2권, 한국시가학회, 1997, 227-246면.
한창훈, 『시가와 시가교육의 탐구』, 월인, 2000.
한창훈, 「강호시가의 문학교육적 가치에 관한 연구」, 고려대학교 박사학위논문, 2001.
한창훈, 「17세기 鄕班階層 詩歌의 江湖 認識 : 박인로, 정훈, 강복중을 대상으로」, 『어문학보』24집, 강원대학교 국어교육과, 2002.
허남진, 「이재 황윤석의 서양과학 수용과 전통학문의 변용」, 『철학사상』 16집, 서울대학교 철학연구소, 2003, 76-103면.
허미자, 『허난설헌』, 성신여자대학교출판부, 2007.
허범자, 「고산 시조문학의 생성배경 연구」, 서울대학교 석사학위논문, 1991.
홍순래, 「시조에 나타난 한시시상 연구」, 강원대학교 석사학위논문, 1989.
홍순래, 「한국 기몽시의 전개양상 연구」, 단국대학교 박사학위논문, 2005.
홍인숙, 「난설헌이라는 '소문'에 접근하기」, 『한국고전여성문학연구』 7, 한국고전여성문학회, 2003, 125-160면.
홍재휴, 『한국고시율격연구』, 태학사, 1983.
홍학희, 「율곡 이이의 시문학 연구」, 이화여자대학교 박사학위논문, 2000.
황충기, 「입암별곡과 입암이십구곡의 대비고찰」, 『국어국문학』 82, 국어국문학회, 1980, 75-107면.
황충기, 『고시조 한시역의 주석과 반역』, 푸른사상사, 2010.

吳戰壘, 『中國詩學』, 人民出版社, 1991, 유병례 역, 『중국시학의 이해』, 태학사, 2003.
劉若愚, The Art of Chinese Poetry, University of Chicago, 1962, 이장우 역, 『中國詩學』, 명문당, 1994.
王力, 『詩詞律格』, 中華書局, 1977, 裵奎範 역, 『한시 율격의 이해』, 보고사, 2004.
高友工·梅祖麟, "Syntax, Diction and Imagery in T'ang Poetry", Harvard Journal of Asian Studies, Vol.31, 1972, 이장우 편, 『The Language in T'ang Poetry-시의 새로운 분석과 이해』, 영남서원, 1979.
서경수, 『詩學常識』, 엄경흠 역주, 『한시의 미학』, 보고사, 2001.
徐復觀, 「<문심조룡>의 문체론」, 윤호진 역, 『한문문체론 연구』, 태학사, 2000.
林玉山, 『漢語語法學史』, 湖南敎育出版社, 1983.
嚴羽·郭紹虞, ≪滄浪詩話≫, 김해명·이우정 역, 소명출판, 2001.
吳戰壘, 『中國詩學』, 人民出版社, 1991, 유병례 역, 『중국시학의 이해』, 태학

사, 2003.

王國維,『人間詞話』, 1908, 류창교 역주,『세상의 노래비평, 인간사화』, 소명출판, 2004.

王力,『詩詞律格』, 中華書局, 1977, 裵奎範 역,『한시 율격의 이해』, 보고사, 2004.

廖振佑,『古代漢語特殊語法』, 內蒙古人民出版社, 이종한 역,『한문 문법의 분석적 이해』, 계명대학교 출판부, 2001.

劉若愚, The Art of Chinese Poetry, University of Chicago, 1962, 이장우 역,『中國詩學』, 명문당, 1994.

張光直(K. C. Chang), Art, Myth and Ritual : the Path to Political Authority in Ancient China, Harvard University Press, 1983, 이철 역,『신화 미술 제사』, 동문선, 1990.

陳望衡,『中國古典美學史』, 湖南敎育出版社, 2003.

許進雄,『中國古代社會 : 文字與人類學的透視』, 臺北, 1988, 홍희 역,『중국고대사회 : 문자와 인류학의 투시』, 동문선, 1991.

Agnihotri R. K. & A. L. Khanna, *Problematizing English in India*, Sage Publications, 1997.

Akmajian, A., and Henry, F. W., *An Introduction to the Principles of Transformational Syntax*, Cambridge, MA: MIT Press, 1975, 윤석화 역,『變形英語統辭論』, 한신문화사, 1982.

Amodio, Mark C., *Writing the oral tradition : oral poetics and literate culture in medieval England*, University of Notre Dame Press, 2004.

Aristoteles, (*Organon*) *Categoriae·De Interpretatione*, 김진성 역,『(오르가논) 범주론·명제론』, 이제이북스, 2005.

Austin, J. L., *How to do Things with Words*, Harvard University Press, 1962, 김영진 역,『말과 행위』, 서광사, 1992.

Bakhtin, M., 송기한 역,『바흐찐이 말하는 새로운 프로이트』, 예문, 1998.

Beaugrande, Robert A. de·Dressler, Wofgang U., *Einführung in die Textlinguistik*, 1972, 김태옥·이현호 공역,『談話·텍스트 言語學 入門』, 양영각, 1991.

Brinker, Klaus, *Linguistische Textanalyse-Eine Einführung in Grundbegriffe und Methoden*, Erich Schmidt Verlag GmbH&Co., Berlin, 1985, 이성만 역, 『(수정 제5판)텍스트언어학의 이해-언어학적 텍스트분석의 기본 개념과 방법-』, 역락, 2004.

Britto, Francis, Diglossia: *A Study of the Theory with Application to Tamil*, Georretown University Press, 1986.

Campbell, Patricia Shehan, "Orality, Literacy and Music's Creative Potential : A Comparative Approach", Butler University Indianapolis, *Council for Research in Music Education*, School of Music University of Illinois, 1989 summer.

Chiang, Samuel E. and Lovejoy, Grant eds, *Beyond Literate Western Models: Contextualizing Theological Education in Oral Contexts*, Hong Kong: International Orality Network, 2013.

Cocetti, Robert A., "Understanding the Oral Mind: Implication for Speech Education", *paper presented at the Annual Meeting of the Conference on College Composition and Communication Association* (Chicago, IL), 1991, April 11-14.

Dijk, T. van, Textwissenschaft : *Eine interdisziplinare Einführung*, Tübingen: M. Niemeyer, 1980, 정시호 역, 『텍스트학』, 민음사, 1995.

Duffey, J. Patrick, "A War of Words : Orality and Literacy in Mariano Azuela's Los de Abajo", *Romance Notes*, Volume.38, No.2, Department of Romance Languages, University of North Carolina, 1998.

Duke, Nell K., Marla H. Mallette eds *Literacy Research Methodologies*(2nd), New York: The Guilford Press, 2011.

Ferguson, Charles. A. "Diglossia", *Word* 15, 1959.

Fishman, Joshua A., "Bilingualism with and without Diglossia ; Diglossia with and without Bilingualism", *Social Issues*, Vol.22, N0.2, 1967.

Fromkin, Victoria·Rodman, Robert, *An Introduction to Language*(3rd eds.), 박의재·성낙일 역, 『영어학개론』, 한신문화사, 1985.

Gaur, Albertine, *A History of Writing*, The British Library, 1984, 강동일 역, 『문자의 역사』, 새날, 1995.

Gibbs Jr, Raymond W., *The Poetics of Mind : Figurative thought, Language and Understanding*, Cambridge University Press, 1994, 나익주 역, 『마음의 시학』, 한국문화사, 2003.

Gumperz, John. J., "Types of Linguistic Community", *Anthropological Lingustics* Vol.4, No.1, 1962.

Heinemann, Wolfgang·Viehweger, Dieter, *Textlinguistik : eine Einführung*, Tübingen : Niemeyer, 1991, 백설자 역, 『텍스트언어학 입문』, 역락, 2001.

Helbig, Gerhard, *Geschichte der neueren Sprachwissenschft-Unter dem besonderen Aspekt der Grammatik theorie*, 1970, 임환재 역, 『언어학사』, 경문사, 1986.

Horsley, Richard A.·Draper, Jonathan A.·Foley, John *Miles, Performing the gospel : orality, memory, and Mark*, Fortress, 2006.

Hough, Graham, *Style and Stylistics*, London: Routledge & Kegan Paul, 1969, 이승근·김철수 공역, 『문체와 문체론』, 학문사, 1985.

Ivi, Milka, Trends in Linguistics, 1965, 김방한 역, 『언어학사』, 형설 출판사, 1995.

Jackendoff, Ray, *Patterns in the Mind: Language and Human Nature*, 이정민·김정란 역, 『마음의 구조』, 태학사, 2000.

Jakobson, Roman, "Closing statement : Linguistics and Poetics", ed. by Thomas A. Sebeok, *Style in Language*, Cambridge ; Massachusetts : The M.I.T Press, 1964.

Jakobson, Roman, *Language in Literature*, 신문수 편역, 『문학속의 언어학』, 문학과 지성사, 1989.

Jameson, Fredric, *The Prison-House of Language : A Critical Account of Structuralism and Russian Formalism*, Princeton Univ. Press, 1972, 윤지관 역, 『언어의 감옥-구조주의와 형식주의 비판』, 도서출판 까치, 1985.

Kayser, W., *Das sprachliche Kunstwerk*, 1948, 김윤섭 역, 『언어예술작품론』, 대방출판사, 1982.

Kendall, Calvin B., "Literacy and Orality in Anglo-Saxon Poetry: Horizontal Displacement in Andreas", *Journal of English and Germanic Philology*, Vol.95, No.1, University of Illinois Press, 1996.

Kristeva, Julia, "Word, Dialogue, and Novel", *Desire in Language : A Semiotic Approach to Literature and Art*, ed. Leon S. Roudiez, trans. Thomas Gora, Alice Jardine, and Leon S. Roudiez, New York : Columbia University Press, 1980, 여홍상 역, 『바흐친과 문학이론』, 문학과 지성사, 1997.

Lacan, Jacque, 「무의식에 있어 문자가 갖는 권위 또는 프로이트 이후의 이성」, 권택영 편, 민승기·이미선·권택영 역, 『자크 라캉 욕망이론』, 문예출판사, 1994.

Landow, George P., *Hypertext 2.0-The Convergence of Contemporary Critical Theory and Technology*, The Johns Hopkins University Press, 1992, 여국현 외 옮김, 『하이퍼텍스트 2.0-현대 비평이론과 테크놀로지의 수렴』, 문화과학사, 2001.

Miller, Marks, *Existenzphilosophie im geistigen Leben der Gegenwart*, 3rd ed., 박찬국 역, 『실존철학과 형이상학의 위기』, 서광사, 1988.

McLuhan, H. Marshall, *The Gutenberg galaxy : the making of typographic man*, New American Library, 1962.

McLuhan, H. Marshall, *Understanding media : the extensions of man*, MIT Press, 1994.

Michel Foucault, *Les Mots et les choses-une archéologie des sciences humaines*, 이광래 역, 『말과 사물-인문과학의 고고학』, 민음사, 1987.

Nwoye, Onuigbo Gregory, "Linguistic gender difference in Igbo", *International journal of the sociology of language*, no.129, walter de gruyter & co., 1998.

Ohaeto, Ezenwa, "Bridges of Orality : Nigerian Pidgin Poetry", *World Literature Today*, Vol.95, No.1, University of Oaklahoma press, 1995.

Ong, Walter J., *The Presence of the Word*, 이영걸 역, 『언어의 현존』, 탐구당, 1985.

Ong, Walter J., *The Technologizing of the Word*, Routledge, 1982, 이기우·임명진 역, 『구술문화와 문자문화』, 문예출판사, 1995.

Ong, Walter J., "Writing is a Technology that Restructures Thought", *WOLFSON COLLEGE LECTURES*, Clarendon Press, 1985, 23-50pp.

Ricoeur, Paul, John B. Thompson Ed., tr., *Hermeneutics and the Human*

Sciences: Essays on language, action and interpretation, Cambridge University Press, 1981, 윤철호 옮김, 『해석학과 인문사회과학-언어, 행동, 그리고 해석에 관한 논고』, 서광사, 2003.

Saville, Muriel, The ethnography of communication : an introduction, 왕한석 역, 『언어와 사회』, 한국문화사, 2009.

Searle, John R., Speech Acts: An Essay in the Philosophy of Language, Cambridge University Press, 1969.

Smith, Barbara Hernstein, Poetic Closure-A Study of How Poems End, The University of Chicago Press, 1968.

Sowinski, Bernhard, Stilistik: Stiltheorien und Stilanalysen, Stuttgart: J. B. Metzlersche Verlagsbuchhandlung, 1991, 이덕호 역, 『문체론: 문체이론과 문체분석』, 한신문화사, 1999.

Scholes, Robert, 위미숙 역, 『문학과 구조주의』, 새문사, 1987.

Stuckey, J. Elspeth, The Violence of Literacy, Heinemann Educational Books, 1991.

Thomas, Rosalind, Literacy and orality in ancient Greece, Cambridge University Press, 1992.

von Herder, Johann Gottfried, Über den Ursprung der Sparache, 1770, 조경식 역, 『언어의 기원에 대하여』, 한길사, 2002.

Yang Ye, Charles Wei-hsun Fu ed., Chinese Poetic Closure, Peter Lang Publishing, 1996.

찾아보기

ㄱ

가면 __ 595, 631, 663, 670, 672, 724
가면적 자아 __ 130, 270, 287, 307, 396, 405, 426, 595, 672, 724
가시리 __ 199, 223, 225, 228, 516
가집 __ 347, 383, 430, 442, 619, 635
가창 __ 10, 11, 12, 59, 292, 439, 555, 571, 631, 675, 678, 697, 726
가화(歌化) __ 480, 487, 495
감군은 __ 101, 199, 223, 224, 225, 227, 610
강필효 __ 78
경기체가 __ 224
경민편 __ 31
고금영 __ 331
고려속요 __ 224, 516
고백 __ 65, 77, 118, 292, 367, 568
고백적 __ 104, 567, 678
고산구곡가 __ 95, 98, 108, 330, 464, 476, 479, 505, 517, 520, 580
고유명사 __ 43, 45, 129, 320, 322, 375, 554
공동체 __ 55, 136, 142, 164, 278, 288, 323, 347
관란헌 __ 71, 89
관음찬 __ 215
교화 __ 61, 105, 113, 251, 254, 272, 288, 291, 309, 313, 347, 349, 361, 488, 492, 557, 566, 568
교훈 __ 363, 374, 386, 388, 390, 391, 392, 403, 434, 534, 555, 562, 568, 591, 631, 660
구두점 __ 37, 39, 646, 657
구술 __ 7, 71, 182, 184, 425, 483, 525, 548, 549, 551, 572, 596, 620, 622, 653, 674, 723
구어 __ 3, 5, 12, 50, 141, 184, 271
국문시가 __ 1, 9, 25, 34, 148, 150, 151
국어시가 __ 1
국역 __ 731
국역(國譯) __ 644
국주한종 __ 460
국주한종(國主漢從) __ 28, 33, 339, 458, 642
권점 __ 25, 37, 40, 44
규범적 __ 262, 273, 283, 341, 343
근대시 __ 345, 349, 387, 567, 604, 632, 722, 729
김상헌 __ 604
김소월 __ 516, 729
김억 __ 692, 693, 728

ㄴ

남훈태평가 __ 582, 646, 648, 700
남씨가 __ 212, 222
내훈 __ 28

노래 __ 1, 9, 10, 49, 56, 59, 60, 85, 149, 153, 154, 157, 163, 184, 189, 201, 249, 315, 425, 516, 544, 549, 584, 620, 631, 653, 675, 718
농민 __ 125, 129, 660, 661, 662, 663, 715, 717
농운정사 __ 66, 70

ㄷ ──

대구 __ 44, 46, 47, 48, 78, 81, 85, 111, 579
대명사 __ 81, 88, 112, 332, 374, 464, 703
대화 __ 9, 48, 50, 64, 65, 70, 71, 77, 107, 112, 118, 136, 140, 141, 271, 292, 367, 420, 421, 423, 466, 488, 490, 491, 580, 693, 694, 700, 704, 724
도가적 __ 20, 55, 112, 263, 270, 271, 272, 287, 338, 341, 478, 544, 723
도산십이곡 __ 53, 56, 330
도산잡영 __ 53
독백 __ 49, 65, 107, 116, 118, 140, 239, 283, 292, 367, 447, 449, 466, 694
동동 __ 223, 224, 516
동사 __ 259, 342, 343
등가 구조 __ 80, 85
등가구조 __ 45, 48, 49, 81, 341, 580
등가적 __ 79, 80
띄어쓰기 __ 39, 193, 496, 502, 503, 504, 571, 581, 582, 625, 645, 649, 651, 657, 676, 725

ㅁ ──

만흥 __ 330
매화시첩 __ 53

메타시조 __ 678, 682
명사 __ 22, 341, 478, 631
묵독 __ 39, 315, 465
문덕곡 __ 215
문어 __ 6, 12, 50, 184
문자언어 __ 4, 5, 116, 136, 140, 228, 230, 284
민요 __ 516

ㅂ ──

반타석 __ 72
방엄찬 __ 212, 219
봉황음 __ 214
부모은중경언해 __ 31
북전 __ 214

ㅅ ──

사설시조 __ 17, 350, 600, 609, 613, 616, 632, 635, 719, 726
삼진작 __ 224
상대별곡 __ 228
서경별곡 __ 199, 223, 515, 516
석보상절 __ 28, 32
소악부 __ 153, 158, 250, 340, 611, 627
송시열 __ 98, 99, 100, 105, 106, 520, 521
송현도 __ 604
시 __ 1, 9, 85, 425, 441, 504, 544, 572, 631, 632, 653, 675
시경 __ 41, 208, 238, 332, 333
시어 __ 242, 367, 371, 640
시조집 __ 347, 442, 619, 636, 639, 640, 649, 709
시조화 __ 16, 20, 98, 112, 178, 371, 410,

770 조선시대 한시와 국문시가의 상관성

466, 576, 579, 686, 695
시집 __ 636, 637, 646, 718, 723
신도가 __ 224, 226
신위 __ 153, 250
실사 __ 22, 81, 140, 258, 376, 382, 470, 478
실사(實辭) __ 71, 694

ㅇ ──

악부 __ 18, 152, 153, 158, 160, 238, 243, 244, 245, 248, 250, 584, 607, 608, 627, 640, 680
야심사 __ 212, 216
양층언어 __ 1, 2, 3, 6, 7, 9, 12, 13, 14, 15, 16, 18, 19, 24, 51, 59, 64, 85, 96, 112, 146, 151, 174, 175, 177, 180, 200, 211, 235, 239, 262, 294, 296, 328, 340
어부가 __ 199, 225, 294, 296, 688
언문 __ 25, 36, 41, 159, 210, 231, 242, 243, 257, 279, 441, 722
언문풍월 __ 428, 731
여성 화자 __ 150, 153, 160, 161, 169, 172, 254, 264, 279, 468, 515, 551, 595, 670, 671, 672, 692
여씨향약 __ 31
연속구조 __ 47, 49, 85, 100, 239
연속적 __ 79, 80
연작 __ 67, 68, 74, 76, 87, 88, 94, 98, 102, 141, 263, 304, 326, 328, 388, 408, 417, 418, 433, 439, 447, 453, 457, 493, 494, 495, 500, 510, 511, 529, 537, 539, 540, 543, 597, 638, 711
연형제곡 __ 224, 227
오륜가 __ 224, 227

용비어천가 __ 28, 37, 224
우후요 __ 330, 331
원천석 __ 604
월인석보 __ 28, 32
월인천강지곡 __ 29, 37
위백규 __ 16, 19, 660, 661, 663
유가적 __ 20, 263, 271, 272, 341, 342, 343, 355, 519, 539, 540, 543
유림가 __ 224, 226
육담풍월 __ 428
음독 __ 39, 182, 425
음성언어 __ 5, 120, 136, 145, 184, 229, 315, 483
음영 __ 10, 11, 12, 59, 116, 292, 315, 439, 465
이덕일 __ 520
이옥 __ 153, 352
이옥봉 __ 162
이정환 __ 520
이존오 __ 604
이중언어 __ 2, 13, 14, 24, 147, 148, 149, 150, 158, 166, 175, 177, 200, 328, 368, 384, 518, 633, 637, 655, 665, 679, 725, 728
이현보 __ 294, 296, 520, 573, 604, 688, 694, 696
이후백 __ 604

ㅈ ──

자유시 __ 256, 580, 698, 704, 717, 719, 726, 729
정과정 __ 223
정동방곡 __ 212, 222
정몽주 __ 604

정약용__352
정읍사__223, 224
제목__98, 201, 251, 274, 277, 278, 282, 317, 321, 328, 329, 372, 382, 407, 408, 412, 453, 457, 461, 510, 535, 536, 544, 602, 628, 714
주의식__604
중인__4, 149, 352, 430, 442, 592, 616, 619, 632, 635, 726
증반금__331
지사사__425
지시사__71, 259, 423, 424, 524, 694

ㅊ ─────
처용가__223
첨가어__10, 21, 48, 80, 239, 258, 261, 335, 343, 382, 423, 470, 480, 485, 569, 730
청량산가__53
청산별곡__223
청자__5, 49, 54, 65, 70, 71, 105, 121, 139, 140, 230, 260, 404, 421, 423, 425, 449, 451, 478, 492, 557, 562, 626, 694, 707, 709

ㅌ ─────
타자__87, 317, 558, 566, 568, 664, 673, 724
탈속적__262, 341, 540

ㅍ ─────
풍입송__212, 216

ㅎ ─────
한림별곡__223, 228
한시화__21, 78, 98, 106, 153, 158, 180, 250, 429, 516, 528, 589, 607, 608, 611, 637
한역__78, 255, 256, 257, 260, 333, 335, 336, 358, 366, 379, 413, 429, 431, 432, 436, 467, 476, 496, 497, 500, 503, 511, 518, 519, 524, 527, 582, 598, 600, 607, 611, 613, 615, 620, 625, 627, 632, 637, 645, 651, 654, 655, 656, 670, 718, 719, 725
한주국종__300
한주국종(漢主國從)__28, 338
행갈이__504, 571, 573, 574, 582
허사__22, 81, 112, 221, 258, 341, 382, 423, 426, 571, 576, 631, 723
허사(虛詞)__223
허사(虛辭)__71, 95, 192, 195, 213, 215, 420, 694
허자__112
헌화가__513, 516
현대시__675
현대시조__440, 572, 582, 719, 729
화산별곡__224
화자__5, 10, 20, 49, 54, 55, 65, 69, 70, 71, 86, 88, 93, 109, 130, 132, 135, 140, 150, 159, 160, 171, 173, 191, 221, 239, 259, 273, 277, 303, 307, 316, 320, 360, 403, 408, 549, 554, 561, 566, 567, 630, 673, 674, 678
훈민__4